Strafrechtliche Verantwortlichkeit im Unternehmen im Zeitalter der Compliance

Schriften zum Strafrecht und Strafprozeßrecht

Herausgegeben von Manfred Maiwald
und Carsten Momsen

Band 132

PETER LANG

Andreas Oonk

Strafrechtliche Verantwortlichkeit im Unternehmen im Zeitalter der Compliance

Zur individuellen strafrechtlichen Unterlassensverantwortung von Geschäftsleitung und Compliance-Beauftragtem in Bezug auf außenstehende Dritte unter besonderer Berücksichtigung von Aspekten der Compliance-Diskussion

PETER LANG

Bibliografische Information der Deutschen Nationalbibliothek
Die Deutsche Nationalbibliothek verzeichnet diese Publikation in der Deutschen Nationalbibliografie; detaillierte bibliografische Daten sind im Internet über http://dnb.d-nb.de abrufbar.

Zugl.: Hannover, Univ., Diss., 2018

Gedruckt auf alterungsbeständigem, säurefreiem Papier.
Druck und Bindung: CPI books GmbH, Leck

D 89
ISSN 0938-6181
ISBN 978-3-631-80275-5 (Print)
E-ISBN 978-3-631-80775-0 (E-PDF)
E-ISBN 978-3-631-80776-7 (EPUB)
E-ISBN 978-3-631-80777-4 (MOBI)
DOI 10.3726/b16383

Peter Lang – Berlin · Bern · Bruxelles · New York · Oxford · Warszawa · Wien

Diese Publikation wurde begutachtet.

www.peterlang.com

Meinen Eltern

Vorwort

Die vorliegende Arbeit wurde im Dezember 2018 von der Juristischen Fakultät der Gottfried Wilhelm Leibniz Universität Hannover als Dissertation angenommen. Tag der Disputation war der 20. Dezember 2018. Die Arbeit befindet sich im Wesentlichen auf dem Stand der Einreichung im Juli 2018.

Mein erster Dank gilt meinem Doktorvater *Prof. Dr. Carsten Momsen* für die Annahme als Doktorand, die stets ausgezeichnete Betreuung während des Promotionsverfahrens und schließlich die zügige Erstellung des Erstgutachtens sowie nicht zuletzt die unvergesslichen drei Jahre als Wissenschaftlicher Mitarbeiter an seinem Lehrstuhl für Strafrecht, Strafprozessrecht und Wirtschaftsstrafrecht am Kriminalwissenschaftlichen Institut in Hannover. Mein Dank gilt auch *Prof. Dr. Bernd-Dieter Meier* für die zügige Erstellung des Zweitgutachtens. Ferner danke ich *Prof. Dr. Thomas Grützner* für die Unterstützung bei der Themensuche und weiteren „Input" während der Erstellung der Arbeit.

Ferner danke ich meinen Kollegen aus meiner Zeit am Kriminalwissenschaftlichen Institut für die fachlich wie menschlich sehr schöne Zeit, insbesondere natürlich jenen, die in dieser Zeit von Kollegen zu Freunden geworden und es glücklicherweise bis heute geblieben sind.

Ein besonderer Dank gilt *Dr. Neele Marleen Schlenker* dafür, dass sie stets ein offenes Ohr hatte, auch wenn ich bei der Erstellung der Arbeit einmal durch ein Tal gehen musste, für das Korrekturlesen und einfach dafür, dass sie während dieser Zeit immer an meiner Seite war und mich unterstützt hat.

Der größte Dank aber gilt meinen Eltern, *Mira* und *Werner Oonk*, deren Liebe und Klugheit ich so viel zu verdanken habe, dass es den Umfang dieses Buches bei Weitem überträfe, wenn man es aufzuzählen versuchte und die mir nicht zuletzt mein Studium und alles, was daraus folgte, überhaupt erst ermöglicht haben. Ihnen ist diese Arbeit gewidmet.

Inhaltsverzeichnis

Hinsichtlich der verwendeten Abkürzungen verweise ich auf ***Kirchner*****, Abkürzungsverzeichnis der Rechtssprache, 8. Auflage, Berlin 2015.**

Einleitung

In den vergangenen Jahren gab es eine Reihe von Wirtschaftsstrafverfahren, die innerhalb eines Unternehmens oder aus dem Unternehmen heraus begangene Straftaten zum Gegenstand hatten. Einer breiteren Öffentlichkeit bekannt geworden sind hiervon beispielsweise der Mannesmann-Prozess[1], die Verfahren gegen Führungspersonen und Mitarbeiter des Volkswagen-Konzerns wegen korruptiver Praktiken[2], das Verfahren gegen einen ehemaligen Vorstand der Bayerischen Landesbank (BayernLB) und seinen „Geschäftspartner"[3] oder die Aufdeckung einiger strafrechtlich relevanter Bestechungszahlungen und noch mehr zumindest höchst fragwürdiger Zahlungen beim Industriedienstleistungsunternehmen Ferrostaal[4] durch die internen Ermittler von Debevoius &

---

1 BGH NJW 2006, 522 ff.; abweichend urteilend aber noch die Vorinstanz LG Düsseldorf NJW 2004, 3275 ff.

2 S. dazu das Urteil des LG Braunschweig gegen Peter Hartz v. 25.01.2007 – 6 Kls 48/06, CCZ 2008, 32 ff.

3 Das Verfahren endete im Juni 2012 mit einer Freiheitsstrafe von 8 Jahren und 6 Monaten wegen Bestechlichkeit Steuerhinterziehung und Untreue gegen Gerhard Gribkowsky, https://de.wikipedia.org/wiki/Gerhard_Gribkowsky (zuletzt aufgerufen am 25.04.2017); das spätere Gerichtsverfahren gegen seinen „Geschäftspartner" Bernie Ecclestone wurde im Jahr 2014 nach § 153a StPO gegen Zahlung einer Geldbuße in Höhe von 100 Millionen Dollar eingestellt, siehe https://de.wikipedia.org/wiki/Bernie_Ecclestone (zuletzt aufgerufen am 25.04.2017).

4 Der Spiegel Nr. 6/2011, S. 60 ff.; http://www.sueddeutsche.de/wirtschaft/korruptionsaffaere-ferrostaal-schmiergeld-fuer-gaddafis-regime-1.1119949 (zuletzt aufgerufen am 19.08.2011). Das Verfahren endete für Ferrostaal mit der Verhängung einer Geldbuße in Höhe von 139,8 Millionen Euro durch das LG München I; zudem wurden zwei ehemalige Angehörige des Unternehmens, der ehemalige Vorstand Johann-Friedrich Haun und der frühere Prokurist Hans-Dieter M. jeweils zu zweijährigen Haftstrafen auf Bewährung verurteilt [siehe: http://www.ferrostaal.com/de/unternehmen/news-publikationen/news/urteilsverkuendung-des-landgerichts-muenchen-i-verfahren-gegen-ferrostaal-beendet/?tx_editfiltersystem_pi1%5Bcmd%5D=detail (zuletzt aufgerufen am 15.01.2012)]. Wegen Aufsichtspflichtverletzungen verhängte die Münchener Staatsanwaltschaft gegen den ehemaligen Vorstandsvorsitzenden Matthias Mitscherlich im Dezember 2012 eine Geldbuße i.H.v. 400.000 Euro, s. http://www.juve.de/nachrichten/verfahren/2012/12/ferrostaal-korruptionsverfahren-verfahren-gegen-mitscherlich-eingestellt. Gegen den [mittlerweile wieder eingesetzten] Ferrostaal-Top-Manager Klaus Lesker wurde von den Staatsanwaltschaften Essen und München wegen dubioser Zahlungen im Zusammenhang mit dem Indonesien-Geschäft der

Plimpton. Auch die Korruptionspraktiken bei MAN und Daimler gelangten an das Licht der Öffentlichkeit: MAN soll über Jahre einen zweistelligen Millionenbetrag an ausländische Entscheidungsträger gezahlt haben; in Deutschland wurde deshalb eine Geldbuße in Höhe von 150 Millionen Euro verhängt.[5] Laut der US-amerikanischen Börsenaufsicht SEC soll Daimler zwischen 1998 und 2008 in mindestens 22 Ländern wie Russland, der Türkei, Ägypten und Nigeria insgesamt mindestens 56 Millionen Dollar an Bestechungsgeldern gezahlt haben, um an Aufträge im Wert von 1,9 Milliarden Dollar mit einem Gewinn von mindestens 90 Millionen Dollar zu gelangen; das Verfahren endete mit einem Vergleich, Daimler gab ein Schuldeingeständnis ab, zahlte 185 Millionen Dollar, das Unternehmen wurde (vermeintlich) personell „gesäubert" und stellte sich unter eine langjährige Aufsicht der SEC.[6] Wie die genannten Beispiele und Zahlen nahelegen, erklärt sich das öffentliche Interesse an wirtschaftsstrafrechtlichen Verfahren wohl auch dadurch, dass Wirtschaftskriminalität – trotz eines nur relativ geringen Anteils von Wirtschaftsstraftaten an den insgesamt erfassten Straftaten – häufig einen immens hohen wirtschaftlichen Schaden verursacht.[7] Nach einer Studie der Martin-Luther-Universität Halle-Wittenberg und der Wirtschaftsprüfungsgesellschaft PricewaterhouseCoopers (PwC) waren über einen Zeitraum von zwei Jahren von 830 deutschen Großunternehmen 52 % von Wirtschaftskriminalität betroffen (durchschnittlicher Gesamtschaden: 8,39 Millionen Euro).[8] Von besonderer Bedeutung waren und sind in den letzten

---

Ferrostaal ermittelt, ohne dass es zu einer Verurteilung gekommen ist, s. dazu Der Spiegel Nr. 11/2012, S. 69.

5 Gegen die MAN Nutzfahrzeuge AG wurde von der Staatsanwaltschaft München I wegen einer „mangelhaften Compliance-Struktur der Aktiengesellschaft" eine Geldbuße in Höhe von 75,3 Millionen Euro verhängt, s. http://www.justiz.bayern.de/stmj_internet/sta/sta/m1/presse/archiv/2009/02346/, in der gleichen Höhe erging ein Bußgeldbescheid gegen die MAN Turbo AG (beide AGs waren 100%-ige Töchter der MAN SE), s. http://www.juve.de/nachrichten/verfahren/2009/12/schmiergeldaffare-man-zahlt-150-millionen-euro-knierim-ubernimmt-federfuhrung-bei-aufarbeitung (beide zuletzt aufgerufen am 21.01.2013). Das Verfahren gegen den ehemaligen Vorstand Weinmann endete 2012 mit einer Bewährungsstrafe, das Verfahren gegen Ex-Chef Samuelsson wurde 2013 gegen Auflagen eingestellt, siehe http://www.handelsblatt.com/unternehmen/industrie/anton-weinmann-ex-man-manager- wegenschmiergeldzahlungen-verurteilt/7151984.html, ferner auch noch dazu http://www.spiegel.de/wirtschaft/unternehmen/lastwagenbauer-man-ex-chef-samuelsson-schliesst-mit-schmiergeldaffaere-ab-a-918102.html (beide zuletzt aufgerufen am 25.04.2017).

6 S. *Kretschmer*, FS Geppert, 287 (289).

7 S. auch *Rau*, Compliance, 1.

8 Wirtschaftskriminalität (2011), 17 ff.

Jahren die Verfahren gegen Mitarbeiter eines der größten und traditionsreichsten deutschen Unternehmen – der Siemens AG – und gegen das Unternehmen selbst gewesen. Dem lag – grob vereinfacht dargestellt – folgender Sachverhalt zu Grunde: Im Siemens-Konzern hatte sich über viele Jahre hinweg ein System sogenannter „schwarzer Kassen" etabliert. Auf diese schwarzen Kassen, d.h. außerhalb von Buchführung und Bilanzierung geführte verdeckte Konten, wurde zurückgegriffen, wenn Siemens lukrative Aufträge im Ausland erhalten wollte und die zuständigen Mitarbeiter des Konzerns sich zu diesem Zweck durch Bestechungen von Amtsträgern oder Bediensteten von Unternehmen einen Wettbewerbsvorteil zu sichern oder auch einen Wettbewerbsnachteil zu Lasten der Siemens AG zu vereiteln suchten.[9] Infolge des Korruptionsskandals verhängte das Landgericht München I im Oktober 2007 zunächst nach §§ 30 Abs. 1 Nr. 4, Abs. 2, 3, 17 Abs. 4 OWiG eine Geldbuße von 201 Millionen Euro gegen die Siemens AG (als Anknüpfungstat diente die Untreuestrafbarkeit eines Mitarbeiters der Siemenssparte ICN/Com wegen der Bildung schwarzer Kassen).[10] Davon entfielen 200 Millionen Euro auf den Abschöpfungsteil und eine Million Euro (also das damalige absolute Höchstmaß) auf den Ahndungsteil.[11] Ferner erging im Dezember 2008 ein Bußgeldbescheid der Staatsanwaltschaft München I in Höhe von 395 Millionen Euro gegen den Konzern wegen der Verletzung der Aufsichtspflicht in allen Geschäftsbereichen außer ICN/Com durch ein (vermutlich stellvertretend für alle ausgewähltes) Mitglied des Gesamtvorstandes (§§ 30, 130, 17 Abs. 4 OWiG).[12] Davon entfielen 394.750 Euro auf den Abschöpfungsteil und ein mittlerer Betrag von 250.000 Euro auf den Ahndungsteil.[13] Hinzu kamen noch – wegen der Kooperation der Münchener Ermittler mit dem amerikanischen Justizministerium (DOJ) und der US-Börsenaufsicht U.S. Securities and Exchange Commission (SEC) zeitgleich bekannt gegeben – weitere 800 Millionen Dollar, die auf die Ermittlungen der SEC gegen Siemens zurückgehen.[14] Mit Griechenland einigte sich Siemens auf ein Zahlungs- und Investitionspaket

---

9 S. beispielhaft die Korruptionsvorwürfe in Verbindung mit der Erlangung eines Auftrags zum Aufbau eines elektronischen Passsystems in Argentinien, Süddeutsche Zeitung vom 13.01.2011, S. 15.

10 Beschluss des LG München I (5. Strafkammer) v. 04.10.2007, S. 2.

11 Beschluss des LG München I (5. Strafkammer) v. 04.10.2007, S. 13 f.

12 Bußgeldbescheid der Staatsanwaltschaft München I v. 15.12.2008, S. 1.

13 Bußgeldbescheid der Staatsanwaltschaft München I v. 15.12.2008, S. 11, 13.

14 Siehe dazu http://www.business-wissen.de/nachrichten/siemens-muss-395-millionen-euro-bussgeld-an-deutsche-behoerden-zahlen/ (zuletzt aufgerufen am 09.02.2011).

mit einem Volumen von insgesamt 270 Millionen Euro.[15] Ferner kam es auch zu Verurteilungen einzelner früherer führender Siemens-Mitarbeiter, vornehmlich wegen Untreue; in diesem Zusammenhang wurde in der Rechtswissenschaft vor allem das Siemens-Enel-Urteil[16] diskutiert. Die genannten Verfahren und

15 Davon entfallen 80 Millionen Euro auf einen Schuldenerlass durch Siemens, 90 Millionen auf Zahlungen an griechische Behörden und 100 Millionen Euro auf Investitionszusagen für Griechenland, s. http://www.spiegel.de/wirtschaft/unternehmen/0,1518,820225,00.html (zuletzt aufgerufen am 09.03.2012).

16 BGH NJW 2009, 89 ff.; nach Zurückverweisung neu entschieden durch das Urteil vom LG Darmstadt vom 23.11.2010, s. http://beck-online.beck.de/Default.aspx?vpath=bibdata\reddok\becklink\1007516.htm&pos=1&hlwords=Siemens%c3%90+siemens+%c3%90+Siemens+#xhlhit (zuletzt aufgerufen am 22.10.2012), in dem die zweijährige Bewährungsstrafe gegen den Hauptangeklagten aufrechterhalten wurde. Ferner wurden gegen Siemens-Mitarbeiter wie den von den Medien als „Herrn der schwarzen Kassen" titulierten und der Com-Sparte angehörenden *Reinhard Siekaczek* durch das LG München I Bewährungsstrafen verhängt. Von der obersten Führungsebene akzeptierte der ehemalige Vorstandsvorsitzende des Zentralvorstandes der Siemens AG, *Heinrich von Pierer*, einen Bußgeldbescheid wegen fahrlässiger Verletzung seiner Aufsichtspflicht in Höhe von 250.000 Euro, http://www.spiegel.de/wirtschaft/unternehmen/0,1518,826583,00.html (zuletzt aufgerufen am 25.04.2017). Das Verfahren gegen den für die Siemenssparte Com zuständigen Zentralvorstand *Thomas Ganswindt* wegen Steuerhinterziehung zu Gunsten von Siemens und Verletzung der Aufsichtspflicht wurde gegen Zahlung einer Geldauflage gem. § 153a StPO eingestellt, s. Süddeutsche Zeitung v. 13.01.2011, S. 1 und 15 sowie vom 21./22.05.2011, S. 25. Das Ermittlungsverfahren gegen den Finanzvorstand *Heinz-Joachim Neubürger* wegen Steuerhinterziehung Gugunsten von Siemens und Verletzung der Aufsichtspflicht wurde im Jahr 2011 ebenfalls gegen eine Geldauflage eingestellt, s. https://de.wikipedia.org/wiki/Heinz-Joachim_Neub%C3%BCrger (zuletzt aufgerufen am 25.04.2017). Der frühere Zentralvorstand *Johannes Feldmayer* wurde im sog. Fallkomplex Siemens/AUB vom LG Nürnberg-Fürth zu einer Freiheitsstrafe von zwei Jahren auf Bewährung verurteilt, s. ArbuR 2010, 35 ff.; zur Revision des mitangeklagten früheren AUB-Vorsitzenden *Wilhelm Schelsky* s. BGH NJW 2011, 88 ff. Im letzten Verfahren gegen einen (früheren) Siemens-Zentralvorstand in Deutschland hat das Landgericht München *Uriel Sharef* wegen vermeintlicher Bestechungszahlungen in Argentinien (u.a. an den damaligen Staatspräsidenten Carlos Menem) im Mai 2014 freigesprochen, s. http://www.handelsblatt.com/unternehmen/industrie/siemens-prozess-richterin-macht-sharef-anklaegerlaecherlich/9970032.html (zuletzt aufgerufen am 25.04.2017). Die Revision der Staatsanwaltschaft war jedoch erfolgreich und der BGH ordnete daher im September 2016 einen neuen Prozess an, s. http://www.faz.net/aktuell/wirtschaft/ex-siemens-vorstand-uriel-sharef-muss-wieder-vor-gericht-14422859.html (zuletzt aufgerufen am 25.04.2017). Bei dem (letztlich nicht erlangten) Auftrag ging es um die

insbesondere die Affäre bei Siemens führten in der Folge zu einer zunehmend zu beobachtenden „Privatisierung der Strafverfolgung", deren Folgen auch heute noch immer nicht gesetzlich „eingefangen" worden sind.[17]

Jahre nach dem „Siemens-Skandal" wurde ab September 2015 die als „Dieselgate" bezeichneten Vorgänge innerhalb der Volkswagen AG (und – wie in der Folge bekannt wurde – weiterer Automobilhersteller) bekannt, bei dem Angestellte durch Installierung einer illegalen Abschalteinrichtung (Software) in der Motorsteuerung internationale Abgasnormen umgehen wollten.[18] Die Kosten für Volkswagen gingen auch hier – soweit abgeschlossen und absehbar – in den deutlich zweistelligen Milliardenbereich;[19] das Unternehmen wurde zudem ähnlich wie Siemens und andere zuvor unter die Überwachung amerikanischer Behörden gestellt.[20]

Es ist wohl vor allem der immense wirtschaftliche Schaden, der Unternehmen bei einem zu „laxen" Umgang seiner Angestellten mit Recht und Gesetz droht, der eine enorme Brisanz in sich birgt. Mag ein Gesamtschaden in zehnstelliger Höhe für einen Weltkonzern wie Siemens noch zu verkraften sein, können für kleinere Unternehmen auch schon erheblich niedrigere Geldbußen und Kosten infolge von fehlender Rechtskonformität in der Vergangenheit

---

Herstellung von fälschungssicheren Pässen für alle Argentinier, woran Siemens eine Milliarde Dollar verdienen sollte.

17 Siehe hierzu auch *Momsen*, FS Rössner, 871 ff.; *Taschke* NZWiSt 2017, 274 (275 f.) sieht nach den jüngsten Entwicklungen im Korruptionsstrafrecht und im Geldwäscherecht nun den Beginn einer zweiten Phase der Privatisierung der Strafverfolgung aufziehen.

18 S. hierzu https://de.wikipedia.org/wiki/Abgasskandal (zuletzt aufgerufen am 28.04.2017).

19 S. hierzu http://www.spiegel.de/wirtschaft/unternehmen/abgasaffaere-volkswagen-erwarten-mehr-als-20-milliarden-dollar-kosten-a-1100174.html (zuletzt aufgerufen am 28.04.2017) und http://www.spiegel.de/wirtschaft/unternehmen/volkswagen-die-juristischen-fronten-im-vw-skandal-a-1212826.html (zuletzt aufgerufen am 14.06.2018); in Deutschland erging im Juni 2018 ein Bußgeldbescheid in Höhe von einer Milliarde Euro durch die Staatsanwaltschaft Braunschweig, wovon 5 Millionen Euro auf den somit bis zum gesetzlichen Höchstmaß ausgeschöpften Ahndungsteil und 995 Millionen Euro auf den Abschöpfungsteil entfielen, s. http://www.spiegel.de/wirtschaft/unternehmen/vw-dieselaffaere-volkswagen-muss-eine-milliarde-bussgeld-zahlen-a-1212807.html (zuletzt aufgerufen am 14.06.2018).

20 http://www.lto.de/recht/kanzleien-unternehmen/k/volkswagen-abgasaffaere-larry-dean-thompson-compliance-monitor-vw/?r=rss&utm_source=business_daily&utm_medium=email&utm_campaign=business_daily_2017 _4_25# (zuletzt aufgerufen am 28.04.2017); dazu ausführlich *Waltenberg* CCZ 2017, 146 ff.

den wirtschaftlichen Ruin bedeuten. Nicht unerwähnt bleiben darf in diesem Zusammenhang, dass neben den erwähnten unmittelbaren Kosten auch bedeutende immaterielle Schäden entstehen können, die sich dann wiederum mittelbar als materielle Schäden auswirken, insbesondere wenn die Reputation eines Unternehmens schweren Schaden nimmt. Hier kann bereits die Einleitung eines Ermittlungsverfahrens mit einem entsprechenden medialen Echo zu verheerenden Konsequenzen für das Unternehmen führen, wenn das Image einer Marke eines Unternehmens beschädigt wird und sich die Kunden daher von dem Produkt abwenden oder Investoren an den Finanzmärkten ihr Vertrauen in das Unternehmen verlieren und dieses daher unter Kursverlusten zu leiden hat.[21] Nach einer Studie der Martin-Luther-Universität Halle-Wittenberg und der Wirtschaftsprüfungsgesellschaft PricewaterhouseCoopers berichteten 41 % der befragten und von Wirtschaftskriminalität betroffenen Unternehmen von mittelschweren bis gravierenden Reputationsverlusten sowie 12 % der befragten börsennotierten Unternehmen über einen Rückgang des Aktienkurses infolge aufgedeckter Straftaten.[22] Weiterhin ist der Verlust von weltweit vernetztem Führungspersonal durch Erfüllung von Auflagen insbesondere der SEC, Verlust von Märkten infolge von öffentlichen oder privaten Vergabesperren und Blacklisting oder Schwächung des „Arbeitgeber-Brands" bei stark nachgefragtem Personal zu befürchten.[23]

Infolge der hier nur kurz skizzierten Entwicklung der vergangenen Jahre kam es zu (teils völlig neuen, zum Teil aber möglicherweise auch nur neu eingekleideten) juristischen Fragen speziell im Zusammenhang mit Straftaten, die in Unternehmen oder aus ihnen heraus begangen werden. Dabei geht es – sehr vereinfacht ausgedrückt – um die Frage, welche Vorkehrungen Unternehmen bzw. die für sie handelnden Organe und Angestellten zur Prävention potentieller künftiger Straftaten treffen müssen und welche Maßnahmen sie, sollte der Verdacht eines Verstoßes aufkommen, verpflichtet sind zu ergreifen, um diese möglichen Straftaten aufzuklären.

Die skizzierte Thematik ist eng mit der Frage verwandt, wie straf- und zivilrechtliche Haftung in Unternehmen ausgestaltet werden soll, was wiederum in engem Zusammenhang mit der Zunahme des Merkmals der „Arbeitsteilung" in nahezu sämtlichen wirtschaftlichen und gesellschaftlichen Prozessen steht. In den modernen, hochgradig durchorganisierten Gesellschaften der Gegenwart ist

---

21 *Bock* ZIS 2009, 68 (69).
22 Wirtschaftskriminalität (2011), 24.
23 *Benz/Klindt* BB 2010, 2977 (2978).

Arbeitsteilung eines der wichtigsten wirtschaftlichen Kennzeichen überhaupt.[24] Unter Arbeitsteilung wird generell die Aufgliederung eines wirtschaftlichen Produktions- oder Verwaltungsprozesses in ineinandergreifende Tätigkeiten verstanden, die erst in ihrer Gesamtheit den angestrebten Leistungseffekt bewirken.[25] Arbeitsteilung innerhalb eines Unternehmens bedeutet, dass der einzelne Mitarbeiter und seine Aufgaben nicht isoliert betrachtet werden können, sondern er in eine – immer komplexer werdende – innerbetriebliche Gesamtaktivität eingebunden ist.[26] Im Gegensatz zu dieser kollektiven Betrachtungsweise der Organisationssoziologie steht das seit jeher auf die individuelle Verantwortung einer einzelnen natürlichen Person fokussierte strafrechtliche Verantwortungsmodell.[27] Teilweise wird daher behauptet, die althergebrachten strafrechtlichen Muster von Täterschaft und Teilnahme würden diese Organisationsmodelle nicht mehr richtig erfassen können.[28] Dem ist zuzugeben, dass der klassische strafrechtliche Ansatz mit einem (tatnächsten) Haupttäter, von dem ausgehend man weitere Tatbeteiligte dingfest machen kann (im Bereich der Wirtschaft auch Bottom-up-Ansatz genannt), heute vor allem in der Ermittlungspraxis zunehmend auf den Kopf gestellt wird.[29] Der Bottom-up-Ansatz wird hier daher immer häufiger von einer Top-down-Betrachtung verdrängt.[30] Die rechtsdogmatischen Probleme sind damit aber freilich noch lange nicht abschließend gelöst, sie beginnen vielmehr erst: Infolge der Arbeitsteilung entsteht zunehmend eine Diversifikation von Arbeit, die durch die Organisationsprinzipien der funktionellen Differenzierung und der Dezentralisierung der Handlungs- und Entscheidungsprozesse im Unternehmen gekennzeichnet ist.[31] Funktionelle Differenzierung bedeutet hierbei, dass mit der zunehmenden Arbeitsteilung insbesondere in Großunternehmen eine Aufteilung nach Kompetenz, Arbeitsinhalt und Verantwortung vorgenommen werden muss.[32] Aus leicht nachvollziehbaren Gründen potenzieren sich diese Schwierigkeiten bei Zugrundelegung von

---

24 *Dahrendorf*, Sozialstruktur, 17 f.
25 *Dahrendorf*, Sozialstruktur, 17.
26 *Schmidt-Salzer* NJW 1988, 1937 (1938).
27 Siehe dazu *Alexander*, Verkehrssicherungspflichten, 41 m.w.N.
28 *Rotsch*, Einheitstäterschaft (passim).
29 *Alexander*, Verkehrssicherungspflichten, 46 f.
30 Ausführlich und auch zur grundsätzlichen Kritik an diesem Ansatz *Bock*, Criminal Compliance, 282 ff.
31 *Alexander*, Verkehrssicherungspflichten, 38.
32 *Alexander*, Verkehrssicherungspflichten, 38.

komplexen und in vielfältigen Erscheinungsformen auftretenden Organisationen wie Konzernen noch einmal um ein Vielfaches.

Der Ablauf und die juristische Aufarbeitung der „Siemens-Korruptionsaffäre" können an verschiedenen Stellen zur Veranschaulichung der ausgewählten Thematiken herangezogen werden. Es soll hier nämlich zunächst der Frage nachgegangen werden, inwieweit die Leitungsebene eines Unternehmens die Rechtspflicht trifft, Straftaten von Mitarbeitern gegenüber dem Unternehmen und gegenüber Dritten zu verhindern. In einem Korruptionsfall wie dem Fall Siemens stellt sich in diesem Zusammenhang die Frage, ob und welche Maßnahmen der Siemens-Vorstand hätte ergreifen müssen, damit er (und infolgedessen regelmäßig auch der Konzern selbst[33]) einer strafrechtlichen bzw. ordnungswidrigkeitenrechtlichen und anderweitigen Haftung hätte entgehen können. In diesem Zusammenhang hat sich in der betriebswirtschaftlichen und juristischen Literatur in den vergangenen Jahren und Jahrzehnten der aus der angelsächsischen Rechtsterminologie stammende Begriff der „Compliance" eingebürgert.

Ging es dabei zunächst vor allem um die innere Ordnung des Unternehmens und seine positive Darstellung nach außen, ist im Laufe der Zeit über das „Scharnier" des Straf- und Ordnungswidrigkeitenrechts die Vermeidung staatlicher Sanktionen in den Vordergrund gerückt.[34] So erscheint es fast grotesk, dass ein deutscher Mittelständler noch im Jahr 2010 freimütig das Bestehen und den Ablauf von korruptiven Handlungen aus seinem Unternehmen heraus in einem Zeitungsinterview kundtat, und damit freilich vorhersehbar sogleich die ortsansässige Staatsanwaltschaft auf den Plan rief.[35] Zu der Veränderung des Verständnisses von Compliance dürften die schon angesprochenen öffentlich bekannt gewordenen Vorgänge in prominenten deutschen Unternehmen als ein abschreckendes Beispiel für die Folgen fehlender bzw. fehlerhafter Compliance entscheidend beigetragen haben. Neben der Unterlassensstrafbarkeit nach § 13 StGB[36] sind in diesem

33 S. zum Zusammenhang der Verletzung der Aufsichtspflicht durch die Unternehmensführung und einer Bebußung des Unternehmens auch *Többens,* NStZ 1999, 1 ff.

34 *Rau*, Compliance, 21 ff. (insbes. Fn. 58).

35 Diese stellte das Verfahren schließlich gegen Zahlung einer Geldauflage in Höhe von 50.000 Euro nach § 153a StPO eins, s. http://www.handelsblatt.com/unternehmen/industrie/korruptionsaffaere-50-000-euro-strafe-fuer-mittelstaendler-vietz/4670464.html; zu dem das Verfahren auslösenden Interview siehe http://www.handelsblatt.com/unternehmen/mittelstand/eginhard-vietz-der-kampf-gegen-schmiergeld-ist-reine-heuchelei/3512132.html und http://www.handelsblatt.com/unternehmen/management/razzia-beim-mittelstaendler-eginhard-vietz-dann-gehe-ich-eben-ins-gefaengnis/3520220.htmlb (jeweils zuletzt aufgerufen am 13.06.2016).

36 Paragraphen ohne Angaben sind im Folgenden solche des Strafgesetzbuchs (StGB).

Zusammenhang auch die ordnungswidrigkeitsrechtlichen Tatbestände der §§ 130 und 30 OWiG gewiss nicht unbedeutend. In diesem Zusammenhang sei auch die in dem Koalitionsvertrag zur Großen Koalition von 2018 (erneut) erklärte Absicht erwähnt, eine Neuregelung des Sanktionenrechts für Unternehmen durchzuführen; dabei dürfte auch der (in dieser langjährigen Debatte jüngste) Kölner Entwurf eines Verbandssanktionengesetzes eine gewichtige Rolle spielen.[37] Auf die Regelungen des Ordnungswidrigkeitenrechts de lege lata wird an geeigneter Stelle in dieser primär strafrechtlich ausgerichteten Arbeit immer wieder zurückzukommen sein.

An diese – noch nicht abgeschlossene – Entwicklung anknüpfend geht es in der vorliegenden Arbeit auch darum, einen Beitrag zur Versachlichung – im Sinne einer Ver(straf)rechtlichung – der Debatte um den Begriff „Compliance" zu leisten. Dabei wird – anknüpfend an die gegenwärtige Debatte[38] – die Frage der Verhinderung von Kriminalität zu Gunsten des Unternehmens (sog. „Entlastungskriminalität"[39]) schwerpunktmäßig behandelt, während der Frage der Bekämpfung von Straftaten zu Lasten des eigenen Unternehmens (sog. „Belastungskriminalität"[40]) eine geringere Bedeutung zukommen wird.

Nicht zuletzt die Frage, inwieweit sich ein zur Sicherung der Rechtstreue des Unternehmens eingestellter „Compliance Officer" strafbar machen kann, wenn er nicht die von ihm wegen seiner Stellung im Unternehmen erwarteten Maßnahmen zur Verhinderung von Straftaten ergreift, ist in den letzten Jahren in diesem Zusammenhang in den Mittelpunkt des Interesses gerückt. Der 5. Strafsenat des Bundesgerichtshofs[41] hat mit seinem Urteil vom 17.07.2009 obiter dictu festgestellt, dass „derartige [Compliance-]Beauftragte regelmäßig strafrechtlich eine Garantenpflicht im Sinne des § 13 Abs. 1 StGB" trifft. Dies sei „die notwendige Kehrseite ihrer gegenüber der Unternehmensleitung übernommenen Pflicht, Rechtsverstöße und insbesondere Straftaten zu unterbinden".[42] Dieses Urteil führte in der Praxis zu großer Beunruhigung[43] und zu einer breiten und noch nicht abgeschlossenen Diskussion in der Wissenschaft um die

---

37 S. dazu die Darstellung und Erläuterungen bei *Henssler/Hoven/Kubiciel/Weigend* NZWiSt 2018, 1 ff.; s. ferner noch *Beisheim/Jung* CCZ 2018, 63 ff. und *Jahn/Schmitt-Leonardy/Schoop* wistra 2018, 27 ff.

38 S. (skeptisch) *Bock*, Criminal Compliance, 23 ff.

39 *Bock*, Criminal Compliance, 23 m.w.N.

40 *Bock*, Criminal Compliance, 23 m.w.N.

41 BGH wistra 2009, 433 (435).

42 BGH wistra 2009, 433 (435).

43 S. (wenn auch in der Bewertung eher skeptisch) *Mosbacher/Dierlamm* NStZ 2010, 268.

Strafbarkeitsrisiken des Compliance Officers.[44] Hierbei drängte sich manchmal der Eindruck auf, dass die Aufregung (möglicherweise bewusst) „herbeigeredet" wird, um ein Geschäftsmodell anzupreisen, mit dem sich viel Geld verdienen lässt. Dass das BGH-Urteil aber auch in der Unternehmenspraxis durchaus Widerhall gefunden hat, zeigen Untersuchungen zu diesem Thema.[45] Freilich gab es auch schon zu früheren Zeiten bahnbrechende Urteile in diesem Bereich, den man neudeutsch mit „Compliance" bezeichnet, wie das Lederspray-Urteil aus dem Jahr 1990.[46] Damals hieß es „nach dem Lederspray-Urteil sind Produkt- und Umweltschutz jetzt Chefsache".[47] Durch das BGH-Urteil zum Compliance-Beauftragten gilt also möglicherweise nur wie früher, dass nicht so sehr die rechtlichen Grundsatzfragen wirklich neu bewertet worden sind, sondern vielmehr ein Problem das Interesse der Strafverfolgungsorgane auf sich gezogen hat und infolgedessen das Verfolgungsrisiko in der Praxis steigt oder auch erst entsteht.[48]

Bei der Einrichtung einer Compliance-Abteilung im Unternehmen stellt sich darüber hinaus die Frage, inwieweit diese zur Entlastung der Leitungsebene eines Unternehmens führen kann: Einerseits unter dem Aspekt, welche „Kernkompetenzen" beispielsweise der Überwachung stets bei der Unternehmensführung verbleiben müssen und andererseits im Hinblick auf die Frage, mit welchen Kompetenzen und Mitteln eine (wie auch immer genannte und wo auch immer innerhalb des Unternehmens angesiedelte) „Compliance-Abteilung" ausgestattet werden muss, damit sie ihre Ziele auch wirksam erreichen kann, und somit letztlich den Vorstand oder Geschäftsführer vor einer potentiellen strafrechtlichen Haftung bewahren kann. Hierbei spielt insbesondere die Unabhängigkeit des Compliance Officers bzw. seine Stellung im Unternehmen eine große Rolle. In den letzten Jahren hat sich das Bild hier dramatisch verändert: Kam es bei Etablierung der ersten Compliance-Abteilungen im deutschen Kreditwesen noch vor, an anderen Stellen nicht sinnvoll verwendbare

---

44 S. statt aller *Rönnau/Schneider* ZIP 2010, 53 ff.; *Ransiek* AG 2010, 147 ff.; *Momsen* FS Puppe, 751 ff.; *Mosbacher/Dierlamm* NStZ 2010, 268 ff.

45 Siehe dazu ausführlich *Hastenrath* CCZ 2011, 32 ff.

46 BGHSt 37, 106 ff. = NStZ 1990, 588 ff.

47 *Schmidt-Salzer* BB 1992, 1866 (1870); *ders.* NJW 1994, 1305 (1311).

48 *Schmidt-Salzer* BB 1992, 1866 (1870); *Alexander*, Verkehrssicherungspflichten, 48; siehe auch die zivilgerichtliche Entscheidung des LG München I NZWiSt 2014, 183 (190): „Neu ist die Begrifflichkeit der „Compliance", nicht jedoch der dahinterstehende Grundgedanke, (…) dass (…) die zu beachtenden gesetzlichen Vorgaben auch tatsächlich eingehalten werden."

Mitarbeiter im Compliance-Bereich zu „parken", wurde mit der Zeit Compliance zunehmend als Teil der Rechtsabteilung aufgefasst. In den letzten Jahren geht der Trend – zumindest in Großunternehmen – hingegen zu einer unabhängigen und eigenständigen Compliance-Abteilung als Stabsstelle. Dass eine solche Compliance-Abteilung positive Ergebnisse hervorbringen kann, zeigt möglicherweise der von Siemens noch vor Auszahlung von Geldern aufgedeckte Fall einer Bestechungsvereinbarung von Mitarbeitern des Konzerns und Mitarbeitern des kuwaitischen Energie- und Wasserministeriums durch die hauseigene Compliance-Abteilung und die Einschaltung der Staatsanwaltschaft durch das Unternehmen.[49]

Für die Geschäftsleitung wie den Compliance-Beauftragten eines Unternehmens stellt sich zudem die Frage, was zu tun ist, wenn Anhaltspunkte dafür vorliegen, dass es bereits zu Straftaten im Unternehmen gekommen ist, dass Kind gleichsam bereits in den Brunnen gefallen ist bzw. zumindest zu fallen droht. Dieser Aspekt, der zunächst einmal wegen einer möglicherweise aus einem Nichthandeln entstehenden Beteiligung an der Tat selbst oder für möglicherweise durch mangelndes Einschreiten mitverursachte Straftaten in der Zukunft die Frage der strafrechtlichen Haftung des Geschäftsherrn bzw. der von ihm beauftragten Personen berührt, führt auch zu der teilweise miteinzubeziehenden Frage, welche Maßnahmen z.B. ein Compliance-Beauftragter bei der Aufklärung möglicher Straftaten noch ergreifen darf und welche bereits die Grenze der rechtlichen Zulässigkeit überschreiten.

Das in dieser Arbeit spezifisch behandelte Thema „Compliance" ist spätestens seit dem „Siemens-Skandal" in aller Munde und soll im Folgenden einmal genauer unter die Lupe genommen werden. Wörtlich übersetzt bedeutet dieser vom englischen Verb „to comply (with something)" abgeleitete Terminus so viel wie Komplianz, Einhaltung, Befolgung oder Übereinstimmung.[50] Den Begriff kann man folglich vorläufig definieren als die „Einhaltung von Regeln" (= Ge- und Verbote in Bezug auf Unternehmen).[51] Im Bereich der Medizin ist der Begriff schon länger bekannt unter der Bedeutung der „zuverlässigen Befolgung der therapeutischen Anweisung"[52]; er fand mit diesem Bedeutungsgehalt auch Eingang in die Rechtsprechung des Bundesverfassungsgerichts.[53] Insbesondere

49 Siehe dazu Financial Times Deutschland v. 10.06.2011, S. 1 und Süddeutsche Zeitung v. 11./12./13.2011, S. 29.

50 Hauschka/Moosmayer/Lösler/*Hauschka/Moosmayer/Lösler*, Corporate Compliance, § 1 Rn. 2; *Rau*, Compliance, 21.

51 *Grützner/Jakob*, Compliance von A–Z, 60.

52 S. *Hauschka* NJW 2004, 257 unter Hinweis auf OLG Hamburg GRUR-RR 2003, 105

53 BVerfG, Beschl. vom 28.01.2013 – 1 BvR 274/12, Rn. 2 ff.

wohl für die unternehmerische und betriebswirtschaftliche Debatte nicht ganz unzutreffend konstatiert *Kuhlen*[54], dass sich „in [diesem] semantischen Feld (...) neben der Corporate Compliance etwa noch Criminal Compliance, Corporate Governance, Business Ethics, Corporate Responsibility, Risk-Management, Legal Management, Value-Management, Integrity-Codes, Codes of Conduct, Best Practice und andere rechtsheischende Anglizismen tummeln, die einander stark ähneln und sich weitgehend überschneiden". Nicht ohne Ironie stellt er weiter fest, dass das alles „terminologisch von großer Beliebigkeit" sei und „der einzig klare Fehler in diesem Zusammenhang wohl der Versuch [wäre], deutsche Begriffe zu verwenden."[55] Nicht ganz zu Unrecht sprach *Rau*[56] daher zu Beginn der Debatte in diesem Zusammenhang von Compliance als einem „Modewort". Manchmal trieb die „neuentdeckte Welt" auf den ersten Blick tatsächlich skurril erscheinende Blüten: So gab und gibt es beispielsweise eine eigene englischsprachige Website, die sich des Themas angenommen hat.[57] Gleichzeitig werden auch in Deutschland mittlerweile zahlreiche Postgraduiertenstudiengänge mit dem Schwerpunkt Compliance angeboten, wie von der DUW in Berlin mit dem Abschluss Master of Arts, von der Berliner School of Governance, Risk & Compliance (Steinbeis-Hochschule) mit einem MBA-Abschluss oder von der Frankfurt School of Finance and Mangement das von *Jürgen Pauthner* geleitete Studienprogramm mit dem Abschluss „Certified Compliance Professional".[58] Seit dem Jahr 2011 wird in Deutschland auch eine Zertifizierung von Compliance-Strukturen durch den TÜV-Rheinland („Compliance Care")[59] und vom Institut der Wirtschaftsprüfer (IDW) unter dem Namen IDW PS 980[60] angeboten.[61] International wurde am 05.12.2014 die ISO-Norm 19600 zu Compliance-Maßnahmen verabschiedet, welche Richtlinien für den Einsatz

54 *Kuhlen*, in: Maschmann, Corporate Compliance und Arbeitsrecht, 11.

55 *Kuhlen*, in: Maschmann, Corporate Compliance und Arbeitsrecht, 11.

56 *Rau*, Compliance, 20.

57 www.wecomply.com (zuletzt aufgerufen am 12.07.2011).

58 Siehe auch die Übersicht der verschiedenen Ausbildungsangebote in BB, Sonderheft Qualifizierung und Weiterbildung Compliance (November 2012).

59 Siehe die TÜV Rheinland Standards für Compliance Management Systeme, kurz TR CMS 101:2011 unter http://www.tuv.com/media/germany/60_systeme/compliance/compliance_standard_tr.pdf (zuletzt aufgerufen am 11.10.2013).

60 http://www.idw.de/idw/portal/n281334/n281114/n302246/index.jsp (zuletzt aufgerufen am 11.10.2013).

61 Auch in Österreich findet sich seit Anfang 2013 eine derartige Zertifizierung nach der ONR 192050 – „Compliance Management Systeme" vom Austrian Standards Institute, s. http://www.pressetext.com/news/20130206017 (zuletzt aufgerufen am 11.10.2013).

von Compliance-Management-Systemen beinhaltet und deren Einhaltung man sich ebenfalls zertifizieren lassen kann.[62] Am 15.10.2016 verabschiedete die ISO dann darauf aufbauend als DIN-Norm den ISO 37001 (Anti-Korruptions-Management-Systeme).

Lag der Schwerpunkt der Debatte in dem umrissenen Bereich zunächst nicht im juristischen, sondern im betriebswirtschaftlichen Bereich der „Unternehmenspolicy"[63], so hat sich dieses Bild in den letzten Jahren stark verändert. In der rechtswissenschaftlichen Auseinandersetzung mit dem Phänomen der Compliance haben sich mittlerweile neben spezifisch Compliance-orientierten Fachzeitschriften[64] auch mehr oder weniger umfassende einschlägige Handbücher[65] etabliert. Spätestens seit dem Urteil des 5. Strafsenats des Bundesgerichtshofs[66] vom 17.07.2009 zur Garantenpflicht des Compliance Officers[67] zur Verhinderung von Straftaten im Unternehmen ist die Problematik dann endgültig von der Peripherie ins Zentrum der wirtschaftsstrafrechtlichen Diskussionen gerückt.[68] Darüber hinaus bedeutete das Urteil auch für die betroffenen Unternehmen und die für jene mit dem Problembereich Compliance befassten natürlichen Personen einen Einschnitt.[69] Die Entscheidung zeigt nämlich erstmals eindeutig auf, dass es sich bei der Implementierung von Compliance-Maßnahmen nicht nur um ein „unternehmenskosmetisches Mittel" oder eine Geste des „good will" handelt, welches die Reputation des Unternehmens in der Medienöffentlichkeit verbessern soll oder es nachträglich der Verteidigung ermöglicht, Zweifel an der subjektiven Zurechenbarkeit der begangenen Taten hin zur Unternehmensspitze zu mehren.[70] Daraufhin nahm die nach dem Siemens-Skandal begonnene

---

62 S. https://de.wikipedia.org/wiki/ISO_19600 (zuletzt aufgerufen am 07.05.2017).

63 S. *Rau*, Compliance, 21 f. (insbes. Fn. 58).

64 Vor allem die Corporate Compliance Zeitschrift – Zeitschrift zur Haftungsvermeidung im Unternehmen (CCZ) aus dem Beck-Verlag.

65 Zu den umfangreicheren gehören bspw. *Hauschka*, Corporate Compliance (1. Auflage 2007) und *Inderst/Bannenberg/Poppe*, Compliance (1. Auflage 2010); ferner stellten *Hüffer/Schneider* ZIP 2010, 55 bereits 2010 grundsätzlich zutreffend fest, dass nicht Betriebswirte, sondern nur Juristen für die Stelle eines Compliance Officers fachlich geeignet sind.

66 BGH wistra 2009, 433 (435).

67 Siehe dazu sogleich.

68 S. als Beispiele an dieser Stelle nur einige der Reaktionen auf das vorgenannte Urteil *Rönnau/Schneider* ZIP 2010, 53 ff.; *Ransiek* AG 2010, 147 ff.; *Momsen*, FS Puppe, 751 ff.; *Mosbacher/Dierlamm* NStZ 2010, 268 ff.

69 S. *Mosbacher/Dierlamm* NStZ 2010, 268.

70 *Momsen*, FS Puppe, 751 (765).

Compliance-Diskussion noch einmal verstärkt Fahrt auf. Nach mehreren Jahren der praktischen und wissenschaftlichen Debatte kann man festhalten, dass sich Compliance mittlerweile fest etabliert hat und zu einem eigenen Gebiet sowohl in der Unternehmenspraxis als auch in der Wissenschaft geworden ist.[71] Compliance ist dabei unter anderem auch als eine Erscheinungsform der Selbstregulierung und Privatisierung der Kriminalitätsprävention im Strafrecht zu sehen.[72] Dies wird besonders deutlich bei den bereits angesprochenen umfangreichen und kostenintensiven „Internal Investigations" deutscher Großunternehmen. Dies entspricht sowohl den Interessen des Staates als auch der Unternehmen, die Strafbarkeitsrisiken und damit einhergehende finanzielle Nachteile vermeiden wollen.[73] In diesem Zusammenhang spielt auch eine Rolle, dass der Staat mangels ausreichender Kapazitäten in bestimmten Teilbereichen, insbesondere im Wirtschaftsstrafrecht, kaum in der Lage ist, die Rechtsdurchsetzung in dem gebotenen Maße selbst zu gewährleisten und dies durch Maßnahmen der Selbstregulierung zu kompensieren versucht.[74] Dies darf aber nicht dahingehend missverstanden werden, dass Compliance einseitig auf staatliche Interessen zurückzuführen ist: Letztlich haben verschiedene Faktoren zum Aufstieg dieses „Phänomens" beigetragen, nicht zuletzt auch das Aufkommen von Skandalen mit großen wirtschaftlichen Schäden durch mangelhafte Compliance-Systeme und Haftungsprozesse von sich ihrer Rechte und Möglichkeiten bewusster werdenden Anlegern; daraus wurde der zutreffende Schluss gezogen, dass sich in vielen Unternehmen etwas grundsätzlich ändern muss, was die Entwicklung von Compliance nachhaltig förderte.[75]

Nicht vergessen werden sollte jedoch, dass der seit gut 25 Jahren in Deutschland gebräuchliche Begriff der „Compliance" ursprünglich aus dem angelsächsischen Rechtskreis stammt.[76] In den Vereinigten Staaten, die häufig als „Mutterland" der Compliance bezeichnet werden, wurden Compliance-Programme vermutlich erstmals zu Zeiten des Kalten Krieges aufgelegt, damit Unternehmen eine Verhängung der scharfen Sanktionen der US-Exportkontrolle bzw. Verstöße (damals noch in Bezug auf den sowjetisch dominierten

71 Siehe auch *Wittig*, Wirtschaftsstrafrecht, § 6 Rn. 173; *Kölbel* ZStW 125 (2013), 499 ff.

72 *Saliger* RW 2013, 263 (283 f.); A/R/R/*Rotsch* Teil 1 Kap. 4 Rn. 41 m.w.N.

73 *Saliger* RW 2013, 263 (284).

74 *Saliger* RW 2013, 263 (284).

75 *Poppe* in: Inderst/Bannenberg/Poppe, Compliance, 2 f.

76 Hauschka/Moosmayer/Lösler/*Hauschka/Moosmayer/Lösler*, Corporate Compliance, § 1 Rn. 1 f.

Ostblock) gegen die Exportregeln vermeiden konnten.[77] In den USA wurde der Begriff „Compliance“ auch zum ersten Mal im Wirtschaftsrecht für die Einhaltung bestimmter Standards im Risikobereich des Bankgewerbes verwendet.[78] Es gibt in den USA für die dort geltende Unternehmensstrafe seit 1991 von der United States Sentencing Commission verabschiedete Strafzumessungsregeln (United States Sentencing Guidelines/USSG),[79] die sich verhältnismäßig umfangreich zum Thema „Compliance“ äußern. Im achten Kapitel enthalten die Guidelines strafzumessungsrechtliche Regelungen für juristische Personen.[80] Die schon oben angesprochenen Bilanzfälschungsskandale in den USA führten zu einer Verschärfung der USSG im Jahr 2004.[81] In den Richtlinien werden Anforderungen genannt, die an ein wirkungsvolles Compliance-Programm zu stellen sind und sie bieten somit Unternehmen ein gewisses Maß an Orientierung und Rechtssicherheit.[82] Die Existenz eines effektiven Compliance-Systems wirkt sich dabei nach den USSG – ausgehend von einem standardisierten Schuldwert („culpability score“) – für das Unternehmen strafmildernd aus, während die Abstinenz eines solchen Systems einen strafschärfenden Umstand darstellt;[83] das Fehlen eines Compliance-Programms führt für Unternehmen mit mindestens 50 Beschäftigten gar dazu, dass eine „organisational probation“, also eine Art Strafaussetzung zur Bewährung, nicht mehr möglich ist.[84] Verschärft wurden die Compliance-Anforderungen für in den USA börsennotierte (auch ausländische)

77 Hauschka/Moosmayer/Lösler/*Hauschka/Moosmayer/Lösler*, Corporate Compliance, § 1 Rn. 73.

78 *Engelhart*, Sanktionierung und Compliance, 41; zur längeren Vorgeschichte eines Compliance-Ansatzes im weiteren Sinne siehe aber auch *ders.*, Sanktionierung und Compliance, 285 ff.

79 A/R/R/*Rotsch* Teil 1 Kap. 4 Rn. 20; die USSG können in ihrer jährlich aktualisierten Fassung abgerufen werden unter http://www.ussc.gov/Guidelines/index.cfm (zuletzt aufgerufen am 03.03.2017).

80 Hauschka/Moosmayer/Lösler/*Hauschka/Moosmayer/Lösler*, Corporate Compliance, § 1 Rn. 74; s. hierzu im Detail die Darstellungen bei *Engelhart*, Sanktionierung u. Compliance, 154 ff. und *Momsen/Tween*, in: Hdb. CC § 30 Rn. 16 ff.

81 Hauschka/Moosmayer/Lösler/*Hauschka/Moosmayer/Lösler*, Corporate Compliance, § 1 Rn. 74.

82 Hauschka/Moosmayer/Lösler/*Hauschka/Moosmayer/Lösler*, Corporate Compliance, § 1 Rn. 74.

83 Dazu ausführlich *Momsen/Tween*, in: Hdb. CC § 30 Rn. 16 ff.

84 Hauschka/Moosmayer/Lösler/*Hauschka/Moosmayer/Lösler*, Corporate Compliance, § 1 Rn. 74 f.

Unternehmen 2002 durch den Sarbanes Oxley Act.[85] Von besonderer Bedeutung sind aus diesem Gesetz insbesondere u.a. die in Section 404 geregelten Pflichten zur Schaffung interner Kontrollsysteme und die in Section 301 geregelte Pflicht zur Einführung eines Whistleblowing-Systems im Unternehmen.[86] Für deutsche Unternehmen, die an der US-Börse gelistet sind bzw. waren[87] und in den letzten Jahren Ermittlungen der SEC ausgesetzt waren, hat aus dem US-amerikanischen Recht ferner insbesondere der Foreign Corrupt Practices Act (FCPA) von 1977 immense Bedeutung erlangt, der u.a. die Bestechung ausländischer Amtsträger unter Strafe stellt, was seit 1998 auch für Nicht-US-Bürger gilt, die – wie deutsche Unternehmen durch ihre Börsennotierung an der NYSE – der amerikanischen Jurisdiktion unterliegen, und die Unternehmen zur Vornahme interner Kontrollen zur Vermeidung von Bestechungsfällen verpflichtet.[88] Im Jahr 2013 wurden schließlich vom US-Justizministerium und der SEC gemeinsam der „Ressource Guide to the FCPA"[89] veröffentlicht, von dem sich ein eigenes Kapitel mit „Corporate Compliance Programs" beschäftigt.[90] Auch wenn dieses jüngere Versatzstück US-amerikanischer Compliance-Vorschriften inhaltlich diesbezüglich nicht viel neues gebracht hat, ist doch der Hinweis von Bedeutung, dass nicht nur das „wie", sondern auch das „ob" einer Sanktionierung von Unternehmen von etwaigen Compliance-Maßnahmen abhängt.[91]

Ein einheitliches Compliance-System für alle Regelungsbereiche hat sich jedoch auch in den USA im Laufe der Jahre nicht entwickelt.[92] Auch wenn die

---

85 *Rieder* in: Inderst/Bannenberg/Poppe, Compliance, 26 f.; benannt ist das Gesetz nach dem demokratische Kongressabgeordneten Paul S. Sarbanes und seinem republikanischen Amtskollegen Michael Oxley; Gesetzestext zu finden unter http://taft.law.uc.edu/CCL/SOact/soact.pdf (aufgerufen am 03.03.2011).

86 *Rieder* in: Inderst/Bannenberg/Poppe, Compliance, 26 f.

87 In den letzten Jahren haben sich Daimler, die Allianz, Eon, Infineon, Bayer, BASF und die Deutsche Telekom von der Wall Street zurückgezogen. In New York waren daher nach den genannten Delistings nur noch die Deutsche Bank, Fresenius Medical Care, Siemens und SAP börsennotiert [s. http://www.fr-online.de/wirtschaft/new-yorker-boerse-daimler-folgt-delisting-vieler-dax-konzerne,1472780,4458302.html (zuletzt aufgerufen am 10.04.2018)].

88 A/R/R/*Rotsch* Teil 1 Kap. 4 Rn. 18.

89 Der Text ist auf der Homepage des US-Justizministeriums zu finden, www. justice.gov/criminal/fraud/fcpa/guidance (zuletzt aufgerufen am 10.04.2018).

90 Hauschka/Moosmayer/Lösler/*Hauschka/Moosmayer/Lösler*, Corporate Compliance, § 1 Rn. 79.

91 Hauschka/Moosmayer/Lösler/*Hauschka/Moosmayer/Lösler*, Corporate Compliance, § 1 Rn. 79.

92 A/R/R/*Rotsch* Teil 1 Kap. 4 Rn. 22.

USA gewissermaßen das „Mutterland" der Compliance sind und auch andere Länder – wie Deutschland – von der vielfältigen Erfahrung der US-Amerikaner zweifellos profitieren könn(t)en[93] und mittlerweile auch ein großer Erfahrungsschatz (zumindest früher oder noch heute börsengelisteter) deutscher Konzerne, die auf dem US-Markt agieren, mit dem amerikanischen Unternehmensstrafrecht vorhanden ist, so ist doch vor einer „blinden" Übernahme US-amerikanischer Standards in das deutsche Rechtssystem zu warnen. Dies ergibt sich zum einen aus den Besonderheiten der jeweiligen Sanktionensysteme und zum anderen aus den zum Teil möglicherweise differierenden rechtsstaatlichen Vorstellungen von den rechtlichen Grenzen interner Unternehmensermittlungen dies- und jenseits des Atlantiks.[94] Es bringt zwar gewiss Vorteile, wenn man das Strafrecht „als Mittel zur Unternehmensreform"[95] einsetzt, jedoch ist zugleich auf die Nachteile, wie das Zurückstellen der Unschuldsvermutung und des Nemo-tenetur-Grundsatzes bei der bereits im Ermittlungsverfahren von den Unternehmen verlangten Kooperation mit den staatlichen Behörden, hinzuweisen, da diese Hintanstellung rechtsstaatlicher Grundsätze unter anderem zu einer erheblichen „Rechtsunsicherheit" geführt hat.[96]

In der deutschen Unternehmenspraxis werden drei Wellen der Compliance-Implementierung festgemacht:[97] Wenig überraschend ist nach dem bisher Gesagten, dass die erste Welle eine Adaption der in den USA üblichen Standards beinhaltete. Katalysator dieser Entwicklung war insbesondere der Druck der amerikanischen Börsenaufsicht auf in Deutschland operierende Tochtergesellschaften amerikanischer Unternehmen, aber auch auf an der New Yorker Börse notierte deutsche Unternehmen.[98] In einer zweiten Welle wurden dann die Standards, die sich in der Bundesrepublik im Bereich der Banken- bzw. der Wertpapier-Compliance, der in der BRD wie in den USA eine Pionierrolle zugefallen ist, übernommen, während in der sich anschließenden dritten Welle die Ausschaltung spezifischer Korruptions- und Kartellrisiken durch Compliance

93 Dies betont *Rieder* in: Inderst/Bannenberg/Poppe, Compliance, 24.

94 So auch *Rau*, Compliance, 23 f. u. 27 f.; zu den Irritationen, die diese Unterschiede auslösen können und mit einer Darstellung der gegenwärtigen Rechtslage in Deutschland *Momsen/Grützner* CCZ 2017, 242 ff.; diese Unterschiede werden sicher auch durch die neue EU-Datenschutzgrundverordnung nicht weniger, zu deren Auswirkungen auf interne Untersuchungen ausführlich *Ströbel/Böhm/Breunig/Wybitul* CCZ 2018, 14 ff.

95 So A/R/R/*Rotsch* Teil 1 Kap. 4 Rn. 23.

96 S. auch A/R/R/*Rotsch* Teil 1 Kap. 4 Rn. 23.

97 *Benz/Klindt* BB 2010, 2977.

98 *Meier* NZA 2011, 779.

anvisiert wurde.[99] Ein enormer Schub, dessen Auswirkungen bis in den Mittelstand spürbar waren und sind, ging dabei gewiss von prominenten Fällen wie dem bei Siemens aufgedeckten Korruptionsnetzwerk aus.

Obwohl der Begriff „Compliance" in Deutschland mittlerweile zwar schon seit rund 30 Jahren in den Sprachgebrauch eingegangen ist,[100] ist dieser nun schon oft gefallene Begriff gesetzlich noch nicht definiert. Jedoch findet sich seit dem 20.07.2007 im Deutschen Corporate Governance Kodex (DCGK) ein Hinweis. Der Kodex geht auf eine von der damaligen Bundesministerin der Justiz Herta Däubler-Gmelin im September 2001 eingesetzte „Regierungskommission Deutscher Corporate Governance Kodex" zurück, wurde von der Kommission in seiner ursprünglichen Fassung am 26. Februar 2002 verabschiedet und anschließend von der Justizministerin im elektronischen Bundesanzeiger veröffentlicht.[101] Er enthält international und national anerkannte Standards guter und verantwortungsvoller Unternehmensführung, insbesondere Empfehlungen zum Verhalten des Vorstandes bzw. des Aufsichtsrates und für deren Zusammenarbeit sowie zu Informationspolitik, Rechnungsauslegung und zur Abschlussprüfung.[102] Der Ziffer 4.1.3 des Kodexes lässt sich die folgende an die vorherige wissenschaftliche Debatte anknüpfende Bestimmung entnehmen, aus der sich eine wesentliche Definitionshilfe für den Begriff „Compliance" ergibt: „Der Vorstand hat für die Einhaltung der gesetzlichen Bestimmungen und der unternehmensinternen Richtlinien zu sorgen und wirkt auf deren Beachtung durch die Konzernunternehmen hin (Compliance)". Compliance wird allgemein damit übereinstimmend definiert als die „Einhaltung von Regeln" (Ge- und Verbote) im Unternehmen, wobei als Regeln in diesem Sinne alle verbindlichen rechtlichen Vorgaben des Gesetz- oder Verordnungsgebers sowie rechtsverbindliche Aktivitäten von Aufsichtsbehörden und vertragliche Verpflichtungen erfasst werden,[103] also letztlich solche Pflichten, deren Verletzung Sanktionen für das Unternehmen nach sich ziehen können. Darüber hinaus spielen aber auch nicht auf gesetzlichen Vorgaben beruhende, jedoch häufig an diese anknüpfende

99 *Benz/Klindt* BB 2010, 2977.

100 *Engelhart*, Sanktionierung und Compliance, 41.

101 Siehe www.dcgk.de/de/kommission.html (zuletzt aufgerufen am 09.05.2018); auf jener Seite ist auch eine stets aktualisierte Fassung des Kodexes zu finden.

102 *Wagner*, Akzessorietät, 303.

103 Vgl. *Bürkle* BB 2007, 1797 (1798); *Grützner/Jakob*, Compliance von A-Z, 60; *Poppe* in: Inderst/Bannenberg/Poppe, Compliance, 1; *Rau*, Compliance, 21; *Schneider* ZIP 2003, 645 (646); *Passarge*, NZI 2009, 86.

unternehmensinterne (Verhaltens-)Regelungen und Richtlinien eine Rolle.[104] Darunter fallen beispielsweise Regelungen in der Satzung der Gesellschaft, in den kollektiv- wie individualarbeitsvertraglichen Regelungen, in der Geschäftsordnung und in den Arbeitsanweisungen oder Verhaltenskodizes (sog. „codes of conduct" oder „codes of ethics").[105] Hier ist auch die Einhaltung des grundsätzlich nicht rechtsverbindlichen Corporate Governance Codex zu erwähnen, über deren Einhaltung oder Nichteinhaltung Vorstand und Aufsichtsrat nach § 161 AktG jährlich eine Erklärung abzugeben haben („comply or explain").[106] Man mag einwenden, dass die These, (auch) Unternehmen müssten sich an Recht und Gesetz halten, auch in der neumodischen „Verpackung" der Compliance nicht sonderlich originell daherkommt;[107] jedoch ist mittlerweile auf breiter Front die Erkenntnis erwachsen, dass die bisherigen Maßnahmen der meisten Unternehmen schlicht nicht hinreichend geeignet waren, die für die Unternehmen bestehenden (haftungsrechtlichen) Risiken effektiv zu kontrollieren, wobei in diesem Zusammenhang den großen wirtschafts(strafrechtlichen) Skandalen der letzten Jahre die Wirkung eines Fanals zukam.[108] Über die bloße (zumindest was staatlich gesetztes Recht angeht) selbstverständliche[109] Befolgung von Regularien hinaus umfasst Compliance daher auch und vor allem die Frage, wie die Einhaltung der gesetzlichen Vorschriften und unternehmensinternen Richtlinien im Unternehmen sichergestellt werden kann, sowie alle Maßnahmen zur Risikofrüherkennung und -minimierung.[110] Es wird daher auch von Compliance als „institutionalisiertem Kontrollverfahren" gesprochen.[111] Damit steht aus der Sicht des Unternehmens insbesondere die Frage der (zivil-, straf-, ordnungswidrigkeitenrechtlichen) Haftungsvermeidung im Zusammenhang.

---

104 *Poppe* in: Inderst/Bannenberg/Poppe, Compliance, 1 f.; *Grützner/Jakob*, Compliance von A-Z, 60; *Rau*, Compliance, 21; *Schneider* ZIP 2003, 645 (646); *Passarge*, NZI 2009, 86.

105 *Bürkle* BB 2007, 1797 (1798); *Poppe* in: Inderst/Bannenberg/Poppe, Compliance, 1 f.

106 Hauschka/Moosmayer/Lösler/*Hauschka/Moosmayer/Lösler*, Corporate Compliance, § 1 Rn. 1.

107 *Schneider* ZIP 2003, 645 (646); *Poppe* in: Inderst/Bannenberg/Poppe, Compliance, 2.

108 So schon *Schneider* ZIP 2003, 645 (646); *Poppe* in: Inderst/Bannenberg/Poppe, Compliance, 3; als Beispiele seien die Skandale um Enron, Worldcom oder Siemens genannt.

109 *Schneider* ZIP 2003, 645 (646).

110 Hauschka/Moosmayer/Lösler/*Hauschka/Moosmayer/Lösler*, Corporate Compliance, § 1 Rn. 2 ff.; *von Hehn/Hartung* DB 2006, 1909 f.; *Passarge*, NZI 2009, 86.

111 *Casper*, FS K. Schmidt, 199 (202).

Im Rahmen der vorliegenden Untersuchung von Interesse werden insbesondere die Fragen sein, die sich auf die strafrechtliche Regelverletzung und die Vermeidung strafrechtlicher Regelverletzungen durch natürliche Personen, die im Zusammenhang mit ihrer Tätigkeit bei einem bzw. für ein Unternehmen handeln, beziehen. Man kann die Maßnahmen zur Verhinderung straf- und bußgeldbewehrter Handlungen in Unternehmen als „kriminalitätsbezogene Compliance-Systeme"[112] oder „Hard Compliance"[113] bezeichnen. Verbreitet ist auch der englische Begriff der „Criminal Compliance".[114] Laut einer Definition von *Rotsch* – mittlerweile von diesem selbst ergänzt, aber immer noch sehr prägnant – soll sich Criminal Compliance vom (alt-)bekannten Wirtschaftsstrafrecht dadurch unterscheiden, dass es „sämtliche notwendigen und zulässigen Maßnahmen zur Vermeidung strafrechtlicher Verantwortlichkeit von Unternehmensmitarbeitern aufgrund unternehmensbezogenen Verhaltens" mit umfasse.[115] Nach *Rotsch* ist hinsichtlich Criminal Compliance also zwischen Haftungs- und Verantwortlichkeitsprävention zu unterscheiden.[116] Ziel von Compliance ist demnach nicht nur die Vermeidung der Erfüllung von Straftatbeständen,[117] sondern – sobald der Verdacht einer Straftat aufkommt – auch das Hinwirken auf eine Verfahrenserledigung oder eine Strafmilderung.[118] Später verfeinerte *Rotsch* dann seine Definition – ohne ihren Grundtenor aufzugeben – dahin gehend, dass „Criminal Compliance [...] sämtliche objektiv ex ante notwendigen und ex post strafrechtlich zulässigen normativen, institutionellen und technischen Maßnahmen einer Organisation [beinhaltet], die an deren Mitglieder, den Staat oder die Öffentlichkeit gerichtet sind, um entweder a) präventiv das Risiko zu minimieren, durch die Organisation oder Mitglieder der Organisation eine organisationsbezogene Wirtschaftsstraftat unter Verstoß gegen in- oder ausländisches Recht zu begehen bzw. einen diesbezüglichen Anfangsverdacht entstehen zu lassen, oder b) repressiv die Chance zu erhöhen,

---

112 So *Rau*, Compliance, 22; *Bock*, Criminal Compliance, 22.

113 *Bock*, Criminal Compliance, 20, im Gegensatz zum sog. „Soft Compliance", das die nicht rechtsverbindlichen internen Regeln umfasst.

114 S. z.B. A/R/R/*Rotsch* Teil 1 Kap. 4 Rn. 32 ff.

115 A/R/*Rotsch* (3. Auflage) Teil 1 Kap. 4 Rn. 6, 25; s.a. *ders.* ZStW 125 (2013), 481 (494); *ders.* in Hdb. CC § 1 Rn. 11 ff., 39 ff. und A/R/R/*Rotsch* Teil 1 Kap. 4 Rn. 32 ff., 40; zur Entwicklung der Definition von *Rotsch* s.a. der Überblick bei dessen Schüler *Traudes*, Zertifizierung, 46 ff.

116 A/R/R/*Rotsch* Teil 1 Kap. 4 Rn. 33.

117 So aber wohl *Bock*, Criminal Compliance, 246.

118 A/R/R/*Rotsch* Teil 1 Kap. 4 Rn. 33.

eine (i. w. S. strafrechtliche) Sanktionierung im Konsens mit den Strafverfolgungsbehörden positiv zu beeinflussen, und damit letztlich c) den Unternehmenswert zu steigern".[119]

Diese Definition ist ganz gewiss grundsätzlich zielführend und zu begrüßen; sie darf aber nicht so missverstanden werden, dass sie nur die strafrechtliche Verantwortung im engeren Sinne bzw. die Vermeidung einer solchen erfassen würde, sondern muss darüber hinaus auch eine Verantwortungsvermeidung hinsichtlich des Ordnungswidrigkeitenrechts erfassen.[120] Zu weit erscheint die genannte Definition hingegen in einem anderen Bereich: Gewiss werden in der Praxis auch sog. „Internal Investigations" unter dem Begriff „Compliance" und regelmäßig von der entsprechenden Abteilung behandelt, und entsprechend zum Teil auch als „Compliance Investigations"[121] bezeichnet. Diese Einordnung kann für die wissenschaftliche Debatte auch auf jeden Fall insoweit zutreffen, als derlei Untersuchungen regelmäßig *auch* einen auf die Zukunft gerichteten, präventiven Effekt haben. Dementsprechend hat die Staatsanwaltschaft München I in einem Bußgeldbescheid gegen MAN zu Recht festgestellt, dass „unter den Begriff Compliance auch die Verfolgung und Aufklärung begangener Straftaten" falle, und es daher im konkret zu entscheidenden Fall im Hinblick auf die bußgeldrechtliche Sanktionierung relevant war, dass die unternehmensinterne Compliance-Abteilung „keine eigenen Ressourcen und Befugnisse hatte, eigenständige Untersuchungen anzustellen" und es ferner „kein angemessenes und geeignetes Sanktionsinstrumentarium" gegeben hat.[122] Ob man die unternehmensinternen Untersuchungen „primär auf der repressiven Ebene" ansiedeln möchte[123] oder der Auffassung zuneigt, dass bei internen Ermittlungen die „präventiven Zielsetzungen", wie die „Förderung der Unternehmenskultur" oder die Vermeidung von Sanktionen, „deutlich in den Vordergrund" rücken,[124] wird sich häufig einer generellen Beantwortung entziehen und vom Einzelfall abhängig sein. Beide Zielrichtungen (repressive wie präventive) werden häufig nebeneinander

119 *Rotsch*, in: Hdb. CC § 1 Rn. 61; A/R/R/*Rotsch* Teil 1 Kap. 4 Rn. 40.

120 So auch unmissverständlich *Rotsch*, in: Hdb. CC § 1 Rn. 49; s. dazu auch *Traudes*, Zertifizierung, 56 ff.

121 Siehe *Momsen* ZIS 2011, 508.

122 Auszug aus der Begründung des Bußgeldbescheides der Staatsanwaltschaft München I gegen die MAN Nutzfahrzeuge AG v. 10.12.2009, zitiert nach *Moosmayer* NJW 2012, 3013 (3014); zur Frage einer Sanktionspflicht s. auch *Reichert* ZIS 2011, 113 (119 f.); zur Problematik s.a. *Grützner*, in: Momsen/Grützner, 326 f.

123 So *Gerst* CCZ 2012, 1.

124 So *Momsen/Grützner* DB 2011, 1792.

stehen bzw. miteinander konkurrieren, sodass unternehmensinterne Ermittlungen regelmäßig eine gewisse Janusköpfigkeit aufweisen werden. Unstreitig ist – soweit ersichtlich – jedoch, dass das repressive Element den unternehmensinternen Ermittlungen eine derartige Sonderstellung im Bereich der Compliance verschafft, dass dieser Bereich zu einem bedeutenden eigenen Themenkomplex erwachsen ist. Richtigerweise kann man zwischen Compliance im engeren Sinne und unternehmensinternen Ermittlungen regelmäßig nicht sauber trennen, sondern muss – sofern auch eine präventive Zielrichtung gegeben ist – von einem Sonderfall der Compliance, nämlich einer „Compliance durch Internal Investigations“[125] sprechen. Maßnahmen im Rahmen von internen Ermittlungen, die ausschließlich darauf abzielen, eine strafrechtliche Verantwortung zu vermeiden, können aber auch solche sein, die lediglich der „Verschleierung“ (natürlich nicht in einem strafrechtlich relevanten Sinne gemeint) tatsächlich begangener Straftaten dienen. Schon weniger gravierende Maßnahmen, die darauf gerichtet sind, die Übernahme einer strafrechtlichen Verantwortung für tatsächlich begangene Delikte zu vermeiden – wie die Durchsetzung einer unangemessen milden Bestrafung vor Gericht – können aber genau das Gegenteil von dem bewirken, was Compliance eigentlich bezweckt. Denn die bloße Verhinderung dessen, dass bestimmte Personen (insbesondere aus der Führungsebene) zur Verantwortung gezogen werden, kann im Unternehmen gar kontraproduktive Wirkungen entfalten, indem es dazu kommt, dass Unternehmensangehörige zu der trügerischen Erkenntnis gelangen, dass am Ende „ja nochmal alles gut gegangen ist“ und folglich eine *wirkliche* Regelbefolgung nicht notwendig sei. Daher entfernt sich die bloße Vermeidung oder Abmilderung von (zu Recht) drohender Bestrafung vom Wortsinn des Begriffs „Compliance (= Regelbefolgung)“ so weit, dass der Begriff jegliche Schärfe und jeglichen Nutzen verlieren würde. Mithin ist eine derart weite Definition, so zutreffend sie die Zustände in der Praxis auch wiedergeben mag, für wissenschaftliche Zwecke zu ungenau. Die somit vom Compliance-Begriff auszuschließenden Felder lassen sich zudem auch zwanglos in den Bereich der Strafverteidigung oder der rechtlichen Unternehmensberatung einordnen. Man mag nun einwenden, dass eine Trennung von unternehmensinternen Ermittlungen in für die Unternehmenscompliance positive präventive Auswirkungen auf der einen und hier unterstellten negativen, Strafe (zu Unrecht) vermeidenden Aspekten auf der anderen Seite in der Praxis häufig kaum möglich ist und zudem mit internen Untersuchungen regelmäßig beide Zwecke verfolgt werden (können). Dies hängt jedoch mit den Zwängen

---

125 Vgl. *Momsen* ZIS 2011, 508 (509).

in der Praxis zusammen, die dem Umstand geschuldet sind, dass Compliance dem Unternehmensinteresse dienen soll und vor allem dem Umstand, dass auch Compliance-Mitarbeiter selbstverständlich von dem Unternehmen, für dessen „Regelkonformität" sie Sorge tragen, bezahlt werden. Diese Gemengelage sollte jedoch nicht dazu (ver-)führen, den Begriff der Compliance in der (rechts-) wissenschaftlichen Debatte konturenlos werden zu lassen. Daher sind interne Untersuchungen bzw. die repressive Komponente der oben genannten Compliance-Definition nur insofern unter den Begriff der „Criminal Compliance" zu fassen, sofern sie tatsächlich einen Bezug zur Vermeidung bzw. Sanktionierung von Verstößen aufweisen, was regelmäßig der Fall sein wird, soweit neu gewonnene Erkenntnisse in ein (bestehendes) Compliance-Programm einfließen; ein solcher Bezug fehlt allerdings, wenn die internen Ermittlungen oder sonstigen Maßnahmen nur dazu dienen, Sanktionierung zu vermeiden und daher dem Bereich der Strafverteidigung oder einem Vorfeld der Strafverteidigung zuzuordnen sind. Aus ähnlichen Erwägungen sind auch unzulässige Maßnahmen grundsätzlich nicht zum Bereich der Criminal Compliance zu zählen,[126] da Maßnahmen, die der Herstellung von Rechtskonformität dienen sollen, nicht selbst rechtswidrig sein dürfen bzw. können.

Ein Wesensmerkmal nahezu jeder wirtschaftsstrafrechtlichen Compliance bzw. Criminal Compliance hängt zusammen mit der Komplexität der Materie des Wirtschaftsstrafrechts, der Uneindeutigkeit seiner Normen, deren Formulierungen sich häufig an der Grenze der Unbestimmtheit befinden,[127] sowie der gesetzgeberischen Technik, durch zivil- und öffentlichrechtliche Normen auszufüllende Blankette bzw. normative Tatbestandsmerkmale zu verwenden: All dies erschwert die vor jeder konkreten Compliance-Maßnahme notwendige „Antizipierbarkeit strafrechtlicher Verantwortlichkeit".[128] Ein weiteres Merkmal der neuen Compliance-Diskussion ist durch die internationale Ausrichtung vieler Unternehmen und Konzerne bedingt, denn diese zwingt zusätzlich zur Beachtung – meist nicht weniger komplexer – ausländischer Rechtsnormen. Es sei ferner schon hier auf den in den letzten Jahren zu beobachtenden Ausbau des Untreuetatbestandes des § 266 StGB zur strafrechtlichen Allzweckwaffe hingewiesen, welche in zahlreichen spektakulären wirtschaftsstrafrechtlichen Verfahren der letzten Jahre zum Einsatz gekommen ist.[129]

---

126 Siehe auch *Saliger* RW 2013, 263 (273) m.w.N.

127 A/R/R/*Rotsch* Teil 1 Kap. 4 Rn. 10.

128 A/R/R/*Rotsch* Teil 1 Kap. 4 Rn. 10.

129 S. BGH NJW 2002, 1585 ff. (Fall SSV Reutlingen); BGH NStZ 2004, 559 ff. (Fall Bremer Vulkan); BGH NJW 2006, 522 ff. (Fall Mannesmann); BGHSt 51, 100 ff. (Fall

Die oben definierte Criminal Compliance betrifft Unternehmensangehörige, die sich in Führungspositionen befinden, stärker als jede andere „Art von Compliance", denn die Einhaltung bestimmter Vorschriften durch Unternehmensangehörige muss schließlich von jemandem überwacht werden. Die Einhaltung von Regeln ist zwar Sinn und Zweck jeder Compliance, jedoch zeichnet sich Criminal Compliance neben der thematischen Fokussierung auf die Straftaten und Ordnungswidrigkeiten, die zum Wirtschaftsstrafrecht im engeren Sinne zählen, durch eine enorme Ausstrahlungswirkung in alle anderen Compliance-Gebiete aus. Sofern es nämlich um die Frage geht, inwieweit die Führungsebene eine Verantwortung zur Kontrolle oder zum Einschreiten trifft, lässt sich diese grundsätzliche Frage nur durch das Heranziehen von im Wirtschaftsstrafrecht entwickelten Erkenntnissen, die ihrerseits wiederum ihre Wurzeln zum Großteil im Bereich des Allgemeinen Teils des Strafrechts haben, beantworten.

Das Interesse der Unternehmensführung, Straftaten innerhalb des Unternehmens und aus dem Unternehmen heraus verhindern zu wollen, kann dabei verschiedene Gründe haben: Neben dem rein ethischen Interesse, sich rechtstreu verhalten zu wollen, werden hierbei vor allem die Angst vor wirtschaftlichen Schäden für das Unternehmen (z.B. durch horrende Strafzahlungen wie z.T. in den oben benannten Beispielen) oder allein schon der durch ein staatliches Ermittlungsverfahren drohende Reputationsverlust eine große Rolle spielen.

Aus öffentlicher (staatlicher wie gesellschaftlicher) Sicht stellt sich die Frage, wie wirtschaftskriminelle Handlungsweisen wie die oben beschriebenen am effektivsten einzudämmen sind. In diesem Zusammenhang spielen Aufsicht und Compliance eine große Rolle. Neben der Etablierung einer Rechtsprechung, die besagt, dass Mitglieder der Führungsebene eines Unternehmens als potentielle mittelbare Täter kraft Organisationsherrschaft in Betracht kommen und der Vorverlagerung der Strafbarkeit im Bereich des Wirtschaftsstrafrechts[130] scheint mit der Sanktionierung von fehlenden oder mangelhaften Aufsichtsmaßnahmen ein weiteres großes Feld zur Eindämmung der Wirtschaftskriminalität gefunden zu sein. Hinter dieser gesamten Entwicklung verbirgt sich die Intention, wirtschaftliche Abläufe durch die Erweiterung von Verantwortungsbereichen, insbesondere der Unternehmensleitung, zu steuern. Scheint somit Compliance bzw. die Sanktionierung mangelhafter Compliance zunächst Teil einer (Über-)

Kanther/Weyrauch); BGH NJW 2009, 89 ff. (Fall Siemens/Enel); kritisch zur beschriebenen Entwicklung beispielsweise *Beulke*, FS Eisenberg, 245 ff.

130 Insbesondere durch das 1. und 2. Wirtschaftskriminalitätsbekämpfungsgesetz (§§ 264, 264a, 265b u.a.) sowie das Korruptionsbekämpfungsgesetz (§ 298 ff.).

Regulierung der Wirtschaft durch das (Straf-)Recht zu sein, so sollte doch nicht vergessen werden, dass es bezüglich des Themenkomplexes „Compliance“ für die Unternehmen durchaus angenehmer sein kann, wenn sie selbst über das notwendige Maß an Aufsicht entscheiden können (wozu sie selbst schätzungsweise auch am besten in der Lage sind), als wenn ihnen Maßnahmen von außen – also von staatlicher Seite – aufoktroyiert werden.[131] Wenn in diesem Zusammenhang auf eine neue Kultur der Verantwortung innerhalb von Unternehmen durch die Veranlassung von Compliance-Maßnahmen gehofft wird, so erscheint dies als ein Wunschdenken, wenn man sich vor Augen führt, dass sich Unternehmen stets an betriebswirtschaftlichen Ergebnissen messen lassen (müssen) und daher die Einhaltung rechtlicher oder ethischer Standards niemals als Selbstzweck angesehen werden kann.[132]

Abgrenzen kann man den Begriff der „Compliance“ vom Begriff „Corporate Governance“. Hierunter sind allgemein die Grundsätze verantwortungsvoller Leitung und Überwachung eines Unternehmens (Unternehmensführung/Unternehmensverfassung) zu verstehen.[133] Nicht zuletzt die oben beschriebenen im Deutschen Corporate Governance Kodex zu findenden Ausführungen legen es daher nahe, Compliance als einen festen Bestandteil bzw. eine Unterkategorie von Corporate Governance zu verstehen.[134]

Zu Überschneidungen kommt es in der Praxis häufig zwischen der Compliance-Abteilung und der klassischen Innenrevision oder auch dem Controlling. Insbesondere in kleineren Unternehmen werden diese Funktionen häufig noch unter einem Dach betreut. Jedoch geht es bei richtiger Betrachtungsweise um zwei bzw. drei verschiedene Aufgabenbereiche, die strikt voneinander zu trennen sind: Die Innenrevision soll Verstöße zu Lasten des Unternehmens selbst aufdecken, es ist folglich eine Betrachtungsweise von Innen maßgeblich. Für eine Compliance-Abteilung hingegen ist die Perspektive von außen wesentlich, das heißt es sollen zum Nutzen des Unternehmens Straftaten oder sonstige Rechtsverstöße gegen Dritte aus dem Unternehmen heraus vermieden werden.[135] Ferner verfolgt Compliance einen präventiven Ansatz, während bei der internen

---

131 Vgl. auch *Tiedemann*, Rn. 229; kritisch aber *Bock*, Criminal Compliance, 222 ff.

132 So zutreffend *Bock*, Criminal Compliance, 227 ff.; s.a. *Saliger* RW 2013, 263 (275 ff., 281 f.).

133 *Grützner/Jakob*, Compliance von A–Z, 65.

134 *Schneider* ZIP 2003, 645 (647); *von Hehn/Hartung* DB 2006, 1909; *Bürkle* BB 2007, 1797 ff.

135 So zutreffend *Momsen*, FS Puppe, 751 (753) unter Berufung auf BGH wistra 2009, 433 (436).

Revision eine ex post-Betrachtung vorgenommen wird.[136] Beim Controlling wiederum steht die Wirtschaftlichkeit des Unternehmens im Vordergrund, das heißt, es geht primär nicht um eine rechtliche Überprüfung.[137] Die theoretische Verschiedenheit der Aufgaben soll aber nicht darüber hinwegtäuschen, dass eine Kooperation der genannten Bereiche bis zu einem gewissen Grad sinnvoll und wünschenswert ist. So können Prüfberichte der internen Revision eine Quelle für die Arbeit des Compliance-Beauftragten sein, damit er Risiken in seinem Aufgabenbereich erkennen und ausschalten kann.[138]

Seit jeher umstritten ist die Frage, welcher Fakultät das Themen- und Forschungsfeld „Compliance" zuzuordnen ist.[139] Die Abgrenzung zu wirtschaftlichen Fehlentscheidungen hat gezeigt, dass es nicht bloß um unternehmerische Ermessensentscheidungen geht, also eine rein betriebswirtschaftliche Betrachtungsweise nicht richtig sein kann. Da es jedoch bei Compliance auch darum geht, Abläufe im Unternehmen zu verankern, scheint ein Bezug zum Fach „Betriebswirtschaft" dennoch naheliegend zu sein. Letztlich erfasst Compliance aber auch ganz elementare Fragen der Wirtschaftsethik.[140] Die oben herausgearbeitete Definition und die aus der Praxis bekannten Fälle zeigen jedoch, dass es im Kern um wirtschaftsstrafrechtliche Themen im weiteren Sinne, also juristische Problemkreise geht. Nur auf den ersten Blick spricht gegen diese These der primären Verbindung mit klassischen wirtschaftsstrafrechtlichen Problemkreisen, dass der Bereich Compliance aus dem Bankenbereich stammt bzw. im Wertpapierrecht zunächst Niederschlag gefunden hat. Denn auch die dort getroffenen speziellen Vorgaben sind ebenfalls mittels eines Bußgeldtatbestandes abgesichert.[141] Letztlich lässt Compliance nach dem Gesagten aber nur interdisziplinär – also aus betriebswirtschaftlicher und rechtswissenschaftlicher Sicht – richtig verstehen und einordnen.[142]

So alt wie die Diskussion um Compliance selbst ist die Frage nach der „Rechtsgrundlage" von Compliance-Maßnahmen.[143] Die Debatte ist jedoch

---

136 *Klopp*, Der Compliance-Beauftragte, 111.

137 *Klopp*, Der Compliance-Beauftragte, 111.

138 *Klopp*, Der Compliance-Beauftragte, 112.

139 *Moosmayer* NJW 2012, 3013.

140 Skeptisch aber zu ihrer Berücksichtigung zumindest in der Praxis *Moosmayer* NJW 2012, 3013 (3015 f.), der statt „Moral" und „Ethik" lieber den Begriff der „Integrität" verwendet wissen will.

141 Siehe auch *Moosmayer* NJW 2012, 3013 (3014).

142 *Saliger* RW 2013, 263 (270 f.).

143 *Moosmayer* NJW 2012, 3013.

schon von ihrem Ausgangspunkt her (jedenfalls begrifflich) verfehlt. Das Recht, im Unternehmen Compliance-Maßnahmen durchzuführen, folgt schon aus der grundrechtlich abgesicherten unternehmerischen Freiheit und findet seine offensichtlichen Grenzen in den Rechten anderer, insbesondere natürlich in strafrechtlich abgesicherten Rechtsgütern sowie der objektiven Rechtsordnung. Ferner kann als Quelle der Compliance die gesamte Rechtsordnung genannt werden, da es – wie oben gezeigt – Bestandteil der Compliance ist, dass sich Unternehmen – wie alle anderen Rechtssubjekte auch – an diese halten.[144] Insofern gilt es für jedes Unternehmen natürlich insbesondere die Rechtsvorschriften zu beachten, die für das tatsächliche Betätigungsfeld maßgeblich sind, in dem es sich bewegt: Dies können – um ein besonders praxisrelevantes Beispiel zu nennen – Normen des Korruptionsstrafrechts (zu denen im weiteren Sinne auch die Untreue zählt, wie zuletzt der Fall Siemens vor Augen geführt hat) sein. Für nahezu jedes Unternehmen relevant sind ferner insbesondere Fragen des Steuer- oder des Arbeits(straf)rechts. Für die Unternehmensführung dürfte es von besonderem Interesse sein, neben dem Risiko einer Sanktionierung des Unternehmens auch das persönliche Strafbarkeitsrisiko zu verringern, sodass eine wesentliche „Rechtsquelle der Compliance“[145] auch das persönliche (strafrechtliche) Haftungsrisiko der Unternehmensleitung ist. Hierbei kommt gleichsam als „Königsvorschrift“ dem § 130 OWiG aus dem Ordnungswidrigkeitenrecht die maßgebende Rolle zu, insbesondere in Verbindung mit den als „Troika“ bekannten §§ 130, 9 und 30 OWiG.[146] Mehr als zweifelhaft erscheint hingegen die Heranziehung von Normen des Gesellschaftsrechts, wie § 91 Abs. 2 AktG oder § 93 Abs. 1 AktG oder gar der Regelungen des Deutschen Corporate Governance Kodex zur Klärung einer Rechtsgrundlage von Compliance-Maßnahmen.[147] Letzteren fehlt jede Rechtsnormqualität, Erstere gelten nur für Aktiengesellschaften und hätten zur Folge, dass es Compliance nur in Aktiengesellschaften geben darf bzw. muss.[148] Den genannten Regelungen ist ferner gemein, dass sie die Geschäftsleitung nur im Innenverhältnis gegenüber der

---

144 S.a. Hauschka/Moosmayer/Lösler/*Hauschka/Moosmayer/Lösler* § 1 Rn. 28; *Bock*, Criminal Compliance, 277 ff.

145 Der Terminus ist in diesem Zusammenhang entlehnt von *Bock*, Criminal Compliance, 277.

146 Die besondere Bedeutung dieser Normen betont zu Recht *Moosmayer* NJW 2012, 3013 f.

147 S. *Moosmayer* NJW 2012, 3013 f., für den es rückblickend erstaunlich anmutet, dass diese überhaupt thematisiert wurden.

148 *Moosmayer* NJW 2012, 3013 f.

Gesellschaft oder anderen Organen binden und nur eine zivilrechtliche Haftung auslösen können, aber keine darüber hinausgehenden öffentlichen Pflichten statuieren.[149] Von der Debatte um eine „Rechtsgrundlage" der Compliance zu trennen ist die Frage nach einer Compliance-Pflicht.

Im Zusammenhang mit Compliance-Maßnahmen gibt es jedoch eine Reihe von Normen, die unabhängig von einer bestimmten Unternehmensform auf eine bestimmte Geschäftsbranche abzielen (z.B. 25a KWG). Hier und im Folgenden wird die herausragende praktische wie rechtliche Bedeutung des Kapitalmarktrechts für den Bereich der Compliance deutlich, denn ausdrückliche Normierungen zum Thema „Compliance" finden sich bislang nur in diesem Rechtsgebiet. So sei an dieser Stelle darauf hingewiesen, dass der Gesetzgeber mit der seinerzeitigen – mittlerweile überholten[150] – Neufassung des § 33 WpHG durch das Finanzmarkt-Richtlinie-Umsetzungsgesetz (FRUG)[151] vom 16.07.2007 erstmals das Fremdwort „Compliance" sogar in ein förmliches Gesetz aufgenommen hatte: So verlangte § 33 Abs. 1 S. 2 Nr. 1 WpHG, dass die durch das Wertpapierhandelsgesetz gebundenen Unternehmen bestimmte Vorkehrungen zu treffen haben, damit das Unternehmen selbst und seine Mitarbeiter sich an die Verpflichtungen des Wertpapierhandelsgesetzes halten, „wobei insbesondere eine dauerhafte und wirksame Compliance-Funktion einzurichten ist, die ihre Aufgaben unabhängig wahrnehmen kann." Ferner hieß es in Abs. 1 S. 2 Nr. 5, dass sicherzustellen ist, „dass die Geschäftsleitung und das Aufsichtsorgan in angemessenen Zeitabständen, zumindest einmal jährlich, Berichte der mit der Compliance-Funktion betrauten Mitarbeiter (…) erhalten (…)." Zur Konkretisierung der Pflichten aus § 33 WpHG a.F. hatte das Bundesfinanzministerium im Jahr 2007 die (inzwischen mehrfach stark reformierte) Wertpapierdienstleistungs-Verhaltens- und Organisationsverordnung (WpDVerOV) erlassen. Bestimmte Organisationspflichten enthielt § 12 der WpDVerOV, dessen Abs. 4

149 *Moosmayer* NJW 2012, 3014.

150 Die insoweit relevanten Vorschriften finden sich jetzt in überarbeiteter Form in Art. 22 der Delegierten Verordnung (EU) 2017/565 der Kommission vom 25.04.2016 zur Ergänzung der Richtlinie 2014/65/EU des Europäischen Parlaments und des Rates in Bezug auf die organisatorischen Anforderungen an Wertpapierfirmen und die Bedingungen für die Ausübung ihrer Tätigkeit sowie in Bezug auf die Definition bestimmter Begriff für die Zwecke der genannten Richtlinie sowie in den §§ 80 ff., insbes. 87 WpHG.

151 BGBl. I, S. 1330; das Gesetz diente der Umsetzung der Richtlinie 2004/39/EG des Europäischen Parlaments und des Rates vom 21.04.2004 über Märkte für Finanzinstrumente (MiFID).

sogar ausdrücklich die Benennung eines Compliance-Beauftragten verlangte und verschiedene Voraussetzungen an dessen Person, Stellung und „Ausstattung" innerhalb des Unternehmens benannte:

„Das Wertpapierdienstleistungsunternehmen muss einen Compliance-Beauftragten benennen, der für die Compliance-Funktion sowie die Berichte an die Geschäftsleitung und das Aufsichtsorgan nach § 33 Abs. 1 Satz 2 Nr. 5 des Wertpapierhandelsgesetzes verantwortlich ist. Sollten die zur Behebung von Defiziten erforderlichen Maßnahmen nach Absatz 2a nicht innerhalb angemessener Zeit ergriffen und umgesetzt werden, hat der Compliance-Beauftragte die Geschäftsleitung hierüber in Kenntnis zu setzen. Die mit der Compliance-Funktion betrauten Personen müssen über die für eine ordnungsgemäße und unabhängige Erfüllung ihrer Aufgaben nach Maßgabe des Absatzes 3 erforderlichen Fachkenntnisse, Mittel und Kompetenzen sowie über Zugang zu allen für ihre Tätigkeit relevanten Informationen verfügen. Vorbehaltlich des Absatzes 5 dürfen sie weder an den Wertpapierdienstleistungen beteiligt sein, die sie überwachen, noch darf die Art und Weise ihrer Vergütung eine Beeinträchtigung ihrer Unvoreingenommenheit bewirken oder wahrscheinlich erscheinen lassen."

§ 33 WpHG a.F. und die WpDVerOV dienten somit bereits, was auch aus den Gesetzesmaterialien und der Handhabung durch die Bundesanstalt für Finanzdienstleistungsaufsicht (BaFin) deutlich wird, als Anknüpfungspunkt für eine umfassende Compliance-Organisation.[152] Dies vermag auch insoweit nicht zu überraschen, als dass auch die Vorgängernorm des § 33 WpHG inhaltlich bereits seit 1994 (gesetzgeberische Umsetzung der Richtlinie 93/22/EWG des Rates vom 10. Mai 1993 über Wertpapierdienstleistungen) im Wesentlichen mit der späteren Fassung des § 33 WpHG vergleichbare Anforderungen enthielt; die zur Konkretisierung des § 33 WpHG a.F. erlassene Richtlinie wurde entsprechend landläufig als „Compliance-Richtlinie" bezeichnet.[153] Im Juni 2010 veröffentlichte die BaFin erstmals ein Rundschreiben zu sog. Mindestanforderungen an die Compliance-Funktion (MaComp) zur Konkretisierung der in den §§ 31 ff. WpHG a.F. getroffenen Regelungen[154], welche inhaltlich eine Fortschreibung der

---

152 S. Fuchs/*Fuchs* § 33 WpHG Rn. 5.

153 Offiziell „Richtlinie des Bundesaufsichtsamtes für den Wertpapierhandel zur Konkretisierung der Organisationspflichten von Wertpapierdienstleistungsunternehmen gemäß § 33 Abs. 1 WpHG" vom 25.10.1999; s. Fuchs/*Fuchs* § 33 WpHG Rn. 2.

154 Die aktuelle Fassung ist enthalten im Rundschreiben 5/2018 (WA) – Mindestanforderungen an die Compliance-Funktion und die weiteren Verhaltens-, Organisations- und Transparenzpflichten nach §§ 63 ff. WpHG für Wertpapierdienstleistungsunternehmen (MaComp), s. https://www.bafin.de/SharedDocs/Veroeffentlichungen/DE/

früheren „Compliance-Richtlinie" darstellt.[155] Die MaComp binden als norminterpretierende Verwaltungsvorschriften wegen ihrer fehlenden Rechtsnormqualität aber keine Gerichte, sondern als behördliche Auslegungshilfe nur die BaFin selbst.[156]

Durch das Anlegerschutz- und Funktionsverbesserungsgesetz (AnlSVG) vom 05.04.2011[157] hatte der Gesetzgeber mit Wirkung vom 01.11.2012 mit § 34d WpHG eine Regelung verabschiedet, die die Benennung und (allgemeinen) Voraussetzungen bezüglich eines Compliance-Beauftragten sogar erstmals auf formal-gesetzlicher Ebene regelt.[158] Die Voraussetzungen an die Sachkunde des Compliance-Beauftragten wurden ferner in § 3 der WpHG-Mitarbeiteranzeigeverordnung (WpHGMaAnzV) vom 21.12.2011 konkretisiert. Eine entsprechende gesetzliche Regelung bezüglich der Anforderungen an einen ausdrücklich sogenannten Compliance-Beauftragten findet sich nun in dem seit dem 03.01.2018 gültigen § 87 Abs. 5 WpHG in der Fassung aufgrund des Zweiten Gesetzes zur Novellierung von Finanzmarktvorschriften auf Grund europäischer Rechtsakte (Zweites Finanzmarktnovellierungsgesetz) vom 23.06.2017.[159]

Durch Art. 3 des Gesetzes zur Abschirmung von Risiken und zur Planung der Sanierung und Abwicklung von Kreditinstituten und Finanzgruppen (RiskAbschG)[160] vom 07.08.2013 ist mit Wirkung vom 02.01.2014 zudem im Kreditwesengesetz mit § 54a KWG eine Regelung verabschiedet worden, welche eine Verletzung der mit demselben Gesetz verabschiedeten – in § 25c Abs. 4a Nr. 3

Rundschreiben/2018/rs_18_05_wa3_macomp.html?nn=9021442 (Stand 19.04.2018; zuletzt aufgerufen am 21.04.2018).

155 *Schulz/Renz* BB 2012, 2511 Fn. 14.

156 *Schulz/Renz* BB 2012, 2511.

157 BGBl. I, S. 538.

158 § 34d Abs. 3 WpHG lautete: „Ein Wertpapierdienstleistungsunternehmen darf einen Mitarbeiter nur dann mit der Verantwortlichkeit für die Compliance-Funktion im Sinne des § 33 Absatz 1 Satz 2 Nummer 1 und für die Berichte an die Geschäftsleitung nach § 33 Absatz 1 Satz 2 Nummer 5 betrauen (Compliance-Beauftragter), wenn dieser sachkundig ist und über die für die Tätigkeit erforderliche Zuverlässigkeit verfügt. Das Wertpapierdienstleistungsunternehmen muss der Bundesanstalt den Mitarbeiter anzeigen, bevor der Mitarbeiter die Tätigkeit nach Satz 1 aufnimmt. Ändern sich die von dem Wertpapierdienstleistungsunternehmen nach Satz 2 angezeigten Verhältnisse, sind die neuen Verhältnisse unverzüglich der Bundesanstalt anzuzeigen." Die relevanten Vorschriften finden sich jetzt in Art. 22 Abs. 3 der Delegierten Verordnung (EU) 2017/565 der Kommission vom 25.04.2016.

159 BGBl. I, S. 1693.

160 BGBl. I, S. 3090.

lit. c) für die Geschäftsleiter von Finanzinstituten und in § 25c Abs. 4b S. 2 Nr. 3 lit. e) für die Geschäftsleiter des übergeordneten Unternehmens einer Institutsgruppe zu findenden – Pflicht, eine Compliance-Funktion im Institut oder der Gruppe zu errichten, unter bestimmten weiteren Voraussetzungen (Verletzung einer Anordnung der BaFin, durch Verletzung der Pflicht Herbeiführung einer Bestandsgefährdung des Instituts, des übergeordneten Unternehmens oder eines gruppenangehörigen Instituts) unter Strafe stellt.

Hingewiesen sei in diesem Zusammenhang ferner nochmals auf den Deutschen Corporate Governance Kodex (DCGK), der bereits seit dem Jahre 2007 in den Ziffern 3.4 und 5.3.2 ebenfalls den Begriff „Compliance" enthält und in Ziffer 4.1.3 sogar eine – bereits oben angesprochene und zumindest für die Auslegung des Kodexes geltende – Definition des Begriffs enthält; im Jahr 2017 wurde in Ziffer 4.1.3 zudem eine Empfehlung für ein Compliance-Management-System und ein Whistleblowing-System eingefügt.

In der Praxis hat sich „Compliance" als Zielvorstellung und Maßnahmenprogramm zwar wohl noch nicht generell, aber doch zumindest in den größten Unternehmen durchgesetzt. Vorreiter in diesem Bereich war in Deutschland der durch eine verheerende Korruptionsaffäre erschütterte Siemens-Konzern.[161] Bei Siemens arbeiteten bspw. im Jahr 2011 600 Compliance-Mitarbeiter, was gleichzeitig den Spitzenplatz in absoluten Zahlen unter den DAX-Unternehmen bedeutete.[162] Ebenfalls wenig überraschend ist in Anbetracht der Entstehung von Compliance, dass sich, wenn man relative Zahlen zu Grunde legt, vor einigen Jahren mit der Deutschen Bank ein Konzern, der sich mit dem Handeln von Wertpapieren befasst, mit 5,1 Compliance-Mitarbeitern je 1.000 Beschäftigten auf dem ersten Platz der im DAX notierten Unternehmen befand.[163] Infolge des sogenannten „Diesel-Skandals" übernahm dann der Volkswagen-Konzern eine führende Rolle im Bereich der DAX-Unternehmen. Auch insgesamt lässt sich eine aufsteigende Tendenz feststellen: War 2004 „Compliance" selbst in Großunternehmen nicht unbedingt ein geläufiger Begriff,[164] gaben bei einer Studie

---

161 S. *Moosmayer*, in: Wirtschaftskriminalität, 83 ff.; s.a. Wirtschaftskriminalität (2011), 59 f.

162 Umfrage des „manager magazins" unter 21 im DAX notierten Unternehmen aus dem Jahr 2012, s. http://www.manager-magazin.de/magazin/artikel/0,2828,842925-2,00.html (zuletzt aufgerufen am 03.12.2012).

163 Umfrage des „manager magazins" unter 21 im DAX notierten Unternehmen aus dem Jahr 2012, s. http://www.manager-magazin.de/magazin/artikel/0,2828,842925-2,00.html (zuletzt aufgerufen am 03.12.2012).

164 S. *Hauschka* ZIP 2004, 877.

der Wirtschaftsprüfungsgesellschaft PricewaterhouseCoopers im Jahr 2007 67 % der befragten deutschen Großunternehmen an, über ethische Richtlinien zu verfügen, während 41 % ein Compliance-Programm vorweisen konnten.[165] Für 2009 stieg dieser Wert auf 72 % der Unternehmen an, die über ethische Richtlinien verfügten, während immerhin schon 44 % der befragten Unternehmen ein Compliance-Programm eingeführt hatten.[166] Im Jahr 2011 waren es dann schon 52 % der Unternehmen, die ein Compliance-Programm implementiert hatten, während 82 % mittlerweile ethische Richtlinien besaßen.[167] Im Jahr 2016 schließlich hatten sogar 76 % der Unternehmen ein Compliance-Management-System installiert; bei den Unternehmen mit mehr als 10.000 Mitarbeitern waren es sogar 96 %,[168] also so gut wie alle Unternehmen. Es ist aber weiter anzunehmen, dass unterhalb der Schwelle der Großunternehmen schon aufgrund der geringeren zur Verfügung stehenden wirtschaftlichen Ressourcen und der traditionell regulierungsfeindlichen Einstellung des Mittelstandes Compliance eine weniger bedeutende Rolle spielt,[169] obwohl einem das Thema mittlerweile auch in Verbindung mit Orten begegnet, an die man gewiss nicht als Erstes denken würde.[170]

Nach einer Studie der Wirtschaftskanzlei CMS Deutschland aus dem Jahr 2017[171] hat sich der Anteil von Unternehmen mit eigener Compliance-Abteilung von 2015 bis 2017 von 28 % auf 40 % erhöht. Interessanterweise hat aber die Bereitschaft des Managements, sich für Compliance-Themen zu engagieren, aus Sicht der Compliance-Verantwortlichen im Zeitraum von 2015 bis 2017 von 79 % auf 71 % abgenommen. Allerdings dürfte fraglich sein, inwieweit

---

165 Wirtschaftskriminalität (2009), 56.

166 Wirtschaftskriminalität (2009), 56; im Gegensatz dazu steht allerdings die etwa zeitgleich von der Compliance-Studie „Practical Law Company, Legal Risk and Compliance, 2009" gemachte Beobachtung des Rückgangs von Ausgaben im Bereich Compliance-Prävention/Schulungen, s. *Lohner* BB 2009, 2545.

167 Wirtschaftskriminalität (2011), 70.

168 Wirtschaftskriminalität (2016), 5.

169 Nach KPMG – Wirtschaftskriminalität 2010, 22, vertreten 56 % der befragten mittelständischen Unternehmer die Auffassung, dass sie weniger durch Compliance-relevante Thematiken gefährdet seien als Großunternehmen; siehe auch unter Bezugnahme auf diese Studie Campos Nave/Zeller BB 2012, 131 ff.

170 Siehe zum Beispiel den Aufsatz „Überlegungen zur strafrechtlichen Compliance in der (oral-)chirurgischen Praxis", ZMGR 2017, 308 ff.

171 Siehe die Studie CMS Compliance-Barometer 2017, S. 3 ff.; es wurden für die Studie 180 Unternehmen mit mindestens 500 Mitarbeitern befragt; die hier genannten Zahlen der Studies sind abrufbar unter www.cms.law/de/DEU/Publication/CMS-Compliance-Barometer-2017 (zuletzt aufgerufen am 15.03.2018).

diese Abnahme tatsächlich repräsentativ ist bzw. einen langfristigen Trend darstellt. Zweifelhaft bleibt im Übrigen, ob jede Compliance-Maßnahme und jedes Compliance-Programm auch immer in der Lage sind, eine positive Wirkung zu entfalten.[172] Interessanterweise kommt ein Compliance-Rating der DAX-30-Unternehmen des Verlages Fuchsbriefe im Jahr 2017 zu dem Schluss, dass die Compliance-Systeme der Unternehmen überwiegend intransparent sind und die Risikodarstellung zumeist dürftig. Dass dies sogar für die Mehrzahl der 30 im DAX gelisteten Unternehmen gelten soll, lässt für andere Unternehmen was Detail und Tiefe ihrer Compliance-Management-Systeme betrifft gewiss nichts Gutes erahnen.[173]

Passend zu dem – jedenfalls langfristig – eindeutig gestiegenen Ansehen von Compliance in der Praxis wurde im November 2012 in Form eines Bundes der Compliance Officer (BDCO) erstmals eine Berufsinteressenvertretung der Compliance-Beauftragten gegründet.[174] Noch im selben Monat folgte das Deutsche Institut für Compliance e.V. (DICO).[175] Im Februar 2013 erfolgte die Gründung des Berufsverbandes der Compliance-Manager (BCM) als berufsständische Vertretung exklusiv für Compliance-Manager aus Unternehmen, Organisationen und Verbänden.[176]

Als die wahrscheinlich wichtigste Aufgabe einer erfolgreichen (Criminal) Compliance ist ganz generell die Vermeidung strafrechtlicher Verantwortlichkeit von Unternehmensangehörigen anzusehen.[177] Im Mittelpunkt einer erfolgreichen Beratung im Bereich Criminal Compliance muss dabei stets die (wenn möglich höchstrichterliche) Rechtsprechung stehen.[178] Daher ist die Kenntnis dieser sowie der neuesten Gesetze und Diskussionen in der Literatur unabdingbare Voraussetzung für jede erfolgreiche Compliance-Beratung.[179]

Ziel der vorliegenden Arbeit ist es – entsprechend dem zuvor Gesagten –, den aktuellen Stand in Rechtsprechung und Literatur bezüglich der grundsätzlichen strafrechtlichen Risiken von vorgesetzten Individualpersonen im Unternehmen darzustellen, um ggf. unter Bezugnahme auf die Grundlagen des (Straf-)Rechts

---

172 Siehe dazu grundsätzlich *Kölbel* ZStW 125 (2013), 499 ff. (514) und die ausführliche Übersicht ebenfalls bei *Kölbel,* in: Hdb. CC § 37 Rn. 6 ff.

173 Siehe Compliance – Die Zeitschrift für Compliance-Verantwortliche Nr. 09/2017, S. 6.

174 S. Compliance – Die Zeitschrift für Compliance-Verantwortliche Nr. 11/2012, S. 2.

175 Compliance – Die Zeitschrift für Compliance-Verantwortliche Nr. 06/2013, S. 6.

176 S. Compliance – Die Zeitschrift für Compliance-Verantwortliche Nr. 03/2013, S. 7.

177 *Rotsch*, in: Hdb. CC § 2 Rn. 8.

178 Siehe *Rotsch*, in: Hdb. CC § 2 Rn. 8.

179 Siehe dazu auch *Rotsch*, in: Hdb. CC § 2 Rn. 8.

und unter Berücksichtigung der verschiedenen Interessen die bestehenden Lösungsansätze zu untersuchen und ggf. neue zu formulieren. Bei der vorliegenden Arbeit geht es also darum, Grundsatzfragen zu erörtern, um auf diesem Wege zu der in Wissenschaft und Praxis geführten Debatte einen Beitrag leisten zu können. Da es im Unternehmen regelmäßig um die Nichteinhaltung von Standards geht, steht im Mittelpunkt einer jeden (Criminal) Compliance zweifellos die Vermeidung der Verantwortlichkeit wegen eines (unechten) Unterlassungsdelikts.[180] Dabei erfolgt im Folgenden eine Fokussierung auf den Geschäftsherrn und den Compliance-Beauftragten und ausgewählte Aspekte der Compliance-Diskussion. Im Rahmen der strafrechtlichen Verantwortlichkeit wird gemäß dem zuvor Gesagten die Unterlassensstrafbarkeit in den Blick genommen. Diese weist insofern einen besonderen Bezug zur Compliance-Diskussion auf, da diese sich gerade mit fehlender Regeleinhaltung beschäftigt – was aus Sicht der Geschäftsleitung in Bezug auf ihre Angestellten auch immer eine fehlerhafte Aufsicht, dass heißt strafrechtlich ein Unterlassungsrisiko, impliziert. Daher sind wenige Themen für bzw. durch eine Verknüpfung mit dem Thema „Compliance“ geeigneter dafür, einen klaren Blick auf eben jene Compliance zu werfen, als das schwierige Terrain des strafrechtlichen Unterlassens. Die gesetzliche Regelung des § 13 StGB, nach der sich nur strafbar macht, wer es unterlässt, einen Erfolg abzuwenden, der zum Tatbestand eines Strafgesetzes gehört, wenn er rechtlich dafür einzustehen hat, dass der Erfolg nicht eintritt, und wenn das Unterlassen der Verwirklichung des gesetzlichen Tatbestandes durch ein Tun entspricht, hilft dabei nur bedingt weiter. Dass das unechte Unterlassungsdelikt bzw. die damit verbundene Gleichstellungsproblematik auch nach (mindestens) jahrzehntelanger Forschung von Claus Roxin zu Recht als das „heute noch umstrittenste und dunkelste Kapitel in der Dogmatik des Allgemeinen Teils“[181] bezeichnet wird, unterstreicht die Komplexität dieser Thematik. In dem Kontext der Strafbarkeit des Geschäftsherrn wegen Unterlassens spielen insbesondere die auch aus dem Zivilrecht bekannten Verkehrssicherungspflichten eine Rolle. Nach diesen muss ganz allgemein gesprochen, wer ein Haus oder Grundstück besitzt, dafür Sorge tragen, dass Bewohner oder Besucher nicht durch unzureichende Sicherungsmaßnahmen zu Schaden kommen. Ganz ähnliches könnte auch im Unternehmen gelten, da jedenfalls von außenstehenden Dritten betriebliche Gefahren, die sie zu überblicken nicht in der Lage sind und vor deren Auswirkungen sie sich daher nicht selbst schützen können, abzuwehren sind. Spezifika der Fahrlässigkeitsdelikte bzw. die Berücksichtigung von spezifischen Fahrlässigkeitsaspekten

180 *Rotsch*, in: Hdb. CC § 2 Rn. 8.
181 *Roxin*, AT II § 32 Rn. 2.

im Rahmen der Compliance-Diskussion können aus Platzgründen hier aber nicht in raumgreifender Art und Weise behandelt werden. Auch diesbezüglich ist die Diskussion gewiss noch nicht abgeschlossen, sondern vielmehr in vollem Gange. Das bevorzugte Modell der vorliegenden Arbeit ist jedoch eher im Bereich der „klassischen" Criminal Compliance und dort zum Beispiel bei den Korruptionsdelikten zu finden, die im Wirtschaftsstrafrecht im engeren Sinne zu verorten sind und seit jeher ein vorsätzliches Verhalten voraussetzen.

Bezüglich der Geschäftsherrenhaftung und der des Compliance-Beauftragten sind in den Jahren 2009 und 2011 zwei wegweisende Urteile des Bundesgerichtshofs gefällt worden, auf die im Laufe der Arbeit umfassend eingegangen werden wird und in deren Folge eine regelrechte Flut wissenschaftlicher Publikationen zu dem Thema entstanden ist. Daher wird und muss ein Schwerpunkt der in dieser Arbeit verwendeten Veröffentlichungen aus dieser Zeit datieren, ohne selbstverständlich die bis heute erschienene Literatur zu vernachlässigen.

Abzugrenzen ist die im Rahmen der Compliance bzw. Aufsichtspflichtverletzung der Geschäftsleitung zu behandelnde Thematik ferner von bloßen unternehmerischen Fehlentscheidungen – insbesondere auch bei Risikoentscheidungen bzw. -geschäften –, die als Bedrohung jedem unternehmerischen Handeln immanent sind. Fälle, in denen sich ein solches unternehmerisches Risiko niederschlägt, unterliegen der ursprünglich aus der angelsächsischen Rechtsterminologie stammenden und in Deutschland zunächst durch die Rechtsprechung rezipierten sog. „Business Judgement Rule",[182] welche in § 93 Abs. 1 S. 2 AktG auch gesetzlichen Widerhall gefunden hat. Danach scheidet eine Pflichtverletzung eines Vorstandsmitgliedes dann aus, wenn dieses bei einer unternehmerischen Entscheidung vernünftigerweise annehmen durfte, auf der Grundlage angemessener Information zum Wohle der Gesellschaft zu handeln.[183] Solche rein unternehmerischen Entscheidungen sind einer gerichtlichen Überprüfung generell entzogen.[184]

Im Laufe der Arbeit werden zunächst als Grundlage aller weiteren Überlegungen die wichtigsten Ansätze zur Begründung von Garantenstellungen dargestellt (Kapitel 1). Sodann werden in Kapitel 2 Grund und Grenzen der Strafbarkeitsrisiken der Unternehmensleitung untersucht, wobei kursorisch

182 S. MüKo-AktG/*Spindler* § 93 Rn. 36 ff.

183 Zu den Einzelheiten MüKo-AktG/*Spindler* § 93 Rn. 36 ff. mit zahlreichen weiteren Nachweisen und Beispielen für (nicht-)unternehmerische Entscheidungen, die unter die Business Judgement Rule fallen in Rn. 67 ff.

184 Hauschka/Moosmayer/Lösler/*Hauschka/Moosmayer/Lösler*, Corporate Compliance, § 1 Rn. 12.

und mit einem klaren Schwerpunkt auf der Organisationsherrschaft die Überlegungen zur mittelbaren Täterschaft dargestellt werden (I.) und sodann ausführlicher die Geschäftsherrenhaftung und ihre Reichweite thematisiert werden (II.). Ferner werden in dieses Kapitel die Regelungen der Untreue und anderer in diesem Kontext relevanter Tatbestände (III. und IV.) miteinbezogen und es wird auf die Verantwortung im Konzern eingegangen (V.). Schließlich folgt die Untersuchung, ob und inwieweit sich Strafbarkeitsrisiken auch für den Compliance-Beauftragten ergeben (Kapitel 3), wobei ein besonderes Augenmerk auf die neuere Rechtsprechung des BGH und den Vergleich mit anderen (gesetzlich verankerten) Betriebsbeauftragten gelegt wird. Abschließend folgt noch ein kurzer Überblick über die Möglichkeiten, strafrechtliche Verantwortung durch Compliance-Maßnahmen zu vermeiden (Kapitel 4).

Schließlich sei noch erläutert, wie einige der im Folgenden häufiger auftretenden Begriffe im Sinne dieser Arbeit zu verstehen sind: So werden die Begriffe „Chief Compliance Officer (CCO)", „Compliance Officer" und „Compliance-Beauftragter", sofern nicht eine ausdrückliche anderweitige Erklärung erfolgt oder aus dem Kontext ersichtlich ist, synonym verwendet.

Ferner ist, wenn von einer möglichen strafrechtlichen Haftung bzw. Verantwortung (in einem allgemeinen Sinne) die Rede ist, i.d.R. die etwaige ordnungswidrigkeitenrechtliche Haftung (insbesondere nach § 130 OWiG) als mitgenannt anzusehen. Es ist also der Begriff des materiellen Strafrechts im weiteren Sinne gemeint. Vor einiger Zeit wurde von *Achenbach* der Begriff der Haftung im Zusammenhang mit der Einführung einer Unternehmensstrafe als unangemessen kritisiert, insbesondere weil der wertneutrale Begriff der Haftung die mit der Forderung nach Einführung einer Unternehmensstrafe einhergehende Absicht, gerade die Erhebung eines ethischen Tadels auch gegenüber Unternehmen zu ermöglichen, verschleiern würde.[185] Ganz abgesehen davon, dass diese Arbeit nicht der Ort ist, über kriminalpolitischen Sinn und Unsinn der Einführung einer Unternehmensstrafe zu diskutieren, ist der Begriff der Haftung im Individualstrafrecht eine seit jeher übliche Formulierung, sodass sich der Leser an ihrer Verwendung im Verlaufe dieser Arbeit nicht stören möge. So trugen bereits die in den Jahren 1919 bzw. 1921 erschienen Dissertationen von *Koopmann* und *Vogt* den Titel „Strafrechtliche Haftung der Gründer im deutschen und englischen Aktienrecht" bzw. „Die strafrechtliche Haftung des Vorstandes der Aktiengesellschaft" (jeweils Universität Greifswald). Zudem ist sie durch den weitverbreiteten Begriff der „strafrechtlichen Geschäftsherrenhaftung" auch und gerade im Wirtschaftsstrafrecht geläufig.

---

185 *Achenbach* ZIS 2012, 178 (insb. 181 f.).

1. Kapitel: Grundlagen einer Unterlassensstrafbarkeit

I. Die Begründungsansätze einer Strafbarkeit durch Unterlassen

Nach § 13 Abs. 1 StGB steht das Unterlassen der Abwendung eines straftatbestandlichen Erfolges einem aktiven Tun gleich, wenn der Nichthandelnde rechtlich dafür einzustehen hat, dass der Erfolg nicht eintritt, und wenn das Unterlassen der Verwirklichung des gesetzlichen Tatbestandes durch ein Tun entspricht. Die erst 1969 durch das zweite Strafrechtsreformgesetz verabschiedete und mit Wirkung zum 01.01.1975 in Kraft getretene Norm ist seit jeher Bedenken ausgesetzt, aufgrund ihrer bewusst offenen Formulierung – die dem Wunsch des Gesetzgebers geschuldet war, der Rechtsprechung und der Wissenschaft wie bis dato die Bestimmung der genaueren Voraussetzungen einer Garantenstellung zu überlassen[186] – gegen den Bestimmtheitsgrundsatz nach Art. 103 Abs. 2 GG zu verstoßen.[187] Derartigen Bedenken – deren Vertiefung nicht Thema der vorliegenden Arbeit sein soll – wird jedoch zu Recht entgegengehalten, dass zumindest eine umfassende Kodifizierung angesichts der unübersehbaren Anzahl von denkbaren Unterlassungskonstellationen kaum jemals hinreichend bestimmt erfolgen könnte,[188] sodass man auf eine Konkretisierung durch die Rechtsprechung angewiesen bleiben wird.[189] Die Voraussetzungen einer Garantenstellung als Grundlage jeder Strafbarkeit eines Begehungsdeliktes durch Unterlassen sind daher nach wie vor mit einer bereits zum Ende des einleitenden Kapitels verwendeten Formulierung *Roxins* das wohl „umstrittenste und dunkelste Kapitel in der Dogmatik des Allgemeinen Teils“[190] des Strafgesetzbuches und werden es wohl auch noch auf unabsehbare Zeit bleiben.

---

186 BT-Drs. V/4095, S. 8 (Bericht des Sonderausschusses für die Strafrechtsreform zum Entwurf des 2. StRG).

187 Siehe nur *Köhler*, AT, 213 f.; *Seebode*, FS Spendel, 317 (333 ff.) m.w.N.

188 *Welzel*, Strafrecht, 209 f.; Sch/Sch/*Stree/Bosch* § 13 Rn. 5/6.

189 Zur Erfüllung der Vorgaben des Bestimmtheitsgebots durch eine richterliche Konkretisierung siehe BVerfG NJW 2003, 1030 f.

190 *Roxin*, AT II § 32 Rn. 2.

1. Die „klassische" formelle Rechtspflichttheorie

Noch bis in die 1930er Jahre herrschte in Rechtsprechung und Schrifttum „völlig unangefochten"[191] die ursprünglich auf *Paul Johann Anselm Feuerbach*[192] zurückgehende sog. formelle Rechtspflicht- bzw. Rechtspflichtentheorie.[193] Nach dieser – zunächst auch vom Bundesgerichtshof übernommenen Theorie[194] – sollen nur bereits bestehende vorstrafrechtliche Rechtspflichten eine Garantenstellung begründen können. Entstehungsgründe können demnach allein förmliche Rechtspflichten aus Gesetz oder Vertrag sein. Eine so verstandene reine formelle Pflichttheorie erwies sich jedoch von Anfang an als zu eng und wurde daher sehr bald um die Fallgruppen der Garantenstellung aus vorausgegangenem Tun (Ingerenz) und später auch um die aus Lebens- und Gefahrengemeinschaft erweitert.[195] Höchstens vier Gründe sollen nach dieser – auch heute noch vertretenen[196] – Auffassung also eine Garantenstellung begründen können.

Nicht geleugnet werden kann, dass die formelle Rechtspflichttheorie einen hohen Grad an Bestimmtheit und damit Rechtssicherheit erreicht, den die im Anschluss vorzustellenden Gegenauffassungen nicht erreichen.[197] Jedoch kann sie dennoch nicht überzeugen, da sie letztlich keine tragfähige Begründung für die Entstehung einer Garantenstellung liefert. Dies zeigt sich bereits in der Zuordnung der Lebens- und Gefahrengemeinschaft zu den förmlichen Garantenpflichten, obwohl diese gar keine förmliche – also gesetzliche oder vertragliche – Pflicht voraussetzt.[198] Aber auch unter Ausklammerung dieser letztgenannten Pflicht ist die formelle Rechtspflichttheorie nicht überzeugend: Eine zivil- oder verwaltungsrechtliche Pflicht allein kann für sich genommen nie eine hinreichende Bedingung für eine strafrechtliche Garantenstellung sein.[199] Dies ergibt sich schon daraus, dass selbst eine strafrechtliche Pflicht oder eine

---

191 So *Schünemann* ZStW 96 (1984), 287 (290).

192 *Feuerbach*, Lehrbuch des gemeinen in Deutschland gültigen peinlichen Rechts, § 24.

193 Siehe nur die Nachweise aus der Rechtsprechung RGSt 58, 130 (131 f.); 63, 392 (394).

194 BGHSt 2, 150 (153 f.); BGHSt 19, 167 (168).

195 So bereits in RGSt 66, 71 (72 ff.) und 69, 321 (323).

196 *Baumann/Weber/Mitsch*, AT § 15 Rn. 51 m.w.N.; noch enger jüngst *Vogt*, Verbandsgeldbuße, 87 (Fn. 9, die dort zu Recht anführt, dass die Garantenstellung aus Lebens- und Gefahrgemeinschaft nach strenger Auslegung keine förmliche Rechtspflicht darstellt).

197 So zu Recht *Vogt*, Verbandsgeldbuße, 87 ff.

198 *Schilha*, Aufsichtsratstätigkeit im Spiegel strafrechtlicher Verantwortung, 110.

199 *Roxin*, AT II § 32 Rn. 12; *Schilha*, Aufsichtsratstätigkeit im Spiegel strafrechtlicher Verantwortung, 110.

solche des OWiG – wie z.B. diejenige aus § 323c StGB oder § 130 OWiG – hierfür nicht ausreichend sein kann, weil sich die Normen damit selbst überflüssig machten,[200] sodass deutlich wird, dass die Suche nach weiteren Kriterien, die über das angesprochene Defizit hinweghelfen, unerlässlich ist.[201] Ein Vertrag kann zudem nach althergebrachter Überzeugung jedenfalls regelmäßig eine Garantenstellung nicht begründen, sofern die übernommene Pflicht nicht auch tatsächlich angetreten wird, sodass auch dieses Kriterium nicht überzeugen kann.[202] Schließlich ist auch eine Garantenstellung aus vorangegangenem Tun nicht überzeugend mit einer *gesetzlichen* Pflicht zu begründen: *Roxin* weist zu Recht darauf hin, dass eine Ingerenzgarantenstellung in vielen Fällen gar nicht durch eine förmliche Pflicht zu begründen ist bzw. dass auch hier gilt, dass eine zivilrechtliche Pflicht allein kein hinreichendes Kriterium zur Annahme einer Garantenstellung liefert.[203]

Wie gezeigt, ist die formelle Rechtspflichttheorie somit in bestimmten Bereichen zu eng, in anderen – ohne ein weiteres einschränkendes Kriterium – zu weit und stellt daher kein geeignetes Parameter zur Begründung einer Garantenstellung dar.[204] Sie wird daher zu Recht als „obsolet“[205] und „nicht mehr haltbar“[206] bezeichnet.

2. Die Funktionenlehre nach *Armin Kaufmann*

Nach der von *Armin Kaufmann* im Jahre 1959 begründeten sog. Funktionenlehre lassen sich die Garantenstellungen in Beschützer- und Überwachergarantenstellungen einteilen.[207] Die Beschützer- oder Obhutsgarantenstellung beinhaltet, dass eine Person ein oder mehrere Rechtsgüter einer anderen schutzbedürftigen Person gegen alle von außen drohenden Gefahren zu schützen hat.[208] So

200 So zutreffend *Ransiek*, JuS 2010, 585 (587); *Vogt*, Verbandsgeldbuße, 97.

201 *Roxin*, AT II § 32 Rn. 12; darüber hilft auch der zutreffende Hinweis von *Vogt*, Verbandsgeldbuße, 88 nicht hinweg, dass die Vertreter der formellen Rechtspflichttheorie selbst die metastrafrechtliche Pflicht stets nur als notwendige, aber nicht als hinreichende Bedingung auf ihren Schild gehoben haben.

202 *Roxin*, AT II § 32 Rn. 13.

203 *Roxin*, AT II § 32 Rn. 14.

204 *Schilha*, Aufsichtsratstätigkeit im Spiegel strafrechtlicher Verantwortung, 111; ablehnend daher auch *Alexander*, Verkehrssicherungspflichten, 9; *Bosch*, Organisationsverschulden, 158; *Roxin*, AT II § 32 Rn. 10 ff. jeweils m.w.N.

205 *Roxin*, AT II § 32 Rn. 12.

206 *Bosch*, Organisationsverschulden, 158; *Roxin*, AT II § 32 Rn. 10.

207 *Armin Kaufmann*, Unterlassungsdelikte, 282 ff.

208 *Armin Kaufmann*, Unterlassungsdelikte, 283.

hat etwa – als ein klassisches Beispiel – eine Mutter Gefahren von ihrem Kind abzuwenden oder ein Organ einer juristischen Person das Vermögen dieser vor Einbußen zu bewahren. Der Überwacher- oder Sicherungsgarant hat hingegen die Allgemeinheit – d.h. die Individualrechtsgüter Dritter oder Kollektivrechtsgüter – vor Beeinträchtigungen durch eine bestimmte Gefahrenquelle zu schützen, indem er die Gefahrenquelle hinreichend überwacht. Der Sicherungsgarant wird also quasi von der Rechtsordnung „auf Posten gestellt", um eine in seinem Verantwortungsbereich liegende und von ihm selbst geschaffene Gefahrenquelle zu kontrollieren, wobei jedoch nur hilfsbedürftige Rechtsgutsträger vor Gefahren zu schützen sein sollen.[209] Beispiel für eine Sicherungsgarantenstellung ist die des Grundstückseigentümers.[210] Für unsere Zwecke ist vor allem die Frage interessant, ob ein Unternehmen Überwachergarant für seine Betriebsstätte(n) ist und eine entsprechende Pflicht auf die Unternehmensleitung abgewälzt werden kann.

Obwohl der Überwachergarant die Gefahr an ihrem Ursprungsort zu beseitigen hat, während der Beschützergarant den Eintritt der Gefahr an ihrem potentiellen Eintrittsort verhindern muss, ist doch richtig, dass sowohl Beschützer- als auch Überwachergarant den Schutz bestimmter Rechtsgüter gewährleisten müssen.[211] Zum Teil wird daher gegen die *Kaufmann*'sche Lehre eingewandt, eine saubere Trennung in Überwacher- und Beschützergaranten sei in manchen Bereichen kaum möglich.[212] Auch wenn die Funktionenlehre heute aufgrund ihrer Fähigkeit, bei der Einordnung der Garantenstellungen zu helfen, weitgehend anerkannt[213] und mittlerweile auch von der Rechtsprechung rezipiert wird,[214] lässt sich nicht übersehen, dass sie einen Grund für das Entstehen der jeweiligen Garantenstellungen bereits voraussetzt und somit einen wirklichen

209 *Armin Kaufmann*, Unterlassungsdelikte, 283; NK-*Gaede* § 13 Rn. 32; Sch/Sch/*Stree/Bosch* § 13 Rn. 43; *Heine*, Strafrechtliche Verantwortlichkeit, 115; *Alexander*, Verkehrssicherungspflichten, 10

210 Siehe *Fischer* § 13 Rn. 65 m.w.N.

211 *Rotsch*, FS I. Roxin, 485 (491).

212 Siehe *Arzt* JA 1980, 647 (648).

213 Mit unterschiedlicher Gewichtung findet man sie bei LK[11]- *Jescheck* § 13 Rn. 19; *Ransiek*, JuS 2010, 585 (587); *Lackner/Kühl* § 13 Rn. 12; *Joecks/Jäger* § 13 Rn. 31 ff.; *Wessels/Beulke/Satzger*, Strafrecht AT, Rn. 1005; Sch/Sch/*Stree/Bosch* § 13 Rn. 9 ff. jeweils m.w.N.

214 BGHSt 48, 77 (91 f.); BGH BB 2012, 150 f.; OLG Stuttgart NJW 1998, 3131 (3132); eine Einteilung für überflüssig hält aber z.B. BGH NJW 2009, 3173 (3174).

Begründungsansatz nicht liefern kann.[215] Dennoch hilft zumindest der Versuch einer Trennung bei der Frage, wo und auf welche Art und Weise nach dem jeweiligen materiellen Grund zu suchen ist und macht ferner die Begründung und Ausgestaltung der konkreten Garantenpflicht erst möglich.[216] Der oben beschriebene Unterschied zwischen Überwacher- und Garantenstellung mit dem ihm immanenten „Perspektivenwechsel"[217] ist daher so weit wie möglich zu beachten. Aus diesem Grund ist es wichtig, dass man bei der Begründung einer Garantenstellung Argumente für eine Überwachergarantenstellung und eine Beschützergarantenstellung nicht vermengt und somit erst in der Summe zu einer Garantenstellung gelangt, die bei einer – soweit wie möglich – sauberen Trennung nach den jeweiligen Funktionen nicht hätte begründet werden können.[218]

3. Materielle Rechtspflichttheorien

Neben den schon genannten Theorien haben sich im Laufe der Zeit zahlreiche weitere Ansätze zur Entschlüsselung der Voraussetzungen der Begehungsgleichheit des Unterlassens mit dem aktiven Tun herausgebildet. Es ist hier nicht der Ort, all diese im Laufe der Jahrzehnte entstandenen Ansichten umfassend zu würdigen,[219] es sollen im Folgenden aber zumindest die bedeutendsten und aktuell diskutierten Auffassungen dargestellt werden.

a) Prinzip der Gefahrschaffung

Hauptsächlich von *Arzt* wird die Auffassung vertreten, dass in allen Garantenpflichten „eine rudimentäre Gefahrschaffung als Begehungselement" enthalten sei, und zwar entweder unmittelbar oder über den Umweg der Übernahme und mangelhafter Gefahrenabwehr.[220]

---

215 *Arzt* JA 1980, 647 (648); *Schünemann* ZStW 96 (1984), 287 (305); *Rogall*, ZStW 98 (1986), 573 (614); *Schilha*, Aufsichtsratstätigkeit im Spiegel strafrechtlicher Verantwortung, 112 f.

216 *Schwarz* wistra 2012, 13 (15); *Rotsch*, FS I. Roxin, 485 (491).

217 So treffend *Schwarz* wistra 2012, 13 (15).

218 NK-*Gaede* § 13 Rn. 37.

219 Eine aktuelle und ausführliche Darstellung findet sich bei *von Coelln*, Einstehenmüssen, 87 ff.

220 *Arzt* JA 1980, 553 (560); 712 (714); ähnlich auch *Gimbernat* ZStW 111 (1999), 307 (331).

Alle Garantenstellungen mit einer vorherigen Gefahrschaffung zu begründen, kann aber nicht überzeugen, weil so eine plausible Erklärung für die durch ein besonderes Schutzverhältnis geprägten Garantenstellungen nicht gelingen kann.[221] Eine auch nur rudimentäre Gefahrschaffung ist beispielsweise bei der Schutzposition von Eltern gegenüber ihren Kindern nicht zu erkennen.[222] Zieht man zur Gefahrerhöhung quasi als Hilfsargument in diesen Fällen die „Enttäuschung berechtigten Vertrauens" heran,[223] so befindet man sich in einem Zirkelschluss, da die enttäuschten Erwartungen erst Folge der Verletzung der Erwartungshaltung durch das Unterlassen sind.[224]

b) Notwendigkeit einer „Vorhandlung"

Von den Begriffen „Freiheit" und „Verantwortung" ausgehend ist für *Grünewald* stets ein Vorverhalten notwendig, um eine strafrechtliche Garantenpflicht zu begründen.[225] Eine solche Vorhandlung wird jedoch relativ weit gefasst als nicht nur ein Gefahr schaffendes Vorverhalten bzw. eine Ingerenz, sondern auch ein solches, in dem für bestimmte Gefahrenquellen die Verantwortung übernommen wird, wobei es keine Rolle spielt, ob es sich um von Sachen oder von Personen ausgehende Gefahren handelt.[226] Ferner soll auch ein Vorverhalten, das zur „Aufgabe einer Schutzposition" Anlass gibt, eine Garantenstellung begründen, allerdings nur „wenn das Verhalten sowohl berechtigterweise als auch tatsächlich einen Vertrauenstatbestand ausgelöst hat".[227]

Das Bemühen, von einem freiheitsorientierten Strafrechtssystem ausgehend ein individuell-vorwerfbares Vorverhalten als Anknüpfungspunkt für die freiheitsbeschränkenden Garantenpflichten des Strafrechts heranzuziehen, ist beachtenswert. Es wirkt dennoch konstruiert an eine „Vorhandlung" anzuknüpfen, da in einigen Fallgruppen deutlich wird, dass nicht die Vorhandlung als solche den Anknüpfungspunkt für eine strafrechtliche Garantenstellung liefert, sondern erst die Vornahme der Wertung darüber, wann ein notwendiger „Vertrauenstatbestand" vorliegt. Angesichts dieser Notwendigkeit dürfte es dann

221 *Roxin* GA 2009, 73 (79 ff.); *Schilha*, Aufsichtsratstätigkeit im Spiegel strafrechtlicher Verantwortung, 113 m.w.N.
222 *Roxin* GA 2009, 73 (80); NK-*Gaede* § 13 Rn. 36.
223 *Arzt* JA 1980, 647 (650).
224 *Schilha*, Aufsichtsratstätigkeit im Spiegel strafrechtlicher Verantwortung, 113 m.w.N.
225 *Grünewald*, Zivilrechtlich begründete Garantenpflichten, 136 ff.
226 *Grünewald*, Zivilrechtlich begründete Garantenpflichten, 137.
227 *Grünewald*, Zivilrechtlich begründete Garantenpflichten, 138 f.

aber auch verhältnismäßig unbedeutend bleiben, ob ein aktives Vorverhalten der betroffenen Person vorliegt oder nicht. Zudem kann die Anknüpfung an das Vorverhalten bestimmte im Ergebnis unstreitige Garantenstellungen, wie diejenige der Eltern für ihr Kleinkind, nicht überzeugend erklären. Dies erkennt auch *Grünewald* selbst, wenn sie für diese Fallgruppe insofern eine Ausnahme einräumt, als dass sie auch andere Handlungspflichten anerkennen will, wenn „sie zur Aufrechterhaltung der freiheitlich verfassten Gesellschaftsordnung unerlässlich sind".[228]

c) § 13 StGB als Auflösung einer Grundrechtskollision

Nach einem neueren Ansatz soll sich die Frage nach der Garantenstellung aus der Auflösung einer Grundrechtskollision zwischen der durch Art. 2 Abs. 1 GG geschützten Handlungsfreiheit des Unterlassenden und der jeweils geschützten grundrechtlichen Position des Betroffenen beantworten lassen. Entscheidendes Kriterium sei hierbei, dass der Garant „durch eine bestimmte Handlung (…) gegenüber dem Opfer einer Straftat wenigstens teilweise auf die uneingeschränkte Ausübung seiner Rechte (…) verzichtet hat."[229] Die Verzichtshandlung kann auf verschiedenste Art und Weise in Erscheinung treten und muss daher in jedem Einzelfall gesondert festgestellt werden.[230] Dieser Auffassung *von Coellns* ist zugutezuhalten, dass sie die verfassungsrechtlichen Vorgaben und Wertungen, die hinter § 13 stehen, verdeutlicht, was als wertvoller Beitrag zum wissenschaftlichen Diskurs anzusehen ist. Dass hier jedoch im Ergebnis nur alte Fragen neu verkleidet werden,[231] scheint auch *von Coelln* zu ahnen, wenn sie als zweiten „Grundpfeiler" gesellschaftliche Vorgaben und Erwartungen benennt, die sich aus der bisherigen Rechtsprechung ergeben sollen.[232]

Der Verzicht auf die uneingeschränkte Ausübung der eigenen Rechte ist aber insgesamt als Anknüpfungspunkt wenig überzeugend: So kann man zum Beispiel die anerkannte Garantenstellung wegen einer Verkehrssicherungspflicht wohl eher als Grundrechtsbetätigung deuten denn als Grundrechtsverzicht. Vor allem besteht aber die Gefahr, dass die Abwägung zu einem beliebige Ergebnisse produzierenden Vorgang wird, sodass die Strafbarkeit am Ende dem subjektiven Dafürhalten des Richters überlassen bleibt.[233]

---

228 *Grünewald*, Zivilrechtlich begründete Garantenpflichten, 140.
229 *Von Coelln*, Einstehenmüssen, 236.
230 *Von Coelln*, Einstehenmüssen, 236.
231 So im Ergebnis auch Sch/Sch/*Stree/Bosch* § 13 Rn. 15.
232 *Von Coelln*, Einstehenmüssen, 198 ff.
233 *Vogt*, Verbandsgeldbuße, 94.

d) Organisationszuständigkeit und institutionelle Zuständigkeit

Nach der Auffassung von *Jakobs* ist der Grund für eine Garantenstellung entweder eine „Organisationszuständigkeit" oder eine „institutionelle Zuständigkeit" des Unterlassungstäters.[234] Während sich die Verantwortung aus einer Organisationszuständigkeit aus der Rücksichtnahme auf andere Personen, die bei der Gestaltung des eigenen Organisationskreises schadlos zu halten sind, ergibt, womit z.B. die Garantenstellungen aus Ingerenz oder aus Verkehrssicherungspflichten begründet werden, stellen die Pflichten aus institutioneller Zuständigkeit einen besonderen Rechtsgrund dar, weshalb auch nur Institutionen, die für den gesellschaftlichen Bestand von elementarer Bedeutung sind, wie z.B. das Eltern-Kind-Verhältnis, von ihr erfasst sind.[235]

In diesem Zusammenhang spielen aber bereits außerstrafrechtliche Wertungen eine entscheidende Rolle.[236] Ferner wird dem Ansatz von *Jakobs* zu Recht vorgeworfen, er sei zu funktional und entferne sich damit tendenziell von einem individuellen Schuldstrafrecht.[237] Die Auffassung von *Jakobs* kann folglich nicht überzeugen.

e) Herrschaftsgedanke Schünemanns und verwandte Ansätze

Schünemann zieht als Begründung für die Entstehung einer Garantenstellung den „Herrschaftsgedanken" heran;[238] demnach ist die Herrschaft über den Grund des Erfolges das Pflicht begründende Element. Dabei unterteilt auch *Schünemann* – wie *Armin Kaufmann* – die Garantenstellungen in zwei Gruppen, in denen jeweils eine hinreichende Herrschaft des Täters bestehen soll: Zum einen könne sich eine solche aus der Hilflosigkeit der jeweiligen Rechtsgüter des Opfers ergeben, zum anderen könne die Herrschaft in der Sachherrschaft über einen Gefahrenherd – wie z.B. einen Betrieb – begründet sein.[239] *Roxin* schließt sich, ausgehend von seiner zu den Begehungsdelikten entwickelten Tatherrschaftslehre, dem Ansatz *Schünemanns* weitgehend an und verwendet den Begriff der „Kontrollherrschaft".[240]

---

234 *Jakobs*, AT, 28/14 ff./29/30 ff., 36 f.

235 *Jakobs*, AT, 28/16/29/29, 58.

236 *Grünewald*, Zivilrechtlich begründete Garantenpflichten, 28.

237 *Grünewald*, Zivilrechtlich begründete Garantenpflichten, 129 f.

238 *Schünemann*, Grund und Grenzen, 235 ff.; *ders.*, Unternehmenskriminalität, 88 ff.

239 *Schünemann* ZStW 96 (1984), 287 (293 f.).

240 *Roxin*, AT II § 32 Rn. 19.

Der Herrschaftsgedanke liefert wichtige Anhaltspunkte dafür, wann sich eine Garantenstellung begründen lässt und wann nicht. Insbesondere für die Begründung einer Überwachergarantenstellung scheint es sich geradezu aufzudrängen, auf die Herrschaft über eine schadensstiftende Gefahrenquelle abzustellen. Jedoch kann die Herrschaft über einen Geschehensablauf für sich allein genommen noch keine Garantenstellung begründen: Denn eine irgendwie geartete Herrschaft – das heißt Möglichkeit der Erfolgsabwendung – wird immer vorliegen müssen, um eine Unterlassungsstrafbarkeit zu begründen.[241] Unmögliches kann die Rechtsordnung bekanntlich niemals verlangen. Der Herrschaftsgedanke bedarf daher zumindest einer Ergänzung zwecks Klärung der Frage, wann eine die Pflicht aus § 13 auslösende *besondere* Herrschaftsposition besteht.

f) Soziale Verhaltenserwartungen als Grund für eine Garantenpflicht

Als diese Ergänzung könnte die Auffassung von *Otto* und *Brammsen* in Betracht kommen, die in Anknüpfung an die von *Niklas Luhmann*[242] geprägte soziologische Systemtheorie alle Garantenpflichten mit gesellschaftlich real existierenden Verhaltenserwartungen begründen möchte.[243]

Problematisch hieran ist jedoch, dass dieses Modell letztlich nur feststellt, was in der Rechtsgemeinschaft für Verhaltenserwartungen vorherrschen, aber keine darüber hinausgehenden Wertungen dahin gehend getroffen werden, ob diese Erwartungen auch berechtigt sind.[244] Selbst wenn die vorausgesetzten Feststellungen jemals empirisch gesichert ermittelt werden können, was sehr zweifelhaft erscheint, kann eine soziale Tatsache zudem „aus sich selbst heraus" keine hinreichend bestimmte, den Anforderungen des Art. 103 Abs. 2 GG genügende Begründung einer Strafbarkeit bieten.[245]

g) Vertrauensprinzip

Eine weitere Auffassung unterliegt den soeben gemachten Einwänden nicht, da sie – anstatt auf real existierende soziale Verhaltenserwartungen

---

241 *Maiwald* JuS 1981, 473 (480); *Spring*, Geschäftsherrenhaftung, 152; *v. Coelln*, Einstehenmüssen, 126; Sch/Sch/*Stree/Bosch* § 13 Rn. 15; NK-*Gaede* § 13 Rn. 33; *Vogt*, Verbandsgeldbuße, 90 f.; *Heine*, Strafrechtliche Verantwortlichkeit, 116 f.

242 Siehe dazu *Luhmann*, Rechtssoziologie, 31 ff.

243 *Otto/Brammsen* Jura 1985, 530 (536).

244 *Bosch*, Organisationsverschulden, 181; *Vogt*, Verbandsgeldbuße, 92; *Schilha*, Aufsichtsratstätigkeit im Spiegel strafrechtlicher Verantwortung, 116.

245 *Sangenstedt*, Garantenstellung, 148 ff.

zu rekurrieren – einen normativen Ansatz wählt.[246] Zentraler Grund für die Annahme einer Garantenstellung soll demnach ein objektiviertes Vertrauen sein, welches bei der betroffenen Person also gar nicht tatsächlich vorhanden sein muss.[247] Entscheidend ist vielmehr, dass das Opfer auf die Vornahme einer rechtsgutsschützenden Handlung vertrauen durfte.[248] Konkretisiert wird dieser Ansatz unter anderem dahin gehend, dass das Opfer im Vertrauen auf eine Zusage oder die bloße Präsenz des Täters Sicherungsmaßnahmen, die es sonst getroffen hätte, unterlässt oder eine vertrauensstiftende Abhängigkeitsbeziehung zwischen Täter und Opfer besteht.[249]

Den Anhängern der These, die auf das Vertrauensprinzip abstellen, wird oft vorgehalten, dass der Ansatz zu unbestimmt bliebe und daher nicht überzeugen könne.[250] Es lässt sich aber schwerlich leugnen, dass die anderen soeben dargestellten Auffassungen bei näherem Hinsehen kaum einen höheren Grad an Bestimmtheit bieten können bzw. von vornherein als geeignetes Kriterium (zumindest allein) ausscheiden. Auch der Einwand, dass das in der Bevölkerung vorhandene Vertrauen maßgeblich durch die Gesetzeslage und die Rechtsprechung vorgegeben werde und somit ein Abstellen auf das Vertrauen zu einem Zirkelschluss führe,[251] überzeugt nicht: Insbesondere wird übersehen, dass es eben kein reales Vertrauen ist, auf dass die Garantenstellung gestützt wird, sondern dass nur eine normative Gesamtbewertung vorgenommen wird, die vom Unterlassenden mehr aber auch weniger verlangen kann, als der Geschädigte in der konkreten Situation tatsächlich erwartet hat.

---

246 *Blei*, FS H. Mayer, 119 (142 f.); *Vogler*, FS R. Lange, 265 (281 ff.); *Kühne*, Geschäftstüchtigkeit oder Betrug, 80 ff.; (mit Einschränkungen) auch *Rudolphi* NStZ 1984, 149, (150 f.); NK-*Gaede* § 13 Rn. 34 jeweils m.w.N.

247 Vgl. nur *Maiwald* JuS 1981, 473 (481 f.); so auch OLG Karlsruhe GA 1971, 281 (283), das bei der Subsumtion des konkret zu entscheidenden Falles dann aber (widersprüchlich) auf ein tatsächlich existierendes Vertrauen abzustellen scheint.

248 *Blei*, FS H. Mayer, 119 (140 f.); *Maiwald* JuS 1981, 473 (481 f.).

249 *Vogler*, FS R. Lange, 265 (281 ff.) m.w.N.

250 Siehe nur zuletzt *Schilha*, Aufsichtsratstätigkeit im Spiegel strafrechtlicher Verantwortung, 115; *Vogt*, Verbandsgeldbuße, 91.

251 *Spring*, Geschäftsherrenhaftung, 156.

II. Resümee

Insgesamt scheint keine der aufgezeigten Auffassungen isoliert betrachtet bedingungslos zu überzeugen.[252] Das Erfordernis einer vorhergehenden Gefahrschaffung kann wie oben gezeigt jedenfalls die Beschützergarantenstellungen in der Regel nicht begründen. Selbiges muss auch für den Ansatz gelten, der eine wie auch immer geartete „Vorhandlung" zum Erfordernis machen möchte. Der Ansatz, § 13 als Auflösung einer Grundrechtskollision zu betrachten, beschreibt zwar das Problem phänomenologisch zutreffend, ohne jedoch eine wirklich überzeugende Lösung präsentieren zu können. Gegen die Auffassung, dass eine Organisationsherrschaft bzw. institutionelle Zuständigkeiten eine Garantenstellung begründen, spricht der deutlich zu funktionale Ansatz. Tatsächlich bestehende soziale Erwartungshaltungen können wie oben gezeigt eine Garantenstellung ebenfalls nicht hinreichend sicher begründen, da ihnen nicht zwingend immanent ist, dass die Erwartungen auch berechtigterweise bestehen. Es ist daher trotz der gegen sie vorgebrachten Bedenken am sinnvollsten, eine nebeneinanderstehende Kombination aus dem unter e) vorgestellten und auf *Schünemann* zurückgehenden Herrschaftsgedanken sowie des unter g) skizzierten Vertrauensprinzips zur Begründung der einzelnen Garantenpositionen heranzuziehen.[253] In der Regel werden sich beide Aspekte dabei ergänzen, aber einer gleichwohl im Vordergrund stehen.

Trotz der langjährigen und detaillierten Auseinandersetzung über die Entstehungsvoraussetzungen ist nicht zu verkennen, dass die verschiedenen Auffassungen trotz ihrer mannigfaltigen Begründungsansätze zumeist zu sich gleichenden Ergebnissen gelangen.[254] Auch deswegen wollen wir es an dieser Stelle bei den bis hierhin gemachten Ausführungen bewenden lassen und uns später – wenn es um die konkreten Voraussetzungen der strafrechtlichen Haftung im Unternehmen geht – eingehender mit den Voraussetzungen befassen.

---

252 Siehe auch Sch/Sch/*Stree/Bosch* § 13 Rn. 15, der die monistischen Erklärungsversuche insgesamt als „wenig hilfreich" bezeichnet.

253 Ähnlich bei deutlich stärkerer Akzentuierung des Herrschaftsgedankens *Schilha*, Aufsichtsratstätigkeit im Spiegel strafrechtlicher Verantwortung, 115, 122 m.w.N.

254 So auch *Alexander*, Verkehrssicherungspflichten, 12.

2. Kapitel: Die strafrechtliche Haftung der Unternehmensleitung

Compliance und Strafrecht, auch Wirtschaftsstrafrecht, sind, wie schon aus den bisherigen Ausführungen hervorgeht, nicht gleichzusetzen. Beide Bereiche sind sehr weit gefasst, und große Teile dieser Gebiete berühren sich gar nicht oder nur peripher. Ihre gemeinsame Schnittmenge ist jedoch immer noch sehr groß. Alle straf- und ordnungswidrigkeitenrechtlichen Tatbestände, mit denen ein Unternehmen und seine (leitenden) Angestellten im Rahmen ihrer Tätigkeit in Konflikt geraten können, kommen als „Compliance-Organisationspflichten" oder schlichter als „Compliance-Norm" in Betracht.[255] Stellt sich wie hier die Frage nach der Verletzung von Überwachungspflichten durch die Unternehmensleitung, so ist logisch, dass Verstöße gegen „Compliance-Normen", die durch aktives Tun begangen werden, für unsere Überlegungen ohne Belang sind. Die Frage, ob Vorsatz- oder Fahrlässigkeitsdelikte im Bereich der Verletzung von Überwachungspflichten die größere Bedeutung haben, ist hingegen nicht so leicht zu beantworten,[256] da das Unterlassen von erforderlichen Maßnahmen oder konkreten unternehmensinternen Sanktionen aus mannigfaltigen Gründen erfolgen kann und allein aus diesem Umstand nicht auf das Fehlen eines (bedingten) Tatvorsatzes beim Geschäftsleitungsmitglied geschlossen werden kann. Dies festzustellen, ist aber letztlich Sache des Tatgerichts.

Am Anfang aller Überlegungen steht somit die Frage nach einer strafrechtlichen Verantwortung der Leitungsebene eines Unternehmens. Die hierbei getroffenen Feststellungen können aber darüber hinausgehend eventuell auch für die strafrechtliche Haftung des Compliance Officers von Bedeutung sein, wenn man ggf. davon ausgeht, dass die potentielle Garantenstellung des Compliance Officers von einer möglicherweise bestehenden Garantenstellung des Geschäftsherrn abzuleiten ist und folglich erstere nicht weiterreichen kann als letztere.[257] Auch die Frage nach der strafrechtlichen Verantwortung im Konzern ist nicht von der Frage zu trennen, wie man die strafrechtliche Verantwortung im nicht konzernierten Unternehmen bewertet, sodass auch hier eine Beeinflussung

255 Die in Anführungszeichen genannten Begrifflichkeiten sind *Bock*, Criminal Compliance, 281 entnommen.

256 Anders aber *Bock*, Criminal Compliance, 281 f., der den Schwerpunkt hauptsächlich beim fahrlässigen Unterlassungsdelikt ausmachen will.

257 S. *Rübenstahl* NZG 2009, 1341 (1343); *Rönnau/Schneider* ZIP 2010, 53 (57 f.).

später aufzuwerfender Problemkreise wahrscheinlich erscheint. Von dem persönlichen Haftungsrisiko der Leitungsebene eines Unternehmens bzw. von Personen, die für sie handeln („personal risks"), ist im Übrigen das Risiko für das Unternehmen selbst zu unterscheiden („business risks").

Wie schon gesagt sind jedoch nicht alle strafrechtlichen Haftungsrisiken der Unternehmensleitung für die vorliegende Arbeit von Belang: So spielt die Rechtsfigur der mittelbaren Täterschaft kraft Organisationsherrschaft im vorliegenden Zusammenhang, soweit es um ein aktives Tun des Hintermanns geht, grundsätzlich keine Rolle. Der Anknüpfungspunkt für die strafrechtliche Haftung des Geschäftsherrn ist hier nämlich ein anderer: Geht es bei der Strafbarkeit durch Unterlassen um die Nichtvornahme einer zur Erfolgsabwendung erforderlichen und „dem" Geschäftsherrn möglichen und zumutbaren Handlung, liegt der Schwerpunkt bei der Rechtsfigur des „Täters hinter dem Täter", sofern ein aktives Tun vorliegt, in der aktiven Erschaffung und Ausnutzung von Strukturen, innerhalb derer die Erbringung des eigenen Tatbeitrags zu regelhaften Abläufen führt.[258] Es geht also gerade nicht um das „bloße" Unterlassen von Aufsichtsmaßnahmen, wie es bei der Fragestellung „Compliance und Strafrecht" im Mittelpunkt steht.[259] Freilich ist die mittelbare Täterschaft aber grundsätzlich auch durch Unterlassen begehbar.

Es ist hier ferner auch nicht der Ort, um die Stärken und Schwächen der Tatherrschaftslehre im Grundsatz zu diskutieren oder gar das de lege lata existierende dualistische Beteiligungssystem als solches zu hinterfragen.[260]

Ein Hinweis soll an dieser Stelle noch erfolgen, nämlich der, dass Unterschiede zwischen Tun und Unterlassen in Organisationen häufig weniger deutlich hervortreten als im sonstigen Strafrecht: So hat der aktive mittelbare Täter kraft Organisationsherrschaft, wie ihn die Rechtsprechung und Teile der Literatur postulieren, in der Regel deutlich weniger unmittelbaren Einfluss auf den ihm zumeist völlig unbekannten Tatmittler als der „gewöhnliche" mittelbare Täter, der den Defekt eines Tatmittlers ausnutzt; andererseits weist der Geschäftsherr beim Unterlassen in der Regel über seine Organisation und die Vorgabe einer bestimmten „Unternehmenspolitik" einen größeren Einfluss auf seine Mitarbeiter aus als ein sonstiger Garant, wie z.B. ein Polizist, der nichts gegen die Gewalttat eines eigenverantwortlich und ohne strukturelle Einbindung handelnden Kriminellen unternimmt.[261] Es wird in diesem Zusammenhang[262] zu Recht

---

258 Zum letzten Aspekt BGHSt 40, 218 (236); 45, 270 (296).

259 Zu dieser Einschätzung kommt auch *Bock*, Criminal Compliance, 309.

260 Dazu zuletzt *Rotsch*, Einheitstäterschaft (passim).

261 *Schlösser* GA 2007, 161 (171 f.).

262 *Schlösser* GA 2007, 161 (169 ff. m.w.N.).

kritisch auf die allgemeine Tendenz hingewiesen, nach der eine klare Abgrenzung von Tun und Unterlassen in Bezug auf die Organisationsherrschaft zunehmend für wenig bedeutsam gehalten wird. Diese Tendenzen in der Praxis sind nicht neu und werden in der Literatur schon seit Langem mit dem Hinweis auf grundlegende Unterschiede zwischen Tun und Unterlassen bekämpft.[263]

I. Mittelbare Täterschaft durch Organisationsherrschaft und Kritik

1. Der Geschäftsherr als mittelbarer Täter (durch Unterlassen)

Fokussiert man sich also auf die Compliance-Problematik, kommt eine Strafbarkeit des Geschäftsherrn als Täter unter zwei Gesichtspunkten in Betracht: Zum einen könnte sich der Geschäftsherr als mittelbarer Täter durch Unterlassen strafbar machen, zum anderen als unmittelbarer Täter durch Unterlassen. Gemeinsam ist beiden Formen der Zurechnung, dass sie nicht bei der Verantwortlichkeit des Tatnächsten ansetzen, sondern Sekundärverstöße der Unternehmensleitung zum Ausgangspunkt ihrer Ermittlung einer Verantwortungskette machen (sog. „Top-down-Ansatz“).[264] Diese Entwicklung hängt stark zusammen mit dem rechtspolitischen Bedürfnis nach einer Bestrafung von (zumeist wenigstens) unethischen Verhaltensweisen im Wirtschaftsleben, droht aber gleichzeitig bzw. gerade deshalb stets Gefahr zu laufen, zu einer „Evaporation der Zurechnungsparameter“ des klassischen Strafrechts zu führen.[265]

Will man eine mittelbare Täterschaft durch Unterlassen konstruieren, müssten zunächst einmal die Voraussetzungen einer mittelbaren Täterschaft vorliegen, der Geschäftsherr also seinen Angestellten gleich einem Werkzeug in seinem Sinne lenken können.

Ausgangspunkt aller Überlegungen ist die Tatherrschaft, denn die mittelbare Täterschaft von Personen auf der Leitungsebene eines Unternehmens wurzelt in der 1963 von *Claus Roxin* erstmals formulierten „Organisationsherrschaft“ als – neben der „klassischen“ Täuschungs- und Nötigungsherrschaft – weiteren Form der mittelbaren Täterschaft.[266] Ging es ihrem „Entdecker“ zunächst darum,

263 So auch die Feststellung von *Arzt* JA 1980, 553.

264 Ausführlich dazu und auch zur grundsätzlichen Kritik an diesem Ansatz *Bock*, Criminal Compliance, 282 ff.

265 Dazu beispielhaft (sowie Formulierung entlehnt bei) *Momsen*, FS Puppe, 751.

266 *Roxin* GA 1963, 193 ff.; s. ferner zur Rezeption und Entwicklung *ders.*, Strafrecht AT II, 46 ff.

einen Weg zu finden, die sog. „Schreibtischtäter" des NS-Regimes als Täter und nicht bloß als Teilnehmer bestrafen zu können, hat die Rechtsprechung des Bundesgerichtshofs die Figur des „Täters hinter dem Täter" seit der Entscheidung BGHSt 40, 218 ff. neben ihrer Anwendung im Zuge der Aufarbeitung des DDR-Unrechts in den 90er Jahren auch auf kriminelle Vereinigungen und wirtschaftliche Unternehmen übertragen.[267]

Diese Ausdehnung der Rechtsfigur des „Täters hinter dem Täter" auf das Verhältnis Geschäftsherr-Angestellter war bereits im BGH-Urteil gegen Mitglieder des Nationalen Verteidigungsrates wegen der Toten an der deutsch-deutschen Grenze angelegt und fand dort in einem obiter dictum Erwähnung.[268] Prägend für diese Form der mittelbaren Täterschaft war und ist ganz grundsätzlich die Befehls- und Organisationsherrschaft des Hintermanns, die zu einer „Fungibilität" des Vordermanns führt, sodass dieser als bloßes austauschbares „Rädchen im Getriebe des Machtapparates" erscheint.[269] Der Unternehmer müsste mittelbarer Täter eines „Organisationsdeliktes" sein, wenn er die bestehenden Organisationsstrukturen missbraucht, innerhalb derer die Erbringung des eigenen Tatbeitrags zu regelhaften Abläufen führt, indem er die unbedingte Bereitschaft des unmittelbar Handelnden, den Tatbestand zu erfüllen, für seine Zwecke ausnutzt und den Erfolg als Ergebnis seines Handelns will.[270] Dieser letzte Aspekt des Ausnutzens der Tatentschlossenheit stammte allerdings ursprünglich nicht von *Roxin*, sondern von *Schroeder*,[271] und wurde erst später von *Roxin* übernommen.[272] In jedem Fall ist zu bedenken, dass es sich bei der Frage, wann mittelbare

267 BGHSt 40, 218 (236); 43, 219 (231 f.); 45, 270 (296); 48, 331 (342); BGH NJW 1998, 767 (769); NStZ 2004, 457 ff.; NStZ 2004, 559 (561); NStZ 2008, 89 (90); dieser Rechtsprechung im Ergebnis zustimmend *Ransiek*, Unternehmensstrafrecht, 46 ff.; *Lackner/Kühl* § 25 Rn. 2; *Schünemann*, Unternehmenskriminalität, 101 ff., der (auch) in diesem Kontext auf das Direktionsrecht des Arbeitgebers verweist; zu den Unterschieden zwischen Rechtsprechung und Lehre siehe auch *Schlösser* GA 2007, 161 (162 ff.); zur Thematik siehe auch *Schlösser*, Soziale Tatherrschaft, 230 ff., der zur Begründung einer mittelbaren Täterschaft eine soziale Tatherrschaft an die Stelle der klassischen Dogmatik setzt und *Dous*, Strafrechtliche Verantwortlichkeit, 238 ff., der (allerdings in engeren Grenzen als die Rspr.) auf eine mittelbare Täterschaft kraft Koordinationsherrschaft der Geschäftsleitung abstellt.

268 BGHSt 40, 218 (236).

269 *Roxin*, AT II § 25 Rn. 107.

270 BGHSt 40, 218 (236); 45, 270 (296); BGH NStZ 2008, 89 (90).

271 *Schroeder*, Der Täter hinter dem Täter, 195 ff.

272 *Roxin* ZIS 2006, 293 (298 f.); ausführlich zu den nach und nach entwickelten, verschiedenen Ansätzen in der Literatur s. auch *Schlösser*, Soziale Tatherrschaft, 52 ff.

Täterschaft kraft Organisationsherrschaft vorliegt, vorrangig um „ein offenes Wertungsproblem handelt, bei dem die Übergänge fließend sind“ und auf die generell zur Abgrenzung von Täterschaft und Teilnahme genutzten Kriterien rekurriert werden soll.[273] Obwohl die soeben skizzierte Ansicht maßgeblich auf das Unterordnungsverhältnis des unmittelbaren Täters gegenüber dem Hintermann abstellt, hindert dies ihre Vertreter freilich nicht daran, von einer eigenverantwortlichen unmittelbaren Täterschaft des Vordermanns auszugehen. Die Prinzipien der Organisationsherrschaft sollen grundsätzlich aufgrund deren Leitungsmacht auch für Organmitglieder der Konzernmutter in Bezug auf Tochterunternehmen gelten.[274] Ferner werden einzelne deliktische Handlungen der Mitarbeiter für den Geschäftsherren, soweit er seinen „organisatorischen Tatbeitrag“ in Zusammenhang mit der Ausübung der Geschäftsleitung vorgenommen hat, zu einer einzigen Tat.[275]

Im Zusammenhang mit Compliance wird die mittelbare Täterschaft kraft Organisationsherrschaft insbesondere dadurch interessant, dass diese Rechtsfigur nach Ansicht der Rechtsprechung auch durch Unterlassen verwirklicht werden kann.[276] So setzt die mittelbare Täterschaft nach Ansicht des BGH weder ein aktives Verhalten des Täters noch eine Ursächlichkeit nach den für aktives Tun geltenden Regeln voraus.[277] Mithin könnte sich beispielsweise ein Unternehmer nach den Grundsätzen der mittelbaren Täterschaft durch Unterlassen strafbar machen, wenn er zunächst gutgläubig Geschäftsziele als Vorgaben ausgibt, von denen er nach einiger Zeit bemerkt, dass sie von seinen Mitarbeitern nur durch die Begehung von Straftaten eingehalten werden können und der Geschäftsherr von solchen Straftaten Kenntnis erlangt, aber nicht reagiert, sondern die Mitarbeiter gewähren lässt.

2. Abweichende Konzeptionen

Diese soeben dargestellte Rechtsprechung führte schnell zu einer breiten wissenschaftlichen Kontroverse, deren Aufwand und Intensität wohl zumindest nicht

---

273 BGHSt 43, 219 (231 f.).

274 So für den Fall einer Untreue zulasten der Konzerntochter entschieden im „Fall Bremer Vulkan“, s. BGH NStZ 2004, 559 (561).

275 BGH wistra 1998, 224 (225); wistra 1999, 179; BGHSt 48, 331 (343).

276 BGH JZ 2003, 575 (579); vgl. auch BGHSt 40, 257 (265 ff.), in letztgenannter Entscheidung liegt allerdings nach *Brammsen* NStZ 2000, 337 (341 ff.) eine mittelbare Täterschaft durch aktives Tun vor; anders aber *Ranft*, FS Otto, 403 (414).

277 BGH JZ 2003, 575 (579).

immer in einem angemessenen Verhältnis zum damit einhergehenden Ertrag standen,[278] die aber in ihren Grundzügen insoweit dargestellt sei, als sie einen Bezug zur hier interessanten Frage der strafrechtlichen Haftung der Unternehmensleitung und Compliance aufweist.

a) Die Ablehnung einer mittelbaren Täterschaft (durch Unterlassen)

Von der herrschenden Lehre wird die Annahme einer mittelbaren Täterschaft in Wirtschaftsunternehmen vor allem aus – im Folgenden darzustellenden – Gründen, die teilweise stark variieren, grundsätzlich abgelehnt.[279]

So wird vor einem Aufweichen des verfassungsrechtlich verankerten Grundsatzes der Personenautonomie und des daraus folgenden Prinzips der Selbstverantwortung gewarnt, der es gebietet, eine Person grundsätzlich nicht für das vollverantwortliche Verhalten einer anderen Person zu bestrafen.[280] Aus dem Prinzip der Selbstverantwortung folge ferner, dass „derjenige, der sein Verhalten selbst bestimmen darf, auch allein für die Rechtmäßigkeit seines Handelns zuständig ist."[281] Verantwortung sei folglich „die Kehrseite der Selbstbestimmung".[282] Dass es sich hierbei im Zusammenhang mit der mittelbaren Täterschaft jedoch nur um einen Grundsatz handelt, der aber nicht zwingend in jedem Fall zu beachten ist, hat der BGH bereits im legendären „Katzenkönig"-Urteil zu Recht festgestellt.[283] Bislang ist es noch niemandem gelungen, das Prinzip der Selbstverantwortung als allgemeines Rechtsprinzip überzeugend

---

278 S. nur *Wolf*, FS Schroeder, 415; *Krey/Nuys*, FS Amelung, 203 ff.

279 *Herzberg*, in: Individuelle Verantwortung und Beteiligungsverhältnisse, 33 (47 f.); *Bosch*, Organisationsverschulden, 252 f.; *Brammsen*, in: Individuelle Verantwortung und Beteiligungsverhältnisse, 105 (141 ff.); *Bock*, Criminal Compliance, 290 ff.; *Heine*, Strafrechtliche Verantwortlichkeit, 104; *Renzikowski*, Restriktiver Täterbegriff, 90 f.; *Rotsch*, Individuelle Haftung, 144 ff.; *ders.* NStZ 1998, 491 (492 ff.); *ders.*, Einheitstäterschaft, 312 ff.; *Ambos* GA 1998, 226 (239 f.); *Mittelsdorf*, ZIS 2011, 123 (125); *Mosenheuer*, Unterlassen und Beteiligung, 110; *Ranft*, FS Otto, 403 (419); *Krey/Nuys*, FS Amelung, 203 (214 ff.); *Schmucker* StraFo 2010, 235 (240 f.); *Roxin*, AT II § 25 Rn. 129 ff.; teilweise wird aber eine unmittelbare Unterlassungstäterschaft angenommen, so z.B. *Roxin*, § 25 Rn. 137 und *Mansdörfer*, Theorie, S. 332 ff.; s. auch die umfassende Zusammenstellung bei *Bülte*, Vorgesetztenverantwortlichkeit, 114 ff.

280 *Renzikowski*, Restriktiver Täterbegriff, 81 ff., 90 f.; *Herzberg*, in: Individuelle Verantwortung und Beteiligungsverhältnisse, 33 (46).

281 *Spring*, GA 2010, 222 (225).

282 *Herzberg*, Unterlassung und Garantenprinzip, 320.

283 BGHSt 35, 347 (351 ff.).

zu begründen.[284] Auch die Existenz der gesetzlich vorgesehenen Mittäterschaft beweist, dass Tatherrschaft nicht nur in den Händen einer Person liegen muss, sondern auch auf mehrere vollverantwortliche Personen verteilt sein kann.[285] Ferner kann man der Gegenauffassung auch entgegenhalten, dass der Ausführende die Tat über seine Handlungsherrschaft, der Hintermann die Tat aber kraft seiner Herrschaft über die Organisation beherrscht.[286] Das Kriterium der Selbstverantwortung ist daher für eine exakte Abgrenzung von Täterschaft und Teilnahme ungeeignet.[287] Es bedeutet jedenfalls primär, dass man nur für eigene Handlungen (straf-)rechtlich zur Verantwortung gezogen werden kann.[288] Ferner lässt sich aus dem Selbstverantwortungsprinzip ableiten, dass bei fehlender Verantwortlichkeit des Tatnäheren eine mittelbare Täterschaft erheblich wahrscheinlicher ist, als wenn der Tatnähere vollverantwortlich handelt.[289] Darüber hinausgehende strikt zu beachtende Maßstäbe hinsichtlich der Reichweite der mittelbaren Täterschaft in Form der Organisationsherrschaft lassen sich dem Selbstverantwortungsprinzip nicht entnehmen.[290]

Rotsch weist jedoch mit einigem Recht darauf hin, dass sich die Wahrscheinlichkeit des Erfolgseintritts nicht nur aus einer gefestigten Organisation ergeben kann.[291] *Herzberg* glaubt, dass in „Kleinapparaten“ (also z.B. auch sehr kleinen Unternehmen), die unter Umständen nur aus einem einzigen Befehlsempfänger bestehen können, die Durchsetzung des Willens dem Hintermann oft leichter fallen wird als in hochkomplexen staatlichen oder wirtschaftlichen Strukturen, in denen eine Anweisung eine ganze „Kette“ durchläuft, bis sie beim Tatmittler angekommen ist; so hätten nach dieser Ansicht die Grenzsoldaten in der DDR am Ende selbst entschieden, ob sie auf Flüchtlinge schießen oder diese verfehlen wollten und folglich hätten sie allein Tatherrschaft ausgeübt.[292] Dieser Auffassung ist jedoch entgegenzuhalten, dass sich die Fälle der Organisationsherrschaft durch den Umstand, dass auch ein Tötungsbefehl, der durch einen organisierten Machtapparat ausgeführt werden soll, scheitern kann, nicht von den anderen

---

284 So zutreffend A/R/R/*Rotsch* Teil 1 Kap. 4 Rn. 73.

285 *Greco* ZIS 2011, 9 (10 f.).

286 *Roxin*, AT II § 25 Rn. 125 ff.; *Schmucker* StraFo 2010, 235 (239).

287 So zu Recht auch *Dous*, Strafrechtliche Verantwortlichkeit, 231 ff.; A/R/R/*Rotsch* Teil 1 Kap. 4 Rn. 73; *Schünemann*, FS Schroeder, 401 (402 f.) m.w.N. auch zur Gegenansicht.

288 Vgl. *Greco* ZIS 2011, 9 (10).

289 *Greco* ZIS 2011, 9 (13).

290 *Greco* ZIS 2011, 9 (11 ff.).

291 *Rotsch*, Einheitstäterschaft, 322 ff.

292 *Herzberg*, in: Individuelle Verantwortung und Beteiligungsverhältnisse, 33 (48).

Konstellationen der mittelbaren Täterschaft unterscheiden.[293] Zudem wird von zahlreichen Autoren auch in den Fällen der mittelbaren Täterschaft, in denen der Hintermann glaubt, sich eines gutgläubigen Tatmittlers zu bedienen, welcher aber in Wahrheit bösgläubig ist, eine versuchte mittelbare Täterschaft angenommen.[294] Bei aller gebotenen Vorsicht ist dieser Fall mit dem des (heimlich) verweigerten Tötungsbefehls zumindest insoweit vergleichbar, als dass der Hintermann in beiden Konstellationen von einer eigenen tatbeherrschenden Stellung ausgeht, welche in Wahrheit nicht gegeben ist.

Die Frage nach der prinzipiellen Anwendbarkeit der mittelbaren Täterschaft bei einem vollverantwortlich handelnden Vordermann muss an dieser Stelle möglicherweise aber gar nicht entschieden werden, sofern zumindest die Übertragung dieser Rechtsfigur auf Konstellationen in privatwirtschaftlichen Unternehmen nicht zu überzeugen vermag. Diese Frage rückt umso mehr in den Vordergrund, als dass sie der eigentliche praxisrelevante Kern der berühmten Entscheidung im 40. Band war und die entscheidenden Richter des 5. Strafsenats unbedingt auch wirtschaftliche Unternehmen in die übernommene Rechtsfigur mit einbeziehen wollten.[295]

Roxin war und ist der Auffassung, dass von einem Organisationsdelikt nur dann gesprochen werden kann, wenn – neben der soeben aufgezeigten (Problematik der) „Fungibilität" – eine *Rechtsgelöstheit* des Machtapparats vorliegt, was der geistige Vater dieser Rechtsfigur nur bei Staatsverbrechen sowie bei Handlungen innerhalb von terroristischen oder kriminellen Vereinigungen bejahen will.[296] Bei anderen – also auf der Basis des Rechts arbeitenden Organisationen – sei hingegen davon auszugehen, dass rechtswidrige Anordnungen des Geschäftsherrn durch die Angestellten nicht befolgt würden, sodass eine Organisationsherrschaft nicht in Betracht käme.[297] Anstelle dieses stark normativ geprägten Arguments wird (zumindest eher) faktisch darauf abgestellt, dass aus der Ausübung der Organisationsherrschaft entstehende negative Folgen für den Arbeitnehmer – wie z.B. eine Abmahnung oder Kündigung – in einem Rechtsstaat auf dem Rechtswege angefochten werden können und es daher an einer mit der in einem Unrechtsstaat vergleichbaren „Beherrschbarkeit" der

---

293 *Roxin*, in: Individuelle Verantwortung und Beteiligungsverhältnisse, 55 (56).

294 So auch *Herzberg* selbst, in: JuS 1974, 574 (575); *Roxin*, AT II § 25 Rn. 165 m.w.N.

295 So der an der Entscheidungsfindung mitwirkende Richter *Armin Nack* GA 2006, 342 (343 f.).

296 *Roxin*, AT II § 25 Rn. 129 ff.; gegen das Kriterium der Rechtsgelöstheit aber *Ambos* GA 1998, 226 (242 ff.) sowie *Rotsch* ZStW 112 (2000), 518 (533).

297 *Roxin*, AT II § 25 Rn. 130.

Situation durch den Geschäftsherrn fehle.[298] Ferner seien im Rahmen rechtskonform arbeitender Betriebe keine Anhaltspunkte dafür ersichtlich, dass deren Angestellte eher zur Durchführung von Straftaten neigten als nicht betrieblich organisierte Menschen.[299]

Wenn man sich jedoch vor Augen führt, dass es in der Vergangenheit nicht wenige Fälle gab, in denen innerhalb von und – insbesondere im Bereich von Korruption und wettbewerbswidrigen Absprachen – aus einem Unternehmen(steil) heraus so massiv und organisiert Rechtsverstöße begangen worden sind, dass in Bezug auf Teilbereiche eines Unternehmens zumindest im umgangssprachlichen Sinne von einer „Rechtsgelöstheit“ gesprochen werden kann, wird kaum zu bestreiten sein, dass die Mitarbeiter eines solchen Unternehmens durch ihre Einbindung in die Organisationsstruktur eher dazu verleitet werden, Straftaten zu begehen als Menschen, die sich außerhalb einer solchen Struktur befinden.[300] Jedoch ist zu bedenken, dass sich die „Rechtsgelöstheit“ eines wirtschaftlichen Unternehmens – zumindest in einem Rechtsstaat – aufgrund der zweifellos mit einer Offenbarung des unrechtmäßigen Verhaltens einhergehenden negativen Folgeerscheinungen (wie z.B. staatlicher Verfolgung) nicht offiziell manifestieren wird, und sich an der Existenz der im Gegensatz zur Situation in Unrechtsstaaten oder in kriminellen Organisationen bestehenden, oben genannten Rechtsschutzmöglichkeiten betroffener Arbeitnehmer nichts ändert. Somit kann man die jeweilige Drucksituation, in der sich die unmittelbar handelnden Personen wiederfinden, nicht miteinander vergleichen.[301] Dasselbe gilt selbstverständlich für Unternehmen, für die es unterlassen wurde, rechtzeitig einen Insolvenzantrag zu stellen. Allein aus diesem Grunde eine „Rechtsgelöstheit“ zu bejahen, und so den Geschäftsführer z.B. für betrügerische Handlungen seiner Mitarbeiter haften zu lassen, würde sich zu weit vom ursprünglichen Verständnis des Begriffs lösen: Denn hier hat der Verband ja nach wie vor nicht den Zweck, Straftaten zu begehen, sondern die Insolvenzverschleppung stellt nur eines von mehreren begangenen Delikten dar. Eine Rechtsgelöstheit im Ganzen ergibt sich daraus freilich nicht.[302]

Nicht zuletzt ist auch die Lebenswirklichkeit in einem Unternehmen eine völlig andere als in dem eines Machtapparates eines Unrechtsstaates. In Letzteren

---

298 So z.B. *Schmucker* StraFo 2010, 235 (239 f.); *Bock*, Criminal Compliance, 295 f.

299 *Roxin*, AT II § 25 Rn. 134; *Bock*, Criminal Compliance, 296.

300 Siehe dazu auch ausführlich *Dombois*, Der Korruptionsfall Siemens, 131 ff.

301 Siehe nur *Mosenheuer*, Unterlassen und Beteiligung, 110; *Bock*, Criminal Compliance, 302.

302 Anders aber wohl *Bosch*, Organisationsverschulden, 254 f.

werden Befehle erteilt, während in einem modernen Großunternehmen, mit einer zunehmenden Spezialisierung einzelner Abteilungen häufig ein Informationsvorsprung in der Hierarchie unterhalb der Führungsebene angesiedelter Bereiche einhergeht, sodass auch das gedankliche Reflektieren erhaltener Anweisungen an Bedeutung zunimmt und eine reine „Gehorsamskultur" eher selten vorzufinden sein wird.[303]

Insgesamt kann daher die Übertragung der Rechtsfigur des „Täters hinter dem Täter" auf wirtschaftliche Unternehmen nicht überzeugen. De lege ferenda mag es daher manch einem sinnvoll erscheinen, über eine Gestaltung der Anstiftung als weitere Form der Täterschaft und nicht bloß der Beihilfe nachzudenken.[304] De lege lata kommt eine mittelbare Täterschaft des Geschäftsherrn nach richtiger Auffassung nur dann in Betracht, wenn dieser die Situation aufgrund eines Erkenntnisvorsprungs beherrscht oder in den seltenen Fällen, in denen er den Arbeitnehmer zu einer Handlung zwingt, wobei der Druck so stark sein muss, dass die Schwelle des § 35 StGB überschritten wird.[305] Eine mittelbare Täterschaft wird ferner bei Sonderdelikten angenommen, sofern der Geschäftsherr oder ein anderer von der Regelung des § 14 StGB erfasster Betriebsangehöriger sich zur Tatausführung einer Person bedient, welche diese Sonderpflicht nicht trifft (sog. qualifikationsloses doloses Werkzeug).[306] So kann beispielsweise der Geschäftsführer einer GmbH als Täter bestraft werden, wenn er es unterlässt, dagegen einzuschreiten, dass seine Angestellten eigenmächtig abzuführende Sozialversicherungsbeiträge im vermeintlichen Interesse der Firma für diese einbehalten. Fraglich scheint allerdings, ob die durch die Sonderpflicht begründete Stellung tatsächlich der eines mittelbaren Täters, der durch überlegenes Wissen oder Zwang das Tatgeschehen beherrscht, entspricht. Hier dürfte eine unmittelbare Täterschaft näherliegen,[307] was freilich an dieser Stelle nicht weiter vertieft werden muss, auch weil sich hierdurch am Ergebnis einer täterschaftlichen Begehung nichts ändert.

303 *Rotsch*, Individuelle Haftung, 146; *Bock*, Criminal Compliance, 301.

304 So in Anlehnung an die Formen der „autoria" des portugiesischen Codígo Penal *Krey/Nuys*, FS Amelung, 203 (212).

305 S. zum sog. Verantwortungsprinzip *Roxin*, AT II § 25 Rn. 48 m.w.N.

306 A/R/R/*Achenbach* Teil 1 Kap. 3 Rn. 28 f.; *Lackner/Kühl* § 25 Rn. 4; *Roxin*, AT II, § 25 Rn. 271 ff. mit zahlreichen weiteren Nachweisen auch zur Gegenansicht; in Richtung der im Text angesprochenen Auffassung geht auch das Urteil BGHSt 9, 203 (217 f.).

307 Für unmittelbare Täterschaft auch *Winkelbauer*, FS Lenckner, 645 (655); ähnlich *Stratenwerth/Kuhlen*, 229 f.; *Bloy*, Beteiligungsform als Zurechnungstypus, 240 f.

Teilt man das hier gefundene Ergebnis, dass in einem Unternehmen die Leitungsebene keine solche Macht hat wie in einem Unrechtsstaat und sie daher nicht andere aktiv zu Straftaten als mittelbarer Täter verleiten kann, so ergibt sich hieraus zwangsläufig, dass eben jene Form der Täterschaft auch nicht durch Unterlassen begangen werden kann. Denn wenn der Unternehmensleiter nicht durch aktives Tun Dritte zu rechtswidrigen Taten verleiten kann, wird ihm dies erst recht nicht durch ein bloßes Unterlassen möglich sein. Wenn also ein Diktator – z.B. durch den Abbau von rechtsstaatlichen und der Errichtung von das Recht verachtenden sowie gewaltverherrlichenden Strukturen – seine Untergebenen zu (ihm im Detail jedoch noch unbekannten, also zu diesem Zeitpunkt nicht von einem hinreichend konkretisierten Vorsatz getragenen) Verbrechen ermutigt, die diese dann im Detail selbstständig unter Duldung des Diktators planen und ausführen, kann man insoweit von einem „steuern", also einer mittelbaren Täterschaft durch Unterlassen sprechen. Bei einem Geschäftsleiter ist dies hingegen nicht möglich, da aufgrund der rechtsstaatlichen Einrahmung kein vergleichbarer sozialer Druck bzw. keine Austauschbarkeit des oder der unmittelbar Handelnden gegeben ist. Eine andere Frage ist die, ob der Geschäftsherr (z.B. durch Abmahnungen, Kündigungen etc.) dazu in der Lage ist, ein rechtmäßiges Verhalten im Unternehmen sicherzustellen. Selbst wenn man dies annehmen könnte, würde es freilich nichts zu einer Begründung beitragen, warum der Geschäftsleiter einen Dritten zu einem rechtswidrigen Verhalten im Sinne einer mittelbaren Täterschaft „steuern" könnte. Vielmehr würde man ihn dann für sein fehlendes Einschreiten gegen das rechtswidrige Verhalten bzw. die Schädigung eines Rechtsguts verantwortlich machen.

Teile der Literatur lehnen die Möglichkeit einer *mittelbaren* Unterlassungstäterschaft im Übrigen bereits aus prinzipiellen Gründen ab.[308] So sei es „überflüssig" (da es keine Rolle spiele, ob die pflichtwidrig nicht abgewendete Gefahr durch Naturgewalten oder durch menschliches Verhalten ausgelöst worden ist[309]) und „sachwidrig", eine mittelbare Täterschaft durch Unterlassen anzuerkennen, da der Garant den unmittelbaren Täter nicht zum Werkzeug seines eigenen Willens mache, sondern – wie stets beim Unterlassen – den Erfolg durch sein Einschreiten nicht verhindert.[310] Diese Einwände können im hiesigen

308 *Roxin*, AT II § 31 Rn. 175; *Kühl*, AT, § 20 Rn. 267 f.; *Mosenheuer*, Unterlassen und Beteiligung, 120 ff.; *Ransiek*, JuS 2010, 678 (679); s. auch die ausführliche Auseinandersetzung bei *Brammsen* NStZ 2000, 337 (338 ff.) m.w.N.

309 S. *Roxin*, TuT, 471 f.

310 *Roxin*, AT II § 31 Rn. 175.

Kontext jedoch nur bedingt überzeugen: Soweit ein aktives Tun des Hintermanns zur Einschaltung des Tatmittlers in den Handlungsverlauf als zwingende Voraussetzung einer mittelbaren Täterschaft angesehen wird,[311] so ist zu konstatieren, dass eine solche besondere Voraussetzung der mittelbaren im Vergleich zur unmittelbaren (Unterlassungs-)Täterschaft dem Gesetz schlicht nicht zu entnehmen ist.[312] Auch kann man durchaus – allerdings nicht im Wirtschaftsstrafrecht beheimatete – Fallgruppen ausmachen, in denen der Unterlassende in der Lage ist, durch sein Unterlassen das Verhaltens einer anderen Person so zu steuern, dass er und nicht der unmittelbar Handelnde das Geschehen maßgeblich beherrscht.[313] Diese Fälle unterscheiden sich nicht nur unerheblich von denen, in denen sich Naturgewalten oder von außen nur schwer kontrollierbare menschliche Verhaltensweisen ihren Weg bahnen und in denen regelmäßig eine unmittelbare Unterlassungstäterschaft angenommen wird. Daher kann die mittelbare Täterschaft durch Unterlassen nicht schon aus prinzipiellen Erwägungen abgelehnt werden. Freilich ist die These, dass die Frage nach der Existenz einer mittelbaren Täterschaft durch Unterlassen eher eine solche akademischer Art ist,[314] nicht völlig von der Hand zu weisen. Wo – wie hier, also bei Straftaten im Unternehmen – der Weg über die mittelbare Täterschaft wie gezeigt offensichtlich nicht begehbar ist, ist dies zu akzeptieren. Es ist sodann geboten, die Suche nach anderen möglichen Formen von Täterschaft oder Teilnahme fortzusetzen.[315]

b) Die Annahme einer Mittäterschaft

Nicht wenige Stimmen in der Wissenschaft versuchen die Frage nach der Möglichkeit einer Bestrafung des Geschäftsherrn durch Anwendung einer anderen täterschaftlichen Begehungsform – nämlich der einer Mittäterschaft zu beantworten.[316] Dies wird zunächst damit begründet, dass der Geschäftsherr einerseits eine Garantenstellung besitzt und andererseits durch einen zusätzlichen aktiven Tatbeitrag das Geschehen zu stark kontrolliert, um sein Verhalten – wie es an

311 So *Roxin*, TuT, 471.

312 *Brammsen* NStZ 2000, 337 (339).

313 S. *Brammsen* NStZ 2000, 337 (340 f.), der den Fall eines gerechtfertigten und eines entschuldigten Tatmittlers anführt.

314 So LK[12]-*Weigend* § 13 Rn. 85.

315 Zu einem ähnlichen Ergebnis kommt auch *Bülte*, Vorgesetztenverantwortlichkeit, 126 f.

316 So z.B. *Schünemann*, FS Schroeder, 401 (411 f.); *Jakobs* NStZ 1995, 26 f.; *Jescheck/Weigend*, AT, 670.

sich geboten wäre – isoliert als Anstiftung und Unterlassungsbeteiligung einzustufen.[317] Die „schwache Ausprägung" des gemeinsamen Tatentschlusses soll durch die enge objektive Verknüpfung der Tatbeiträge bzw. die besonders intensive Herrschaft des Hintermanns kompensiert werden.[318]

Der Annahme einer Mittäterschaft ist aber in überzeugender Weise entgegengetreten worden.[319] Insbesondere ist der gemeinsame Tatentschluss nicht nur schwach ausgeprägt, sondern geht Menschen, die sich zumindest in Großkonzernen regelmäßig nicht einmal persönlich kennen (geschweige denn miteinander kommuniziert haben), völlig ab.[320] Auch eine gemeinsame Tatausführung liegt nicht vor, da der Vordermann regelmäßig nicht am unmittelbaren Geschehensablauf beteiligt ist.[321] Für die hier relevante mittelbare Täterschaft durch Unterlassen ist zudem zu bedenken, dass ein *aktiver* Tatbeitrag des Hintermanns gerade nicht vorliegt und insofern einer der beiden Eckpfeiler, deren „Summierung" nach *Schünemann* die Annahme von Mittäterschaft begründen soll, im Bereich des Unterlassens nicht gegeben ist.

c) Zur Anstiftung durch Unterlassen

Folgt man den bisherigen Ausführungen und lehnt man mithin die bisher vorgestellten „Modelle" einer Bestrafung des Geschäftsherrn als Täter ab, gelangt man unweigerlich zu der Frage, ob der Geschäftsherr sich einer Teilnahme in Form der Anstiftung strafbar machen kann, wenn er ein ihm zumutbares und mögliches Einschreiten gegen Mitarbeiter unterlässt, die im Zusammenhang mit ihrer Tätigkeit einen Tatentschluss fassen.[322] In diesem Zusammenhang muss zunächst offen gelegt werden, in welchen Konstellationen Probleme auftreten

---

317 *Schünemann*, FS Schroeder, 401 (412).

318 *Schünemann*, FS Schroeder, 401 (411).

319 Siehe *Ransiek*, Unternehmensstrafrecht, 49 ff.

320 S. in jüngster Zeit nur *Roxin*, FS Krey, 449 (453 f.); *Schmucker* StraFo 2010, 235 (238 f.); sofern auf die Voraussetzung eines gemeinsamen Tatentschlusses – wie allerdings nur vereinzelt und vor allem von *Jakobs* vertreten – gänzlich verzichtet werden soll, führt dies zu einer nicht hinnehmbaren Konturenlosigkeit der Mittäterschaft, s. auch dazu *Roxin*, FS Krey, 449 (453 f.).

321 *Roxin*, AT II § 25 Rn. 122.

322 Generell für die Möglichkeit einer Anstiftung durch Unterlassen (mit eingehender Untersuchung) *Bloy* JA 1987, 490 (494 ff.); ferner *Lackner/Kühl* § 26 Rn. 3; dagegen Sch/Sch/*Heine/Weißer* § 26 Rn. 4; *Roxin*, AT II § 26 Rn. 86; i.E. ähnlich *Ranft*, FS Otto, 403 (420) jeweils mit zahlreichen weiteren Nachweisen (zu beiden Ansichten); in diese Richtung auch BGHSt 48, 77 (81).

können. Um nach dem Ausschlussprinzip vorzugehen, sind unzweifelhaft solche Fälle nicht erfasst, in denen bereits eine kommunikative Einwirkung in Form einer mündlichen oder schriftlichen Anweisung zu einer bestimmten strafbewehrten Verhaltensweise erfolgt, da hier bereits ein Bestimmen durch aktives Tun gegeben ist. Nicht so eindeutig zu beantworten dürfte wiederum der andere (Extrem-)Fall sein, in dem der Täter lediglich die organisatorischen Strukturen des Unternehmens ausnutzt, um eine Straftat zu begehen und der Unternehmer davon weiß, dass die Unternehmensstruktur die Entschlussfassung zu einer Straftat begünstigt, aber keine Maßnahmen gegen das drohende deliktische Verhalten seines Angestellten ergreift, sondern die mögliche Entschlussfassung zur Begehung von Straftaten billigend in Kauf nimmt. Die Frage nach der Teilnahmestrafbarkeit hängt hier davon ab, ob man – was wiederum höchst umstritten ist – für das Bestimmen den (kommunikativen) Akt einer Aufforderung voraussetzt (sog. Kommunikationstheorie)[323] oder die bloße Verursachung des Tatentschlusses genügen lässt (sog. Verursachungstheorie)[324]. Richtigerweise kann man die bloße Verursachung nicht genügen lassen, da der Mensch ständig Informationen und Situationen ausgesetzt ist, die ihn zur Begehung einer Straftat anhalten können, ohne dass durch solche „Reize" die Gefahr für ein geschütztes Rechtsgut in relevanter Weise erhöht wird und er somit durch einen anderen zur Tat i.S.d. § 26 „bestimmt" wird.[325] Folglich kann man auch nicht die bloße Verursachung des Tatentschlusses ohne auffordernden Charakter für ein Bestimmen i.S.d. § 26 genügen lassen. Beim Unterlassen entspricht das Nichthandeln des Garanten lediglich der *Verursachung* des Tatplans durch positives Tun, es fehlt aber eine dem aktiven „Bestimmen" entsprechende geistige Beeinflussung, die nach der hier vertretenen Auffassung in § 13 in Form des Erfordernisses der Modalitätenäquivalenz vorausgesetzt wird.[326] Daraus ergibt sich dann aber, dass das bloße Nichteinschreiten gegen die Entstehung eines Tatentschlusses, der durch die Existenz einer Organisationsstruktur in Form eines Unternehmens verursacht wird, nicht als ein Bestimmen durch Unterlassen gewertet werden kann. Folgt man den bisherigen Ausführungen, liegt auch dann keine Anstiftung durch Unterlassen vor, wenn der Geschäftsherr nachträglich, aber

---

323 S. statt aller *Roxin*, AT II § 26 Rn. 76; *Otto* JuS 1982, 557 (560 f.); s. zu diesem Streit auch die ausführlichere Darstellung bei *Christmann*, Anstiftung, 4 ff.

324 So bspw. die ständige Rechtsprechung, s. statt aller BGH GA 1980, 183 f.; BGHSt 45, 373 (374).

325 *Roxin*, AT II § 26 Rn. 76.

326 So auch *Otto* JuS 1982, 557 (560 f.) m.w.N.

noch vor Tatbegehung von der konkreten Tatentschlussfassung eines einzelnen Mitarbeiters erfährt und keine Maßnahmen ergreift.[327]

Entschärft wird der oben skizzierte Konflikt allerdings dadurch, dass es in bestimmten Fällen, in denen keine eindeutige schriftliche oder mündliche Anweisung erfolgt, zumindest die konkludente Aufforderung zu einer Straftat bzw. möglicherweise eine Garantenstellung aus Ingerenz vorliegen dürfte, bspw. wenn ein Vorgesetzter von bestimmten Zielvorgaben nicht Abstand nimmt, obwohl er nachträglich erkennt, dass diese auf legalem Wege nicht mehr zu erfüllen sind. Eine solche Fallgestaltung wird beispielsweise in der Entscheidung der Staatsanwaltschaft München I zur (in der konkreten Entscheidung jedoch für lediglich fahrlässig befundenen) Aufsichtspflichtverletzung i.S.d. § 130 OWiG durch den Gesamtvorstand der Siemens AG zumindest angedeutet, indem darauf hingewiesen wird, dass der Gesamtvorstand, ohne „Verbesserungen des erkennbar unzureichenden Compliancesystems", die Profitziele der Geschäftsbereiche „von Jahr zu Jahr immer höher geschraubt" habe.[328] Derartige Beispiele zeigen unabhängig von der Bewertung des konkreten Falls, dass in manchen Fällen das Nichthandeln den Sinngehalt einer Aufforderung erhalten kann und dann ggf. als konkludentes und somit aktives Tun einzuordnen ist.[329] Des Weiteren wird in den Fällen, in denen eine Anstiftung durch Unterlassen mangels eines Aufforderungsaktes ausscheidet, zumeist wenigstens eine (psychische) Beihilfe durch Unterlassen vorliegen.[330]

Freilich tritt eine Teilnahmestrafbarkeit stets hinter eine unmittelbare Unterlassungstäterschaft zurück; daher wollen wir uns im Folgenden dieser Form der Beteiligung des Geschäftsherrn zuwenden müssen.

II. Der Geschäftsherr als strafrechtlicher Garant

Die bisherigen Ausführungen befassten sich implizit bereits allesamt mit einer Strafbarkeit des Geschäftsherrn durch Unterlassen. Dennoch waren bislang, sofern man der hier vertretenen Auffassung folgt und eine Strafbarkeit in mittelbarer Täterschaft der Geschäftsleitung ablehnt, Ausführungen zur Problematik der Garantenstellung nicht vonnöten. Die oben aufgezeigten Konstruktionen

327 Vgl. *Bloy* JA 1987, 490 (496 f.).

328 Staatsanwaltschaft München I v. 15.12.2008, S. 13.

329 S. dazu auch *Roxin*, AT II § 26 Rn. 86; *Bloy* JA 1987, 490; i.E. auch *Ranft*, FS Otto, 403 (420).

330 *Bloy* JA 1987, 490 (496).

scheiterten nämlich bereits an anderen Voraussetzungen, wie z.B. der fehlenden Fungibilität der Angestellten in einem Wirtschaftsunternehmen.

Die Frage der Garantenstellung wird nun aber zum allein entscheidenden Aspekt, wenn man sich mit der Frage beschäftigt, inwieweit der Geschäftsherr strafrechtlich dafür haften soll, dass er den Eintritt eines tatbestandlichen Erfolges nicht verhindert. Wer es unterlässt, einen Erfolg abzuwenden, der zum Tatbestand eines Begehungsdelikts gehört, ist grundsätzlich dann Täter eines unechten Unterlassungsdelikts, wenn er rechtlich dafür einzustehen hat, dass der Erfolg nicht eintritt und das Unterlassen wertungsmäßig der Verwirklichung des gesetzlichen Tatbestandes durch ein aktives Tun entspricht (§ 13 StGB, § 8 OWiG). Eine strafrechtliche Geschäftsherrenhaftung durch Unterlassen findet ihren Grund und ihre Grenzen mithin in der Annahme und Reichweite einer Garantenpflicht des Geschäftsherrn.[331]

1. Die Annahme einer Garantenstellung

a) Abriss des gegenwärtigen Streitstandes

Die Existenz und der Umfang der Garantenstellung des Geschäftsherrn sind in der Literatur seit mittlerweile über fünfundvierzig Jahren[332] und bis heute umstritten. Dies betrifft insbesondere die Frage, ob sich aus dem Verhältnis Geschäftsherr/Angestellter eine Pflicht des Geschäftsherrn zur Verhinderung von Straftaten seiner Mitarbeiter ergibt, was wiederum seit dem verstärkten Auftreten des Phänomens Compliance auch den Bereich der strafrechtlichen Haftung durch fehlende oder mangelhafte Compliance berührt. Teile der Literatur wollen eine Garantenpflicht zur Verhinderung von Straftaten durch Angestellte bejahen.[333] Einer anderen

---

331 Im Folgenden wird auf die Frage, ob es für die Übernahme einer etwaigen Garantenstellung auf die Anwendung des § 14 StGB ankommt, noch nicht eingegangen, weil die Voraussetzungen dieser Norm bei dem hier besprochenen Personenkreis ohnehin immer vorliegen werden.

332 Soweit ersichtlich, setzte *Schünemann* sich in seiner 1971 erschienen Dissertation „Grund und Grenzen der unechten Unterlassungsdelikte" als Erster ausführlicher mit der Problematik auseinander.

333 So im Wesentlichen und mit unterschiedlichen Begründungsansätzen *Lackner/Kühl* § 13 Rn. 14; *Schünemann*, Unternehmenskriminalität, 101 ff.; *ders.* wistra 1982, 41 (44 f.); *ders.* ZStW 96 (1984), 287 (318); *Tiedemann*, Rn. 357; *Momsen*, in: Momsen/Grützner, 74 ff.; KK-OWiG/*Rengier* § 8 Rn. 48; *Fischer* § 13 Rn. 67 ff.; *Kindhäuser* § 13 Rn. 45; NK-WSS/*Burchard* § 13 Rn. 30 ff; *Rogall*, ZStW 98 (1986), 573 (617 f.); *Bauer/Wißman*, FS Schiller, 15 (18); *Dannecker/Dannecker* JZ 2010, 981 (989 f.);

Auffassung[334] geht diese (zumindest vermeintlich) generelle Bejahung einer Straftatverhinderungspflicht bezüglich des eigenverantwortlichen Handelns eines Dritten jedoch zu weit; sie will eine Garantenstellung des Geschäftsherrn daher in der Regel nur dann annehmen, wenn sich aus der Eigenart des Betriebes typischerweise Gefahren für die Allgemeinheit ergeben, wie etwa beispielsweise bei Unternehmen, die Waffen herstellen oder mit Stoffen umgehen, die typischerweise Gefahren für die Umwelt hervorrufen können. Anders als teilweise (in der Beobachtung oder auch nur sprachlich oberflächlich) behauptet, ist es also keinesfalls so, dass sich zwei Lager gegenüberstehen, von denen eines eine Garantenstellung des Geschäftsherrn bedingungslos bejaht, und das andere

---

NK-*Gaede* § 13 Rn. 53; *Ransiek* AG 2010, 147 (150 f.); *Rotsch*, FS I. Roxin, 485 (493); A/R/R/*Rotsch* Teil 1 Kap. 4 Rn. 73; *Rotsch*, in: Hdb. CC § 4 Rn. 9 ff.; *Pietrek*, Strafrechliche Verantwortlichkeit, 181; *Wittig*, in: Unternehmensverantwortung für Menschenrechtsverletzungen, 195 (205 ff.); *Merz*, in: Graf/Jäger/Wittig § 13 Rn. 39; *Rönnau/Schneider* ZIP 2010, 53 (56); M-G/*Schmid/Fridrich*, § 30 Rn. 120; *Schall*, FS Rudolphi, 267 (277 f.); *Lindemann/Sommer* JuS 2015, 1057 (1059 f.); *Kuhn* wistra 2012, 297 f.; *Bosch*, Organisationsverschulden, 224 f.; *Brammsen*, in: Individuelle Verantwortung und Beteiligungsverhältnisse, 105 (123 ff., insbes. 126); *ders.*, Entstehungsvoraussetzungen, 275 ff.; *Bottke*, Haftung aus Nichtverhütung von Straftaten, 25 ff.; *Ransiek*, Unternehmensstrafrecht, 35 f.; *Roxin*, AT II § 32 Rn. 137; *ders.*, FS Beulke, 239 ff. (246 ff.); *Jakobs*, AT 29/29 ff; *Zimmermann*, Strafbarkeitsrisiken durch Compliance, 155 ff.; *Utz*, Geschäftsherrenhaftung, 216 ff. (220, 225 f.) will dies allerdings regelmäßig nur über § 14 Abs. 1 Nr. 1 und 2 StGB annehmen, da nach seiner Ansicht bei einer Garantenstellung aus tatsächlicher Übernahme die zu übernehmende Verpflichtung als leistungsbezogene Nebenpflicht ausgestaltet sein müsste und dies bei der Legalitätspflicht nicht der Fall sei; auch noch zu weiteren Vertretern, die die hier in Rede stehende Garantenstellung bejahen wollen, die weiteren Nachweise im Zusammenhang mit dem BGH Urteil vom 20.10.2011 – 4 StR 71/11 (dazu sogleich).

334 So beispielsweise, wenn auch im Detail durchaus unterschiedlich, LK[11]-*Jescheck* § 13 Rn. 45; LK-*Weigend* § 13 Rn. 55; *Mansdörfer*, in Esser/Rübenstahl/Saliger/Tsambikakis, Wirtschaftsstrafrecht, § 13 Rn. 23; *Hsü*, Garantenstellung, 254; *Langkeit*, FS Otto, 649 (653 f.); *Stoffers* NJW 2009, 3176; *Wessels/Beulke/Satzger*, Strafrecht AT, Rn. 1016; *Beulke*, FS Geppert, 23 (39); *Kretschmer* JR 2009, 474 (477); *Wuttke*, Straftäter im Betrieb, 89; SK-*Stein* § 13 Rn. 43 f.; explizit und eingehend gegen eine in der Beherrschung der Person begründete Straftatverhinderungspflicht *Brammsen*, Entstehungsvoraussetzungen, 228 ff.; im Wesentlichen auch *Spring*, Geschäftsherrenhaftung, 166 ff.; 229 ff., 251 ff.; *ders.*, GA 2010, 222 (225 ff.); Sch/Sch/*Stree/Bosch* § 13 Rn. 53; skeptisch auch *Bock*, Criminal Compliance, 325 ff. und *Bülte*, Vorgesetztenverantwortlichkeit, 232 ff., der deshalb die Lösung in einem de lege ferenda zu verabschiedenden § 25a StGB über die Vorgesetztenverantwortlichkeit sieht (s. Seite 925 ff.).

eine Garantenstellung kategorisch ablehnt; der oben angedeutete Streit kreist vielmehr um die Frage, wie weit die Garantenpflichten des Geschäftsherrn im Einzelnen reichen sollen.[335] Diese Frage lässt sich aber nur dann beantworten, wenn man sich über den Grund der Garantenstellung des Geschäftsherrn Klarheit verschafft. Die Rechtsprechung des Bundesgerichtshofs hat sich zu dieser Frage lange Zeit nur bezüglich einzelner Teilaspekte der Geschäftsherrenhaftung geäußert,[336] aber nie eine umfassende Klärung der hier aufgeworfenen Frage herbeigeführt.[337] In der Rechtsprechung des Reichsgerichts wurde eine Garantenstellung des Geschäftsherrn zunächst ohne nähere Begründung abgelehnt, später ähnlich begründungsarm bejaht bzw. schlicht vorausgesetzt.[338] Lange Zeit fehlten aber explizite und begründete Ausführungen zur strafrechtlichen Geschäftsherrenhaftung in der Rechtsprechung. Bereits 1979 stellte *Schünemann* hierzu fest, dass sich die Gerichte wohl eher auf den – mit weniger dogmatischen Fallstricken und zudem einer Beweiserleichterung hinsichtlich des Kausalitätsnachweises versehenen – § 130 OWiG verlassen würden, „als sich auf das Glatteis des unechten Unterlassungsdelikts zu wagen".[339] Hieran hat sich auch in darauffolgenden Jahrzehnten wenig geändert.[340] Erst in jüngerer Zeit hat der BGH zunächst implizit[341] und dann ausdrücklich[342] anerkannt, dass sich aus der

335 So zutreffend *Schall*, FS Rudolphi, 267 f.; *Rönnau/Schneider* ZIP 2010, 53 (56); ähnlich auch *Roxin* § 32 Rn. 141.

336 So zum Beispiel zur strafrechtlichen Produkthaftung in BGHSt 37, 106 ff. (Lederspray-Urteil).

337 In der Rechtsprechung der Instanzgerichte wurde eine Garantenstellung zumindest im Grundsatz für möglich gehalten von OLG Karlsruhe GA 1971, 281 (283); LG Nürnberg-Fürth NJW 2006, 1824 ff.; siehe zum Ganzen auch die Darstellung bei *Spring*, Geschäftsherrenhaftung, 79 ff.

338 Ablehnend zunächst RGSt 13, 90 (92); 35, 107 (109); 48, 316 (320); bejahend dann aber für Sonderdelikte RGSt 58, 130 (132) („Eine Rechtspflicht dieser Art wird sich meist ohne weiteres aus der übernommenen Stellung ergeben") und je nach den Umständen des Einzelfalls auch für Allgemeindelikte unter fragwürdiger Bezugnahme auf RGSt 19, 204 (205 f.) (in dieser Entscheidung ging es vornehmlich um Sachgefahren).

339 *Schünemann*, Unternehmenskriminalität, 111.

340 *Spring* GA 2010, 222 (223).

341 BGH NJW 2009, 3173 ff. (BSR-Entscheidung).

342 BGH BB 2012, 150 ff. m. zust. Anm. *Roxin* JR 2012, 305 f.; *Jäger* JA 2012, 392 (394); *Petermann*, FS Schiller, 538 (542); im Grundsatz auch *Schlösser* NZWiSt 2012, 281 (283 ff.); die Entscheidung als nicht weitgehend genug kritisieren *Kuhn* wistra 2012, 297 f. und speziell bzgl. des „Mobbings" *Kudlich* HRRS 2012, 177 (179 f.); *Schall*, FS Kühl, 417 (428 ff.) und *Schramm*, JZ 2012, 969 (971 f.); jüngst auch BGH, Beschluss vom 06.02.2018 – 5 StR 629/17 –, juris Rn. 6 f.

Stellung als Betriebsinhaber bzw. Vorgesetzter eine Garantenpflicht zur Verhinderung von Straftaten nachgeordneter Mitarbeiter ergeben kann, allerdings ohne nähere Begründung, sondern vielmehr mit einem Versuch der Begrenzung, worauf noch näher eingegangen wird.

b) Zu einer „Straftatverhinderungspflicht“ des Geschäftsherrn aufgrund personaler Gefahren

Schünemann geht als ein – wenn nicht *der* – Vertreter des Lagers, welches eine Garantenstellung des Geschäftsherrn für Straftaten seiner Mitarbeiter bejaht, davon aus, dass sich eine Garantenstellung des Geschäftsherrn nicht in der Beherrschung unterschiedlicher sächlicher Gefahrenquellen erschöpft, sondern sich auch aus einer unterstellten Befehls- und Organisationsherrschaft über unmündige Arbeitnehmer ergeben kann, die wiederum im arbeitsrechtlichen Direktions- und Weisungsrecht, im überlegenen Herrschaftswissen und der faktischen Durchsetzbarkeit der Vorstellungen des Geschäftsherrn wurzelt.[343] Unterlässt der Geschäftsherr die ihm „mit den Mitteln der Verbandsdisziplin mögliche Verhinderung der Zuwiderhandlung eines Untergebenen“, so hat er, da er kraft seiner „Befehlsgewalt“ die „Herrschaft über den Grund des Erfolges“ ausübt, auch strafrechtlich hierfür einzustehen.[344] Auch Art. 12 des Corpus Iuris 2000 (Florenz)[345] stellt im Übrigen ausdrücklich auf die „Weisungsbefugnis“ des Geschäftsherrn ab. *Schünemann* rekurriert ferner auf eine – wie er ausdrücklich betont – nicht ideologisch zu verstehende „partielle Unmündigkeit“ der Arbeitnehmer.[346] Das gleichberechtigt danebenstehende „Vorzugs- oder Herrschaftswissen“ soll sich im Einzelnen aus verschiedenen Quellen speisen, wie beispielsweise aus einem monopolisierten Wissen über die Gefährlichkeit von Produkten, einem Wissensvorsprung bezüglich des Verhaltens Dritter oder bezüglich der Binnenorganisation oder Außenkontakten des Unternehmens.[347]

Der zuletzt genannte Punkt kann aber nicht überzeugen, weil bei einem überlegenen Wissen des Unternehmers, das zu einem unvorsätzlichen Handeln des

---

343 *Schünemann*, Unternehmenskriminalität, 101 ff.; *ders.* wistra 1982, 41 (45); *ders.* ZStW 96 (1984), 287 (318); ähnlich jüngst *Blassl*, Garantenpflicht des Compliance-Beauftragten, 292 ff., 392.

344 S. *Schünemann* ZStW 96 (1984), 287 (318).

345 Art. 12 trägt die Überschrift „Strafrechtliche Verantwortlichkeit des Geschäftsherrn und von Personen, die innerhalb eines Unternehmens Entscheidungs- oder Kontrollbefugnisse ausüben: Entscheidungsträger und Amtsträger“.

346 *Schünemann*, Unternehmenskriminalität, 101 f.

347 *Schünemann*, Unternehmenskriminalität, 102.

Arbeitnehmers führen kann, schon eine mittelbare Täterschaft kraft überlegenen Wissens vorliegt.[348] Warum aber in Fällen, in denen das überlegene Wissen einen solchen Grad nicht erreicht, quasi als Auffangtatbestand eine Garantenstellung und somit eine strafrechtliche Haftung nach § 13 eingreifen soll, ist nicht ersichtlich, da der Wissensvorsprung, soll er eine Strafbarkeit begründen, stets auf die konkrete Tat gerichtet sein muss und es daher nicht ausreichend ist, dass ein „allgemeiner" Wissensvorsprung bezüglich des Unternehmens oder seiner Organisation besteht. Aber auch die vermutete partielle Unmündigkeit des Arbeitnehmers kann nicht als Grund für die Annahme einer Garantenstellung dienen. Ob Arbeitnehmer und Arbeitgeber tatsächlich in der Lebenswirklichkeit als gleichberechtigte Partner anzusehen sind,[349] kann dabei dahingestellt bleiben. In der modernen unternehmerischen Führungslehre und zum Teil auch in der Praxis jedenfalls stehen Verantwortung und Vertrauen im Verhältnis zu den Angestellten zumindest gleichberechtigt neben dem althergebrachten Autoritätsverhältnis, sodass sich eine isolierte Konzentration auf letzteren Aspekt zur Begründung einer Garantenstellung verbietet.[350] Ferner kann aufgrund der strukturellen Ähnlichkeit des Begründungsansatzes der sog. Geschäftsherrenhaftung hinsichtlich personaler Gefahren mit demjenigen zur Begründung einer mittelbaren Täterschaft kraft Organisationsherrschaft in Wirtschaftsunternehmen[351] auf die gegen (die Übertragung) diese(r) Rechtsfigur geltend gemachten Einwände verwiesen werden: So gilt es insbesondere zu beachten, dass die in Unternehmen fehlende bzw. nicht mit der in staatlichen Machtapparaten vergleichbare Zwangslage auch gegen die Annahme einer Garantenstellung aufgrund der Herrschaft über personale Gefahren spricht.[352] Ferner spricht gegen die Annahme einer personalen Garantenstellung des Geschäftsherrn im Strafrecht, dass diesem – anders als Aufsichtsgaranten in öffentlich-rechtlich geregelten Bereichen, wie z.B. militärischen Vorgesetzten oder Gefängniswärtern – durch die auf die Erbringung von Arbeitsleistung gerichteten Weisungsbefugnisse aus § 106 GewO keine rechtlichen Zwangsmittel zur Verfügung stehen, um seinen

---

348 So auch *Heine*, Strafrechtliche Verantwortlichkeit, 102 ff.

349 So *Alexander*, Verkehrssicherungspflichten, 22.

350 *Beulke*, FS Geppert, 23 (33).

351 Zur strukturellen Ähnlichkeit auch *Bock*, Criminal Compliance, 317; Sch/Sch/*Stree/Bosch* § 13 Rn. 53; *Bosch*, Organisationsverschulden, 258 ff.; *Schünemann*, Unternehmenskriminalität, 103 geht zu Recht davon aus, dass die von ihm angenommene personale Garantenstellung der Unternehmensorgane hinsichtlich personaler Gefahren das Pendant zur mittelbaren Täterschaft beim aktiven Tun darstelle.

352 Siehe dazu ausführlich oben 2. Kapitel: I.2.a).

Willen durchzusetzen.[353] Schließlich lässt sich anführen, dass der Gesetzgeber, wenn er in der Vergangenheit strafbewehrte personale Aufsichtspflichten statuieren wollte, hierfür eigene Straftatbestände geschaffen hat: So fanden und finden sich spezielle Regelungen in § 357 StGB, in § 41, 30 Abs. 2 und 31 Abs. 2 WStG, in § 4 Abs. 2 und § 15 Abs. 2[354] UWG a.F., in den Landespressegesetzen[355] oder neuerdings in dem auf das Völkerstrafrecht entwickelten § 4 VStGB; es scheint daher wenig überzeugend, von einem allgemeinen Rechtsgedanken auszugehen, eher schon sind die speziellen gesetzlichen Regelungen als abschließend zu interpretieren.[356] Daran ändert auch der Umstand nichts, dass der Gesetzgeber zumindest früher – bspw. bei der Verabschiedung des § 130 OWiG – wohl von einer generellen Garantenpflicht des Geschäftsherrn ausgegangen ist[357], denn die frühere Auffassung eines Gesetzgebers ersetzt für den jeweils zuständigen Richter nicht die Pflicht zur Begründung einer Garantenstellung. Es müsste zunächst einmal eine – einmal unterstellte – frühere derartige Rechtslage auch heute noch für gültig und richtig befunden werden. Umgekehrt kein überzeugendes Argument gegen die Annahme einer Garantenstellung aufgrund personaler Gefahren ist die Existenz des § 130 OWiG, da er schon wegen der Regelung des § 21 Abs. 1 OWiG eine strafrechtliche Ahndung nicht ausschließen kann.[358] Vielmehr schwächt der Umstand, dass im Ordnungswidrigkeitenrecht eine Verantwortung des Geschäftsherrn für die Handlungen seiner vollverantwortlich handelnden Angestellten offensichtlich keine Probleme bereitet die Position derjenigen, die ihre Ablehnung einer Garantenstellung mit der Berufung auf die Personenautonomie begründen wollen.[359]Allerdings ist einzuräumen, dass sich die bloße Existenz sowohl des § 130 OWiG als auch der gesetzlich geregelten

353 S. *Brammsen*, Entstehungsvoraussetzungen, 228 ff.; *ders.*, in: Individuelle Verantwortung und Beteiligungsverhältnisse, 105 (123 ff.);); *Heine*, Strafrechtliche Verantwortlichkeit, 117 f.; *Mittelsdorf* ZIS 2011, 123 (126); OLG Karlsruhe GA 1971, 281 (283).

354 § 15 Abs. 2 UWG a.F. erfasste nach seinem Wortlaut den Leiter eines Betriebes – anders als § 4 Abs. 2 UWG a.F. – nicht; die seinerzeit herrschende Meinung ging aber diesbezüglich von einem Redaktionsversehen des Gesetzgebers aus und sah auch im Betriebsleiter einen tauglichen Normadressaten, siehe *Alexander*, Verkehrssicherungspflichten, 108 (Fn. 727).

355 Siehe z.B. § 20 Nds. Pressegesetz, § 21 Abs. 2 S. 1 Landespressegesetz-NW.

356 LK-*Jescheck* (11. Aufl.) § 13 Rn. 45; *Wessels/Beulke/Satzger*, Strafrecht AT, Rn. 1017; s.a. *Tiedemann*, Rn. 352 m.w.N.

357 Diesen Hinweis bringt *Rogall*, ZStW 98 (1986), 573 (615).

358 S. *Ransiek* AG 2010, 147 (149); *Rübenstahl* NZG 2009, 1341 (1343); als abschließende Sonderregelung interpretiert aber bspw. *Stoffers* NJW 2009, 3176 die Vorschrift.

359 *Ransiek* AG 2010, 147 (150).

Straftatbestände widerspruchsfrei gleichermaßen entweder als Ausdruck eines allgemeinen Rechtsgedankens oder aber als eine abschließende Regelung durch den Gesetzgeber deuten lässt, sodass sich aus dem Bestehen der genannten Tatbestände letztlich kein ausschlaggebendes Argument für oder gegen die Existenz einer Garantenstellung aufgrund personaler Gefahren gewinnen lässt.[360]

Neben den genannten Bedenken gegen die Vorstellung einer „Unmündigkeit" des Arbeitnehmers und ähnlicher Annahmen spricht gegen *Schünemanns* Ansatz insbesondere, dass er in letzter Konsequenz von einem bloßen „Verhindern-Können" einer Straftat auf ein weitergehendes „Verhindern-Müssen" zu schließen scheint. Dies ist freilich als Begründung für eine Straftatverhinderungspflicht nicht ausreichend.[361]

c) Garantenstellung aus Ingerenz bei der Auslieferung von Produkten?

Nur kurz hingewiesen sei in diesem Zusammenhang auf die hinsichtlich der strafrechtlichen Produkthaftung von der Rechtsprechung in der berühmten Lederspray-Entscheidung[362] aufgestellte These, dass eine Garantenstellung aus Ingerenz bereits aus dem Inverkehrbringen von Konsumgütern, die bei bestimmungsgemäßer Verwendung die Gefahr des Eintritts gesundheitlicher Schäden begründen, folge.[363] Dieses Vorverhalten sei ferner auch deshalb pflichtwidrig, da es dem grundsätzlichen Verbot der Rechtsordnung, andere gesundheitlich zu schädigen (sowie dem LFGB) widerspreche.[364] Dem wurde zu Recht entgegengehalten, dass das Inverkehrbringen von Produkten, für die keine Gefahrenprognose besteht, nicht verboten sei und damit auch nicht pflichtwidrig sein könne; es dürfe die fehlende Pflichtwidrigkeit der Handlung der Geschäftsleitung nicht einfach durch den erst ex post zu bestimmenden Erfolgseintritt beim Opfer ersetzt werden.[365] Der Ansatz, eine Garantenstellung der Geschäftsleitung

360 So auch *Alexander*, Verkehrssicherungspflichten, 115; *Rogall*, ZStW 98 (1986), 573 (615); *Beulke*, FS Geppert, 23 (29 ff.).

361 S. auch *Spring*, Geschäftsherrenhaftung, 152; *Beulke*, FS Geppert, 23 (32).

362 BGHSt 37, 106 ff.; zur strafrechtlichen Produkthaftung zuvor schon LG Aachen JZ 1971, 507 ff. (Contergan).

363 Dass aber auch von der Auslieferung von Produkten mehr als nur „klassische" Risiken der Produktcompliance ausgehen können, mussten zahlreiche Automobilhersteller in der sog. „Dieselaffäre" ab dem Jahr 2015 erfahren; zur Einbeziehung solcher Risiken in das bestehende Compliance-Mangement-System ausführlich *Grützner/Boerger/Momsen* CCZ 2018, 50 ff.

364 BGHSt 37, 106 (117 ff.)

365 So zuletzt *Dous*, Strafrechtliche Verantwortlichkeit, 195 ff.

aus Ingerenz zu begründen, der ohnehin nur im Bereich der Produkthaftung in Frage kommt, kann daher nicht überzeugen.[366] Die Vorinstanz, das LG Mainz, hatte hingegen auf die Verkehrssicherungspflichten der Geschäftsleitung abgestellt.[367]

d) Der Ingerenzansatz von Spring

Der Ingerenzansatz wird auch in einem anderen Zusammenhang fruchtbar gemacht. Nach der Auffassung *Springs* soll eine Garantenstellung sich zum einen dann ergeben, wenn neben einer rechtlich anerkannten Autoritätsstellung ein Defizit beim Untergebenen vorliegt und zum anderen dann, wenn – wiederum neben einer rechtlich abgesicherten Autoritätsstellung – eine gesteigerte Gefährlichkeit einer Personengruppe vorliegt und die Aufsichtspflicht berufliche Kernaufgabe ist.[368] Diese Ausführungen laufen bezüglich der Geschäftsherrenhaftung im Ergebnis im Wesentlichen auf eine Garantenstellung für Sachgefahren hinaus. Des Weiteren entwickelt *Spring* einen interessanten Ansatz, nachdem eine Garantenstellung des Geschäftsherrn sich ferner aus Ingerenz ergeben soll. Ein hierfür hinreichendes Gefahr erhöhendes Vorverhalten soll noch nicht in der (sozialadäquaten) Eröffnung eines Betriebes und der Einstellung von Mitarbeitern liegen,[369] sondern erst dann gegeben sein, wenn der Geschäftsherr ungeeignetes[370] oder gefährliches (weil tatgeneigtes)[371] Personal einstellt oder gefahrenträchtige Betriebsstrukturen schafft.[372]

Problematisch ist jedoch, dass die Fälle, in denen nach diesen Kriterien eine Unterlassungshaftung in Betracht kommt, sich in aller Regel schon über eine aktive Beteiligung des Geschäftsherrn lösen lassen, so zum Beispiel wenn der Geschäftsherr (nach einem Beispiel von *Spring*) einen Mitarbeiter einstellt, der für das „Rumänien-Geschäft" eine ausreichend gefüllte Spesenkasse verlangt, da er nur so Aufträge an Land ziehen könne. Hier wird regelmäßig bereits eine aktive, vorsätzliche Beteiligung vorliegen. Selbiges gilt auch für die Schaffung

---

366 So auch die ganz herrschende Meinung in der Literatur, siehe statt aller *Beulke/Bachmann* JuS 1992, 737 (739); *Meier* NJW 1992, 3193 (3196).

367 LG Mainz vom 16. Januar 1989 (Az: 8 Js 3708/84 – W – 5 KLs); zitiert nach BGHSt 37, 106 (114 f.)

368 *Spring*, Geschäftsherrenhaftung, 222 ff.; für eine ausschließliche Ingerenzgarantenstellung auch *Beulke*, FS Geppert, 23 (39 f.).

369 *Spring*, Geschäftsherrenhaftung, 254 f.

370 *Spring*, Geschäftsherrenhaftung, 255 f.

371 *Spring*, Geschäftsherrenhaftung, 256 f.

372 *Spring*, Geschäftsherrenhaftung, 257 ff.

von gefahrenträchtigen Betriebsstrukturen, was *Spring* schließlich auch selbst einräumt.[373] Zwar mag *Spring* recht haben, dass dies nicht unbedingt für alle Personen einer mehrköpfigen Unternehmensführung gelten muss.[374] Freilich bleibt dann nur ein sehr schmaler Anwendungsbereich. So war in einem „beispielhaften" Sachverhalt, der der Entscheidung des LG Nürnberg-Fürth[375] zu Grunde lag, der Sohn als Junior-Geschäftsführer von vornherein im Vergleich zum Vater als Senior-Geschäftsführer in einer spezifisch unterlegenen Position. Fälle, in denen Mitarbeiter in einem „gewöhnlichen" Betrieb erst während ihrer Beschäftigungszeit „auffällig" werden, lassen sich vom Ingerenzansatz nicht erfassen, weil der Schwerpunkt der vorwerfbaren Handlung vermutlich kaum jemals in ein aktives Tun umgedeutet werden kann.

Wenn ferner selbst bei einschlägig vorbestraften Personen unter Hinweis auf das Resozialisierungsziel des staatlichen Strafvollzugs keine besonderen Überwachungsmaßnahmen verlangt werden,[376] geht dies wohl schon an der in Unternehmen aus verständlichen Gründen häufig gängigen Praxis vorbei. Zudem stellt sich die Frage, ob es nicht widersprüchlich ist, wenn gleichzeitig darauf hingewiesen wird, dass eine erkennbare Tatgeneigtheit zu einer Ingerenzgarantenstellung führen würde.[377] Denn woraus soll sich eine erkennbare Tatgeneigtheit ergeben, wenn nicht aus der Begehung einer (nicht zu weit zurückliegenden) einschlägigen Straftat?

Neben der schon angesprochenen fehlenden praktischen Relevanz gibt es aber noch ganz grundsätzliche Bedenken gegen den Versuch, die strafrechtliche Geschäftsherrenhaftung über eine Garantenstellung aus Ingerenz zu lösen. Die Ingerenzgarantenstellung ist in ihren Voraussetzungen selbst bekanntlich weit von einer Klärung entfernt.[378] So dürfte es sehr umstritten sein, ob es mit dem Pflichtwidrigkeitserfordernis der h.M.[379] vereinbar ist, wenn es für eine *Ingerenz*garantenstellung als ausreichend erachtet wird, dass der Geschäftsherr

---

373 *Spring*, Geschäftsherrenhaftung, 259.

374 *Spring*, Geschäftsherrenhaftung, 259 unter Verweis auf LG Nürnberg-Fürth NJW 2006, 1824 ff.

375 LG Nürnberg-Fürth NJW 2006, 1824 ff.

376 *Spring*, Geschäftsherrenhaftung, 254.

377 *Spring*, Geschäftsherrenhaftung, 254.

378 Siehe dazu nur die Darstellung bei *Roxin*, AT II, § 32 Rn. 143 ff.

379 Siehe aus der Rechtsprechung nur BGHSt 25, 218 (221 f.); BGHSt 37, 106 (117); auch wenn in der letztgenannten Entscheidung materiell das Pflichtwidrigkeitserfordernis aufgegeben wird, ist doch nicht zu verkennen, dass der BGH es formal aufrechterhalten will; s. ferner *Fischer* § 13 Rn. 50 ff. m.w.N.

einen tatgeneigten Mitarbeiter einstellt.[380] Denn auch dieser Vorgang ist (schon wegen der mangelnden Bestimmtheit des Begriffs „Tatgeneigtheit“) als solcher zumindest nicht rechtswidrig[381], sondern grundsätzlich erlaubt. Die Rechtswidrigkeit ergibt sich erst aus einem etwaigen späteren Verletzungserfolg bzw. einer zu nachlässigen Überwachung. Eine solche Begründung ist damit letztlich ähnlichen Bedenken wie den in der Lederspray-Entscheidung gemachten Ausführungen des BGH ausgesetzt und taugt daher nicht als Anknüpfungspunkt für eine Garantenstellung aus Ingerenz. Eine andere Frage ist die, ob sich eine Garantenstellung des Geschäftsherrn bereits aus Gründen, die nicht auf dem Ingerenzgedanken fußen, ergibt und sich die Aufsichtspflichten bei der Einstellung von tatgeneigten Personen nur erhöhen. Der Versuch, eine tragfähige Begründung der strafrechtlichen Geschäftsherrenhaftung auf dem dünnen – weil höchst umstrittenen – Eis der Garantenstellung aus Ingerenz zu finden, überzeugt jedoch aus den genannten Gründen nicht.

e) Sachgarantenstellung als Lösung?

Mit der Ablehnung einer Garantenstellung des Geschäftsherrn aufgrund *personaler* Gefahren und einer solchen aus Ingerenz ist aber noch nichts darüber gesagt, ob und inwieweit sich eine strafrechtliche Geschäftsherrenhaftung wegen der Herstellung oder des Vertriebs von ex ante betrachtet offensichtlich gefährlichen Gegenständen ergibt.[382] Eine Haftung soll danach (nur) dann eintreten, wenn sich aus der Eigenart des Betriebes typischerweise Gefahren für die Allgemeinheit ergeben, wie etwa bei einem Betrieb, der sich der Herstellung von Waffen und Sprengstoff widmet. Bei genauerer Betrachtung wird aber deutlich, dass sich die Herrschaft über die von Betriebsmitteln drohenden Gefahren von durch Personen drohenden Gefahren zum Teil schwerlich unterscheiden lassen.[383] So kann beispielsweise schon bei der oben thematisierten strafrechtlichen Produkthaftung, auf den ersten Blick ein Fall der Realisierung einer Sachgefahr,

380 So aber *Spring*, Geschäftsherrenhaftung, 256 f.

381 Zu diesem von einem großen Teil der Lehre in unterschiedlichen Nuancen vorausgesetzten Erfordernis siehe nur *Lackner/Kühl* § 13 Rn. 13; ähnlich *Roxin*, AT II, § 32 Rn. 155 ff. jeweils m.w.N.

382 Für eine solche Beschränkung der Garantenstellung auf rein sächliche Gefahrenquellen LK-*Weigend* § 13 Rn. 55; LK[11]-*Jescheck* § 13 Rn. 45; *Hsü*, Garantenstellung, 254; *Langkeit*, FS Otto, 649 (653 f.); *Heine*, Strafrechtliche Verantwortlichkeit, 118 ff.; *Kretschmer* JR 2009, 474 (477); *Wuttke*, Straftäter im Betrieb, 89; *Bock*, Criminal Compliance, 325 ff. (insbes. 331); SK-*Stein* § 13 Rn. 43 f.

383 *Roxin*, AT II, § 32 Rn. 137.

ein vorsätzliches oder fahrlässiges Verhalten von Angestellten des Betriebes die Auslieferung von gesundheitsschädlichen Produkten erst ermöglichen; eine Aufspaltung derart, dass der Geschäftsherr einerseits zur Eindämmung von Sachgefahren verpflichtet ist, gleichzeitig aber nicht zur Eindämmung der personalen Gefahren, erscheint daher widersinnig und künstlich.[384] Zutreffend wird daher im Zusammenhang mit der strafrechtlichen Geschäftsherrenhaftung auch von einer „verlängerten Sachgarantenstellung"[385] gesprochen.[386]

f) Herrschaft über die Gefahrenquelle Betrieb als Grund für eine Garantenstellung des Geschäftsherrn

Von einer Garantenstellung nur bezüglich der gefährlichen Sachmittel auszugehen, greift indes zu kurz. Eine Garantenstellung kann sich nämlich auch aus der Eröffnung einer Gefahrenquelle und den damit einhergehenden Verkehrssicherungspflichten ergeben.[387] Dies gilt beispielsweise für denjenigen, der in Gebäuden oder auf Grundstücken einen Verkehr eröffnet,[388] und betrifft folglich nicht zwangsläufig den Eigentümer.[389] Die Garantenstellung wird damit begründet, dass Außenstehende die fremde Herrschaftssphäre respektieren müssen, und sich gleichsam als Kehrseite darauf verlassen dürfen und können müssen, dass derjenige, der die Gewalt über diesen Bereich ausübt, diejenigen Maßnahmen trifft, die erforderlich sind, damit aus seinem Herrschaftsbereich keine rechtswidrigen Gefahren für Dritte ausgehen.[390] Anders ausgedrückt ist „der Preis der Herrschaft über eine Gefahrenquelle die Pflicht zu ihrer Beherrschung", was eben genauso auf einen Betrieb gemünzt werden kann.[391] Die grundrechtlich

---

384 Anders aber *Spring*, Geschäftsherrenhaftung, 160 f., der eine Trennung für möglich hält.

385 Dieser Ausdruck geht zurück auf *Schlüchter*, FS Salger, 139 (158).

386 Siehe auch *Mittelsdorf*, ZIS 2011, 123 (126); *Ransiek* AG 2010, 147 (150 f.).

387 Ausführlich *Alexander*, Verkehrssicherungspflichten (passim).

388 *Fischer* § 13 Rn. 65.

389 *Grünewald*, Zivilrechtlich begründete Garantenpflichten, 138 m.w.N.

390 Vgl. auch *Grünewald*, Zivilrechtlich begründete Garantenpflichten, 136 f.

391 *Otto*, FS Schroeder, 339 (341); mit unterschiedlichen Akzentuierungen auf die Gefahrenquelle Betrieb stellen ab *Schall*, FS Rudolphi, 267 (277 f.); *ders.*, FS Kühl, 417 (423 f.); *Bosch*, Organisationsverschulden, 224 f.; *Brammsen*, in: Individuelle Verantwortung und Beteiligungsverhältnisse, 105 (123 ff., insbes. 126); *ders.*, Entstehungsvoraussetzungen, 275 ff.; *Bottke*, Haftung aus Nichtverhütung von Straftaten, 25 ff.; *Ransiek*, Unternehmensstrafrecht, 35 f.; *ders.*, AG 2010, 147 (150 f.); *ders.*, JuS 2010, 585 (588 f.); *Roxin*, AT II § 32 Rn. 137; Sch/Sch/*Stree/Bosch* § 13 Rn. 53; *Dannecker/Dannecker* JZ 2010, 981 (989 f.); *Otto*, FS Schroeder, 339 (343); *Rotsch*, FS I. Roxin,

verbriefte Freiheit, ein Unternehmen gründen und betreiben zu dürfen, hat als grundsätzlich erlaubtes Risiko die „Kehrseite" durch Kontrollen und ggf. notwendig werdendes Einschreiten dafür Sorge zu tragen, dass keine Delikte im Zusammenhang mit dem Unternehmensbetrieb begangen werden.[392] Es ist also nicht die in Wirtschaftsunternehmen ohnehin nur schwach ausgeprägte Herrschaft über eine Person das entscheidende Momentum für die Annahme einer Garantenstellung, sondern die Herrschaft über das Unternehmen im Sinne eines Rechts und einer Pflicht zu dessen Organisation. So kann der Geschäftsherr zwar den Einzelnen nicht zu bestimmten (gar rechtswidrigen) Handlungen zwingen, er kann jedoch sein Unternehmen so organisieren, dass die Begehung von Straftaten im Regelfall nicht möglich ist. Dies kann zum einen durch präventive Maßnahmen geschehen, zum anderen aber auch durch repressive Maßnahmen, wie durch die Kündigung von im Betriebsleben straffällig gewordenen Mitarbeitern.

Eine wie auch immer geartete Beschränkung einer Garantenstellung auf Betriebe, von denen „besondere Gefahren" ausgehen,[393] scheint hingegen wenig überzeugend.[394] Eine strafrechtliche Garantenstellung soll nach dieser Auffassung nämlich nur dann anzunehmen sein, wenn „besondere Umstände zur normalen Geschäftstätigkeit hinzukommen", welche eine Garantenstellung „aufgrund besonderer Gefahren" zu begründen vermögen.[395] Es soll nicht jeder Betrieb eine Gefahrenquelle darstellen, sondern dies soll erst dann der Fall sein, wenn „auf Grund der Besonderheiten des Betriebs, der Personen oder ihrer betriebsbezogenen Tätigkeit besondere Gefahren für Rechtsgüter anderer" entstehen.[396] Als Beispiele hierfür werden die Einführung von „Drückerkolonnen" (hier dürfte zumeist schon eine aktive Beteiligung vorliegen), die Einrichtung „schwarzer Kassen" oder „besondere Aktivitäten auf kriminogenem Terrain (etwa bei Teilen der Bauwirtschaft)" genannt.[397] Sofern diese Auffassung in die Richtung einer

---

485 (493); A/R/R/*Rotsch* Teil 1 Kap. 4 Rn. 73; *Rönnau/Schneider* ZIP 2010, 53 (56); *Knauer*, FS I. Roxin, 465 (474 ff.); *Jakobs*, AT 29/29 ff.; *Fischer* § 13 Rn. 67 ff., 70; Heintschel-Heinegg/ *Heuchemer* § 13 Rn. 64; *Mittelsdorf* ZIS 2011, 123 (127); *Alexander*, Verkehrssicherungspflichten, 14 ff.; *Kang*, Geschäftsherrenhaftung, 163 ff.; *Utz*, Geschäftsherrenhaftung, 120 ff. (insbes. 139); vgl. auch *Mosbacher/Dierlamm* NStZ 2010, 268 (269); offengelassen in BGHSt 37, 106 (114 f.).

392 S. *Rönnau/Schneider* ZIP 2010, 53 (56); *Ransiek* AG 2010, 147 (150); *Rotsch*, FS I. Roxin, 485 (493).

393 So explizit *Mosbacher/Dierlamm* NStZ 2010, 268 (269).

394 So auch *Dannecker/Dannecker* JZ 2010, 981 (991).

395 *Mosbacher/Dierlamm* NStZ 2010, 268 (269).

396 *Mosbacher/Dierlamm* NStZ 2010, 268 (269).

397 *Mosbacher/Dierlamm* NStZ 2010, 268 (269).

Garantenstellung aus Ingerenz (insbesondere hinsichtlich der Errichtung von Drückerkolonnen oder schwarzer Kassen) geht, sind schon die oben gemachten Einwände geltend zu machen. Sofern der Ansatz darüber hinausgeht, ist schlicht nicht klar, wie man einen so bezeichneten „gefährlichen" Betrieb von einem ungefährlichen trennen will. Sofern auf Korruption und Absprachen in der Bauwirtschaft hingewiesen wird, so ist zu konstatieren, dass diese Gefahren für zahlreiche Unternehmen in bestimmten Branchen oder mit Auslandsgeschäften in korruptionsanfälligen Ländern bestehen. Eine saubere Trennung in „gefährliche" und „ungefährliche" Unternehmen, die dem Bestimmtheitsgrundsatz genügt, erscheint hier ausgeschlossen. Zudem erschließt sich auch nicht, warum ein Unternehmen von einem Tag auf den anderen zu einer „Gefahrenquelle" werden soll, weil es beschließt, in ein korruptionsanfälliges Land zu expandieren. Vor allem aber stellt sich die Frage, warum die Geschäftsleitung eines Unternehmens, aus dem Bestechungsdelikte in einem nicht „einschlägigen" Staat oder einer nicht „einschlägigen" Branche verübt werden, besser dastehen soll, als die Geschäftsleitung eines vermeintlich „gefährlichen" Unternehmens, obwohl die Situation, in der sich die Geschäftsleitung befindet, doch in beiden Fällen dieselbe ist. Für diese Auffassung streitet ferner – neben der oben geleisteten dogmatischen Herleitung – auch die insoweit neutral gehaltene Fassung des § 130 OWiG und der immer wieder neu bewiesene Umstand, dass auch in vermeintlich „sauberen" Branchen Straftaten vorkommen.

Eine „unternehmensbezogene Betrachtungsweise"[398], nach der die Garantenpflichten zunächst in Form der Pflichten des Unternehmens zu ermitteln sind und anschließend zu fragen ist, welche natürliche Person im Unternehmen konkret die Verantwortung für welche Schritte hatte, ist dagegen an dieser Stelle nicht hilfreich und lässt sich auch schwerlich mit der strafrechtlichen Dogmatik in Einklang bringen. Wenn man ihr folgt, müsste man ferner auch § 14 StGB zur Begründung einer Pflichtenübertragung auf natürliche Personen heranziehen, was jedoch selbst Verfechter dieser Sichtweise nicht tun.[399] Die „Unternehmensbezogenheit" ist nur insofern hilfreich, als dass sie das Vorgehen von Strafverfolgungsbehörden und Gerichten in der Praxis umschreiben kann und zudem Anhaltspunkte für die Reichweite der strafrechtlichen Garantenpflicht bietet. Zur Begründung der strafrechtlichen Garantenstellung einer natürlichen Person kann dieser stark zivilrechtlich geprägte Ansatz freilich nichts beitragen.

---

398 Siehe dazu A/R/R/*Kuhlen* Teil 2 Kap. 1 Rn. 20 f.; *Dannecker/Dannecker* JZ 2010, 981 (984 f.).

399 Siehe *Dannecker/Dannecker* JZ 2010, 981 (986 ff.).

Eine wie hier begründete Garantenstellung erscheint auch deshalb vorzugswürdig, weil die in § 13 StGB geregelte Strafbarkeit nicht darauf gründet, dass der Täter es unterlässt, das verbotene Handeln eines Dritten zu verhindern, sondern der Unterlassungstäter deshalb bestraft wird, weil er einen Erfolg,[400] den er abzuwenden verpflichten gewesen wäre, nicht abgewendet hat.[401] Gleichgültig ist es dabei, ob die erfolgsverursachende Gefahr durch die Beschaffenheit des Betriebsgebäudes, der Betriebsabläufe und -anlagen oder durch rechtmäßige oder rechtswidrige Handlungen von Betriebsangehörigen ausgelöst wird.[402] Auch ob der unmittelbar Handelnde autonom handelt oder selbst voll verantwortlich ist, spielt keine Rolle.[403] So ist es für die strafrechtliche Verantwortung des Geschäftsherrn bedeutungslos, ob die unzulässige Ableitung von Abwässern in ein Gewässer durch einen vorsätzlich oder fahrlässig handelnden Angestellten geschieht oder ob keinem der Angestellten ein Vorwurf gemacht werden kann.[404] Genauso fällt der Export von Waffen unter Verstoß gegen das Kriegswaffenkontrollgesetz unabhängig davon, ob dieser vorsätzlich, fahrlässig oder schuld- und straflos durch einen Angestellten vorgenommen wird, in den Verantwortungsbereich des Geschäftsleiters. Das so gefundene Ergebnis fügt sich ferner nahtlos in die obigen Ausführungen zu der Begründung einer Garantenstellung ein. Zuletzt hielt auch die Rechtsprechung eine solchermaßen begründete Garantenstellung zumindest für denkbar.[405]

Wenn zum Teil behauptet wird, dass bei der Begründung einer Überwachergarantenstellung stets zwischen Sach- und Personalgefahren zu differenzieren ist und nicht einfach beides gleich behandelt werden darf,[406] so ist dieses behauptete Erfordernis eines „Trennungsgebotes“ nicht überzeugend.[407] Wenn ferner von

---

400 In diesem Zusammenhang spielt es auch keine Rolle, ob man das Merkmal „Erfolg“ i.R.d. § 13 StGB als Einschränkung auf Erfolgsdelikte bezogen versteht, oder ob man dieses Merkmal mit der herrschenden Meinung zu Recht erheblich weiter als eine Veränderung in der Außenwelt oder schlicht als Erfüllung eines strafrechtlichen Tatbestandes definiert, siehe dazu *Jaschinski*, „Erfolg“ in § 13 Abs. 1, 155 ff.; *Vogt*, Verbandsgeldbuße, 98 ff.; vgl. auch BGH NStZ 2001, 305 (308) jeweils m.w.N.

401 So zutreffend *Ransiek*, Unternehmensstrafrecht, 36; *Bosch*, Organisationsverschulden, 224 f.

402 *Otto*, FS Schroeder, 339 (341); *Ransiek* AG 2010, 147 (150) *Grünewald*, Zivilrechtlich begründete Garantenpflichten, 137.

403 *Ransiek* AG 2010, 147 (150).

404 Dieses und weitere Beispiele bei *Ransiek* AG 2010, 147 (150).

405 BGH 4 StR 71/11 v. 20.10.2011, Rn. 14 = BGH BB 2012, 150 (dort nicht komplett wiedergegeben) m. Anm. *Grützner*.

406 *Spring*, Geschäftsherrenhaftung, 167 f.; so auch *Beulke*, FS Geppert, 23 (34 f.).

407 So auch ausdrücklich *Ransiek* AG 2010, 147 (150).

Spring behauptet wird, dass die hier präferierte Ansicht eine darüber hinausgehende Beweislast dafür treffe, dass die Differenzierung nach Sach- und Personalgefahren erforderlich sei,[408] so erscheint dies jedenfalls nicht zwingend: Zwar ist nicht zu bestreiten, dass sich – je nachdem ob die Allgemeinheit vor einer gefährlichen Sache oder den „gefährlichen", d.h. strafrechtsrelevanten, Handlungen eines Arbeitnehmers bewahrt werden soll – unterschiedliche Handlungspflichten für den Geschäftsherrn daraus ergeben, ob eine Sache oder ein Mensch als „gefährlich" erscheint.[409] Jedoch ändert dies nichts daran, dass der Geschäftsherr verantwortlich ist, weil er die Gefahrenquelle Betrieb eröffnet hat, und darum Gefahren für Dritte – sei es durch Sachen oder Menschen – erst entstehen können, die auf ein Ausbleiben von Gefährdungen und Verletzungen vertrauen durften. Ferner ist in der Regel die Sache selbst gar nicht gefährlich, sondern erst der fehlerhafte Umgang mit ihr, sodass die teilweise geforderte Unterscheidung häufig praktisch nicht überzeugend funktioniert.[410] *Ransiek*[411] führt beispielhaft an, dass wenn der Bauunternehmer bzw. sein Bauleiter zu verhindern hat, dass eine Wand einstürzt, er dies unabhängig davon zu besorgen hat, ob der Einsturz durch die Wand von selbst geschieht oder ein Angestellter vorsätzlich, fahrlässig oder schuldlos den Einsturz herbeiführt, da es stets um eine durch die Organisation der Bauarbeiten ausgelöste Gefahr geht. Schon der bereits angesprochene Wortlaut des § 13 StGB, der ausschließlich die Abwendung eines „Erfolges" verlangt, legt eine Unterscheidung nach Sach- und Personalgefahren ferner nicht gerade nahe. Dass eine solche Differenzierung sonst im Rahmen der Verkehrssicherungspflichten auch nur angedacht wird, ist ebenfalls nicht ersichtlich. So wird zum Beispiel[412] auch hinsichtlich der Gefahrenquelle Lkw ein tatbestandlicher Erfolg unabhängig davon, ob ein etwaiger Unfall und seine Folgen durch einen technischen Defekt[413], die (organisationsbedingte) Müdigkeit des betroffenen Fahrers[414] oder die unbefugte Verwendung eines – bspw. über Nacht nicht verschlossenen – Lkw durch einen betrunkenen Dritten[415] verursacht worden sind, bei Vorliegen der allgemeinen Strafbarkeitsvoraussetzungen immer auch den jeweils nicht fahrenden Verantwortlichen zugerechnet. Wie beim Betrieb

408 *Spring*, Geschäftsherrenhaftung, 168.
409 So zutreffend *Beulke*, FS Geppert, 23 (34).
410 S. auch *Ransiek* AG 2010, 147 (150); *Rotsch*, FS I. Roxin, 485 (493).
411 *Ransiek* AG 2010, 147 (150) unter Verweis auf BGH NJW 2009, 240 ff.
412 Leicht abgewandelt aus *Ransiek* AG 2010, 147 (150 f.).
413 BGH NJW 2008, 1897 ff.
414 BGH NJW 2006, 1824 ff.
415 Vgl. BGHSt 14, 24 ff.; 18, 359 ff.

geht es auch beim Lkw also häufig nicht um die Gefährlichkeit der zu überwachenden Gefahrenquelle an sich, sondern erst um den gefährlichen Umgang mit ihr,[416] wodurch eine Unterscheidung nach Sach- und Personalgefahren obsolet wird. Auch bei unzulässigen Exporten wird deutlich, dass eine Unterscheidung nach Personal- und Sachgefahren keinen Sinn ergibt: Wo liegt der strafrechtliche Unterschied begründet, ob ein Betriebsangehöriger den Export von Waffen unter Verstoß gegen das Kriegswaffenkontrollgesetz organisiert oder den Export von Transportbeton unter Verstoß gegen das Außenwirtschaftsgesetz? Ob hier ein gefährlicher oder ein ungefährlicher Gegenstand ausgeführt wird, ist völlig unerheblich, da die eigentliche Gefahr aus der mit dem Gegenstand vorgenommenen Handlung und der nicht selten mit ihr verbundenen Verletzung rechtlicher Vorschriften resultiert.[417] Wenn man dem zustimmt, ist aber auch offenkundig, dass die Verknüpfung der Frage einer strafrechtlichen Geschäftsherrenhaftung an eine Sachgefahr ein mittelbares, unbestimmtes und ungerechtfertigtes Kriterium ist. In Wahrheit geht es nämlich, wie gezeigt, um Gefahren, die im Zusammenhang mit dem Betrieb selbst stehen und nicht mit einer beliebigen Sache. Ein solches Geschehen ist aber auch völlig unabhängig von Sachgefahren vorstellbar, zum Beispiel, wenn ein Disco-Betreiber zulässt, dass ein immer wieder im Dienst zu Gewaltexzessen neigender Türsteher ohne konkrete Belehrung erneut zu seinem Dienst eingeteilt wird, weil der Betreiber sich insgeheim wünscht, dass er unliebsame Gäste „schnell und effektiv" los wird. Hier begründet die Herrschaft über die Organisationseinheit die Möglichkeit, Personen nach eigenen Vorstellungen an verschiedenen Stellen einzusetzen, sie im Rahmen der gesetzlichen Vorschriften überwachen zu lassen (im konkreten Fall z.B. durch Kollegen des Türstehers) oder zu maßregeln. Der Geschäftsherr hat also die Möglichkeit, Vorkehrungen zu treffen, um etwaige Gefahren einzudämmen. Kommen Dritte, die auf derartige Vorkehrungen vertrauen dürfen, infolge des Unterlassens derartiger Vorkehrungen zu schaden, kann der Geschäftsherr seine Schuldlosigkeit nicht damit begründen, dass der Türsteher (erneut) autonom die Entscheidung getroffen habe, übermäßig gewalttätig zu werden.

Die zivil- und strafrechtliche Rechtsprechung zu anderen (Teilaspekten der) Verkehrssicherungspflichten fügt sich in das aufgezeigte Bild nahtlos ein.[418] So

---

416 *Ransiek* AG 2010, 147 (151).

417 So zutreffend *Ransiek* AG 2010, 147 (151); s. auch für den Fall eines seinerzeit unzulässigen Fahrräderexportes in die Schweiz bereits RGSt 58, 130 ff.

418 Siehe über die bereits genannten Entscheidungen hinaus zum Beispiel für das Strafrecht BGHSt 8, 139 ff.; 9, 67 ff. (Verantwortung des Betriebsleiters für die Sicherheit betriebseigener Kfz); 19, 286 (288) (Verantwortung des Bauunternehmers); 25, 158

ist es nicht ersichtlich, dass den Betreiber von Sportplätzen Garantenpflichten treffen sollen,[419] den Leiter eines Unternehmens aber nicht, ist doch beides auf den ersten Blick gleichermaßen (un-)gefährlich. Konsequenterweise hat daher auch das Landgericht München I in einer Entscheidung jüngeren Datums geurteilt, dass die „Einhaltung des Legalitätsprinzips und demgemäß die Einrichtung eines funktionierenden Compliance-Systems zur Gesamtverantwortung des Vorstandes gehört", wobei jedoch freilich für den Umfang im Einzelnen Art, Größe und Organisation des Unternehmens, die zu beachtenden Vorschriften, die geografische Präsenz wie auch Verdachtsfälle aus der Vergangenheit entscheidend sein sollen.[420] Dass eine zivilrechtliche Haftung wegen Verletzung von Verkehrssicherungspflichten jedoch nicht automatisch eine strafrechtliche Haftung nach sich zieht,[421] liegt ebenfalls auf der Hand. Zwar ist es richtig, dass die materiellen Grundlagen, aus denen Verkehrssicherungspflichten und Garantenpflichten abgeleitet werden, wie der Gedanke der Gefahrschaffung, der des Vertrauens bzw. der der Verhaltenserwartung sowie der des Herrschafts- und Zuständigkeitsbereichs, weitgehend übereinstimmen.[422] Eine Anlehnung des Strafrechts an das Zivilrecht mag zudem dadurch begünstigt werden, dass sich im Zivilrecht eine schier grenzenlose Kasuistik herausgebildet hat.[423] Dennoch können zivilrechtliche Wertungen niemals unbesehen in das Strafrecht übertragen werden. Dies ergibt sich schon aus den unterschiedlichen Zielsetzungen der beiden Rechtsgebiete.[424] So will das Zivilrecht entstandene Schäden ausgleichen, wobei es auch Aspekte wie die wirtschaftliche Leistungsfähigkeit

---

(162 f.) (Verantwortung bei innerbetrieblichen Verstößen gegen das Weingesetz); BGH NJW 1966, 1763 (Überwachergarantenstellung einer Gaststättenbetreiberin); 1971, 1093 (1094 f.); 1973, 1379 (1380) (Verantwortung des Betreibers einer Skipiste); NStZ 2002, 421 (422 f.) („Wuppertaler Schwebebahn"); für das Zivilrecht siehe nur BGH NJW 1990, 976 ff. (Haftung eines Geschäftsführers für durch Einbau untergegangenes Vorbehaltseigentum); OLG Stuttgart NJW 2008, 2514 f. (Haftung eines Diskothekenbetreibers für Gefahren auf für Gäste angemietetem Pkw-Parkplatz); OLG Düsseldorf CCZ 2008, 231 f. (Haftung des Aufsichtsrates für vorsätzliches Geschehenlassen einer betrügerischen Aktienemission durch den Vorstand).

419 BGH VRS 18 (1960), 48.

420 LG München I NZWiSt 2014, 183 ff.; grds. zustimmend *Grützner*, BB 2014, 850 ff., der insbesondere auf die Bedeutung für § 130 OWiG hinweist (851 f.).

421 So schon BGHSt 37, 106 (115).

422 So zutreffend *Grünewald*, Zivilrechtlich begründete Garantenpflichten, 34.

423 So *Grünewald*, Zivilrechtlich begründete Garantenpflichten, 34.

424 Siehe dazu ausführlich *Grünewald*, Zivilrechtlich begründete Garantenpflichten, 65 ff.

oder die Versicherbarkeit des Schadensrisikos mit in seine Überlegungen einbezieht.[425] Ferner haften im Zivilrecht insbesondere auch juristische Personen unter bestimmten Voraussetzungen für das Verhalten von Organen (§ 31 BGB) oder von Erfüllungs- und Verrichtungsgehilfen (§§ 278, 831 BGB). Im Strafrecht geht es hingegen ausschließlich um die individuelle Verantwortung natürlicher Personen für eigenes Fehlverhalten, das einen sozial-ethischen Tadel verdient.[426] Daher sind die zivilrechtlichen Verkehrssicherungspflichten nicht unbesehen auf die strafrechtliche Geschäftsherrenhaftung zu übertragen.[427] Hierfür sind eigene strafrechtliche Kriterien heranzuziehen. Richtig ist zwar, dass vor allem durch das Schuldprinzip gebotene Unterschiede zum Zivilrecht, wie die Differenzierung nach Vorsatz und Fahrlässigkeit oder nach Täterschaft und Teilnahme, für die Bestimmung der Reichweite einer Verkehrssicherungspflicht nicht von Belang sind.[428] Dass die erzielten Ergebnisse bezüglich der Reichweite der Verkehrssicherungspflichten sich in beiden Rechtsgebieten regelmäßig ähneln dürften, sollte jedoch nicht so gedeutet werden, dass strafrechtliche Pflichten und zivilrechtliche Pflichten sich gleichen,[429] sondern bedeutet, dass von den zivilrechtlichen Verkehrssicherungspflichten eine Indizwirkung ausgeht.[430] Die gegenteilige Auffassung ist umso bedenklicher, wenn als Begründungsansatz geliefert wird, dass sich Straf- und Zivilrecht in ihren Zielsetzungen immer mehr angleichen, und dabei auf die in mannigfaltiger Hinsicht äußerst umstrittene Einführung von sogenannten Kollektivrechtsgütern und die mit ihr verfolgten Zwecke verwiesen wird.[431] Den sich im Einzelfall ergebenden Unterschieden zwischen zivil- und strafrechtlichem Pflichtenumfang auf den Grund zu gehen ist hier nicht der Ort,[432] spielt aber auch für die an dieser Stelle zunächst zu klärende Frage, ob grundsätzlich eine Garantenstellung vorliegt, keine Rolle. Insbesondere für die Frage der Grenzen der strafrechtlichen Geschäftsherrenhaftung für das Verhalten Dritter sind aber eigene strafrechtliche Parameter zu entwickeln, worauf noch zurückzukommen sein wird.

---

425 *Grünewald*, Zivilrechtlich begründete Garantenpflichten, 78 ff., 120 ff.; *Alexander*, Verkehrssicherungspflichten, 60.

426 *Alexander*, Verkehrssicherungspflichten, 60 ff.

427 *Alexander*, Verkehrssicherungspflichten, 60 ff. m.w.N.; BGHSt 37, 106 (115).

428 *Vogt*, Verbandsgeldbuße, 134.

429 So aber *Vogt*, Verbandsgeldbuße, 132 ff. m.w.N., 141.

430 *Alexander*, Verkehrssicherungspflichten, 62 f.

431 So aber *Vogt*, Verbandsgeldbuße, 134.

432 Ausführlich dazu zuletzt *Alexander*, Verkehrssicherungspflichten (2005) (passim).

Mit der gleichen Berechtigung wie die Frage nach den Auswirkungen zivilrechtlicher Pflichten auf die strafrechtliche Verantwortlichkeit kann man auch umgekehrt nach den Auswirkungen einer wie beschrieben begründeten strafrechtlichen Garantenstellung auf das Zivilrecht fragen und prüfen, ob sich die so begründeten Pflichten in die Gesamtrechtsordnung integrieren lassen. Wie der 6. Zivilsenat des Bundesgerichtshofs in einem Urteil jüngeren Datums zutreffend festgestellt hat, lassen sich für die GmbH und die Aktiengesellschaft aus § 43 GmbHG und § 93 AktG keine Pflichten gegenüber außenstehenden Dritten begründen, sondern grundsätzlich nur Pflichten gegenüber der Gesellschaft selbst.[433] Die genannten Vorschriften begründen also nur Schadensersatzansprüche der Gesellschaft gegen die Geschäftsführung, wenn diese ihre Pflicht zur ordnungsgemäßen Geschäftsführung verletzt hat, aber keine Ansprüche von unternehmensexternen Dritten.[434] Sie können daher auch nicht als Schutzgesetze i.S.d. § 823 Abs. 2 BGB angesehen werden, da eine Außenhaftung der Geschäftsführer bzw. des Vorstandes nur in Ausnahmefällen und „auf Grund besonderer Anspruchsgrundlagen" denkbar ist.[435] Von einer persönlichen Haftung geht der BGH in Zivilsachen dann aus, wenn die Mitglieder eines Organs den Schaden „selbst durch eine unerlaubte Handlung herbeigeführt haben",[436] womit letztlich gemeint ist, dass die Geschäftsleitung durch ein aktives Tun in das begangene Unrecht verstrickt ist.

Diese Rechtsprechung, die in der Zivilrechtswissenschaft positiv aufgenommen worden ist[437], bedeutet eine Abkehr von der vorherigen, heftig umstrittenen Baustoff-Entscheidung desselben Senats aus dem Jahre 1989.[438] In dieser war der 6. Senat noch von einer Garantenstellung der Geschäftsleitung hinsichtlich fremden Eigentums ausgegangen, obwohl eine – vom Senat im selben Urteil geforderte – besondere Ausnahmekonstellation in casu nicht erkennbar gewesen ist.[439] Die (implizite) Umkehr des Senats ist daher insoweit zu begrüßen. Die durch die §§ 43 GmbHG und 93 AktG begründete „Legalitätspflicht"[440] ist

---

433 BGH NJW 2012, 3439 (3441 f.) m.w.N.; s.a. der 1. Zivilsenat in BGH BB 2014, 2126 ff.

434 BGH NJW 2012, 3439 (3441).

435 BGH NJW 2012, 3439 (3441).

436 BGH NJW 2012, 3439 (3442).

437 Siehe nur *Schirmer* NJW 2012, 3398 ff. mit weiteren Nachweisen zur Kritik an der früheren Rechtsprechung.

438 BGH NJW 1990, 976 (977 f.).

439 Kritisch auch schon früh der zweite Zivilsenat in BGH NJW 1994, 1801 (1803 f.).

440 BGH NJW 1997, 130 (131); NJW 2012, 3439 (3441); MüKo-AktG/*Spindler* § 93 Rn. 73 f.

nur eine Ausprägung der gegenüber der Gesellschaft bestehenden allgemeinen Sorgfaltspflicht zur ordnungsgemäßen Geschäftsführung und begründet daher grundsätzlich nur Pflichten im Innenverhältnis.[441] Der 6. Zivilsenat verkennt in seiner Entscheidung jedoch, dass neben den gesellschaftsrechtlich begründeten Sorgfaltspflichten (§§ 43 GmbHG, 93 AktG) auch die Verletzung strafbewehrter Verkehrssicherungspflichten möglicherweise eine zivilrechtliche Haftung begründen könnte. Mit der entsprechenden strafrechtlichen höchstrichterlichen Rechtsprechung jüngeren Datums setzt sich der Zivilsenat nur spärlich auseinander, wenn er die obiter dictu gemachten Ausführungen des 5. Strafsenats als Beleg für die Vornahme einer Trennung zwischen den Interessen der eigenen Gesellschaft und denen außenstehender Dritter anführt.[442] Aus diesem allgemein anerkannten Gedanken lässt sich jedoch nicht die Haltung des 5. Strafsenats zur Reichweite der Rechtspflichten der Geschäftsleitung herleiten, gibt derselbe Senat doch in seinem Urteil obiter dictu gerade zu erkennen, dass er eine strafrechtliche Verantwortlichkeit sogar des Compliance-Beauftragten für gegeben hält,[443] was nicht ohne (implizite) Auswirkungen für die Geschäftsleitung bleiben kann. Kann man dem Zivilsenat die tiefer gehende Auseinandersetzung mit den nicht bindenden Ausführungen des 5. Strafsenats in seinem Urteil zum Compliance-Beauftragten unter Umständen noch verzeihen, so hätte zumindest eine Auseinandersetzung mit dem Urteil des 4. Strafsenats vom 20.10.2011[444] erfolgen müssen.

Geht man wie hier davon aus, dass die Herrschaft über eine Gefahrenquelle Betrieb eine Garantenstellung begründet und unterstellt man, dass auch sonst alle Voraussetzungen einer Unterlassensstrafbarkeit vorliegen, hätte dies zur Folge, dass in derartigen Fällen – entgegen der Rechtsprechung des 6. Zivilsenats – auch eine zivilrechtliche Haftung nach § 823 Abs. 2 BGB i.V.m. mit dem jeweiligen Schutzgesetz i.V.m. § 13 StGB vorliegen müsste. Dieses Ergebnis ist jedoch unter zwei Gesichtspunkten einer nochmaligen Prüfung zu unterziehen: Zum einen wird möglicherweise das soeben beschriebene gesellschaftsrechtliche Haftungsregime (grundsätzlich nur Haftung im Innenverhältnis gegenüber der Gesellschaft) unterlaufen, zum anderen könnte man (zumindest

---

441 *Schirmer* NJW 2012, 3398 (3399) m.w.N.

442 BGH NJW 2012, 3439 (3441).

443 BGH NJW 2009, 3173 (3175).

444 BGH BB 2012, 150 f.; auf den Konflikt zwischen strafrechtlicher Geschäftsherrenhaftung und zivilrechtlichen Regeln der Außenhaftung von Organen weist auch *Kuhlen*, NZWiSt 2015, 161 ff. hin, der ihn zu Gunsten der im Strafrecht dominierenden Organtheorie lösen möchte, S. 166 ff.

prima facie) auf den Gedanken kommen, dass die strafrechtlichen Pflichten hier weitergehend sind als die zivilrechtlichen Pflichten. Zum ersten Punkt lässt sich zunächst feststellen, dass die Haftung nach § 823 BGB auch im Zivilrecht als Ausnahme des Grundsatzes der Innenhaftung anerkannt ist. So geht auch die als Abweichung von der weitergehenden Baustoff-Entscheidung[445] wahrgenommene bereits angesprochene Entscheidung des 6. Zivilsenats davon aus, dass eine Haftung aufgrund „besonderer Anspruchsgrundlagen" in „begrenztem Umfang" in Betracht komme.[446] Als ein solcher Fall wird der vom Vorstand/Geschäftsführer selbst durch eine unerlaubte Handlung herbeigeführte Schaden genannt.[447] Auch in der Literatur wird zum Teil eine persönliche Haftung angenommen, wenn bspw. besonderes persönliches Vertrauen in Anspruch genommen wird oder eine erhöhte Gefahr geschaffen worden ist.[448] Insofern könnte man eine weitere Ausnahme dergestalt annehmen, dass eine persönliche Haftung auch im Fall einer strafrechtlichen Verantwortlichkeit eine Durchbrechung des Grundsatzes der reinen Innenhaftung gegenüber der Gesellschaft gegeben ist.[449] Dieser Fall steht den anderen genannten Beispielen qualitativ gewiss nicht nach. Des Weiteren findet durch die Übertragung der aus dem Zivilrecht bekannten und dort dem Unternehmen obliegenden Überwachungspflichten auf den Geschäftsherrn im Strafrecht auch keine Erweiterung der ursprünglichen zivilrechtlichen Haftung im engeren Sinn statt, sondern es tritt nur eine natürliche Person als weiterer (Gesamt-)Schuldner auf den Plan.[450] Diese Delegation auch nach außen hin wirkender Pflichten ist im Zivilrecht ebenfalls nicht unbekannt und fügt sich daher auch insoweit in das System zivilrechtlicher Haftung ohne Brüche ein.[451]

Dass es hierbei ferner in der Tat nur um Ausnahmefälle und nicht eine Durchbrechung des gesamten Systems geht, macht ein Blick auf die beiden oben angesprochenen zivilrechtlichen Urteile deutlich. Letztlich wäre es nämlich in beiden Fällen – bei richtiger Zugrundelegung der (straf-)rechtlichen Zurechnungskriterien – nicht zu einer strafrechtlichen Verantwortlichkeit und somit auch nicht zu einer zivilrechtlichen Haftung gekommen. Sowohl in der Baustoff-Entscheidung als auch in der Entscheidung des 6. Zivilsenats mangelt es (jedenfalls) an einer vorsätzlichen Begehung. Das Fehlen eines Vorsatzes bzw. die Unmöglichkeit der

445 BGH NJW 1990, 976 (977 f.).

446 BGH NJW 2012, 3439 (3441) m.w.N.

447 BGH NJW 2012, 3439 (3442).

448 Siehe nur *Kleindiek*, Deliktshaftung und juristische Person, 457 ff.

449 So auch *C. Dannecker* NZWiSt 2012, 441 (451).

450 Vgl. für Leiter einer Rechtsabteilung *Dannecker/Dannecker* JZ 2010, 981 (984).

451 *Dannecker/Dannecker* JZ 2010, 981 (984).

Nachweiserbringung dürfte ganz regelmäßig einen Anspruch aus § 823 Abs. 2 BGB unmöglich machen. Außerdem muss ein Gesetz, dass eine entsprechende Haftung begründen soll, auch immer ein Schutzgesetz sein. Dies ist zumindest nicht generell zu bejahen. Jedenfalls für § 130 OWiG – der das Vorsatzproblem umschiffen würde – hat der BGH in Zivilsachen schon vor geraumer Zeit festgestellt, dass § 130 OWiG grundsätzlich kein Schutzgesetz i.S.d. § 823 Abs. 2 BGB ist, sondern „Schutzgut dieser Vorschrift [...] in erster Linie das Interesse der Allgemeinheit an der Schaffung und Aufrechterhaltung einer innerbetrieblichen Organisationsform" ist.[452]

Es ist jedoch nicht unwahrscheinlich, dass sich das Zivilrecht dieser „Unterwerfung" unter strafrechtliche Zurechnungsnormen verweigert.[453] Es stellt sich dann die Frage, ob das Strafrecht hier nicht einen über das Zivilrecht hinausgehenden, zu umfassenden Schutz bietet und damit gegen den sog. Grundsatz der Akzessorietät des Strafrechts gegenüber dem Zivilrecht verstößt.[454] Dies kann jedoch aus verschiedenen Gründen nicht überzeugen. Zunächst gehen die strafrechtlichen Pflichten hier schon nicht über die zivilrechtlichen Pflichten hinaus. Dies liegt daran, dass in den diskutierten Fallkonstellationen ja durchaus eine zivilrechtliche Pflicht der Geschäftsleitung besteht, diese nur aus grundsätzlichen Erwägungen zu Haftungsstrukturen im Gesellschaftsrecht bzw. aufgrund des die persönliche Haftung begrenzenden Sinn und Zwecks juristischer Personen zivilrechtlich nur im Innenverhältnis zur Gesellschaft Ansprüche begründen kann. Es wäre aber falsch anzunehmen, dass die strafrechtliche Garantenstellung Pflichten gegenüber Außenstehenden Dritten im Sinne eines persönlichen Anspruchs begründen würde. Dies gilt insbesondere nicht für eine auf der Herrschaft über die Gefahrenquelle Betrieb beruhende Überwachungsgarantenstellung, wie sie hier postuliert wird. Man sollte hier nicht den Fehler machen und aus den Ähnlichkeiten zwischen zivilrechtlichen Verkehrssicherungspflichten und strafrechtlicher Geschäftsherrenhaftung auf deren identische Zielrichtung schließen. Wie schon oben in diesem Abschnitt gezeigt, unterscheiden sich strafrechtliche Verantwortlichkeit und zivilrechtliche Haftung in erheblicher Weise, da das zivilrechtliche Haftungsregime, mit der Haftung der juristischen Person gegenüber Dritten und dem „innerbetrieblichen Schadensausgleich" andere Zwecke

---

452 Ausführlich BGH NJW 1994, 1801 (1803 f.); kritisch aber Göhler/*Gürtler* § 130 OWiG Rn. 3a.

453 Eine faktische „Unterwerfung" der zivilrechtlichen Rechtsprechung in der Rechtspraxis erwartet anscheinend aber *C. Dannecker* NZWiSt 2012, 441 (451).

454 Dazu umfassend *Wagner*, Akzessorietät (passim).

verfolgt als das Strafrecht. Ferner ist zu bedenken, dass zumindest nach Auffassung der Rechtsprechung der Grundsatz der Akzessorietät des Strafrechts zum Zivilrecht nie eine absolute Strafbarkeitsgrenze dargestellt hat; es sei in diesem Zusammenhang nur an die Rechtsprechung des BGH zum strafrechtlichen Vermögensbegriff im Rahmen des Betrugs erinnert.[455] Folglich bleibt festzuhalten, dass unabhängig von der Bereitschaft der Zivilrechtspraxis und -wissenschaft, die Figur der strafrechtlichen Geschäftsherrenhaftung anzuerkennen und im Rahmen ihrer Rechtsanwendung und Forschung zu berücksichtigen, zivilrechtliche Folgefragen die Tauglichkeit des Modells als solches für das Strafrecht nicht in Frage stellen können.

Zuletzt sei noch angemerkt, dass nicht bestritten werden soll, dass auch bei einer strafrechtlichen Geschäftsherrenhaftung, die auf die Gefahrenquelle Betrieb abstellt, die Möglichkeit der Erfolgsverhinderung, die durch die rechtliche und tatsächliche Machtposition des Geschäftsherrn entsteht, konstitutives Element der Strafbarkeit ist (wobei die Möglichkeit der Erfolgsverhinderung freilich konstitutives Element jeder Unterlassenstrafbarkeit ist). Der Unterschied zu den Modellen, die die Garantenstellung über die Herrschaft über Personen begründen wollen, liegt darin, dass Letztgenannte ausschließlich an die Möglichkeit der Erfolgsverhinderung anknüpfen und hierbei eine Herrschaft über Dritte unterstellen, die tatsächlich nicht gegeben ist. Diese Umstände allein können aber, wie gezeigt, für die Annahme einer Garantenstellung nicht ausreichen.

g) Zwischenergebnis und Stellungnahme

Als Ergebnis ist somit nach dem oben Gesagten festzuhalten, dass eine Garantenstellung des Geschäftsherrn existiert. Sie stammt jedoch nicht aus der zu engen und schon daher nicht überzeugenden Sachgarantenstellung und auch nicht aus der nicht überzeugenden, auf die Annahme einer Unmündigkeit von betrieblichen Mitarbeitern hinauslaufenden Überwachungspflicht bezüglich Personalgefahren. Von den verschiedenen dargestellten Ansichten kann hingegen wie gezeigt jene am ehesten überzeugen, die auf Herrschaft des Geschäftsherrn über die Gefahrenquelle Betrieb abstellt. Es besteht damit – jedenfalls faktisch – in bestimmten (oder besser: noch zu bestimmenden) Fällen auch eine Pflicht zur Verhinderung von Straftaten Betriebsangehöriger – dies aber wie gezeigt nicht aus sich heraus, sondern nur im Zusammenhang mit der Herrschaft über den Betrieb als Gefahrenquelle. Von den Anforderungen an die erforderliche

---

455 S. nur BGHSt 2, 364 (365).

Verknüpfung der Zuwiderhandlung mit der Gefahrenquelle Betrieb handelt der nachfolgende Abschnitt.

Nur am Rande sei hier auf das spezifische Problem eines mehrköpfigen Entscheidungsgremiums eingegangen.[456] Dies wurde insbesondere infolge der berühmten Lederspray-Entscheidung[457] thematisiert, nach der sich kein Mitglied darauf berufen kann, es wäre – hätte es auch seine konkrete Handlungspflicht erfüllt, nämlich „unter vollem Einsatz seiner Mitwirkungsrechte das ihm Mögliche und Zumutbare zu tun, um einen Beschluss der Gesamtgeschäftsführung über Anordnung und Vollzug des gebotenen Rückrufs zustande zu bringen"[458] – mit Sicherheit von den anderen Mitgliedern des Gremiums überstimmt worden. Die Rechtsprechung wendet also bei Kollegialentscheidungen den Grundsatz an, dass sich ein Mitglied der Geschäftsleitung nicht in dem Sinne auf das pflichtwidrige Verhalten anderer Mitglieder des Gremiums berufen kann, als dass sein eigener Verstoß nicht mit Sicherheit kausal für den späteren Erfolg geworden ist. Zu diesem Problemkreis führte das Landgericht München I in einer zivilrechtlichen Entscheidung in jüngerer Zeit aus, dass ein Vorstandsmitglied nicht wie sonst loyal an der Umsetzung von Vorstandsbeschlüssen mitwirken muss, wenn diese nicht gesetzeskonform sind.[459] Ferner hat das überstimmte Vorstandsmitglied eine entsprechende Gegenvorstellung bei seinen Kollegen anzubringen und ggf. den Aufsichtsrat einzuschalten.[460]

2. Die Reichweite der strafrechtlichen Geschäftsherrenhaftung

Wurde somit die Herrschaft über die Gefahrenquelle Betrieb als Grund für die Annahme einer strafrechtlichen Geschäftsherrenhaftung ausgemacht, ist in einem nächsten Schritt die Reichweite dieser Geschäftsherrenhaftung zu klären. Denn freilich kann – wie schon oben gezeigt – der Geschäftsherr nicht für alle deliktischen Handlungen haften, die seine Mitarbeiter begehen.[461] Dies ist offensichtlich und unstreitig bei rein privaten Handlungen oder höchstpersönlichen Angelegenheiten der Betriebsangestellten. Es muss aber noch darüber hinausgehen, denn eine absolute Freiheit von jeglicher Gefahr ist – erst recht in

---

456 Siehe dazu auch NK-WSS/*Burchard* § 13 Rn. 17 und *Merz*, in: Graf/Jäger/Wittig, § 13 Rn. 52 ff.

457 BGHSt 37, 106 ff.

458 BGHSt 37, 106 (126).

459 LG München I NZWiSt 2014, 183 (190).

460 LG München I NZWiSt 2014, 183 (190).

461 So schon OLG Karlsruhe GA 1971, 281 (283); zuletzt BGH BB 2012, 150 (151).

einer „Risikogesellschaft“[462] – nicht möglich, sodass auch keine entsprechende Pflicht begründet werden kann.[463] Schon in der Begründung zum Entwurf eines Gesetzes über Ordnungswidrigkeiten[464] heißt es zur diesbezüglich vergleichbaren Problematik bei der Einführung des damaligen § 25 OWiG (dem heutigen § 130 OWiG):

> *„Ohne Zweifel können nur bestimmte Zuwiderhandlungen zur Ahndung wegen Verletzung der Aufsichtspflicht führen. Dem Geschäftsherrn und den ihm gleichgestellten Personen kann nicht zugemutet werden, über die in dem Betrieb tätigen Personen wie über Pflegebefohlene zu wachen und darauf zu achten, daß sie sich im Betrieb straflos führen, also z.B. keinen Diebstahl, keine Beleidigung, keine Körperverletzung, kein Sittlichkeitsdelikt usw. begehen. Die Aufsichtspflicht des Geschäftsherrn so weit auszudehnen, wäre weder angemessen noch notwendig.“*

Im Folgenden müssen also Kriterien gefunden werden, anhand derer die strafrechtliche Haftung des Geschäftsherrn bei Handlungen seiner Mitarbeiter im Betrieb in sinnvoller Weise eingeschränkt werden kann. Richtigerweise wird man dabei, wenn man der oben vertretenen Auffassung folgt, verlangen müssen, dass sich in der strafrechtlich relevanten Handlung des Mitarbeiters gerade eine Gefahr aus dem Bereich der Gefahrenquelle Betrieb realisiert.[465] Diese Fragestellung weist Parallelen zur Zurechnung eines tatbestandlichen Erfolges nach der Lehre von der objektiven Zurechnung auf.[466] Realisiert sich nämlich die Betriebsgefahr in der strafrechtlich relevanten Handlung des Mitarbeiters, so liegt eine „betriebsbezogene“ Straftat vor, die zu verhindern der Geschäftsherr als strafrechtlicher Garant verpflichtet ist. Im umgekehrten Fall, in dem sich in der Straftat keine Betriebsgefahr realisiert, fehlt es hingegen an der erforderlichen Betriebsbezogenheit und es realisiert sich lediglich ein allgemeines Lebensrisiko.

Daher ist im Folgenden zu untersuchen, ab wann sich die strafbare Handlung des Mitarbeiters gerade als ein Ausdruck der Gefahrenquelle Betrieb, die zu überwachen der Geschäftsherr verpflichtet ist, darstellt. Vorangestellt sei noch die Bemerkung, dass bei der (regelmäßig im Zusammenhang mit Fahrlässigkeitsdelikten) auftretenden Realisierung von Sachgefahren eine Eingrenzung nur wenig Schwierigkeiten bereitet und auch eine weitgehende Einigkeit besteht.

---

462 So zumindest die populär gewordene Deutung der gegenwärtigen gesellschaftlichen Entwicklungen durch den Soziologen *Ulrich Beck* aus den 1980er Jahren.

463 So auch schon das Reichsgericht in RGSt 58, 130 (132 f.).

464 BT-Drs. 5/1269, 68.

465 *Otto*, FS Schroeder, 339 (342); NK-*Gaede* § 13 Rn. 53 m.w.N.

466 *Schall*, FS Rudolphi, 267 (279).

Daher wird bei den folgenden Ausführungen das Augenmerk vornehmlich auf die vorsätzliche Begehung von Straftaten durch Arbeitnehmer gerichtet.

a) Das Urteil des BGH vom 20.10.2011[467]

Der BGH äußerte sich durch den 4. Strafsenat in jüngerer Zeit in ungewohnter Ausführlichkeit zu der Frage, wann seiner Einschätzung nach eine betriebsbezogene Straftat vorliegt. Danach soll eine betriebsbezogene Straftat dann vorliegen, wenn die Tat einen „inneren Zusammenhang mit der betrieblichen Tätigkeit des Begehungstäters oder mit der Art des Betriebes aufweist".[468] Bleiben diese Formulierungen noch im Ungefähren, wird aus den weiteren Urteilsgründen deutlich, wann dieser „innere Zusammenhang" – wenigstens beispielsweise – gegeben sein soll. Dies sei dann der Fall, wenn die Handlungen als „Teil der Firmenpolitik" durch Vorgesetzte aufgetragen worden seien oder durch die „Stellung im Betrieb eingeräumte arbeitstechnische Machtbefugnisse zur Tatbegehung" ausgenutzt werden.[469] Jedoch ist die erstgenannte Variante in einer Unterlassenskonstellation nicht sinnvoll vorstellbar und bei einem aktiven Tun lägen wieder die schon oben aufgezeigten Bedenken bzgl. einer Übertragung der Tatherrschaft kraft organisierter Machtapparate auf Wirtschaftsunternehmen vor.[470]

Weiterhin konkretisiert der BGH, dass sich allein aus einer serienmäßig wiederholten Tatbegehung – im konkreten Fall bis hin zu körperlichen Misshandlungen gesteigerte „Mobbing-Aktionen" gegen einen Kollegen – unter Hinweis auf Art. 103 Abs. 2 GG keine Betriebsbezogenheit ergibt. Angesichts des konkret zu bewertenden Sachverhalts setzt sich der Senat dabei mit der Frage auseinander, ob „Mobbingstraftaten" generell betriebsbezogene Straftaten seien und verneint dies – im Ergebnis zu Recht – entgegen der Auffassung des Generalbundesanwalts.[471] Interessant ist hier die Begründung, nach der eine betriebsbezogene Straftat deshalb ausscheidet, weil die Gefahr von körperlichen Misshandlungen unter Kollegen in jedem Betrieb mit mehr als einem Mitarbeiter bestünde und daher gerade keine dem *konkreten* Betrieb innewohnende Gefahr darstellte.[472]

---

467 BGH BB 2012, 150 ff. m. Anm. *Grützner*.
468 BGH BB 2012, 150 (151).
469 BGH BB 2012, 150 (151).
470 So auch *Geneuss* ZIS 2016, 259 (264 f.).
471 BGH BB 2012, 150 (151).
472 BGH BB 2012, 150 (151).

Die Rechtsprechung des BGH bleibt – trotz des jüngsten Urteils – wenig berechenbar bzw. vorhersehbar. Der BGH wurde in der Literatur für sein Diktum teilweise dafür kritisiert, dass die tatgegenständlichen Mobbing-Vorwürfe als „nicht-betriebsbezogen" eingestuft worden sind und dass die aufgestellten Grundsätze keine klare Abgrenzung bezüglich des genannten Kriteriums erlauben.[473] Zwar scheinen die Ausführungen über das Ausnutzen der durch die „Stellung im Betrieb eingeräumten arbeitstechnischen Machtbefugnisse zur Tatbegehung" ein wenig mehr Licht ins Dunkel zu bringen, sofern sie Bestand haben werden.[474] Daran darf jedoch gezweifelt werden, wenn man sich das durch die Bundesrichter ins Spiel gebrachte Erfordernis der Realisierung einer gerade dem „konkreten" Betrieb innewohnenden Gefahr vor Augen führt.[475] Dieses Kriterium erscheint zur Bestimmung der Betriebsbezogenheit ungeeignet. Auch das Risiko von Korruptionsdelikten, der Veruntreuung von Geldern oder von Bankrottstraftaten ist in *jedem* Betrieb angelegt und es kann niemand ernsthaft bezweifeln, dass solche Taten einen Bezug zum konkreten Betrieb aufweisen.[476] Wenn der BGH mit seinen Ausführungen bezwecken wollte, nur noch die spezifischen Gefahren von spezialisierten Betrieben zu erfassen (wie bspw. Umweltgefahren durch ein Kraftwerk, illegaler Waffenverkauf bei einem Waffenhersteller), was bezweifelt werden darf, so wäre eine solche Auffassung folglich kaum tragfähig zu begründen.[477] Die Position des BGH weist in diesem speziellen Punkt, obwohl – wie aus dem Kontext hervorgeht – wohl nicht beabsichtigt, letztlich große Ähnlichkeiten zu der Auffassung auf, die den Grund für die strafrechtliche Geschäftsherrenhaftung allein in einer Sachgarantenstellung erblickt, und unterliegt daher noch zusätzlich den bereits an anderer Stelle aufgezeigten Einwänden.

Man kann das Urteil des BGH auch dahin gehend interpretieren, dass der innere Zusammenhang zum konkreten Betrieb bzw. die Realisierung einer betriebsspezifischen Gefahr dann fehlt, wenn beispielsweise bei Korruptionsdelikten die Unternehmensleitung zuvor ein Compliance-Programm aufgelegt hat,

---

473 Vgl. bspw. hierzu *Kuhn* wistra 2012, 297 f.; *Kudlich* HRRS 2012, 177 (179 f.); *Schall*, FS Kühl, 417 (428 ff.); *Mansdörfer/Trüg* StV 2012, 432 (436); *Bülte* NZWiSt 2012, 176 (178 f.); *Poguntke* CCZ 2012, 158 ff.; *Wagner* ZJS 2012, 704 (708) und *Schramm*, JZ 2012, 969 (971 f.); im Grundsatz zustimmend aber *Roxin* JR 2012, 305 f.; *Jäger* JA 2012, 392 (394); *Petermann*, FS Schiller, 538 (542); *Schlösser* NZWiSt 2012, 281 (283 ff.).

474 BGH BB 2012, 150 (151).

475 BGH BB 2012, 150 (151).

476 *Grützner* BB 2012, 151 (152).

477 So zutreffend *Grützner* BB 2012, 151 (152).

da dann nach den „konkreten Umständen innerhalb des jeweiligen Betriebes" keine betriebsbezogene Straftat mehr vorliegen dürfte.[478] Unabhängig davon, ob die Richter des BGH eine solche Konstellation vor Augen gehabt haben mögen, ändert auch ein (zumal möglicherweise unzureichendes) Bemühen der Geschäftsleitung, Straftaten aus dem Betrieb zu verhindern, nichts an deren grundsätzlicher Betriebsbezogenheit. Im Gegenteil zeigen die Bemühungen der Geschäftsleitung, dass es sich gerade um potentielle betriebsbezogene Straftaten handeln muss, denn würde die Geschäftsleitung keinen Bezug zum Betrieb sehen, würde sie wohl kaum ein (kostspieliges) Compliance-Programm einführen. Letztlich wird bei einem solchen Verständnis der konkreten Betriebsgefahr die Frage der Betriebsbezogenheit mit der Frage der Vermeidbarkeit betriebsbezogener Straftaten bzw. deren Zurechenbarkeit vermengt. Eine derart verstandene „Betriebsbezogenheit" kann aber nicht zu einer sachgerechten Abgrenzung führen, auch wenn sie insgesamt durchaus zu brauchbaren Ergebnissen führen mag.

b) Verknüpfung mit dem Aufgabenbereich des Mitarbeiters

Teilweise wird, in Anlehnung an die Einschränkung der zivilrechtlichen Haftung für den Verrichtungsgehilfen nach § 831 BGB, darauf abgestellt, ob die Mitarbeiter „in Erfüllung der ihnen übertragenen Aufgaben" handeln, oder ob sie ein Delikt lediglich „gelegentlich" ihrer betrieblichen Tätigkeit begehen.[479] Diese Abgrenzung mag zwar in der Regel zu befriedigenden Ergebnissen führen; allerdings sind auch Handlungen bei Gelegenheit der betrieblichen Tätigkeit denkbar, bei denen sich eine Gefahr aus dem Bereich der Gefahrenquelle Betrieb realisiert. So ist beispielsweise nicht ersichtlich, warum es einen Unterschied machen soll, ob der für Akquise zuständige Angestellte eines Unternehmens ausländische Amtsträger besticht, um an Großaufträge für das Unternehmen zu gelangen, oder ob diese strafbaren Handlungen von Personen vorgenommen werden, die innerhalb des Unternehmens für die Planung zuständig sind.[480] In

---

478 In diese Richtung gehen die Überlegungen von *Grützner* BB 2012, 151 (152).

479 So etwa (mit den in direkter Rede wiedergegebenen Formulierungen) *Roxin*, AT II § 32 Rn. 141 und Sch/Sch/*Stree/Bosch* § 13 Rn. 53; ähnlich OLG Karlsruhe GA 1971, 281 (283); ebenfalls ähnlich, aber auf die Sicht eines Außenstehenden abstellen will KK-OWiG/*Rogall* § 130 OWiG Rn. 98 ff. (101).

480 So auch *Schall*, FS Rudolphi, 267 (281); *Otto*, FS Schroeder, 339 (342); *Utz*, Geschäftsherrenhaftung, 135 f.

beiden Fällen realisieren sich Gefahren, die innerhalb betrieblicher Prozesse angelegt sind.[481]

c) *Verknüpfung mit dem Aufgabenbereich des Betriebs*

Zum Teil wird – außer bei den Sonderdelikten – darauf abgestellt, ob die Straftaten im „inneren Zusammenhang mit den Aufgaben und Zwecken des Betriebes stehen oder durch Betriebsvorgänge aktualisiert werden.“[482] Dieser Zusammenhang soll sich dabei je nach Einzelfall aus räumlichen, sachlichen oder personalbezogenen Kriterien ergeben können.[483] So sollen beispielsweise betrügerische Handlungen gegenüber Kunden eine betriebsbezogene Straftat sein, wenn die Vermögensbetreuung zur Geschäftstätigkeit des Unternehmens gehört.[484] Dies ist wenig überzeugend, da eine typische Betriebsgefahr sich auch dann realisieren kann, wenn der tatbestandliche Erfolg keinen Zusammenhang zu den Aufgaben und Zwecken des Betriebes aufweist, insbesondere wenn man diese Begriffe eng auslegt. Die vorgeschlagene Einschränkung erweist sich folglich als zu weitgehend.[485]

Teilweise wird deshalb darüber hinausgehend auf den „inneren Zusammenhang“ abgestellt, der sich aus der Realisierung der Aufgaben und Zwecke des Betriebes, ergänzend aber auch aus den Betriebsabläufen aus der Sicht des Dritten ergeben soll, der sich durch die aus dem Betrieb herrührende Gefahr bedroht sieht.[486] Das überzeugt allerdings auch nicht recht, da ein Dritter regelmäßig über diese Umstände überhaupt nicht bewusst nachdenken wird. Dann erschließt sich aber auch nicht, warum maßgeblich sein sollte, was ein außenstehender Dritter – ohne konkrete Kenntnis- oder Einblickmöglichkeiten – hypothetisch gedacht hätte. Sofern auf die Sicht eines objektiven Beobachters abgestellt wird,[487] bleibt das Kriterium aus genannten Gründen nicht überzeugend und weist im Einzelfall ebenfalls erhebliche Abgrenzungsschwierigkeiten auf, weil letztlich nicht deutlich wird, wann eine betriebsbezogene Tat vorliegen soll und wann nicht.[488]

---

481 *Otto*, FS Schroeder, 339 (342).

482 *Thiemann*, Aufsichtspflichtverletzung, 21.

483 *Thiemann*, Aufsichtspflichtverletzung, 21.

484 *Thiemann*, Aufsichtspflichtverletzung, 21.

485 *Schall*, FS Rudolphi, 267 (281); *Otto*, FS Schroeder, 339 (343); vgl. auch *Utz*, Geschäftsherrenhaftung, 136 f.

486 *Otto*, FS Schroeder, 339 (343).

487 *Hernández Basualto*, FS Frisch, 333 (346 f.).

488 So auch KK-OWiG/*Rogall* § 130 Rn. 96.

d) Anknüpfung an die Pflichten des Inhabers nach § 130 OWiG

Ferner könnte man dazu geneigt sein, an die Inhaberpflichten nach § 130 OWiG anzuknüpfen. Dort wird verlangt, dass der Inhaber des Betriebes die erforderlichen Aufsichtsmaßnahmen vornimmt, „um in dem Betrieb oder Unternehmen Zuwiderhandlungen gegen Pflichten zu verhindern, die den Inhaber treffen." Der Gesetzgeber hat hier durch das 41. Strafrechtsänderungsgesetz[489] insoweit für Klarheit gesorgt, als dass durch die Streichung der Worte „als solchen" der vor der Gesetzesänderung existierende Meinungsstreit[490] dahin gehend entschieden worden ist, dass nicht nur Sonderdelikte, sondern – zumindest generell und somit wie bei § 30 OWiG – auch Allgemeindelikte „betriebsbezogene" Delikte sein können.[491] Durch die Gesetzesänderung wollte der Gesetzgeber europarechtlichen Vorgaben Folge leisten und klarstellen, dass auch Computerdelikte eine objektive Bedingung der Ahndung i.S.d. § 130 OWiG sein können.[492]

Jedoch hilft der Verweis auf die „Betriebsbezogenheit" nach § 130 OWiG für unsere Zwecke nur dann weiter, wenn sich – zumindest nach der Gesetzesänderung – für die Zurechnung der Handlungen von Mitarbeitern bei der Aufsichtspflichtverletzung klare Abgrenzungskriterien ergäben. In der Gesetzesbegründung zum 41. StÄG[493] wird darauf hingewiesen, dass es auch weiterhin erforderlich ist, dass die Pflichtverletzung im Zusammenhang mit der Betriebs- oder Unternehmensführung erfolgt. Es wird also auf das Eingrenzungskriterium der bis dato bereits herrschenden Ansicht verwiesen.[494] Diese ist jedoch weitgehend von kasuistischem Denken geprägt und vermag es nicht, eine überzeugende systematische Lösung zu bieten. Teilweise wird darauf hingewiesen, dass der Betroffene „in eine Art Garantenstellung" rücke bzw. ihn eine Sonderpflicht treffen muss.[495]

Aus dem bisher Gesagten erklärt sich auch, warum es teilweise zu Mehrfachnennungen verschiedener Kriterien zur Bestimmung der Betriebsbezogenheit

---

489 M.W.v. 11.08.2007 durch Art. 2 des 41. Strafrechtsänderungsgesetzes zur Bekämpfung der Computerkriminalität vom 07.08.2007, BGBl. I, S. 1786.

490 Überblick bei KK-OWiG/*Rogall* § 130 Rn. 77 ff. (3. Auflage).

491 Göhler/*Gürtler* § 30 OWiG Rn. 18; A/R/R/*Achenbach* Teil 1 Kap. 3 Rn. 44; Rebmann/Roth/Hermann § 130 OWiG Rn. 7 (13.Lfg./09/2008).

492 Siehe BT-Drs. 16/3656, 14; ferner *Schumann* NStZ 2007, 675 (680).

493 BT-Drs. 16/3656, 14.

494 Siehe statt aller Göhler/*Gürtler* § 130 OWiG Rn. 18; *Többens* NStZ 1999, 1 (5); Hellmann/Beckemper, 377 f.

495 Siehe *Rogall*, ZStW 98 (1986), 573 (618 f.); Göhler/*Gürtler* § 30 OWiG Rn. 20; Rebmann/Roth/Hermann § 30 OWiG Rn. 29 (7.Lfg./01/2003).

i.S.d. § 130 OWiG kommt und somit letztlich „ein bunter Strauß" an Kriterien präsentiert wird. So überrascht es denn auch nicht, dass die Gesetzesbegründung für den Bereich der Computerkriminalität darauf hinweist, dass ein Mitarbeiter, der für den internen EDV-Einsatz eines Architekturbüros zuständig ist, keine betriebsbezogene Straftat begeht, wenn er sich *gelegentlich* seiner Tätigkeit unbefugten Zugriff auf die Daten einer Privatperson verschafft.[496] Hier kommt es in der Gesetzesbegründung offenbar zu einer Vermischung mit den Kriterien der zivilrechtlichen Zurechnung nach § 831 BGB und damit solchen, die sich – wie schon gezeigt – nicht zu einer sinnvollen Abgrenzung eignen.

Möglicherweise präzisierende höchstrichterliche Rechtsprechung fehlt, und selbst die ergangenen obergerichtlichen Urteile sind nur selten hilfreich. Das OLG Celle[497] urteilte immerhin bezüglich der „Betriebsbezogenheit" i.R.d. § 30 OWiG in Anlehnung an die Gesetzesbegründung zum OWiG,[498] dass es um Pflichten gehe, die sich für die juristischen Personen „aus deren Wirkungskreis ergeben" müssten. Dies weist in die richtige Richtung, nämlich in die, dass in der Erfassung der Wirkungsmöglichkeiten des Betriebes die Lösung gefunden werden muss. Abgesehen davon bleibt die herrschende Meinung aber bis heute ohne hinreichend scharfe Konturen bzgl. der Frage, ab wann eine Pflichtverletzung im Zusammenhang mit der Betriebs- oder Unternehmensführung steht. Sie blieb zudem selbst nicht unumstritten.[499] Ein pauschaler Verweis auf die Pflichten nach § 130 OWiG verspricht daher keinen Erkenntnisfortschritt.

e) *Die zweistufige Lösung von* Bülte

Nach *Bülte* ist danach zu differenzieren, ob es sich um unmittelbar oder mittelbar betriebsbezogene Straftaten handelt: Soweit es um Straftaten geht, deren Begehungsgefahr sich unmittelbar aus der betrieblichen Tätigkeit ergibt und die für den konkreten Betrieb typisch sind, liegt demnach eine betriebsbezogene Straftat im engeren Sinne vor, für die eine Garantenpflicht des Geschäftsherrn besteht.[500] Wenn es sich hingegen um Straftaten handelt, deren Begehung auf Handlungen beruht, die nicht in einem inneren Zusammenhang mit der konkreten betrieblichen Tätigkeit stehen, die also in jedem Betrieb vorkommen können, so kann der Betriebsbezug für den Geschäftsherrn erst durch die

---

496 BT-Drs. 16/3656, 14.
497 OLG Celle NStZ-RR 2005, 82.
498 BT-Drs. 5/1269, 68.
499 S. KK-OWiG/ *Rogall* § 130 Rn. 77 ff.
500 *Bülte* NZWiSt 2012, 176 (179).

Verletzung betriebsbezogener Sorgfaltspflichten und die Überleitung der Verhinderungspflicht aus § 30 OWiG entstehen.[501] Betriebsbezogene Straftaten, die der Geschäftsherr zu verhindern hat, sind damit nach *Bülte* solche, die sich als Realisierung unmittelbar oder mittelbar, also durch Verletzung betriebsbezogener Sorgfaltspflichten vermittelter, betriebsbezogener Gefahren darstellen.[502]

Man muss *Bülte* insoweit zustimmen, als dass eine der Stärken seiner Lösung der Versuch einer Verobjektivierung der erforderlichen Kriterien ist. Da die von ihm in Bezug genommene Judikatur – wie auch schon im vorherigen Abschnitt gezeigt – selbst jedoch oft unsystematisches „case law" ist, ist der Gewinn jedoch schon wieder erheblich geringer als es auf den ersten Blick scheint. Ferner ist auch die Frage, wann eine unmittelbar mit dem konkreten Betrieb zusammenhängende Straftat vorliegt, wann eine mit mittelbarem Bezug und wann überhaupt kein Bezug vorliegt, im Detail schwieriger zu beantworten, als es die oben skizzierte Lösung suggeriert. Schließlich ist zu bedenken, dass die Lösung bzgl. der Herstellung einer hinreichenden Betriebsbezogenheit über § 30 OWiG bei sog. mittelbar betriebsbezogenen Straftaten übersieht, dass es gerade auf die Betriebsbezogenheit der Straftat ankommt, und nicht erst auf die Betriebsbezogenheit der Pflichtverletzung einer auf einer anderen Hierarchieebene stehenden Person.

f) Anknüpfung an ein betriebliches Interesse an der Handlung

Bottke[503] und zumindest im Ergebnis auch *Schünemann*[504] stellen darauf ab, in wessen Interesse die Handlung stattfindet. Der Untergebene handelt grundsätzlich dann betriebsbezogen, wenn er eine Handlung vornimmt, die dem Interesse des Betriebes dient. Ist dies nicht der Fall, handelt es sich grundsätzlich nicht mehr um eine dem Geschäftsherrn zurechenbare sog. „Verbandstat", sondern um eine „Exzesstat", für die der Geschäftsherr nicht strafrechtlich haftet.[505] Auch der UK Bribery Act 2010 setzt für die Strafbarkeit eines Unternehmens voraus, dass eine natürliche Person eine Handlung im Unternehmensinteresse vornimmt.[506]

---

501 *Bülte* NZWiSt 2012, 176 (179).

502 *Bülte* NZWiSt 2012, 176 (179 f.).

503 *Bottke*, Haftung aus Nichtverhütung von Straftaten, 68 f.; kritisch zu dieser Ansicht *Schall*, FS Rudolphi, 267 (282); *Otto*, FS Schroeder, 339 (342).

504 *Schünemann*, Unternehmenskriminalität, 106; *ders.* wistra 1982, 41 (45).

505 *Schünemann*, Unternehmenskriminalität, 106.

506 So § 7 UK Bribery Act 2010 („if a person (…) bribes another person intending to obtain or retain business for C, or to obtain or retain an advantage in the conduct

Jedoch bestehen auch an dieser Abgrenzungsformel Zweifel. Zum einen muss der Begriff des Betriebsinteresses definiert werden, was schwerer sein dürfte, als es auf den ersten Blick scheint: Denn die Zahlung von Bestechungsgeldern, um an einen Großauftrag zu gelangen, mag auf den ersten Blick im Interesse des Unternehmens, für welches der Arbeitnehmer tätig ist, sein; wird eine solche Bestechungszahlung aufgedeckt, kommen auf das Unternehmen jedoch in der Regel immense materielle und immaterielle Nachteile zu. Von einem Handeln im Interesse des Betriebes kann also im Falle einer Aufdeckung keine Rede mehr sein. Zum anderen kann es leicht zu Widersprüchen zur Nichtberücksichtigung subjektiver Zwecksetzungen bei der Auslegung von objektiven Tatbestandsmerkmalen im sonstigen Strafrecht kommen: So soll die Bildung sog. schwarzer Kassen im Vorfeld geplanter Bestechungszahlungen nach der Rechtsprechung des Bundesgerichtshofs bereits eine strafbare Untreue darstellen, da bereits durch das Entziehen der Gelder dem Betrieb ein Schaden entstehe, der in der juristischen Praxis unabhängig von der vom Täter verfolgten Zwecksetzung bereits als ein Vermögensnachteil i.S.d. Untreuetatbestandes betrachtet wird.[507] Nicht weniger problematisch ist ferner die Konstellation, in der der um seinen Arbeitsplatz fürchtende Täter einen zahlungsunwilligen Gläubiger des Betriebes tätlich angreift, um ihn zur Begleichung seiner Schulden gegenüber dem Arbeitgeber des Täters zu bewegen. Auch hier ist ein Handeln im Interesse des Betriebs zumindest intendiert, welches dem Betrieb aber insbesondere bei Berücksichtigung seiner offenkundigen Sinnlosigkeit objektiv Nachteile und Probleme wirtschaftlicher oder anderer Art bereiten kann. Daher bedarf das Kriterium des „betrieblichen Interesses" der Präzisierung und kann jedenfalls nicht das allein maßgebliche sein.

g) Ausnutzung der Wirkungsmöglichkeiten des Betriebes

Schließlich wollen einige Autoren darauf abstellen, ob der Untergebene die strafbare Handlung unter Ausnutzung der tatsächlichen oder rechtlichen Wirkungsmöglichkeiten des Unternehmens begeht.[508] Konkretisierend wird darauf

---

of business for C"), der als weitere Voraussetzung – was allerdings sehr fragwürdig erscheint – für ausreichend erachtet, dass die Handlung durch eine dem Unternehmen nahestehende Person vorgenommen wird.

507 BGHSt 51, 100 (121); BGH NJW 2008, 2451 (2452); BGH NJW 2009, 89 (91 f.); BGH NJW 2010, 3458 (3462).

508 *Schall*, FS Rudolphi, 267 (282); *Alexander*, Verkehrssicherungspflichten, 25 f.; NK-*Gaede* § 13 Rn. 53; *Rönnau/Schneider* ZIP 2010, 53 (56); *Kang*, Geschäftsherrenhaftung,

abgestellt, ob die Handlung des Arbeitnehmers unter „Missbrauch der Beschäftigung im Betrieb" bzw. „unter Ausnutzung der Wirkungsmöglichkeiten, die ihm seine Beschäftigung im Betrieb bietet", geschieht.[509] So sollen insbesondere auch Taten ausgefiltert werden, die sich eher zufällig im Rahmen des Betriebes ergeben, wie sexuelle Übergriffe oder Diebstähle gegenüber Kunden eines Ladengeschäfts. Korruptionsdelikte zu Gunsten des Unternehmens werden hingegen wohl so gut wie immer mit den Wirkungsmöglichkeiten des Betriebes verknüpft sein.

Zutreffend stellt *Otto* fest, dass diese Ansicht insoweit über das Ziel hinausschießt, als dass auch der Kundenberater einer Bank, der seinen Arbeitsplatz dazu nutzt, Kunden davon zu überzeugen, dass diese an einem betrügerischen Pyramidenspiel teilnehmen sollen, die tatsächlichen Wirkungsmöglichkeiten seines Betriebes ausnutzt.[510] *Otto*, der generell auf die Sicht eines Dritten abstellen will[511], zieht daraus den Schluss, dass in Fällen wie diesen, in denen der außenstehende Dritte ohne Weiteres erkennen könne, dass das Verhalten des Angestellten nicht betriebsbezogen ist, dieser Dritte nicht schutzwürdig sei und aus diesem Grund eine Garantenpflicht des Geschäftsherrn entfalle.[512]

h) Stellungnahme

Lehnt man die beiden oben erstgenannten Auffassungen der Literatur aufgrund des bereits dort Gesagten ab und ist man sich der Schwierigkeiten bei der Anknüpfung an die Auslegung im Rahmen des § 130 OWiG bewusst, so verbleiben die Auffassung, die auf das betriebliche Interesse abstellt sowie diejenige, die die Wirkungsmöglichkeiten des Betriebs in den Vordergrund rückt. Für die Auffassung, die auf eine Ausnutzung der Wirkungsmöglichkeiten des Betriebes abstellt, spricht, dass sie eng an den oben festgestellten Grund für die Annahme einer strafrechtlichen Geschäftsherrenhaftung, der Herrschaft über die Gefahrenquelle Betrieb, anknüpft. *Otto*[513] ist jedoch zuzugeben, dass diese Auffassung zu einer zu weit gehenden Strafbarkeit führt. Die zusätzliche Anknüpfung an das betriebliche Interesse ist erforderlich, weil sich auch bereits in all denjenigen

---

164 f.; zu § 130 OWiG – wie bereits oben gezeigt – ähnlich OLG Celle NStZ-RR 2005, 82; BT-Drs. 5/1269, 68.

509 *Schall*, FS Rudolphi, 267 (282).

510 *Otto*, FS Schroeder, 339 (342).

511 *Otto*, FS Schroeder, 339 (343).

512 *Otto*, FS Schroeder, 339 (342).

513 *Otto*, FS Schroeder, 339 (342).

Fällen eine Gefahr aus dem Bereich der betriebsbedingten Wirkungsmöglichkeiten des Mitarbeiters realisiert, in denen die Handlung des Täters den Interessen des Geschäftsherrn diametral widerspricht, z.B. wenn der Croupier eines Kasinos Betrügereien gegenüber den Gästen des Kasinos zu seinen eigenen Gunsten begeht oder das Reinigungspersonal sich an den Gegenständen der abwesenden Hotelgäste vergreift. Im wirtschaftsstrafrechtlichen Bereich wird in diesem Zusammenhang z.B. der Fall einer sog. Kick-back-Vereinbarung eines Mitarbeiters einschlägig sein (freilich wird hier im Regelfall bereits eine Beschützergarantenstellung des Geschäftsherrn zu Gunsten des Gesellschaftsvermögens vorliegen). Hier droht dem Geschäftsherrn im Falle der Aufdeckung ein hoher finanzieller Schaden bzw. zumindest ein empfindlicher Reputationsverlust.

In solchen Fällen den Geschäftsherrn zur strafrechtlichen Verantwortung zu ziehen ist nur solange akzeptabel, wie im Rahmen der Gefahrenquelle Betrieb nicht die personale Gefahr im Vordergrund steht, sondern die Sachgefahr. Im Zusammenhang mit der Realisierung von Sachgefahren ist freilich der Terminus des „Ausnutzens“ ohnehin eher verfehlt bzw. selbstverständlich nicht so zu verstehen, dass bei einem an der Realisierung der Sachgefahr beteiligten Mitarbeiter ein subjektives Element im Sinne einer zumindest bedingt vorsätzlichen Begehung zwingend vorliegen muss. Freilich sind aber auch in diesem Bereich Konstellationen denkbar, in denen eine Verantwortlichkeit des Geschäftsherrn aufgrund seiner Herrschaftsposition über den Betrieb diesem auch bei vorsätzlicher Tatbegehung eines Mitarbeiters zumutbar ist, z.B. wenn ein Mitarbeiter eines Waffenherstellers illegal auf eigene Rechnung Waffenverkäufe vornimmt. Steht aber nicht die aus der Gefährlichkeit eines bestimmten Gegenstandes resultierende sächliche Gefahr, sondern die durch die Gefahrenquelle Betrieb begünstigte menschliche Verhaltensweise im Vordergrund, so ist nicht bereits ein Ausnutzen der Wirkungsmöglichkeiten des Betriebes durch den Mitarbeiter als hinreichend für die Annahme einer Garantenpflicht des Geschäftsherrn anzusehen. Eine solche Auslegung führte auch in Fällen zu einer Haftung, in denen sich eine bedenkliche Nähe zu einer „allgemeinen“ Straftatverhinderungspflicht ergibt, was wiederum nicht nur eine Aufweichung, sondern gar eine Auflösung des Grundsatzes der Personenautonomie zur Folge hätte. Eine betriebstypische Gefahr realisiert sich daher – abgesehen von den Fällen, in denen eine Sachgefahr im Vordergrund steht – immer erst dann, wenn der Mitarbeiter auch im Interesse des Betriebes handelt. Andernfalls steht seine eigene kriminelle Energie so stark im Vordergrund, dass man seine Handlung dem Betrieb bzw. dem Geschäftsherrn nicht mehr zurechnen kann. Muss man auch einräumen, dass sich die einschlägigen Fälle ohne die Möglichkeiten, die dem Täter durch den

Betrieb geboten werden, sich nicht ereignet hätten, so steht dieser Zusammenhang doch nicht im Vordergrund der Tat.

Allerdings erscheint – wie schon oben gezeigt – auch die These zweifelhaft, nach der sich die strafrechtliche Garantenpflicht danach richten soll, ob ein außenstehender Dritter erkennt bzw. erkannt hätte, dass eine Handlung betriebsbezogen ist.[514] Denn der Vertragspartner wird regelmäßig über diesen Umstand überhaupt nicht ausdrücklich und bewusst nachdenken, sodass man allenfalls über die Anwendung der aus der Betrugsdogmatik bekannten Figur des „sachgedanklichen Mitbewusstseins" ein entsprechendes Bewusstsein fingieren könnte. Wenn man also davon ausgeht, dass die betroffene Person sich in der Regel in der Realität keine Gedanken über die wesentlichen Hintergründe des Geschehens macht, erscheint es nicht recht einleuchtend, warum maßgeblich sein soll, was ein außenstehender Dritter gedacht hätte. Jedenfalls dürfte es für den Außenstehenden in zahlreichen problematischen Fällen auch bei genauer Betrachtung gar nicht ersichtlich sein, ob eine betriebsbezogene Handlung vorliegt oder nicht. So kann in dem Beispiel von *Otto*[515] der Bankangestellte, um seriöser zu wirken, die offiziellen Formulare seiner Bank verwenden, sodass für einen Außenstehenden gar nicht erkennbar sein wird, ob sich ein betrieblicher Ablauf realisiert oder nicht. Es ist daher richtigerweise nicht vornehmlich auf die Sichtweise des Opfers oder eines Dritten abzustellen, sondern es ist stärker diejenige des Betriebsinhabers zu berücksichtigen, insbesondere weil es ja auch dieser ist, der zur Verantwortung gezogen werden soll.

Dabei ist folgender Ansatz vorzugswürdig: Im Rahmen der Privatautonomie sollte zunächst maßgeblich sein, was der Betrieb oder das Unternehmen durch seine Leitungspersonen für Festlegungen trifft. An eindeutigen Festlegungen wird es aber häufig fehlen. An dieser Stelle kann man – auch aufgrund des schon oft genug bewiesenen Gegenteils – auch nicht einfach annehmen, Mitarbeiter eines Betriebes seien per se zu rechtskonformem Verhalten angehalten. Auch eine einmalige Äußerung der Geschäftsleitung wird gerade bei größeren Einheiten, die in „gefährdeten" Branchen oder Ländern aktiv sind, gewiss nicht ausreichen. Wenn ein Mitarbeiter aber völlig irrationale Handlungen vornimmt, wie wenn z.B. ein Mitarbeiter eines Restaurants einen Mitarbeiter der Gesundheitsbehörde mit einem Küchenmesser angreift, um die Aufdeckung grober hygienischer Mängel zu verhindern, lässt sich hierfür nicht der Geschäftsherr verantwortlich machen. Liegt ein solch eindeutiger Fall vor, ist die Frage nach dem betrieblichen

514 Diesen Schluss zieht aber wie oben schon gezeigt *Otto*, FS Schroeder, 339 (342).

515 *Otto*, FS Schroeder, 339 (342).

Interesse logischerweise zu verneinen. Gerade in wirtschaftsstrafrechtlichen Konstellationen werden aber in der Regel Sachverhalte vorliegen, die – wie beispielsweise bei der Vornahme von Bestechungshandlungen – zunächst auch einen Nutzen für den Betrieb bringen und bringen sollen. In diesem Kontext spielen ein klares „Commitment" der Geschäftsleitung zu rechtstreuem Verhalten, was in der Regel gerade bei großen Unternehmen aber qualifiziert bezüglich bestimmter Verhaltensweisen ergehen muss, und eine entsprechend konsequent gelebte Unternehmenskultur eine entscheidende Rolle. Ist beides gegeben, liegt in den Bestechungshandlungen trotz aller Wirtschaftlichkeit kein Handeln im Interesse des Betriebes. Wenn es hieran aber fehlt, müssen mangels klar erkennbaren Willens andere Kriterien der Betriebsnützlichkeit im Rahmen einer wirtschaftlichen Gesamtbetrachtung zur Ermittlung des Betriebsinteresses herangezogen werden. Diese ersatzweise wirtschaftliche Betrachtung hat die unmittelbaren Folgen des an sich verbotenen Verhaltens für das Unternehmen in den Blick zu nehmen; dabei kommt der subjektiven Zielrichtung des Handelnden aber sicherlich eine starke Indizfunktion zu. So mag zwar im Falle aufgedeckter Bestechungszahlungen dem Unternehmen am Ende erheblich mehr Schaden als Nutzen entstehen; doch ändert dies nichts an der Einordnung der Handlung als subjektiv auf eine Betriebsnützlichkeit ausgerichtete Handlung, die geeignet war, dem Betrieb auch bei objektiver Betrachtung wirtschaftlich nützlich zu sein.[516] Diese Auffassung ist auch deshalb vorzugswürdig, weil sie ehrliche Compliance-Bemühungen honoriert und Unternehmen dazu motiviert, solche einzuführen. Denn wie schon weiter oben aufgezeigt, reicht in der Regel ein einfaches „wir wollen in unserem Unternehmen nur rechtstreues Verhalten" für die Straffreiheit der Leitungsebene jedenfalls bei Großunternehmen oder anfälligen Branchen, wo es einen bestimmen Compliance-(Mindest-)Standard gibt, nicht aus. Dem steht auch nicht die Entscheidung des BGH in der Causa Siemens entgegen, in der den Compliance-Regeln des Konzerns entnommen wurde, dass ein tatbestandsausschließendes Einverständnis der Konzernleitung im Rahmen der Untreue nicht besteht.[517] Dies gilt sogar unabhängig davon, ob man das Ergebnis des BGH letztlich teilt oder nicht, da ein Einverständnis bei § 266 sich anders bestimmt als das hier in Frage stehende „Interesse" an einer Handlung. Letzteres ist nämlich per se und insbesondere in wirtschaftlichen Fallkonstellationen immer auch objektiv zu bestimmen, während ein Einverständnis vielmehr

516 Ebenso *Bottke*, Haftung aus Nichtverhütung von Straftaten, 69, der eine „nachvollziehbar intendierte Betriebsnützlichkeit" verlangt.

517 BGHSt 52, 323 (335).

durch ein subjektives Element des Billigens einer Handlung, eines Erfolges etc. geprägt ist.

Eigennützige Diebstähle und Betrügereien von Mitarbeitern werden nach diesem Modell nicht erfasst, selbst wenn der Mitarbeiter seine Stellung als Croupier oder Reinigungskraft ausnutzt. Nach diesen Regeln lässt sich in dem vom OLG Karlsruhe[518] entschiedenen Sachverhalt eine Betriebsbezogenheit zwar nicht – wie im Urteil angedeutet[519] – deshalb verneinen, weil gar keine Ausnutzung der Wirkungsmöglichkeiten des Betriebes bestünde (schließlich geht der den Diebstahl begehende Arbeitnehmer nur deshalb in den Kellerraum, weil er dienstlich und somit nicht privat dazu motiviert ist). Aus der Eigennützigkeit des Briefmarkendiebstahls folgt jedoch eine fehlende Betriebsbezogenheit. Dasselbe gilt für Bestechungszahlungen, sofern sich das Unternehmen im Vorhinein klar gegen sie positioniert hat oder nicht durch sie begünstigt wird, wobei Letzteres freilich selten der Fall sein dürfte. Die strafrechtliche Verantwortlichkeit des Geschäftsherrn in Form seiner Garantenpflicht wird durch die genannten Kriterien auf ein vertretbares Maß reduziert.

Für Straftaten, die von Betriebsangehörigen gegenüber ihren Kollegen begangen werden, ergibt sich nach den genannten Grundsätzen Folgendes:[520] Handelt es sich beispielsweise um Beleidigungen oder tätliche Übergriffe, so werden hierfür regelmäßig nicht die Wirkungsmöglichkeiten des Betriebes ausgenutzt; die Taten dürften zudem regelmäßig nicht im Interesse des Betriebes sein. Folglich wird man eine Garantenpflicht des Geschäftsherrn in diesen Fällen verneinen müssen.[521] Nutzt der Mitarbeiter aber Daten eines anderen Arbeitnehmers, die innerhalb der betrieblichen Abläufe angefallen sind oder anfallen, um seinen Kollegen (auch unausgesprochen) im Sinne der Unternehmensleitung auf bestimmte Verhaltensweisen (wie krankheitsbedingte Fehlzeiten) hin zu überprüfen und begeht er dabei datenschutzrechtliche Straftaten, wird man

---

518 OLG Karlsruhe GA 1971, 281 ff.: Ein Vorabeiter verhinderte während der dienstlichen Aufsuchung von Kellerräumlichkeiten eines Auftraggebers zwecks Besichtigung von dessen Heizungsanlage nicht den Diebstahl von im Keller gelagerten Briefmarken durch einen ihm unterstellten Arbeitnehmer. Der Senat sprach den Vorabeiter mangels Betriebsbezogenheit der Tat des Arbeitnehmers von einer Beihilfe durch Unterlassen zu dessen Diebstahl frei, da der Arbeitnehmer die Tat nur „bei Gelegenheit“ der Verrichtung begangen habe.

519 OLG Karlsruhe GA 1971, 281 (283).

520 Unberücksichtigt bleiben muss hier eine mögliche Beschützergarantenstellung, s. dazu zuletzt BGH BB 2012, 150 f.

521 Im Ergebnis ebenso, aber in der Begründung abweichend BGH BB 2012, 150 (151).

eine Garantenpflicht bejahen müssen, da sowohl die Wirkungsmöglichkeiten des Betriebes ausgenutzt werden, als auch ein betriebliches Interesse an der Handlung in der Regel vorliegen dürfte, wenn nicht zuvor eine klare und glaubhafte Stellungnahme der Betriebsleitung gegen ein solches Vorgehen erfolgte. Abschließend sei an dieser Stelle darauf hingewiesen, dass bei Sonderdelikten nach allgemeiner Ansicht stets eine Betriebsbezogenheit vorliegt.[522]

3. Subjektiver Tatbestand: Insbesondere zu „Willful blindness“ und zur Auswirkung von Compliance-Mangement-Systemen

Ein Nachweis von strafbarem Verhalten scheitert in der Praxis aber häufig nicht an den Voraussetzungen einer *betriebsbezogenen* Straftat – wie man sie auch immer bestimmen mag –, sondern an den Schwierigkeiten bei der Überwindung der Beweisprobleme bezüglich der Kausalität des Unterlassens für den strafrechtlichen Erfolg[523] sowie bei Nachweisproblemen bezüglich eines (bedingten) Vorsatzes des Geschäftsherrn bezüglich der Verwirklichung des objektiven Tatbestandes. Fahrlässigkeitstatbestände sind zudem im Wirtschaftsstrafrecht immer noch die Ausnahme.[524] Eine sog. „willful blindness“ kann jedoch jedenfalls den Gehilfenvorsatz regelmäßig nicht ausschließen.[525] Erstere ist ein ursprünglich aus dem angloamerikanischen Rechtskreis stammender Terminus, der im Allgemeinen als „mutwillige Unkenntnis (deliberate ignorance)“ wiedergegeben wird.[526] Diese bezieht sich auf strafrechtlich relevante Umstände und deckt im US-amerikanischen Recht einen schmalen Bereich insbesondere zwischen Eventualvorsatz (recklessness) und grober Fahrlässigkeit ab; im deutschen Strafrecht wird das Problem im Rahmen des bedingten Vorsatzes diskutiert.[527] Man wird trotz dieser Rechtsfigur aber selbstverständlich nicht verlangen können, dass sämtliche konkrete Geschäfte auf einem kritischen Markt von der Geschäftsleitung zu überprüfen sind.[528] Vielmehr kann eine nur sehr flüchtige

522 KK-OWiG/*Rogall* § 130 Rn. 91 m.w.N.

523 Darauf wird ausführlich unten im Zusammenhang mit dem Compliance-Beauftragten eingegangen.

524 A/R/R/*Achenbach* Teil 1 Kap. 3 Rn. 34; zu den Fahrlässigkeitsdelikten als Hauptanwendungsfeld einer Criminal Compliance i.e.S. auch *Bock*, Criminal Compliance, 345.

525 *Schemmel/Kirch-Heim*, CCZ 2008, 96 (100).

526 *Schemmel/Kirch-Heim*, CCZ 2008, 96.

527 *Schemmel/Kirch-Heim*, CCZ 2008, 96.

528 Vgl. *Kuhlen*, NZWiSt 2015, 121 (128).

Beschäftigung mit bestimmten Bereichen sogar ein Indiz gegen die kognitive Vorsatzkomponente sein.[529]

Die Implementierung eines Compliance-Systems kann als ein Indiz dafür gewertet werden, dass ein Vorsatz bezüglich der Begehung von Straftaten bei der Geschäftsleitung nicht vorliegt. Bei einem de lege artis errichteten und grundsätzlich wirksamen Compliance-System wird man in der Regel davon ausgehen können, dass dieses dazu führt, dass man einen Vorsatz der Geschäftsleitung ausschließen kann. Gleichzeitig ist umgekehrt die Nicht-Installierung eines Compliance-Mangement-Systems in einem bekanntermaßen problematischen Marktumfeld eher als ein Indiz für den Vorsatz der jeweils Verantwortlichen zu werten.[530] Ein nur zum Zweck des sog. Window-Dressing installiertes Compliance-System kann in keinem Fall ein Indiz gegen die Vorsatzannahme darstellen.[531] Wichtig ist es im Übrigen zu beachten, dass sich in diesem subjektiven Bereich jede schematische Lösung verbietet[532] und stets der jeweilige Einzelfall in den Blick zu nehmen ist, da der Vorsatz stets deliktsspezifisch und nicht allgemein zu bestimmen ist.

4. Täterschaft und Teilnahme

Finden somit die in der Herrschaft über die Gefahrenquelle Betrieb begründeten Garantenpflichten des Geschäftsherrn ihre Grenzen durch die Kriterien der Ausnutzung der Wirkungsmöglichkeiten des Betriebs *und* des betrieblichen Interesses an der Handlung, so ist auf der Grundlage des bestehenden dualistischen Beteiligungssystems zu untersuchen,[533] ob der Geschäftsherr als Täter oder als Teilnehmer verantwortlich ist. Die Herrschaft über die Gefahrenquelle Betrieb, die die Garantenstellung des Geschäftsherrn begründet, führt nämlich nicht automatisch auch zur „Tatherrschaft" über das konkrete zum Erfolg führende Geschehen, also in concreto das deliktische Verhalten eines freiverantwortlich handelnden Dritten (des Angestellten). Die Frage der Beteiligungsform ist vor allem für die Strafzumessung von Bedeutung, insbesondere soweit es um die

529 *Rönnau/Becker*, NStZ 2016, 569 (572).

530 *Rönnau/Becker*, NStZ 2016, 569 (573).

531 *Rönnau/Becker*, NStZ 2016, 569 (573).

532 Siehe auch BGH wistra 2017, 193 (195).

533 Faktisch für die Abschaffung dieses Systems und die Einführung eines (an das Ordnungswidrigkeitenrecht und ausländische Rechtsordnungen angelehnten) Einheitstätersystems – wenn auch diesen Begriff für sein Modell explizit ablehnend – jüngst *Rotsch*, Einheitstäterschaft, 421 ff.; diesem im Ergebnis zustimmend *Bock*, Criminal Compliance, 307 f.

Anwendung der obligatorischen Strafmilderung bei der Beihilfe nach § 27 Abs. 2 S. 2 StGB geht. Die unterschiedlichen Auffassungen zu der Frage, ob Täterschaft oder Teilnahme vorliegt, gehen zum Teil auf die oben dargestellten unterschiedlichen Begründungsansätze für eine Garantenstellung zurück.

a) Rechtsprechung und Kritik

Die Figur einer mittelbaren Täterschaft wurde für den Bereich des Wirtschaftslebens bereits oben[534] abgelehnt. Begründung und zu Recht erhobene Kritik werden daher an dieser Stelle nicht noch einmal wiederholt.

Ob ein Unterlassen im Allgemeinen zu einer Beteiligung in Form von Täterschaft oder Teilnahme führt, ergibt sich nach ständiger Rechtsprechung aus den gleichen Kriterien wie beim Begehungsdelikt.[535] Die von der Rechtsprechung zur Frage der Abgrenzung von Täterschaft und Teilnahme auch beim Unterlassungsdelikt vertretenen Kombination der subjektiven Theorie und der Tatherrschaftslehre betrachtet jeweils die Umstände des Einzelfalls.[536] Maßgeblich soll dabei die innere Haltung des Unterlassenden zur Tat bzw. dessen Tatherrschaft sein: Lässt sich durch die aufgrund einer wertenden Betrachtung aller Umstände zu ermittelnde innere Haltung – insbesondere unter Berücksichtigung des Interesses am Taterfolg – ein „Täterwille" feststellen, so liegt nach Auffassung des BGH die Annahme von Täterschaft nahe.[537] Ist das Geschehen jedoch davon geprägt, dass sich der Beteiligte dem Willen eines anderen – etwa weil er dessen bestimmendem Einfluss unterliegt – unterordnet, und lässt er das Geschehen ohne innere Beteiligung und ohne Interesse am drohenden Erfolg lediglich ablaufen, liegt eine Beteiligung als Gehilfe vor.[538]

In der Beurteilung wirtschaftsstrafrechtlicher Sachverhalte tendiert der BGH bald zur Täterschaft[539], bald zur Teilnahme.[540] Entgegen zum Teil vertretener

---

534 Siehe oben 2. Kapitel: I.1.

535 RGSt 66, 71 (74 f.); BGHSt 2, 150 (151); 13, 162 (166 f.); BGH NJW 1960, 1821 (1822); StV 1986, 59 f.; NStZ 1992, 31 f.; NStZ 1997, 544 (545); NStZ 2009, 321 (322).

536 Ein (kritischer) Überblick zu dieser Rechtsprechung findet sich bei *Roxin*, AT II § 31 Rn. 125 ff.

537 Siehe BGH NStZ 2009, 321 ff. (322) = wistra 2009, 433 ff. = BGH NJW 2009, 3173 ff.

538 BGH NStZ 2009, 321 (322) mit eingehender Besprechung gerade unter dem Aspekt der Abgrenzung von Täterschaft und Teilnahme *Krüger* ZIS 2011, 1 ff.

539 BGH NStE § 223 Nr. 5; BGHSt 37, 106 (129 f.) (Lederspray-Urteil); s. auch BGHSt 38, 325 (337 f.) (Bürgermeister als Garant für die Sauberkeit von Gewässern in seiner Gemeinde).

540 BGH NJW 2009, 3173 (3175); BGHSt 5, 188 (190).

Auffassung[541] ist die nicht näher begründete Bejahung einer Täterschaft in BGHSt 38, 325 ff. wohl nicht als – zum damaligen Zeitpunkt – neue Rechtsprechung des BGH hinsichtlich der Abgrenzungsfrage von Täterschaft und Teilnahme bei (überindividuellen) Rechtsgütern anzusehen, sondern sie ist schlicht als fehlende Auseinandersetzung mit der Problematik zu werten.[542]

Legt man die Auffassung der Rechtsprechung zu Grunde, dürfte der Geschäftsherr, insbesondere wenn man wie hier ein Handeln im Interesse des Betriebes als zusätzliches Eingrenzungskriterium verlangt, zumeist als Täter bestraft werden. Jedoch spricht gegen die Anwendung der subjektiven Theorie neben dem schon beim Begehungsdelikt erhobenen Einwand der Beliebigkeit hinsichtlich des zu findenden Ergebnisses, dass sich aus dem (nicht vorhandenen) äußeren Verhalten beim Unterlassen kaum Rückschlüsse auf die innere Haltung eines Beteiligten ziehen lassen.[543]

b) Stellungnahmen in der Literatur

In der Literatur ergibt sich zur Frage der Abgrenzung von Täterschaft und Teilnahme beim Unterlassungsdelikt ein sehr vielfältiges Bild: Nach der Theorie von der Einheitsbeihilfe[544] soll der Unterlassende immer nur als Teilnehmer haften. Danach würde sich der Geschäftsherr also stets nur als Gehilfe zur Straftat des Arbeitnehmers erweisen.[545] Die Gehilfentheorie kann jedoch nicht überzeugen: Dass das Unterlassen in seinem Unwertgehalt nicht hinter dem des vergleichbaren Tuns zurückbleiben *muss*, ergibt sich bereits aus dem Gesetz, da bei den echten Unterlassungsdelikten – z.B. den §§ 123, 266, 340 StGB – das Unterlassen dem positiven Tun gleichsetzt wird und die beim unechten Unterlassungsdelikt vorgesehene Strafmilderung nach § 13 Abs. 2 – im Gegensatz zu der nach § 27 Abs. 2 S. 2 – nur fakultativ ist.[546] Daraus ergibt sich, dass nicht in allen Fällen der Verwirklichung eines unechten Unterlassungsdelikts eine Strafmilderung angezeigt ist.[547]

---

541 *Nestler* GA 1994, 514 (527 ff.).

542 So auch SK-*Stein* Vor § 13 Rn. 54 (Fn. 96).

543 *Rengier* JuS 2010, 281 (284).

544 Siehe nur *Gallas* JZ 1952, 371 (372); *Ranft* ZStW 94 (1982), 815 (830 f.); *Lackner/Kühl* § 27 Rn. 5 m.w.N.

545 So im Ergebnis auch *Bock*, Criminal Compliance, 344.

546 Sch/Sch/*Heine/Weißer* Vor §§ 25 ff. Rn. 91.

547 Sch/Sch/*Heine/Weißer* Vor §§ 25 ff. Rn. 91.

Nach der weitverbreiteten Pflichtdeliktstheorie[548] soll der Unterlassende stets Täter sein, weil § 13 eben ein solches Pflichtdelikt begründe. *Roxin* als prominentester Vertreter der Pflichtdeliktstheorie führt für diese ins Feld, dass der Garant, der die Voraussetzungen des § 13 erfüllt, den jeweiligen Tatbestand durch Unterlassen eigenständig erfüllt.[549] Jedoch lässt sich hiergegen einwenden, dass die „Verwirklichung des Tatbestandes", von der § 13 spricht, in Form der Verwirklichung des *Täterschafts-* oder *Teilnahme*tatbestandes vorliegen kann und nur dann vorliegt, wenn nach „Qualität, Quantität und Modalität" die Intensität einer der Beteiligungsformen erreicht wird.[550] Gegen die Pflichtdeliktstheorie lässt sich des Weiteren einwenden, dass die beim positiven Tun nach § 27 vorgesehene obligatorische Strafmilderung und die Straflosigkeit der versuchten Beihilfe entfallen würde, was zur Folge hätte, dass die strafrechtliche Haftung im Bereich der Unterlassungsdelikte erheblich weiter gehen würde als die beim positiven Tun.[551] Zudem ist in § 8 und § 9 Abs. 2 StGB von einer Teilnahme durch Unterlassen die Rede, sodass davon auszugehen ist, dass die Teilnahme durch Unterlassen auch von Gesetzes wegen grundsätzlich vorgesehen ist.[552] Ferner lässt sich gegen die Pflichtdeliktstheorie – wie auch gegen die Theorie der Einheitsbeihilfe – einwenden, dass es nicht recht einleuchtend ist, warum die bei den Begehungsdelikten übliche Differenzierung nach Täterschaft und Teilnahme bei den Unterlassungsdelikten nicht gelten soll.[553]

Zum Teil[554] wird darauf abgestellt, ob der Beteiligte Beschützer- (dann Täter) oder Überwachungsgarant (dann Teilnehmer) ist, womit in den hier gegebenen Konstellationen eine Strafbarkeit des Geschäftsherrn als Teilnehmer in Betracht kommen dürfte, sofern kein Bezug zum zu schützenden Gesellschaftsvermögen besteht. Nach einer neueren, von *Krüger* vertretenen Ansicht, soll umgekehrt der Überwachergarant Täter und der Beschützergarant Teilnehmer sein.[555] Gemein

---

548 Statt aller *Roxin*, AT II § 31 Rn. 140 ff.; siehe auch *Armin Kaufmann*, Unterlassungsdelikte, 305 ff.

549 *Roxin*, AT II § 31 Rn. 140.

550 SK-*Stein* Vor § 13 Rn. 54.

551 Sch/Sch/*Heine/Weißer* Vor §§ 25 ff. Rn. 92.

552 *Spring*, Geschäftsherrenhaftung, 263.

553 *Rengier* JuS 2010, 281 (284).

554 *Herzberg*, Unterlassung und Garantenprinzip, 259 ff.; in jüngerer Zeit ähnlich *Haas* ZIS 2011, 392 (396); Maurach/Gössel/Zipf/*Renzikowski*, AT 2, 425 ff; nach Pflichten kraft „institutioneller Zuständigkeit" (begründen stets Täterschaft) und solchen nach Organisationszuständigkeit (Täterschaft/Teilnahme) unterscheidet *Jakobs*, AT, 845 ff.

555 *Krüger* ZIS 2011, 1 (7 f.).

ist beiden Varianten, neben den Bedenken, die gegen eine derartige Pauschalisierung sprechen, dass eine saubere Abgrenzung in die von *Armin Kaufmann* entwickelten Kategorien der Beschützer- und Überwachungsgaranten in manchen Fällen gar nicht möglich ist.[556] Eine Abgrenzung von Täterschaft und Teilnahme nach der Einteilung in Überwacher- und Beschützergaranten läuft daher immer Gefahr, willkürliche Ergebnisse hervorzubringen.

Schwab sucht nach einer Lösung über die Entsprechungsklausel des § 13 StGB. Regelmäßig soll der Täter demnach Gehilfe sein, und nur in Ausnahmefällen Unterlassungstäter.[557] Diese Lösung übersieht jedoch, dass wenn das Unterlassen der Begehung durch ein Tun „entspricht", nur überhaupt eine Strafbarkeit gegeben ist; die Entsprechungsklausel ist somit als Unterscheidungskriterium weder konzipiert noch geeignet.[558] Ferner sind auch die Ausnahmekonstellationen, in denen Täterschaft gegeben sein soll, nicht hinreichend klar umrissen.[559]

Nach einer weiteren Auffassung[560] sollen für die Abgrenzung von Täterschaft und Teilnahme die gleichen Kriterien wie bei der Abgrenzung im Bereich des positiven Tuns herangezogen werden.[561] Insofern besteht formal eine Parallele zur Rechtsprechung, wenn auch die materiellen Kriterien andere sind. *Stein* geht im Ansatz zutreffend davon aus, dass das Gleichstellungserfordernis des § 13 verlangt, dass das Nichtverhindern einer fremden Handlung dann Täterschaft begründet, wenn es einer „als Täterschaft zu qualifizierenden aktiven Veranlassung oder Unterstützung" einer fremden Handlung entspricht; Selbiges gilt dann entsprechend für die Teilnahme durch Unterlassen.[562] Die

556 So zu Recht *Hoffmann-Holland* ZStW 118 (2006), 620 (628); *Roxin*, AT II § 31 Rn. 160; *Bermejo/Palermo*, in: Compliance und Strafrecht, 137 (158 ff.).

557 *Schwab*, Täterschaft und Teilnahme bei Unterlassungen, 189 ff.

558 *Hoffmann-Holland* ZStW 118 (2006), 620 (629); *Roxin*, AT II § 31 Rn. 167.

559 *Roxin*, AT II § 31 Rn. 168.

560 SK-*Stein* Vor § 13 Rn. 54; MüKo/*Joecks* § 25 Rn. 281; *Spring*, Geschäftsherrenhaftung, 263 f.; *Wessels/Beulke/Satzger*, Strafrecht AT, Rn. 1034; Maurach/*Gössel*/Zipf, AT 2, 253 f. (7. Auflage); *Mosenheuer*, Unterlassen und Beteiligung, 192 ff.; *Stein*, Beteiligungsformenlehre, 308; *Rengier* JuS 2010, 281 (284); im Grundsatz auch *Ranft*, FS Otto, 403 ff.; in Anlehnung an die oben dargestellte Rechtsprechung *Arzt* JA 1980, 553 (559 f.).

561 Zu den historischen und dogmatischen Grundlagen des Streits um die Anwendbarkeit der Regeln über die Abgrenzung von Täterschaft und Teilnahme beim Begehungsdelikt auf das Unterlassungsdelikt s. *Ranft*, FS Otto, 403 ff.

562 *Stein*, Beteiligungsformenlehre, 308.

entscheidende Frage bleibt freilich, wann das eine oder das andere gegeben ist.[563]

Heine[564] möchte an die Art des Betriebes und der mit ihm einhergehenden Risiken anknüpfen und danach differenzieren, ob der unmittelbar Handelnde in einem Kleinbetrieb arbeitet bzw. sich „reine Sachgefahren" realisieren (dann soll bloße Teilnahme gegeben sein), oder ob „komplexe Organisationsverhältnisse mit funktionell differenzierten personalen Kompetenzen" gegeben sind (dann soll Täterschaft gegeben sein). Dieser Differenzierung lässt sich jedoch entgegenhalten, dass gerade in „Kleinapparaten" (also z.B. auch sehr kleinen Unternehmen), die beispielsweise nur aus einem einzigen Befehlsempfänger bestehen, die faktischen Umstände eine Verhinderung der Tat wesentlich vereinfachen können. Dann wäre aber möglicherweise sogar eine stärkere „Beherrschbarkeit" des Geschehens durch den Geschäftsherrn gegeben, als in hochkomplexen staatlichen oder wirtschaftlichen Strukturen, in denen eine Anweisung eine ganze „Kette" durchläuft, bis sie beim unmittelbar Handelnden angekommen ist.[565] Ferner lassen sich „reine Sachgefahren" in der unternehmerischen Praxis wohl ohnehin kaum finden. Die vorgeschlagene Differenzierung kann daher nicht überzeugen.

Nach *Ransiek* soll Täterschaft vorliegen, wenn über verbindliche Weisungen eine rechtliche Möglichkeit besteht, die Tat zu verhindern und entsprechend bloße Teilnahme, wenn nur eine faktische Erschwerungsmöglichkeit gegeben ist.[566] Demnach wäre der Geschäftsherr als Täter zu bestrafen. Dieser Auffassung ist jedoch entgegenzuhalten, dass der Grad der Beherrschung eines Geschehens, auf den Ransiek abstellen möchte, nicht zwangsläufig davon abhängt, ob jemand eine rechtliche oder „nur" eine faktische Einwirkungsmöglichkeit hat. Eine faktische Einwirkungsmöglichkeit kann im Gegenteil oft viel stärkeren Einfluss auf das Verhalten einer anderen Person haben als eine rechtliche. Mithin kann auch diese Auffassung nicht überzeugen.

Rengier[567] nennt als ein Kriterium, das zur Abgrenzung dienen könnte, den Grad der Beherrschung, also die Frage, ob der Taterfolg einfach oder nur schwer

---

563 Dies räumt freilich auch *Stein*, Beteiligungsformenlehre, 308 umgehend selbst ein; ablehnend auch *Bermejo/Palermo*, in: Compliance und Strafrecht, 137 (156 ff.).

564 Sch/Sch/*Heine* Vor §§ 25 ff. Rn. 109c f. (28. Auflage); zurückhaltender jetzt aber Sch/Sch/*Heine/Weißer* Vor §§ 25 ff. Rn. 103 ff.

565 So für das aktive Tun *Herzberg*, in: Individuelle Verantwortung und Beteiligungsverhältnisse, 33 (48).

566 *Ransiek* JuS 2010, 678 (680 f.); *ders.* AG 2010, 147 (152); siehe auch schon *ders.*, Unternehmensstrafrecht, 52 f.; 82, 84.

567 *Rengier* JuS 2010, 281 (285).

zu verhindern gewesen wäre. Bei *Rengier*[568] finden sich ferner noch die (letztlich insbesondere in ihrer Kombination zu beliebigen Ergebnissen einladenden) Kriterien einer eventuellen Nähe zum Tatort, zum Schutzobjekt und zur Gefahrenquelle sowie das einer eventuellen Mitwirkung bei der Tatplanung. *Joecks*[569] steht vor allem dem ersten von *Rengier* genannten Kriterium nahe, wenn er darauf abstellt, ob es dem Beteiligten allein möglich gewesen wäre, den Erfolg zu verhindern (dann Täterschaft) oder ob er die Hilfe anderer – wie beispielsweise der Polizei – benötigt hätte (dann nur Teilnahme). Dies entspräche jedoch einer Differenzierung bei den Begehungsdelikten danach, ob der Beteiligte den Erfolg allein oder nur mit andern herbeiführen kann, und wird dort so zu Recht nicht vertreten.

c) Eigene Stellungnahme

Wie gezeigt, ist die Problematik der Beteiligungsform beim Unterlassungsdelikt noch nicht zufriedenstellend gelöst worden. Es soll nun im Folgenden die Frage geklärt werden, was die genannten Auffassungen zur Lösung der umstrittenen Frage beitragen können, wie sich der Geschäftsherr strafbar gemacht hat, wenn sein Angestellter vorsätzlich und vollverantwortlich eine Straftat begangen hat, gegen die der Geschäftsherr nicht eingeschritten ist. Insgesamt erscheint eine verschiedene Elemente berücksichtigende Lösung vorzugswürdig. Man wird aber bei der – für unsere Zwecke interessanten – Konstellation eines vollverantwortlich handelnden unmittelbaren Täters grundsätzlich von einer bloßen Teilnahme des Hintermannes, also hier des Geschäftsherrn, auszugehen haben.[570] Denn auch beim Unterlassen ist – wie beim Begehungsdelikt – bei einem vollverantwortlichen Vordermann grundsätzlich nur eine akzessorische Beteiligung am Rechtsgutsangriff möglich. Daher ist es auch kein Widerspruch, wenn ein Vater nur als Teilnehmer für die Nichtverhinderung des Todes seines Kindes haftet, wenn dieses durch einen Dritten getötet wird, aber als Täter bestraft wird, wenn er trotz Rettungsmöglichkeit das Kind nicht vor dem Ertrinken bewahrt

568 *Rengier* JuS 2010, 281 (285).
569 MüKo/*Joecks* § 25 Rn. 281.
570 Wie hier auch SK-*Stein* Vor § 13 Rn. 55; *Mosenheuer*, Unterlassen und Beteiligung, 194 ff.; *Arzt* JA 1980, 553 (559); so im Ergebnis auch *Hoffmann-Holland* ZStW 118 (2006), 620 (633 ff.), der darauf abstellen will, ob der Beteiligte nur situationsbezogener oder situationsunabhängiger Garant ist sowie – wenn auch aus anderen Gründen – die oben genannten Vertreter der Gehilfentheorie.

hat; denn auch bei einem aktiven Tun würde er, sofern ein vollverantwortlicher Dritter die Tat unmittelbar ausführt, nicht als Täter bestraft werden können.[571]

Die Begründung, welche dieses Ergebnis trägt, ist derjenigen ähnlich, wegen der auch schon oben eine mittelbare Täterschaft durch Unterlassen der Geschäftsleitung in derartigen Konstellationen abgelehnt werden musste.[572] Die Argumente und das gefundene Ergebnis verlaufen hier konsequenterweise parallel. Vom Prinzip der Eigenverantwortung kann nämlich nur in gravierenden Fällen abgewichen werden: Solche Abweichungen setzen hier wie dort eine Rechtsgelöstheit des Machtapparats voraus. Bei Verbrechen in Unrechtsstaaten wird diese gegeben sein, aber bei auf der Basis des Rechts arbeitenden Organisationen ist davon auszugehen, dass rechtswidrige Anordnungen des Geschäftsherrn durch die Angestellten nicht befolgt werden, sodass eine Organisationsherrschaft nicht in Betracht kommt.[573] Negative Folgen für den Arbeitnehmer durch den Arbeitgeber können in einem Rechtsstaat, wie aufgezeigt, auf dem Rechtswege angefochten werden, sodass keine vergleichbare „Beherrschbarkeit" der Situation für den Geschäftsherrn wie in einem Unrechtsstaat gegeben ist.[574] Ferner bestehen in Unternehmen grundsätzlich keine Anhaltspunkte dafür, dass deren Angestellte eher zur Durchführung von Straftaten neigten als nicht betrieblich organisierte Menschen.[575] Auch die Lebenswirklichkeit in einem Unternehmen stellt sich völlig anders dar, als in dem eines Machtapparates eines Unrechtsstaates: Während in Letzterem in der Regel Befehle erteilt werden, bestehen in modernen Großunternehmen und Konzernen Spezialisierungen und dezentrale Führungsstrukturen, die mit einer klassischen „Gehorsamskultur" nur schwer in Einklang zu bringen sein dürften.[576]

Die hier vertretene Lösung bedeutet, dass wenn es beispielsweise zu Schmiergeldzahlungen durch Angestellte einer Gesellschaft kommt, die Geschäftsleitung – schreitet sie trotz Kenntnis hiervon nicht ein – nur wegen Beihilfe zu den entsprechenden Korruptionsdelikten belangt werden kann. Mag dieses Ergebnis auch der häufig anzutreffenden sozialen Wirklichkeit in Unternehmen und der in der Praxis weitverbreiteten „Top-down-Betrachtung" bei arbeitsteiligen Prozessen widersprechen, lässt sich eine täterschaftliche Begehungsweise in den hier einschlägigen Konstellationen aus den zuvor genannten Gründen

---

571 Siehe auch *Arzt* JA 1980, 553 (559).

572 Siehe dazu oben 2. Kapitel: I.2.a).

573 *Roxin*, AT II § 25 Rn. 130.

574 *Schmucker* StraFo 2010, 235 (239 f.); *Bock*, Criminal Compliance, 295 f.

575 *Roxin*, AT II § 25 Rn. 134; *Bock*, Criminal Compliance, 296.

576 *Rotsch*, Individuelle Haftung, 146; *Bock*, Criminal Compliance, 301.

nicht bejahen. Zur sozialen Wirklichkeit gehört es nämlich auch, dass eine vollverantwortlich handelnde Person die deliktische Handlung ausführt, und die Geschäftsleitung an diesem konkreten Geschehen nicht teilnimmt bzw. häufig sogar von den konkreten Umständen unwissend weit entfernt vom eigentlichen Tatort weilen wird, also das konkrete Tatgeschehen auch nicht „beherrschen" kann. Dies unterscheidet den vorliegenden Fall auch von den Fällen einer *mittelbaren* Täterschaft, bei dem der unmittelbar Handelnde einen Defekt aufweist. Freilich könnte dieser Begründungsansatz sogar an der Figur der mittelbaren Täterschaft kraft organisierter Machtapparate insgesamt zweifeln lassen. Ob in den klassischen Fällen einer solchen mittelbaren Täterschaft, also insbesondere im Bereich eines Unrechtsstaates, trotz des vollverantwortlichen Vordermanns dennoch eine mittelbare Täterschaft angenommen werden kann, muss hier zwar nicht entschieden werden; eindeutig dafür spricht aber, dass der rechtswidrige Rahmen des Gesamtgeschehens auch am Tatort selbst noch eine stärkere Wirkung entfaltet als das unternehmerische Organisationsrecht in einem rechtsstaatlich geprägten gesellschaftlichen Umfeld; daher sind die Konstellationen letztlich nicht vergleichbar.

Es stellt sich im Anschluss an diese Überlegungen die Frage, ob de lege ferenda die Einführung eines eigenen Straftatbestandes der Aufsichtspflichtverletzung kriminalpolitisch sinnvoll wäre. Die Debatte darum gibt es schon seit den 1970er Jahren. So wurde bereits in einem Gutachten von *Tiedemann* auf dem 49. Deutschen Juristentag 1972 vorgeschlagen, die Aufsichtspflichtverletzung (also den heutigen § 130 OWiG), wenn sie eine Straftat zur Folge hat, als Straftatbestand auszugestalten.[577] In den 1990er Jahren erfolgten dann auch zwei Vorstöße im Gesetzgebungsverfahren des zweiten Umweltkriminalitätsbekämpfungsgesetzes[578] von 1994, die wiederum auf den Arbeiten einer bereits in den Jahren zuvor eingesetzten Sachverständigenkommission zur Bekämpfung der Wirtschaftskriminalität und der Interministeriellen Arbeitsgruppe „Umwelthaftungs- und Umweltstrafrecht" aufbauen konnten.[579] Nachdem es ein Referentenentwurf des Bundesjustizministeriums, der den Straftatbestand einer Aufsichtspflichtverletzung vorsah, zunächst nicht in den Regierungsentwurf[580] geschafft hatte, forderte

577 *Tiedemann*, Welche strafrechtlichen Mittel empfehlen sich für eine wirksamere Bekämpfung der Wirtschaftskriminalität?, Gutachten C zum 49. DJT (1972), S. C 56 f. (zitiert nach KK-OWiG/*Rogall* § 130 Rn. 9); siehe auch *Achenbach*, FS Amelung, 367 (375).

578 BT-Drs. 12/192, insbes. S. 38 f.

579 Siehe dazu ausführlich *Achenbach*, FS Amelung, 367 (376 f.).

580 BT-Drs. 12/192.

der Bundesrat die Übernahme des Referentenentwurfs in diesem Punkt.[581] Im Bundestag gab es hierfür jedoch keine Mehrheit. In jüngster Zeit gab es bspw. einen durchdachten und ausgereiften Entwurf von *Bülte* in dessen Habilitationsschrift, der einen eigenen Tatbestand der Vorgesetztenverantwortlichkeit als § 25a StGB vorschlägt und ausführlich begründet.[582]

Ein Straftatbestand der Aufsichtspflichtverletzung wäre verfassungsrechtlich aufgrund des großen Einschätzungsspielraums des Gesetzgebers möglich[583], fraglich ist aber, ob er auch kriminalpolitisch sinnvoll wäre. *Achenbach* hat hierzu überzeugend ausgeführt, dass ein solcher Tatbestand nur schwerlich einen nachvollziehbaren Mehrwert bringen würde: Da es den Befürwortern eines solchen Tatbestandes wohl primär um die dann mögliche Verhängung einer Freiheitsstrafe geht, die im Gegensatz zur Geldstrafe nicht vom Unternehmen übernommen werden könnte, ist zu konstatieren, dass der regelmäßige Unwertgehalt der Aufsichtspflichtverletzung bei Ersttätern in einem Rahmen liegen dürfte, der ebenfalls nur die Verhängung einer Geldstrafe erlaubte.[584] Da sie dann zur Art der zu erwartenden Strafe außer Verhältnis stünde, schiede in diesen Fällen in der Regel auch die Verhängung von Untersuchungshaft aus.[585] Es ist zudem zu erwarten, dass die im Vergleich zum gegenwärtigen § 130 OWiG gewiss höheren Anforderungen an die Kausalität oder den subjektiven Tatbestand, die ein derartiger Straftatbestand stellen müsste und die bisherigen Entwürfe auch tatsächlich stellten, ohnehin aufgrund von dann auftretenden Nachweisschwierigkeiten vor allem die Anzahl der Verfahrenseinstellungen aus Opportunitätsgründen erhöhen würde – ein Vorgehen, das gerade aus dem Wirtschaftsstrafrecht ja ohnehin schon hinlänglich bekannt ist.[586] Die Einführung eines Straftatbestandes der Aufsichtspflichtverletzung erscheint daher alles in allem nicht empfehlenswert.[587]

Entschärft wird das jedenfalls de lege lata nicht zu erfüllende – vermeintlich existierende – kriminalpolitische Bedürfnis nach einer Verurteilung der

---

581 BT-Drs. 12/192, S. 38; die Gegenäußerung der Bundesregierung findet sich auf S. 43.

582 *Bülte*, Vorgesetztenverantwortlichkeit, 777, insbes. 925 ff.

583 Siehe zum entsprechend breiten Spielraum die verfassungsgerichtliche Entscheidung BVerfG 27, 18 (30 f.); daraus leitet *Achenbach*, FS Amelung, 367 (378 f.) zu Recht die Möglichkeit einer verfassungsrechtlich zulässigen Ausgestaltung eines Straftatbestandes der Aufsichtspflichtverletzung ab.

584 *Achenbach*, FS Amelung, 367 (379).

585 Siehe *Achenbach*, FS Amelung, 367 (379).

586 Vgl. auch *Achenbach*, FS Amelung, 367 (379 f.).

587 Ebenso und überzeugend *Achenbach*, FS Amelung, 367 (379 f.).

„Entscheider an der Spitze" als Täter aber in vielen Fällen auf einem anderen Wege: Wie bereits festgestellt, begründet die Garantenstellung als solche keine Täterschaft, da durch sie nur überhaupt erst eine strafrechtliche Verantwortlichkeit des Beteiligten begründet wird.[588] Täterschaft liegt aber regelmäßig im Falle einer tatbestandlich auferlegten Sonderpflicht des Geschäftsherrn (sog. Intraneus) vor,[589] wie sie beispielsweise bei den Tatbeständen der §§ 266, 266a oder 327 StGB gegeben ist.[590] So ist bei § 266 StGB letztlich nicht entscheidend, durch was für eine Handlung die Vermögensbetreuungspflicht verletzt wird, da ein Abstellen hierauf gekünstelt anmuten würde.[591] Der Gesetzeswortlaut umschreibt eine Handlung (Verletzung einer Vermögensbetreuungspflicht in vermögensschädigender Weise), die sowohl entfernte aktive Tatbeiträge als auch eine bloße Untätigkeit gegenüber den vermögensschädigenden Handlungen Dritter als täterschaftliche Begehungsweise erfasst.[592] Dies gilt beispielsweise auch für das „Vorenthalten" von Arbeitsentgelt in § 266a StGB. Zuzugeben ist allerdings, dass für die Erfüllung von bestimmten Pflichtdelikten nicht jegliches pflichtwidrige Verhalten des Sonderpflichtigen als ausreichend erachtet werden kann,[593] da eine solche Annahme im Einzelfall einen Verstoß gegen den Bestimmtheitsgrundsatz zur Folge haben kann.[594] So ist das bloße Veranlassen einer Falschbeurkundung nach § 348 StGB noch keine selbst vorgenommene Falschbeurkundung im Sinne dieser Norm.[595] Selbiges gilt für das „Beiseiteschaffen" des § 283 Abs. 1 Nr. 1 Var. 1 StGB. Jedoch ist dieses Problem beim Bankrott nur ein scheinbares, da beim „Beiseiteschaffen" durch einen Dritten regelmäßig zumindest ein „Verheimlichen" i.S.d. § 283 Abs. 1 Nr. 1 Var. 2 StGB vorliegen dürfte. Dass die hier einschlägigen Konstellationen nicht sonderlich praxisrelevant sein sollen,[596] erscheint allein schon aufgrund der nicht weiter

588 Siehe auch SK-*Stein* Vor § 13 Rn. 55.

589 S. statt aller BGH NStZ 1997, 544 (545); SK-*Stein* Vor § 13 Rn. 55; *Mosenheuer*, Unterlassen und Beteiligung, 198 f.; Sch/Sch/*Heine/Weißer* Vor §§ 25 ff. Rn. 105; *Bermejo/Palermo*, in: Compliance und Strafrecht, 137 (162): sowie – wenn auch aus anderen Gründen – die oben genannten Vertreter der Pflichtdeliktstheorie.

590 Weitere Beispiele (aus dem nicht-wirtschaftsstrafrechtlichen Bereich) bei *Roxin*, AT II § 25 Rn. 284 ff.

591 *Roxin*, AT II § 25 Rn. 271.

592 *Roxin*, AT II § 25 Rn. 271.

593 So aber wohl *Roxin*, AT II, § 25 Rn. 271 ff.

594 In der Tendenz zu restriktiv allerdings *Stratenwerth/Kuhlen*, 229.

595 *Stratenwerth/Kuhlen*, 229.

596 So *Stratenwerth/Kuhlen*, 229.

erläuterungsbedürftigen Praxisrelevanz der Untreue und der Insolvenzdelikte wenig glaubhaft.

Nach alldem ist es bei Annahme eines Sachverhaltes wie im Fallkomplex Siemens nach dem hier vertretenen Konzept ohne Weiteres möglich, eine Strafbarkeit der Geschäftsleitung wegen täterschaftlicher Untreue – auf objektiver Tatbestandsebene – anzunehmen, sofern die Geschäftsleitung es unterlässt, gegen Entnahmen vorzugehen, die zur Bildung oder Auffüllung sog. schwarze Kassen bestimmt sind. Dasselbe gilt z.B., wenn der Geschäftsführer einer von der Zahlungsunfähigkeit bedrohten GmbH bemerkt, dass andere Geschäftsführer Vermögenswerte in großem Ausmaß beiseiteschaffen und er trotz Erfolgsabwendungsmöglichkeit nicht einschreitet. Das letztgenannte Beispiel zeigt zudem, dass diese Lösung sich nicht allein durch kriminalpolitische Erwägungen stützen lässt, denn die anderen Geschäftsführer hätten sich auch ohne die Täterschaft des Unterlassenden als Haupttäter nach § 283 strafbar gemacht. Vielmehr begründet die besondere Pflicht des Beteiligten seine Stellung als unmittelbarer[597] Täter, zu der der nicht sonderpflichtige (sog. Extraneus) rein faktisch Tatnächste regelmäßig – aber nicht immer – nur Gehilfe sein wird.

III. Strafbarkeit wegen Untreue durch die Verletzung „mittelbarer" Überwachungspflichten

Im modernen Wirtschaftsleben, in dem Anteilseignerstellung und Vermögensverwaltung typischerweise auseinanderfallen, hat der Tatbestand der Untreue immer mehr an Bedeutung gewonnen.[598] Der Untreuetatbestand hat bei der Verfolgung von Wirtschaftskriminalität nun schon seit einigen Jahren Hochkonjunktur, das heißt, er wird immer häufiger herangezogen, wenn Unternehmen in wirtschaftliche Schieflage geraten oder unethische Verhaltensweisen im Wirtschaftsleben auftreten. Untreue passt daher vielleicht nicht „immer",[599] wird aber zumindest immer häufiger „passend gemacht". Dies wirft zahllose Fragen und

597 Für unmittelbare Täterschaft z.B. auch *Winkelbauer*, FS Lenckner, 645 (655); ähnlich *Stratenwerth/Kuhlen*, 229 f.; *Bloy*, Beteiligungsform als Zurechnungstypus, 240 f.; die Rechtsprechung nimmt in solchen Fällen hingegen eine mittelbare Täterschaft an, s. nur BGH NStZ 1997, 544 (545); BGH NJW 2013, 949 (950).

598 *Bock*, Criminal Compliance, 348.

599 So schon vor Jahren kritisch *Ransiek* ZStW 116 (2004), 634.

Einzelprobleme auf, die zu besprechen hier nicht der Ort ist bzw. sein kann. Wir wollen uns darauf konzentrieren zu untersuchen, inwieweit über den Untreuetatbestand eine „sekundäre Pönalisierung von Organisationsmängeln"[600] im Unternehmen möglich ist. Dabei ist zunächst voranzuschicken, dass eine derartige Strafbarkeit typischerweise bei juristischen Personen (AG, GmbH, SE) vorkommen wird, weil bei diesen Anteilseignerstellung und Vermögensverwaltung auseinanderfallen.

Wir wollen uns im Folgenden auf drei wichtige Themenkomplexe beschränken: Zum einen stellt sich die Frage, inwieweit ein System schwarzer Kassen eine Verletzung von mittelbaren Überwachungspflichten und somit eine Untreuestrafbarkeit auslösen kann. Zwar ist eine derartige Untreuetat zunächst keine Straftat zu Lasten eines externen Dritten, sondern zu Lasten des Unternehmens selbst; da jedoch die Einrichtung der schwarzen Kasse im oben genannten Sinne gerade darauf abzielt, in der Folge Straftaten zu Lasten unternehmensexterner Rechtsgüter zu begehen, ist sie auch in unserem Kontext von Interesse. Zum anderen gilt es zu untersuchen, ob Compliance-Mängel im Allgemeinen unter § 266 StGB fallen können. Beide Untersuchungsgegenstände sind eng mit der Problematik von Geldbußen und Schadensersatzansprüchen gegen das Unternehmen selbst verflochten, die aufgrund von Handlungen von Unternehmensmitarbeitern und der Verletzung von Überwachungspflichten verhängt bzw. begründet werden und einer möglicherweise daraus resultierende Untreuestrafbarkeit der Mitglieder der Geschäftsleitung. Auch diese Frage wird daher im Anschluss behandelt.

1. Nichteinschreiten gegen sog. schwarze Kassen

Das Phänomen der „schwarzen Kassen" ist insbesondere im Zusammenhang mit der Siemens-Korruptionsaffäre landläufig bekannt geworden. Schwarze Kassen sind verdeckte Konten und werden in der Absicht eingerichtet, dem Unternehmen mithilfe von außerhalb der Buchhaltung und Bilanz geführten unternehmenseigenen, aber vor dem Unternehmen verborgenen Mitteln, zu einem späteren Zeitpunkt rechtswidrige Wettbewerbsvorteile zu verschaffen. Dies kann z.B. durch die Zahlung von Bestechungsgeldern bei Ausschreibungen geschehen. Häufig wird die Geschäftsleitung in ein solches System aktiv verstrickt sein, sodass der Schwerpunkt der Vorwürfe gar nicht auf einer Verletzung von Überwachungspflichten bzw. einem Unterlassen liegt, sondern auf einem aktiven Tun. Denkbar ist jedoch auch, dass Angehörige des mittleren Managements Gelder aus dem Unternehmen abführen, um sie zu den genannten Zwecken zu

600 Die Formulierung ist entliehen von *Bock*, Criminal Compliance, 348.

verwenden, z.B. aus falsch verstandener Loyalität zum Unternehmen. Ferner kann auch bei einer aktiven Verstrickung durch Verschleierungshandlungen der Schwerpunkt der Pflichtwidrigkeit auf einem Unterlassen der Offenbarung der schwarzen Kassen gegenüber anderen Unternehmensorganen liegen.[601] Ein weiterer wichtiger Anwendungsfall dürfte der sein, dass der Geschäftsleitung eine aktive Verstrickung schlicht nicht nachgewiesen werden kann. In diesen Fällen wird regelmäßig eine Verletzung von Überwachungspflichten durch die Geschäftsleitung in Betracht kommen.

Erste wichtige Voraussetzung für eine solchermaßen begründete strafrechtliche „Überwachungspflicht" der Geschäftsleitung wäre, dass man den Untreuetatbestand auch durch Unterlassen erfüllen kann. Dies ist zunächst unstreitig zu bejahen.[602] Eine etwaige Pflichtverletzung lässt sich hier damit begründen, dass es zum Kernbereich der Vermögensbetreuungspflicht eines Vorstandes oder Geschäftsführers gehört, seiner Arbeitgeberin erhebliche Vermögenswerte, die ihr unbekannt sind und ihr zustehen, zu offenbaren und nach einer Entdeckung die abgeflossenen Mittel unverzüglich als Aktiva in die Buchführung einstellen, um so den Anforderungen der Bilanzierung nach den §§ 238 ff. HGB zu genügen.[603] Anders kann man dies nur beurteilen, wenn man fälschlicherweise den Vorstand mit dem Anteilseigner einer AG gleichsetzt.[604] Selbst wenn die Geschäftsleitung nämlich von den verdeckten Konten weiß und so das Geld jederzeit zurück ins Unternehmen beordern könnte, ist das nicht entscheidend.[605] Denn (beispielsweise) in einer AG sind allein die Anteilseigner, also die Aktionäre, und nicht die Geschäftsleitung wirtschaftlicher Eigentümer des Unternehmens,[606] sodass, wenn schon, die Aktionäre einen Überblick über das System verdeckter Konten haben müssten, was freilich regelmäßig undenkbar sein dürfte.[607]

Fraglich ist, ob in der aufgezeigten Konstellation die Voraussetzungen des § 13 Abs. 1 erfüllt sein müssen[608] oder ob die Treuebruchvariante bereits ein echtes

601 Vgl. BGH NJW 2009, 89 (91) – Fall Siemens/Enel m. zust. Anm. *Ransiek* NJW 2009, 95 (96).

602 Statt aller SSW/*Saliger* § 266 Rn. 33 m.w.N.

603 BGH NJW 2009, 89 (91); *Knierim* CCZ 2008, 37 (38); *Rönnau* StV 2009, 247 m.w.N.

604 So sind wohl *Saliger/Gaede* HRRS 2008, 57 (72 f.) zu verstehen.

605 So aber für den Fall Siemens/Enel wohl *Saliger/Gaede* HRRS 2008, 57 (73).

606 S. nur *Tiedemann*, Rn. 370.

607 Anders aber LG Darmstadt, Urteil vom 14.05.2007 – 712 Js 5213/04 – 9 KLs, Rn. 152.

608 So BGH NJW 2009, 89 (91); OLG Braunschweig NJW 2012, 3798 (3800); BayObLG JR 1989, 299 (301); für die zivilrechtliche Haftung i.V.m. § 823 Abs. 2 BGB zuletzt BGH NJW 2012, 3439 (3441).

Unterlassungsdelikt mitumfasst.[609] Entscheidendes Problem ist in diesem Zusammenhang nicht, ob überhaupt eine Strafbarkeit gegeben ist, sondern, ob der Täter in den Genuss der Strafmilderung nach § 13 Abs. 2 kommt. Bejaht man nämlich eine Vermögensbetreuungspflicht, wird man stets auch eine Garantenstellung bejahen müssen. Dies zeigt sich insbesondere in der hier einschlägigen Konstellation der Stellung als Organ einer Gesellschaft, da diese sowohl eine Vermögensbetreuungspflicht als auch eine Beschützergarantenstellung zu Gunsten des Gesellschaftsvermögens begründet. Nach einem früheren BGH-Urteil[610] kann die Frage, ob die Voraussetzungen des § 13 StGB vorliegen müssen, offenbleiben, da der Strafrahmen im Falle eines Unterlassens in § 266 nicht abschließend geregelt sei und daher § 13 Abs. 2 in jedem Fall anzuwenden sei. Dieser Begründung und der Anwendung von § 13 im Rahmen der Untreue insgesamt wird jedoch zu Recht entgegen gehalten, dass es keinen Unterschied machen kann, ob die tatbestandliche Handlung so formuliert ist, dass sie positives Tun *und* Unterlassen umfasst, oder ob das Unterlassen explizit neben dem Tun genannt wird, da der Strafrahmen in beiden Fällen gleichermaßen als abschließend zu verstehen ist.[611] Wenn z.B. das Organ einer juristischen Person erforderliche Buchungen nicht vornimmt und sich nach § 283 Abs. 1 Nr. 5 oder § 283b Abs. 1 Nr. 1 strafbar macht, ist hier genauso wenig eine Strafmilderung angezeigt, weil es sich ja „nur" um ein Unterlassen handelt, wie wenn die unterlassenen Buchungen unter § 266 subsumiert werden können für den Strafrahmen der Untreue.[612] Ferner kann in Konstellationen, in denen das Unterlassen die Tat in einem milderen Licht erscheinen lässt, dieser Umstand bereits bei der Strafzumessung im Rahmen des § 266 berücksichtigt werden, sodass Härten vermieden werden können, ohne dass es eines Rückgriffs auf § 13 Abs. 2 bedarf.[613] Zutreffend wird die Vermögensbetreuungspflicht auch als „Garantenstellung sui generis mit dem überschießenden Inhalt einer Geschäftsbesorgung" bezeichnet,[614] sodass § 13 nicht anwendbar ist.[615]

609 *Güntge* wistra 1996, 84 (88 f.); *Rönnau* StV 2009, 247; Sch/Sch/*Perron* § 266 Rn. 35; *Fischer* § 266 Rn. 55; *Bock*, Criminal Compliance, 349; SSW/*Saliger* § 266 Rn. 33 m.w.N.; so auch das LG Darmstadt Urteil vom 14.05.2007 – 712 Js 5213/04 – 9 KLs, Rn. 151 f. (insoweit nicht abgedruckt in CCZ 2008, 37 f.); jedoch nicht bestätigt von BGH NJW 2009, 89 (91).

610 BGHSt 36, 227 ff.; dagegen aber Sch/Sch/*Perron* § 266 Rn. 35 m.w.N. auch zur Gegenansicht.

611 Sch/Sch/*Stree/Bosch* § 13 Rn. 1a.

612 Sch/Sch/*Stree/Bosch* § 13 Rn. 1a.

613 SSW/*Saliger* § 266 Rn. 33.

614 SSW/*Saliger* § 266 Rn. 33, 11; *Güntge* wistra 1996, 84 (88).

615 Vgl. für die diese Auffassung stützende Gesetzgebungsgeschichte auch *Güntge* wistra 1996, 84 (89).

Die Pflichtwidrigkeit eines Nichteinschreitens der Geschäftsleitung könnte allerdings im Fall eines wirksamen Einverständnisses des Treugebers entfallen. Ein solches Einverständnis findet jedoch seine Grenzen dort, wo Vorschriften über die Kapitalerhaltung wie die §§ 30 ff. GmbHG oder die §§ 57 ff. AktG verletzt werden und so das zur Erhaltung des Stammkapitals erforderliche Vermögen entzogen wird.[616] Nach der sog. Bremer-Vulkan-Entscheidung[617] ist das Einverständnis des Treugebers ferner dann unwirksam, wenn ein existenzgefährdender Eingriff vorgenommen wird. Sofern die genannten Grenzen nicht überschritten werden, stellt sich die Frage, wer für die Erteilung des erforderlichen Einverständnisses zuständig ist: Richtig ist, dass es bei einer GmbH auf die Zustimmung der Gesamtheit der Gesellschafter ankommt.[618] Dementsprechend sollte bei einer AG – wenn überhaupt – die Hauptversammlung zuständig sein,[619] was stets dazu führen wird, dass eine Zustimmung zumindest faktisch ausgeschlossen ist. Jedoch lässt sich nach verbreiteter Auffassung schon aus der Sorgfaltspflicht (§ 93 AktG) entnehmen, dass es dem Vorstand nicht – auch nicht aufgrund seiner Stellung gem. § 76 AktG – gestattet ist, ein System schwarzer Kassen im Unternehmen zu dulden.[620] Auch wenn wegen des möglicherweise zu allgemeinen Charakters der Norm aufgrund neuerer Rechtsprechung[621] zu Recht Zweifel an der Anknüpfung der untreuerelevanten Pflichtwidrigkeit an § 76 AktG aufkommen, ist jedenfalls die Verletzung von arbeitsvertraglichen Hauptpflichten zu konstatieren, sofern die Geschäftsleitung derartiges Verhalten toleriert.[622] Jedes andere Ergebnis würde zu der absurden Situation führen, dass

616 BGH NJW 2000, 154 ff.; StV 2003, 558 f.; NStZ 2009, 153 ff.

617 BGH NStZ 2004, 559 (561) („Bremer Vulkan"); NK-*Kindhäuser* § 266 Rn. 71 (derzeit herrschende sog. „eingeschränkte Gesellschaftertheorie").

618 BGH NJW 2010, 3458 (3461).

619 Bejahend BGH NJW 2006, 522 (525 f.); *Hoffmann*, Untreue und Unternehmensinteresse, 73 ff.; ablehnend *Rönnau*, FS Amelung, 247 (265 ff.); *Fischer* § 266 Rn. 102; offengelassen in BGH NJW 2010, 3458 (3461).

620 So auch BGH NJW 2010, 3458 (3460 ff.); *Ransiek* StV 2009, 321 (322); *Brand/Sperling* AG 211, 233 (242); im Ergebnis auch *Fische*r § 266 Rn. 104; offengelassen in BGH NJW 2009, 88 (91).

621 Siehe BGH NJW 2011, 88 (92) – Siemens/AUB, für den auch im Falle der Entnahme von Geld ein Verstoß gegen § 93 AktG für die Annahme einer untreuerelevanten Pflichtverletzung per se nicht ausreicht.

622 So denn auch BGH NJW 2011, 88 (92).

sich der Vorstand seine eigenen pflichtwidrigen Verhaltensweisen ohne Weiteres selbst genehmigen könnte.[623]

Sodann müsste auch ein Vermögensnachteil eintreten. Man kommt hier nicht umhin, zunächst einen Blick auf das Verhalten des Angestellten,[624] den es seitens der Geschäftsleitung zu überwachen gilt, zu werfen. Dass der Untreuetatbestand im Zusammenhang mit der Einrichtung schwarzer Kassen in der Praxis grundsätzlich einschlägig sein kann, zeigt das Urteil des 2. Senats des BGH im Fall Siemens/Enel, nach dem die Bildung schwarzer Kassen für sich allein genommen bereits einen endgültigen Vermögensverlust und nicht (nur) eine „konkrete Vermögensgefährdung“[625] begründet.[626] Man könnte aber meinen, dass wenn die Geschäftsleitung nicht gegen eine von ihr entdeckte schwarze Kasse einschreitet, sich dadurch an dem ohnehin schon eingetretenen Abfluss des Geldes nichts ändert, sodass ein Nachteil schon deshalb ausscheidet[627] und zwar unabhängig davon, ob man einen Nachteil i.S.d. § 266 durch das Errichten und Verwalten einer schwarzen Kasse bejaht oder nicht. Jedoch besteht für das Unternehmen, wenn die Geschäftsleitung die schwarze Kasse entdeckt, eine vermögenswerte Exspektanz, das Geld zurückzuerlangen, die durch die oben beschriebene Pflichtwidrigkeit vereitelt wird.[628] Es bleibt also auch bei dieser Konstruktion die

623 So auch *Rönnau*, FS Amelung, 247 (259) Fn. 67.

624 Zum Fall eines „einfachen“ Angestellten, der später in den Vorstand aufrückt siehe BGH wistra 2017, 193 ff.; hier soll zur Klärung der Frage, ob ein Vermögensnachteil vorliegt, entscheidend gewesen sein, ob das Unternehmen direkten Zugriff auf die Kasse hatte oder nicht, s. BGH wistra, 193 (196).

625 So aber noch BGHSt 51, 100 (114), der dafür die Lösung entwickelte, dass der bedingte Vorsatz sich beim Gefährdungsschaden nicht nur auf die Kenntnis der konkreten Möglichkeit eines Schadenseintritts und das Inkaufnehmen dieser konkreten Gefahr beziehen dürfe, sondern darüber hinaus auch auf die Realisierung der Gefahr gerichtet sein muss, mit der sich der Täter abfindet, s. BGHSt 51, 100 (121); diese Lösung wurde in jüngerer Zeit etwas überraschend wieder aufgegriffen in BGH NStZ 2013, 715 ff. Die Literatur hat dem Versuch einer Restriktion der Untreue über den subjektiven Tatbestand jedoch zu Recht widersprochen, da diese weder vom Wortlaut noch von der Gesetzessystematik getragen wird, s. nur *Ensenbach*, Prognoseschaden, 196 ff. m.w.N.

626 BGH NJW 2009, 89 (92); dagegen aber *Gerhäusser*, Vermögensnachteil, 263 f.; s aber auch BGH NJW 2010, 3458 (3462); das Siemens-Urteil wurde unter Berücksichtigung des Gesetzesvorbehaltes des Art. 103 Abs. 2 GG sowie des Präzisierungsgebotes für verfassungskonform befunden in BVerfG NJW 2010, 3209 (3216 f.); s. a. zuletzt BGH wistra 2017, 193 (196).

627 So *Rönnau* StV 2009, 246 f.

628 Anders aber für das – nicht entscheidende – Verhältnis Angestellter-Vorstand *Rönnau* StV 2009, 246 f.

entscheidende Frage, ob durch die Einrichtung und Verwaltung der schwarzen Kassen ein Vermögensnachteil eintreten kann. Die Annahme, dass die Frage des Vermögensnachteils wirklich unabhängig vom konkreten Verwendungszweck betrachtet werden kann, den der vermeintliche Täter mit der Einrichtung der schwarzen Kasse verfolgt hat, erscheint auf den ersten Blick angreifbar.[629] Berücksichtigt man diesen Zweck, hätte in vielen Fällen, insbesondere im prominenten Fallbeispiel Siemens, der konkret festgestellte Vermögensnachteil nicht herangezogen werden dürfen, da Siemens von den durch spätere Bestechungszahlungen erlangten Aufträgen wirtschaftlich (zunächst einmal zumindest auch) profitiert hat. In der schon erwähnten Siemens-Enel-Entscheidung des BGH standen beispielsweise einem Gewinn vor Steuern in Höhe von 103,8 Millionen Euro Bestechungsgelder in Höhe von „nur" ca. 6 Millionen Euro, also knapp 6 % des Gewinns vor Steuern, gegenüber.[630] Wenn man von dem Gewinn noch 40 % Steuern sowie 6,6 Millionen Euro für sonstigen Aufwand abzieht, bleibt immer noch ein beachtlicher finanzieller Gewinn.[631] Jedoch ist Siemens infolge der Aufdeckung der Bestechungen vom Landgericht Mailand zur Zahlung von 500.000 Euro verurteilt worden, nebst einer Vermögensabschöpfung i.H.v. 6.121.000 Euro.[632] Mit Enel einigte sich Siemens zudem auf einen Gesamtausgleich i.H.v. 113 Millionen Euro,[633] das heißt Siemens machte mit dem Geschäft selber möglicherweise insgesamt Verluste.[634] Jedoch würde eine solche rein mathematische Herangehensweise die gebotene wirtschaftliche Betrachtung ex ante außer Acht lassen.[635] Ob man aber unter dem Blickwinkel dieser Betrachtung und der Zugrundelegung des dem Unternehmen freundlich gesinnten Verwendungszwecks tatsächlich zu einem anderen Ergebnis kommt,

---

629 Kritisch *Bernsmann* GA 07, 219 (232 f.); *Saliger/Gaede* HRRS 2008, 57 (66 ff.).

630 BGH NJW 2009, 89 (90).

631 LG Darmstadt, Urteil vom 14.05.2007 – 712 Js 5213/04 – 9 KLs, Rn. 104.

632 LG Darmstadt, Urteil vom 14.05.2007 – 712 Js 5213/04 – 9 KLs, Rn. 113.

633 *Saliger/Gaede* HRRS 2008, 57 (59).

634 Zur schwierigen Berechnung des infolge des Agreements für Siemens eingetretenen „Gesamtschadens", die auch mit der nahezu unmöglichen Trennung zwischen Schadensausgleichpositionen und Positionen, die einer Investition in die Zukunft dienen (Erhalt des Eintritts in den italienischen Markt), einhergeht, siehe nur die Ausführungen des LG Darmstadt, Urteil vom 14.05.2007 – 712 Js 5213/04 – 9 KLs, Rn. 108 ff., 130.

635 *Velten* NJW 2000, 2852 (2855 f.); wohl auch *Ransiek/Hüls* ZGR 2009, 157 (169); für eine Beurteilung ex post aber *Krüger* NJW 2002, 1178 (1180); skeptisch gegenüber beiden Auffassungen und mit eigenem Ansatz *Burger*, Untreue durch Sanktionen, 169 ff. m.w.N.

weil angesichts der jahrelang erfolgreichen Bestechungspraxis nicht per se von einer Entdeckung und somit von einer fehlenden Kompensation auszugehen ist, ist zu bezweifeln.[636] Eher ist es so, dass eine Rückführung der aus dem Unternehmen entnommenen Gelder jedenfalls nicht sichergestellt ist und somit keine Kompensation vorliegt.[637] Auf die Frage der Verwendung der Gelder kommt es daher in dieser Konstellation nicht mehr an bzw. sie ändert nichts an dem bereits eingetretenen Nachteil.[638] Denn unkonkrete und mittelbare zukünftige Vorteile, wie möglicherweise später stattfindende, dem Unternehmen vermeintlich nutzende Tätigkeiten mit den vorenthaltenen Geldern, reichen für eine Nachteilskompensation nicht aus.[639] Aus der systematischen Einrichtung schwarzer Kassen und der Verwendung der Gelder zu Bestechungszwecken entgegen der Siemens-Rechtsprechung des zweiten BGH-Senats einen einheitlichen Vorgang machen zu wollen, kann hingegen nicht überzeugen, da derjenige, der Vermögenswerte zu Gunsten eines Systems schwarzer Kassen aus dem Unternehmen abzieht, zu diesem Zeitpunkt häufig gar nicht wissen wird, wozu er diese später in concreto verwenden wird und daher auch eine Berücksichtigung entsprechender späterer Dispositionen im Rahmen der gebotenen ex-ante-Betrachtung noch gar nicht möglich ist bzw. künstlich erscheinen würde.[640] Konsequenterweise darf man dann einen Nachteil aber nicht nur bei einer Entziehung der Gelder „auf Dauer" annehmen,[641] sondern muss einen derartigen Nachteil grundsätzlich nach dem Abfluss der Gelder aus dem Unternehmen begründet sehen. Dies schon deshalb, weil das Kriterium der Dauerhaftigkeit nur schwerlich im Sinne des Art. 103 Abs. 2 GG hinreichend bestimmt ausgefüllt werden kann.[642] Es bedarf für die Kompensation des Nachteils jedoch auch keiner im zivilrechtlichen Sinne synallagmatischen Gegenleistung.[643] Eine Gesamtsaldierung kann daher dann zu Grunde gelegt werden, wenn die Abbuchung im Zusammenhang mit einem konkreten Bestechungsgeschäft erfolgt, d.h. die Abbuchung auf

---

636 So aber *Saliger/Gaede* HRRS 2008, 57 (70).
637 BGH NJW 2009, 89 (92).
638 So grundsätzlich zu Recht BGH NJW 2009, 89 (92); dagegen *Schünemann* NStZ 2008, 430 (433).
639 *Corsten* HRRS 2011, 247 (251) m.w.N.; weiter aber OLG Frankfurt NStZ-RR 2004, 244 (245).
640 Im Ergebnis wie hier BGH NJW 2009, 89 (92); anders aber *Rönnau* StV 2009, 246 (250 f.).
641 So aber BGH NJW 2009, 89 (92).
642 *Rönnau* StV 2009, 246 (249).
643 *Corsten* HRRS 2011, 247 (251) m.w.N.

ein anderes Konto lediglich einen formalen Zwischenschritt darstellt, aber im Sinne eines einheitlichen, *objektiv* feststellbaren Geschäftsvorgangs stattfindet, für den Zeitablauf und Willensrichtung des pflichtwidrig Handelnden lediglich Indizien sind.[644] Die Voraussetzung liegt anders formuliert folglich vor, wenn die den kompensierenden Vorteil auslösende vermögensentziehende Pflichtwidrigkeit mit der kompensierenden Handlung im oben genannten Sinne unmittelbar verknüpft ist. So lagen die Dinge beispielsweise in dem dem BGH-Urteil zum ersten Bundesliga-Skandal zu Grunde liegenden Sachverhalt,[645] weshalb dieser auch schwerlich mit einer systematischen und langfristig angelegten Vorgehensweise wie im Fall Siemens verglichen werden kann.[646] Ausdrücklich auf diesen Unterschied zur Siemens-Enel-Entscheidung bezieht sich die sich mit konkreten Bestechungshandlungen auseinandersetzende Siemens/AUB-Entscheidung des ersten BGH-Senats, in der verlangt wird, dass der kompensierende Vorteil unmittelbar durch die Pflichtwidrigkeit erlangt werden muss, das heißt keine weitere, selbstständige Handlung mehr für die Nachteilskompensation erforderlich ist.[647] Diese Auffassung kann jedoch, je nachdem wie man das Merkmal der „Selbstständigkeit" der Handlung auslegt, zu eng und zu formalistisch sein. Sofern die hier vorgesehene Lösung Gefahr laufen könnte, mit der Siemens-Enel-Entscheidung des BGH gleichgesetzt zu werden, so ist anzumerken, dass dies durch die vom 2. Senat gewählte unklare Formulierung der Vorenthaltung „auf Dauer" begründet ist, und der soeben dargestellte Lösungsweg allenfalls *eine* mögliche präzisierende Auslegung des Urteils des BGH ist. Anders als der BGH in der Siemens-Enel-Entscheidung präzisiert die hier vorgeschlagene Lösung mit dem Erfordernis eines einheitlichen, *objektiv* feststellbaren Geschäftsvorgangs nämlich, ob und wann eine Saldierung (noch) zulässig ist und wann nicht (mehr). Strafbarkeitslücken sind in diesen Fällen im Übrigen aufgrund der mittlerweile umfassenden Bestechungsdelikte nahezu ausgeschlossen.

---

644 Eine solche Betrachtung beseitigt auch die von *Schünemann* NStZ 2008, 430 (432 f.) geltend gemachten Bedenken, dass die Strafbarkeit nicht bloß vom „modus operandi der Investition" abhängen könne.

645 BGH NJW 1975, 1234 ff.; daher zu Unrecht auf dieses Urteil verweisend *Rönnau* StV 2009, 246 (250 f.).

646 So aber wohl *Rönnau* StV 2009, 246 (250 f.).

647 BGH NJW 2011, 88 (93); s. auch *Fischer* § 266 Rn. 166; *Corsten* HRRS 2011, 247 (251).

2. Untreue durch mangelhafte Compliance

a) *Schutzzweckzusammenhang und Untreuetatbestand*

Ein weiteres interessantes Problem im Zusammenhang mit der sekundären Pönalisierung von Organisationsmängeln durch den Untreuetatbestand stellt sich, wenn man versucht, Vermögensbetreuungspflichten aus Compliance-Vorgaben abzuleiten bzw. allgemeiner gesagt, Compliance mit dem Untreuetatbestand zu verknüpfen. Die Frage, ob „Compliance" zu neuen Vermögensbetreuungspflichten für die Geschäftsleitung führt, kann unter zwei Gesichtspunkten gestellt werden: Erstens könnte sich eine Pflichtverletzung und daraus folgend ein Untreuerisiko aus dem vollständigen Unterlassen der Einführung eines Compliance-Systems ergeben. Wenn ein solches System und entsprechende Compliance-Vorgaben im Unternehmen bestehen, könnte zweitens ein Verstoß gegen diese Vorgaben ebenfalls eine Pflichtverletzung darstellen. Problematisch ist die Verknüpfung von Compliance und Untreue deshalb, weil die Untreue allein das Rechtsgut Vermögen schützt und „pervertiert" würde, wenn sie zur strafrechtlichen Sanktionierung von Verstößen gegen Compliance-Vorgaben „missbraucht würde".[648] Daher ist – wie stets bei der Untreue – nicht hinreichend, dass einfach irgendein Pflichtenverstoß durch den treupflichtigen Vorstand oder Geschäftsführer vorliegt, sondern die verletzte Pflicht muss gerade dem Schutz des Vermögens des Treugebers dienen, d.h. – mit anderen Worten – es muss ein hinreichender Schutzzweckzusammenhang bestehen.[649] Umstritten ist, wann diese Voraussetzung erfüllt ist. Der BGH hat z. B. einen Vermögensschutzzweck des § 119 Abs. 1 Nr. 1 BetrVG[650] sowie des § 25 PartG a.F.[651] oder europarechtlicher Beihilfevorschriften[652] verneint; das OLG Celle hat – dieser Rechtsprechung explizit folgend – einen Vermögensbezug des § 55 AO verneint.[653] Einen bloßen Legalitätsverstoß ausreichen zu lassen, kann vor dem Hintergrund des durch § 266 StGB zu schützenden Rechtsguts jedenfalls nicht überzeugen.[654] Dies gilt

---

648 So zutreffend *Schünemann* NStZ 2008, 430 (433).

649 *Schünemann* NStZ 2008, 430 (433 f.); *Michalke* StV 2011, 245 (250); *Corsten* HRR 2011, 247 (249); *Hoffmann*, Untreue und Unternehmensinteresse, 33; siehe auch noch die Nachweise aus Rechtsprechung, dazu sogleich.

650 BGH NJW 2011, 88 (91 f.) – Siemens/AUB.

651 BGH NJW 2011, 1747 (1749).

652 BGH NJW 2016, 2585 (2595).

653 OLG Celle, Beschluss v. 23.08.2012 – 1 Ws 248/12, BeckRS 2012, 20313, II.2.a)bb)(3) (insoweit in der Entscheidungsdarstellung bei *Jahn* JuS 2013, 179 ff. nicht abgedruckt).

654 So aber *Burger*, Untreue durch Sanktionen, 95 f.

insbesondere auch für einen Verstoß gegen die aktienrechtlichen Vorschriften der §§ 93, 116 AktG.[655] Es entscheidet hier vielmehr, ob die primär verletzte Rechtsnorm vermögensschützend ist, da die §§ 93, 116 AktG Vorschriften von erheblicher Unbestimmtheit und generalklauselartigem Charakter sind.[656] Es würde andernfalls dem Untreuetatbestand jegliche Kontur genommen und bei weniger gewichtigen Verstößen gegen selbst nicht strafbewehrte Normen vielfach auch die Ultima-Ratio-Funktion des Strafrechts missachtet.[657] Die Voraussetzungen eines ebenfalls vorgeschlagenen „mittelbaren" Vermögensbezugs[658] sind zu unklar, sodass sie schon im Hinblick auf Art. 103 Abs. 2 GG nicht überzeugen können.[659] Es ist daher ein unmittelbarer vermögensschützender Bezug der jeweiligen Regelung zu fordern.[660] Dies ist jedoch eine Frage des Schutzzwecks der einzelnen Regelung;[661] die Beantwortung der allgemeinen Frage, was Compliance bezweckt, hilft hierbei nicht weiter.[662]

Jedoch widerspricht es den arbeitsvertraglich geschuldeten Pflichten eines jeden (leitenden) Angestellten, Gelder des Unternehmens diesem zu unternehmensfremden, d.h. illegalen Zwecken zu entziehen oder dies zu dulden. Dies wird auch in den oben angesprochenen Entscheidungen explizit[663] oder implizit[664] geäußert; richtigerweise kann eine untreuerelevante Pflichtverletzung daher in den Fällen der Entziehung von Vermögensbestandteilen, wie im Falle schwarzer Kassen, zwar nicht mit der Verletzung von Vorschriften ohne Vermögensbezug begründet werden, sehr wohl sich aber aus Verstößen gegen andere denkbare (zivilrechtliche) Pflichten ergeben.[665]

---

655 BGH NJW 2011, 88 (92).

656 BGH NJW 2011, 88 (92) mit Verweis auf BVerG NJW 2010, 3209 (3213).

657 BGH NJW 2011, 88 (92).

658 Dafür *Rönnau* StV 2009, 246 (247); *Hoffmann*, Untreue und Unternehmensinteresse, 164.

659 *Brand/Sperling* AG 2011, 233 (239 f.); anders ohne nähere Erläuterung BGH NJW 2011, 88 (91).

660 *Jäger*, FS Otto, 593 (603 ff.).

661 S. auch *Zimmermann*, Strafbarkeitsrisiken durch Compliance, 136 ff.

662 S. aber *Michalke* StV 2011, 245 (250), die gerade diese Frage in dem vorliegenden Zusammenhang für klärungsbedürftig hält.

663 BGH NJW 2011, 88 (91 f.).

664 BGH NJW 2011, 1747 (1749).

665 So im Hinblick auf die CDU-Parteispendenaffäre auch *Jäger*, FS Otto, 593 (606); siehe auch jüngst BGH NJW 2013, 401 (403).

b) *Untreue aufgrund der Verletzung einer generellen „Compliance-Pflicht“?*

Würde das Unterlassen der Einführung eines Compliance-Systems eine Pflichtwidrigkeit im Sinne des Untreuetatbestandes begründen, so müsste hierfür zunächst eine (zivil)rechtliche Compliance-Pflicht i.S. des Bestehens einer Pflicht zu besonderen Compliance-Maßnahmen, die im Anschluss im Einzelnen zu benennen wären, bestehen. Denn im Sinne einer „asymmetrischen Akzessorietät“[666] des Untreuetatbestandes ist eine solche außerstrafrechtliche Pflichtverletzung zwar nicht hinreichende, aber notwendige Bedingung für eine untreuerelevante Pflichtverletzung.[667] Die Frage, ob eine allgemeine Compliance-Pflicht besteht, ist in der zivilrechtswissenschaftlichen Literatur umstritten.[668] Freilich geht es dabei nicht um die Frage, ob sich ein Unternehmen „compliant“ verhalten muss, also an das geltende Recht halten muss, sondern um die Frage, ob es diese allgemeine Bürgerpflicht zwingend organisiert absichern und kontrollieren muss. Diese letztgenannte Art von Compliance-Pflicht soll sich aus einer Reihe von auf alle möglichen Rechtsgebiete und wirtschaftlichen Branchen verteilten Spezialnormen, dem Gesellschaftsrecht,[669] insbesondere den §§ 76, 91 Abs. 2 und 93 AktG, und mittelbar aus § 130 OWiG im Wege einer Rechtsanalogie ergeben.[670] Das LG München I hat im Jahr 2013 entschieden, dass der Vorstand seinen aktienrechtlichen Organisationspflichten „bei entsprechender Gefährdungslage nur dann [genügt], wenn er eine auf Schadensprävention und Risikokontrolle angelegte Compliance-Organisation einrichtet (...).“[671] Der entscheidende Satzteil dürfte dabei aber „bei entsprechender Gefährdungslage“ sein, was wiederum bedeutet, dass auch das Landgericht keine grundsätzliche oder gar generelle Compliance-Pflicht annimmt, sodass sich diesbezüglich aus dem Urteil letztlich wenig Neues ergibt.[672] Die Annahme einer Compliance-Pflicht korrespondiert aus strafrechtlicher Sicht häufig mit rechtspolitischen Strafbarkeitsbedürfnissen (die zum Teil durch eine fehlende Unternehmensstrafe bedingt sind), dem Bedürfnis nach Kontrolle der Gefahrenquelle Unternehmen

---

666 *Theile* wistra 2010, 457 (459).

667 S. nur *Theile* wistra 2010, 457 (459) m.w.N.

668 Siehe nur die Übersicht bei Hauschka/Moosmayer/Lösler/*Hauschka/Moosmayer/Lösler*, Corporate Compliance, § 1 Rn. 30 ff.

669 S. *Reichert* ZIS 2011, 113 (115).

670 Siehe *Schneider* ZIP 2003, 645 (648 f.).

671 LG München I NZWiSt 2014, 183 (187).

672 S. nur *Rathgeber* NZWiSt 2014, 192 (193); *Wittig*, Wirtschaftsstrafrecht, § 6 Rn. 177.

durch den Staat bei nur begrenzten Möglichkeiten hierzu, und – sobald der Verdacht einer Straftat entsteht – der Entlastung der staatlichen Ermittlungsbehörden, die schon aufgrund ihrer finanziellen und personellen Ausstattung häufig nur schwerlich den Ermittlungsaufwand betreiben können, der bei Annahme einer Compliance-Pflicht einem Weltkonzern zugemutet werden kann bzw. wird („Internal" bzw. „Compliance Investigations"). Der Annahme einer allgemeinen Compliance-Pflicht ist jedoch zu entgegnen, dass spezielle Compliance-Regelungen nicht ausreichen, um eine allgemeine Rechtspflicht zur Compliance zu begründen, und dass im Gegenteil die Existenz von Spezialregelungen gerade belegen kann, dass eine allgemeine Compliance-Pflicht nicht besteht.[673] § 130 OWiG ist ferner eine Vorschrift, die dem Betriebsinhaber bzw. den an seiner statt handelnden Personen einen großen Beurteilungsspielraum darüber überlässt, welche Maßnahmen sie zur Erfüllung ihrer Überwachungspflichten ergreifen.[674] Die Beantwortung dieser Frage hängt nämlich von verschiedenen Faktoren, wie Größe des Unternehmens, Branche, Absatzmärkte und Internationalisierungsgrad des Unternehmens oder vorherige Verstöße, um nur einige zu nennen, ab und lässt sich nicht einheitlich für sämtliche Unternehmen bestimmen.[675] Eine allgemeine Compliance-Pflicht lässt sich daher nicht aus § 130 OWiG herauslesen.[676] Aus denselben Gründen ergibt sich auch aus den §§ 76, 93 AktG bzw. den §§ 35, 43 GmbHG keine allgemeine Compliance-Pflicht.[677] § 130 OWiG kann aber auch unabhängig davon ohnehin kein neues Risiko im Rahmen des § 266 StGB begründen. Dies liegt zwar nicht schon daran, dass ein Wertungswiderspruch entstehen könnte, wenn der nicht einschreitende Geschäftsherr sich nach § 266 StGB strafbar machen kann, der aktiv handelnde Arbeitnehmer aber möglicherweise nur eine Vertragsverletzung oder eine Ordnungswidrigkeit begangen hat,[678] denn dieses auf den ersten Blick erstaunliche Ergebnis kann immer dann eintreten, wenn nur der Unterlassende eine Vermögensbetreuungspflicht innehat. Dennoch kann sich aus einer Aufsichtspflichtverletzung nach OWiG keine Vermögensbetreuungspflichtverletzung ergeben, da § 130 OWiG das

---

673 Hauschka/Moosmayer/Lösler/*Hauschka/Moosmayer/Lösler*, Corporate Compliance, § 1 Rn. 31; *Theile* wistra 2010, 457 (459).

674 Siehe nur Göhler/*Gürtler* § 130 OWiG Rn. 10 ff.; *Theile* wistra 2010, 457 (459).

675 Hauschka/Moosmayer/Lösler/*Hauschka/Moosmayer/Lösler*, Corporate Compliance, § 1 Rn. 31; Göhler/*Gürtler* § 130 OWiG Rn. 10 ff.; siehe auch LG München I NZWiSt 2014, 183 (187).

676 *Momsen*, in: Momsen/Grützner, 76.

677 *Michalke* StV 2011, 245 (249) m.w.N.; anders aber wohl *Reichert* ZIS 2011, 113 (115).

678 S. *Grützner/Behr* DB 2013, 561 (565).

durch den vom jeweiligen Mitarbeiter konkret verletzten Straf- oder Bußgeldtatbestand verletzte Rechtsgut[679] und/oder die Ordnung im Betrieb[680] schützt, aber nicht das Vermögen des Unternehmens. § 130 OWiG scheidet damit als vermögensschützende Norm und Anknüpfungspunkt für eine Pflichtverletzung nach § 266 StGB aus.[681] Eine Untreuestrafbarkeit kann sich aber dann ergeben, wenn die pflichtwidrige Handlung und das Unterlassen i.S.d. § 130 OWiG bereits zu einem unmittelbaren Vermögensabfluss geführt haben.

Für Aktiengesellschaften wird teilweise der DCGK (siehe vor allem die Ziffern 3.4, 4.1.3, 4.1.4, 5.2 DCGK) bzw. § 91 Abs. 2 AktG zur Begründung einer Compliance-Pflicht angeführt.[682] Teilweise wurde schon vor den jüngsten Änderungen aus Ziffer 4.1.3 DCGK u.a. abgeleitet, dass Aktiengesellschaften einen Compliance Officer zu beschäftigen und unternehmensinterne Richtlinien zu erlassen haben.[683] Dies wurde mit der Änderung von Ziffer 4.1.3 DCGK im Jahr 2007 begründet, die danach lautete: „Der Vorstand hat für die Einhaltung der gesetzlichen Bestimmungen und der unternehmensinternen Richtlinien zu sorgen und wirkt auf deren Beachtung durch die Konzernunternehmen hin (Compliance)." Dennoch wird einer aus dem DCGK abgeleiteten Compliance-Pflicht mehrheitlich widersprochen.[684] Dies geschieht mit dem überzeugenden Hinweis auf die fehlende Rechtsnormqualität des Kodexes, der überwiegend als Mittel zur Selbstorganisation der Wirtschaft bzw. privates Regelwerk angesehen wird und daher bloßes sog. „soft law" darstellt.[685] Daher ist der DCGK auch nicht verpflichtend,[686] sondern es handelt sich um eine rein deklaratorische Wiedergabe geltenden Rechts sowie unverbindliche Stellungnahmen ohne inhaltliche Compliance-Pflichten.[687] Über Implementierung und die Reichweite des geltenden

---

679 Göhler/*Gürtler* § 130 OWiG Rn. 3a m.w.N.

680 So die zivilrechtliche Entscheidung BGH NJW 1994, 1801 (1803).

681 So zutreffend *Grützner/Behr* DB 2013, 561 (565); vgl. auch *Schünemann* NStZ 2008, 430 (433 f.); anders aber *Burger*, Untreue durch Sanktionen, 135 ff.; wohl auch *Bock*, Criminal Compliance, 349 (beachte aber auch zuvor S. 348).

682 S. z.B. *Bürkle* BB 2007, 1797 (1800 f.).

683 *Bürkle* BB 2007, 1797 (1799).

684 Siehe nur Hauschka/Moosmayer/Lösler/*Hauschka/Moosmayer/Lösler*, Corporate Compliance, § 1 Rn. 31; *Theile* wistra 2010, 457 (459); *Kindler*, in: Aspekte der Compliance-Diskussion, 1 (5 f.); *Zimmermann*, Strafbarkeitsrisiken durch Compliance, 102.

685 S. nur *Schlitt* DB 2007, 326; *Kindler*, in: Aspekte der Compliance-Diskussion, 1 (5) m.w.N.

686 S. § 161 AktG.

687 Hauschka/Moosmayer/Lösler/*Hauschka/Moosmayer/Lösler*, Corporate Compliance, § 1 Rn. 31.

Rechts entscheidet nicht die Regierungskommission Deutscher Corporate Governance Codex, sondern hierzu sind in einem Rechtsstaat allein der Gesetzgeber und die Gerichte berufen;[688] daraus folgen schon in Bezug auf die Begründung bloßer zivilrechtlicher Pflichten erhebliche Bedenken hinsichtlich des Gesetzesvorbehaltes (Art. 20 Abs. 3 GG) und des Demokratieprinzips (Art. 20 Abs. 2 S. 2 GG) sowie der vom Bundesverfassungsgericht entwickelten Wesentlichkeitstheorie.[689] Im Jahr 2017 erfuhr Ziffer 4.1.3 durch eine Erweiterung zwei weitere, präzisierende Sätze: „Er soll für angemessene, an der Risikolage des Unternehmens ausgerichtete Maßnahmen (Compliance Mangement Systeme) sorgen und deren Grundzüge offenlegen. Beschäftigten soll auf geeignete Weise die Möglichkeit eingeräumt werden, geschützt Hinweise auf Rechtsverstöße im Unternehmen zu geben; auch Dritten sollte diese Möglichkeit eingeräumt werden." Der Charakter dieser Sätze als bloße Empfehlungen macht aber schon deutlich, dass sich eine Compliance-Pflicht aus ihnen ebenfalls nicht ableiten lässt. Die Kommission hat mit dieser Neuerung ihre bisherige Zurückhaltung aufgegeben; es ist somit für die Zukunft daher sicher nicht mit einer Streichung der Ziffer 4.1.3 zu rechnen, aber auch eine (erneute) Erweiterung ist nicht zu erwarten.[690] Vor allem sind diese Sätze aber wie gesagt nur als Empfehlung ausgestaltet und zeigen gerade, dass eine Compliance-Pflicht nicht besteht, sodass sich an der bisherigen Einschätzung nichts ändert. Auch ein Hinweis auf das private Rechnungsauslegungsgremium nach § 342 HGB hilft in diesem Zusammenhang nicht weiter, gelten dort doch die nämlichen Bedenken.[691] Eine allgemeine Compliance-Pflicht lässt sich dem DCGK folglich nicht entnehmen.

Nach dem durch das Gesetz zur Kontrolle und Transparenz im Unternehmensbereich (KonTraG)[692] 1998 in das Aktienrecht eingeführten § 91 Abs. 2 AktG hat der Vorstand einer Aktiengesellschaft die Pflicht, geeignete Maßnahmen zu treffen, insbesondere ein Überwachungssystem einzurichten, damit den Fortbestand der Gesellschaft gefährdende Entwicklungen früh erkannt werden. Diese Norm hat zudem nach h.M. auch Ausstrahlungswirkung auf andere Gesellschaften, insbesondere auf die GmbH, sodass § 91 Abs. 2 AktG auch auf diese anzuwenden sei.[693] Eine Verletzung dieser Norm wird aber nicht mit Strafe oder Geldbuße bedroht, wohl auch, um die Beurteilungs- und Ermessensspielräume

---

688 *Kindler*, in: Aspekte der Compliance-Diskussion, 1 (6).

689 Bedenken bspw. bei *Hüffer/Koch* § 161 Rn. 4.

690 *Kremer/Bachmann*/Lutter/v. Werder, Rn. 817a.

691 Siehe *Hüffer/Koch* § 161 Rn. 5.

692 BGBl. I, 786 ff.

693 *Michalke* StV 2011, 245 (248) m.w.N.

der Geschäftsleitung nicht allzu sehr einzuengen.[694] Schon dies deutet darauf hin, dass die Norm zur Begründung einer umfassenden Untreuestrafbarkeit von fehlender Compliance nicht taugt. Ferner ist (inzwischen) auch im Gesellschaftsrecht die Auffassung vorherrschend, dass die Unternehmensleitung nur Maßnahmen zur Früherkennung hinsichtlich bestandsgefährdender Risiken zu treffen hat, nicht aber zu einem generellen Risiko- oder gar Compliance-Management verpflichtet wird.[695] Ein Verzicht auf jegliche Maßnahmen nach § 91 Abs. 2 AktG, der dazu führt, dass entsprechende Risiken zu spät erkannt werden, begründet jedoch eine Pflichtverletzung i.S.d. § 266 StGB.[696] Freilich ist dann noch zur Begründung einer Strafbarkeit ein daraus resultierender Vermögensnachteil erforderlich.

Abschließend sei darauf hingewiesen, dass mit der Verabschiedung des § 142 VAG eine Norm geschaffen worden ist, welche die Verletzung von Pflichten des Risikomanagements unter bestimmten weiteren Voraussetzungen, namentlich wenn die Bundesanstalt dem Täter durch Anordnung die Beseitigung des Verstoßes aufgegeben hat, der Täter dieser vollziehbaren Anordnung zuwiderhandelt und hierdurch die Zahlungsunfähigkeit oder die Überschuldung des Unternehmens herbeiführt, für die Versicherungsbranche durch einen Sondertatbestand unter Strafe stellt.[697] Für Finanzinstitute findet sich in § 54a KWG[698] eine hinsichtlich der Strafbarkeit von Pflichtverletzungen bezüglich des Risikomanagements vergleichbare Regelung.[699]

---

694 *Windolph* NStZ 2000, 522 (523).

695 *Zimmermann*, Strafbarkeitsrisiken durch Compliance, 103 f.; s.a. *Michalke* StV 2011, 245 (248).

696 *Michalke* StV 2011, 245 (248); *Windolph* NStZ 2000, 522 (524); *Bock*, Criminal Compliance, 350; *Mosiek* wistra 2003, 370 (374); *Brand/Sperling* AG 2011, 233 (244); zurückhaltender *Theile* wistra 2010, 457 (461); anders MüKo²-StGB/*Dierlamm* § 266 Rn. 197.

697 Siehe Art. 4 des Gesetzes zur Abschirmung von Risiken und zur Planung der Sanierung und Abwicklung von Kreditinstituten und Finanzgruppen (RiskAbschG) v. 07.08.2013, BGBl. I, S. 3090 m.W.v. 02.01.2014.

698 Siehe Art. 3 des Gesetzes zur Abschirmung von Risiken und zur Planung der Sanierung und Abwicklung von Kreditinstituten und Finanzgruppen (RiskAbschG) v. 07.08.2013, BGBl. I, S. 3090 m.W.v. 02.01.2014.

699 Siehe dazu 2. Kapitel: IV.

c) *Untreue durch Verletzung von Vorschriften des DCGK*

Es lässt sich somit festhalten, dass es eine allgemeine Compliance-Pflicht nicht gibt, und sich daher aus dem Fehlen einer Compliance-Organisation bzw. von Compliance-Vorgaben auch keine generelle Untreuestrafbarkeit ergeben kann. Eine andere Frage ist aber, ob sich aus Verstößen gegen bestehende Compliance-Vorgaben eine Untreuestrafbarkeit ergeben kann.[700] Hierbei könnte man zunächst an Verstöße der Geschäftsleitung gegen die Regelungen des bereits angesprochenen DCGK denken. Dazu müsste der DCGK aber zunächst einmal wirksame Pflichten begründen können, diese Pflichten müssten vermögensschützend sein und ihre Verletzung schließlich eine Verletzung der Vermögensbetreuungspflicht i.S.d. § 266 StGB begründen können.[701]

Zunächst stellt sich also die Frage, inwieweit aus dem DCGK Pflichten erwachsen, die die Pflichten der Geschäftsleitung aus §§ 76, 93 AktG konkretisieren. Hierbei ist zu bedenken, dass der DCGK zwischen der Wiedergabe gesetzlicher Vorschriften, Anregungen („sollte") und Empfehlungen („soll") unterscheidet,[702] nur die Empfehlungen aber von der Entsprechungserklärung nach § 161 AktG erfasst sind und ihnen daher eine besondere Bedeutung zukommt.[703] Jedoch begegnen der Heranziehung des DCGK zur Bestimmung von Pflichten der Geschäftsleitung und erst recht zu einer strafbarkeitsbegründenden Wirkung verschiedene Bedenken, die insbesondere daraus resultieren, dass es sich beim DCGK nicht um ein formelles Parlamentsgesetz handelt. Denkbar ist daher von vornherein lediglich, dass sich aus den Regelungen des DCGK Verhaltensnormen ergeben, die durch den Tatbestand der Untreue „als Sekundärnorm flankiert" werden.[704]

Die exakte Rechtsnatur des Kodexes ist bislang nicht abschließend geklärt worden.[705] Daher gibt es insbesondere Bedenken wegen eines Verstoßes gegen das Demokratieprinzip: Es könne nicht Aufgabe einer demokratisch nicht hinreichend legitimierten, weil von der Exekutive eingesetzten Kommission sein, allgemeine Leitlinien über zivilrechtliche oder gar strafrechtliche Haftungsvoraussetzungen zu verfassen, so oder ähnlich die These.[706] Richtig ist, dass

700 Bejahend z.B. *Keßler*, Coporate Governance, 434 ff.
701 S. *Schünemann* NStZ 2008, 430 (433 f.).
702 Siehe die Präambel des DCGK.
703 *Schlösser/Dörfler* wistra 2007, 326 (327 f.); *Hüffer/Koch* § 161 Rn. 3.
704 Siehe *Wagner*, Akzessorietät, 304.
705 *Wagner*, Akzessorietät, 305.
706 Siehe nur *Hüffer/Koch* § 161 Rn. 25 ff.

die Vorschriften des DCGK weder unmittelbar noch mittelbar Gesetzeskraft haben;[707] daraus wird geschlussfolgert, dass sie auch sonst keine über die Entsprechungserklärung nach § 161 AktG hinausgehende rechtliche Relevanz hätten.[708] Insbesondere enthalte der Kodex keine Vermutung der Pflichtwidrigkeit, wenn von den Anforderungen des Kodexes abgewichen wird.[709] Zu bedenken ist in der Tat, dass Wertungen, die sich aus dem Gesetz ergeben, nicht einfach durch den DCGK ausgehöhlt werden dürfen. Dies gilt zum Beispiel für einen Verstoß gegen das in Ziffer 4.3.2 enthaltene Verbot, Zuwendungen o.ä. anzunehmen, was zu einer Verschärfung der Voraussetzung der Untreue führen kann und daher auf den ersten Blick durchaus Anlass zu Skepsis bietet.[710] Gegen diese Einwände ist jedoch zu Recht eingewandt worden, dass § 161 AktG eine hinreichende Rechtsgrundlage für die Schaffung des Kodexes darstellt, der dann über andere Vorschriften rezipiert werden könne.[711] Ferner handelt die Regierungskommission Deutscher Corporate Governance Kodex nicht im „luftleeren" (privaten) Raum, sondern ist hinreichend demokratisch legitimiert: So wird die Kommission unmittelbar durch Mitglieder der Bundesregierung eingesetzt, der Kodex wird öffentlich durch die Regierung anerkannt, die Kommission verwendet mit Billigung der Regierung ferner den Bundesadler, was üblicherweise nur staatlichen Stellen vorbehalten ist und schließlich wirkt das Justizministerium auf die inhaltliche Ausgestaltung des Kodexes ein und prüft diesen inhaltlich vor seiner Veröffentlichung im Bundesanzeiger.[712] Dieser staatliche Einfluss gewährleistet eine hinreichende demokratische Legitimation, um den Kodex jedenfalls zur Ausfüllung von Öffnungsklauseln heranziehen zu können.[713] Dies gilt erst recht, wenn man bedenkt, dass im Übrigen sogar (mündliche) Abreden zwischen zwei privaten Parteien genügen, um eine Vermögensbetreuungspflicht(verletzung) zu konkretisieren.

Das gefundene Ergebnis gilt ebenso für anderweitige Richtlinien, die Unternehmen im Rahmen einer verbandsinternen Selbstregulierung übernehmen.

---

707 *Schlitt* DB 2007, 326.

708 *Hüffer/Koch* § 161 Rn. 25 ff.; anders *Bock*, Criminal Compliance, 350; *Schlitt* DB 2007, 326 (327, 330); *Keßler*, Coporate Governance, 424 ff.; nur „unter Vorbehalt" *Grützner/Behr* DB 2013, 561 (565).

709 So *Ringleb*/Kremer/Lutter/v. Werder Rn. 72 (5. Auflage); anders *Keßler*, Coporate Governance, 427 f.

710 Anders aber im Ergebnis zur Recht *Keßler*, Coporate Governance, 436 f.

711 *Wagner*, Akzessorietät, 306.

712 *Wagner*, Akzessorietät, 306.

713 *Wagner*, Akzessorietät, 306.

Selbiges gilt im Übrigen auch dann, wenn Regelungen des Kodexes in die Satzung der Gesellschaft (vgl. § 82 Abs. 2 AktG), in die – gesetzlich (siehe § 77 Abs. 2 AktG) vorgesehene – Geschäftsordnung des Vorstandes, in eine Betriebsvereinbarung oder in einen Dienstvertrag aufgenommen werden, da sich die Vorgaben des Kodexes so erst recht zu rechtlich bindenden Pflichten wandeln.[714] Bei alledem ist zu bedenken, dass sich der DCGK auch zu Gunsten der Geschäftsleitung auswirken kann: So kann auch die Einhaltung von Vorschriften des DCGK als Indiz für die Pflichtgemäßheit eines bestimmten Verhaltens gewertet werden, sodass in dem hier behandelten Kontext eine Untreuestrafbarkeit ausscheiden könnte.[715]

Das Vorstehende gilt natürlich insbesondere, wenn eine Entsprechenserklärung nach § 161 AktG für die einschlägige Vorschrift abgegeben wurde.[716] Der 2002 eingefügte und durch das Bilanzrechtsmodernisierungsgesetz 2009 erweiterte § 161 Abs. 1 S. 1 AktG verlangt vom Vorstand und Aufsichtsrat einer börsennotierten Gesellschaft eine jährliche Erklärung darüber, ob den Empfehlungen des DCGK entsprochen wurde oder wird und eine Begründung dafür, warum dies im konkreten Einzelfall ggf. nicht geschah („comply or explain").

Freilich entbindet das bisher Gesagte nicht davon, dass auch die weiteren Voraussetzungen der Untreue vorliegen müssen. Insbesondere der schon angesprochene notwendige „Vermögensbezug" einer DCGK-Pflicht wird in jedem konkreten Einzelfall zu untersuchen sein. Laut Präambel soll der Kodex vornehmlich „das deutsche Corporate Governance System transparent und nachvollziehbar machen." Er will ferner „das Vertrauen der internationalen und nationalen Anleger, der Kunden, der Mitarbeiter und der Öffentlichkeit in die Leitung und Überwachung deutscher börsennotierter Gesellschaften fördern." Letztlich bezweckt der Kodex also eine „Verbesserung der Qualität der Unternehmensführung durch kritische Befassung mit der eigenen Corporate Governance".[717] Jedoch ist eine gute Unternehmensführung kein Selbstzweck, sodass bei entsprechend weitem (und falschem) Verständnis stets irgendwie ein mittelbarer Vermögensbezug gefunden werden kann. Ziffer 4.3.2 DCGK, der Vorstandsmitgliedern und Mitarbeitern die Annahme von Zuwendungen oder sonstigen Vorteilen im Zusammenhang mit ihrer Tätigkeit untersagt, will zumindest mittelbar verhindern, dass die Unternehmensleitung – möglicherweise

714 S.a. MüKo-AktG/*Spindler* § 93 Rn. 31.
715 Siehe auch *Francuski*, Prozeduralisierung, 391 ff.
716 Vgl. *Wagner*, Akzessorietät, 306.
717 *Schlitt* DB 2007, 326.

vermögensrelevante – Entscheidungen aufgrund sachfremder Erwägungen trifft. Gleichzeitig geht es aber mittelbar auch darum, einer engeren Voraussetzungen unterliegenden Korruptionsstrafbarkeit bereits in einem sehr frühen Stadium vorzubeugen, also letztlich um den Schutz öffentlicher Interessen. Gleichermaßen bleibt auch der letzte Zweck von Ziffer 4.1.3 DCGK, die vom Vorstand die Sorge für die Einhaltung der gesetzlichen Bestimmungen und unternehmensinternen Richtlinien im Unternehmen und deren Beachtung im Konzern verlangt, unklar. Es kann gleichermaßen um einen Vorfeldschutz hinsichtlich drohender Straftaten und Ordnungswidrigkeiten oder die Ordnung im Unternehmen gehen, auch wenn die Vorschrift an sich die reine Wiedergabe der gesetzlichen Pflicht beinhalten soll. Dass dies alles auch mittelbar vermögensbezogen sein mag, stellt wie gezeigt noch keinen i.S.d. Untreuetatbestandes hinreichenden Vermögensbezug her. Ob ein hinreichender Vermögensbezug vorliegt, ist auch bei anderen Vorschriften nicht eindeutig. So verlangt Ziffer 5.2 Abs. 3 (vgl. auch Ziffer 3.4) einen regelmäßigen Austausch zwischen Vorstand und Aufsichtsrat über die Risikomanagementstrategie, in der seit 2012 geltenden Fassung sogar über die Compliance. Auch hier drängt sich die Frage auf, ob aus solchen formalen Pflichten ein hinreichender Vermögensbezug hergeleitet werden kann.[718] Eine wiedergegebene gesetzliche Regelung, die jedoch deutlich verschärft wurde, beinhaltet hingegen Ziffer 4.1.4 DCGK, die – anders als § 91 Abs. 2 AktG – ein über die bloße Bestandssicherung hinausgehendes, angemessenes Risikomanagement und Risikocontrolling im Unternehmen verlangt. Wenigstens hier ließe sich ein Vermögensbezug erkennen; jedoch haben die Autoren des DCGK eine derartige Verschärfung nicht gewollt, sodass gewichtige Gründe einer aus Ziffer 4.1.4 entnommenen, verschärften Kontrollpflicht entgegenstehen.[719] Dies gilt zwar nicht für das Beispiel[720] eines Verstoßes gegen die Selbstbehaltvereinbarung zwischen Aufsichtsrat und Vorstand beim Abschluss einer D&O-Versicherung für den Aufsichtsrat (Verstoß gegen Ziffer 3.8 Abs. 3 DCGK), der bereits eine Untreuestrafbarkeit begründen kann. Jedoch müssen wir uns mit diesem Beispiel nicht näher beschäftigen, da dieses zwar einen Untreuebezug, aber keinen Bezug mehr zur Frage der mittelbaren Pönalisierung von Überwachungspflichtverletzungen der Geschäftsleitung aufweist. Selbiges gilt auch für Ziffer 4.2.3 des DCGK, die sich mit der Vergütung des Vorstandes befasst und zweifellos einen klar erkennbaren Vermögensbezug aufweist.[721]

---

718 Im Ergebnis bejahen dies *Schlösser/Dörfler* wistra 2007, 326 (330).

719 Siehe auch *Schlösser/Dörfler* wistra 2007, 326 (330).

720 Siehe *Schlitt* DB 2007, 326 (330).

721 *Schlösser/Dörfler* wistra 2007, 326 (330 f.).

d) Untreue durch Verletzung interner Compliance-Vorschriften

Schon aus dem Wortlaut des § 266 ergibt sich zwanglos, dass Vermögensbetreuungspflichten auch durch einen Vertrag begründet werden können. Die Frage, ob die Begründung von Vermögensbetreuungspflichten dadurch möglich ist, dass man entsprechende Regelungen in unternehmensinterne Compliance-Richtlinien („code of conduct"/„code of ethics") aufnimmt, stellt sich natürlich auch unabhängig vom DCGK. Auch die Rechtsprechung hat im Fall Siemens/Enel zur Begründung einer Pflichtverletzung auf die durch die internen Compliance-Vorgaben von Siemens begründeten Vermögensbetreuungspflichten verwiesen.[722]

In diesem Zusammenhang ist ferner eine jüngere Entscheidung des 1. Strafsenats des Bundesgerichtshofs zu falschen Rechenschaftsberichten der CDU Deutschland infolge von fehlerhaften Berichten der Kölner CDU von Interesse.[723] Der Senat hat in seiner Entscheidung zunächst festgestellt, dass die einschlägige parteienrechtliche Vorschrift des § 25 PartG a.F. keinen Vermögensschutz bezweckt und dass diese Norm daher als Anknüpfungspunkt für eine untreuerelevante Pflichtverletzung ausscheidet.[724] Direkt im Anschluss führt der Senat jedoch aus, dass durch die Aufnahme der wesentlichen Aspekte des § 25 PartG a.F. in einen Leitfaden zum Abrechnungsbuch für kommunale CDU-Verbände mit dem Hinweis auf eventuelle finanzielle Nachteile für die Partei infolge der Sanktionierung von unrichtigen Rechenschaftsberichten durch den Präsidenten des Deutschen Bundestages eine Vermögensbetreuungspflicht begründet werden könne.[725]

Gegen die Annahme der Begründung einer Vermögensbetreuungspflicht durch die Aufnahme einer gesetzlichen Vorschrift in die Satzung der Gesellschaft, die Geschäftsordnung des Vorstandes oder unternehmensinterne Compliance-Richtlinien spricht auf den ersten Blick, dass nicht einleuchtet, warum durch die – im Wesentlichen – bloße Wiederholung einer gesetzlichen Vorschrift in einer Richtlinie aus einer nicht vermögensschützenden gesetzlichen

---

722 LG Darmstadt, Urteil vom 14.05.2007 – 712 Js 5213/04 – 9 KLs, Rn. 149; hinsichtlich einer abgelehnten Einwilligung der Unternehmensleitung in die Bildung und das Betreiben der schwarzen Kassen durch Compliance-Richtlinien auch BGH NJW 2009, 89 (91).

723 BGH NJW 2011, 1747 ff.

724 BGH NJW 2011, 1747 (1749).

725 BGH NJW 2011, 1747 (1749); nochmals vom Senat bestätigt in der erneuten Revision in demselben Fall, s. BGH NJW 2012, 3797 (3798); ebenso entschieden vom 3. Senat in BGH wistra 2015, 311 (318).

Vorschrift eine vermögensschützende nicht gesetzliche Vorschrift werden soll.[726] Vielmehr sollte es – wenn überhaupt – auch hier auf den Vermögensbezug der einzelnen Vorschrift ankommen.[727] Durch die bloße „Förmelei" einer Wiederholung wird eine Norm jedenfalls nicht „vermögensschützender".[728]

Eine Vermögensbetreuungspflicht durch über den Gesetzeswortlaut hinausgehende Regelungen kann im Ergebnis dennoch aber auf dem in § 82 Abs. 2 AktG genannten Wege, also z.B. durch Aufnahme von Vorgaben in die Satzung der Gesellschaft[729], in die Geschäftsordnung des Vorstandes oder in die unternehmensinternen Compliance-Richtlinien entstehen. Allerdings ist hier, wie soeben dargelegt und wie bei einer gesetzlichen Vorschrift auch, ein Vermögensbezug zu verlangen.[730] Nur am Rande sei erwähnt, dass eine über einen Satzungsverstoß mit Vermögensbezug hinausgehende – wie auch immer geartete – „gravierende Pflichtverletzung" nicht erforderlich ist.[731] Etwas anderes ergibt sich auch nicht aus der Grundsatzentscheidung des Bundesverfassungsgerichts[732] zur Untreue.[733] Denn schon vor dem Urteil des Bundesverfassungsgerichts hat *Schünemann*[734] überzeugend dargelegt, dass den Entscheidungen des 1. Strafsenats und ihren Interpretationen ein fehlerhaftes Verständnis der „gravierenden Pflichtverletzung" als erhöhte strafrechtliche Anforderung an die Treuepflichtverletzung zu Grunde gelegen hat, da es sich in Wahrheit um an anderer Stelle (unternehmerische Ermessensentscheidung[735] bzw. Zurechnungszusammenhang zwischen Pflichtverletzung und Schaden) zu verortende Probleme des Untreuetatbestandes handelt bzw. ein dem Wortlaut des § 266 widersprechendes zusätzliches Erfordernis aus den Entscheidungen nicht herausgelesen werden

---

726 *Brand* NJW 2011, 1751 (1752).

727 So auch *Hillenkamp* NStZ 1981, 161 (166); *Brand* NJW 2011, 1751 (1752); *ders./Sperling* AG 2011, 233 (237, 239) m.w.N. auch zur Gegenansicht; bei jedem Satzungsverstoß eine Pflichtwidrigkeit annehmen wollen hingegen z.B. BGH NJW 1975, 1234 (1235); *Ransiek* StV 2009, 321.

728 *Brand* NJW 2011, 1751 (1752).

729 So zum Beispiel in OLG Braunschweig, NJW 2012, 3798 (3800).

730 So zum Beispiel die Satzung der Aktiengesellschaft in der Entscheidung OLG Braunschweig NJW 2012, 3798 (3799), die eine genaue Vergütungsregelung für die Mitglieder des Aufsichtsrats beinhaltete.

731 So aber ausdrücklich BGH NJW 2000, 2364 ff.; NJW 2002, 1211 ff.

732 BVerfG NJW 2010, 3209 (3215).

733 Anders, aber unzutreffend OLG Hamm NStZ-RR 2012, 374 f.

734 *Schünemann* NStZ 2005, 473 (475 f.); zuletzt *ders.* ZIS 2012, 183 (191).

735 So jedenfalls im Ergebnis auch BGH wistra 2017, 148 (150).

kann.[736] Aber auch schon unabhängig davon hat das BVerfG sich lediglich mit der gegenwärtigen Restriktion des Untreuetatbestandes – als einer von vielen möglichen – auseinandergesetzt, diese Art der Restriktion aber keinesfalls als einzig richtige „in Stein gemeißelt“, und das schon allein, weil es damit seine Kompetenzen überschritten hätte.

Gegen die Heranziehung von Compliance-Richtlinien zur Begründung eines strafrechtlichen Unrechts wird beispielsweise eingewandt, dass ihnen die Legitimation durch eine gesetzliche Erwähnung wie in § 82 Abs. 2 AktG fehle. Normkonkretisierungen durch die Exekutive oder Judikative sind jedenfalls mittelbar demokratisch legitimiert, während dies bei unternehmensinternen Richtlinien zweifellos nicht der Fall ist.[737] Zudem ist zu bedenken, dass „Compliance“ gerade der Verhinderung von Straftaten dienen soll, also präventiv auf die Vermeidung zukünftiger Vergehen gerichtet ist.[738] Wenn nun aber gleichzeitig durch die Einführung von Compliance-Vorgaben neue Strafbarkeitsrisiken entstünden, erscheint dies tatsächlich auf den ersten Blick „paradox“.[739]

Ferner ist zu beachten, dass unternehmensinterne Richtlinien in der Regel und überwiegend einseitig vom Unternehmen gesetzt werden und daher die Gefahr besteht, dass in ihnen aufgrund des in der Regel zwischen Arbeitgeber und Arbeitnehmer bestehenden „Machtgefälles“ nur die Interessen des Ersteren hinreichend berücksichtigt werden, während auf Letzteren die Verantwortung delegiert wird und er entsprechend in den Fokus rückt, wenn etwas im Unternehmen „schief geht“.[740] Da Richtlinien dem Wohl des Unternehmens dienen sollen, besteht zudem die Gefahr, dass sie infolge eines immer weiteren „Optimierungsdrangs“ zunehmend übertrieben perfektionistische Regelungen enthalten, um sicherzustellen, dass das Unternehmen in jedem Fall auf der strafrechtlich „sicheren Seite“ ist; durch derartige überobligatorische Anstrengungen könnte es zudem zu einer bedenklichen Vermengung von ethischen und rechtlichen Kriterien kommen.[741] Dies wiederum könnte auch die dem Strafrecht immanente Wortlautgrenze des Art. 103 Abs. 2 GG gefährden. Im Extremfall könnte es zu einer schädlichen Entwicklung kommen, wenn die in den

---

736 Siehe auch *Bittmann* wistra 2017, 121 ff. (123); *Klose* NZWiSt 2018, 11 (14).

737 *Theile*, in: Hdb. CC § 34 Rn. 28.

738 *Michalke* StV 2011, 245 (251).

739 *Michalke* StV 2011, 245 (251) Fn. 61 unter Verweis auf *Klaus Lüderssens* Vortrag auf dem Strafverteidiger-Symposium „Wirtschaftsstrafrecht“, welches am 05.11.2010 an der Frankfurter Johann-Wolfgang-Goethe-Universität stattgefunden hat.

740 *Theile*, in: Hdb. CC § 34 Rn. 29.

741 *Theile*, in: Hdb. CC § 34 Rn. 30 f.

Richtlinien genannten Vorgaben unreflektiert in das Strafrecht übernommen werden und dies von den Unternehmen zum Anlass genommen wird, noch strengere Vorgaben in den Compliance-Richtlinien festzulegen („Safe-harbour-Regelungen"), die dann gleich einem Teufelskreis wiederum unreflektiert in das Strafrecht übernommen werden.[742]

Daher leuchtet es ohne Weiteres ein, dass Compliance-Richtlinien jedenfalls nicht unbesehen im Maßstab „eins zu eins" ins Strafrecht übernommen werden können; dies gilt sowohl für ihre belastenden als auch für ihre entlastenden Regelungen bzw. die jeweiligen situativen Kontexte, in denen sie greifen sollen.[743] Die finale Klärung der Frage der Gültigkeit bzw. Anwendbarkeit von Richtlinien, ihrer hinreichenden Bestimmtheit und ob und wieweit unternehmensinterne Regelungen im konkreten Einzelfall bei der Ausfüllung von einzelnen Tatbestandsmerkmalen (vor allem der Pflichtwidrigkeit im Rahmen des hier besprochenen Untreuetatbestandes) Berücksichtigung finden, obliegt aber in einem Rechtsstaat ausschließlich den zuständigen Gerichten.[744] In diesem Rahmen soll der Wirkkraft unternehmensinterner Richtlinien dann allerdings auch bestmöglich Geltung verschafft werden: Andernfalls blieben sowohl die ernsthaften Bemühungen zahlreicher Unternehmen um ein gutes Compliance-Mangement zu Unrecht unberücksichtigt und man würde zahlreichen Angestellten eine (freilich im Einzelfall möglicherweise auch trügerische) Orientierungshilfe und damit im Berufsalltag eine gewisse Sicherheit nehmen.[745]

Unternehmensinterne Richtlinien, wie ein „code of conduct" oder sonstige Compliance-Richtlinien, haben daher die Fähigkeit, Vermögensbetreuungspflichten zu begründen, wenn sie einen Vermögensbezug aufweisen.[746] Dies ergibt sich im Übrigen auch daraus, dass es kein Widerspruch ist, dass die Erfüllung zivilrechtlicher Pflichten zu strafrechtlicher Verantwortlichkeit führt, da die zivilrechtliche Pflichterfüllung und die strafrechtliche Verantwortlichkeit auf verschiedenen Ebenen (Vorstand auf der einen und Arbeitnehmer auf der anderen Seite) entstehen.[747]

742 *Kuhlen*, in: Maschmann, Corporate Compliance und Arbeitsrecht, 11 (26); *Theile*, in: Hdb. CC § 34 Rn. 31.

743 *Theile*, in: Hdb. CC § 34 Rn. 32

744 *Theile*, in: Hdb. CC § 34 Rn. 33.

745 So auch *Theile*, in: Hdb. CC § 34 Rn. 35.

746 So auch ohne nähere Erläuterung die Vorinstanz im Siemens-Enel-Verfahren, LG Darmstadt, Urteil vom 14.05.2007 – 712 Js 5213/04 – 9 KLs, Rn. 149; siehe auch die Schilderung bei *Rosinus*, Compliance in der Praxis, 190 f.; skeptisch aber MüKo^{2}-StGB/*Dierlamm* § 266 Rn. 194 m.w.N.

747 So A/R/R/*Rotsch* Teil 1 Kap. 4 Rn. 56.

In der Praxis werden Compliance-Richtlinien zumeist bedauerlicherweise als Verhaltensrichtlinien für Mitarbeiter unterhalb der obersten Geschäftsleitung ausgestaltet sein. Dies ändert jedoch auch für derartige Konstellationen an dem gefundenen Ergebnis nichts, da die Richtlinien dennoch auch für den Vorstand ein Strafbarkeitsrisiko im Bereich der Untreue begründen können. Denn könnten nachgeordnete Mitarbeiter eine Vermögensbetreuungspflichtverletzung bzw. eine Untreue begehen, indem sie gegen Compliance-Richtlinien verstoßen, so müsste die Geschäftsleitung – nimmt sie Compliance ernst – sie an einem solchen Verhalten hindern. Tut sie dies nicht, läuft sie selbst Gefahr, wegen einer Untreue (durch Unterlassen) oder einer Aufsichtspflichtverletzung nach § 130 OWiG ins Visier der Strafverfolger zu geraten.

Allerdings ist auch zu bedenken, dass der Untreuetatbestand restriktiv zu interpretieren ist und daher die verletzten Pflichten grundsätzlich Hauptpflichten sein müssen.[748] Dies ist deshalb relevant, da in Compliance-Richtlinien oft Nebenpflichten normiert werden, die nicht untreuerelevant sein können.[749] Auch bedarf es stets einer gewissen Eigenverantwortlichkeit des Täters, was gewiss nicht bei jedem Angestellten der Fall sein wird.[750]

Eine Untreuerelevanz wird zudem häufig fehlen, da Compliance-Vorschriften nicht selten eine ethische Zielrichtung haben und der Vermögensbezug folglich zumindest nicht mit der notwendigen Unmittelbarkeit gegeben ist. Dies gilt natürlich auch dann, wenn die Richtlinien nur ein (nicht dem Schutz des Vermögens dienendes) Gesetz wiedergeben. So wird beispielsweise eine Untreuestrafbarkeit wegen Verstoßes gegen IT-Compliance-Vorgaben regelmäßig ausscheiden, denn diese haben grundsätzlich keinen hinreichenden Vermögensbezug.[751]

Im Fall Siemens/Enel durften die Compliance-Richtlinien im Ergebnis – wie geschehen[752] – zur Begründung einer Untreuestrafbarkeit herangezogen werden. Erst recht strafbarkeitsbegründend können Compliance-Richtlinien ferner werden, wenn sie nicht nur in wenigen Unternehmen gelten, sondern sich durch eine generelle Praxis eine Branchenüblichkeit herauskristallisiert, die in der Lage ist,

---

748 Siehe nur *Theile*, in: Hdb. CC § 34 Rn. 25 m.w.N.

749 *Theile*, in: Hdb. CC § 34 Rn. 25 m.w.N.

750 Siehe nur *Theile*, in: Hdb. CC § 34 Rn. 25 m.w.N.

751 Dazu Hauschka/Moosmayer/Lösler/*Schmidl* § 28 Rn. 151 ff., der ein Untreuerisiko im Bereich der IT-Compliance ausmacht, ohne das Problem des Vermögensbezuges und die Annahme eines Vermögensnachteils ausreichend zu problematisieren.

752 LG Darmstadt, Urteil vom 14.05.2007 – 712 Js 5213/04 – 9 KLs, Rn. 149; BGH NJW 2009, 89 (91).

die Grenze einer Pflichtwidrigkeit zu bestimmen.[753] Für den subjektiven Tatbestand relevant sind wiederum auch einzelne Compliance-Richtlinien: Liegt der objektive Untreuetatbestand – unabhängig von unternehmensinternen Richtlinien – erst einmal vor, kann die Bekanntmachung der Richtlinien im Unternehmen ein Indiz für ein vorsätzliches Verhalten darstellen;[754] dies zu beurteilen bleibt freilich eine Einzelfallentscheidung. Betont sei an dieser Stelle noch einmal, dass Compliance-Richtlinien auch eine Strafbarkeit entfallen lassen können, bspw. indem sie ein tatbestandsausschließendes Einverständnis enthalten, das die Pflichtwidrigkeit der Untreue entfallen lässt[755] oder zu einer (den Vorsatz ausschließenden) Gutgläubigkeit des jeweiligen Angestellten führen; freilich gilt auch hier, dass in Ausnahmefällen auch bei Einhaltung von Compliance-Richtlinien eine Strafbarkeit gegeben sein kann, was sowohl in der (ersichtlichen) Unzulänglichkeit der Richtlinie als auch in besonderen Umständen des jeweiligen Sachverhaltes begründet liegen kann.[756]

3. Untreuerisiken durch Geldbußen und Schadensersatzforderungen gegen das Unternehmen sowie weitere „mittelbare" Beeinträchtigungen

Sowohl für die oben angesprochene Konstellation der Auszahlung von Bestechungsgeldern als auch für die Fälle, in denen sich aus der Verletzung von sog. „Compliance-Pflichten" eine Pflichtverletzung i.S.d. § 266 ergibt, stellt sich die Frage, ob sich durch die Verursachung von Geldbußen (§ 30 OWiG i.V.m. § 17 Abs. 4 OWiG), einer Einziehung des Wertes von Taterträgen (§§ 73 ff. StGB, 29a OWiG) oder von Schadensersatzansprüchen (und eventuell mit ihnen jeweils verbundenen Prozesskosten), die nachträglich von staatlichen Behörden oder Dritten als weitere Folge der Pflichtwidrigkeit des Vermögensbetreuungspflichtigen gegen das Unternehmen verhängt bzw. erhoben werden (könnten), ein

---

753 *Rosinus*, Compliance in der Praxis, 194 f., der diese Schlussfolgerung allerdings nur für die Sozialadäquanz i.R.d. § 299 StGB zieht und bei § 266 jedenfalls eine „Beweiserleichterung" in der Praxis sieht.

754 Siehe *Rosinus*, Compliance in der Praxis, 191.

755 *Petermann*, Vertragskonzern, 122; *Engelhart*, Sanktionierung und Compliance, 406; jedoch wird zu Recht darauf hingewiesen, dass hierfür nicht die Geschäftsleitung, sondern die Gesellschafter zuständig wären.

756 Vgl. auch *Wittig*, in: Unternehmensverantwortung für Menschenrechtsverletzungen, 195 (213 f.).

Vermögensnachteil für das Unternehmen ergibt.[757] Ferner könnte der Ausschluss von öffentlichen Auftragsvergaben einen Vermögensnachteil begründen. Dieses Instrument zur Bekämpfung der Korruption findet sich bspw. in den §§ 123 ff. GWB. Zur Vorbereitung des Ausschlusses von der öffentlichen Auftragsvergabe haben zudem zahlreiche Bundesländer mittlerweile per Gesetz[758] oder zumindest per Erlass[759] Korruptionsregister eingeführt, in denen bestimmte Verfehlungen, die „im Rahmen einer unternehmerischen Betätigung"[760] begangen werden, festgehalten werden. Es werden ferner zum Teil – beispielsweise nach § 5 Abs. 2 Nr. 4 KorrbG NRW – auch Verfahren, die nach § 153a StPO eingestellt wurden, ins Korruptionsregister eingetragen und können so möglicherweise zu einem Ausschluss von öffentlichen Auftragsvergaben mit im schlimmsten Fall ruinösen Folgen für das betroffene Unternehmen führen (was unter rechtsstaatlichen Gesichtspunkten mehr als zweifelhaft erscheint). Auch Reputationsschäden oder der faktische Zwang zum Abschluss von sog. „Settlement Agreements" zwecks Schadensbegrenzung[761] könnten einen Vermögensnachteil begründen. Weitere mögliche Nachteile könnten sich aus einem schlechteren „Rating" und einer daraus resultierenden Verschlechterung der Kreditwürdigkeit mit entsprechend

757 Ein Überblick über alle Sanktionen, die zu einem Nachteil i.S.d. § 266 StGB führen können, findet sich bei *Burger*, Untreue durch Sanktionen, 7–76.

758 Siehe bspw. Korruptionsbekämpfungsgesetz NRW (KorrbG NRW) vom 16.12.2004, GVBl. 2005 Nr. 1; Korruptionsregistergesetz Berlin vom 19.04.2006; Bremisches Korruptionsregistergesetz (BremKorG) vom 17.05.2011; ein einheitliches Korruptions- oder Wettbewerbsregister auf Bundesebene gibt es bislang nicht, soll aber nach dem am 28.07.2017 im Bundesgesetzblatt verkündeten „Gesetz zur Einführung eines Wettbewerbsregisters und zur Änderung des Gesetzes gegen Wettbewerbsbeschränkungen" (WRG) vom 18.07.2017 bis zum Jahr 2020 funktionsfähig sein (BT-Drs. 18/12583, S. 3) und die vorgenannten Regelungen auf Länderebene ablösen (§ 12 Abs. 1 S. 2 WRG), sobald die von der Bundesregierung zu erlassende Rechtsverordnung nach § 10 WRG in Kraft tritt. Das WRG nimmt insbesondere Bezug auf die aufgrund des Gesetzes zur Modernisierung des Vergaberechts (Vergaberechtsmodernisierungsgesetz – VergRModG) vom 17.02.2016 (BGBl. I S. 203) am 18.04.2016 in Kraft getretenen zwingenden und fakultativen Ausschlussgründe für öffentliche Vergabeverfahren in den §§ 123 und 124 GWB; siehe zum WRG und dessen Neuerungen ausführlich *Gottschalk/Lubner* NZWiSt 2018, 96 ff.

759 So bspw. in Baden-Württemberg, Bayern, Bremen, Hessen und Rheinland-Pfalz; die Möglichkeit eines Ausschlusses insbesondere im Falle einer Tariftreuepflichtverletzung besteht bspw. auch in Niedersachsen nach § 8 Abs. 3 Nds. Landesvergabegesetz.

760 So der Wortlaut von § 5 Abs. 1 KorrbG NRW.

761 So zum Beispiel zwischen Siemens und Enel, s. LG Darmstadt, Urteil vom 14.05.2007 – 712 Js 5213/04 – 9 KLs, Rn. 109.

höheren Kapitalbeschaffungskosten, dem Rückzug von Investoren sowie unter besonderen Umständen auch aus einem nachgebenden Börsenkurs ergeben.[762] In dem bekannten Fall eines deutschen Versicherers wurden in einer Strafanzeige gegen wegen der Verwendung von Firmengeldern für Besuche von Luxus-Bordellen verdächtige Mitarbeiter ferner die „Neutralisierung" einer 50 Millionen Euro teuren Werbekampagne nebst Verlust eines medial sehr präsenten Werbeträgers aus der Fußballbranche, der Einsatz erheblicher externer und interner Ressourcen zur Aufklärung des Sachverhaltes sowie die Kündigung zahlreicher verärgerter Kunden exemplarisch genannt.[763]

Die Beantwortung der Frage, ob derartige tatsächliche Nachteile auch ein Nachteil i.S.d. Untreue sind, hängt zunächst davon ab, ob die angesprochenen Nachteile noch unmittelbar mit der Pflichtverletzung des Treuepflichtigen zusammenhängen bzw. ob man eine solche Unmittelbarkeit, wie sie beim Betrug zwischen Verfügung und Schaden verlangt wird, bei der Untreue für überflüssig hält. Dann wären solche „mittelbaren" Nachteile noch von § 266 StGB erfasst. Strikt zu trennen ist dieser Problemkreis von der Frage, ob ein den Nachteil kompensierender Vorteil unmittelbar durch dieselbe Handlung herbeigeführt werden muss.[764] Letzteres ist, wie bereits anhand der Konstellation der schwarzen Kassen gezeigt, grundsätzlich zu bejahen.

Die höchstrichterliche Rechtsprechung hielt die Berücksichtigung von erst später eintretenden Ereignissen bei der Nachteilsbestimmung zum Teil für möglich,[765] zum Teil stand sie ihr aber auch ablehnend gegenüber.[766] Eine einheitliche Linie ist hier besonders in jüngerer Zeit (noch) nicht erkennbar. Nach richtiger Auffassung ist jedoch ein Unmittelbarkeitszusammenhang zwischen Pflichtverletzung und Vermögensnachteil auch bei der Untreue zu verlangen.[767] Dass es

---

762 S. *Schlösser/Dörfler* wistra 2007, 326 (332).

763 Siehe Handelsblatt vom 13.06.2016, S. 32 f.

764 Dass diese Abgrenzung nicht immer gelingt, zeigt auch der Verweis in der sich mit der Problematik der Unmittelbarkeit eines durch einen geltend gemachten Ersatzanspruch begründeten Nachteils auseinandersetzenden Entscheidung BGH NJW 2009, 3173 (3175) auf die sich mit der unmittelbaren Nachteilskompensation von durch spätere Handlungen mit dem entzogenen Vermögen erzielten Vorteilen – also einer ganz anderen Problematik – befassende Entscheidung BGH NStZ 1986, 455 (456).

765 Siehe aus jüngerer Zeit BGHSt 51, 100 (117); LG Darmstadt, Urteil vom 14.05.2007 – 712 Js 5213/04 – 9 KLs, Rn. 149; ausdrücklich auf ein Unmittelbarkeitserfordernis verzichten wollen BGH NJW 2011, 1747 (1751); OLG Hamm NJW 1982, 190 (192).

766 BGH NJW 2009, 3173 (3175).

767 BGH NJW 2009, 3173 (3175); OLG Celle, Beschluss v. 23.08.2012 – 1 Ws 248/12, BeckRS 2012, 20313, II.2.b)bb)(2), s. *Jahn* JuS 2013, 179 (181); *Corsten* HRRS 2011,

sich hierbei um ein Betrugsspezifikum handeln soll, ist nicht ersichtlich.[768] Mag der Wortlaut des § 266 StGB den Unmittelbarkeitszusammenhang auch nicht zwingend vorschreiben, so ist aber zu beachten, dass das spezifische Unrecht des § 266 StGB gerade darin besteht, dass ein Vermögensnachteil durch die Pflichtverletzung unmittelbar hervorgerufen wird.[769] Als systematisches Argument ergibt sich aus der Nähe von § 266 und § 263, die nicht zuletzt durch den Verweis des § 266 Abs. 2 auf die Regelbeispiele des Betrugs deutlich wird, dass der beim Betrug unstreitige Unmittelbarkeitszusammenhang auch bei der Untreue vorliegen muss.[770] Ferner werden auch nachteilskompensierende Vorteile – also solche zu Gunsten des Täters – nur berücksichtigt, sofern sie unmittelbar mit der Pflichtwidrigkeit zusammenhängen, sodass nicht ersichtlich ist, warum dies bei der Berücksichtigung von Nachteilen – also zu Lasten des Täters – anders sein soll.[771] Im Gegenteil ist hier eine restriktive Auslegung angesichts des in seiner Anwendung stets „uferlos" zu werden drohenden Untreuetatbestandes geradezu zwingend geboten.

Daher kann das Vorliegen eines Nachteils nicht davon abhängig gemacht werden, ob das Unternehmen (möglicherweise viele Jahre nach der begangenen Überwachungspflichtverletzung durch die Geschäftsleitung) tatsächlich einmal Schadensersatz leisten muss bzw. eine Geldbuße gegen das Unternehmen verhängt wird.[772] Ferner dürfte zu diesem späteren Zeitpunkt eine Untreue nicht selten bereits verjährt sein. Schließlich ist bei der Nachteilsberechnung eine wirtschaftliche Betrachtung ex ante maßgeblich, mit der die Heranziehung einer später *tatsächlich* erfolgten Verhängung von Sanktionen, die von der Entscheidung dritter (staatlicher oder privater) Stellen abhängig ist, als maßgebliche Grundlage unvereinbar wäre, da die Aufdeckung und Sanktionierung einer Tat und der Nachweis einer Pflichtverletzung häufig von zahlreichen Unwägbarkeiten und Zufälligkeiten abhängen und daher aus ihrem bloßen Eintritt ex post

---

247 (252); *Mosiek* HRRS 2009, 565 f.; SSW/*Saliger* § 266 Rn. 75 f. mit Übersicht über den Meinungsstand; anders zum Beispiel *Burger*, Untreue durch Sanktionen, 193 ff.

768 So aber OLG Hamm NJW 1982, 190 (192).

769 *Corsten* HRRS 2011, 247 (252).

770 *Corsten* HRRS 2011, 247 (252); *Theile* wistra 2010, 457 (462); SSW/*Saliger* § 266 Rn. 62.

771 OLG Celle, Beschluss v. 23.08.2012 – 1 Ws 248/12, BeckRS 2012, 20313, II.2.b)bb) (2), s. *Jahn* JuS 2013, 179 (181).

772 So aber *Burger*, Untreue durch Sanktionen, 193 ff.

nicht auf ihre Wahrscheinlichkeit ex ante geschlossen werden kann.[773] Es kommt daher auch nicht darauf an, ob die später tatsächlich verhängte „Sanktion" bloß den Vorteil, den das Unternehmen durch die Tat erlangt hat, abschöpft, also für das Unternehmen ein neutrales Geschäft vorliegt, ob darüber hinaus eine Geldbuße verhängt wird (wie § 17 Abs. 4 OWiG es vorsieht), oder ob nur ein Bruchteil des Geldes abgeschöpft wird. Denn diese später *tatsächlich* vom Unternehmen hinzunehmenden wirtschaftlichen Einbußen hängen nicht unmittelbar mit der Pflichtverletzung des Treunehmers zusammen. Dass dies erst recht bei freiwillig abgeschlossenen sog. „Settlement Agreements" gelten muss, auf die das Unternehmen zur Schadensbegrenzung freiwillig eingeht, bedarf keiner weiteren Erläuterung.

Eine andere Frage ist jedoch die, ob und wieweit die bereits bei der Pflichtverletzung *drohende* Verhängung von Sanktionen bei der Nachteilsberechnung zu berücksichtigen ist. Hierbei ist noch einmal darauf hinzuweisen, dass für die Nachteilsberechnung eine wirtschaftliche Betrachtung ex ante zum Zeitpunkt der pflichtwidrigen Handlung vorzunehmen ist. Denn ein so festgestellter Gefährdungsschaden stellt aufgrund seiner Bilanzierbarkeit in Form von Wertberichtigungen oder Abschreibungen bzw. der handelsrechtlichen Verpflichtung zur Bildung von entsprechenden Rückstellungen (§ 249 HGB) bereits einen endgültigen Nachteil i.S.d. § 266 dar.[774] Es wird in diesem Zusammenhang vertreten, danach zu differenzieren, ob die drohenden Sanktionen sich materiell selbst vollstrecken (materiell „self-executing" sind) wie z.B. bei der Einziehung des Wertes von Taterträgen nach den §§ 73 ff. StGB oder ob es sich – wie bei der Einziehung des Wertes von Taterträgen nach § 29a OWiG oder der Geldbuße nach § 30 OWiG – um eine Ermessensentscheidung (dazu noch auf Grundlage des Opportunitätsprinzips, § 47 OWiG) handelt.[775] Bei Letztgenannter soll es an der Unmittelbarkeit zwischen Pflichtverletzung und Nachteil fehlen, während bei einer gebundenen Entscheidung der Unmittelbarkeitszusammenhang gegeben sei.[776] Dabei wird jedoch außer Acht gelassen, dass nicht allein der Umstand,

---

773 BGH NJW 2009, 3173 (3175); OLG Celle, Beschluss v. 23.08.2012 – 1 Ws 248/12, BeckRS 2012, 20313, II.2.b)bb) und cc), s. *Jahn* JuS 2013, 179 (181); ausdrücklich offengelassen in BGH NJW 2011, 88 (92).

774 Siehe dazu BGHSt 53, 199 (203); BGH NStZ 2010, 329 (330).

775 SSW/*Saliger* § 266 Rn. 75; *Gähler*, Gefährdungsschaden, 292 f.; zuletzt auch BGH wistra 2015, 311 (318 f.).

776 *Saliger*, Parteiengesetz und Strafrecht, 128; SSW/*Saliger* § 266 Rn. 75 f.; so auch *Brand* NJW 2011, 1751 (1752); *Theile* wistra 2010, 457 (462); *Lassmann* NStZ 2009, 473 (477); der Gedanke ist im Anschluss an *Saliger* auch in der Entscheidung des 1. Senats BGH NJW 2011, 1747 (1751) und (iterativ) in BGH NJW 2012, 3797 (3798) zu finden;

ob die zuständige Behörde ein Ermessen hat, etwas darüber aussagt, ob auch eine Sanktion verhängt wird. Dies hängt nämlich von der zuvor notwendigen *tatsächlichen* Aufdeckung der Tat ab. Daher ist es wenig überzeugend, allein auf den *rechtlichen* Rahmen einer etwaigen Sanktion zu schauen, der von der bereits an sich unmittelbarkeitsausschließenden *tatsächlichen* Tatentdeckung[777] noch weiter entfernt liegt.[778]

Es ist folglich festzuhalten, dass für die Ermittlung eines relevanten Vermögensnachteils einzig entscheidend ist, wie hoch eine Entdeckungs- und Sanktionierungswahrscheinlichkeit zum Zeitpunkt der Tathandlung ist.[779] Die Feststellung eines derartigen durch das Entdeckungs- und Sanktionierungsrisiko begründeten Gefährdungsschadens scheint freilich mit „beträchtlichen Unsicherheiten“[780] verbunden zu sein, ist aber dennoch auf Grundlage einer wirtschaftlichen Betrachtung zum Zeitpunkt der Pflichtwidrigkeit der einzig gangbare Weg. Es ist zudem wohl nur auf den ersten Blick schwer, anhand dieser Formel generelle Aussagen darüber zu treffen, wann ein Nachteil gegeben ist und wann nicht. Denn immer dann, wenn schon eine rein wirtschaftliche Betrachtung ergibt, dass das Entdeckungsrisiko zu hoch ist, um sich auf das Risiko eines „Schmiergeldgeschäfts“ einzulassen, wird ein rational handelnder Akteur von einem solchen Geschäft Abstand nehmen.[781] Auch wenn sich eine genaue Bezifferung im Einzelfall als sehr schwierig erweisen dürfte, ist es daher regelmäßig ausgeschlossen, dass das Risiko der Aufdeckung so hoch ist, dass der zu erwartende Gewinn nicht (mehr) die Summe des eingesetzten Bestechungsgeldes übersteigt.[782] Dies wird auch dadurch gestützt, dass der Gewinn regelmäßig ein Vielfaches der Bestechungssumme beträgt.[783] Ein Nachteil wird ferner bereits deshalb auf objektiver Tatbestandsebene ausscheiden, weil ein rational handelnder Akteur auch deshalb das Risiko einer Aufdeckung regelmäßig für verschwindend gering halten muss, weil ihm selbst im Falle einer Aufdeckung eine Strafverfolgung wegen Untreue und Bestechungsdelikten droht.[784] Von einem

---

s. ferner auch OLG Celle, Beschluss v. 23.08.2012 – 1 Ws 248/12, BeckRS 2012, 20313, II.2.b)bb), s. *Jahn* JuS 2013, 179 (181).

777 Wie soeben gezeigt.

778 S. auch *Mosiek HRRS* 2009, 565 (566); vgl. auch OLG Hamm wistra 1999, 350 (354).

779 So auch *Ransiek* StV 2009, 321 (323 f.); *ders./Hüls* ZGR 2009, 157 (167 ff.).

780 So (skeptisch) *Weber*, FS Seebode, 437 (448).

781 *Ransiek* StV 2009, 321 (323).

782 *Ransiek* StV 2009, 321 (323).

783 Siehe den Fall Siemens/Enel, in dem der Gewinn vor Steuern bei 103,8 Millionen Euro, die Bestechungssumme aber nur bei ca. 6 Millionen Euro lag.

784 *Reinhold* HRRS 2009, 107 (111).

illegalen Geschäft, bei dem ein hohes Entdeckungsrisiko besteht, wird also ein kundiger Akteur von selber Abstand nehmen. Daher kann die Vornahme eines solchen Geschäfts bereits als erhebliches Indiz für seine Wirtschaftlichkeit gelten. Ferner wird – zu den Überlegungen kongruent – auch regelmäßig ein entsprechender (bedingter) Nachteilsvorsatz des Täters fehlen, da er darauf vertrauen wird, dass alles gut ausgehen werde.[785] Dies stimmt mit den aus der gerichtlichen Praxis bekannten Aussagen von Angeklagten überein, die in der Regel nicht mit einer Entdeckung rechneten, z.B. weil sich die systematischen Bestechungen zumeist schon über einen längeren Zeitraum bewährt hatten.[786] Eine Untreuestrafbarkeit kommt daher wohl nur dann in Betracht, wenn der Täter sich als „Kamikaze-Zocker" geriert oder dem Treugeber absichtlich Schaden zufügen will, sodass die „Grenze des Vertretbaren" überschritten ist.[787] Der somit verbleibende Anwendungsbereich ist auch deshalb so gering, weil im Zweifel bei verschiedenen Möglichkeiten stets von der niedrigstmöglichen Bezifferung des zu bilanzierenden Verlustes, welcher dem untreuerelevanten Nachteil entspricht, auszugehen ist bzw. ein Schaden sogar gänzlich abzulehnen ist, wenn er nicht genau beziffert werden kann.[788] Bei der Prognostizierung von Verlusten, die sich durch Prozesskosten, Reputationsschäden oder dem temporären Ausschluss von öffentlichen Ausschreibungen für ein Unternehmen ergeben können, ist dabei – im Vergleich zur Bezifferung von Geldbußen, der Einziehung des Wertes von Taterträgen oder Schadensersatzansprüchen – aufgrund dessen, dass Erstere nur extrem schwer vorherzusagen sind, eine noch einmal erhöhte Zurückhaltung zu üben.

Es ist nach dem Gesagten davon auszugehen, dass Bestechungsgeschäfte regelmäßig wirtschaftlich vorteilhaft sind.[789] Dies ergibt sich auch daraus, dass ihr Wert grundsätzlich dem gezahlten „Schmiergeld" entsprechen dürfte, da dieses ansonsten so nicht gezahlt worden wäre.[790] Das soeben gefundene Ergebnis mag auf den ersten Blick widersprüchlich zu den Ausführungen oben erscheinen, nach denen die „bloße" Entziehung von Geldern in ein System „schwarzer Kassen" bereits einen Nachteil i.S.d. § 266 begründet, während – wie nun

---

785 *Schünemann* NStZ 2008, 430 (434); *Bock*, Criminal Compliance, 353.

786 Siehe nur LG Darmstadt Urteil vom 14.05.2007 – 712 Js 5213/04 – 9 KLs, Rn. 91 f.

787 Vgl. *Ransiek* StV 2009, 321 (324).

788 S. BVerfG NJW 2010, 3209 (3220); BVerfG NStZ 2012, 496 (503 ff.); BGH NJW 2012, 2370 f.; BGH NStZ 2013, 234 (236 ff.).

789 So auch *Bock*, Criminal Compliance, 351 f.; *Ransiek* StV 2009, 321 (324); zurückhaltender aber *Burger*, Untreue durch Sanktionen, 223 ff.

790 *Ransiek* StV 2009, 321 (324).

festgestellt – bei aktiven Bestechungshandlungen regelmäßig kein Nachteil gegeben ist. Dieses Ergebnis ist aber aufgrund der herausgearbeiteten Grundsätze zur Ermittlung eines Vermögensnachteils und seiner Kompensation unvermeidlich. Zudem werden etwaige kriminalpolitische Auswirkungen dadurch abgemildert, dass aufgrund der umfassenden Strafbarkeit von Bestechungshandlungen (§§ 331 ff., 299 ff. StGB) keine Strafbarkeitslücken entstehen, und eine saubere Abgrenzung zwischen Untreue und Bestechung möglich ist.

Auch wenn die bisherigen Ausführungen weitgehend auf die Situation bei Bestechungszahlungen aus dem Gesellschaftsvermögen bezogen waren, lassen sie sich auf die „Sanktionierung" sonstiger Rechtsverstöße bzw. Überwachungspflichtverstöße der Unternehmensleitung im Unternehmen übertragen. Nicht ausreichend begründbar ist zwar regelmäßig bereits die Annahme einer untreuerelevanten Pflichtverletzung. In Betracht käme hier aber zum Beispiel ein Verstoß gegen die Fortbestandssicherungspflicht nach § 91 Abs. 2 AktG. Sofern aber tatsächlich eine durch eine Überwachungspflichtverletzung i.S.d. § 91 Abs. 2 AktG hervorgerufene und das Unternehmen in seiner Existenz gefährdende, wie auch immer geartete „Sanktion" droht, ist zu bedenken, dass es von der Pflichtverletzung der Geschäftsleitung hin zur Sanktionierung ein weiter Weg ist: Denn die zu laxe Überwachungspraxis muss im Unternehmen zunächst von einem oder mehreren Angestellten bemerkt und ausgenutzt werden, dann muss die entsprechende Tat aufgedeckt werden und anschließend muss den staatlichen Behörden bzw. den privaten Klägern der gerichtsfeste Nachweis einer rechtlichen Zurechnung des Verhaltens an das Unternehmen selbst gelingen. Derartige Unwägbarkeiten potenzieren sich noch, wenn es darum geht, drohende „Nachteile" wie einen ohnehin kaum bezifferbaren „Imageverlust" als Vermögensnachteil zu werten. Denn hier müssen zunächst einmal Medien durch ihre Berichterstattung einen derartigen Wirbel auslösen, dass es zu (wie auch immer) „messbaren" Imageverlusten kommen kann.[791] Und selbst wenn solch ein Wirbel einmal entstanden ist, ist nicht belegt, dass Konsumenten und Investoren ihre oft langfristigen Entscheidungen von kurzfristig aufgedeckten rechtswidrigen Praktiken im Unternehmen abhängig machen. Dies erscheint im Gegenteil häufig eher fernliegend. Daher kann auch ein drohender Rückzug von Investoren, sofern nicht zuvor ausdrücklich eine derartige Rückzugsandrohung für den Fall einer strafbaren Handlung von Leitungspersonen angekündigt wurde, nicht

---

791 Zur Schadensberechnung im Zivilrecht s. aber *Kröger*, Korruptionsschäden, 273 ff. Eine Übertragung dieser Maßstäbe ins Strafrecht scheidet aber aus den im Text genannten Gründen aus.

als Nachteil i.S.d. § 266 StGB eingestuft werden, da er zum allein maßgeblichen Zeitpunkt der Pflichtwidrigkeit der Handlung schlicht nicht zu prognostizieren ist. Ein Investor wird seine Entscheidung wohl selten ausschließlich von der Einhaltung der Rechtsvorschriften im Unternehmen abhängig machen, sondern stets von einer Reihe von Faktoren. Ähnlich ungewiss lässt sich über den (infolge einer Aufdeckung) möglicherweise drohenden faktischen Zwang zum Abschluss von sog. „Settlement Agreements“ oder die Erhöhung von Kreditzinsen durch Verschlechterung der Bonität spekulieren. Bei der Frage nach dem Ausschluss von öffentlichen Ausschreibungen ist schon nicht klar, ob das ausgeschlossene Unternehmen bei einer späteren Ausschreibung tatsächlich den Zuschlag erhalten hätte, und nicht durch einen lokal und temporär begrenzten Ausschluss sogar Kosten (für eine etwaige erfolglose Teilnahme an einer Ausschreibung) einspart. Das Nachgeben des Aktienkurses führt ferner grundsätzlich nicht zu einem Nachteil der Gesellschaft, denn hierbei geht es um das Vermögen der Aktionäre, denen gegenüber die Geschäftsführung nicht vermögensbetreuungspflichtig ist.[792] Für die Feststellung eines Nachteils der Gesellschaft ist es unerheblich, ob der Wert der einzelnen Aktien sinkt.[793] Schwer vorhersehbar sind überdies die mit dem ohnehin schon kaum zu prognostizierenden Kursrückgang möglicherweise verbundenen Schadensersatzklagen von Anlegern, sodass auch diese nicht zur Nachteilsbegründung taugen.[794] Selbiges dürfte auch für kaum vorhersehbare Kosten des Unternehmens für notwendig werdende externe oder interne Ermittlungen gelten; diese liegen letztlich häufig auch im (zudem möglicherweise fehlerhaft ausgeübten) Ermessen des Unternehmens. Ferner ist auch der bereits oben genannte Verlust infolge der Trennung eines bekannten Werbeträgers nicht hinreichend zu quantifizieren, ebenso wenig wie hinreichend sicher bestimmt werden kann, ob sich eine Werbekampagne neutralisiert hat oder nicht. Konkreter nachweisbar wäre jedoch der Verlust verärgerter Kunden, insbesondere wenn diese in ihrem Kündigungsschreiben von der Ursächlichkeit eines bestimmten Fehlverhaltens für ihre Kündigung berichten; freilich ist auch hier (mindestens) ein weiterer nicht vorhersehbarer Zwischenschritt durch die Kunden erforderlich, der schon deshalb nicht berücksichtigt werden kann, weil er letztlich nicht ex ante bezifferbar ist, da die überwältigende Mehrheit der Kunden einem Unternehmen auch nach einem „Skandal“ treu bleibt.

---

792 *Schlösser/Dörfler* wistra 2007, 326 (329, 332); s.a. *Zimmermann*, Strafbarkeitsrisiken durch Compliance, 110 f.

793 *Schlösser/Dörfler* wistra 2007, 326 (329, 332).

794 *Schlösser/Dörfler* wistra 2007, 326 (329).

Insgesamt lässt sich somit festhalten, dass ein untreuerelevanter Vermögensnachteil durch die genannten mittelbaren Vermögensbeeinträchtigungen regelmäßig nicht vorliegen wird.[795] Ein anderes Ergebnis als das hier gefundene wäre auch – wie *Ransiek* und *Hüls*[796] zutreffend ausführen – insbesondere im Hinblick auf die Berücksichtigung von Geldbußen nur um den Preis eines Systembruchs zu haben. Denn wer als Leitungsperson eines Unternehmens vorsätzlich oder fahrlässig Pflichten, welche das Unternehmen treffen, verletzt, verursacht damit immer das Risiko der Verhängung einer Geldbuße gegen das Unternehmen nach § 30 OWiG.[797] Würde die bloße Möglichkeit, dass die Tat aufgedeckt wird und zur Verhängung einer Geldbuße führt, bereits einen Nachteil i.S.d. § 266 StGB begründen, würde immer dann, wenn die Person – was regelmäßig der Fall sein wird – sich dieses Aufdeckungsrisikos bewusst ist, eine Untreuestrafbarkeit ernsthaft in Betracht kommen, was nicht richtig sein kann.[798] Dies gilt insbesondere, wenn man anders als hier vorgeschlagen, auf das Kriterium eines unmittelbaren Vermögensbezuges der verletzten Norm weitgehend verzichten möchte.

4. Ergebnis

Es wurde somit festgestellt, dass nicht nur aus der Überwachergarantenpflicht strafrechtliche „Compliance-Pflichten" erwachsen können, sondern wie gezeigt auch aus Vermögensbetreuungspflichten. Diese mittelbaren Überwachungspflichten lassen sich allerdings nicht aus § 13 herleiten, sondern aus einem spezifischen Näheverhältnis zum Vermögen eines Treugebers, wie es § 266 voraussetzt. Eine Strafbarkeit nach § 266 StGB wird jedoch für Mitglieder der Geschäftsleitung, die ihre Überwachungspflichten verletzen, meist nicht gegeben sein. Regelmäßig fehlt es in diesem Zusammenhang nämlich an dem notwendigen Vermögensbezug der verletzten Norm oder zumindest an einem feststellbaren Vermögensnachteil. Nicht unterschlagen sei an dieser Stelle, dass

795 So im Ergebnis auch Sch/Sch/*Perron* § 266 Rn. 45b; ähnlich auch *Zimmermann*, Strafbarkeitsrisiken durch Compliance, 117 ff. (insbes. 121 f.), die bzgl. der Bejahung einer schadensgleichen Vermögensgefährdung darauf abstellt, ob eine in naher Zukunft zu erwartende nachteilige Folge hinreichend konkret ist, was insbesondere dann der Fall sein soll, wenn bereits in der Vergangenheit straf- oder bußgeldbewehrte Verstöße vorgekommen sind; in derartigen Fällen bejahen auch *Schaefer/Baumann*, NJW 2011, 3601 (3603 f.) eine Garantenstellung unter Ingerenzgesichtspunkten.

796 *Ransiek/Hüls* ZGR 2009, 157 (169).

797 *Ransiek/Hüls* ZGR 2009, 157 (169).

798 *Ransiek/Hüls* ZGR 2009, 157 (169); vgl. auch *Bock*, Criminal Compliance, 348; anders aber *Burger*, Untreue durch Sanktionen, 95 ff.

eine Strafbarkeit wegen Untreue auch bei Vorliegen eines Nachteils häufig am fehlenden bzw. nicht nachweisbaren Vorsatz scheitert.[799] Gerade in den Konstellationen, in denen der Täter im vermeintlichen Interesse des Unternehmens handelt, wird er regelmäßig davon ausgehen, dass sein Tun unentdeckt bleibt und somit kein Nachteil für das Unternehmen eintritt. Tritt dieser wider der subjektiven Erwartung des Handelnden doch ein, so dürfte regelmäßig kein bedingter Vorsatz vorliegen.

Dass auch ein falsches Verständnis von Compliance zu einem Untreuerisiko führen kann, zeigt sich insbesondere dann, wenn versucht wird, Straftaten mit illegalen Mitteln aufzuklären.[800] So wurde ein Angestellter der Deutschen Telekom vom Landgericht Bonn u.a. wegen Untreue verurteilt, weil er bewirkte, dass einer zuvor – zum Zwecke der internen Aufklärung von nach § 404 AktG[801] strafbaren Verletzungen der Geheimhaltungspflicht durch Mitglieder des Aufsichtsrates – beauftragten Detektei, die illegal Verbindungsdaten von Journalisten und Aufsichtsratsmitgliedern erhob, aus dem Firmenvermögen eine Vergütung gewährt wurde.[802] Im Jahr 2013 entschied der BGH ferner in einem in der Branche für Aufsehen sorgenden,[803] jedoch inhaltlich wenig überraschenden Urteil, dass auch das – von Detekteien nicht selten verwendete – Anbringen von GPS-Peilsendern an Pkw zur Erstellung von Bewegungsprofilen grundsätzlich nach §§ 44 Abs. 1, 43 Abs. 2 Nr. 1 BDSG (a.F.) strafbar sein kann.[804] Auch hier besteht für Unternehmensangehörige ein Untreuerisiko, sofern entsprechende Detekteien beauftragt werden und ihre nichtigen Forderungen anschließend beglichen werden. Werden derartige Praktiken und die sich ihnen anschließenden Zahlungen von der Geschäftsleitung geduldet, droht auch sie in den Strudel aus Datenschutzstrafrecht und Untreue hineingezogen zu werden. Ganz allgemein kann auch ein „Zuviel“ an Ermittlungen eine Untreuestrafbarkeit auslösen, wenn bei

799 *Bock*, Criminal Compliance, 352 f.

800 So zutreffend *Michalke* StV 2011, 245 (247) unter Verweis auf das im Folgenden wiedergegebene Urteil.

801 Für die GmbH gibt es eine entsprechende Regelung in § 85 GmbHG.

802 Bestätigt durch BGH NJW 2013, 401 ff.

803 S. nur Compliance – Die Zeitschrift für Compliance-Verantwortliche Nr. 7/8/2013, S. 6.

804 Siehe die Juris-Mitteilung BGH Urt. v. 04.06.2013 – 1 StR 32/13 (LG Mannheim), abrufbar unter http://www.juris.de/jportal/portal/t/1dyi/page/jurisw.psml?doc.hl=1&doc.id=jnachr-JUNA130601699&documentnumber=10&numberofresults=11&showdoccase=1&doc.part=P&paramfromHL=true#focuspoint (zuletzt aufgerufen am 04.07.2013); s.a. bereits zuvor LG Lüneburg NStZ 2012, 55 f.

komplizierter Sachlage sehr kostenintensive Ermittlungen initiiert werden, die die Kosten einer möglichen Sanktion übersteigen.[805]

IV. Die Regelung des § 54a KWG – Strafbarkeit der Nichtetablierung eines Compliance-Systems?

Mit Verabschiedung des Gesetzes zur Abschirmung von Risiken und zur Planung der Sanierung und Abwicklung von Kreditinstituten und Finanzgruppen (RiskAbschG)[806] vom 07.08.2013 ist mit Wirkung vom 02.01.2014 im Kreditwesengesetz, genauer in § 25c Abs. 4a Nr. 3 lit. c) für Geschäftsleiter eines Finanzinstituts und in § 25c Abs. 4b S. 2 Nr. 3 lit. e) für die Geschäftsleiter des übergeordneten Unternehmens einer Institutsgruppe eine Pflicht zu finden, eine Compliance-Funktion im Institut oder in der Gruppe zu errichten. Die Verletzung dieser Pflicht wird in dem durch dasselbe Gesetz eingefügten § 54a Abs. 1 KWG mit Freiheitsstrafe von bis zu fünf Jahren oder Geldstrafe bedroht. Es stellt sich daher die Frage, ob sich aus dieser Norm möglicherweise eine allgemeine Compliance-Pflicht ergeben könnte. Gleich zu Beginn lässt sich jedoch bereits konstatieren, dass die Gesetzesänderung jedenfalls keine „allgemeine" Compliance-Pflicht eingeführt hat, da diese allenfalls für Unternehmen gelten würde, die in den Anwendungsbereich des Kreditwesengesetzes fallen. Jedoch könnte sich immerhin für diese Finanzinstitute i.S.d. KWG eine Compliance-Pflicht aus den neuen Vorschriften ergeben.

Der Gesetzgeber begründete die Erweiterung der Strafbarkeit im RiskAbschG damit, dass „unzureichende Möglichkeiten [bestehen], Geschäftsleiter von Kreditinstituten, Finanzdienstleistungsinstituten und Versicherungsunternehmen strafrechtlich zur Verantwortung zu ziehen, wenn das Institut (…) durch Missmanagement in eine Schieflage geraten ist."[807] Das Gesetz schaffe daher laut Gesetzgeber „die Möglichkeit, die verantwortlichen Geschäftsleiter strafrechtlich zur Rechenschaft zu ziehen, die durch Pflichtverletzungen im Risikomanagement die Krise des Instituts bzw. des Unternehmens mit verursacht haben."[808] Der Gesetzesentwurf, der – für ein Strafgesetz sehr ungewöhnlich – unter der Federführung des Bundesministeriums der Finanzen zustande gekommen

---

805 *Momsen*, in: Criminal Compliance vor den Aufgaben der Zukunft, 47 (52 ff.), der allerdings selbst zu Recht darauf hinweist, dass „sich im Einzelfall der Nachweis zurechenbar verursachter Vermögensschädigungen schwierig gestalten" dürfte (S. 64).

806 BGBl. I, S. 3090.

807 BT- Drs. 17/12601, S. 2.

808 BT-Drs. 17/12601, S. 3.

war,[809] lag somit im Trend der letzten Jahre und Jahrzehnte, vom Gesetzgeber für problematisch erachtete Strafbarkeitslücken durch die Schaffung immer neuer – zumeist wenig praxistauglicher – Auffang- und Aufgreiftatbestände im Wirtschaftsstrafrecht vermeintlich zu schließen.[810]

§ 54a KWG selbst setzte sich ursprünglich aus zwei Bestandteilen zusammen, zu der sich später (im Laufe des Gesetzgebungsverfahrens) eine weitere Voraussetzung „gesellte".[811] In Bezug auf die Strafbarkeit der Nichtetablierung einer Compliance-Funktion ist zur Verwirklichung des Tatbestandes zunächst erforderlich, dass ein oder mehrere Geschäftsleiter eines Instituts im Rahmen seiner/ihrer Gesamtverantwortung für die ordnungsgemäße Geschäftsorganisation des Instituts nicht dafür Sorge trägt/tragen, dass das Institut über interne Kontrollverfahren mit einem internen Kontrollsystem und einer internen Revision verfügt, und dass das interne Kontrollsystem als Mindestanforderung eine Compliance-Funktion umfasst (insoweit verweist § 54a KWG auf 25c Abs. 4a Nr. 3 lit. c)). § 25c Abs. 4b S. 2 Nr. 3 lit. e) KWG sieht für die Geschäftsleiter des übergeordneten Unternehmens einer Institutsgruppe selbige Vorschrift hinsichtlich der gesamten Gruppe vor. Der ursprüngliche Entwurf hatte hier noch jeweils von einer Art Sicherstellungspflicht[812] gesprochen. Diese nach einer (schlicht unmöglichen, verfassungswidrigen und praxisuntauglichen) „Garantiepflicht" klingende Formulierung wurde jedoch im Laufe des Gesetzgebungsverfahrens zu Recht[813] aufgegeben. An ihre Stelle trat die Formulierung „haben die Geschäftsleiter (...) dafür Sorge zu tragen", sodass die Norm nun wohl den in der Lederspray-Entscheidung aufgestellten Grundsätzen einer Gesamtverantwortung der Geschäftsleitung entspricht, ohne sich vom Schuldprinzip zu lösen. Zusätzliche Verwirrung hatte der ursprüngliche Entwurf durch die in der Begründung enthaltene Passage ausgelöst, nach der „die Geschäftsleiter für die Einhaltung der Sicherstellungspflichten im Rahmen ihrer Gesamtverantwortung" haften sollten, und ferner, da es sich „um wesentliche Pflichten" handele, dass „die Pflichten weder delegiert noch in Einzelressorts aufgeteilt werden" könnten.[814] Diese ursprüngliche Formulierung und die zu ihr gehörige

---

809 *Hamm/Richter* WM 2013, 865.

810 Man denke nur an die Einführung der Vorfeldtatbestände des § 263 StGB sowie die Schaffung des § 298 StGB.

811 Dazu sogleich unten (in diesem Abschnitt).

812 S. BT-Drs. 17/12601, S. 22 ff. („hat jeder Geschäftsleiter (...) sicherzustellen").

813 S.a. der Strafrechtsausschuss des DAV in seiner Stellungnahme, NZG 2013, 577 (581); *Hamm/Richter* WM 2013, 865 (869).

814 BT-Drs. 17/12601, S. 44.

Gesetzesbegründung wurden zu Recht als – beim Worte genommen – mit dem Schuldprinzip unvereinbar abgelehnt und widersprachen zudem dem anerkannten Prinzip der arbeitsteiligen Ressortverantwortung.[815]

Jedoch reicht die oben genannte Pflichtverletzung allein keineswegs aus, um zu einer Strafbarkeit der Geschäftsleiter zu gelangen: Es muss nämlich durch die Verletzung der „Sorgepflicht", also konkret der Nichterrichtung einer Compliance-Funktion, nach § 54a Abs. 1 KWG auch eine Bestandsgefährdung des Instituts, des übergeordneten Unternehmens oder eines gruppenangehörigen Instituts herbeigeführt werden. Diese Formulierung und der in der Gesetzesbegründung[816] angegebene Verweis auf den seinerzeitigen § 48b[817] waren rechtsstaatlich nicht unproblematisch, da der in den genannten Normen enthaltene Begriff der „Bestandsgefährdung" selbst erst seit dem 01.01.2011 im KWG zu finden war und eine – nach der Untreuerechtsprechung des Bundesverfassungsgerichts im Hinblick auf Art. 103 Abs. 2 GG[818] bei unbestimmten Rechtsbegriffen notwendige, aber auch hinreichende – gefestigte Rechtsprechung zu diesem Begriff jedenfalls zu diesem Zeitpunkt nicht existierte.[819] Ferner wäre eine ungefilterte Übertragung des Begriffs in das Strafrecht mit dem Grundsatz „In dubio pro reo" nicht vereinbar gewesen, da § 48b Abs. 1 S. 2 KWG a. F. eine Bestandsgefährdung vermutete, sollten bestimmte Eigenmittel- und Liquiditätsgrenzen (§§ 10 f. KWG) nicht (mehr) vorhanden sein.[820] Abgesehen von diesen problematischen Facetten der Vorschrift wird für unsere Zwecke vor allem deutlich, dass die Regelung keinesfalls die Nichterrichtung einer Compliance-Funktion unter Strafe stellt, sondern jedenfalls verlangt, dass zusätzlich eine Bestandsgefährdung eintritt. Es handelt sich folglich nicht um ein schlichtes (Un-)Tätigkeitsdelikt, sondern um ein konkretes Gefährdungsdelikt, welches die „Bestandsgefährdung" des Instituts als tatbestandlich vorausgesetzten

---

815 DAV-Stellungnahme, NZG 2013, 577 (581); *Hamm/Richter* WM 2013, 865 (869).

816 BT-Drs. 17/12601, S. 44.

817 Die Legaldefinition der Bestandsgefährdung in § 48b Abs. 1 S. 1 KWG wurde durch das BRRD-Umsetzungsgesetz zum 01.01.2015 aufgehoben und findet sich nun (aber direkt anwendbar nur noch für bestimmte Kreditinstitute und Wertpapierfirmen) in § 63 des Sanierungs- und Abwicklungsgesetzes (SAG); siehe dazu ausführlich BFS-KWG/*Lindemann* § 54a KWG Rn. 8 ff.

818 Siehe zuletzt BVerfG NJW 2010, 3209 (3211 f., 3215).

819 DAV-Stellungnahme, NZG 2013, 577 (580); *Hamm/Richter* WM 2013, 865 (867 f.); *Schork/Reichling* CCZ 2013, 269; *Cichy/Cziupka/Wiersch* NZG 2013, 846 (850).

820 DAV-Stellungnahme, NZG 2013, 577 (580); *Hamm/Richter* WM 2013, 865 (868).

Gefahrerfolg beinhaltet.[821] Die Gesetzesbegründung sprach hingegen von einem abstrakten Gefährdungsdelikt, welches die „Sicherung der angetrauten Vermögenswerte“, die „ordnungsgemäße Durchführung der Bank- und Versicherungsgeschäfte und Finanzdienstleistungen“ sowie die „Stabilität des Finanzsystems“ und die „Vermeidung von Nachteilen für die Gesamtwirtschaft durch Missstände im Kredit-, Finanzdienstleistungs- und Versicherungswesen“ gewährleisten sollte.[822] Angesichts dieser Kumulation von (vermeintlich) geschützten Rechtsgütern überrascht die Einschätzung als abstraktes Gefährdungsdelikt durch den Gesetzgeber, da offensichtlich ist, dass zumindest tatbestandlich eine abstrakte Gefährdung des Bestandes des Instituts nicht zur Verwirklichung ausreichend ist.[823]

Obwohl also bereits in dieser Form eindeutig nicht eine bloße Pönalisierung von Compliance-Verstößen vorliegt[824], wurde der Entwurf im Gesetzgebungsverfahren noch einmal verändert. Dies geschah wohl zumindest auch im Hinblick auf die massive Kritik am Gesetzgeber für sein Vorgehen, die zuvor in den MaRisk niedergelegten Grundsätze einfach in ein förmliches Gesetz zu übernehmen, um ihnen damit den „Deckmantel“ der Rechtsstaatlichkeit umhängen zu können und sie für hinreichend bestimmt erklären zu können. Dieses Vorgehen wurde bereits während des Gesetzgebungsverfahrens „enttarnt“ und zu Recht angeprangert.[825] Schließlich wurde in die endgültige Fassung ein § 54a Abs. 3 KWG eingefügt, welcher vorsieht, dass „die Tat (…) nur strafbar“ ist, „wenn die Bundesanstalt dem Täter durch Anordnung nach § 25c Absatz 4c die Beseitigung des Verstoßes gegen § 25c Absatz 4a oder § 25c Absatz 4b Satz 2 aufgegeben hat, der Täter dieser vollziehbaren Anordnung zuwiderhandelt und hierdurch die Bestandsgefährdung herbeigeführt hat“.[826] Aufgrund des nach der Änderung erforderlichen Verstoßes gegen eine Anordnung der BaFin sollte eindeutig rechtsstaatlichen Bedenken Rechnung getragen werden, jedenfalls ist dadurch zumindest bezüglich der Tathandlung eine hinreichende Bestimmtheit gewährleistet. Ferner ist auch noch ein zusätzlicher (hypothetischer)

821 So wohl auch *Hamm/Richter* WM 2013, 865 (869); DAV-Stellungnahme, NZG 2013, 577 (580 f.); *Cichy/Cziupka/Wiersch* NZG 2013, 846 (847).

822 BT-Drs. 17/12601, S. 44.

823 Zur Problematik s.a. *Hamm/Richter* WM 2013, 865 (869); DAV-Stellungnahme, NZG 2013, 577 (580 f.).

824 Anders verstehen aber *Hamm/Richter* WM 2013, 865 (870) wohl den von ihnen untersuchten ersten Entwurf.

825 S. DAV-Stellungnahme, NZG 2013, 577 (580); *Hamm/Richter* WM 2013, 865 (866 f.).

826 Dazu ausführlich *Cichy/Cziupka/Wiersch* NZG 2013, 846 (847 ff.).

Kausalzusammenhang zwischen der Zuwiderhandlung gegen die Anordnung und der Bestandsgefährdung erforderlich.[827] Nicht zuletzt aufgrund der Entstehungsgeschichte hätte viel dafür gesprochen, den Absatz 3 als tatbestandliche Voraussetzung auszugestalten und somit Vorsatz bezüglich seines Vorliegens zu verlangen.[828] Systematik und der Vergleich mit § 283 Abs. 6 sprechen aber de lege lata eindeutig dafür, dass es sich um eine objektive Bedingung der Strafbarkeit handelt.[829] Auch der Gesetzgeber sieht Absatz 3 – trotz der hierfür denkbar ungewöhnlichen Formulierung – als „Strafausschließungsgrund“ an,[830] sodass die Kenntnis des Angehörigen der Geschäftsleitung verzichtbar zu sein scheint. Eine aufgrund mangelnder Bestimmtheit der Norm notwendige verfassungskonforme Auslegung könnte freilich zu einem anderen Ergebnis gelangen, sodass doch eine subjektive Kenntnis der BaFin-Anordnung beim Täter vorliegen muss. Der Umstand, dass einem Verwaltungsakt eine entscheidende Bedeutung für die Frage der Strafbarkeit zukommt, ist (wenn auch im Detail anders) aus dem Umweltstrafrecht unter dem Begriff der Verwaltungsaktsakzessorietät bekannt und ist dort im Hinblick auf eine mögliche Verletzung von Art. 80 und 103 Abs. 2 GG (im Ergebnis aber nicht überzeugend) kritisiert worden.[831]

An dieser Stelle sei noch kurz auf § 54a Abs. 2 hingewiesen, welcher die fahrlässige Verursachung einer Bestandsgefährdung unter Strafe stellt. Zu beachten ist jedoch, dass hinsichtlich der Tathandlung, der Verletzung einer „Sorgepflicht“, auch in diesem Fall weiterhin vorsätzliches Handeln erforderlich ist. Die Tat ist in diesem Fall jedoch eine Vorsatztat i.S.d. § 11 Abs. 2 StGB.[832] Ein fahrlässiges Unterlassen der Einhaltung der gebotenen Sorgfaltspflicht reicht daher für eine Strafbarkeit in keinem Fall aus.[833]

Abschließend lässt sich festhalten, dass die Norm des § 54a KWG im Bankrecht zwar den Fokus auf die strafrechtlich relevante Verletzung von Compliance-Pflichten lenkt, gleichzeitig jedoch keinesfalls davon gesprochen werden kann, dass nun die Verletzung von Compliance-Pflichten als solche unter Strafe steht. Abgesehen von den genannten rechtsstaatlichen Bedenken ist zudem anzuzweifeln, ob angesichts der Komplexität der Materie tatsächlich nennenswerte

---

827 Siehe dazu *Cichy/Cziupka/Wiersch* NZG 2013, 846 (851).

828 So auch *Cichy/Cziupka/Wiersch* NZG 2013, 846 (852).

829 So auch *Cichy/Cziupka/Wiersch* NZG 2013, 846 (852).

830 BT-Drs. 17/13539, S. 18.

831 Siehe nur MüKo[1]/*Schmitz* Vor § 324ff. Rn. 41 ff., 50 m.w.N. auch zur Gegenansicht.

832 S. BT-Drs. 17/12601, S. 44.

833 So aber fälschlich *Hamm/Richter* WM 2013, 865 (868) und DAV-Stellungnahme, NZG 2013, 577 (581).

strafrechtliche Verurteilungen nach § 54a KWG in Zukunft zu erwarten sind.[834] Das Strafrecht scheint hier – wie so oft in der Vergangenheit und diesmal mit Blick auf das Versagen anderer Akteure vor der letzten Finanzmarktkrise – erneut eine Lückenbüßerfunktion ausfüllen zu müssen, ohne dass es überhaupt eine realistische Chance hätte, die von ihm erhoffte Lösung des Problems zu bieten.[835]

V. Strafbares Unterlassen der Konzernleitung

1. Darstellung der Problematik

Ferner stellt sich die Frage, ob die Geschäftsleitung eines Mutterkonzerns eine Überwachergarantenstellung bezüglich der Tochtergesellschaften bzw. Handlungen der Geschäftsleitung von Tochtergesellschaften trifft. In einem engen Zusammenhang hierzu stehen die ordnungswidrigkeitenrechtlichen Fragen der Aufsichtspflicht i.S.d. § 130 OWiG und – i.V.m. § 30 OWiG – die der Haftung der Muttergesellschaft selbst.

Weil – wie gezeigt – schon eine generelle Straftatverhinderungspflicht des Geschäftsherrn bezüglich Handlungen seiner Mitarbeiter nicht besteht, gilt Selbiges auch für die Geschäftsleitung der Muttergesellschaft im Verhältnis zur Leitungsebene der Tochtergesellschaft. Jedoch könnte die Leitungsebene der Muttergesellschaft wegen einer rechtlichen oder faktischen Herrschaft der Mutter- über die Tochtergesellschaft zur Erfolgsverhinderung verpflichtet sein. Ähnlich wie ein Geschäftsherr für Gefahren, die aus dem Bereich der Gefahrenquelle Betrieb stammen, verantwortlich ist, könnte auch die Leitungsebene einer Muttergesellschaft für die Überwachung der Gefahrenquelle Konzern insgesamt und auch die von den abhängigen Tochtergesellschaften ausgehenden Gefahren verantwortlich sein.[836] Eine Überwachergarantenstellung bzw. Aufsichtspflicht der Konzernleitung wird zum Teil mit unterschiedlicher Begründung von einigen Autoren angenommen und soll so weit gehen, wie der faktische Einfluss der Organe der Muttergesellschaft in die innere Organisation der Tochtergesellschaft

834 *Hamm/Richter* WM 2013, 865 (868); DAV-Stellungnahme, NZG 2013, 577 (581).

835 Positiv zum Gesetz aber *Kubiciel* ZIS 2013, 53 (60); wie hier kritisch *Hamm/Richter* WM 2013, 865 ff.; DAV-Stellungnahme, NZG 2013, 577 ff.; *Schork/Reichling* CCZ 2013, 269 (271).

836 Mit diesem grundsätzlich zutreffenden Ausgangspunkt auch *Ransiek* ZGR 1999, 613 (628 f.).

reicht.[837] Höchstrichterliche Entscheidungen sucht man zu dieser Frage vergeblich. Der BGH äußerte sich zwar in der Bremer-Vulkan-Entscheidung[838] zum Problembereich Strafbarkeit im Konzernverbund; der zu Grunde liegende Sachverhalt unterscheidet sich von der hiesigen Problematik aber durch das Vorliegen einer aktiven Täterschaftsform der Leitungsebene der Konzernmutter bzw. einer *Beschützer*garantenstellung hinsichtlich des Vermögens der Tochtergesellschaft.[839] Die Entscheidung kann daher hier nicht weiterhelfen. In einer kartellrechtlichen höchstrichterlichen Entscheidung wurde im Hinblick auf § 130 OWiG ausdrücklich offengelassen, ob seitens der Leitungsebene der Muttergesellschaft bezüglich einer (hundertprozentigen) Tochtergesellschaft eine Aufsichtspflicht nach § 130 OWiG besteht.[840] Das Bundeskartellamt scheint davon auszugehen, dass § 130 OWiG auch im Konzern anwendbar ist.[841] Im Fallkomplex Siemens ging die Staatsanwaltschaft München I wohl von einer Aufsichtspflicht der Konzernleitung bezüglich der Tochtergesellschaften aus.[842]

2. Lösung bei 100%-Beteiligungen

Richtigerweise wird man differenzieren müssen: Eine Haftung der Geschäftsleitung des Mutterkonzerns liegt besonders im Fall einer Eingliederung der Tochtergesellschaft nach § 319 ff. AktG nahe, denn hier gehört die Tochter

837 *Mansdörfer/Timmerbeil* WM 2004, 362 (368); KK-OWiG/*Rogall* § 130 Rn. 27; *Ransiek* ZGR 1999, 613 (628 ff.); *Tiedemann*, Rn. 454; a.A. Rebmann/Roth/Hermann § 130 OWiG Rn. 5 (13.Lfg./09/2008); M-G/*Schmid/Fridrich*, § 30 Rn. 138; *Hermanns/Kleier*, Grenzen der Aufsichtspflicht, 25; *Ransiek*, Unternehmensstrafrecht, 105 f.; *Schneider/Gottschaldt* ZIS 2011, 573 (574); *Langkeit*, FS Otto, 649 (655 ff.); *Kling* WRP 2011, 506 ff.; *Koch* ZHR 171 (2007), 554 (572 f.); *ders.* AG 2009, 564 (573); *Tiedemann* NJW 1979, 1849 (1852) u. NJW 1993, 23 (30) plädiert für eine vermittelnde Lösung, nach der die Haftung auf die Fälle eines 100%igen Anteilsbesitz beschränkt sein soll.

838 BGH NStZ 2004, 599 ff.

839 BGH NStZ 2004, 599 ff. (insb. 561).

840 BGH Beschluss v. 01.12.1981, WuW 1982, 213 (218) [BGH WuWE, 1871 (1876) – Transportbeton].

841 BKartA WuWE DE-V 85 (88 f.) = WuW 1999, 385 (388 f.).; sehr weitgehend BKartA v. 9. 2. 2009, = WuW 2009, 280 – Tondachziegel (Etex), s. dazu die Darstellung und Analyse bei *Koch* AG 2009, 564 ff.

842 So erhielt z.B. der ehemalige Vorstandsvorsitzende der Siemens AG *von Pierer* einen Bußgeldbescheid wegen fahrlässiger Verletzung seiner Aufsichtspflicht; siehe zum Themenkomplex noch OLG München BeckRS 2015, 14184 und die umfassende Darstellung bei *Minkoff*, Aufsichtspflichten, Rn. 230 ff. und 240 ff.

hundertprozentig der Muttergesellschaft und wird trotz rechtlich-formaler Selbstständigkeit faktisch wie eine Betriebsabteilung geführt.[843] Dies gilt insbesondere, wenn – wie es nicht selten vorkommt – aus einem bestehenden Unternehmen einzelne Abteilungen, wie z.B. die Vertriebsabteilung, ausgegliedert werden, aber als hundertprozentige Töchter im Unternehmensverbund verbleiben, sodass sich an den tatsächlichen Verhältnissen wenig bis gar nichts ändert. Dies gilt auch dann, wenn ein rechtlich selbstständiges Unternehmen nur mittelbar zu der Muttergesellschaft gehört, indem diese beispielsweise 100 % der Anteile an zwei Gesellschaften hält, die sich ihrerseits die ausschließlichen Anteile an der Tochter teilen. Interessant ist die Frage, ob sich aus § 323 Abs. 1 S. 2 i.V.m. § 309 AktG ein Anhaltspunkt für die Reichweite der strafrechtlichen Garantenpflicht ergibt. Generell ist zu beachten, dass sich das Strafrecht als Sekundärrechtsordnung akzessorisch zum Gesellschaftsrecht verhält.[844] Vor diesem Hintergrund ist zu bedenken, dass nach § 309 Abs. 1, 2 AktG eine gesellschaftsrechtliche Haftung der gesetzlichen Vertreter des herrschenden Unternehmens nur im Falle pflichtwidriger Weisungen, aber nicht im Fall pflichtwidrig unterlassener Weisungen besteht.[845] Daher könnte man meinen, dass die Geschäftsleitung der Muttergesellschaft bei Annahme einer Garantenstellung strafrechtlich in weiterem Umfang für ihr Unterlassen haftet als gesellschaftsrechtlich – aufgrund der einen Rechtsstaat prägenden Ultima-Ratio-Funktion des Strafrechts wäre dies ein nicht hinzunehmender Wertungswiderspruch.[846] Jedoch ist zu bedenken, dass die Haftung für Einflussnahmen auf den Tochtervorstand nach § 309 Abs. 1 und Abs. 2 AktG dem Schutz von Gläubigern und Minderheitsaktionären der Tochtergesellschaft dient[847] und unmittelbar nur das Verhältnis Mutter-Tochter regeln soll (siehe auch der Gesetzeswortlaut: „gegenüber der Gesellschaft").

---

843 Siehe Emmerich/Habersack § 10 Rn. 1; zur gesellschaftsrechtlichen Haftung in Konzernen mit Matrix-Strukturen siehe *Schockenhoff* ZHR 180 (2016), 197 ff..

844 *Mansdörfer/Timmerbeil* WM 2004, 362 (368); grundlegend *Frisch*, Tatbestandsmäßiges Verhalten, 90 ff. und *Wagner*, Akzessorietät (passim).

845 *Langkeit*, FS Otto, 649 (655 ff.) m.w.N. zur entsprechenden aktienrechtlichen Literatur.

846 So zutreffend *Langkeit*, FS Otto, 649 (656); freilich ist darauf hinzuweisen, dass dieser Grundsatz in der Praxis nicht immer eingehalten wird, so z.B. wenn beim Betrug durch die Zugrundelegung des wirtschaftlichen Vermögensbegriffs durch die Rechtsprechung in bestimmten Konstellationen strafrechtlich mehr geschützt wird als zivilrechtlich; auf die (fragliche) Vereinbarkeit des Ultima-Ratio-Grundsatzes mit den Normen des sog. „modernen" Strafrechts sei in diesem Zusammenhang nur kurz hingewiesen.

847 *Ransiek* ZGR 1999, 613 (632).

Das bedeutet, dass eine Haftungsbeschränkung nach außen (also gegenüber konzernfremden Dritten) gerade nicht bezweckt ist. Entsprechend ist eine zivilrechtliche Haftung der Muttergesellschaft durch die Verletzung von Verkehrssicherungspflichten trotz der Existenz des § 309 AktG denkbar.[848] Folglich ist die strafrechtliche Haftung nicht unbedingt weitergehend als die zivilrechtliche und der Ultima-Ratio-Grundsatz wird nicht verletzt. Daher lässt sich bei einem eingegliederten Unternehmen eine Garantenstellung der Unternehmensleitung der Mutter bezüglich der Tochtergesellschaft(en) bejahen, da Letztere bzw. deren Leitung im Rahmen einer Delegation die Aufsicht der Konzernmutter für diese in dem oder den Tochterunternehmen übernimmt.[849] In diesen Zusammenhang fügt sich im weitesten Sinne auch die Kartellrechtsprechung des EuGH ein, nach der nur bei einer (zumindest annähernd) 100%igen-Tochter die widerlegliche Vermutung aufgestellt wird, dass die Muttergesellschaft auch tatsächlich einen bestimmenden Einfluss auf die Gesellschaft ausübt;[850] diese Rechtsprechung und Rechtsentwicklung hat inhaltlich mit der 9. GWB-Novelle aus dem Jahr 2017[851] auch Eingang in das GWB – konkret in § 81a Abs. 3 GWB – gefunden.[852] Auch die zivilrechtliche Rechtsprechung ging in der Aufarbeitung des Fallkomplexes „Bremer Vulkan“ davon aus, dass die Stellung als „Alleingesellschafterin“ zur Annahme einer Vermögensbetreuungspflicht genügt.[853] Bei aller gebotenen Vorsicht hinsichtlich der Vergleichbarkeit einer Vermögensbetreuungspflicht bei der Untreue mit der Überwachungspflicht bezüglich einer Gefahrenquelle zeigt das Urteil doch die Bedeutung auf, die auch die zivilrechtliche höchstrichterliche Rechtsprechung der 100%igen Tochterstellung beimisst.

---

848 Es ist hierzu im Zivilrecht insgesamt keine einheitliche Linie erkennbar, s. nur die Darstellung bei *Spindler*, Unternehmensorganisationspflichten, 945 ff.

849 So für § 130 OWiG *Tiedemann* NJW 1979, 1849 (1852); NJW 1993, 23 (30); ihm zust. KK-OWiG/*Rengier* § 14 Rn. 67; *Rütsch*, Durchgriff, 115 f.

850 EuGH Urteil vom 10.09.2009 – C-97/08 („Akzo Nobel“), Rn. 60; zu den Anforderungen hinsichtlich der Begründungspflicht bezüglich des vermuteten Einflusses siehe aber auch EuGH Urteil vom 29.09.2011 – C-521/09 P („Elf Aquitaine“), Rn. 146 ff.

851 BGBl. I, S. 1416.

852 Siehe dazu ausführlich und kritisch *Achenbach* wistra 2018, 185 ff.; *Timmerbeil/Blome* BB 2017, 1544 ff.

853 BGH NJW 2001, 3622 (3623); offengelassen – da die Vermögensbetreuungspflicht letztlich auf andere Gesichtspunkte gestützt wurde – in der strafrechtlichen „Bremer-Vulkan“-Entscheidung BGH NStZ 2004, 559 (561); eine Vermögensbetreuungspflicht, deren Annahme in der Literatur höchst streitig ist – s. nur die Nachweise bei *Radtke/Hoffmann* GA 2008, 535 (550) – bejaht in seiner Entscheidungsbesprechung aber *Ransiek* wistra 2005, 121 (124).

3. Lösung bei anderen rechtlichen und faktischen Einflussmöglichkeiten

Anders könnte sich die Situation aber bei einem – auch ohne hundertprozentigen Anteilsbesitz möglichen – Beherrschungsverhältnis, bspw. i.S.d. § 291 Abs. 1 S. 1 Alt. 1 AktG darstellen. Dagegen spricht jedoch, dass auch hier Weisungen i.S.d. § 308 Abs. 1 AktG durch die Muttergesellschaft bis ins Tagesgeschäft hinein zulässig sind.[854] Dies ist auch in anderen Konstellationen der Beherrschung jedenfalls tatsächlich denkbar.

Das maßgebliche Kriterium wäre hierbei letztlich, ob faktisch die Möglichkeit zur Erfolgsverhinderung besteht.[855] Die Annahme einer solch weitgehenden Haftung der Unternehmensleitung des Mutterkonzerns führte somit nach Ansicht der Kritiker aber insbesondere bei mehrfachverschachtelten Unternehmen zu den von *Gürtler* befürchteten „Zurechnungskaskaden auf rechtlich ungesicherter Basis".[856] Zuzugeben ist auch, dass bei einer faktisch abhängigen AG, dem herrschenden Unternehmen – anders als bei einer GmbH-Tochter – nach der herrschenden Meinung noch nicht einmal ein rechtlich gesichertes Weisungsrecht zusteht.[857] Gleichzeitig lehnt auch die herrschende Meinung im Gesellschaftsrecht eine Konzernleitungspflicht ab.[858] Ferner ist in der konzernrechtlichen Praxis, in der verbundene Unternehmen häufig lediglich gemeinsamen Richtlinien folgen, oft eine geringe Leitungsintensität zu beobachten.[859] All die genannten Aspekte führen zu einer gewiss angebrachten Skepsis gegenüber einer zu weit gehenden strafrechtlichen Verantwortung in Konzernstrukturen und gebieten jedenfalls eine restriktive Handhabe.

Die vorgenannte Ansicht stößt aber zu Recht auch auf Kritik, nicht zuletzt auch im Zusammenhang mit sog. „transnationalen Menschenrechtsverletzungen". In

---

854 *Ransiek* ZGR 1999, 613 (629).

855 So jüngst beispielsweise *Wittig*, in: Unternehmensverantwortung für Menschenrechtsverletzungen, 195 (208).

856 Göhler/*Gürtler* § 130 OWiG Rn. 5a; ablehnend auch *Schneider/Gottschaldt* ZIS 2011, 573 (574).

857 Zur herrschenden Auffassung im Gesellschaftsrecht siehe nur: KG ZIP 2003, 1042 (1049); OLG Karlsruhe WM 1987, 533 (534); E/H/*Habersack* § 311 Rn. 10; MüKo-AktG/*Altmeppen* § 311 Rn. 403; Emmerich/Habersack § 24 Rn. 17 m.w.N. auch zur Gegenansicht.

858 *Hüffer/Koch* § 76 Rn. 47 ff.; E/H/*Habersack* § 311 Rn. 10; MüKo-AktG/*Altmeppen* § 311 Rn. 402; KK-AktG/*Koppensteiner* § 311 Rn. 152; Emmerich/Habersack § 24 Rn. 18 m.w.N. auch zur Gegenansicht.

859 *Rütsch*, Durchgriff, 128.

diesem Kontext geht es grundsätzlich um die strafrechtliche Verantwortlichkeit von Leitungspersonen global tätiger Unternehmen nach deutschem Strafrecht für bei Entfaltung wirtschaftlicher Tätigkeit im Ausland dort eingetretenen Rechtsgutsverletzungen.[860] Durch den Brand der Textilfabrik Ali Enterprises, einem Zulieferer des deutschen Unternehmens KiK in der pakistanischen Stadt Karatschi im Jahr 2012 sowie den Einsturz des Rana Plaza, einem Geschäftsgebäude in der Stadt Sabhar in Bangladesch im Jahr 2013, in dem mehrere Textilfabriken untergebracht waren, mit jeweils vielen Toten und Verletzten ist auch die Frage in den Mittelpunkt gerückt, in welchem Maße mögliche Pflichtverletzungen in einer globalen Liefer- oder Produktionskette zu einer strafrechtlichen Verantwortlichkeit des in Deutschland ansässigen Auftraggebers führen können.[861] Dabei wird das Problem der Verantwortlichkeit im Konzern noch einmal erweitert um den Aspekt von Lieferketten, in denen der Lieferant mehr oder weniger wirtschaftlich bzw. faktisch abhängig ist vom Auftraggeber; ein Problem, dass vor allem in globalen Lieferketten mit Produzenten aus Schwellen- und Entwicklungsländern nicht selten vorkommt. Ähnlich wie bei Konzernobergesellschaften stellt sich auch bei derartigen Zuliefererbetrieben die Frage nach der strafrechtlichen Verantwortlichkeit der Geschäftsleitung der Auftraggeberunternehmen. Für die Annahme einer strafrechtlichen Verantwortlichkeit spricht nicht zuletzt, dass es andernfalls durch die Auslagerung der Produktion in Länder mit geringeren Sicherheits- und Umweltstandards möglich wäre, zugleich auch die strafrechtliche Verantwortung auszulagern bei gleichzeitig hohem Anreiz zu einem solchen Verhalten aufgrund niedrigerer Produktionskosten, insbesondere aufgrund niedrigerer Arbeitslöhne in den betroffenen Ländern.[862]

Da rechtliche Weisungsmöglichkeiten aber wie oben gezeigt nur begrenzt und teilweise abhängig von der gewählten Gesellschaftsform bestehen, können diese im Rahmen von Konzerngesellschaften nur eine geringe Aussagekraft haben. Vielmehr muss die Geschäftsleitung der Konzernobergesellschaft wie ein Geschäftsherr oder gleich einem Geschäftsherrn verantwortlich sein, also in einer entsprechenden Position sein. Daher kommt es entsprechend der Geschäftsherrenhaftung darauf an, ob der Geschäftsherr die Herrschaft über die Tochtergesellschaft wie über den eigenen Betrieb als Gefahrenquelle wahrnimmt. Wenn das herrschende Unternehmen die Geschäftsführung der abhängigen Gesellschaft in einem oder mehreren zentralen Unternehmensbereichen

---

860 *Wittig*, in: Unternehmensverantwortung für Menschenrechtsverletzungen, 195.
861 *Wittig*, in: Unternehmensverantwortung für Menschenrechtsverletzungen, 195 (196).
862 *Wittig*, in: Unternehmensverantwortung für Menschenrechtsverletzungen, 195 (207).

dauernd und faktisch an sich gezogen hat, also ein sog. qualifizierter faktischer Konzern vorliegt,[863] ist eine solche Beherrschung des Geschehens durch die Konzernobergesellschaft in der Regel gegeben, sodass auch wegen der Parallele zum faktischen Geschäftsführer eine strafrechtliche Verantwortlichkeit gerechtfertigt erscheint.[864] Dies muss dann aber erst recht gelten, wenn stärker verrechtlichte Strukturen vorliegen. Ferner überzeugt es auch nicht darauf abzustellen, dass die Geschäftsleitung der Muttergesellschaft, selbst wenn sie ein Weisungsrecht hat, dieses nur gegenüber der Geschäftsleitung der Tochtergesellschaft ausüben kann, nicht aber gegenüber einzelnen Mitarbeitern: Denn im Zweifel ist, wie gezeigt, das faktische Verhältnis maßgeblich und daraus wird sich in der Regel zumindest mittelbar – also über die Geschäftsleitung der Tochtergesellschaft – ein Einfluss auch auf die jeweiligen Angestellten ergeben.[865] Wenn es sich – wie häufig bei den oben angesprochenen transnationalen Menschenrechtsverletzungen – um rechtlich vollkommen selbstständige Zuliefererbetriebe handelt, wird eine solche faktische Beherrschung ebenfalls nicht selten vorliegen. Voraussetzung ist freilich auch hier eine dem Geschäftsherrn vergleichbare Position. Dies setzt bei Zuliefererbetrieben zumindest voraus, dass über einen gewissen Zeitraum nahezu ausschließlich für einen Auftraggeber produziert wird, der das Zulieferunternehmen damit faktisch bzw. wirtschaftlich in der Hand hat und nach Belieben (jedenfalls die für eine etwaige strafrechtliche Verantwortung relevanten) Bedingungen gleich einem Geschäftsherrn vorschreiben kann.[866] In diesem Fall ist in der Regel eine Beherrschung wie bei einem qualifizierten faktischen Konzern anzunehmen. Für die formulierte Ansicht spricht ferner, dass es dem Strafrecht auch sonst nicht fremd ist, die faktische Beherrschung eines Geschehensablaufs ohne Rücksicht auf die formal-rechtliche Position des Betroffenen für die Annahme einer Garantenstellung als ausreichend zu erachten.[867]

In diesem Zusammenhang sei noch erwähnt, dass insbesondere im Bereich der Fahrlässigkeitsdelikte das Problem auftauchen kann, dass niedrigere

---

863 So st. Rspr. seit BGHZ 95, 330 ff.

864 *Schünemann*, in: Festgabe BGH Bd. IV, 621 (642); siehe auch *Ransiek* ZGR 1999, 613 (628 ff.); *Minkoff*, Aufsichtspflichten, Rn. 162 f.; *Wittig*, in: Unternehmensverantwortung für Menschenrechtsverletzungen, 195 (208), die für die Entwicklung eines Kriterienkataloges plädiert, jew. m.w.N. auch zur Gegenansicht.

865 Zweifelnd aber *Minkoff*, Aufsichtspflichten, Rn. 162.

866 *Wittig*, in: Unternehmensverantwortung für Menschenrechtsverletzungen, 195 (208), wiederum mit dem Hinweis auf einen zu entwickelnden Kriterienkatalog.

867 BGHSt 3, 32 (37 ff.); 20, 333 (338 f.) (kein Verstoß gegen das strafrechtliche Analogieverbot); 21, 101 (103); *Mansdörfer/Timmerbeil* WM 2004, 362 (368).

Sicherheits- und Produktionsstandards im Produktionsland eingehalten werden, die nach der Rechtsordnung in Deutschland nicht zulässig wären. Es stellt sich in diesem Zusammenhang die Frage, welcher Maßstab dann gelten soll bzw. ob sich der Auftraggeber durch den Hinweis, er habe die Standards im Produktionsland eingehalten, entlasten kann. *Wittig* hat überzeugend dargestellt, dass in diesem Fall ausreichende Aufsichtsmaßnahmen nur solche sind, „die nach einer Risikoanalyse sicherstellen, dass der zu beaufsichtigende Dritte all diejenigen Maßnahmen tatsächlich implementiert, die zum Schutz der Rechtsgüter der im Betrieb tätigen Personen erforderlich sind".[868] Die in der Rechtsordnung des Produktionslandes geltenden Standards und die strafrechtliche Verantwortlichkeit des unmittelbar Handelnden in diesem Land sind daher nicht maßgeblich.[869]

4. Exkurs zur ordnungswidrigkeitenrechtlichen „Durchgriffshaftung" im Konzern

Für § 130 OWiG gilt, dass nur derjenige als Inhaber angesehen wird, der die Leitung über die organisatorische Einheit der Arbeitsmittel sachlicher und persönlicher Art innehat.[870] Grundsätzlich wird man daher eine Aufsichtspflicht nach § 130 OWiG ebenfalls nur bei einer hundertprozentigen Tochtergesellschaft annehmen können.[871] Für das Strafrecht wie das Ordnungswidrigkeitenrecht gilt, dass eine Zurechnung durch die (ggf. mehrfache) Anwendung des § 14 StGB bzw. des § 9 OWiG zur natürlichen Person hin erfolgt. Dies führt bei hundertprozentigen Tochtergesellschaften zu einer „Doppelung" des Unternehmensinhabers, sodass sowohl die Organe der Tochter (aufgrund deren rechtlicher Selbstständigkeit) als auch die Organe der Mutter (aufgrund deren wirtschaftlicher Inhaberstellung) haften. Dieser Lösung steht der Wortlaut des Gesetzes, das in § 130 OWiG nicht von *einem* Inhaber spricht, nicht entgegen.[872] Auch die bereits angesprochene Einführung des § 81 Abs. 3a GWB durch die 9. GWB-Novelle im Jahr 2017 spricht für diese Auffassung: Denn wenn eine Haftung der Muttergesellschaft im Kartellrecht nur infrage kommt, wenn eine

868 *Wittig*, in: Unternehmensverantwortung für Menschenrechtsverletzungen, 195 (214 ff., 216).

869 *Wittig*, in: Unternehmensverantwortung für Menschenrechtsverletzungen, 195 (216).

870 *Rütsch*, Durchgriff, 115; ausführlich zum Inhaberbegriff i.S.d. § 130 OWiG *Koch* AG 2009, 564 (567 ff.).

871 So auch *Tiedemann* NJW 1979, 1849 (1852); NJW 1993, 23 (30); ihm zust. KK-OWiG/*Rengier* § 14 Rn. 67; *Rütsch*, Durchgriff, 115 f.

872 Anders aber *Koch* AG 2009, 564 (571).

juristische Person oder Personenvereinigung unmittelbar oder mittelbar bestimmenden Einfluss auf die Tochtergesellschaft innehatte, so spricht diese explizite kartellrechtliche Anordnung eben gerade gegen die Annahme eines allgemeinen Grundsatzes, nach dem die Muttergesellschaft für Verstöße einer Tochtergesellschaft nach § 30 OWiG haften sollte. Ferner ist auch eine mangelnde Durchsetzungsmöglichkeit bspw. des Organs der abhängigen Tochtergesellschaft kein Grund, eine doppelte Inhaberstellung abzulehnen, da etwas Unmögliches rechtlich ohnehin nicht verlangt werden kann.[873] Das ist aber eine Frage des Einzelfalls und spricht nicht generell gegen das beschriebene Haftungsmodell.

Von Interesse ist in diesem Zusammenhang ferner, dass der Bundesgerichtshof entschieden hat, dass bei mehreren Niederlassungen, bezüglich derer durch das Unterlassen einer einheitlichen gebotenen Handlung der Unternehmensleitung die Aufsichtspflicht verletzt wird, nur *eine* Aufsichtspflichtverletzung vorliegt, da allein durch den Umstand, dass sich die Pflichtverletzung in verschiedenen Niederlassungen auswirkt, aus ihr nicht verschiedene Taten werden.[874] Diese Rechtsprechung lässt sich auf das Verhältnis Mutter-Tochter übertragen. In den anderen Fällen einer Konzernierung, in denen die Voraussetzungen des § 130 OWiG nicht gegeben sind, werden allerdings zumindest mittelbare wirtschaftliche Auswirkungen auf die Muttergesellschaft vorliegen, wenn gegen die Tochter wegen einer Aufsichtspflichtverletzung ihrer Organe eine Geldbuße nach § 30 OWiG verhängt wird; dies ist freilich kein rechtliches Problem und sei daher nur am Rande bemerkt.

Dieses Ergebnis mag auf den ersten Blick in Widerspruch zu den obigen Ausführungen zur strafrechtlichen Verantwortlichkeit stehen. Allerdings ist die vom Gesetz vorgesehene Inhaberstellung eben auch etwas anderes als eine strafrechtliche Garantenstellung; sofern dieses Ergebnis rechtspolitisch für fragwürdig gehalten wird, wofür einiges spricht, ist an dieser Stelle der Gesetzgeber gefordert. Entschärft wird die aufgeworfene Problematik allerdings dadurch, dass eine Ahndung der Leitungsebene der Muttergesellschaft wegen einer Beteiligung durch Unterlassen an der Aufsichtspflichtverletzung der Führungsebene der Tochtergesellschaft gemäß §§ 130, 14 I, 8 OWiG in Betracht kommt. Dies ist immer dann anzunehmen, wenn nach den auch sonst bestehenden Voraussetzungen eine Garantenstellung vorliegt; die obigen Ausführungen gelten daher an dieser Stelle entsprechend.

---

873 Auch insoweit anderer Auffassung *Koch* AG 2009, 564 (571).

874 BGH wistra 1986, 111 (112) m. zust. Anm. *Göhler*; a.A. KG Kart a 29/84 (zitiert nach *Rütsch*, Durchgriff, 116).

Die Ausführungen dieses Abschnitts beanspruchen ebenfalls Geltung, wenn die Muttergesellschaft nicht im operativen Geschäft tätig ist, sondern eine Finanz- oder Vermögens-Holding – also eine Gesellschaft, über die ein oder mehrere Gesellschafter ihren Anteilsbesitz an anderen Gesellschaften verwalten[875] – die einheitliche Leitung der konzernierten Unternehmen i.S.d. § 18 Abs. 1 S. 1 AktG sicherstellt. Dies gilt allerdings nur, insofern die Holding ein Unternehmen i.S.d. Konzernrechts ist. Dies ist der Fall, wenn sie an mehreren verschiedenen Gesellschaften nicht nur unerheblich beteiligt ist und ihren Beteiligungsbesitz selbst verwaltet oder wenn sie über die bloße Verwaltung des Beteiligungsbesitzes hinaus unternehmerisch tätig ist.[876]

Nach den aufgestellten Grundsätzen scheidet mangels hinreichender Herrschaft des einen Unternehmens über das andere eine Garantenstellung bzw. Aufsichtspflicht der Leitungsebene bei sog. Gleichordnungskonzernen i.S.d. § 18 Abs. 2 AktG, also solchen, bei denen sich rechtlich selbstständige und voneinander unabhängige Unternehmen unter eine einheitliche Leitung begeben, aus.

875 Emmerich/Habersack § 2 Rn. 13.

876 Emmerich/Habersack § 2 Rn. 15; missverständlich insofern *Langkeit*, FS Otto, 649 ff.

3. Kapitel: Die strafrechtliche Haftung des Compliance-Beauftragten

Anknüpfend an die bisherigen Ausführungen zu den strafrechtlichen Risiken des Geschäftsherrn, soll nun der Frage nachgegangen werden, inwieweit ein Compliance-Beauftragter in dieser Funktion Strafbarkeitsrisiken ausgesetzt ist. Bevor eine ausführliche Beschäftigung mit der Frage, ob der Compliance-Beauftragte eine Garantenstellung innehat, erfolgt, soll aber zunächst einmal seine Position und ihre rechtlichen Fundamente beleuchtet werden.

I. Der Compliance-Beauftragte

Gleich zu Beginn dieses Abschnitts muss eine Einschränkung der aus Gründen der Praktikabilität gewählten Überschrift erfolgen: Der Begriff des „Compliance-Beauftragten" ist nämlich in zweierlei Hinsicht irreführend. Zum einen legt er den Eindruck nahe, „nur" der Compliance-Beauftragte oder ein etwaiges „Compliance-Team" sei innerhalb des Unternehmens für den Bereich Compliance zuständig. Richtigerweise ist der erste Compliance-Beauftragte des Unternehmens aber immer der Geschäftsherr bzw. die Geschäftsleitung.[877] Bei dieser verbleibt daher auch immer ein Rest von Verantwortung. Irreführend ist der Begriff ferner, weil er suggeriert, es gäbe einen einheitlich genormten „Compliance-Beauftragten", obwohl es in Wahrheit *den* Compliance-Beauftragten in der unternehmerischen Praxis häufig nicht gibt,[878] was freilich auch mit der – im Gegensatz zur Rechtslage bei manch anderem Betriebsbeauftragten – bislang fehlenden gesetzlichen Normierung zusammenhängt. Eine *gesetzliche* Normierung zum Thema „Compliance-Beauftragter" i.w.S. gibt es bislang einzig im Wertpapier- und Kapitalmarktrecht (konkret in § 87 Abs. 5 S. 1 WpHG), sodass im Folgenden auch bewusst immer wieder auf das aus dem Wertpapierhandelsrecht entstandene Leitbild zurückgegriffen werden wird. In der Wirklichkeit sind in vielen Unternehmen die hier und in der Folge dem Compliance-Beauftragten und seiner Abteilung zugeschriebenen Aufgaben zum Teil auf verschiedene

877 Siehe auch Punkt 1 des Positionspapiers des Bundesverbandes der deutschen Compliance-Officer e.V. (BDCO) zum Berufsbild des Compliance Officers – Mindestanforderungen zu Inhalt, Entwicklung und Ausbildung, hier und im Folgenden zit. nach *Sünner*, CCZ 2014, 91 (92 ff.).

878 *Grützner* NJW 2009, Heft 43 (Editorial).

Unternehmensabteilungen, wie Innenrevision, Risikomanagement (Legal Risk Management/Financial Risk Management), Rechtsabteilung, Controlling, Personalabteilung, Investor-Relations[879] oder andere Funktionen verteilt, und entsprechend vielfältige Pflichtenstrukturen können in den jeweiligen Unternehmen vorliegen.[880] Gerade in mittelständischen Unternehmen wird ein Compliance-Beauftragter häufig in Personalunion Leiter der Rechtsabteilung sein oder eine vergleichbare Position einnehmen.[881] Auch die Bezeichnung für den für Compliance zuständigen Mitarbeiter ist unterschiedlich: Im Folgenden wird hier unabhängig von möglichen anderen abweichenden Bezeichnungen in der Praxis der Begriff des „Compliance-*Beauftragten*" verwendet, weil er am besten die „persönliche" Komponente der Beauftragung widerspiegelt. Ferner wurde der Begriff so auch vom Verordnungsgeber in § 12 Abs. 4 S. 1 WpDVerOV verwendet und findet sich heute in Art. 22 Abs. 3 b) der Delegierten Verordnung (EU) 2017/565 der Kommission vom 25.04.2016 sowie in § 87 WpHG. In großen Unternehmen wird man häufiger die Bezeichnung „Compliance Officer"[882], auf unterer Ebene auch „Compliance Manager"[883] verwenden, in großen Konzernen vom höchstrangigen Beauftragten als „Chief Compliance Officer" oder „Group Compliance Officer" sprechen. Weniger die formale Bezeichnung, als vielmehr die Übernahme der konkreten *materiellen* Compliance-Aufgaben haben aber Auswirkungen auf die strafrechtlichen Risiken der Betroffenen. Daher gilt es zunächst, diese materiellen Aufgaben eines „Compliance-Beauftragten" zu benennen.

Entscheidend für Kompetenzen und Verantwortung, welche der Compliance-Beauftragte im Sinne dieser Arbeit im Unternehmen innehat, sind – neben zahlreichen anderen Faktoren – vor allem die Größe des Unternehmens und die Branche, in der es tätig ist. Es gibt zudem verschiedene Modelle, die Compliance-Abteilung und somit den Compliance-Beauftragten in ein Unternehmen

---

879 *Kort* NZG 2008, 81 (85).

880 *Momsen*, FS Puppe, 751 (758); *Rönnau/Schneider* ZIP 2010, 53 f.; siehe aber auch *Casper*, FS K. Schmidt, 199 (202), der indirekt eine schärfere Trennung zwischen Compliance einerseits und Controlling bzw. Innenrevision andererseits anmahnt.

881 Siehe zu den verschiedenen Möglichkeiten der Ausgestaltung und ihren jeweiligen Vor- und Nachteilen aus betriebswirtschaftlicher Sicht *Lehmann*, in: Hdb. CC § 3 Rn. 87 ff; 92 ff.; siehe zu diesem Thema ferner *Moosmayer*, in: Hdb. CC § 6 Rn. 2 ff., 5 und *Hauschka*, FS Wessing, 481 ff.

882 Dieser Begriff kann allerdings auch für „untergeordnete" Compliance-Mitarbeiter verwendet werden, siehe Punkt 2 BDCO-Positionspapier.

883 Siehe auch *Grützner/Jakob*, Compliance, 61.

oder in einen Konzern zu integrieren. Neben der vor allem in mittelständischen Unternehmen beliebten Möglichkeit, dem Leiter der Rechtsabteilung zusätzlich den Bereich Compliance zu übertragen, ist die Einordnung der Compliance-Funktion in eine Matrix-Organisation – also nahe am jeweiligen operativen Geschäft – denkbar.[884] Besonders in Großunternehmen gibt es in der Regel autonome Compliance-Organisationen, die sämtliche Compliance-Aufgaben abdecken und häufig als Stabsstelle eingerichtet sind, mit einem meist sogenannten „Chief Compliance Officer" an der Spitze.[885] Für den Moment wollen wir es dabei belassen, grundsätzlich von einem solchen Compliance-Beauftragten im Unternehmen auszugehen, der von der Geschäftsleitung dazu bestimmt worden ist, diese Funktion im Unternehmen auszufüllen, und von ihm zu diesem Zweck zugewiesenen Mitarbeitern unterstützt wird. Im Folgenden soll eine Auflistung der wesentlichen Funktionen und Voraussetzungen für die Annahme eines solchen allein tätigen „Ideal-Compliance-Beauftragten" erfolgen, von dem selbstverständlich in der Praxis zahlreiche Abweichungen en détail vorstellbar sind. Nicht selten werden Compliance-Beauftragte in kleinen und mittelständischen Unternehmen die Compliance-Aufgaben nur als „Annexkompetenz" erhalten, was mit einigem Recht kritisch gesehen wird,[886] jedoch auch schlicht den objektiven Umständen und Notwendigkeiten eines kleineren Unternehmens geschuldet sein kann. Bedenklich wird es jedenfalls dann, wenn normale Angestellte in wenigen Tagen zum zertifizierten Compliance Officer ausgebildet werden sollen.[887] Schon an dieser Stelle sei darauf hingewiesen, dass wenn Aufgaben und Kompetenzen des Compliance-Beauftragten einen zu geringen Intensitätsgrad haben oder er von vornherein mit zu wenig sachlichen und personellen Mitteln ausgestattet wird, sodass eine korrekte Erfüllung der ihm übertragenen Aufgabe nicht möglich ist, die gesamte zivil- und strafrechtliche Verantwortung wieder an die Geschäftsleitung zurückfällt und folglich überhaupt gar keine Verantwortungsverlagerung stattfindet.[888]

Jedem Compliance-Beauftragten wird in der Regel als erste Aufgabe übertragen, für die Unternehmensleitung die Implementierung, Dokumentation und ständige Weiterentwicklung eines Compliance-Systems durchzuführen.[889]

---

884 *Moosmayer*, in: Hdb. CC § 6 Rn. 3 ff.

885 *Moosmayer*, in: Hdb. CC § 6 Rn. 2.

886 Siehe *Grützner* NJW 2009, Heft 43 (Editorial).

887 So zu völlig zu Recht *Rotsch* FS I. Roxin, 485 (490) unter Verweis auf das Zertifizierungsprogramm einer Management AG.

888 *Bürkle* CCZ 2010, 4 (5, 8 f.).

889 Hauschka/Moosmayer/Lösler/*Bürkle*, Corporate Compliance, § 36 Rn. 34.

Entscheidendes Gewicht kommt dabei der Aufgabe zu, die auszuschaltenden Risiken zunächst zu identifizieren und – insbesondere gegenüber der Geschäftsleitung – transparent zu machen.[890] Der Compliance-Beauftragte ist ferner für die Erstellung von Ethikrichtlinien zuständig.[891] Der Compliance-Beauftragte unterstützt und berät die Geschäftsleitung des Weiteren in sämtlichen Fragen mit Compliance-Bezug.[892] Er berichtet dieser regelmäßig und bei Bedarf auch ad hoc über wesentliche Compliance-relevante Sachverhalte im Unternehmen sowie über bereits eingetretene oder zukünftig zu erwartende Veränderungen des rechtlichen Rahmens, in dem sich das Unternehmen bewegt.[893] Er nutzt die ihm zur Verfügung stehenden Quellen auch, um im Rahmen seiner Berichterstattung an die Geschäftsleitung Vorschläge über zu ergreifende Maßnahmen zu machen.[894] Die Beratungsaufgabe (advisory function) des Compliance-Beauftragten umfasst dabei die gesamte Unternehmenshierarchie, da sowohl die Beratung der einzelnen Mitglieder der Geschäftsleitung bei der Festlegung von Compliance-Maßnahmen in ihrem jeweiligen Ressort oder im gesamten Unternehmen als auch die Beratung sämtlicher Unternehmensangehöriger, die im Geschäftsalltag mit Compliance-Risiken konfrontiert werden, zu seinen Aufgaben gehört.[895] Der Compliance-Beauftragte steht ferner – neben der Rechtsabteilung – der Geschäftsleitung wie auch den Mitarbeitern als Ansprechpartner für sämtliche Rechtsfragen zur Verfügung, wobei natürlich insbesondere der Beantwortung von Zweifelsfragen eine herausragende Bedeutung zukommt.[896] Er verfolgt dabei jedoch einen ganzheitlichen Ansatz[897] und ist nicht, wie der „nur-Leiter einer Rechtsabteilung", ausschließlich für die interne rechtliche Beratung und die Bewältigung von Rechtsstreitigkeiten mit Dritten zuständig. Der Compliance-Beauftragte versucht vielmehr bereits im Vorfeld durch die schriftliche und mündliche Kommunikation rechtlicher Rahmenbedingungen im Unternehmen und die Einübung ihrer Einhaltung zu verhindern, dass es zu Überschreitung rechtlicher Grenzen kommt.[898] Aufgrund dieser grundsätzlich verschiedenen Aufgabenbereiche hat es auch keine Auswirkungen auf eine

---

890 *Schulz/Renz* BB 2012, 2511 (2514).

891 *Dann/Mengel* NJW 2010, 3265 (3266).

892 Hauschka/Moosmayer/Lösler/*Bürkle*, Corporate Compliance, § 36 Rn. 35.

893 Hauschka/Moosmayer/Lösler/*Bürkle*, Corporate Compliance, § 36 Rn. 35.

894 Hauschka/Moosmayer/Lösler/*Bürkle*, Corporate Compliance, § 36 Rn. 35.

895 *Schulz/Renz* BB 2012, 2511 (2514).

896 *Klopp*, Der Compliance-Beauftragte, 117; siehe auch Punkt 8 BDCO-Positionspapier.

897 *Klopp*, Der Compliance-Beauftragte, 119; siehe auch Punkt 8 BDCO-Positionspapier.

898 *Schulz/Renz* BB 2012, 2511 (2514).

mögliche rechtliche Verantwortung des Compliance-Beauftragten, ob er dem Rechtsabteilungsleiter eines Unternehmens formal unterstellt ist oder nicht.[899] Erst wenn sich ihr materieller Aufgabenbereich allgemein oder im konkreten Einzelfall überschneidet, kann es zu einer gemeinsamen „Compliance-Verantwortung" von Compliance-Beauftragtem und Rechtsabteilungsleiter kommen.

Wahrscheinlich ist zudem, dass der Compliance-Beauftrage die Aufgabe übertragen bekommt, im Rahmen seiner Möglichkeiten auf die Einhaltung der Rechtsordnung sowie der unternehmensinternen Vorschriften im Unternehmen hinzuwirken. Hat der Compliance-Beauftragte die arbeitsvertragliche Pflicht, über die Einhaltung der externen und internen Regeln im Unternehmen zu wachen, führt er in diesem Zusammenhang unangekündigte Kontrollen durch und meldet der Geschäftsleitung gewichtige Verstöße gegen Compliance-Vorgaben.[900] Wird ihm eine solche Aufgabe übertragen, erscheint es zwingend, auch eine hinreichende Versorgung des Compliance-Beauftragten mit Informationen zu gewährleisten.[901] So sind dem Compliance-Beauftragten ggf. unbegrenzte Auskunfts- und Einsichtsrechte bezüglich aller Compliance-relevanten Sachverhalte im Unternehmen zu gestatten.[902] Hierbei kommt insbesondere den Prüfberichten der Innenrevision[903] sowie von externen Wirtschaftsprüfern herausragende Bedeutung zu.[904] Wichtiger Informationsgeber kann in diesem Zusammenhang auch eine Whistleblowing-Hotline sein, über deren Sinnhaftigkeit der Compliance-Beauftragte allein und gemeinsam mit der Geschäftsleitung abzuwägen hat.[905] Zu beachten ist jedoch, dass es nicht dem Compliance-Beauftragten, sondern der Geschäftsleitung bzw. der Personalabteilung vorbehalten ist, eventuelle Sanktionen auszusprechen.[906] Der Compliance-Beauftragte hat die Geschäftsleitung bzw. die Personalabteilung lediglich zu informieren (sog. Eskalationsrecht/-pflicht).[907] Das Letztentscheidungsrecht der Geschäftsleitung bleibt auch dann noch bestehen, wenn sie – was möglich ist – die entsprechenden Kompetenzen

---

899 Vgl. aber auch *Wybitul/Koyuncu* PHi 2009, 202 (204).

900 *Kraft/Winkler* CCZ 2009, 29 (31); siehe Punkt 11 BDCO-Positionspapier.

901 Siehe Punkt 15 BDCO-Positionspapier.

902 Hauschka/Moosmayer/Lösler/*Bürkle*, Corporate Compliance, § 36 Rn. 49.

903 S. dazu auch *Bürkle* CCZ 2010, 4, (9).

904 Hauschka/Moosmayer/Lösler/*Bürkle*, Corporate Compliance, § 36 Rn. 50.

905 *Klopp*, Der Compliance-Beauftragte, 119.

906 *Kraft/Winkler* CCZ 2009, 29 (31); *Illing/Umnuß* CCZ 2009, 1 (4); *Klopp*, Der Compliance-Beauftragte, 119; *Lösler*, Compliance im Wertpapierdienstleistungskonzern, 199.

907 *Lösler*, Compliance im Wertpapierdienstleistungskonzern, 199; zu den Berichtswegen auch *Moosmayer*, in: Hdb. CC § 6 Rn. 6 ff.

an den Compliance-Beauftragten delegiert.[908] Fachliche Weisungsrechte stehen dem Compliance-Beauftragten nur zu, wenn die Geschäftsleitung ihm solche ausdrücklich überträgt.[909] Ob es darüber hinaus strafbewehrte Aufgabe des Compliance-Beauftragten ist, Straftaten aus dem Unternehmen zu Lasten Dritter zu verhindern,[910] soll an dieser Stelle noch nicht vertieft werden, sondern erst im Zusammenhang mit der Frage nach einer strafrechtlichen Garantenstellung des Compliance-Beauftragten.

Der Compliance-Beauftragte sollte unmittelbar dem Vorstand zu- oder nachgeordnet sein, also ggf. dem zuständigen Vorstandsmitglied unmittelbar Bericht erstatten.[911] Es müssen ihm zur Erfüllung seiner Aufgaben ausreichende sachliche und personelle Ressourcen zur Verfügung stehen.[912] Um seine „Unabhängigkeit"[913] zu wahren, darf die Vergütung des Compliance-Beauftragten keine Anreize enthalten, die mit Compliance-Zielen kollidieren.[914] In der Regel sollte und wird der Compliance-Beauftragte nicht gleichzeitig im operativen Geschäft des Unternehmens, das er beaufsichtigt, tätig sein.[915] Die Unabhängigkeit des (Wertpapierhandels-)Compliance-Beauftragten reicht jedoch nicht soweit, dass er grundsätzlich nicht mehr dem Weisungsrecht der Geschäftsleitung unterstünde.[916] Etwas anderes gilt auch nicht in fachlicher Hinsicht (also hinsichtlich des Inhalts und der konkreten Durchführung seiner Tätigkeit), da die ausdrückliche gesetzliche Anordnung der Ausnahme von der Weisungsfreiheit in § 38

---

908 *Casper*, FS K. Schmidt, 199 (210); *Klopp*, Der Compliance-Beauftragte, 120.

909 *Lösler* WM 2008, 1098 (1102); anders für die Wertpapier-Compliance aber *Veil* WM 2008, 1093 (1098).

910 So BGH NJW 2009, 3173 (3175).

911 Siehe Punkt 3 und 12 BDCO-Positionspapier; *Dann/Mengel* NJW 2010, 3265 (3266); *Kraft/Winkler* CCZ 2009, 29 (31).

912 Hauschka/Moosmayer/Lösler/*Bürkle*, Corporate Compliance, § 36 Rn. 45; *Krieger/Günter* NZA 2010, 367 (369); siehe Punkt 15 BDCO-Positionspapier; zu den Konsequenzen.

913 Zu diesem Begriff und seiner Bedeutung s. *Lösler* WM 2008, 1098 (1103 f.).

914 Siehe Punkt 5 BDCO-Positionspapier; Hauschka/Moosmayer/Lösler/*Bürkle*, Corporate Compliance, § 36 Rn. 45.

915 Siehe Punkt 5 BDCO-Positionspapier; Hauschka/Moosmayer/Lösler/*Bürkle*, Corporate Compliance, § 36 Rn. 46.

916 Hauschka/Moosmayer/Lösler/*Bürkle*, Corporate Compliance, § 36 Rn. 47 m.w.N.; *Lösler* WM 2008, 1098 (1103 f.); mit überzeugenden Hinweisen auf das Gesetzgebungsverfahren auch *Casper*, FS K. Schmidt, 199 (203); anders für den Compliance-Beauftragten nach dem WpHG aber *Veil* WM 2008, 1093 (1097); *Illing/Umnuß* CCZ 2009, 1 (4).

Abs. 3 S. 1 DSGVO (4f Abs. 3 S. 2 BDSG a.F.) aufzeigt, dass grundsätzlich ein Weisungsrecht besteht.[917] Anders ist die Situation nur bei evident rechtswidrigen Weisungen der Geschäftsleitung zu beurteilen, wie bspw. bei der Anweisung, Straftaten zu vertuschen, weil andernfalls die Compliance-Funktion konterkariert würde.[918]

Nach außen fungiert der Compliance-Beauftragte als erster Ansprechpartner für externe Stellen in allen Fragen mit Compliance-Bezug. Dies gilt insbesondere im Bezug auf staatlichen Ermittlungs- oder Aufsichtsbehörden, aber auch auf externe Berater oder Medien.[919] Der Compliance-Beauftragte hat auch Pläne für Notfälle, wie unangekündigte Untersuchungen durch staatliche Behörden, auszuarbeiten.[920]

Schließlich sollte der Compliance-Beauftragte seine gesamte Tätigkeit sorgfältig dokumentieren, um im Falle von Ermittlungen durch staatliche Behörden zu Gunsten des Unternehmens, der Geschäftsleitung oder seiner selbst einen Nachweis über die Funktionsweise der Compliance im Unternehmen erbringen zu können.[921]

II. Darstellung des Meinungsstandes zur strafrechtlichen Haftung des Compliance-Beauftragten

1. Das Urteil des5. BGH-Strafsenats vom 17.07.2009

a) Bedeutung des Urteils in der Praxis

Maßgeblichen Einfluss auf die Debatte um die Strafbarkeitsrisiken des Compliance-Beauftragten in der Praxis hatte und hat das Urteil des 5. Strafsenats des Bundesgerichtshofs vom 17.07.2009,[922] welches einen breiten wissenschaftlichen Widerhall gefunden hat. Aus der Unternehmenspraxis erfährt man, dass nach

---

917 Ausführlich dazu *Klopp*, Der Compliance-Beauftragte, 195 ff. (198); *Casper*, FS K. Schmidt, 199 (209); in diese Richtung auch BAG NZA 2007, 563 (564); anders aber mittels einer analogen Anwendung der gesetzlichen Regelung des § 4f BDSG a.F. *Krieger/Günter* NZA 2010, 367 (370).

918 *Casper*, FS K. Schmidt, 199 (209); zu der Frage, wie sich Compliance im Unternehmen in der Praxis durchsetzen kann und welche Probleme dabei aufgrund der vorherrschenden Machtverhältnisse auftreten können siehe *Schneider*, CCZ 2017, 206 ff.

919 Hauschka/Moosmayer/Lösler/*Bürkle*, Corporate Compliance, § 36 Rn. 41.

920 *Dann/Mengel* NJW 2010, 3265 (3266).

921 *Schulz/Renz* BB 2012, 2511 (2515).

922 BGH NJW 2009, 3173 ff.

einer (nicht repräsentativen) Umfrage unter Compliance-Beauftragten verschiedener Branchen sich nach Bekanntwerden des Urteils 64 % der befragten Compliance-Beauftragten näher mit der strafrechtlichen Garantenstellung ihrer Berufsgruppe befasst haben.[923] Auch wenn 56 % der Befragten die Aufmerksamkeit, die das Urteil hervorgerufen hat, als „Überreaktion" deuten, so gaben immerhin 20 % an, dass sich die Rekrutierung von Compliance-Personal nach dem Urteil des Leipziger Senats erschwert habe.[924] Gleichzeitig ist zu konstatieren, dass nach derzeitigem Kenntnisstand noch kein einziger Compliance Officer in Deutschland strafrechtlich angeklagt oder gar verurteilt worden ist, was aber natürlich auch in einer besonderen Vorsicht, die Compliance-Beauftragte seit dem Urteil des BGH walten lassen, oder in ihrer Position, die es womöglich erleichtert, eigenes Fehlverhalten zu „verschleiern", begründet sein kann. Zum Teil werden die Reaktionen auf das Urteil daher auch als übertrieben bezeichnet.[925] Insbesondere externe Praktiker setzen sich durch ein künstliches „Aufbauschen" von vermeintlichen Strafbarkeitsrisiken schnell dem Verdacht aus, bewusst eine Panik zu schüren, um so neue Mandate verunsicherter Unternehmensleiter erhalten zu können.

b) Das Urteil

Angesichts der nun schon seit Jahrzehnten national wie international anhaltenden Debatte um Compliance mag es auf den ersten Blick überraschen, dass der BGH sich erst im Jahr 2009 zur Strafbarkeit des Compliance-Beauftragten geäußert hat. Dies mag damit zusammenhängen, dass Compliance in der deutschen Strafrechtspflege und -wissenschaft auf breiter Front erst durch den Siemens-Skandal wahrgenommen worden ist. Insofern überrascht es nicht, dass im Revisionsurteil des Bundesgerichtshofs zu einem Teilkomplex aus dem Siemens-Skandal (Siemens/Enel) in Deutschland erstmals eine höchst(straf)richterliche Aussage zum Thema „Compliance" gefallen ist.[926]

In seinem – wie gezeigt – Aufsehen erregenden Urteil vom 17. Juli 2009 knüpft der Leipziger Senat dann auch zunächst explizit an das Siemens-Urteil an[927] und erwähnt ferner obiter dictu, dass er einen Compliance Officer „regelmäßig" für garantenpflichtig bezüglich der Verhinderung von Straftaten

---

923 Siehe *Hastenrath* CCZ 2011, 32 (35).

924 *Hastenrath* CCZ 2011, 32 (36).

925 Siehe z.B. *Prittwitz*, in: Compliance und Strafrecht, 125 (131 ff.).

926 BGHSt 52, 323 (335).

927 BGH NJW 2009, 3173 (3175).

Betriebsangehöriger hält.[928] Dies sei die notwendige Kehrseite seiner „gegenüber der Unternehmensleitung übernommenen Pflicht, Rechtsverstöße und insbesondere Straftaten aus dem Unternehmen heraus zu unterbinden"; ferner soll bei einem Leiter der Innenrevision von einer solchen vergleichbaren Pflicht nach Auffassung des Senats wohl regelmäßig nicht ausgegangen werden können.[929] Jedenfalls wenn – wie im konkret zu entscheidenden Fall – der Leiter der Innenrevision eines öffentlich-rechtlichen Unternehmens, hier der Berliner Stadtreinigungsbetriebe (BSR), betroffen ist und sich seine Tätigkeit auf den hoheitlichen Bereich des Unternehmens bezieht, soll eine Garantenstellung aber gegeben sein.[930] Der BGH stellt in diesem Zusammenhang auf die Übertragung von Obhutspflichten für bestimmte Gefahrenquellen ab, da hieraus eine „Sonderverantwortlichkeit" für die Integrität des übernommenen Verantwortungsbereichs resultiert.[931] Eine eindeutige Einteilung nach Schutz- und Überwachungspflichten wird dabei nicht vorgenommen, mit der Begründung, dass die Überwachungspflicht in diesem Zusammenhang gerade dem Schutz bestimmter Rechtsgüter diene und umgekehrt ein Schutz ohne entsprechende Überwachung „des zu schützenden Objekts" kaum möglich sei.[932] Maßgeblich sei die Bestimmung des Verantwortungsbereichs, den der Verpflichtete übernommen hat, sowie das, was unter Berücksichtigung des normativen Hintergrunds Inhalt der Pflichtenbindung sei.[933] Demjenigen, dem Obhutspflichten für eine bestimmte Gefahrenquelle übertragen werden, treffe dann auch eine „Sonderverantwortlichkeit" für die Integrität des von ihm übernommen Verantwortungsbereichs.[934] Entgegen der Ansicht des Generalbundesanwalts beschränkt sich die Einstandspflicht im konkreten Fall nach Auffassung des 5. Strafsenats nicht nur darauf, Vermögensbeeinträchtigungen des eigenen Unternehmens zu verhindern, sondern es existiert auch die Pflicht, Straftaten, die aus dem Unternehmen heraus gegenüber Vertragspartnern begangen werden, zu unterbinden.[935] Entscheidend hierfür ist nicht der bloße Dienstvertrag, sondern die tatsächliche Übernahme

928 BGH NJW 2009, 3173 (3175).

929 BGH NJW 2009, 3173 (3175); siehe zu dieser Unterscheidung auch schon die Ausführungen oben.

930 BGH NJW 2009, 3173 (3175).

931 BGH NJW 2009, 3173 (3174) unter Verweis auf *Roxin*, AT II § 32 Rn. 5 ff. und MüKo[1]/*Freund* § 13 Rn. 161.

932 BGH NJW 2009, 3173 (3174).

933 BGH NJW 2009, 3173 (3174).

934 BGH NJW 2009, 3173 (3174).

935 BGH NJW 2009, 3173 (3174).

eines entsprechenden Pflichtenkreises, für den regelmäßig ein besonderes Vertrauensverhältnis Voraussetzung sei.[936] Maßgeblich ist des Weiteren nach Ansicht des BGH der Zweck und die Zielrichtung der Beauftragung bzw. ob sie sich darin erschöpft, die unternehmensinternen Prozesse zu optimieren oder ob der Beauftragte die Pflicht hat, vom Unternehmen ausgehende Rechtsverstöße zu beanstanden und zu unterbinden; bei der Bewertung ist die Beschreibung des Dienstpostens zu berücksichtigen.[937] Als Aufgabengebiet eines Compliance Officers wird vom Senat die Verhinderung von Rechtsverstößen, insbesondere auch von Straftaten, genannt, die aus dem Unternehmen heraus begangen werden und diesem erhebliche Nachteile durch Haftungsrisiken oder Ansehensverlust bringen können.[938]

Betont werden muss noch einmal, dass sich der BGH in den das Urteil tragenden Ausführungen mit einer anderen Problematik als der potentiellen Strafbarkeit eines Compliance-Beauftragten in der Privatwirtschaft beschäftigt hat. Es ging in der zu entscheidenden Sache um die Strafbarkeit eines Leiters der Innenrevision der Berliner Stadtreinigungsbetriebe (BSR), der sich in seiner Eigenschaft als Innenrevisor nur deshalb strafbar gemacht hat, weil es sich bei den Berliner Stadtreinigungsbetrieben um ein öffentliches Unternehmen handelt.[939] Bei einem öffentlichen Unternehmen sei der Gesetzesvollzug nämlich im Gegensatz zu einem privatwirtschaftlichen Unternehmen, bei dem es um Gewinnmaximierung geht, Kernstück der eigentlichen Tätigkeit.[940] Dadurch soll im hoheitlichen Bereich die im privaten Bereich bestehende Trennung zwischen den Interessen des Unternehmens und denen außenstehender Dritter aufgehoben werden, sodass der mit der Einhaltung der Rechtsvorschriften Beauftragte zum Schutz der Entgeltschuldner verpflichtet ist und sich daraus seine Garantenstellung ergibt.[941] Dieser Unterscheidung kommt somit – zumindest wenn es um die Beurteilung der Garantenstellung der Mitarbeiter der Innenrevision geht – entscheidendes Gewicht zu.[942] Die Ausführungen zum Compliance Officer in der Privatwirtschaft erfolgten hingegen in der Form eines Obiter

936 BGH NJW 2009, 3173 (3174).
937 BGH NJW 2009, 3173 (3174).
938 BGH NJW 2009, 3173 (3175).
939 Kurz geht der BGH [NJW 2009, 3173 (3174)] auch auf eine mögliche Garantenstellung aus Ingerenz ein; da dieser Aspekt aber für unsere Zwecke nicht gewinnbringend ist, wird er in dieser kurzen Zusammenfassung bewusst ausgelassen.
940 BGH NJW 2009, 3173 (3175).
941 BGH NJW 2009, 3173 (3175).
942 Ablehnend aber *Bock*, Criminal Compliance, 762.

dictum, was geeignet ist, Zweifel daran zu säen, ob derselbe oder ein anderer Senat des Bundesgerichtshofs sich in einer späteren Entscheidung an diese Ausführungen gebunden fühlt.

c) Urteilsanalyse

Das Urteil des Bundesgerichtshofs ist in vielen Punkten angreifbar bzw. so mager begründet, dass es zwangsläufig neue Fragen aufwirft, die einer Klärung bedürfen. Sofort ins Auge springt der Verzicht auf eine Einteilung nach Beschützer- und Überwachergarantenstellung, und zwar sowohl in den das Urteil tragenden wie auch in den nicht tragenden Ausführungen. Wie schon oben erwähnt, ist eine Einteilung nach der Funktionenlehre *Armin Kaufmanns* nicht immer sauber möglich und sagt vor allem nichts über die materiellen Voraussetzungen einer strafrechtlichen Garantenstellung aus. Dennoch sollte eine Trennung möglichst angestrebt werden, um die gebotene argumentative Hygiene einzuhalten. Im Urteil des 5. Senats wird ein solches Bemühen ausdrücklich zurückgewiesen.[943] Dennoch verwendet er im Anschluss die Terminologie, die man sonst entweder bei einer Überwachergarantenstellung *oder* einer Beschützergarantenstellung findet, häufig jedoch in einer verunglückten Mischform.[944] Der Senat lässt – wie gezeigt – ausdrücklich offen, ob es sich bei der von ihm angenommenen Garantenposition um eine Schutz- oder Überwachergarantenstellung handelt, da die Überwachungspflicht gerade dem Schutz bestimmter Rechtsgüter diene und umgekehrt ein Schutz ohne entsprechende Überwachung „des zu schützenden Objekts" kaum möglich sei.[945] Schon diese Beschreibung einer vermeintlichen Gleichheit von Beschützer- und Überwachergarantenstellung mutet merkwürdig an, da es bei der Überwachergarantenstellung nicht um die Überwachung „des zu schützenden Objekts", sondern um die Überwachung einer Gefahrenquelle geht, sodass an der Stelle im Urteil – immer von der Prämisse des BGH ausgehend – an sich stehen müsste, dass ein Schutz ohne entsprechende Überwachung *des Gefahrenherdes* nicht möglich ist. Von diesen Ungenauigkeiten abgesehen will der BGH maßgeblich auf die Bestimmung des übernommenen Verantwortungsbereichs abstellen bzw. darauf, was „unter Berücksichtigung

943 Kritisch hierzu bspw. *Warneke* NStZ 2010, 312 (314); *Rotsch*, FS I. Roxin, 485 (491).

944 Kritisch auch *Rotsch* ZJS 2009, 712 (716 f.).

945 Die vom Senat als Verweis in Bezug genommene Stelle in BGHSt 48, 77 (92) handelt von der Beschützer- *und* Überwachergarantenstellung von Mitgliedern des Politbüros des Zentralkomitees der SED in der DDR und gibt weder zu der obigen Formulierung noch deren Inhalt etwas her.

des normativen Hintergrundes Inhalt der Pflichtenbindung ist".[946] Trotz dieses klaren Bekenntnisses gegen eine Einteilung der Garantenpositionen findet sich doch immer wieder die Verwendung ihrer Terminologie, z.B. wenn der Senat anführt, dass „besondere Schutzpflichten"[947] überantwortet werden oder von einer „Überwachungspflicht"[948] die Rede ist. Der Gipfel der sprachlichen Ver(w) irrung wird erreicht, wenn von „Obhutspflichten für bestimmte Gefahrenquelle[n]" die Rede ist.[949] Wiederum wird hier beim Worte genommen verlangt, dass eine für Rechtsgüter Dritter besonders gefährliche Sache oder Person besonders zu schützen sei, was offensichtlich nicht gemeint sein kann.

Ferner wird deutlich, dass der BGH, soweit er hinsichtlich der strafrechtlichen Garantenstellung zwischen dem hoheitlichen Tätigkeitsbereich des Leiters der Innenrevision der BSR und privater Tätigkeit unterscheidet[950], eine zumindest zweifelhafte Position vertritt.[951] Gerade in einer Zeit, in der hoheitliche Aufgaben in vielen Bereichen in privatwirtschaftlicher Form erfüllt werden, erscheint eine solche Abgrenzung nicht geeignet, den Kern des Problems richtig zu erfassen bzw. einer angemessen rechtlichen Lösung zuzuführen.[952] Wenn der BGH ferner selbst auf die „Zielrichtung" und den „Zweck" der Beauftragung unter Berücksichtigung der Beschreibung des Dienstpostens abstellen will, ist nicht ersichtlich, warum die zur Aufdeckung von Straftaten oder anderen *Regelverstößen zu Lasten*[953] des Unternehmens berufene Innenrevision im öffentlichen Bereich nur aufgrund ihrer hoheitlichen Tätigkeit besondere Garantenpflichten gegenüber außenstehenden Dritten haben soll.[954] An den möglicherweise vom jeweiligen Vorgesetzten abgeleiteten Pflichten ändert sich zunächst nämlich

946 BGH NJW 2009, 3173 (3174).

947 BGH NJW 2009, 3173 (3175).

948 BGH NJW 2009, 3173 (3174).

949 BGH NJW 2009, 3173 (3174) unter (vermeintlicher) Bezugnahme auf *Roxin*, AT II § 32 Rn. 5 ff.; auf diese nicht nur sprachlichen Ungenauigkeiten weist zu Recht auch *Kretschmer* JR 2009, 474 (475) hin.

950 BGH NJW 2009, 3173 (3175).

951 Skeptisch bis ablehnend auch *Stoffers* NJW 2009, 3176; *Kraft* wistra 2010, 81 (83 f.); *Bock*, Criminal Compliance, 762; *Warneke* NStZ 2010, 312 (315); *Kretschmer* JR 2009, 474 (477); *Schneider*, in: Rom, Recht, Religion, 349 (360 f.); *Knauer*, FS I. Roxin, 465 (479); *Spring* GA 2010, 222 (224 f.); *Beulke*, FS Geppert, 23 (27); zustimmend aber *Ransiek* AG 2010, 147 (151); *Dannecker/Dannecker* JZ 2010, 981 (987); im Ergebnis auch *Jahn* JuS 2009, 1142 (1143 f.).

952 *Beulke*, FS Geppert, 23 (27).

953 Ausführlicher zu den Pflichten eines Innenrevisors *Kraft* wistra 2010, 81 (83).

954 *Kraft* wistra 2010, 81 (83).

nichts, unabhängig davon, ob es sich um einen Leiter der Innenrevision (oder auch um einen „Compliance-Beauftragten") aus dem öffentlichen Bereich oder dem privatwirtschaftlichen Bereich handelt. Letztlich verkehrt der BGH hier Sinn und Zweck der Innenrevision allein aufgrund ihrer hoheitlichen Bezüge im öffentlichen Bereich in ihr Gegenteil, denn schon aus der Bezeichnung „Innenrevision" und deren Wesen wird deutlich, dass der Innenrevisor gerade nicht in gegenüber Außenstehenden bestehende Pflichten eintritt.[955] Der BGH hätte hier möglicherweise für mehr Klarheit gesorgt, wenn er auch offen ausgesprochen hätte, dass er aus der hoheitlichen Tätigkeit des Leiters der Rechtsabteilung und der Innenrevision offenbar eine Beschützergarantenstellung zu Gunsten des Vermögens der Kunden ableiten will.[956] In diesem Fall wäre auch eventuell deutlicher, dass die Garantenstellung des Angeklagten im konkreten Fall aufgrund ihrer geringen Nähe zu den Rechtsgütern Dritter eher wenig mit der eines Polizisten oder Beamten im Strafvollzug gemein hat und daher nur schwerlich vergleichbar mit eben jenen ist.[957] Unter dem Aspekt des Bestimmtheitsgrundsatzes (§ 1 StGB, Art. 103 Abs. 2 GG) ist jedenfalls der Begründungsansatz, der Angeklagte sei „Tarifrechtsexperte"[958] oder gar „juristisches Gewissen"[959] der BSR gewesen, zu verwerfen, denn solche Aussagen stützen sich allein auf die fachliche Qualifikation oder moralische Aspekte und können daher das Bestehen einer Rechtspflicht weder begründen noch ersetzen.[960] Auffällig ist des Weiteren, dass dieser Problemkreis – bei Lichte betrachtet – mit der im Obiter dictum angesprochenen Frage der Überwachergarantenstellung des Compliance-Beauftragten überhaupt keine Berührungspunkte mehr hat. Es geht letztlich überhaupt nicht darum, dass „das, was zu überwachen ist, im privaten und im hoheitlichen Bereich unterschiedlich ausgestaltet ist", wie der BGH behauptet,[961] denn in Wahrheit dürfte sich am Überwachungsgegenstand nur wenig ändern, sondern es sich letztlich um eine andere Art von Garantenstellung handelt.[962] Freilich hat sich der BGH einen klaren Blick auf die Dinge wohl schon deshalb verbaut, weil er bereits zuvor die Unterscheidung zwischen Überwacher- und

955 So zutreffend *Kraft* wistra 2010, 81 (83).
956 Bewusst unklar insoweit BGH NJW 2009, 3173 (3175).
957 *Kraft* wistra 2010, 81 (83); vgl. auch *Stoffers* NJW 2009, 3176.
958 So die Feststellungen in BGH NJW 2009, 3173 (3175).
959 S. BGH NJW 2009, 3173 (3175).
960 *Kraft* wistra 2010, 81 (84); *Knauer*, FS I. Roxin, 465 (473).
961 BGH NJW 2009, 3173 (3175).
962 Wie hier auch *Warneke* NStZ 2010, 312 (315).

Beschützergarantenstellung für obsolet erklärt hat,[963] führt aber gleichzeitig mit seinen Ausführungen fast lehrbuchgerecht vor, warum eine solche Trennung stets zumindest versucht werden sollte.[964]

Die nicht vorgenommene Unterscheidung wirkt hinsichtlich der Garantenstellung des Compliance-Beauftragten noch fort, da auch in dem genannten Obiter dictum keinerlei Differenzierung vorgenommen wird. Die Haltung des Senats ist umso überraschender, als dass eine Trennung in mögliche Beschützer- und Überwachergarantenpositionen – wie zu zeigen sein wird – beim Compliance-Beauftragten durchaus möglich ist.[965] Ferner ist eine solche strikte Trennung geeignet, aus sprachlichen Ungenauigkeiten resultierende juristische Ungenauigkeiten und Fehleinschätzungen zu vermeiden. Für die Frage einer Strafbarkeit des Compliance-Beauftragten ist die Frage entscheidend, woher die Pflicht des Compliance-Beauftragten, „Straftaten, die aus dem Unternehmen heraus gegenüber Vertragspartnern begangen werden" zu verhindern",[966] bzw. eine entsprechende strafrechtliche Garantenstellung eigentlich herrühren soll. Der BGH verweist hinsichtlich seiner Ausführungen zur Pflicht, Rechtsverstöße zu verhindern, auf die Erstauflage des Handbuchs von *Christoph E. Hauschka*, konkret auf Hauschka/*Bürkle*, Corporate Compliance (1. Auflage), S. 128 ff.; dort wird auf Seite 134 angeführt, dass die Aufklärung von Straftaten erforderlich sei, weil insbesondere Rechtsverstöße von Mitgliedern der Geschäftsleitung (oder auch nur die Behauptung solcher) die interne Akzeptanz des Compliance-Systems in Frage stellen würden. Inwieweit aus diesem unbestreitbaren Umstand tatsächlich eine (schuld-)rechtliche Pflicht zur Verhinderung von Straftaten und – in einem zweiten Schritt – gar eine strafrechtliche Pflicht des Compliance-Beauftragten entstehen kann – was von *Bürkle* erst in der zweiten Auflage[967] erwähnt wird –, ist zu hinterfragen. In dem Zusammenhang ist auch auf den vergleichend in Bezug genommenen Aufsatz von *Kraft/Winkler*, CCZ 2009, 29 (32) einzugehen. Die *Autoren* dieses Aufsatzes geben – anders als der BGH – ein klares Bekenntnis für die Annahme einer Überwachergarantenstellung durch

---

963 BGH NJW 2009, 3173 (3174).

964 S. auch *Rotsch* ZJS 2009, 712 (717).

965 Für den im Sachverhalt des konkreten Falls nicht handelnden Leiter der Innenrevision/Rechtsabteilung ebenso *Rotsch* ZJS 2009, 712 (717); *Schneider*, in: Rom, Recht, Religion, 349 (354 f.); ausdrücklich eine „Aufsichtsgarantenstellung" (diese im Ergebnis jedoch ablehnend) macht auch *Beulke*, FS Geppert, 23 (28) aus; s. noch *Mittelsdorf* ZIS 2011, 123 (127); anders aber *Rößler* WM 2011, 918 (920 f.).

966 BGH NJW 2009, 3173 (3174 f.).

967 Siehe dort Hauschka/*Bürkle*, Corporate Compliance, § 8 Rn. 30.

„faktische und freiwillige Übernahme“ ab, lehnen eine Beschützergarantenstellung aber ebenso eindeutig ab.[968] Die Überwachergarantenstellung soll sich nur auf das vom Compliance-Beauftragten „implementierte System“ beziehen. Der BGH geht folglich mit seinen Ausführungen über die ihn Bezug genommene Literaturquelle anscheinend erheblich hinaus.[969] *Kraft* selbst nimmt den BGH jedoch insoweit in Schutz, als dass er in einer späteren Urteilsbesprechung die Auffassung des Leipziger Senats zwar als „undifferenziert“ bezeichnet, dies aber auch mit der Form des Obiter dictum erklären will.[970] Ferner weist er darauf hin, dass der 5. Senat durch den schon angesprochenen Verweis auf *Bürkle* ein bestimmtes Bild eines Compliance-Beauftragten vor Augen hatte und folglich seine Ausführungen, insbesondere die Wendung „regelmäßig“, weniger beim Worte zu nehmen sind als es vielfach vermutet und befürchtet wird, sondern vielmehr eine unterschiedliche Bewertung eines jeden Einzelfalls auf Basis der Ausführungen des 5. Senats ohne Weiteres möglich ist.[971]

Schon diese erste Bewertung des Urteils des BGH zeigt, dass der 5. Senat in seinem Obiter dictum keine widerspruchsfreie, klare und befriedigende Antwort auf die Frage nach einer Garantenstellung des CCO gefunden hat. Dies mag zum Teil auch, wie schon erwähnt, der gewählten Form des Obiter dictum geschuldet sein. Diese charakterisierte der damalige Vizepräsident des Bundesarbeitsgerichts, *Hans-Jürgen Dörner*, einmal folgendermaßen: „Obiter dicta haben die Schwäche, zur konkreten Rechtsfindung des Einzelfalls nichts beizutragen, die Leser regelmäßig zu verwirren und häufig späteren Erkenntnissen im Wege zu stehen.“[972] *Rotsch* vermutet hinter dem hier zu untersuchenden Obiter dictum des 5. Senats die Absicht, dass er in einen „Versuchsballon“ einsetzen wollte, um Reaktionen aus der wirtschaftsstrafrechtswissenschaftlichen Community zu provozieren.[973] Von anderer Stelle wird im Hinblick darauf sogar gemutmaßt, das Obiter dictum sei „generalpräventiv intendiert“ und eine „gezielte wirtschaftskriminalpolitische Aktion“ gewesen.[974] Jedenfalls würde der BGH durch

---

968 *Kraft/Winkler*, CCZ 2009, 29 (32).
969 So auch *Momsen*, FS Puppe, 751 (Fn. 6).
970 *Kraft* wistra 2010, 81 (84).
971 *Kraft* wistra 2010, 81 (84 f.).
972 *Dörner* NZA 2007, 57 (58).
973 *Rotsch* ZJS 2009, 712 (716); anders aber *Mosbacher/Dierlamm* NStZ 2010, 268: „als harmloser Stein ins Wasser (...) gemeint“; skeptisch auch *Kudlich/Oglakcioglu*, Wirtschaftsstrafrecht, Rn. 256 Fn. 515, die befürchten, dass das Interesse der Rechtsprechung an Stellungnahmen aus der Literatur damit überschätzt werden könnte.
974 *Prittwitz*, in: Compliance und Strafrecht, 125 (133) insbes. Fn. 40.

die Anregung einer wissenschaftlichen Debatte, die er für seine Rechtsprechung fruchtbar machen kann, zumindest dauerhaft (mittelbar) Rechtssicherheit herstellen (können). Freilich können die genannten Thesen nicht verifiziert werden. Den materiellen Fragen jedenfalls ist im Folgenden nachzugehen. Als neuralgischer Punkt erscheint dabei insbesondere, ob die dienstliche Pflicht des Compliance-Beauftragten tatsächlich – wie der BGH behauptet – die Verhinderung von Straftaten bzw. Rechtsverstößen beinhaltet oder ob sie sich regelmäßig in der Optimierung unternehmensinterner Prozesse und der Beratung der Geschäftsleitung erschöpft.

Nachdem bereits gezeigt worden ist, dass es eine Garantenstellung des Geschäftsherrn zur Verhinderungen von Straftaten seiner Arbeitnehmer durchaus gibt, könnte diese Garantenstellung vom Compliance-Beauftragten übernommen werden. Diese Möglichkeit wird ebenso wie andere mögliche Überwacher- und Beschützergarantenpositionen im Folgenden zu untersuchen sein.

2. Überblick über Reaktionen und Meinungsstand in der Literatur

Das soeben dargestellte Urteil des Bundesgerichtshofs hat in der strafrechtswissenschaftlichen Debatte einen – zumindest in quantitativen Maßstäben gemessen – wohl einmaligen unmittelbaren Widerhall gefunden. Allein auf der Recherche-Website „Juris“ fanden sich rund zwei Jahre nach Veröffentlichung der Entscheidung 61 Anmerkungen und Besprechungsaufsätze.[975] Jede vorgetragene These und jedes interessengeleitete (Schein-)Argument zum Teil (strafrechts-)fachfremder Autoren anzuführen, würde den Rahmen einer sinnvollen Auseinandersetzung im Sinne dieser Arbeit sprengen. Manche „Kommentatoren“ scheinen kein in sich schlüssiges Konzept der Garantenstellung allgemein bzw. des Compliance-Beauftragten im Speziellen zu verfolgen, sondern eher rechtspolitische Wunschvorstellungen äußern zu wollen.

Lässt man solche Ansätze einmal außer betrachtet, lässt sich die Literatur bei allen Unterschieden in der Begründung und im Detail in zwei Hauptströmungen unterteilen. Zum einen gibt es diejenigen, die dem Obiter dictum des Bundesgerichtshofs im Kern zustimmen, also eine Garantenstellung des Compliance-Beauftragten zu Gunsten unternehmensexterner Dritter jedenfalls unter

---

975 Anzumerken ist jedoch, dass die Zuordnung von Beiträgen zum Urteil durch Juris teilweise etwas willkürlich erscheint, sodass z.T. irgendein Compliance-Bezug eines Aufsatzes anscheinend ausreichte, um zu dem genannten Urteil in Beziehung gestellt zu werden.

bestimmten Voraussetzungen annehmen wollen.[976] Hier ist zum Teil gar davon die Rede, dass sich im Urteil des BGH letztlich nur ohnehin aus den allgemeinen Regeln ableitbare Selbstverständlichkeiten finden würden.[977] Zum Teil wird – wie vom BGH auch – eine Garantenstellung zwar prinzipiell für möglich gehalten oder zumindest nicht ausgeschlossen, jedoch insbesondere die Verwendung des Begriffs „regelmäßig" abgelehnt.[978] Die Vertreter dieser Auffassung wirken zwar zunächst sehr skeptisch, sind aber bei einer restriktiven Auslegung wohl gar nicht so weit von dem von ihnen zum Teil scharf kritisierten Obiter dictum entfernt. Eine zweite Gruppe von Autoren[979] lehnt das Obiter dictum und die mit

976 So im Wesentlichen mit Abweichungen im Detail *Rönnau/Schneider* ZIP 2010, 53 (57 f.); *Ransiek* AG 2010, 147 (151 f.); *Dannecker/Dannecker* JZ 2010, 981 (990); *Fischer* § 13 Rn. 39; *Zimmermann*, Strafbarkeitsrisiken durch Compliance, 153; *Knauer*, FS I. Roxin, 465 (477 ff.); *Mosbacher/Dierlamm* NStZ 2010, 268 (269 f.); *Raum* CCZ 2012, 97; *Berndt* StV 2009, 689 (690 f.); *Bermejo/Palermo*, in: Compliance und Strafrecht, 137 (146 ff., 154); *Dann/Mengel* NJW 2010, 3265 (3267); *Deutscher* WM 2010, 1387 (1390); *Schneider*, in: Rom, Recht, Religion, 349 (361 f.); *Thiel von Herff* BB 2009, 1985; NK-WSS/*Burchard* § 13 Rn. 36; *Blassel*, Garantenpflichten des Compliance-Beauftragten, 398 f., 403 ff., 418 ff.; *Kamp/Körffer* RDV 2010, 72 (73 ff.); *Kraft* wistra 2010, 81 (84 f.); *Utz*, Geschäftsherrenhaftung, 258; *Hennecke*, FS Wessing, 557 ff. (561, 567); *Pietrek*, Strafrechtliche Verantwortlichkeit 186 ff.; *Wittig*, Wirtschaftsstrafrecht, § 6 Rn. 58d; *Poguntke*, Risiken für Compliance-Beauftragte, 231 ff.; *Konu*, Garantenstellung des Compliance-Officers, 194 ff.; besonders erwähnt sei ferner der vom BGH bereits in seinem Urteil in Bezug genommene Aufsatz von *Kraft/Winkler* CCZ 2009, 29 (32); im Ergebnis trotz einiger Skepsis eine Garantenstellung für möglich halten ferner *Rolshoven/Hense* BKR 2009, 425 (427); *Kudlich/Oglakcioglu*, Wirtschaftsstrafrecht, Rn. 255 f.

977 *Rönnau/Schneider* ZIP 2010, 53 (61); *Ransiek* AG 2010, 147 (147, 153).

978 In diese Richtung beispielsweise *Rolshoven/Hense* BKR 2009, 425 (427); *Kudlich/Oglakcioglu*, Wirtschaftsstrafrecht, Rn. 255 f.; *Prittwitz*, in: Compliance und Strafrecht, 125 (131); *Deutscher* WM 2010, 1387 (1391 f.).

979 So im Wesentlichen mit Abweichungen im Detail *Schwarz* wistra 2012, 13 (16 ff.); *Barton* RDV 2010, 19 (23 f.); *Warneke* NStZ 2010, 312 (314 ff.); *Stoffers* NJW 2009, 3176; *Kretschmer* JR 2009, 474 (477); *Geiger* CCZ 2011, 170 (172 f.); *Rotsch*, FS I. Roxin, 485 (496 ff.); *Rotsch*, in: Hdb. CC § 4 Rn. 15 ff., 24; *Spring*, GA 2010, 222 (224 ff.); *Wessels/Beulke/Satzger*, Strafrecht AT, Rn. 1016; *Beulke*, FS Geppert, 23 (39); *Frisch* EWiR 2010, 95 (96); *Michalke* AbfallR 2010, 285 (289 f.); *Rübenstahl* NZG 2009, 1341 (1342 ff.); *Rößler* WM 2011, 918 (922 f.); *Campos Nave/Vogel* BB 2009, 2546 (2549); *Grau/Blechschmidt* DB 2009, 2145; *Wolf* BB 2011, 1353 (1359 f.); gegen die Wendung „regelmäßig" auch *Blassl*, Garantenpflicht des Compliance-Beauftragten, 407, 418; nur für Fälle wie den vom BGH entschiedenen *Bergmann*, Strafbarkeit vertragswidrigen Unterlassens, 396 ff., der auf der Basis eines zivilrechtlichen Vertrags mit

ihm verbundenen „regelmäßigen" Folgen für die strafrechtliche Verantwortung des Compliance-Beauftragten im Wesentlichen ab. Hierbei wird vor allem auf die fehlenden Anordnungs- und Weisungsbefugnisse des Compliance-Beauftragten im Vergleich zur Geschäftsherrenhaftung verwiesen[980], wobei zum Teil bereits auch diese selbst infrage gestellt wird.[981]

III. Die strafrechtliche Verantwortung von gesetzlich vorgesehenen Betriebsbeauftragten im weiteren Sinne – Vergleichbarkeit und Schlüsse für eine mögliche Garantenstellung des Compliance-Beauftragten

1. Betriebsbeauftragte als „althergebrachte" Compliance-Beauftragte?

Das oben besprochene BGH-Urteil vom 17. Juli 2009 setzt wie selbstverständlich voraus, dass dem Compliance-Beauftragten seine Garantenpflicht durch Übernahme auferlegt wird.[982] Nebulös im Urteil des 5. Strafsenats bleibt jedoch der Anknüpfungspunkt, also die konkrete Benennung der ursprünglichen Pflicht.[983] Hier könnte man an eine ursprüngliche Pflicht des CCO denken, z.B. von Gesetzes wegen, oder an eine abgeleitete Pflicht, die bspw. von der Geschäftsleitung übernommen wäre. Bevor nun aber der Frage nach einer strafrechtlichen Haftung des CCOs nachgegangen wird, soll zunächst der Blick auf andere – im Gegensatz zum CCO – gesetzlich verankerte und „ältere" Betriebsbeauftragte und die Beurteilung ihrer strafrechtlichen Verantwortlichkeit geworfen werden, um später die existierenden Gemeinsamkeiten und Unterschiede für die Diskussion um eine strafrechtliche Haftung des CCO fruchtbar machen zu können.[984] Wechselseitige Beziehungen zwischen Compliance und Betriebsbeauftragten gibt es in verschiedener Form: Die gesetzlichen Beauftragten werden als „limitierter Baustein"[985] einer funktionierenden Compliance-Organisation angesehen

---

Schutzwirkung für Dritte argumentiert und eine Garantenstellung bei entsprechenden Prüfpflichten bejahen will, wobei nicht danach gefragt werden soll, ob der Innenrevisor wie ein Compliance-Beauftragter verpflichtet ist, sondern umgekehrt, ob dem Compliance-Beauftragten entsprechende Prüfpflichten zukommen.

980 So bspw. *Schwarz* wistra 2012, 13 (16 f.).

981 Siehe z.B. *Beulke*, FS Geppert, 23 (39).

982 Vgl. dazu BGH NJW 2009, 3173 (3174).

983 So auch *Mittelsdorf* ZIS 2011, 123 (127).

984 Die beiden aufgrund der Freiwilligkeit der Installierung eines Compliance-Beauftragten aber als gegensätzlich ansehend *Mansdörfer*, Theorie, 350.

985 *Klopp*, Der Compliance-Beauftragte, 123.

und sollen in das Compliance-System integriert werden,[986] wobei die Eigenverantwortlichkeit ihrer – im Gegensatz zur (Nicht-Wertpapier-)Compliance ausdrücklich gesetzlich abgesicherten – Position gewahrt bleibt.[987] Insbesondere in kleineren Unternehmen werden Aufgaben der Compliance vermutlich auch gerne einem oder mehreren bereits vorhandenen Beauftragten übertragen. Auch wenn Compliance einen ganzheitlichen und umfassenderen Ansatz verfolgt als die vorgenannten Betriebsbeauftragten klassischer Prägung, so ist der These zuzustimmen, dass die hinter dem Begriff „Compliance" stehenden Inhalte keineswegs wie eine gigantische Flut über die deutsche Rechtsordnung kamen, sondern in Form der Betriebsbeauftragten zum Teil schon lange in ihr verankert waren, bevor die gegenwärtige Compliance-Debatte entbrannt ist.[988]

2. Die vielschichtige gesetzliche Realität „des" Betriebsbeauftragten

Beim Betriebsbeauftragten oder Unternehmensbeauftragten handelt es sich laut *Casper* um „eine Erfindung des technokratischen Zeitalters der 1970er Jahre".[989] Unabhängig von dieser (eher polemischen) Einschätzung ist für das hier vorausgesetzte Verständnis vom Begriff des „Betriebsbeauftragten" die gesetzlich normierte Stellung, wie sie beim Immissionsschutzbeauftragten (§§ 53 ff. BImSchG), beim Gewässerschutzbeauftragten (§§ 64 ff. WHG[990]) oder beim Strahlenschutzbeauftragten (§§ 31 ff. StrahlenschutzVO) gegeben ist, kennzeichnend.[991] Auch der BGH nennt in dem oben dargestellten Urteil diese gesetzlich normierten Beauftragungen als Beispiele für eine Garantenstellung, die aus der Übernahme einer bestimmten Funktion herrührt.[992] Auch anderen im Gesetz verankerten Betriebsbeauftragten wie dem Abfallbeauftragten (§§ 59 f. KrWG), dem Gefahrgutbeauftragten (§§ 3 ff. GefahrgutbeauftragtenVO), dem Störfallbeauftragten

---

986 Hauschka/Moosmayer/Lösler/*Bürkle*, Corporate Compliance, § 36 Rn. 20.

987 *Bürkle*, CCZ 2010, 4 (6).

988 *Klopp*, Der Compliance-Beauftragte, 123.

989 *Casper*, FS K. Schmidt, 199 (215); dort (S. 212) auch zur im Gesellschaftsrecht vertretenen These, wonach nicht jeder gesetzlich normierte Beauftragte ein „Unternehmensbeauftragter" ist, sondern drei Voraussetzungen vorliegen müssen (gesetzliche Anordnung; gesetzlich zugewiesene Pflichtaufgaben und Kompetenzen; Ausrichtung der Tätigkeit auf Allgemeinwohlbelange).

990 Bis zum 28.02.2010 §§ 21a ff. WHG.

991 Abzugrenzen sind die Beauftragten von den mit operativen Kompetenzen ausgestatteten und aus dem Wirtschaftsverwaltungsrecht ebenfalls bekannten „Verantwortlichen", s. z.B. § 3 Abs. 2 S. 1 AWG (sog. Ausfuhrverantwortlicher).

992 BGH NJW 2009, 3173 (3174).

(§ 58a ff. BImSchG), dem kerntechnischen Sicherheitsbeauftragten (§ 2 ff. AtSMV[993]), dem Beauftragten für biologische Sicherheit (§ 16 ff. GenSV[994]) oder dem Geldwäschebeauftragten (§ 6 Abs. 2 Nr. 2, § 7 GwG) sowie dem betrieblichen Datenschutzbeauftragten (§§ 37 ff. DSGVO, 38 f. BDSG) könnten in ihrem Bereich strafbewehrte Eingriffspflichten auferlegt sein. Für den Bereich der „modernen" Compliance ist einzig im Bereich der Wertpapier-Compliance eine Normierung – insbesondere in Art. 22 der Delegierten Verordnung (EU) 2017/565 der Kommission vom 25.04.2016 – zu finden.

Festzuhalten ist jedoch zunächst, dass es – wie schon die obige Aufzählung der verschiedensten Gesetze es vermuten lässt – *den* Betriebsbeauftragten weder im Gesetz noch in der Unternehmenspraxis gibt. So werden in der Unternehmenspraxis die verschiedenen Funktionen der Umweltbeauftragten nicht selten von einer einzigen Person ausgeführt. Allen oben aufgezählten „Beauftragten" ist aber gemein, dass eine gesetzliche Normierung bestimmter Verantwortungsbereiche stattgefunden hat, was sich über den Compliance-Beauftragten grundsätzlich nicht sagen lässt.

3. Die Strafbarkeit des Gewässerschutzbeauftragten

a) Der Gewässerschutzbeauftragte

Trotz der fehlenden gesetzlichen Normierung fällt auf, dass sich die Aufgaben der gesetzlichen Betriebsbeauftragten und des oben skizzierten Ideal-Compliance-Beauftragten in vielerlei Hinsicht ähneln. So hat der gesetzlich vorgesehen Gewässerschutzbeauftragte – der hier beispielhaft für den Betriebsbeauftragten angeführt sein möge – die Aufgabe, den Gewässerbenutzer (also faktisch die Betriebsleitung) und die Betriebsangehörigen in Angelegenheiten, die für den Gewässerschutz bedeutsam sein können, zu beraten (§ 65 Abs. 1 S. 1 WHG). Der Gewässerschutzbeauftragte hat dabei in concreto auf die Anwendung geeigneter Abwasserbehandlungsverfahren hinzuwirken (§ 65 Abs. 1 S. 2 Nr. 2 WHG). Er hat ferner auf die Entwicklung und Einführung von innerbetrieblichen Verfahren zur Vermeidung oder Verminderung des Abwasseranfalls sowie auf eine umweltfreundliche Produktion hinzuwirken (§ 65 Abs. 1 S. 2 Nr. 3 WHG). Des

---

993 Verordnung über den kerntechnischen Sicherheitsbeauftragten und über die Meldung von Störfällen und sonstigen Ereignissen v. 14.10.1992, BGBl. I, S. 1766 (Atomrechtliche Sicherheitsbeauftragten- und Meldeverordnung).

994 Verordnung über die Sicherheitsstufen und Sicherheitsmaßnahmen bei gentechnischen Arbeiten in gentechnischen Anlagen v. 14.03.1995, BGBl. I, S. 297 (Gentechnik-Sicherheitsverordnung).

Weiteren hat der Gewässerschutzbeauftragte die Betriebsangehörigen über die in dem Betrieb verursachten Gewässerbelastungen sowie über die Einrichtungen und Maßnahmen zu ihrer Verhinderung unter Berücksichtigung der wasserrechtlichen Vorschriften aufzuklären (§ 65 Abs. 1 S. 2 Nr. 4 WHG). Ferner ist der Gewässerschutzbeauftragte auch berechtigt und verpflichtet, die Einhaltung von Regelungen im Interesse des Gewässerschutzes zu überwachen, insbesondere durch regelmäßige Kontrolle der Abwasseranlagen (§ 65 Abs. 1 S. 2 Nr. 1 Hs. 1 WHG). Der Gewässerschutzbeauftragte hat ferner der Unternehmensleitung festgestellte Mängel mitzuteilen und Maßnahmen zur Mängelbeseitigung vorzuschlagen (§ 65 Abs. 1 S. 2 Nr. 1 Hs. 2 WHG). Den Gewässerschutzbeauftragten treffen von Gesetzes wegen folglich vor allem „Kontroll-, Informations- und Initiativpflichten".[995]

Der kurzen Aufzählung kann man entnehmen, dass den Gewässerschutz- und den Compliance-Beauftragten insbesondere die Einwirkung auf die Einhaltung der rechtlichen Vorgaben im Unternehmen durch Aufklärung und Beratung sowie die Veränderung oder Stärkung des innerbetrieblichen Selbstverständnisses im Hinblick auf bestimmte sensible Rechtsgüter und Rechtsfragen verbindet.[996] Ferner fällt der Bereich der Kontrollen in den Bereich des Betriebsbeauftragten, was auch für den Compliance-Beauftragten ein denkbares Tätigkeitsfeld ist. Beiden fehlen ferner aber offenkundig Anordnungs- und Weisungsbefugnisse, sodass sie die notwendigen Maßnahmen ggf. nicht selbst, also eigenhändig, vornehmen oder anordnen können bzw. dürfen.[997] Dies führt dazu, dass die größte Möglichkeit der Machtausübung für beide Beauftragte in einer Meldung an die Geschäftsleitung liegt, dass etwas im Betrieb nicht vorschriftsgemäß abläuft.

b) Zur Strafbarkeit des Gewässerschutzbeauftragten

Für die hier vorliegende Arbeit stellt sich Frage, ob sich aus dem Vergleich des CCOs mit den verschiedenen gesetzlichen Betriebsbeauftragten Erkenntnisse über eine Garantenstellung des CCOs gewinnen lassen. Dabei ist insbesondere – wie schon oben umrissen – auf den Gewässerschutzbeauftragten einzugehen; dieser hat es in Rechtsprechung und Schrifttum zu einer gewissen „Prominenz" gebracht.

---

995 S. auch OLG Frankfurt NJW 1987, 2753 (2756).

996 *Kraft/Winkler*, CCZ 2009, 29 (32).

997 *Kraft/Winkler*, CCZ 2009, 29 (32).

Hierbei ist zunächst zu konstatieren, dass es auch in den gesetzlich normierten Fällen hochgradig umstritten ist, ob sich aus der gesetzlichen Regelung i.V.m. einer tatsächlichen Aufnahme der entsprechenden Tätigkeit eine Garantenstellung des Beauftragten ergeben kann.[998] Denn es ist allgemein anerkannt, dass nicht jede gesetzlich normierte Pflicht eine Garantenstellung begründet, sondern dass eine Garantenpflicht in jedem Einzelfall und im Einklang mit der strafrechtlichen Dogmatik materiell begründet werden muss.

Zum Teil wird, da die Funktion des Gewässer*schutz*beauftragten, sowie die der anderen Beauftragten auch, in erster Linie zum Schutz bestimmter (Umwelt-) Rechtsgüter kodifiziert worden ist, von einer Beschützergarantenstellung ausgegangen.[999] Dagegen wird jedoch eingewandt, dass es sich hierbei wohl um eine begriffliche Irreführung handelt.[1000] Tatsächlich ist der Umweltbeauftragte nämlich nicht zum Schutz eines bestimmten Umweltmediums bzw. Rechtsguts gegen sämtliche Gefahren auf Posten gestellt, sondern er soll nur die aus dem einen – „seinem" – Betrieb stammenden umweltspezifischen Gefahren eindämmen.[1001] Andernfalls wäre auch der Geschäftsherr für alle von ihm – trotz der Möglichkeit einzuschreiten – nicht verhinderten Verschmutzungen eines Gewässers durch Dritte verantwortlich. Da dies aber von niemandem ernsthaft in Betracht gezogen wird, ist der Betriebsbeauftragte – genau wie der Betriebsinhaber selbst – nicht „auf Posten gestellt", um das in Betracht kommende Gewässer vor jeglichen Gefahren zu schützen, sondern er hat nur die spezifischen, sich aus der Gefahrenquelle Betrieb entwickelnden Gefährdungen zu überwachen und ggf. auszuschalten. Man mag zwar in Einzelfällen eine auf bestimmte abgrenzbare

---

998 Dafür bspw. SSW-*Saliger* Vor §§ 324 Rn. 50; NK-*Ransiek* § 324 Rn. 66; *Böse* NStZ 2003, 636 (638 ff.); *Dahs* NStZ 1986, 97 (100); *Rudolphi*, FS Lackner, 863 (879 f.); *Schall*, in: Dt. Wiedervereinigung, Bd. III, 99 (118 f.); *ders.*, FS Amelung, 287 (293 ff.); *Schünemann*, GS Kaufmann, 629 (639); Sch/Sch/*Heine/Hecker* § 324 Rn. 17; *Eidam*, Unternehmen und Strafe, 62 f.; *Arndt*, Der Betriebsbeauftragte, 186 f.; *Salje*, BB 1993, 2297 (2299 ff.); *Mansdörfer*, Theorie, 351; *Utz*, Geschäftsherrenhaftung, 249 f.; *Wendler*, Haftung der Betriebsbeauftragten, 364 f.; *Prittwitz*, in: Compliance und Strafrecht, 125 (131 f.); dagegen LK[11]-*Steindorf* § 324 Rn. 49; *Wernicke* NStZ 1986, 223; *Alexander*, Verkehrssicherungspflichten, 283 ff.; *Bosch*, Organisationsverschulden, 526.

999 So zum Beispiel das AG Frankfurt NStZ 1986, 72 (74 f.); *Prittwitz*, in: Compliance und Strafrecht, 125 (131 f.).

1000 Vgl. *Alexander*, Verkehrssicherungspflichten, 284.

1001 *Kuhlen*, in: Individuelle Verantwortung und Beteiligungsverhältnisse, 71 (87 f.); *Schall*, in: Dt. Wiedervereinigung, Bd. III, 99 (118); *ders.*, FS Amelung, 287 (291); *Alexander*, Verkehrssicherungspflichten, 284.

Bereiche gerichtete Beschützergarantenstellung konstruieren können.[1002] Wenn es jedoch – wie beim Gewässerschutzbeauftragten – nur um Gefahren aus einer Richtung („Gefahrenquelle Betrieb") geht, ist eine Beschützergarantenstellung mit dem von *Armin Kaufmann* begründeten und heute weithin anerkannten dualistischen System der Garantenstellungen nicht mehr ohne dogmatische Brüche in Einklang zu bringen.[1003] Die gegenteilige Auffassung übersieht, dass letztlich jede Überwachergarantenstellung dem Schutz bestimmter Rechtsgüter dient, deshalb aber freilich noch nicht zur Beschützergarantenstellung wird.[1004]

Gegen die Annahme einer Beschützer- oder Überwachergarantenstellung gleichermaßen wird vor allem eingewandt, dem Betriebsbeauftragten würden gesetzlich nicht die für eine Beherrschung der Gefahrenquelle erforderlichen Anordnungs- und Weisungsbefugnisse zugestanden,[1005] sodass der Gesetzgeber selbst von einem reinen Binnenorgan ausgehe und sich damit auch bewusst gegen eine Garantenstellung entschieden habe.[1006] In der Rechtsprechung wurde die Garantenstellung eines Gewässerschutzbeauftragten durch das OLG Frankfurt hingegen bejaht.[1007] Im Regelfall sei demnach von einer Überwachergarantenpflicht des Betriebsbeauftragten auszugehen, der er durch das Befolgen seiner gesetzlichen Kontroll-, Informations- und Initiativpflichten nachzukommen habe.[1008] Es erfolgt aber lediglich eine „Konkretisierung und Eingrenzung der von der Geschäftsleitung übernommenen Pflichten."[1009] Die Funktion des

---

1002 So auch *Wendler*, Haftung der Betriebsbeauftragten, 337.

1003 So im Ergebnis auch *Wendler*, Haftung der Betriebsbeauftragten, 337 f.; ausführlich auch *Arndt*, Der Betriebsbeauftragte, 120 ff.

1004 *Alexander*, Verkehrssicherungspflichten, 284; vgl. auch *Prittwitz*, in: Compliance und Strafrecht, 125 (131).

1005 So z.B. LK[11]-*Steindorf* § 324 Rn. 49.

1006 *Bock*, Criminal Compliance, 338.

1007 So das OLG Frankfurt NJW 1987, 2753 (2756); vorhergehend auch das AG Frankfurt NStZ 1986, 72 (74 f.); zur Billigung durch den BGH s. auch den schon angesprochenen (unkritischen) Verweis in BGH NJW 2009, 3173 (3174).

1008 OLG Frankfurt NJW 1987, 2753 (2756); so auch *Schall*, FS Amelung, 287 (293 ff.); *Saliger*, Umweltstrafrecht, 75 f.; anders aber noch das AG Frankfurt NStZ 1986, 72 (74 f.), das [neben einer Überwachergarantenstellung hinsichtlich des Betriebsinhabers] von einer Schutzpflicht bzgl. des Gewässers ausgegangen ist; dagegen aber schon die Ausführungen oben und *Wendler*, Haftung der Betriebsbeauftragten, 326 ff.

1009 AG Frankfurt NStZ 1986, 72 (75); *Alexander*, Verkehrssicherungspflichten, 286; *Böse* NStZ 2003, 636 (638 ff.); *Rönnau/Schneider* ZIP 2010, 53 (57); *Wendler*, Haftung der Betriebsbeauftragten, 354 ff., *Schall*, in: Dt. Wiedervereinigung, Bd. III, 99 (118 f.).

Betriebsbeauftragten könne zudem dazu führen, dass die natürliche Person, die diese Position ausfüllt, einen Wissensvorsprung gegenüber der Geschäftsleitung hat, was für diesen eine Stellung als mittelbarer Täter qua Tatherrschaft (kraft überlegenen Wissens) begründen könne.[1010] Richtig ist jedenfalls, dass diese Form der Täterschaft auch schon durch bloßes Unterlassen verwirklicht werden kann. Zu bedenken ist jedoch, dass eine mittelbare Unterlassungstäterschaft des Betriebsbeauftragten in dieser Konstellation stets voraussetzt, dass eine an sich rechtstreue Geschäftsleitung unvorsätzlich irrt und dass sie – so könnte man zumindest zunächst einmal annehmen – den Missstand bei korrekter Information mit Sicherheit abgestellt hätte. Aber auch wenn die Mitglieder der Geschäftsleitung voll verantwortlich handeln bzw. auch bei richtiger Informationslage gehandelt hätten, käme immerhin noch eine Strafbarkeit (wegen Beihilfe) in Betracht.[1011] Das Fehlen von Anordnungs- und Weisungsbefugnissen sei dabei unschädlich, da zum einen eine „institutionalisierte Nähe" des Betriebsbeauftragten zur Unternehmensleitung bestehe und zum anderen die gesetzliche Normierung und Ausgestaltung der Befugnisse und Verpflichtungen des Betriebsbeauftragten für das Strafrecht hinreichend den Zweck erfüllten, den Umfang der Handlungspflichten festzulegen, die dem jeweiligen Beauftragten auferlegt sind.[1012] Darüber Hinausgehendes oder gar Unmögliches wird freilich nicht verlangt.[1013] Viel spricht daher in der Tat trotz der nach dem gesetzlichen Leitbild fehlenden Anordnungs- und Weisungsbefugnisse des Gewässerschutzbeauftragten für die Annahme einer Garantenposition, insbesondere auch der Umstand, dass ohne eine solche Garantenstellung eine Aufteilung im Betrieb nach Befugnissen, die bei der Geschäftsleitung verblieben, und Erkenntnismöglichkeiten, die an besondere Betriebsbeauftragte „ausgelagert" werden, vorgenommen werden könnte, was letztlich zur Folge hätte, dass – mangels Erkenntnissen – die Geschäftsleitung und – mangels Garantenstellung – der Betriebsbeauftragte gleichermaßen straflos blieben. Man mag hiergegen einwenden, dass eine Strafbarkeit von Mitgliedern der Geschäftsleitung unter Gesichtspunkten der Fahrlässigkeit (§ 324 Abs. 3 StGB) davon unberührt

1010 NK-*Ransiek* § 324 Rn. 66; LK[11]-*Steindorf* § 324 Rn. 49; Sch/Sch/*Heine/Hecker* § 324 Rn. 17; SSW-*Saliger* Vor §§ 324 Rn. 50; *Schall*, FS Amelung, 287 (298 f.); in diese Richtung wohl auch *Pietrek*, Strafrechtliche Verantwortlichkeit, 184 ff.

1011 So das OLG Frankfurt NJW 1987, 2753 (2756); *Böse* NStZ 2003, 636 (641); Sch/Sch/*Heine/Hecker* § 324 Rn. 17; *Eidam*, Unternehmen und Strafe, 62; *Schall*, FS Amelung, 287 (299 ff.) jeweils mit weiteren Nachweisen.

1012 *Böse* NStZ 2003, 636 (639).

1013 *Böse* NStZ 2003, 636 (639).

bliebe,[1014] jedoch würde auch in diesem Fall die „organisierte (bzw. organisierbare) Unverantwortlichkeit“ im Unternehmen regelmäßig belohnt werden. Die im Zusammenhang mit dem Immissionsschutzbeauftragten geltend gemachten Einwände, dass bei Annahme einer Garantenstellung des Beauftragten die vom Gesetzgeber bezweckte Kooperations- und Konsensstrategie gefährdet würde[1015] und außerdem die Einsetzung bloßer „Sitzdirektoren“, die nur für die formale Übernahme der strafrechtlichen Verantwortlichkeit zuständig sind, befürchtet werden muss,[1016] greifen jedenfalls wohl nicht durch. Die Gefährdung der viel beschworenen Konsensstrategie ist eine reine Mutmaßung; ebenso könnte man annehmen, dass erst durch eine Strafandrohung tatsächlich eine Kooperation auf Augenhöhe zwischen Betriebsinhaber und -beauftragtem möglich wird. Auch die „Bereitstellung“ sog. „Strohmänner“ ist selbstverständlich denkbar, andererseits hat die Staatsanwaltschaft die tatsächlich Verantwortlichen unabhängig von betrieblichen Organigrammen zu ermitteln und somit dürfte die Gefahr, dass Betriebe in großer Zahl missbräuchlich-präventiv einen „Sündenbock für alle Fälle“ auf Posten stellen nicht so hoch sein, dass sie entscheidend gegen eine strafrechtliche Verantwortlichkeit des Betriebsbeauftragten spricht.

Bedenklich ist die Auffassung des Frankfurter Oberlandesgerichts in dem oben angesprochenen Urteil aber jedenfalls insoweit, als die Überwachergarantenstellung durch betriebsinterne Übertragung von Entscheidungsbefugnissen, die noch nicht einmal etwas mit der Position als Gewässerschutzbeauftragter zu tun haben müssen, eine *Beschützer*garantenstellung (zu Gunsten des Gewässers) werden soll.[1017] Die Tatsache, ob jemand bestimmte Befugnisse hat oder nicht, kann – wie das OLG parallel zu Recht ausführt – Auswirkungen auf die Frage der Art der Beteiligung haben, aber nicht auf den Charakter der Garantenstellung als Überwacher- oder Beschützergarantenstellung. Sofern sich die Vertreter der gegenteiligen Auffassung (bewusst oder unbewusst) auf die Meinung stützen, die bei einer Beschützergarantenstellung stets Täterschaft, bei einer Überwachergarantenstellung dagegen stets Teilnahme annehmen wollen, gelten die

1014 Siehe aber auch der zutreffende Hinweis bei *Wendler*, Haftung der Betriebsbeauftragten, 356 Fn. 2010 auf in diesem Zusammenhang womöglich auftretende Beweisschwierigkeiten.

1015 *Bosch*, Organisationsverschulden, 525 ff.

1016 *Bosch*, Organisationsverschulden, 528 f.

1017 OLG Frankfurt NJW 1987, 2753 (2756); so auch *Eidam*, Unternehmen und Strafe, 54; *Salje*, BB 1993, 2297 (2299); siehe auch LK^{11}-*Steindorf* § 324 Rn. 45, 49; anders aber *Dahs* NStZ 1986, 97 (100); M-G/*Pfohl*, § 54 Rn. 323.

oben[1018] genannten Bedenken gegen diese Auffassung hier entsprechend. Ferner ist auch der Geschäftsherr, von dem der Beauftragte seine Befugnisse entlehnt, nicht Beschützergarant, sondern nur für die Gefahren aus seinem Betrieb verantwortlich, also Überwachergarant.[1019]

c) *Zur Übertragbarkeit der Überlegungen zum Gewässerschutzbeauftragten auf andere Betriebsbeauftragte*

Die hier gemachten Ausführungen können exemplarisch für die meisten Betriebsbeauftragten gelten, insbesondere die sog. Umweltbeauftragten, die in bestimmten Betrieben von Gesetzes wegen vorgesehen sind.[1020] Insbesondere die Rolle des Immissionsschutzbeauftragten ist ähnlich der des Gewässerschutzbeauftragten ausgestaltet. Bezüglich anderer Beauftragter wird zum Teil ausdrücklich auf die Regelungen zum Immissionsschutzbeauftragten verwiesen[1021], sodass auch hier von einer vergleichbaren (Nicht-)Verantwortlichkeit auszugehen ist. Dennoch sollen gewisse Besonderheiten hier angesprochen werden. So ist die Verletzung von öffentlich-rechtlichen Pflichten für bestimmte Beauftragte (wie dem Gefahrgutbeauftragten[1022] und dem Strahlenschutzbeauftragten[1023]) zumindest bußgeldbewehrt, was nicht als Argument gegen die Annahme einer Position als *strafrechtlicher* Garant im engeren Sinne genutzt werden kann, sondern im Zusammenhang mit dem Themenkomplex „Betriebsbeauftragter" nur ein weiteres Argument für die Annahme einer Garantenstellung eines derartig verpflichteten Betriebsangehörigen sein kann, zumindest sofern man schon eine Garantenstellung des Gewässerschutzbeauftragten in Betracht zieht. Denn dann würde eine andere Auffassung den gesetzlich stärker in Anspruch genommenen Beauftragten tendenziell gegenüber dem – geringeren gesetzlichen Anforderungen ausgesetzten – Gewässerschutzbeauftragten privilegieren, was evident nicht richtig sein kann. Auch Regelungen, die bestimmten Betriebsbeauftragten besondere Kompetenzen einräumen, können als Argument für die Annahme einer Garantenstellung herangezogen werden. Durch eine solche Regelung kann

---

1018 2. Kapitel: II.4.b).

1019 Wie hier auch *Alexander*, Verkehrssicherungspflichten, 284 f.; Lackner/*Kühl* § 324 Rn. 16 jeweils m.w.N.

1020 Vgl. *Alexander*, Verkehrssicherungspflichten, 274 ff., 298 f.

1021 Siehe für Abfallbeauftragten die Verweise in § 60 Abs. 3 KrWG; siehe aber auch § 58c Abs. 1 Hs. 1 BImSchG für den Störfallbeauftragten.

1022 Siehe § 7a Gefahrgutbeauftragtenverordnung i.V.m. § 10 Abs. 1 Nr. 1 b) Gefahrgutbeförderungsgesetz.

1023 Siehe § 116 Strahlenschutzverordnung.

nämlich das Argument der Gegner einer strafrechtlichen Verantwortlichkeit, dass der Betriebsbeauftragte mangels Eingriffsbefugnissen keine Garantenstellung haben kann, entkräftet werden. Die rechtlich explizit vorgesehene bloße *Möglichkeit* oder gar eine nur rein tatsächliche *regelmäßige* Übertragung von Kompetenzen in der Unternehmenspraxis dürfte hierbei jedoch bei fehlender Übertragung im konkreten Fall noch nicht zur Entkräftung der Gegenmeinung ausreichen, sodass zum Beispiel der Störfallbeauftragte trotz der Regelung in § 58c Abs. 3 BImSchG keine Sonderstellung unter den Betriebsbeauftragten innehat.[1024] Der Strahlenschutzbeauftragte hingegen hat – wegen der besonderen Risiken ionisierender Strahlen – nach § 33 Abs. 3 StrahlenschutzVO neben dem Strahlenschutzverantwortlichen, also regelmäßig der Betriebsleitung, „dafür zu sorgen, dass bei Gefahr für Mensch und Umwelt unverzüglich geeignete Maßnahmen zur Abwendung dieser Gefahr getroffen werden." Er ist somit nicht nur gegenüber seinem Auftraggeber unabhängiger als andere Beauftragte, sondern ihn trifft auch eine Rechtspflicht gegenüber der zuständigen Behörde.[1025] Ferner ist der Strahlenschutzbeauftragte nach § 32 Abs. 2 S. 2 StrahlenschutzVO verpflichtet, der Aufsichtsbehörde zu melden, wenn die Geschäftsleitung von ihm selbst angeregte Maßnahmen nicht umsetzt (sog. Divergenzvorlage). Insgesamt sprechen daher zumindest beim Strahlenschutzverantwortlichen erhebliche Gründe für die Annahme einer Garantenstellung, was sogar Anhänger der restriktiveren Auffassung einräumen.[1026] Originäre öffentlich-rechtliche Pflichten gegenüber der zuständigen Behörde treffen ferner auch den Gefahrgutbeauftragten, der somit wie der Strahlenschutzbeauftragte ebenfalls mehr als ein bloßes Binnenorgan des Unternehmens ist,[1027] der allerdings – anders als der Strahlenschutzbeauftragte – keine besonderen Befugnisse haben *muss*. Jedoch kann der Betriebsinhaber – im Gegensatz zum Gewässerschutzbeauftragten und anderen „Umweltbeauftragten" – in Personalunion auch Gefahrgutbeauftragter sein (§ 1 Abs. 2 Nr. 3 GefahrgutbeauftragtenVO). Aufgrund der genannten Besonderheiten wird auch dem Gefahrgutbeauftragten regelmäßig eine Garantenpflicht auferlegt sein.[1028]

1024 § 58c Abs. 3 BImSchG lautet: „Der Betreiber *kann* dem Störfallbeauftragten … Entscheidungsbefugnisse übertragen".

1025 *Alexander*, Verkehrssicherungspflichten, 295 f. m.w.N.

1026 *Alexander*, Verkehrssicherungspflichten, 295 f.

1027 Siehe § 7a Gefahrgutbeauftragtenverordnung i.V.m. § 10 Abs. 1 Nr. 1 b) Gefahrgutbeförderungsgesetz; *Eidam*, Unternehmen und Strafe, 58 f.

1028 *Wendler*, Haftung der Betriebsbeauftragten, 376; *Vierhaus* NStZ 1991, 466 (467) m.w.N. auch zur Gegenansicht.

Schaut man auf diejenigen Betriebsbeauftragten, die nicht mit umweltschutzrechtlichen Fragestellungen befasst sind, erscheint für unsere Zwecke vor allem ein Blick auf den sog. Geldwäschebeauftragten von Wert. Bezüglich des Geldwäschebeauftragten lässt sich feststellen, dass er nach § 7 Abs. 1 S. 3 GwG der Geschäftsleitung unmittelbar nachgeordnet sein und den staatlichen Behörden als Ansprechpartner zur Verfügung stehen muss. Nach § 7 Abs. 5 S. 3 GwG müssen ihm ferner ausreichende Befugnisse und die für eine ordnungsgemäße Durchführung seiner Funktion notwendigen Mittel eingeräumt werden, welche allerdings faktisch immer im Einklang mit dem Geschäftsherrn ausgeübt werden müssen.[1029] Über die Pflichten des Gewässerschutzbeauftragten hinausgehend hat der Geldwäschebeauftragte durch Übertragung der Meldepflichten des Geschäftsherrn nach § 43 GwG (bußgeldbewehrt durch § 56 GWG) nach außen gerichtete Pflichten und ist somit – anders als der Gewässerschutzbeauftragte – kein reines Binnenorgan.[1030] Aufgrund dieser besonderen Befugnisse und Pflichten[1031] muss man konsequenterweise auch ihm eine strafrechtliche Garantenpflicht auferlegen.[1032] Nach der Gegenauffassung[1033] sollen hingegen die präventiv orientierten Regelungen des GwG keine über die in § 56 GwG normierten OWi-Tatbestände hinausgehende strafrechtliche Verantwortlichkeit i.e.S. begründen.[1034]

4. Zur Strafbarkeit des Datenschutzbeauftragten

Der Beauftragte für den Datenschutz nach den §§ 37 ff. DSGVO bzw. §§ 38 f. BDSG nimmt innerhalb der Riege der Betriebsbeauftragten im Lichte der Thematik dieser Arbeit eine Sonderstellung ein, deren Aktualität und Brisanz angesichts der EU-Datenschutzgrundverordnung (DSGVO)[1035] und der dadurch

---

1029 So noch zur (diesbezüglich materiell nicht veränderten) alten Rechtslage Herzog/*Varius* § 9 GWG Rn. 15.

1030 Herzog/*Varius* § 9 GWG Rn. 12; *Lackner/Kühl* § 261 Rn. 7.

1031 Zum gleichen Ergebnis kommt schon aufgrund einer vergleichenden Betrachtung mit der aber wie gezeigt umstrittenen Garantenstellung „des" Umweltschutzbeauftragten *E. S. Fischer*, Strafbarkeit wegen Geldwäsche, 121 ff.

1032 MüKo-*Neuheuser* § 261 Rn. 105; im Ergebnis auch *E. S. Fischer*, Strafbarkeit wegen Geldwäsche, 124 ff.; zu weitgehend aber *Lackner/Kühl* § 261 Rn. 7 (Garantenpflicht eines jeden Bankangestellten).

1033 Sch/Sch/*Stree/Hecker* § 261 Rn. 2; NK-*Altenhain* § 261 Rn. 93; SSW- *Jahn* § 261 Rn. 75 jeweils m.w.N.

1034 SSW- *Jahn* § 261 Rn. 75.

1035 Verordnung (EU) 2016/679 des Europäischen Parlamentes und des Rates vom 27. April 2016 zum Schutz natürlicher Personen bei der Verarbeitung notwendigen BDSG-Novellierung[1036] sicher nicht abgenommen hat. Der Datenschutzbeauftragte hat auf die Einhaltung der datenschutzrechtlichen Bestimmungen im Unternehmen hinzuwirken (Art. 39 DSGVO). Im Zusammenhang mit Compliance-Maßnahmen, insbesondere mit unternehmensinternen Ermittlungen, kommt es nicht selten zum sog. Email-Screening und anderen Maßnahmen, die dazu führen können, dass sich ein effizientes Compliance-Management und datenschutzrechtliche Regelungen widersprechen und folglich in Ausgleich zu bringen sind.[1037] Der Beauftragte für den Datenschutz hat dabei insbesondere darauf zu achten, dass im Rahmen von Compliance-Maßnahmen keine den Datenschutz betreffende (Straf-)Normen verletzt werden, wie zum Beispiel die §§ 42, 43 BDSG, §§ 148, 149 TKG aus dem Nebenstrafrecht oder die im Kernstrafrecht zu findenden §§ 202a und 206 StGB.[1038] Hier droht ganz generell eine „non-compliant Compliance".

Der Datenschutzbeauftragte berichtet nach Art. 38 Abs. 3 S. 3 DSGVO unmittelbar der höchsten Managementebene. Er ist nach Art. 38 Abs. 3 S. 1 DSGVO bezüglich der Erfüllung seiner Aufgaben weisungsfrei.[1039] Die Formulierung des Art. 38 Abs. 3 S. 1 DSGVO weicht zwar von der früheren Fassung des BDSG ab (so trifft den Verantwortlichen nun „nur" noch die Pflicht sicherzustellen, dass der Datenschutzbeauftragte bei der Erfüllung seiner Aufgaben keine Anweisungen erhält), allerdings ist damit keine inhaltliche Veränderung verbunden.[1040] Die Weisungsfreiheit ist jedoch nur auf seine Funktion beschränkt, er hat also auch innerhalb dieses Freiraums keine eigenen Anordnungskompetenzen, diese

---

personenbezogener Daten, zum freien Datenverkehr und zur Aufhebung der Richtlinie 95/46/EG (Datenschutz-Grundverordnung) vom 04.05.2016, welche am 25.05.2018 in Kraft getreten ist.

1036 In der Fassung des Datenschutz-Anpassungs- und Umsetzungsgesetzes EU (DSAnpUG-EU) vom 30.06.2017 (BGBl. I, S. 2097), welches am 25.05.2018 in Kraft getreten ist.

1037 *Barton* RDV 2010, 247 (248).

1038 Bei letzterer Norm ist hochgradig umstritten, ob der Arbeitgeber, der seinen Mitarbeitern die private Nutzung der dienstlichen E-Mail-Adresse gestattet, als Inhaber eines Unternehmens gelten kann, das – wie vom Gesetz verlangt – geschäftsmäßig Post- oder Telekommunikationsdienste erbringt; s. dazu nur Sch/Sch/*Lenckner/Eisele* § 206 Rn. 7 ff. m.w.N.; s.a. *M. Gercke*, in Esser/Rübenstahl/Saliger/Tsambikakis, Wirtschaftsstrafrecht, § 206 Rn. 1 ff., 6 ff.

1039 Ehmann/Selmayer/*Heberlein* Art. 38 DSGVO Rn. 13; NK-DSGVO/*Helfrich* Art. 38 DSGVO Rn. 45 ff.; Auernhammer/*Raum* Art. 38 DSGVO Rn. 12.

1040 Auernhammer/*Raum* Art. 38 DSGVO Rn. 12.

verbleiben vielmehr einzig bei der Geschäftsleitung.[1041] Der Datenschutzbeauftragte hat aber nach Art. 39 DSGVO weitere Überwachungs- und Informationspflichten. Es zeigen sich somit auf den ersten Blick gewisse Parallelen zum Gewässerschutzbeauftragten.[1042]

Der Datenschutzbeauftragte kann aber – anders als der Gewässerschutzbeauftragte – auf rechtlich vorgezeichnete Art und Weise nach Art. 39 Abs. 1 lit. e) (bzgl. der „Vorherigen Konsultation" im Rahmen der Datenschutz-Folgenabschätzung (Art. 35 DSGVO i.V.m. Art. 36 DSGVO) die Aufsichtsbehörde anrufen, wenn er beispielsweise über die Auslegung einschlägiger Normen oder die Angemessenheit der datenschutzrelevanten Maßnahmen im Zweifel ist.[1043] Bei Straftaten soll sich sein Ermessen hierbei in der Regel „auf null" reduzieren.[1044] Die Unabhängigkeit des Datenschutzbeauftragten wird dabei durch den in § 38 Abs. 2 i.V.m. § 6 Abs. 4 BDSG vorgesehenen besonderen Kündigungsschutz untermauert.

Somit hat der Beauftragte für den Datenschutz zwar – wie beispielsweise der Gewässerschutzbeauftragte – keine Anordnungs- und Weisungsbefugnisse, aber ihm obliegen Kontroll-, Informations- und Überwachungspflichten, für die er zum Teil auch direkt gegenüber der Aufsichtsbehörde verantwortlich ist. Jedenfalls aufgrund dieser gesetzlichen Ausgestaltung der Rolle des Datenschutzbeauftragten obliegt ihm eine strafrechtliche Garantenpflicht.[1045] Ein abstrakter rechtlicher „Kenntnisvorsprung" bzw. eine rechtliche „Informationsmacht" wird hingegen hierfür nach dem bisher Gesagten wohl nicht als Grundlage dienen können.[1046] Ein Erkenntnisvorsprung hinsichtlich rechtlicher Beurteilungen mag zwar eine mittelbare Täterschaft begründen können,[1047] aber – ähnlich wie ein tatsächlicher Wissensvorsprung – keine Garantenstellung.

1041 Ehmann/Selmayer/*Heberlein* Art. 38 DSGVO Rn. 14.

1042 *Barton* RDV 2010, 247 (249).

1043 Ehmann/Selmayer/*Heberlein* Art. 39 DSGVO Rn. 18 f.; schon zur alten Rechtslage Simitis/*Simitis* § 4g BDSG a.F. Rn. 23.

1044 Siehe Ehmann/Selmayer/*Heberlein* Art. 39 DSGVO Rn. 19; schon zur alten Rechtslage *Barton* RDV 2010, 247 (251); Simitis/*Simitis* § 4g BDSG a.F. Rn. 23 m.w.N. auch zu anderen (einschränkenden) Auffassungen.

1045 So im Ergebnis auch *Barton* RDV 2010, 247 (252) und wohl auch *Eidam*, Unternehmen und Strafe, 63.

1046 So aber *Barton* RDV 2010, 247 (252).

1047 Siehe BGHSt 35, 347 ff. („Katzenkönig-Fall").

5. Zwischenergebnis

Die Stellung eines durchschnittlichen Compliance-Beauftragten ist mit der eines Betriebsbeauftragten i.S.d. oben genannten Gesetze auf den ersten Blick nicht vergleichbar. Der Gesetzgeber hat den Betriebsbeauftragten „erschaffen", um sachlich beschränkte Gefahrenquellen, die er für besonders gefährlich hält, einer spezifischen, unternehmensinternen Kontrolle zu unterziehen.[1048] Die Position des Nicht-Wertpapier-Compliance-Beauftragten ist hingegen nicht (bzw. nicht ausdrücklich) gesetzlich vorgesehen. Es besteht wie bereits gezeigt auch keine allgemeine gesetzliche Pflicht, ein Compliance-System zu installieren, sodass auch keine Pflicht zur Installierung eines Compliance-Beauftragten bestehen kann. Ferner hat der CCO auch nicht nur einen spezifischen Teilbereich zu verantworten, sondern wie gezeigt regelmäßig dafür Sorge zu tragen, dass im Unternehmen *sämtliche* Gesetze in all jenen Unternehmensbereichen beachtet werden, die nicht schon einem Spezialbeauftragten zur Überwachung übertragen worden sind. Bei der Einrichtung einer solchen Funktion steht dem Unternehmen zudem – anders als in den Fällen einer gesetzlichen Bestimmung – ein beträchtlicher Ermessensspielraum zu, innerhalb dessen verschiedene Faktoren, wie Unternehmensgröße oder die Risikoanfälligkeit der Branche[1049], in der das Unternehmen tätig ist, eine Rolle spielen.[1050] Eine gesetzliche Pflicht gegenüber staatlichen Behörden besteht für den Compliance-Beauftragten, anders als für die oben genannten Betriebsbeauftragten mit besonderen Kompetenzen und Pflichten, aufgrund der fehlenden gesetzlichen Ausgestaltung nicht. Mehren sich auch die Stimmen, die eine gesetzliche Normierung auch für die Position des Compliance-Beauftragten verlangen,[1051] so ist de lege lata zu konstatieren, dass eine solche generelle gesetzliche Verpflichtung zurzeit nicht existiert. Festzuhalten bleibt noch, dass für die sog. Betriebsbeauftragten durch die bloße gesetzliche Regelung keine primäre Garantenpflicht begründet wird, sondern es erfolgt – zumindest für die Befürworter einer Garantenstellung – lediglich eine „Konkretisierung und Eingrenzung der von der Geschäftsleitung übernommenen

1048 S. auch *Campos Nave/Vogel* BB 2009, 2546 (2548).

1049 So stellen *Klümper/Diener* A&R 2010, 147 (149) für die Pharma- und Medizinproduktеindustrie eine „unternehmens- und industrieübergreifende Anerkennung der (…) Funktion des Compliance-Officers" fest.

1050 *Campos Nave/Vogel* BB 2009, 2546 (2548).

1051 *Momsen*, FS Puppe, 751 (765).

Pflichten."[1052] Pflichten des Geschäftsherrn bzw. ihre Übernahme durch den Compliance-Beauftragten können möglicherweise aber auch eine Garantenstellung des Compliance-Beauftragten legitimieren.[1053] Dafür spricht der Umstand, dass Compliance-Beauftragter und Betriebsbeauftragter sich insoweit ähneln, als dass von einigen wenigen angesprochenen Ausnahmen abgesehen, sowohl der Betriebsbeauftragte als auch der Compliance-Beauftragte keine Kompetenzen hinsichtlich Anweisung oder gar Kündigung von Personal haben, sondern sich ihre jeweilige Rolle in Bezug auf die Geschäftsleitung als die eines unmittelbar nachgeordneten Beraters und Kontrolleurs im Unternehmen beschränkt. Aus dieser Ähnlichkeit von Compliance- und Betriebsbeauftragtem wird zum Teil[1054] geschlussfolgert, dass auch den Compliance-Beauftragten eine Garantenstellung trifft. Das geht jedoch jedenfalls als Begründungsansatz zu weit: Denn zum einen ist die Garantenstellung des bzw. der Betriebsbeauftragten wie gezeigt selbst hochumstritten und steht daher „auf tönernen Füßen", und zum anderen lässt eine solche Betrachtung die soeben genannten Unterschiede zwischen Betriebsbeauftragtem und Compliance-Beauftragtem vollkommen außer Acht.[1055] Die für die Beantwortung der Fragen nach einer Garantenstellung des Compliance-Beauftragten unumgängliche materiell-strafrechtliche Durchleuchtung der Position des Compliance-Beauftragten soll und muss daher in den folgenden Abschnitten eigenständig erfolgen.

IV. Zum Compliance-Beauftragten i.S.d. Wertpapierhandelsrechts

Bevor wir mit dieser beginnen, wollen wir uns aber zunächst dem Compliance-Beauftragten im Wertpapierrecht zuwenden. Das Bank- und Kapitalmarktrecht ist seit jeher der Taktgeber der Compliance in Deutschland und den USA schlechthin. Dies wurde in einer allgemeineren Form bereits im obigen Abschnitt zum Thema „Compliance" dargelegt und soll an dieser Stelle nicht noch einmal wiederholt werden. In unserem (straf-)rechtsspezifischen Zusammenhang zeigt sich dies insbesondere dadurch, dass eine „Compliance-Funktion" – ähnlich wie

---

1052 AG Frankfurt NStZ 1986, 72 (75); *Alexander*, Verkehrssicherungspflichten, 286; *Böse* NStZ 2003, 636 (638 ff.); *Rönnau/Schneider* ZIP 2010, 53 (57); *Wendler*, Haftung der Betriebsbeauftragten, 354 ff., *Schall*, in: Dt. Wiedervereinigung, Bd. III, 99 (118 f.).

1053 Dazu sogleich.

1054 *Kraft/Winkler*, CCZ 2009, 29 (32).

1055 Ausdrücklich aufgrund der fehlenden gesetzlichen Normierung gegen eine Garantenstellung des Compliance-Beauftragten *Geiger* CCZ 2011, 170 (173).

beim umweltrechtlichen Betriebsbeauftragten – bereits ausdrücklich gesetzlich vorgesehen ist. Ursprünglich geschah dies in der auf Grundlage des § 33 Abs. 4 WpHG a.F. erlassenen Wertpapierdienstleistungs-Verhaltens- und Organisationsverordnung (WpDVerOV). Diese – vom Bundesfinanzministerium zur Konkretisierung der Pflichten aus § 33 WpHG im Jahr 2007 erlassen – enthielt nämlich in § 12 Abs. 4 S. 1 die ausdrückliche Pflicht der Benennung eines Compliance-Beauftragten und ferner verschiedene Voraussetzungen an dessen Person und Stellung im Unternehmen. Die Vorschriften finden sich mittlerweile im Wesentlichen inhaltlich identisch in Art. 22 der Delegierten Verordnung (EU) 2017/565 der Kommission vom 25.04.2016 sowie den §§ 80 ff., insbesondere § 87 WpHG. Nach § 54a KWG i.V.m. § 25c Abs. 4a Nr. 3 c) und Abs. 4b S. 2 Nr. 3 e), welche die Pflicht zur Errichtung einer Compliance-Funktion beinhalten, kann die Zuwiderhandlung gegen eine von der BaFin gemachte Anordnung, einen Verstoß gegen die Compliance-Vorschriften zu beseitigen, wie schon gezeigt gar mit Freiheitsstrafe von bis zu fünf Jahren oder Geldstrafe bestraft werden, wenn hierdurch eine Bestandsgefährdung des Instituts herbeigeführt wird.[1056] Freilich richten sich all die genannten Anordnungen und Verpflichtungen primär an den Geschäftsherrn bzw. das Institut selbst.

Der Compliance-Beauftragte selbst, seine Aufgaben und Kompetenzen werden im Wesentlichen in Art. 22 und dort insbesondere in Abs. 3 lit. b) der Delegierten Verordnung (EU) 2017/565 der Kommission vom 25.04.2016 geregelt, der ebenso wie das reformierte WpHG in der Fassung aufgrund des Zweiten Gesetzes zur Novellierung von Finanzmarktvorschriften aufgrund europäischer Rechtsakte (Zweites Finanzmarktnovellierungsgesetz) seit dem 03.01.2018 in Kraft ist. Weiterhin ist im Folgenden auch bezüglich des Compliance-Beauftragten die Neufassung des § 87 Abs. 5 WpHG zu beachten.

Ausdrücklich wurde der Compliance-Beauftragte vor der genannten Reform in § 12 Abs. 4 S. 1 WpDVerOV als für die Compliance-Funktion sowie die Berichte an die Geschäftsleitung und das Aufsichtsorgan Verantwortlicher bezeichnet. Nach der umfassenden Reform des Wertpapierhandelsrechts ist nun in Art. 22 Abs. 3 b) der Delegierten Verordnung (EU) 2017/565 geregelt, dass das Leitungsorgan einen Compliance-Beauftragten ernennt, der wiederum für die Compliance-Funktion sowie für die Compliance-Berichterstattung gemäß der Richtlinie 2014/65/EU und gemäß Artikel 25 Absatz 2 dieser Verordnung

---

1056 Siehe Art. 3 des Gesetzes zur Abschirmung von Risiken und zur Planung der Sanierung und Abwicklung von Kreditinstituten und Finanzgruppen (RiskAbschG) v. 07.08.2013, BGBl. I, S. 3090 m.W.v. 02.01.2014.

verantwortlich ist. Nach eben jenem Art. 25 Abs. 2 stellen die Wertpapierfirmen sicher, dass ihre Geschäftsleitung häufig, mindestens aber einmal jährlich, schriftliche Berichte zu den u.a. in Artikel 22 behandelten Themen (also Compliance) erhält, in denen insbesondere angegeben wird, ob zur Behebung etwaiger Mängel geeignete Maßnahmen getroffen wurden.

Die von den Wertpapierfirmen nach Art. 22 Abs. 2 der Delegierten Verordnung einzurichtende Compliance-Funktion, der der Compliance-Beauftragte vorsteht, hat ferner permanent und wirksam sowie unabhängig zu sein. Zu ihren Aufgaben zählt nach Art. 22 Abs. 2 a) die ständige Überwachung und regelmäßige Bewertung der Angemessenheit und Wirksamkeit der gemäß Absatz 1 Unterabsatz 1 der Delegierten Verordnung eingeführten Maßnahmen, Strategien und Verfahren sowie der Schritte, die zur Behebung etwaiger Defizite der Wertpapierfirma bei der Einhaltung ihrer Pflichten unternommen wurden. Nach Art. 22 Abs. 2 b) hat sie ferner die Beratung und Unterstützung der für Wertpapierdienstleistungen und Anlagetätigkeiten zuständigen relevanten Personen im Hinblick auf die Einhaltung der Pflichten der Wertpapierfirma gemäß der Wertpapierhandels-Richtlinie 2014/65/EU zu übernehmen. Sie hat gemäß lit. c) zudem mindestens einmal jährlich an das Leitungsorgan über die Umsetzung und Wirksamkeit des gesamten Kontrollumfelds für Wertpapierdienstleistungen und Anlagetätigkeiten, über die ermittelten Risiken sowie bezüglich der Abwicklung von Beschwerden und über die ergriffenen oder zu ergreifenden Abhilfemaßnahmen zu berichten.

Damit die in Absatz 2 genannte Compliance-Funktion ihre Aufgaben ordnungsgemäß und unabhängig wahrnehmen kann, stellen die Wertpapierfirmen nach Art. 22 Absatz 3 lit. a) sicher, dass die Compliance-Funktion über die notwendigen Befugnisse, Ressourcen und Fachkenntnisse verfügt und Zugang zu allen einschlägigen Informationen hat. Nach Absatz 3 lit. c) informiert die Compliance-Funktion ad hoc und direkt das Leitungsorgan, wenn sie ein erhebliches Risiko feststellt, dass die Wertpapierfirma ihre Pflichten gemäß der Richtlinie 2014/65/EU nicht erfüllt. Nach Absatz 3 lit. d) und e) ist zudem sicherzustellen, dass relevante Personen, die in die Compliance-Funktion eingebunden sind, grundsätzlich nicht an der Erbringung der von ihnen überwachten Dienstleistungen oder Tätigkeiten beteiligt sind und dass das Verfahren, nach dem die Vergütung der in die Compliance-Funktion eingebundenen relevanten Personen bestimmt wird, weder deren Objektivität beeinträchtigt noch eine solche Beeinträchtigung wahrscheinlich erscheinen lässt.[1057]

1057 Zur Unabhängigkeit des Compliance-Beauftragten siehe auch ausführlich Park/*Schäfer* Kap. 2.2. Rn. 22 ff.

Nach § 87 Abs. 5 S. 1 WpHG darf ein Wertpapierdienstleistungsunternehmen einen Mitarbeiter ferner nur dann mit der Verantwortlichkeit für die Compliance-Funktion bzw. als Compliance-Beauftragten im Sinne des Artikels 22 Absatz 2 der Delegierten Verordnung (EU) 2017/565 und für die Berichte an die Geschäftsleitung nach Artikel 25 Absatz 2 der Delegierten Verordnung (EU) 2017/565 betrauen, wenn dieser sachkundig ist und über die für die Tätigkeit erforderliche Zuverlässigkeit verfügt. Durch das Anlegerschutz- und Funktionsverbesserungsgesetz (AnlSVG) vom 05.04.2011[1058] hatte der Gesetzgeber im Jahr 2012 zudem mit § 34d Abs. 4 S. 1 Nr. 2 WpHG erstmals eine Regelung verabschiedet, die der Aufsichtsbehörde die Sanktionierung des Compliance-Beauftragten persönlich (und nicht bloß des Instituts) ermöglichte, indem der BaFin die Möglichkeit eingeräumt wurde, den Compliance-Beauftragten zu verwarnen oder es dem Institut für eine Dauer von bis zu zwei Jahren zu untersagen, den Mitarbeiter als Compliance-Beauftragten zu beschäftigen.[1059] Eine entsprechende Regelung findet sich nach Verabschiedung des Zweiten Finanzmarktnovellierungsgesetzes nun in § 87 Abs. 6 WpHG.

Die Annahme eines allgemeinen Weisungsrechts des Compliance-Beauftragten nach dem WpHG und dem übrigen Wertpapierhandelsrecht ginge jedoch entschieden zu weit; für dieses findet sich im Wertpapierhandelsrecht nämlich keine hinreichende Grundlage.[1060] Des Weiteren genießt der Compliance-Beauftragte auch keine Weisungsfreiheit, da schon die ausdrückliche gesetzliche Anordnung der Ausnahme von der Weisungsfreiheit in Art. 38 Abs. 3 S. 1 DSGVO (§ 4f Abs. 3 S. 2 BDSG a.F.) zeigt, dass der europäische und deutsche Gesetzgeber grundsätzlich von einem Weisungsrecht ausgehen.[1061] Anders ist die Situation aber bei evident rechtswidrigen Weisungen der Geschäftsleitung zu beurteilen, weil andernfalls die Compliance-Funktion ihren Sinn verlöre.[1062]

Schließlich könnten sich aus dem Wertpapierhandelsrecht in bestimmten Fällen (Insidergeschäfte, Marktmanipulation) Anzeigepflichten ergeben. Jedoch

---

1058 BGBl. I, S. 538.

1059 Siehe dazu ausführlich *Renz/Sartowski* CCZ 2012, 67 (70 ff.).

1060 Siehe schon zur alten Rechtslage *Klopp*, Der Compliance-Beauftragte, 219 ff.; *Illing/Umnuß* CCZ 2009, 1 (4); *Lösler*, Compliance im Wertpapierdienstleistungskonzern, 193; *ders.* WM 2008, 1098 (1102); anders aber *Veil* WM 2008, 1093 (1098).

1061 Ausführlich dazu *Klopp*, Der Compliance-Beauftragte, 195 ff. (198); *Casper*, FS K. Schmidt, 199 (209); in diese Richtung auch BAG NZA 2007, 563 (564); anders aber mittels einer analogen Anwendung der gesetzlichen Regelung des § 4f BDSG a.F. *Krieger/Günter* NZA 2010, 367 (370).

1062 *Casper*, FS K. Schmidt, 199 (209).

muss man aus strafrechtlicher Hinsicht hiergegen einwenden, dass sich die entsprechenden Normen nicht an natürliche Personen richten, sodass der Compliance-Beauftragte nicht verpflichtet wird, sondern das jeweilige Institut.[1063] Ist auch praktisch wohl zumeist der Compliance-Beauftragte die unternehmensintern für die Anzeige zuständige Stelle, ist es jedoch zumindest für das Strafrecht aufgrund der Wortlautgrenze nicht akzeptabel, hieraus über § 13 StGB eine strafbarkeitsbegründende Verpflichtung erwachsen zu lassen.[1064] Selbiges gilt aus denselben Gründen für Kontrollpflichten wie z.B. die Kontrollmaßnahmen gegen Insiderhandel.[1065]

Allein aus der ausdrücklichen rechtlichen Normierung der Wertpapier-Compliance und der Verrechtlichung des Wertpapier-Compliance-Beauftragten schließt *Veil*, dass der Wertpapier-Compliance-Beauftragte ebenso sehr der „Gewährleistung eines Allgemeinwohlbelangs" wie dem Unternehmensinteresse verpflichtet sei.[1066] Das tangierte öffentliche Interesse soll dabei die „Gewährleistung der Funktionsfähigkeit der Kapitalmärkte" sein, zu deren Zweck der Compliance-Beauftragte „inthronisiert" werde.[1067] Jedoch hat der Compliance-Beauftragte durch seinen Arbeitsvertrag und die Einbindung in die unternehmerischen Strukturen vor allem eine privatrechtliche Legitimation und nur in seltenen Ausnahmefällen nach außen gerichtete Pflichten.[1068] Der Compliance-Beauftragte bekleidet folglich auch kein öffentliches Amt und dient auch nicht primär dem öffentlichen Interesse, sondern dem Unternehmensinteresse.[1069] Er ist vielmehr eine für das Unternehmen von Rechts wegen zu installierende (wenn auch nicht selten hochbezahlte) „Hilfskraft", die die zum Schutz von Anlegern, zur Unterbindung von Marktmissbrauch und zum Zweck der Sicherung der Funktionsfähigkeit der Finanzmärkte in einem europäischen Kontext verabschiedeten wertpapierrechtlichen Normen und die sich aus ihnen ergebenden Vorgaben einzuhalten helfen soll.[1070] *Veil* unterliegt diesbezüglich insoweit einem Irrtum, als dass er den Sinn und Zweck der Compliance-Funktion mit der

---

1063 *Klopp*, Der Compliance-Beauftragte, 237.

1064 Anders für das Wertpapierrecht aber *Veil* WM 2008, 1093 (1098).

1065 Siehe *Warneke* NStZ 2010, 312 (316) (insbes. auch Fn. 44).

1066 *Veil* WM 2008, 1093 (1097).

1067 *Veil* WM 2008, 1093 (1097).

1068 S.a. *Lösler* WM 2008, 1098 (1101).

1069 Wie hier auch *Kort* NZG 2012, 926; *Rönnau/Schneider* ZIP 2010, 53 (56); *Campos Nave/Vogel* BB 2009, 2546 (2548); *Wessing*, FS Volk, 867 (876); *Casper*, FS K. Schmidt, 199 (208); *Lösler* WM 2008, 1098 (1102).

1070 *Lösler* WM 2008, 1098 (1102).

Zielrichtung der aufsichtsrechtlichen Vorgaben gleichsetzt. Der Compliance-Beauftragte dient aber nur der unternehmensinternen Umsetzung der Letzteren. Dies wird bereits deutlich, wenn man sich vergegenwärtigt, dass der einzelne Compliance-Beauftragte – und sei er noch so fähig und kompetent – niemals die „Funktionsfähigkeit der Finanzmärkte" gewährleisten kann. Das Erreichen eines solch hohen Ziels kann – wenn überhaupt – nur ein von allen beachtetes Regelwerk bewirken, wie es das WpHG und seine Verordnungen sowie die jeweils in Bezug genommenen oder im Übrigen geltenden europäischen Rechtsakte darstellen. Zuzugeben ist freilich, dass der Schutz von Allgemeininteressen wie dem Anlegerschutz oder (bei einer sehr abstrakten Betrachtungsweise) der Funktionsfähigkeit der Finanzmärkte Schutzreflexe einer funktionierenden Compliance sind.[1071]

Fest steht somit, dass die gesetzliche bzw. europarechtliche Normierung *allein* den Wertpapier-Compliance-Beauftragten nicht zu einem strafrechtlichen Garanten macht.[1072] Auch eine Fruchtbarmachung des rechtlich nicht eindeutig definierten Begriffs des „Unternehmensbeauftragten"[1073] erscheint für das Strafrecht damit wenig gewinnbringend. Die gesetzliche oder untergesetzliche Fixierung einer Aufgabe reicht für die Annahme einer Garantenstellung für sich genommen nicht aus.[1074] Vielmehr kommt es auf den rechtlichen und tatsächlichen Kontext an, in dem sich die möglicherweise garantenpflichtige Person bewegt, auf ihre Rolle innerhalb dieses Kontextes und die Einordnung dieser Rolle in die bestehende strafrechtliche Dogmatik zum Unterlassungsdelikt. Letztlich scheint also auch hier – wie schon bei den Umweltbeauftragten – nur der Verweis auf die folgende materiell-rechtliche Betrachtung zu bleiben, die eine Klärung der Problematik herbeiführen soll. Eine Anordnungs- und Weisungskompetenz, die dem Compliance-Beauftragten eine vergleichbare Verantwortung wie einem Strahlenschutzbeauftragten zuerkennt, der nach § 33 Abs. 3 StrahlenschutzVO neben dem Strahlenschutzverantwortlichen, also regelmäßig

---

1071 *Lösler* WM 2008, 1098 (1102).

1072 So aber *Veil* in seinem Vortrag „Verantwortung und Pflichten des Compliance-Officers aus der Perspektive des Gesellschafts- und Aufsichtsrechts" auf der Tagung „Compliance Officer und Garantenstellung" des Netzwerkes Compliance und der Bucerius Law School in Hamburg am 13.11.2009, s. Seite 8 und 13 der vortragsbegleitenden Folien, online zu finden unter http://www.netzwerk-compliance.de/fileadmin/content/PDF/Veroeffentlichungen/vortrag_veil_12_11_09.pdf (zuletzt aufgerufen am 23.08.2013).

1073 S. dazu *Casper*, FS K. Schmidt, 199 (212 ff.).

1074 Daher auch oberflächlich BGH NJW 2009, 3173 (3174) Rn. 24 a.E.

der Betriebsleitung, „dafür zu sorgen [hat], dass bei Gefahr für Mensch und Umwelt unverzüglich geeignete Maßnahmen zur Abwendung dieser Gefahr getroffen werden", lässt sich für den Wertpapierhandels-Compliance-Beauftragten jedenfalls nicht erkennen.

V. Übertragung der Pflicht nach den §§ 14 StGB, 9 OWiG

Das Unterlassen von Compliance-Beauftragten – wie auch das von „klassischen" Betriebsbeauftragten – wirft die Frage auf, inwiefern für eine Strafbarkeit die Voraussetzungen des „Handeln[s] für einen anderen" vorliegen müssen. Diese sind seit Inkrafttreten des EGOWiG[1075] 1968 (zunächst in § 50a StGB und § 10 OWiG) geregelt und finden sich heute fast unverändert in § 14 StGB und dem ihm entsprechenden § 9 OWiG. Beide Normen erweitern den Anwendungsbereich von Sonder- oder Pflichtdelikten, also von solchen Tatbeständen, die auf eine bestimmte Personengruppe oder (für das Wirtschaftsstrafrecht besonders wichtig) auf eine juristische Person bezogen sind, auf gesetzliche und bestimmte gewillkürte Vertreter.[1076] Diese „Strafausdehnung"[1077] hat ihren Grund nach der insbesondere von *Schünemann* vertretenen Garantentheorie[1078] in der tatsächlichen Übernahme einer Garantenstellung, nach der sog. Pflicht- bzw. Pflichtentheorie[1079] in der Teilhabe am (außerstrafrechtlichen) Pflichtenkreis des Vertretenen. Wichtigste Anwendungsbereiche der Pflichtüberwälzung nach § 14 StGB sind im Kernstrafrecht vor allem die Verpflichtungen aus den §§ 266, 325 sowie die Stellung als Arbeitgeber in § 266a und die Schuldnereigenschaft beim Bankrott nach § 283. Häufig kommt § 14 StGB im Nebenstrafrecht und dort vor allem im Wirtschaftsstrafrecht zur Anwendung,[1080] sowie sein Pendant, § 9 OWiG, im Recht der Ordnungswidrigkeiten.[1081]

Für die uns beschäftigende Frage der Strafbarkeit eines Compliance-Beauftragten durch Verletzung von Überwachungspflichten sind vor allem zwei Problemkreise von Bedeutung: Zum einen stellt sich die Frage, ob man für die Übertragung einer Garantenstellung eines unechten Unterlassungsdeliktes § 14 StGB benötigt,

1075 BGBl. I, S. 503.
1076 Göhler/*Gürtler* § 9 OWiG Rn. 2.
1077 *Fischer* § 14 Rn. 1b.
1078 LK-*Schünemann* § 14 Rn. 12 ff.; s.a. *Ransiek*, Unternehmensstrafrecht, 90.
1079 S. nur MüKo/*Radtke* § 14 Rn. 16, 23 ff.
1080 Von Heintschel-Heinegg/*Momsen* § 14 Rn. 1 ff.; siehe zu § 14 auch grundlegend *Radtke* ZIP 2016, 1993 ff.
1081 Göhler/*Gürtler* § 9 OWiG Rn. 1.

zum anderen, falls man die erste Frage zumindest teilweise bejahen kann, die, ob die Voraussetzungen des § 14 StGB in der Person des Compliance-Beauftragten erfüllt sind.

Die erste Frage scheint zunächst relativ leicht zu beantworten zu sein: Die Umstände, die eine Garantenstellung bei unechten Unterlassungsdelikten begründen, werden – anders als bei § 28 StGB[1082] – nach fast einhelliger Meinung grundsätzlich nicht als besonderes persönliches Merkmal von § 14 StGB erfasst, wenn und soweit das Begehungsdelikt ein Allgemeindelikt ist.[1083] Daher gelangte auch der BGH zur Strafbarkeit des technischen Leiters einer als AG betriebenen Bergbahn über eine aus seiner eigenen Position erwachsenen Garantenstellung, ohne § 14 StGB auch nur zu erwähnen.[1084] Im Umkehrschluss gilt nach zutreffender Ansicht, dass immer dann, wenn das unechte Unterlassungsdelikt bereits in seiner Begehungsvariante ein Sonderdelikt ist, für eine wirksame Übertragung des Pflichtenkreises – wie beim Begehungsdelikts auch – stets die Voraussetzungen des § 14 StGB vorliegen müssen.[1085] Für den Compliance-Beauftragten bedeutet das, dass er sich in solchen Fällen grundsätzlich nur als Täter strafbar machen kann, wenn die Voraussetzungen des § 14 gegeben sind. Teilweise wird auch bezüglich der Begehung von Umweltdelikten (z.B. § 324 StGB) das Verhalten eines dem Betriebsinhaber unterstehenden Gewässerschutzbeauftragten nur bei Heranziehung des § 14 StGB für strafbar gehalten.[1086] Dieser Gedanke ließe sich, so er denn zuträfe, auch auf den Compliance-Beauftragten übertragen. Dann würde man jedoch übersehen, dass § 324 StGB, wie auch die Körperverletzungs- oder Korruptionsdelikte, Allgemeindelikte sind, also von jedermann begangen werden können, und keine besonderen persönlichen Merkmale i.S.d. § 14 StGB voraussetzen. Es wird zwar – offenkundig abweichend von der gerade dargestellten ganz herrschenden Meinung hinsichtlich des Charakters der Garantenstellung bei sonstigen unechten Unterlassungsdelikten – teilweise angenommen, dass die Position des Betriebsinhabers im Zusammenhang mit

---

1082 Siehe dazu nur *Fischer* § 28 Rn. 5a.

1083 Von Heintschel-Heinegg/*Momsen* § 14 Rn. 23; MüKo/*Radtke* § 14 Rn. 41; Sch/Sch/*Perron* § 14 Rn. 6; *Roxin*, AT II § 27 Rn. 111 f.; *Wendler*, Haftung der Betriebsbeauftragten, 337; anders aber wohl *Rübenstahl* NZG 2009, 1341 (1344).

1084 BGH NJW 1971, 1093 (1094 f.).

1085 Von Heintschel-Heinegg/*Momsen* § 14 Rn. 24; *Bruns* GA 1982, 1 (24 f.); SSW-*Saliger* Vor § 324 Rn. 50; MüKo/*Radtke* § 14 Rn. 43; Sch/Sch/*Perron* § 14 Rn. 6; anders aber KK-OWiG/*Rogall* § 9 Rn. 39.

1086 So zum Beispiel aus der Rechtsprechung das AG Frankfurt NStZ 1986, 72 (75).

unechten Unterlassungsdelikten ein besonderes persönliches Merkmal sei,[1087] dies ist jedoch nach zutreffender Ansicht zu verneinen.[1088] *Ransiek*[1089] weist zu Recht darauf hin, dass den Weichensteller der Deutschen Bahn AG oder eine Krankenschwester allein durch die Übernahme ihrer Tätigkeit und unabhängig von § 14 StGB eine Garantenstellung trifft. Grund dafür ist, dass bei § 13 eigene Pflichten des Garanten begründet werden, während die nach § 14 übertragenen Pflichten keine eigenen sind, sondern fremde, die gemäß § 14 StGB übernommen werden.[1090] Ein anschauliches Beispiel hierfür bietet § 266a StGB, in dessen Rahmen der Geschäftsführer durch seine Anstellung bei der GmbH nicht selber Arbeitgeber wird, sondern nur die Pflichten des Arbeitgebers wahrnimmt.[1091] Eigene Pflichten des Vertretenen bleiben bei § 14 StGB vorrangig.[1092] Es ist ferner auch nicht einzusehen, warum an die Begehung eines Allgemeindelikts durch Unterlassen über die Garantenstellung hinaus höhere Anforderungen gestellt werden sollen als an die aktive Begehung eines Allgemeindelikts, bei dem § 14 nicht eingreifen würde. § 14 StGB ist damit bei der Frage nach der Strafbarkeit eines Compliance-Beauftragten aus einem unechten Unterlassungsdelikt, das als Begehungsdelikt ein Allgemeindelikt ist, nicht von Bedeutung.

Dennoch ist auch die zweite oben aufgeworfene Frage durch das soeben gefundene Ergebnis keinesfalls irrelevant geworden: Denn zum einen ist die Frage zu klären, ob der Compliance-Beauftragte strafrechtliche (im engeren Sinne) Sonderdelikte begehen kann, indem er seinen Aufsichtspflichten nicht nachkommt und zum anderen ist der wichtigste strafrechtliche (im weiteren Sinne) Tatbestand in der Praxis des Unternehmensstrafrechts, § 130 OWiG, ein Sonderdelikt, für das sich die Frage nach einer Pflichtüberwälzung nach – dem ordnungswidrigkeitenrechtlichen Pendant des § 14 StGB – § 9 OWiG stellt.[1093] Eine Überwälzung der Pflicht nach § 14 Abs. 1 bzw. § 9 Abs. 1 OWiG scheidet aber ebenso prima vista aus wie eine nach Abs. 2 S. 1 Nr. 1, wenn man von dem hier zugrunde liegenden Verständnis von der Position und den Aufgaben eines

---

1087 So im Grundsatz *Bruns* GA 1982, 1 (24); *Kraft/Winkler* CCZ 2009, 29 (31); *Rübenstahl* NZG 2009, 1341 (1344).

1088 *Ransiek* AG 2010, 147 (152); *ders.*, Unternehmensstrafrecht, 37, 89 f.; *Dannecker/Dannecker* JZ 2010, 981 (990); so zumindest im Ergebnis auch *Arndt*, Der Betriebsbeauftragte, 75 ff.; *E. S. Fischer*, Strafbarkeit wegen Geldwäsche, 133 ff.

1089 *Ransiek* AG 2010, 147 (152).

1090 *Ransiek*, Unternehmensstrafrecht, 90.

1091 *Ransiek*, Unternehmensstrafrecht, 90.

1092 *Ransiek*, Unternehmensstrafrecht, 91.

1093 Göhler/*Gürtler* § 130 OWiG Rn. 4.

Compliance-Beauftragten ausgeht.[1094] Weniger eindeutig erscheint hingegen, ob die Voraussetzungen des § 14 Abs. 2 S. 1 Nr. 2 bzw. des § 9 Abs. 2 S. 1 Nr. 2 OWiG gegeben sind. Nach dieser Norm müsste der Compliance-Beauftragte vom Inhaber des Betriebs oder einem sonst dazu Befugten ausdrücklich beauftragt sein, in eigener Verantwortung Aufgaben wahrzunehmen, die dem Inhaber des Betriebs obliegen. An einer ausdrücklichen Beauftragung durch eine befugte Person wird es beim Compliance-Beauftragten regelmäßig nicht fehlen. Ferner ist die Sicherstellung der Legalität der aus dem Unternehmen erwachsenen Tätigkeiten eine grundsätzlich dem Betriebsinhaber obliegende Pflicht. Fraglich könnte allerdings sein, ob der Compliance-Beauftragte Aufgaben *in eigener Verantwortung* wahrzunehmen hat. Dafür muss er „in eigener Befugnis die Entscheidungen frei und verantwortlich treffen" können, die eigentlich der Betriebsinhaber selbst zu treffen hat.[1095] Dies kann auch schon bei der Übertragung von Einzelaufgaben der Fall sein, sofern der Beauftragte dabei hinreichend eigenverantwortlich handelt.[1096] Der Beauftragte muss befugt sein, von sich aus die erforderlichen Maßnahmen zu treffen, bedarf er dazu noch der Zustimmung eines Vorgesetzten, so genügt dies nicht den Anforderungen an eine Aufgabenwahrnehmung in eigener Verantwortung.[1097] Die Kontrolle durch einen Vorgesetzten schadet jedoch nicht.[1098] Nach den genannten Kriterien und dem oben zu den (fehlenden) Entscheidungskompetenzen in Personalfragen des Compliance-Beauftragten Gesagten dürfte eine Übertragung der Pflicht nach § 14 Abs. 2 S. 1 Nr. 2 für diesen regelmäßig ausscheiden.[1099] Es fehlt ihm zumindest grundsätzlich die hinreichende Eigenverantwortlichkeit in Form von eigenen Entscheidungsbefugnissen, da er in seiner Tätigkeit gerade hinsichtlich „heikler" Maßnahmen, die den „Betriebsfrieden" gefährden könnten, zu sehr vom Wohlwollen der Unternehmensleitung abhängig ist. Freilich kann dies nach innerbetrieblicher Ausgestaltung im Einzelfall anders sein, wenn der Compliance-Beauftragte mit

1094 Auch ansonsten allg. Meinung, s. statt aller nur SSW-*Saliger* Vor § 324 Rn. 50 m.w.N.
1095 *Fischer* § 14 Rn. 13.
1096 Von Heintschel-Heinegg/*Momsen* § 14 Rn. 55.
1097 Sch/Sch/*Perron* § 14 Rn. 35.
1098 Göhler/*Gürtler* § 9 OWiG Rn. 31 m.w.N.
1099 So auch *Momsen*, FS Puppe, 751 (763); *Schwarz* wistra 2012, 13 (17); *Kraft/Winkler* CCZ 2009, 29 (32); *Bock*, Criminal Compliance, 760; *Lösler*, Compliance im Wertpapierdienstleistungskonzern, 198; mit starken Zweifeln auch *Rübenstahl* NZG 2009, 1341 (1344); für den hinsichtlich dieser Frage vergleichbaren Betriebsbeauftragten *Salje* BB 1993, 2297 (2302); *Kloepfer/Vierhaus*, Umweltstrafrecht, Rn. 60; *Michalke*, Umweltstrafsachen, Rn. 82.

weiterreichenden Vollmachten ausgestattet wird.[1100] In einem solchen Fall können derartige Umstände möglicherweise sogar doppelt verwendet werden, das heißt, man kann sie sowohl bei der Begründung einer Garantenstellung als auch bei einer Strafausdehnung über § 14 Abs. 2 S. 1 Nr. 2 heranziehen.[1101]

Manche Autoren wollen § 14 Abs. 2 S. 1 Nr. 2 jedoch weiter auslegen[1102] und weisen unter anderem zu Recht darauf hin, dass eine Eingriffsbefugnis zur Abwendung strafrechtlicher Erfolge nicht erforderlich ist.[1103] Vielmehr reicht es aus, wenn der Beauftragte seine Pflichten ähnlich wie ein Vorgesetzter zu erfüllen hat, das heißt mit einem gewissen Spielraum hinsichtlich der eigenen Entscheidung sowie der Gestaltung und Wahl des Durchführungszeitpunktes.[1104] Dies wird man bei einem Compliance-Beauftragten wie schon erwähnt zwar nicht hinsichtlich sämtlicher Rechtsverstöße im Unternehmen bejahen können, wohl aber hinsichtlich der konkreten Ausgestaltung von präventiven Compliance-Maßnahmen, wie der Frage der Schulung von Mitarbeitern, der Vermittlung von rechtlichen Inhalten im Unternehmen etc.. Hier wird dem Betriebsinhaber bzw. der Geschäftsleitung schon regelmäßig die notwendige Expertise fehlen, um dem Compliance-Beauftragten genauere Vorgaben machen zu können. Man wird eine eigenverantwortliche Tätigkeit in Bezug auf den Compliance-Beauftragten ferner auch bejahen können, soweit im Unternehmen eine Compliance-Abteilung vorhanden ist, der ein erster Compliance-Beauftragter („Chief Compliance Officer") vorsteht. Man könnte hier gar an die Teilleitung des Betriebes i.S.d. § 14 II 1 Nr. 1 StGB denken, dieses Merkmal ist jedoch restriktiv auszulegen[1105], sodass seine Voraussetzungen beim Chief Compliance Officer nicht erfüllt sein dürften. Wichtiger als die Frage nach der Anwendbarkeit von Nr. 1 oder Nr. 2 ist es ohnehin zu erkennen, dass der Gestaltungsspielraum des

---

1100 Derartige Fallkonstellationen beschreibt für den Gewässerschutzbeauftragten *Dahs* NStZ 1986, 97 (98 f.).

1101 *Arndt*, Der Betriebsbeauftragte, 78; dennoch zutreffend auf die Notwendigkeit einer isolierten Betrachtung hinweisend *Wendler*, Haftung der Betriebsbeauftragten, 414.

1102 So bzgl. des Betriebsbeauftragten *Arndt*, Der Betriebsbeauftragte, 107 ff.; *Saliger*, Umweltstrafrecht, 76 f.; *Wendler*, Haftung der Betriebsbeauftragten, 420 f.; *Kuhlen*, in: Individelle Verantwortung und Beteiligungsverhältnisse, 71 (93 f.); LK-*Schünemann* § 14 Rn. 63; *Böse* NStZ 2003, 636 (641); SSW-*Saliger* Vor § 324 Rn. 50; aus der Rechtsprechung AG Frankfurt NStZ 1986, 72 (75); für den Compliance-Beauftragten *Grützner/Behr* DB 2013, 561 (563) (beim „Chief Compliance Officer"); *Rönnau/Schneider* ZIP 2010, 53 (60 f.); *Raum* CCZ 2012, 197 (198).

1103 *Arndt*, Der Betriebsbeauftragte, 107 ff.;

1104 *Herzberg*, Verantwortung für Arbeitsschutz, 90 f.; *Arndt*, Der Betriebsbeauftragte, 107.

1105 Siehe MüKo/*Radtke* § 14 Rn. 96 ff.m.w.N. auch zur Gegenansicht.

CCO und ein etwaiges Weisungsrecht allein auf diese Abteilung beschränkt sind und nicht den ganzen Betrieb erfassen. Ferner gelten sie auch nur für präventive Compliance-Maßnahmen wie Mitarbeiterschulungen, nicht aber für die konkrete Sanktionierung des pflichtwidrigen Verhaltens eines Mitarbeiters. Daher erscheint es wenig überzeugend, wenn man die Voraussetzungen des § 14 Abs. 2 S. 1 Nr. 2 StGB für den Compliance-Beauftragten aufgrund seiner vermeintlich weitreichenden Unabhängigkeit, seiner besonderen Fachkunde sowie der häufig von ihm wahrzunehmenden umfassenden Leitung der unternehmensinternen Compliance „tendenziell“ bejahen will.[1106] Das über § 14 zugeschriebene Merkmal und die aus ihm entstehende Verantwortung des Beauftragten kann richtigerweise nur soweit reichen, wie er auch Entscheidungsbefugnisse besitzt.[1107] Die Lösung entspricht am ehesten dem Telos des § 14 StGB/§ 9 OWiG, der verhindern soll, dass die Verantwortung im Betrieb auf Personen verlagert wird, die sie nicht in diesem Umfang tragen können, sich die Geschäftsleitung auf diese Weise der eigenen Verantwortlichkeit entzieht und hierdurch Strafbarkeitslücken entstehen.[1108] Richtigerweise liegen die Voraussetzungen des § 14 Abs. 2 S. 1 Nr. 2 nach dem bislang Gesagten daher nur dann vor, wenn eine sich aus dem Sonderdelikt ergebende straf- oder bußgeldbewehrte Pflichtverletzung in Zusammenhang steht mit der (mangelhaften) inhaltlichen Ausgestaltung von präventiven Compliance-Maßnahmen, deren Bestimmung in der Verantwortung des Compliance-Beauftragten liegt, oder der (Nicht-)Einwirkung auf eine dem Compliance-Beauftragten unterstellte Compliance-Abteilung durch den Compliance-Beauftragten selbst. Diese Einschränkung lässt sich über das Merkmal des Handelns „auf Grund dieses Auftrags“ erreichen.[1109] Die gewählten Formulierungen weisen schon auf die Problematik der Ursächlichkeit eines derartigen Fehlverhaltens des Compliance-Beauftragten für einen Rechtsverstoß im Unternehmen. Eine solche Kausalität würde voraussetzen, dass – hätte der Compliance-Beauftragte die fehlerhaften oder unterlassenen Compliance-Maßnahmen eingeleitet der tatbestandliche Erfolg entfallen wäre, also mit anderen Worten der richtig geschulte oder überwachte Arbeitnehmer eine Straftat nicht begangen hätte. Diese Problematik hängt mit dem hier auftretenden Phänomen eines vollverantwortlich handelnden Dritten zusammen und stellt sich allgemein im Zusammenhang mit einer Garantenstellung eines Compliance-Beauftragten;

1106 *Rönnau/Schneider* ZIP 2010, 53 (60 f.).
1107 Vgl. Göhler/*Gürtler* § 9 OWiG Rn. 17.
1108 Göhler/*Gürtler* § 9 OWiG Rn. 17.
1109 Dazu grundsätzlich Göhler/*Gürtler* § 9 OWiG Rn. 35 i.V.m. 14 ff.

sie soll daher an dieser Stelle zurückgestellt werden und wird später ausführlich behandelt. Nicht fehlen soll an dieser Stelle auch die vorausblickende Bemerkung, dass die Frage der Anwendbarkeit des § 14 StGB eventuell dadurch entschärft wird, dass immerhin die Möglichkeit einer Beihilfe (durch Unterlassen) bestehen bleibt, sofern die Voraussetzungen des § 14 StGB beim Compliance-Beauftragten – wie festgestellt regelmäßig – nicht vorliegen und es sich bei den ins Auge gefassten Konstellationen ohnehin zumeist um klassische Teilnahmekonstellationen handeln dürfte.

VI. Beschützergarantenstellung des Compliance-Beauftragten zu Gunsten externer Dritter

Man könnte jedoch über eine primäre[1110] oder originäre Beschützergarantenpflicht des Compliance-Beauftragten nachdenken. Das einschlägige BGH-Urteil ist denn auch zum Teil so verstanden worden, dass der entscheidende Senat zur Annahme einer primären Garantenstellung des Compliance-Beauftragten neigte.[1111] So verweist der BGH in seinem Urteil – unter anderem – auf die Beschützergarantenstellung von Amtsträgern,[1112] was auf eine bereits im Gesetz angelegte Beschützergarantenstellung auch für den Compliance-Beauftragten hindeuten könnte. Der Compliance-Beauftragte könnte nach dieser Konstruktion eine Art „Hilfskommissar“[1113] sein, der – als Gegenleistung für die staatlich gewährleistete Unternehmensfreiheit und die damit einhergehende

---

1110 „Primär“ ist hier nur so zu verstehen, dass eine *originäre* Verantwortlichkeit des Compliance-Beauftragten bestehen könnte. Die früher zeitweise vorgenommene Einteilung nach primären Pflichten des unmittelbar Handelnden und sekundären Pflichten seiner Vorgesetzten (s. dazu nur *Schünemann* wistra 1982, 41 [44]) ist spätestens seit der Lederspray-Entscheidung BGHSt 37, 106 ff. überholt (s. *Schmidt-Salzer* NJW 1994, 1305 (1310); *Bosch*, Organisationsverschulden, 373); in diesem Sinne werden die Termini daher hier auch nicht verwendet, zumal eine primäre Verantwortlichkeit der Geschäftsleitung hier schon oben festgestellt wurde.

1111 *Rübenstahl* NZG 2009, 1341 (1342); in diese Richtung erfolgen ferner die Kritik von *Mosbacher/Dierlamm* NStZ 2010, 268 (269) und von *Knauer*, FS I. Roxin, 465 (471 ff.) an der Urteilsbegründung des Senats; *Merz*, in: Graf/Jäger/Wittig § 13 Rn. 51 interpretiert das Urteil ferner als Annahme (des BGH) einer Beschützergarantenstellung zugunsten des Vermögens des Unternehmens; diese kann der CCO aber wohl allenfalls von der Geschäftsleitung übernehmen, und auch das wohl nur in sehr speziellen Konstellationen.

1112 BGH NJW 2009, 3173 (3174).

1113 Zu Recht explizit gegen eine solche Einordnung *Michalke* AbfallR 2010, 285 (289 f.).

körperschaftliche Autonomie – quasi Ersatz eines andernfalls von staatlicher Seite zu entsendenden Beauftragten bzw. eines in der Frühzeit der Aktiengesellschaft diskutierten Aktienamtes, wäre. Eine solche Konzeption würde den Compliance-Beauftragten quasi zum „Polizisten im Unternehmen" machen, der für den Schutz der Rechtsgüter Dritter verantwortlich ist, gleich ob Individualrechtsgüter wie Leib und Leben bspw. der Konsumenten, Kollektivrechtsgüter wie den freien Wettbewerb bei § 299 oder das Vertrauen der Allgemeinheit in die Lauterkeit des öffentlichen Dienstes bei den §§ 331 ff. StGB. Dem steht jedoch schon entgegen, dass Compliance nach fast einhelliger Ansicht[1114] in erster Linie im Unternehmensinteresse erfolgt. Dies wird auch dadurch deutlich, dass ein Compliance-Beauftragter nicht nur für die Einhaltung der externen, also staatlich gesetzten Normen zuständig ist, sondern in aller Regel auch die Durchsetzung interner Verhaltenskodizes oder sonstiger unternehmensinterner Verhaltensanordnungen überwachen und sicherstellen soll. Der Schutz von Rechtsgütern Dritter oder der Allgemeinheit ist zwar häufig die Folge der im Unternehmensinteresse vorgenommenen Installierung des Compliance-Beauftragten, jedoch stellt diese Folge lediglich einen „Reflex" auf die am Unternehmensinteresse orientierte innerbetriebliche Ausrichtung dar.[1115] Das Unternehmensinteresse liegt primär in der Prävention drohender Schäden und der Sicherung der eigenen Reputation.[1116] Diesen Aspekt muss auch der BGH für maßgeblich halten, geht er doch davon aus, dass für die Bestimmung des Pflichtenkreises des Compliance-Beauftragten auf die besonderen Verhältnisse

1114 Siehe nur *Kort* NZG 2012, 926; *Prittwitz*, in: Compliance und Strafrecht, 125 (131); *Rönnau/Schneider* ZIP 2010, 53 (56 f.); *Lösler* WM 2008, 1098 (1102); *Campos Nave/Vogel* BB 2009, 2546 (2548); *Wessing*, FS Volk, 867 (876); *Casper*, FS K. Schmidt, 199 (208); anders aber *Veil* WM 2008, 1093 (1097), der zumindest den Wertpapier-Compliance-Beauftragten für gleichermaßen dem Unternehmensinteresse als auch dem Allgemeinwohl verpflichtet hält.

1115 *Lösler* WM 2008, 1098 (1102); *Rönnau/Schneider* ZIP 2010, 53 (56); *Campos Nave/Vogel* BB 2009, 2546 (2548); *Kretschmer* JR 2009, 474 (476 f.); *Konu*, Garantenstellung des Compliance-Officers, 75; *Warneke* NStZ 2010, 312 (314); *Schwarz* wistra 2012, 13 (18); *Mosbacher/Dierlamm* NStZ 2010, 268 (269); *Rößler* WM 2011, 918 (921); *Knauer*, FS I. Roxin, 465 (473 f.); *Rolshoven/Hense* BKR 2009, 425 (427); *Kudlich/Oglakcioglu*, Wirtschaftsstrafrecht, Rn. 255; *Grau/Blechschmidt* DB 2009, 2145; gegen eine Beschützergarantenstellung grundsätzlich auch *Blassl*, Garantenpflicht des Compliance-Beauftragten, 380 ff. (382).

1116 *Campos Nave/Vogel* BB 2009, 2546 (2548); *Warneke* NStZ 2010, 312 (314); *Lösler* WM 2008, 1098 (1102).

des Unternehmens und auf den *Zweck* der Beauftragung abzustellen ist.[1117] Diese Sichtweise ist mit dem Bild eines am Allgemeininteresse ausgerichteten Compliance-Beauftragten kaum vereinbar, wird der Pflichtenkreis in einem solchen Fall ja gerade nicht durch das Unternehmen selbst festgelegt. Der primäre Zweck von Compliance liegt nach hiesiger Interpretation also auch aus Sicht des BGH nicht in dem Schutz der Rechtsgüter Dritter oder der Allgemeinheit. Diese Annahme des BGH ist aufgrund des regelmäßig fehlenden rechtlichen oder tatsächlichen Näheverhältnisses des Compliance-Beauftragten (oder jedes anderen Unternehmensangehörigen) zu den Rechtsgütern außenstehender Dritter[1118] zutreffend und führt zu dem Schluss, dass es eine primäre oder originäre Beschützergarantenstellung des Compliance-Beauftragten nicht gibt. Hierfür spricht im Übrigen auch schon der Vergleich mit dem betrieblichen Umweltschutzbeauftragten: Denn auch für diesen wurde bereits gezeigt, dass eine Beschützergarantenstellung nicht vorliegen kann, da der Beauftragte nicht die Umwelt, ein Gewässer etc. vor sämtliche Gefahren schützen soll, sondern nur gegen solche aus dem Unternehmen, in dem er beschäftigt ist. Diese Überlegung gilt natürlich erst recht für den Compliance-Beauftragten, dient dessen Tätigkeit doch – anders als z.B. die des Gewässerschutzbeauftragten – regelmäßig nicht nur dem Schutz *eines* einzigen Schutzobjektes vor Gefahren aus dem Unternehmen.

Sofern der BGH im BSR-Urteil unter Berufung auf frühere Rechtsprechung – wie schon zu Beginn dieses Abschnitts angedeutet – ausführt, dass eine (Beschützer-)Garantenstellung durch die Übernahme einer Funktion für „hohe staatliche oder kommunale Repräsentanten, denen der Schutz von Leib und Leben der ihnen anvertrauten Bürger obliegt (…), Polizeibeamte, Beamte der Ordnungsbehörde oder auch Bedienstete im Maßregelvollzug" schon vor langer Zeit anerkannt worden sei,[1119] ist einer solchermaßen unterstellten Vergleichbarkeit der beiden Fallgruppen entschieden zu widersprechen. Der Unterschied liegt hier offenkundig in der staatlichen – und nicht privaten – Funktion, die sämtliche der genannten Berufsgruppen gemeinsam haben. Da das staatliche Gewaltmonopol Amtsträgern besondere Kompetenzen einräumt, ist der einzelne Bürger diesen viel stärker ausgeliefert und muss entsprechend auch auf den Schutz seiner Rechtsgüter durch eben diese Staatsdiener vertrauen können.[1120]

1117 BGH NJW 2009, 3173 (3174 f.).

1118 *Warneke* NStZ 2010, 312 (315); *Dannecker/Dannecker* JZ 2010, 981 (984); *Schneider*, in: Rom, Recht, Religion, 349 (354 f.).

1119 BGH NJW 2009, 3173 (3174) m.w.N.

1120 *Schwarz* wistra 2012, 13 (18).

Offenkundig trifft dies nach dem oben Gesagten für den Compliance-Beauftragten aber gerade nicht zu, sodass eine Vergleichbarkeit der beiden Fallgruppen ausscheidet.[1121]

Ferner ist auch nicht ersichtlich, wie der Compliance-Beauftragte durch die faktische Selbsterweiterung seiner Aufgaben in eine Beschützergarantenstellung „hineinwachsen" soll.[1122] Dies wird – außer in wenigen Ausnahmefällen, in denen auch die Geschäftsleitung eine solche Beschützergarantenstellung zugunsten Dritter trifft[1123] – regelmäßig per se ausgeschlossen sein.

VII. Garantenstellung aus Ingerenz

Möglicherweise könnte der Compliance-Beauftragte aber eine Garantenstellung aus Ingerenz innehaben. Die genauen Voraussetzungen der Ingerenzhaftung sind – wie schon erwähnt – umstritten. Jedenfalls wird aber ein Gefahr erhöhendes Vorverhalten vorausgesetzt.[1124] Für den Compliance-Beauftragten sind zwei Konstellationen denkbar, in denen eine Garantenstellung durch Vorverhalten begründet werden könnte, die im Folgenden anhand zweier kurzer Beispiele dargestellt werden sollen. Als erste relevante Konstellation ist denkbar, dass der Compliance-Beauftragte es im Vorfeld vorsätzlich oder fahrlässig unterlässt, bestimmte Maßnahmen einzuleiten, was zu einem späteren Zeitpunkt zur Verwirklichung eines Straftatbestandes beiträgt, wobei der Compliance-Beauftragte zu diesem späteren Zeitpunkt den regelmäßig erforderlichen Vorsatz bezüglich der Tatbestandsverwirklichung aufweist. Ein Beispielsfall könnte so aussehen, dass ein Compliance-Beauftragter nicht einschreitet, obwohl er es für möglich hält, dass in einem bestimmten Unternehmenszweig Bestechungsgelder zwecks Auftragserlangung fließen, weil er darauf vertraut, dass sich die ihm persönlich bekannten Mitarbeiter rechtmäßig verhalten werden. Später erhält der Compliance-Beauftragte aber über eine dritte Person detaillierte Kenntnis über die geflossenen Bestechungsgelder und einen sich daran anschließenden unmittelbar bevorstehenden Abrechnungsbetrug mit einem der in diesem Zusammenhang abgewickelten Geschäfte, handelt aber trotz seiner Kenntnis aufgrund der Bitte der Betroffenen nun immer noch nicht im Sinne einer Benachrichtigung der Geschäftsleitung.

1121 *Kraft* wistra 2010, 81 (83 f.); *Warneke* NStZ 2010, 312 (314 f.); *Schwarz* wistra 2012, 13 (18); *Berndt* StV 2009, 689 (690).

1122 So aber *Barton* RDV 2010, 19 (27).

1123 So auch *Rotsch*, FS I. Roxin, 485 (494).

1124 Siehe nur *Fischer* § 13 Rn. 52 m.w.N.

In diesem Fall ist es zunächst unerheblich, ob durch das erste Unterlassen selbst bereits ein echtes Unterlassungsdelikt verwirklicht worden ist oder nicht. Denn sonst wäre die Erfüllung jedes echten Unterlassungsdelikts geeignet, eine Garantenstellung zu begründen, was zu einer uferlosen Ausweitung der Garantenstellung führen würde.[1125] Ebenso ist zu konstatieren, dass das vorherige *Unterlassen* nur dann eine Garantenstellung aus Ingerenz begründen kann, wenn auch zu diesem Zeitpunkt bereits eine Garantenstellung (z.B. aus der Herrschaft über die Gefahrenquelle Betrieb) vorlag. Wenn dies aber der Fall ist, liegt diese Garantenstellung auch noch später zum Zeitpunkt des vorsätzlichen (zweiten) Unterlassens vor und somit wäre eine etwaige Garantenstellung aus Ingerenz regelmäßig überflüssig.[1126] Relevant kann das vorherige garantenpflichtwidrige Unterlassen beispielsweise werden, wenn ein Passant durch einen Dachziegel verletzt wird und Hilfsmaßnahmen eingeleitet werden müss(t)en, nachdem der Dachziegel mangels geeigneter Sicherheitsvorkehrungen des Hauseigentümers vom Dach herunter fallen konnte.[1127] Eine solche bzw. eine vergleichbare Konstellation ist im Bereich des Wirtschafts- und Unternehmensstrafrechts vor allem im Bereich der Produkthaftung denkbar. Dort würde aber – anders als in dem Dachziegelbeispiel – das Abstellen auf die ja im Vorfeld ohnehin erforderlichen Verkehrssicherungspflichten auch im Zusammenhang mit zu einem späteren Zeitpunkt erforderlichen Handlungen ausreichen. Das vorhergehende Unterlassen ist somit im Unternehmensbereich nicht zur Begründung einer Ingerenzgarantenstellung geeignet bzw. jedenfalls überflüssig.

Anders könnte die rechtliche Bewertung in der zweiten denkbaren Konstellation aussehen, nämlich dann, wenn der Compliance-Beauftragte im Vorfeld nicht eine bestimmte Handlung unterlässt, sondern ein aktives Tun vorliegt. Um an das oben skizzierte Beispiel anzuknüpfen, könnte der Compliance-Beauftragte diesmal wegen der Bestechungsgerüchte nicht nur nicht eingeschritten sein, sondern er könnte sich trotz seiner Vermutungen unter einem Vorwand im Unternehmen aktiv für die Auszahlung von Geldern an die betroffenen Mitarbeiter eingesetzt haben. Es läge also im Vorfeld eine (nicht strafbare) fahrlässige *aktive* Beihilfe zu den Bestechungshandlungen vor. Kommt es in dieser Konstellation erneut zu Betrügereien, von denen der Compliance-Beauftragte

1125 *Arndt*, Der Betriebsbeauftragte, 153; *Wendler*, Haftung der Betriebsbeauftragten, 344 jeweils m.w.N.

1126 Siehe für den vergleichbaren Fall eines Gewässerschutzbeauftragten *Arndt*, Der Betriebsbeauftragte, 153 f.; *Wendler*, Haftung der Betriebsbeauftragten, 345 jeweils m.w.N.

1127 Beispiel aus *Roxin*, AT II, § 32 Rn. 190.

sichere Kenntnis erlangt, so ist hier eine Garantenstellung aus Ingerenz denkbar.[1128] Jedoch ist zu beachten, dass die Garantenstellung aus Ingerenz in dieser Konstellation nicht zwingend auf besondere Art und Weise mit der Funktion des Compliance-Beauftragten verknüpft ist, sondern sie jeden im Vorfeld im oben beschriebenen Sinne Handelnden treffen kann.[1129] Mithin ist mit dieser Herleitung einer Garantenstellung bezüglich der spezifischen Garantenstellung eines Compliance-Beauftragten nichts Neues gewonnen.

VIII. „Mittelbare" Überwachungspflichten als Resultat einer gegenüber dem Unternehmen übernommenen Vermögensbetreuungspflicht

Eine Überwachungspflicht des Compliance-Beauftragten könnte sich auch als mittelbare Folge einer Vermögensbetreuungspflicht i.S.d. Untreuetatbestandes ergeben. Eng verknüpft mit der Frage, ob der Compliance-Beauftragte eine Vermögensbetreuungspflicht wahrzunehmen hat, ist die Frage, ob eine (abgeleitete) Beschützergarantenstellung des Compliance-Beauftragten zu Gunsten des eigenen Unternehmens besteht.[1130] In diesem Zusammenhang kann sich die Frage stellen, inwieweit die Begründung einer Beschützergarantenstellung zu Gunsten des Unternehmens mittelbar auch die Rechtsgüter Dritter schützt, da das Eine ohne das Andere in bestimmten Fallkonstellationen nicht zu erreichen ist, z.B. wenn dem Unternehmen wegen der Verletzung von Rechtsgütern Dritter eine Geldbuße drohen könnte. Zum Teil wird eine solche Beschützergarantenstellung des Compliance-Beauftragten grundsätzlich für unproblematisch gehalten.[1131] Dies entspricht auch der weitverbreiteten Auffassung[1132], dass Compliance primär im Unternehmensinteresse erfolge, da es sinnvoll ist, dann auch den Compliance-„Chef" als in besonderer Weise diesem Unternehmensinteresse verpflichtet anzusehen. Da Schutzobjekt im Unternehmen letztlich immer das Vermögen desselben ist, geht es ebenso um die Frage, ob den

---

1128 Für den Gewässerschutzbeauftragten ebenso *Wendler*, Haftung der Betriebsbeauftragten, 346 f. m.w.N.

1129 Siehe für den Gewässerschutzbeauftragten *Wendler*, Haftung der Betriebsbeauftragten, 347; s. aber auch *Poguntke*, Risiken für Compliance-Beauftragte, 253 ff.

1130 S. auch *Knauer*, FS I. Roxin, 465 (471).

1131 *Schwarz* wistra 2012, 13 (17); so auch *Warneke* NStZ 2010, 312 (315); *Kretschmer* JR 2009, 474 (476) *Rotsch*, FS I. Roxin, 485 (493); *Knauer*, FS I. Roxin, 465 (471).

1132 *Rönnau/Schneider* ZIP 2010, 53 (56); *Lösler* WM 2008, 1098 (1102); *Kort* NZG 2012, 926; *Campos Nave/Vogel* BB 2009, 2546 (2548); *Wessing*, FS Volk, 867 (876).

Compliance-Beauftragten eine Vermögensbetreuungspflicht zu Gunsten des Unternehmens trifft. Auch dies wird bei einer entsprechenden vertraglichen Ausgestaltung der Pflichten prinzipiell für möglich gehalten.[1133] Letztlich kommt es hier aber – wie bei jedem anderen Angestellten auch – darauf an, ob den Compliance-Beauftragten eine solche Pflicht „ausdrücklich, qualifiziert und als eine Hauptpflicht" trifft.[1134] Der bloße Anspruch, im Unternehmen illegales Handeln zu unterbinden, reicht hierfür nicht aus.[1135] Eine Vermögensbetreuungspflicht ergibt sich auch nicht aus unternehmensinternen Compliance-Vorschriften, zu deren Beachtung gerade der Compliance-Beauftragte verpflichtet ist, nicht zuletzt da diesen häufig ein hinreichender Vermögensbezug fehlt. Gerade dieser dürfte bei den für den Compliance-Beauftragten in Betracht kommenden Pflichten generell regelmäßig fehlen. Grundsätzlich wird der Compliance-Beauftragte in dieser Funktion und als normaler Angestellter zumeist keine Aufgaben wahrnehmen, die unmittelbare Berührungspunkte mit dem jeweiligen Betriebsvermögen aufweisen.[1136] Sofern man aus der bereits oben vorgestellten BGH-Entscheidung zur Strafbarkeit des Compliance Officers[1137] Argumente für eine extensivere Auffassung entnehmen will, so ist dem entgegenzuhalten, dass sich eine Vermögensbetreuungspflicht in dem konkreten Fall allenfalls mit der hoheitlichen Tätigkeit des angeklagten Juristen begründen ließ.[1138]

Dass – unabhängig von der BGH-Entscheidung – auch einem Compliance-Beauftragten durch die konkrete Ausgestaltung seines Vertrages möglicherweise eine nicht notwendigerweise mit Compliance-Fragen zusammenhängende Vermögensbetreuungspflicht auferlegt werden kann, ist eine andere Frage.[1139] Hat ein Compliance-Verantwortlicher ferner eine Organstellung inne oder ist er aufgrund einer sonstigen leitenden Position mit einer vergleichbaren Verantwortung für das Vermögen einer juristischen Person betraut, wird man ihn jedenfalls für vermögensbetreuungspflichtig halten können.[1140] Das konkrete Problem liegt hier – wie gesagt – darin, dass der Compliance-Beauftragte in seiner Funktion zumeist schon keine Tätigkeiten wahrnehmen wird, die einen *unmittelbaren*

1133 *Fischer* § 266 Rn. 55 (unter Verweis auf BGH NJW 2009, 3173 ff.); *Schwarz* wistra 2012, 13 (18).

1134 *Michalke* StV 2011, 245 (251).

1135 *Michalke* StV 2011, 245 (251).

1136 So zutreffend *Michalke* StV 2011, 245 (251).

1137 BGH NJW 2009, 3173 ff.

1138 So auch schon mehr als nur angelegt in BGH NJW 2009, 3173 (3175).

1139 S. auch *Fischer* § 266 Rn. 55.

1140 *Warneke* NStZ 2010, 312 (315).

Vermögensbezug aufweisen, sodass ihm schon deshalb keine entsprechende qualifizierte *Haupt*pflicht auferlegt wird, die ihn zum Schutz des Unternehmensvermögens verpflichtet. Es werden ferner, selbst für den Fall, dass man eine Vermögensbetreuungspflicht konstruieren könnte, bezüglich der hier relevanten Fallgestaltungen regelmäßig ein Vermögensnachteil sowie ein entsprechender Vorsatz des Compliance-Beauftragten fehlen. Anders mag dies – eine entsprechende vertragliche Ausgestaltung des Angestelltenverhältnisses vorausgesetzt – allenfalls in solchen Konstellationen sein, in denen der Compliance-Beauftragte beispielsweise tatenlos zusieht, wie Gelder zu privaten oder anderen rechtswidrigen Zwecken aus dem Unternehmen entnommen werden, und es folglich nicht bloß um die Verhinderung „allgemeiner" Rechtsverstöße aus dem Unternehmen heraus geht. Freilich ist einzuräumen, dass in der genannten Konstellation zunächst nur das Unternehmen selbst geschädigt wird, also nicht unmittelbar ein unternehmensexterner Dritter Opfer einer Straftat wird.

Eine Vermögensbetreuungspflicht des Compliance-Beauftragten wird folglich regelmäßig nicht vorliegen. Wenn sie doch einmal vorliegen sollte, wird jedenfalls ein Bezug zu den Interessen von außenstehenden Dritten fehlen. Die einzig mögliche relevante Fallgruppe „mittelbarer Überwachungspflichten" scheidet daher als Anknüpfungspunkt für den Schutz Dritter aus. Eine Beschützergarantenstellung zu Gunsten des Unternehmens kann allenfalls von der Unternehmensleitung abgeleitet werden; hierauf wird später noch eingegangen werden.

IX. Informationsvorsprung als konstitutives Element einer Garantenstellung des Compliance-Beauftragten?

Zum Teil wird vertreten, dass ein etwaiger „Informationsvorsprung" des Compliance-Beauftragten das notwendige bzw. konstitutive Element einer Garantenstellung desselben sei.[1141] Nach dieser Auffassung kommt der „Informationsgewinnung und -verteilung" in den heutigen dezentralen Unternehmensstrukturen ein solches Gewicht zu, dass sie es sind, die in Wahrheit „Entscheidungsoptionen und damit Macht" begründen.[1142] Da der Compliance-Beauftragte als „Informationssammelstelle" ein „Nadelöhr" zur Geschäftsleitung darstellt und ohne seine Einbeziehung in die strafrechtliche Verantwortung die

1141 *Rönnau/Schneider* ZIP 2010, 53 (57 f.); *Dannecker/Dannecker* JZ 2010, 981 (990); *Kraft/Winkler* wistra 2009, 29 (32); *Knauer*, FS I. Roxin, 465 (478); *Barton* RDV 2010, 247 (252); für den Betriebsbeauftragten bereits *Böse* NStZ 2003, 636 (640).

1142 *Rönnau/Schneider* ZIP 2010, 53 (58).

Gefahr einer „organisierten Unverantwortlichkeit" entstünde, treffe ihn mithin eine sekundäre Garantenpflicht.[1143]

Diese Auffassung weist den richtigen Weg und deckt sich mit den zu den gesetzlichen Betriebsbeauftragten getroffenen Feststellungen. Allerdings greift der Ansatz – wenigstens in dieser Einseitigkeit – in verschiedener Hinsicht zu kurz, wenn ein Informationsvorsprung im Sinne eines auf Tatsachen bezogenen Wissensvorsprungs möglicherweise als allein maßgeblich bzw. entscheidend angesehen würde.[1144] Es mag auf den ersten Blick selbstverständlich klingen, aber natürlich ist – auch nach der oben zitierten Auffassung – nicht der Informationsvorsprung des Compliance-Beauftragten das entscheidende Element einer möglichen Garantenstellung des Compliance-Beauftragten, sondern allenfalls die Informationen, die einer Person *in seiner Funktion* als Compliance-Beauftragter zufließen. Das bloße Untätigbleiben, obwohl man von einer bevorstehenden Straftat weiß, ist bekanntlich in § 138 StGB für bestimmte, schwere Straftaten strafbewehrt und daher im Allgemeinen nicht mit Strafe bedroht; sonst wäre eben jene Norm auch überflüssig.[1145] Ein wie auch immer gearteter Einfluss auf die beschriebene Situation wird durch die bloße Information für einen Außenstehenden ebenfalls nicht vermittelt. Ob und wann dies für einen unternehmensinternen (Compliance-)Mitarbeiter anders ist, soll an dieser Stelle noch nicht abschließend geklärt werden.[1146] Jedenfalls ist eindeutig, dass ein gewisser Grad an institutionalisierter Eingebundenheit vorliegen muss, will man eine derart schwerwiegende und primär der Geschäftsleitung obliegende Verantwortung (in Teilen) an eine andere Person weiterreichen.[1147]

Ferner kann man die Auffassung auch noch von einem ganz anderen Ausgangspunkt aus kritisieren bzw. weiterentwickeln. Ein Informationsvorsprung, der sich auf Tatsachen bezieht, muss nicht zwingend das Element sein, dass eine wie auch immer geartete Überlegenheit des Compliance-Beauftragten begründet. Ebenso ist möglich, dass letzterer, gerade wenn er eine juristische Vorbildung hat, einen „Vorsprung" gegenüber der Geschäftsleitung gerade aus diesem juristischen Hintergrund herleiten kann und seine hiermit im Zusammenhang stehenden Beratungspflichten vernachlässigt. Folglich greift ein allein auf tatsächlichen Informationen basierender

1143 *Rönnau/Schneider* ZIP 2010, 53 (58).

1144 Siehe auch *Schwarz* wistra 2012, 13 (16).

1145 *Schwarz* wistra 2012, 13 (16); s. auch *Warneke* NStZ 2010, 312 (316).

1146 Siehe dazu sogleich.

1147 Auch in diesem Fall ablehnend jedoch *Warneke* NStZ 2010, 312 (316).

Terminus „Informationsvorsprung“ zu kurz. Darüber hinaus kann der Compliance-Beauftragte auch ganz allgemein seinen Beratungsaufgaben nicht nachkommen, z.B. bei der Frage nach einer Optimierung bestehender Compliance-Vorkehrungen.

Folglich wurde aufgezeigt, dass ein Informationsvorsprung allein für die Begründung einer strafrechtlichen Garantenstellung des Compliance-Beauftragten nicht ausreichend ist. Vielmehr *kann* er einer der Steine sein, die den Weg der Voraussetzungen bis hin zu einer Bejahung einer solchen Garantenstellung pflastern. Das tatsächlich gegebene, regelmäßige Vorliegen eines solchen Informationsvorsprungs im Falle der Bejahung einer Strafbarkeit – wie bspw. im BSR-Fall des BGH – wird hierbei nicht verkannt, besagt aber nicht, dass ein solcher Informationsvorsprung konstitutiv für die Garantenstellung eines Compliance-Beauftragten ist.

X. Von der Geschäftsleitung abgeleitete (Überwacher-) Garantenstellung des Compliance-Beauftragten

1. Grundlagen der Konstruktion einer strafrechtlichen Garantenstellung des Compliance-Beauftragten qua Delegation und tatsächliche Ausgestaltung im Unternehmen

a) Vertragsschluss und faktische Übernahme

Um zu untersuchen und festzustellen, ob der Compliance-Beauftragte eine Garantenstellung von der Geschäftsleitung übernehmen kann, muss zunächst untersucht werden, ob die Übernahme einer Garantenstellung durch eine dritte Person überhaupt möglich ist, und, wenn man diese Frage bejaht, ob eine solche Stellung die Begründung einer Garantenstellung zur Folge haben. Dabei gibt es zwischen Vorsatz- und Fahrlässigkeitsdelikten, außer im Bereich der Beteiligung, zunächst keine Unterschiede[1148], sodass die beiden Begehungsformen grundsätzlich gemeinsam behandelt werden sollten und ggf. auf Besonderheiten bei den Fahrlässigkeitsdelikten eingegangen wird.

Die Frage nach der Möglichkeit der Übernahme von Pflichten, die eine Garantenstellung begründen, ist dabei auf den ersten Blick recht einfach zu beantworten: Es ist im Allgemeinen anerkannt, dass Rechtspflichten nach § 13 StGB durch besondere Vertragsgestaltungen begründet werden können, soweit

1148 S. auch *Rotsch*, FS I. Roxin, 485 (488).

die vertraglichen Pflichten auch tatsächlich übernommen werden.[1149] Auch der BGH spricht in dem oben vorgestellten Urteil zum Compliance Officer von der „Übernahme eines Pflichtenkreises" und der Notwendigkeit einer „tatsächlichen Übernahme" desselben.[1150] Ferner heißt es auch, dass bei der vorzunehmenden strafrechtlichen Bewertung „die Beschreibung des Dienstpostens" zu berücksichtigen sei.[1151] Die Delegierbarkeit von Aufgaben ist folglich ein „allgemeines Prinzip"[1152], sodass eine Heranziehung des § 14 StGB nicht erforderlich ist.

Im Zivilrecht ist eine solche Übernahme von Verkehrssicherungspflichten erst recht möglich. Auch hier ist es insoweit unproblematisch anzunehmen, dass Pflichten von einer Person auf eine andere Person übertragen werden. In unserem Fall würde also ein Teil der Überwachungspflichten der Geschäftsleitung, die die primäre Verantwortung für unternehmensinterne Organisationsmaßnahmen zur Sicherstellung rechtskonformen Verhaltens als Leitungsaufgabe trifft,[1153] auf den Compliance-Beauftragten qua Delegation übergehen, während bei der Geschäftsleitung bspw. Auswahl- und weniger intensive Kontrollpflichten verbleiben; die Letztverantwortung der Geschäftsleiter ist hingegen nicht übertragbar und verbleibt immer bei der Geschäftsleitung.[1154]

Auch wenn die Übernahme von Garantenpflichten bis heute überwiegend im Zusammenhang mit Beschützergaranten thematisiert worden ist, wird auch die Übernahme von strafrechtlichen Überwachergarantenpflichten grundsätzlich für möglich gehalten.[1155] In einer BGH-Entscheidung jüngeren Datums zum

---

1149 S. nur BGHSt 39, 392 (399); 46, 196 (203); OLG Celle NJW 1961, 1939 (1940); Sch/Sch/*Stree/Bosch* § 13 Rn. 28; *Schneider/Gottschaldt* ZIS 2011, 573 (575); *Dannecker/Dannecker* JZ 2010, 981 (983); *Fischer* § 13 Rn. 42; *Mosbacher/Dierlamm* NStZ 2010, 268 (269).

1150 BGH NJW 2009, 3173 (3174).

1151 BGH NJW 2009, 3173 (3174).

1152 *Dannecker/Dannecker* JZ 2010, 981 (990).

1153 S. die §§ 76, 93 AktG für den Vorstand einer AG und die §§ 35, 43 GmbHG für die Geschäftsführer einer GmbH.

1154 Allgemeine Meinung, s. nur *Bürkle* CCZ 2010, 4 (5) m.w.N.

1155 Siehe zum Beispiel BGH NStZ 2002, 421 ff. („Wuppertaler Schwebebahn"); BGH NStZ 2008, 391; BGH NJW 2009, 3173 (3174); zur Übernahme durch einen Betriebsbeauftragten siehe OLG Frankfurt NJW 1987, 2753 (2756); AG Frankfurt NStZ 1986, 72 (75); zur Übernahme der Streupflicht eines Hauseigentümers OLG Celle NJW 1961, 1939 (1940) (allerdings fälschlich als Beschützergarantenstellung qualifiziert); s. aus der Literatur nur *Kühl* Strafrecht AT, § 18 Rn. 119 f.; *ders.* HRRS 2008, 359 (360); *Ransiek* AG 2010, 147 (152); NK-*Gaede* § 13 Rn. 50; *Schneider*, in: Rom, Recht, Religion, 349 (357 f.); *Blassl*, Garantenpflicht des Compliance-Beauftragten, 394 ff.

Eishallenunglück in Bad Reichenhall führten die Richter aus, dass eine solche durch Vertrag begründete Pflicht nicht abstrakt zu bestimmen sei, sondern durch eine „Abwägung der Interessenlage und des Verantwortungsbereichs der Beteiligten" im Einzelfall.[1156] Auch wenn der BGH im Folgenden eine klare Einteilung nach Überwacher- oder Beschützergarantenstellung nicht vornimmt,[1157] wird doch deutlich, dass es sich nach den Umständen hier nur um eine Überwachergarantenstellung handeln kann, da es materiell um geradezu klassische Betreiber- und Eigentümerpflichten geht.[1158] Interessanterweise setzt der BGH – anders als in der vorherigen Entscheidung zum Wuppertaler Schwebebahnunglück[1159] – jedenfalls nicht ausdrücklich voraus, dass die vertraglich übernommene Pflicht auch tatsächlich angetreten worden ist. Auch wenn es sich hierbei mit Sicherheit nicht um die Aufgabe dieser Voraussetzung durch den BGH handeln dürfte, könnten die Ausführungen doch Anlass dazu geben, zu überlegen, ob der für die Annahme einer Beschützergarantenstellung aus „tatsächlicher und freiwilliger Übernahme" zwingenden tatsächlichen Übernahme der Aufgabe für die etwaige Übernahme einer Überwachergarantenstellung im Wirtschaftsleben die gleiche Bedeutung zukommt.[1160] Diese Zweifel werden noch genährt durch einen Vergleich der Übernahme einer solchen Überwachergarantenstellung im Bereich des Wirtschaftslebens und dem Beispiel für eine Beschützergarantenstellung aus tatsächlicher und freiwilliger Übernahme schlechthin, dem „Babysitter". Wenn es um die Sorge für ein Kind geht, ist leicht nachvollziehbar, dass sich niemand ohne Weiteres auf die rein vertragliche Zusage, er werde das Kind zu einer bestimmten Zeit betreuen, verlassen darf, wenn er sich nicht vergewissert hat, dass die Übernahme auch tatsächlich erfolgt ist.[1161] Natürlich dürfen die Eltern ihr Kleinkind grundsätzlich nicht für einen mehrstündigen Opernbesuch alleine lassen, weil sie – ohne weitere Erkundungen einzuholen – denken,

---

1156 BGH NJW 2010, 1087 (1090).

1157 „Sie [= Die Garantenstellung] bezog sich auch auf die Beseitigung der von diesen Mängeln für die Allgemeinheit ausgehenden Gefahren. Denn die vertragliche Übernahme der Feststellung sanierungsbedürftiger Bauwerksmängel begründete zugleich eine Schutzfunktion gegenüber der Allgemeinheit, die in den durch eine unzureichende Mängelfeststellung und -beseitigung geschaffenen Gefahrenbereich geraten würde", BGH NJW 2010, 1087 (1090).

1158 So auch *Kühl* NJW 2010, 1092 (1093).

1159 BGH NStZ 2002, 421 (423) („Wuppertaler Schwebebahn").

1160 Ob die Voraussetzungen der Übernahme einer Beschützer- und einer Überwachergarantenstellung dieselben sind, fragt auch *Kühl* HRRS 2008, 359 (360).

1161 *Kühl* Strafrecht AT, § 18 Rn. 69 f.

der Babysitter wird sich nur verspätet haben, aber sicherlich sehr bald nach ihrer Abreise erscheinen, wenn hierfür keine besonderen Anhaltspunkte vorliegen.[1162] Im Wirtschafts- und Geschäftsleben ist die Bedeutung von vertraglicher Übernahme und faktischer Übernahme aber zunächst anders zu gewichten als bei der Übernahme von Schutzpflichten durch einen Babysitter: Dies ergibt sich allerdings noch nicht aus dem unterschiedlichen Charakter von Beschützer- und Überwachergarantenstellung oder den im Wirtschaftsleben eher selten vorliegenden unmittelbaren Gefahren für Leib oder Leben. Entscheidend dürfte hier vielmehr der Rekurs auf das Vertrauensprinzip in abgewandelter Form sein: Abgewandelt, weil es hier nicht um das für die primäre Garantenstellung des Geschäftsherrn ohnehin vorausgesetzte Vertrauendürfen von Dritten darauf geht, dass aus dem Unternehmen keine Gefahren für die Allgemeinheit erwachsen, sondern um den vom Übernehmenden (= dem Compliance-Beauftragten) gegenüber dem Übergebenden (= dem Geschäftsherrn) erweckten „Vertrauensanschein" infolge der vertraglichen Übernahme der konkreten Aufgabe. Dieser Vertrauensanschein wird dabei regelmäßig durch die formale und konsensuale Übertragung einer gewichtigen Aufgabe hinreichend indiziert, ein darüber hinausgehendes „besonderes Vertrauensverhältnis"[1163] ist weder hinreichend bestimmbar noch notwendig.[1164] Im Wirtschaftsleben wird der Geschäftsleiter, der einen Compliance-Beauftragten einstellt, diesen regelmäßig nicht persönlich einweisen oder im weiteren Verlauf mit diesem täglich persönlich zu interagieren. Das notwendige Vertrauensverhältnis basiert also nicht darauf, dass der Compliance-Beauftragte seine Aufgabe *tatsächlich* aufgenommen hat und weiterhin wahrnimmt, sondern primär darauf, dass dieser sich vertraglich dazu verpflichtet hat.[1165] Ein „Dienstantritt" scheint also aus der Perspektive des Geschäftsherrn für dessen Vertrauen folglich nicht zwingend vorzuliegen; allgemein gesprochen genügt es, dass im Vertrauen auf die „Hilfszusage" die Ergreifung anderer Schutzmaßnahmen nicht vorgenommen wird. Die Begründung einer Garantenstellung durch die bloße Zusage bzw. ein Versprechen wird im Übrigen auch in anderen Konstellationen (wenn auch nur ausnahmsweise) anerkannt, z.B. bei der telefonischen Zusage eines angerufenen Arztes, er werde zu einem akuten Notfall sofort erscheinen[1166] oder wenn der Babysitter bereits

1162 Vgl. *Kühl* Strafrecht AT, § 18 Rn. 70.

1163 So BGH NJW 2009, 3173 (3174).

1164 Siehe *Ransiek* AG 2010, 147 (152); *Rotsch*, FS I. Roxin, 485 (492).

1165 Anders aber BGH NJW 2009, 3173 (3174); so auch grds. *Ransiek* AG 2010, 147 (152).

1166 *Maiwald* JuS 1981, 473 (481).

im Vorhinein den Eltern zusagt, die Aufsicht über das schlafende Kind – kurz nachdem die Eltern das Haus verlassen haben – zu übernehmen.[1167] Selbst *Roxin*, der hierin eine grundlose Preisgabe des Übernahmeprinzips sieht, will immerhin dann eine bloße Zusage ausreichen lassen, wenn die Vereinbarung von vornherein auf ein „gelegentliches Nachsehen" der Nachbarin beschränkt worden ist, und begründet dies damit, dass die Vereinbarung dann von Anfang an nicht auf eine durchgehende Anwesenheit ausgerichtet ist.[1168] Allerdings stellt sich doch die Frage, warum somit im Ergebnis bei der weniger umfangreich verpflichteten, regelmäßig aus bloßer Gefälligkeit zusagenden Nachbarin – zumindest partiell – geringere Voraussetzungen für die Übernahme einer Garantenstellung ausreichen sollen als bei der regelmäßig bezahlten, „hauptamtlichen" Babysitterin, die erst strafrechtlich haften soll, nachdem sie sich tatsächlich zum Dienstort begeben hat. Die Beispiele zeigen, dass auch sonst nicht stringent ausschließlich auf die Gültigkeit des zivilrechtlichen Vertrages oder ausschließlich auf die bloße faktische Übernahme einer Aufgabe abgestellt wird.[1169]

Man wird dennoch nicht behaupten können, dass für jede Garantenstellung im Einzelfall zu prüfen ist, ob sich der für die Garantenstellung konstituierende Vertrauensanschein bereits aus dem zivilrechtlichen Vertragsschluss oder erst aus der faktischen Übernahme ergibt. Dies ergibt sich zum einen daraus, dass der Vertragsschluss nur „inter partes" wirkt und deswegen keine Überwachergarantenpflicht, die sich zu Gunsten Dritter auswirkt, begründen kann.[1170] Ferner ist gerade für den Compliance-Beauftragten – wie sogleich zu zeigen ist – entscheidendes Element seiner Garantenstellung die teilweise Übernahme der Überwachung der Gefahrenquelle Betrieb. Die dadurch vermittelte Herrschaft entsteht aber durch eine tatsächliche Übernahme und nicht durch einen bloßen Vertragsschluss.[1171] Die tatsächliche Übernahme der Überwachungspflicht ist also nicht nur ein „Haftungskorrektiv", welches „zusätzlich zur Rechtspflicht herangezogen werden kann"[1172], sondern ein konstitutives Merkmal der Garantenstellung

1167 *Kühl* Strafrecht AT, § 18 Rn. 70.

1168 *Roxin*, AT II § 32 Rn. 66 f.

1169 Vgl. *Kühl* Strafrecht AT, § 18 Rn. 71.

1170 So schon OLG Celle NJW 1961, 1939 (1940), allerdings unter (fälschlicher) Zugrundelegung einer Beschützergarantenstellung im konkreten Fall (Übernahme von Streupflichten durch Mieter).

1171 Die tatsächliche Übernahme für entscheidend hält auch der BGH NJW 2009, 3173 (3174); OLG Celle NJW 1961, 1939 (1940); ähnlich („in aller Regel") auch *Ransiek* AG 2010, 147 (152).

1172 So aber *Schneider/Gottschaldt* ZIS 2011, 573 (575) m.w.N.

des Compliance-Beauftragten.[1173] Dass bei den oben genannten Beispielen des Babysitters oder des Arztes andere Maßstäbe anzulegen sind, liegt daran, dass es dort jeweils um eine Beschützergarantenstellung gegangen ist.

Ferner wird eine faktische Übernahme einer bestimmten Funktion jedenfalls nach einer gewissen Zeit ausreichen, auch ohne dass es auf die zivilrechtliche Wirksamkeit der Übernahme ankommt.[1174] Daher ist es auch nicht hilfreich für Unternehmen, in den Arbeitsvertrag des Compliance-Beauftragten einzufügen, dass dieser keine strafrechtlichen Pflichten übernehmen soll oder keine Pflichten nach außen wahrzunehmen hat.[1175] Solche Ausführungen sind nur dann von Bedeutung, wenn sie auch die tatsächliche Aufgabenteilung im Unternehmen widerspiegeln; dienen sie hingegen nur der Verschleierung strafrechtlicher Verantwortlichkeit, können sie weder Geschäftsleitung noch Compliance-Beauftragten entlasten.[1176] Keinesfalls ist eine einseitige (schriftliche oder mündliche) Delegation ohne Zustimmung des Betroffenen ausreichend.[1177] Das aufgeworfene Problem wird dadurch (lässt man Beweisprobleme einmal außer Acht) ohnehin erheblich entschärft; denn natürlich wird der Compliance-Beauftragte seine vertraglich vereinbarte Aufgabe regelmäßig auch antreten, und ebenso selbstverständlich wird der faktische Aufgabenbereich für gewöhnlich nicht über den vertraglichen hinausgehen. Dies hat freilich zur Folge, dass – sofern eine vertragliche Vereinbarung und eine objektive Beschreibung des Dienstpostens vorliegt – der schriftlich niedergelegte Pflichtenkreis den tatsächlichen Aufgabenbereich bestimmt und somit Ersterer jedenfalls mittelbar auch für Begründung und Umfang einer etwaigen Garantenpflicht entscheidend ist.

1173 So auch BGH NJW 2009, 3173 (3174); s. auch schon BGH NStZ 2002, 421 (423) („Wuppertaler Schwebebahn"); OLG Celle NJW 1961, 1939 (1940); *Raum* CCZ 2012, 97; *Rönnau/Schneider* ZIP 2010, 53 (59); *Kühl* HRRS 2008, 359 (360); Sch/Sch/*Stree/Bosch* § 13 Rn. 28 jeweils m.w.N.

1174 So konkret im Bezug auf Überwachungspflichten bspw. auch *Kraft/Winkler* CCZ 2009, 29 (31); Sch/Sch/*Stree/Bosch* § 13 Rn. 28; *Maiwald* JuS 1981, 473 (481); OLG Celle NJW 1961, 1939 (1940); *Lindemann* ZJS 2008, 404 (405 f.); *Dannecker/Dannecker* JZ 2010, 981 (992); *Bermejo/Palermo*, in: Compliance und Strafrecht, 137 (154); *Lackhoff/Schulz* CCZ 2010, 81 (86); *Wybitul* BB 2009, 2590 (2592); anders aber *Schneider/Gottschaldt* ZIS 2011, 573 (575); *Mosbacher/Dierlamm* NStZ 2010, 268 (269), *Berndt* StV 2009, 89 (90).

1175 *Dannecker/Dannecker* JZ 2010, 981 (992); anders bzw. zumindest missverständlich aber zahlreiche Hinweise aus der Praxis, s. z.B. *Wybitul* BB 2009, 2363 (2364).

1176 *Dannecker/Dannecker* JZ 2010, 981 (992).

1177 Vgl. BGH NStZ 2008, 276 f.

b) *Die Problematik der Übertragung eines bloßen „Verantwortungsausschnitts“*

Nachdem wir uns bislang der Frage zugewandt haben, *wie* die Übertragung der Verantwortung stattfinden kann, wollen wir uns nun der Frage zuwenden, welche Art von Aufgaben und Kompetenzen übertragen werden müssen, damit überhaupt von einer strafrechtlichen Verantwortung beim Compliance-Beauftragten gesprochen werden kann. Dieser Punkt wird zu Recht als (mit-) entscheidend für die Beantwortung der Frage angesehen, ob dem Compliance-Beauftragten überhaupt eine strafrechtlich relevante Garantenpflicht übertragen werden kann.[1178] Bewertet werden muss folglich derjenige Ausschnitt an Rechten und Pflichten, der dem jeweiligen Compliance-Beauftragten übertragen wird.[1179] Problematisch ist hieran, dass jedenfalls das Direktions- und Weisungsrecht regelmäßig beim Geschäftsherrn verbleibt[1180] und natürlich nicht jede vertragliche Übernahme von Pflichten eines anderen eine Garantenstellung bei diesem begründen kann.[1181] In diesem Kontext ist auch das „Restriktionspotenzial des Geschäftsherrenbegriffs“ zu beachten.[1182]

Es ist davon auszugehen, dass der begrenzte, weil nur durch den Compliance-Beauftragten „inter partes“ gegenüber dem Geschäftsherrn unmittelbar vermittelte und auf diesen Eindruck zurückgehende Vertrauensanschein, den der Compliance-Beauftragte durch den Vertragsschluss hervorruft und der seine Garantenstellung mitbegründen könnte, nicht dasselbe ist wie das an höhere Voraussetzungen geknüpfte „Vertrauendürfen“, welches den Geschäftsherrn von jeglicher strafrechtlicher Verantwortung befreien kann. Die Frage von Überwachungspflichten des Geschäftsherrn hinsichtlich der von ihm ausgewählten und für Compliance verantwortlichen Person kann der bloße Abschluss eines Dienstvertrages selbstverständlich nicht (und erst recht nicht für alle Zeiten) ausklammern, was insbesondere durch die Wertung des § 130 Abs. 1 S. 2 OWiG deutlich wird. Andernfalls wäre auch immer nur entweder der Geschäftsherr oder der Compliance-Beauftragte garantenpflichtig, aber niemals beide nebeneinander. Zwar ist es durchaus möglich, dass nur Geschäftsherr oder Compliance-Beauftragter verantwortlich ist, aber es spricht nichts dafür, dass es nicht

---

1178 *Dannecker/Dannecker* JZ 2010, 981 (990); *Schwarz* wistra 2012, 13 (16); mit demselben Ausgangspunkt, aber insgesamt sehr restriktiv *Berndt* StV 2009, 689 (691).

1179 *Dannecker/Dannecker* JZ 2010, 981 (990).

1180 Siehe auch *Dannecker/Dannecker* JZ 2010, 981 (990).

1181 Siehe nur BGH NJW 2009, 3173 (3174); *Kretschmer* JR 2009, 474 (475).

1182 *Schlösser* NZWiSt 2012, 281 (285).

grundsätzlich möglich sein kann, dass beide nebeneinander strafrechtlich verantwortlich sein können, insbesondere wenn man an den Bereich der Fahrlässigkeitsdelikte denkt.

Nach dem bisher Gesagten entscheidet der Inhalt der konkreten Vereinbarung zwischen dem übergebenden (und zumindest zum Teil entlasteten) „Altgaranten" und dem übernehmenden „Neugaranten" in maßgeblicher Weise darüber, ob und inwieweit eine Garantenstellung übertragen wird.[1183] Dies führt im Zusammenhang mit der Frage nach der Garantenstellung des Compliance-Beauftragten jedoch regelmäßig nur zu einem unklaren Ergebnis, da es vermutlich in nur wenigen Fällen zu einer ausdrücklichen Vereinbarung hinsichtlich des Übergangs (zumindest eines Teils) der strafrechtlichen Garantenpflichten des Geschäftsherrn kommt,[1184] und eine vertragliche Regelung ferner kein bindendes Präjudiz für die (spätere) rechtliche Bewertung durch ein Gericht ist. Das regelmäßige Fehlen einer ausdrücklichen Regelung mag verschiedene Gründe haben: Die Beteiligten gehen möglicherweise davon aus, durch die Installierung des Compliance-Beauftragten eine strafrechtliche Verantwortlichkeit gerade zu vermeiden. Möglicherweise will man – im Fall der Fälle und im beiderseitigen Interesse – den Ermittlungsbehörden auch keine Angriffsfläche bieten. Schließlich dürften die meisten Compliance-Beauftragten zumeist – zumindest soweit sie einen juristischen Hintergrund haben – wissen, dass die Beurteilung der Frage, ob eine Garantenstellung vorliegt, abschließend von den zuständigen Gerichten vorgenommen wird. Gewiss würde selbst eine ausdrückliche vertragliche Regelung nicht zwangsläufig zur Begründung einer Garantenstellung führen müssen, da – selbst stellte man Bedenken hinsichtlich der Frage, inwieweit diese zur Disposition der Parteien steht, für einen Moment zurück – auch eine derart ausdrücklich geregelte „Verteilung" einer strafrechtlichen Verantwortlichkeit erheblichen generellen Bedenken ausgesetzt wäre, worauf später noch einzugehen sein wird. Zu Recht wird im arbeitsrechtlichen Schrifttum ferner aus der Arbeitgeberperspektive darauf hingewiesen, dass es für den Arbeitgeber zumeist nicht empfehlenswert ist, konkrete Regelungen in den Arbeitsvertrag aufzunehmen, da diese nur noch konsensual geändert werden können, während hingegen Funktionsbeschreibungen und Arbeitsanweisungen jederzeit einseitig geändert werden können.[1185] Dies hat für die Rechtspflege den Nachteil, dass auch schriftlich niedergelegte Funktionsbeschreibungen und Arbeitsanweisungen – die

1183 Vgl. *Kühl* Strafrecht AT, § 18 Rn. 71.

1184 Solche Regelungen sind zumindest nicht öffentlich bekannt.

1185 *Krieger/Günther* NZA 2010, 367 (370); *Dann/Mengel* NJW 2010, 3265 (3268).

jederzeit einseitig durch den Arbeitgeber abänderbar sind – noch stärker einen nur indiziellen Charakter für die Frage einer strafrechtliche Verantwortlichkeit aufweisen, da durch die einseitige Änderungsmöglichkeit für den Arbeitgeber insbesondere in Krisenzeiten die Verlockung groß sein dürfte, Verantwortung tatsächlich oder auch nur scheinbar dem Compliance-Beauftragten zuzuschieben. Freilich ist dieses Problem weitgehend prozessualer und nicht materiellrechtlicher Natur.

Fehlt es – wie zumeist – an einer *ausdrücklichen* Regelung über die strafrechtliche Verantwortung, so ist es dennoch sinnvoll, zunächst den Arbeitsvertrag des Compliance-Beauftragten heranzuziehen, da der Vertrag regelmäßig einen ersten Einblick in die Pflichtenstellung des Compliance-Beauftragten geben wird. Es ist jedoch davon auszugehen, dass sich dort, wie in einem Formulierungsvorschlag von *Krieger* und *Günther*, in der Regel sehr allgemeine Formulierungen finden werden, wie „Herr/Frau ...wird als Compliance Officer eingestellt. Er/Sie leitet den Bereich/die Abteilung Compliance. Aufgabe von Herrn/Frau ... ist es, durch die erforderlichen Maßnahmen die Übereinstimmung des Handelns der Gesellschaft/der Gruppe mit den geltenden Gesetzen und Regeln sicherzustellen. Im Übrigen bleibt die Ausgestaltung der Aufgaben und Befugnisse im Einzelnen der Gesellschaft im Rahmen ihres Direktionsrechts überlassen."[1186] Eine konkrete Umschreibung der Aufgaben und Kompetenzen sieht freilich anders aus, sodass solch generalklauselartig formulierte Vereinbarungen zur Klärung der strafrechtlichen Verantwortlichkeit nur sehr wenig beitragen können. Selbiges gilt für den in der Praxis durchaus vorkommenden Fall, dass ein Compliance-Beauftragter formlos sowie ohne konkrete Tätigkeitsbeschreibung bestellt wird.[1187]

Im nächsten Schritt sind dann die (optimalerweise schriftlich – z.B. im Rahmen einer Funktionsbeschreibung – niedergelegten) dem Compliance-Beauftragten zugeteilten Aufgaben und Befugnisse heranzuziehen, die auf das Direktionsrecht des Arbeitgebers zurückgehen.[1188] Die Bedeutung einer klaren Benennung von Aufgaben und Kompetenzen des Compliance-Beauftragten im Rahmen der Stellenbeschreibung o.ä., ergibt sich auch aus dem oben vorgestellten Obiter dictum des 5. Strafsenats, da der BGH formuliert hat, die Garantenstellung des Compliance-Beauftragten sei die notwendige Kehrseite seiner „gegenüber der Unternehmensleitung übernommenen Pflicht, Rechtsverstöße

1186 Formulierungsvorschlag nach *Krieger/Günther* NZA 2010, 367 (370).
1187 So berichtet *Rotsch*, FS I. Roxin, 485 (498) Fn. 77.
1188 S. auch schon BGH NJW 2009, 3173 (3175).

und insbesondere Straftaten aus dem Unternehmen heraus zu unterbinden".[1189] Aus Sicht des Arbeitgebers wie des Compliance-Beauftragten bedeutet das, dass die Aufgaben und Kompetenzen des Compliance-Beauftragten im eigenen Interesse klar geregelt sein sollten, insbesondere im Sinne einer Abgrenzung zu den Aufgaben und Kompetenzen zu anderen (gesetzlichen) Beauftragten und der Geschäftsleitung selbst.[1190] Für die strafrechtliche Beurteilung hat es hingegen bei konsequenter Fortführung des Gedankens des Senats die Folge, dass die zivilrechtliche Pflicht genau identifiziert werden muss, bevor sie zur Grundlage einer strafrechtlichen Verantwortung gemacht werden kann.[1191]

Denkbar sind in diesem Zusammenhang in der Praxis zum einen Fälle, in denen es eine Regelung gibt und zum anderen solche, in denen auf eine konkretisierende Umschreibung weitgehend verzichtet worden ist.[1192] Es wird unmöglich sein, alle denkbaren Formulierungen an dieser Stelle vorzustellen und zu bewerten. Klar dürfte aber jedenfalls sein, dass je mehr Aufgaben und Kompetenzen der Compliance-Beauftragte erhält, desto eher wird man eine strafrechtliche Garantenstellung bejahen können.[1193] Dies ist natürlich insbesondere in dem Fall evident, wenn Compliance auch bis in die Einzelheiten „Chefsache" ist und daher eine Delegation gar nicht mehr stattfinden muss bzw. dementsprechend in einer Aktiengesellschaft, wenn ein eigenes Vorstandsressort für den Bereich Compliance besteht, den einzelnen „Compliance-Vorstand" selbst betreffend. So ist zum Beispiel bei einem großen deutschen Automobilhersteller aus Baden-Württemberg die Compliance-Organisation im Zuge der Aufarbeitung von vorangegangenen Unregelmäßigkeiten in das Vorstandsressort für den Bereich Integrität und Recht eingegliedert worden.[1194] Darüber hinaus gibt es jedoch auch weiterhin einen Chief Compliance Officer als Leiter der Compliance-Organisation.[1195] In einem solchen Modell gilt freilich für den Compliance-Beauftragten bezüglich der Problematik der Garantenstellung keine Besonderheit im

---

1189 BGH NJW 2009, 3173 (3175); mit ähnlicher Schlussfolgerung wie hier *Krieger/Günther* NZA 2010, 367 (370).

1190 S.a. *Krieger/Günther* NZA 2010, 367 (370).

1191 S. auch *Grützner* NJW 2009, Heft 43 (Editorial).

1192 Laut *Grützner* NJW 2009, Heft 43 (Editorial) sind konkrete Beschreibungen oft nicht vorhanden.

1193 Siehe auch *Blassl*, Garantenpflicht des Compliance-Beauftragten, 398 ff., 418 ff.

1194 S. http://www.daimler.com/unternehmen/corporate-governance/integritaet-und-compliance/organisation (zuletzt aufgerufen am 27.08.2013).

1195 S. http://www.daimler.com/unternehmen/corporate-governance/integritaet-und-compliance/organisation (zuletzt aufgerufen am 27.08.2013).

obigen Sinne, sondern nur für das (ausschließlich) mit Compliance betraute Vorstandsmitglied (das aber nach hiesiger Auffassung ja ohnehin bereits eine Garantenstellung innehat). Auch unterhalb der Ebene der Geschäftsleitung sind jedoch noch diejenigen Fälle hervorzuheben, in denen der Geschäftsleiter sein Weisungsrecht oder seine Kompetenzen im Personalbereich zumindest partiell für den Bereich Compliance bzw. Compliance-Verstöße auf den Compliance-Beauftragten überträgt. Sofern es hingegen nur Aufgabe des Compliance-Beauftragten ist, „die Rechtschaffenheit des Unternehmens sicherzustellen", ohne dass konkretere Umschreibungen vorhanden sind, wird es klassischerweise zu seinen Aufgaben gehören, zunächst ein Compliance-Programm aufzubauen, d.h. Risikoanalysen durchzuführen, Mitarbeiterschulungen vorzunehmen etc. Da diese Aufgaben zum Standardrepertoire eines Compliance-Beauftragten gehören, ist es (für die strafrechtliche Verantwortlichkeit) auch gleichgültig, ob die genannten Aufgaben explizit schriftlich niedergelegt werden oder nicht. Für den regelmäßig vorliegenden Fall, dass der Compliance-Beauftragte nicht zur Geschäftsleitung gehört bzw. mit dieser vergleichbare Kompetenzen besitzt, ist die Frage nach der strafrechtlichen Garantenstellung folglich besonders virulent.

Zu fragen ist daher zunächst danach, ob Compliance über ein sehr eng gefasstes „angelsächsischen Begriffsverständnis",[1196] dem es entspricht, zunächst einmal nur präventive Compliance-Maßnahmen wie Schulungen etc. zu erfassen, hinaus auch Pflichten beinhaltet, die eine strafrechtliche Verantwortung begründen können. Im Hinblick auf die Problematik der strafrechtlichen Verantwortlichkeit steht daher die Frage im Vordergrund, ob der Compliance-Beauftragte auch verpflichtet ist, im strafrechtlichen Sinne relevante Verstöße aufzudecken, oder ob es lediglich um die einzig und allein präventiven Maßnahmen wie Schulungen etc. geht. Hier sind wiederum primär die getroffenen Vereinbarungen und Stellenbeschreibungen zu untersuchen. Daher kann man dem BGH[1197] durchaus zustimmen, wenn er in seinem Urteil zunächst auf die konkrete „Zielrichtung der Beauftragung" abstellen will bzw. die „Beschreibung des Dienstpostens" heranziehen möchte, da es letztlich darauf ankommt, welche konkrete Aufgabe der Person übertragen worden ist, deren Verhalten strafrechtlich bewertet werden soll. Auch wenn es banal klingt, so kann natürlich nicht die Etikettierung als „Compliance Officer" entscheidend für die strafrechtliche Verantwortlichkeit einer Person sein, allein schon weil sich hinter dieser Bezeichnung zahlreiche unterschiedliche Aufgaben und Befugnisse verbergen können.[1198] Auch die in

1196 Dazu *Momsen*, FS Puppe, 751 (753).
1197 BGH NJW 2009, 3173 (3175).
1198 *Grützner* NJW 2009, Heft 43 (Editorial).

den schon angesprochenen Leitlinien des BDCO zum Berufsbild „des" Compliance Officers in Ziffer 15 formulierte „Eingriffspflicht" des Compliance-Beauftragten bei Verstößen gegen Compliance-Regularien kann selbstverständlich keine strafrechtliche Garantenstellung begründen.[1199] Liegen keine schriftlichen Dokumente vor, die eindeutig klären können, ob die Verhinderung von Rechtsverstößen zu den Pflichten des Compliance-Beauftragten gehören oder nicht, so kann sich dies im Einzelfall möglicherweise aus den Umständen ergeben, das heißt aus den laut Dienstbeschreibung und auch tatsächlich gewährten Kompetenzen und Möglichkeiten. Handelt es sich beispielsweise beim konkreten Compliance-Beauftragten nur um eine intern als zusätzliche Aufgabe übertragene Stelle, die sich vorwiegend im Bereich der Mitarbeiterschulung erschöpft, ist die Annahme einer Garantenstellung nicht zu rechtfertigen. Wenn die Tätigkeit schon von den zeitlichen und sachlichen Möglichkeiten her nicht darauf angelegt ist, Straftaten aufzudecken, kann es auch nicht die – im Verhältnis zu gewöhnlichen Arbeitnehmern – *besondere* Pflicht des Compliance-Beauftragten sein, solche Straftaten zu verhindern. Erlangt der sogenannte Compliance-Beauftragte dann doch zufällig Kenntnis von Straftaten im Unternehmen, trifft ihn folglich auch dann keine – über die eines normalen Arbeitnehmers hinausgehende – Pflicht, Maßnahmen zu ergreifen, um die identifizierten Rechtsverstöße zu unterbinden. Insbesondere scheidet es aus, den Compliance-Beauftragten bei zufälliger Kenntniserlangung – ähnlich einem Staatsanwalt bei außerdienstlicher Kenntniserlangung in bestimmten Fällen[1200] – haften zu lassen: Denn beim Staatsanwalt ist die Garantenstellung unzweifelhaft gegeben und es geht nur um die Reichweite in das Privatleben des Staatsdieners. Bei dem soeben geschilderten Compliance-Beauftragten scheitert man hingegen schon an der Begründung einer Garantenstellung und eine Übertragung der bezüglich der Angehörigen der Strafverfolgungsbehörden geführten Diskussion über die Reichweite bei „außerdienstlicher" Kenntnisnahme auf einen derartigen Compliance-Beauftragten scheidet daher a priori aus. Daher ist die Annahme des BGH, einen solchen Beauftragten würde „regelmäßig" eine Garantenpflicht treffen, nicht haltbar, sofern es nicht explizit um Großunternehmen geht; eine solche Deutung wird in der Entscheidung des BGH allerdings allenfalls angedeutet und lässt sich ihr nicht zweifelsfrei entnehmen. Es liegt auch nicht bloß ein Fall der

---

1199 Positionspapier des Bundesverbandes der deutschen Compliance-Officer e.V. (BDCO) zum Berufsbild des Compliance Officers – Mindestanforderungen zu Inhalt, Entwicklung und Ausbildung, zit. nach *Sünner*, CCZ 2014, 91 (93).

1200 Siehe dazu nur *Fischer* § 258a Rn. 4a m.w.N.

Unmöglichkeit der Pflichterfüllung vor, sondern es besteht von vornherein keine Garantenstellung eines solchen Compliance-Beauftragten.

Anders könnten hingegen jene Fälle zu beurteilen sein, in denen der Compliance-Beauftragte zwar die Aufgabe der Unterbindung von Rechtsverstößen nicht explizit übertragen bekommen hat, seine Stelle und seine Position im Unternehmen jedoch so ausgestaltet sind, dass er neben der Mitarbeiterschulung und der Verbesserung von Strukturen sowohl zeitlich als auch ressourcentechnisch breit aufgestellt ist. Ersteres dürfte sich vor allem durch eine hauptamtliche Festanstellung nach außen manifestieren, Letzteres ggf. durch ihm zugewiesene Hilfskräfte und vor allem durch entsprechende Einsichts- und Zutrittsrechte oder eine von vornherein vorgesehene Kooperation mit der Innenrevision. Je mehr sich der Compliance-Beauftragte also dem oben skizzierten „Ideal-Compliance-Beauftragten" annähert oder ihm gar gleicht, desto eher ist anzunehmen, dass sich seine Tätigkeit nicht bloß im Aufbau einer Compliance-Organisation erschöpft, sondern er auch zur Überwachung der Einhaltung der Vorgaben des Rechts bzw. der Compliance-Maßnahmen verpflichtet ist. Ohnehin setzt jede wirkungsvolle Compliance auch die Durchsetzung der Rechtspflichten voraus, was wiederum ohne die Möglichkeit einer Überwachung und Sanktionierung kaum gelingen dürfte. Daher ist die dem Rechtsverstoß folgende (zumindest innerbetriebliche) Ahndung konstitutives Element einer wirksamen Compliance-Funktion, wobei die konkrete Ausgestaltung von der Abmahnung bis zur strafrechtlichen Anzeige ein breites Spektrum an individuell angemessenen Möglichkeiten bietet, es also letztlich mehr auf das „ob" als auf das „wie" einer Sanktionierung ankommt (von unvertretbar milden Sanktionen einmal abgesehen). Hierbei kann (erneut) aus dem Bußgeldbescheid der Staatsanwaltschaft München I gegen MAN zitiert werden, da es darin zutreffend heißt, dass „unter den Begriff Compliance auch die Verfolgung und Aufklärung begangener Straftaten" falle und es daher auch für eine staatliche Sanktionierung des Unternehmens relevant sein könne, dass die unternehmensinterne Compliance-Abteilung „keine eigenen Ressourcen und Befugnisse hatte, eigenständige Untersuchungen anzustellen".[1201] Dieses richtige Verständnis von Compliance setzt also gerade auch einen angemessenen Umgang mit entdeckten Pflichtverstößen voraus. Wenn Compliance im Unternehmensinteresse erfolgt und der Compliance-Beauftragte eingestellt ist, um dieses Unternehmensinteresse zu verfolgen, so ist es nach dem Gesagten

---

1201 Auszug aus der Begründung des Bußgeldbescheides der Staatsanwaltschaft München I gegen die MAN Nutzfahrzeuge AG v. 10.12.2009, zitiert nach *Moosmayer* NJW 2012, 3013 (3014).

zwingend, dass er nicht wegschauen darf, wenn es zu Rechtsverstößen im Unternehmen kommt, und er hiervon Kenntnis erlangt. Diese Überwachungspflicht ist als Teil der Überwachungspflicht des Geschäftsherrn und im Sinne einer effektiven Compliance notwendig.

Im Ergebnis wird auf diesem Weg aus der Verantwortung des bzw. der Geschäftsherrn eine „geteilte" Verantwortung[1202] bzw. eine Gesamtverantwortung von Geschäftsleitung auf der einen und dem/den Compliance-Beauftragten auf der anderen Seite. Als „Faustformel" lässt sich formulieren, dass zu fragen ist, ob die übernommene Überwachungsaufgabe auch ohne die Übertragung des Direktions- und Weisungsrechts eine solche Bedeutung einnimmt, dass die Geschäftsleitung ohne die ordnungsgemäße Erfüllung ihren Pflichten aus der Geschäftsherrenhaftung jedenfalls in wesentlichen Teilen nicht mehr nachkommen kann.[1203] Je mehr sich der Compliance-Beauftragte ferner dem oben beschriebenen „Ideal-Compliance-Beauftragten" annähert oder ihm gar gleicht, desto eher ist anzunehmen, dass seine Tätigkeit eine strafrechtliche Garantenstellung begründet. Hierbei spielen insbesondere über die bloße Durchführung von Schulungen etc. hinaus übertragene „Sonderkompetenzen" wie die Überwachung bestimmter Unternehmensbereiche, die Durchführung (auch unangemeldeter) Kontrollen, im Verdachtsfall das Durchsuchen von Büros und Einsichtnahme in dienstliche Unterlagen, die Durchführung von Mitarbeiterbefragungen etc. eine entscheidende Rolle, wobei nicht immer eine maximale Übertragung von Kompetenzen vorliegen muss, sondern die Gesamtsituation den Ausschlag geben wird. So kann man formulieren, dass eine strafrechtliche Garantenstellung des Compliance-Beauftragten grundsätzlich nur dann in Betracht kommt, wenn er nicht bloß präventive Compliance-Aufgaben wie die Optimierung des Compliance-Managementsystems wahrzunehmen hat, sondern (darüber hinaus) repressiv tätig wird, das heißt seine unternehmensinterne Aufgabe gerade die Aufdeckung von (straf-)rechtlichen Verstößen anderer Angestellter des Unternehmens ist.[1204] Von sehr großer Bedeutung ist auch,

---

1202 Siehe auch schon der Titel des Aufsatzes von *Dannecker/Dannecker* JZ 2010, 981 (990): Die „Verteilung" der strafrechtlichen Geschäftsherrenhaftung im Unternehmen.

1203 Vgl. *Dannecker/Dannecker* JZ 2010, 981 (990), die jedoch eine Unmöglichkeit der Erfüllbarkeit der Pflichten des Geschäftsherrn „schlechthin" zur Voraussetzung erheben wollen; s. auch schon OLG Celle NJW 1961, 1939 (1940), das – strukturell ähnlich – verlangte, dass eine „mehr oder minder" eigenverantwortliche Position vorliegen muss.

1204 *Thomas* CCZ 2009, 239 (240); *Mosbacher/Dierlamm* NStZ 2010, 268 (270) *Klümper/Diener* A&R 2010, 147 (150); *Rolshoven/Hense* BKR 2009, 425 (427).

dass dem Compliance-Beauftragten hinreichende personelle und sachliche Ressourcen zur Erfüllung seiner Aufgaben zur Verfügung gestellt werden. Selbstverständlich kann die Garantenpflicht des Compliance-Beauftragten in keinem Fall weitergehen als der ihm übertragene Verantwortungsbereich. Ist das Verantwortungsniveau des Compliance-Beauftragten hingegen von vornherein nur sehr gering ausgeprägt, da er nur einfache Hilfstätigkeiten zu Gunsten seines Chefs vornimmt bzw. seine Aufgaben nur „nebenbei" zu einer anderen Hauptaufgabe erfüllt, so ist in der Regel nicht davon auszugehen, dass der Compliance-Beauftragte einen solchen Grad an Verantwortung trägt, dass ihm eine Garantenpflicht auferlegt werden darf.[1205] Falsch wäre es daher, allein an die Stellung des Compliance-Beauftragten anzuknüpfen, schließlich können sich hinter dieser unternehmensinternen Bezeichnung sehr verschiedene inhaltliche Ausgestaltungen verbergen, sodass allein die Bezeichnung oder Stellung als Compliance-Beauftragter nichts über eine mögliche strafrechtliche Garantenstellung aussagt.[1206] Umgekehrt entfällt eine Garantenstellung nicht bloß deshalb, weil ein materiell als Compliance-Beauftragter im engeren Sinn tätiger Mitarbeiter nicht (mehr) die Bezeichnung Compliance-Beauftragter führt.[1207] Die Überwachungsaufgabe des Compliance-Beauftragten kann auf einzelne Betriebsabteilungen, -sparten oder bestimmte Gefahren beschränkt werden, sodass dann selbstverständlich auch die Garantenstellung des Compliance-Beauftragten jeweils nur den ihm zugeordneten Verantwortungsbereich umfassen kann.[1208] Selbiges gilt freilich auch für andere Abteilungsleiter im Unternehmen, wie den Leiter der Rechtsabteilung, des Risikomanagements oder des Controllings. Es ist diesbezüglich jedoch sogleich einzuräumen, dass in den derartigen Funktionen die Strafbarkeitsrisiken ungleich geringer sein dürften als beim Compliance-Beauftragten bzw. sich jedenfalls auf einen sehr begrenzten Deliktsbereich (vor allem § 266 StGB) beschränken dürften. Daher davon auszugehen, dass dem BSR-Urteil des BGH „eine erhebliche Breitenwirkung" zukomme, erscheint in dieser Allgemeinheit – ohne Betrachtung des jeweiligen Einzelfalls – eher übertrieben.[1209]

Es ist im Rahmen dieser Arbeit nicht möglich, bezüglich der Garantenstellung des Compliance-Beauftragten oder seiner Mitarbeiter jeden denkbaren

---

1205 Ähnlich *Dannecker/Dannecker* JZ 2010, 981 (990).

1206 Daher zumindest missverständlich *Dannecker/Dannecker* JZ 2010, 981 (990), die dem Leiter einer Compliance-Abteilung „zweifellos" das erforderliche Maß an Verantwortung zusprechen wollen.

1207 *Raum* CCZ 2012, 197.

1208 So zutreffend *Raum* CCZ 2012, 197.

1209 So aber *Bürkle* CCZ 2010, 4 (8).

Einzelfall zu klären. Jedoch ist jede denkbare Konstellation nach den genannten Parametern zu lösen, allerdings nicht schematisch, da selbstverständlich die in dem jeweiligen Unternehmen existierende Gesamtsituation zu berücksichtigen ist. Zu bejahen ist eine im Hinblick auf die Geschäftsherrenhaftung wesentliche Funktion des Compliance-Beauftragten aber in Unternehmen, in denen eine ganze Compliance-Abteilung dem Compliance-Beauftragten zuarbeitet und dieser entsprechende Kompetenzen besitzt, um wesentliche Teile der eigentlich der Geschäftsleitung obliegenden Überwachungsaufgaben wahrzunehmen.[1210] In diesen Fällen verlagert sich die Frage nach der eigenen strafrechtlichen Garantenstellung auch auf die nächste Ebene innerhalb der Compliance-Abteilung, sodass hier möglicherweise schwierige Abgrenzungsfragen entstehen können.[1211] Man wird grundsätzlich eine Garantenstellung, wie gesagt, nur bejahen können, wenn der jeweilige Mitarbeiter eine so wesentliche Funktion ausübt, dass ohne sie die Überwachung des Unternehmens nicht mehr sinnvoll möglich erscheint. In der Regel wird eine solche Garantenstellung unterhalb des Compliance-Beauftragten daher zu verneinen sein bzw. kann allenfalls einen hierarchisch direkt unter ihm angesiedelten engeren Führungszirkel einer großen Compliance-Abteilung treffen. Keinesfalls bedeutet der Terminus der Wesentlichkeit in unserem Zusammenhang hingegen, dass schon bei gravierenden Auswirkungen eines Fehlers die Wesentlichkeitsschwelle überschritten ist, da es in der Natur der Sache eines arbeitsteilig arbeitenden Unternehmens liegt, dass der Fehler einer einzelnen Person verheerende Auswirkungen haben kann.[1212]

Wenig hilfreich ist bei der Abgrenzungsfrage hingegen die explizite Heranziehung des § 14 Abs. 2 StGB, da dieser im Hinblick auf eine strafrechtliche Garantenstellung keine Bedeutung hat.[1213] Ferner ist auch die Bedeutung des bedrohten Rechtsguts kein Faktor, der ein niedriges Verantwortungsniveau innerhalb der Unternehmenshierarchie ersetzen könnte.[1214] In Extremfällen hilft hier aber freilich die allgemeine Vorschrift des § 138 StGB.

Zum Teil wird den Befürwortern einer strafrechtlichen Verantwortlichkeit entgegengehalten, dass zweifelhaft sei, ob für die Begründung einer

---

1210 Anders *Campos Nave* BB 2009, 2059, der Strafbarkeitsrisiken schon für sogenannte „Feigenblatt"-Compliance-Beauftragte sieht bzw. dass u.a. dem Berufstitel entnimmt; so ferner jedenfalls die Befürchtung von *Wybitul* BB 2009, 2590 (s. aber auch *ders.*, aaO, 2593).

1211 *Dannecker/Dannecker* JZ 2010, 981 (990).

1212 So auch *Dannecker/Dannecker* JZ 2010, 981 (990).

1213 So auch *Dannecker/Dannecker* JZ 2010, 981 (990).

1214 Daher zumindest zweifelhaft *Dannecker/Dannecker* JZ 2010, 981 (990).

Garantenstellung wie beim Compliance-Beauftragten die nur teilweise Übernahme der Pflichten des ursprünglich Verantwortlichen ausreichend ist.[1215] In diesem Zusammenhang wird das Beispiel angeführt, dass ein streupflichtiger Grundstückseigentümer mit seinem Mieter vereinbart, dass dieser ihn informiert, sobald durch Glätte eine Gefahr für Personen oder Sachen droht.[1216] Unabhängig von der Frage, wie eine solche Konstellation im jeweiligen Einzelfall zu beurteilen wäre, fallen doch sofort zwei wesentliche Unterschiede zur Problematik der Strafbarkeit eines Compliance-Beauftragten auf: Zum einen ist die Ausgangsposition für den Vermieter hinsichtlich eines Wissensrückstandes sehr verschieden von der eines Geschäftsherrn im Unternehmen. Dieser kann – gerade bei größeren Unternehmen – schwerlich jede Unregelmäßigkeit selbst im Blick haben, während der Vermieter ohne Weiteres über den Wetterbericht in Erfahrung bringen kann, ob in der Region Bodenfrost droht oder nicht. Zum anderen ist die Pflichtenstellung eines Compliance-Beauftragten deutlich diffiziler und in jedem Fall vertraglich abgesichert, was bei einer bloßen mündlichen Absprache zwischen Mieter und Vermieter überhaupt nicht oder zumindest nicht mit dem demselben Grad der Intensität gegeben ist. Das berechtigte Vertrauen des Geschäftsherrn auf die Zuverlässigkeit seines Compliance-Beauftragten ist folglich erheblich ausgeprägter als in anderen Fällen aus dem Alltagsleben.[1217]

Sofern des Weiteren eingewandt wird, dass aufgrund der Unbestimmtheit des § 13 StGB im Hinblick auf Art. 103 Abs. 2 GG und § 1 StGB besonders restriktiv bei dessen Anwendung vorzugehen ist, ist dem zwar in dieser Allgemeinheit zuzustimmen; wenn jedoch hieraus abgeleitet wird, dass aufgrund des „völlig ungeregelten Berufsbildes, das von Unternehmen zu Unternehmen in der Reichweite der übertragenen Rechte und Pflichten stark variiert", für den jeweiligen Compliance-Beauftragten „unmöglich" sei zu bestimmen, ob er eine solche Funktion einnimmt, die ihm eine Garantenstellung aufbürdet[1218], so ist dem zu widersprechen. Die oben aufgezeigte Unterscheidung zwischen (nur) präventiv und (auch) repressiv tätigen Compliance-Beauftragten weist sehr wohl einen Weg, eine mögliche Unterlassensstrafbarkeit hinreichend klar von einer unternehmensinternen Tätigkeit ohne Strafbarkeitsrisiken zu unterscheiden. Ferner sind gewisse Abgrenzungsprobleme bei einer von Kasuistik geprägten Norm die Regel, sodass der Compliance-Beauftragte in seiner Funktion hier keine

1215 *Schwarz* wistra 2012, 13 (16).
1216 *Schwarz* wistra 2012, 13 (16).
1217 *Schwarz* wistra 2012, 13 (16).
1218 *Berndt* StV 2009, 689 (691).

Sonderrolle einnimmt, zumal er jedenfalls außerstrafrechtlich regelmäßig genau weiß, welche Aufgaben, Pflichten und Befugnisse er übernommen hat. Diesbezüglich dürfte nicht selten sogar ein höherer Formalisierungsgrad vorliegen als bei anderen Garantenstellungen wie derjenigen eines Babysitters oder bei einer Lebens- und Gefahrengemeinschaft, von einer Ingerenzgarantenstellung ganz zu schweigen.

Abschließend sei noch erwähnt, dass nach denselben Grundsätzen auch die Übernahme einer *Beschützer*garantenstellung zu Gunsten außenstehender Dritter (oder auch des Unternehmens) durch den Compliance-Beauftragten prinzipiell möglich ist. Dazu muss freilich eine solche Pflicht schon die Geschäftsleitung treffen, da auch hier nur eine abgeleitete Garantenstellung in Betracht kommt. Eine solche Garantenstellung ist zu Gunsten außenstehender Dritter beispielsweise im Zusammenhang mit ins Unternehmen eingebrachten unternehmensfremden Vermögensgegenständen denkbar. Da bei dem für die Praxis bedeutsamen § 266 StGB (Sonderdelikt) im Rahmen einer abgeleiteten Pflicht stets die Voraussetzungen des § 14 StGB erfüllt sein müssen, dürfte eine Beschützergarantenstellung im Tätigkeitsbereich eines Compliance-Beauftragten rechtstatsächlich nur in seltenen Ausnahmefällen in Betracht kommen bzw. von tatsächlicher Relevanz sein.

Grundsätzlich besteht wie gezeigt die Möglichkeit bzw. die Gefahr des Eintretens in eine strafrechtliche Garantenstellung für den Compliance-Beauftragten. Jedes andere Ergebnis würde nicht nur stets Gefahr laufen, einer „organisierten Unverantwortlichkeit" Vorschub zu leisten,[1219] sondern bedürfe darüber hinaus auch einer überzeugenden Begründung.[1220] Mit den in Fülle vorgetragenen Einwänden gegen eine strafrechtliche Garantenstellung des Compliance-Beauftragten soll daher im Folgenden eine gesonderte Auseinandersetzung erfolgen.

1219 *Rönnau/Schneider* ZIP 2010, 53 (58).

1220 Daher greift der Hinweis von *Schwarz* wistra 2012, 13 (18), dass es „keinen Grundsatz gibt, dass Strafbarkeitsdefizite des einen zwingend zur Begründung der Strafbarkeit eines anderen führen müssen" wohl zu kurz, weil sich aus dieser Feststellung ebenso wenig für die konkrete Fragestellung ableiten lässt wie aus der von *Schwarz* kritisierten gegenteiligen Behauptung.

2. Auseinandersetzung mit den Einwänden gegen eine Garantenstellung des Compliance-Beauftragten qua Delegation

a) *Der Einwand einer fehlenden rechtlichen Befugnis*

Konstatiert man also – in bestimmten Situationen – eine Rechtspflicht des Compliance-Beauftragten, Rechtsverstöße aus dem Unternehmen heraus zu unterbinden, so folgt daraus aber noch nicht zwingend, dass aus dieser Pflicht auch eine strafrechtliche Garantenstellung entsteht, da noch weitere erhebliche Einwände gegen eine strafrechtliche Garantenstellung des Compliance-Beauftragten vorgetragen werden. Interessant und überaus diskussionswürdig ist dabei der vorgetragene Gedanke, dass dem Compliance-Beauftragten keine strafrechtlichen Pflichten auferlegt werden können, weil sich seine Pflichten darin erschöpfen, die Geschäftsleitung über einen Verstoß zu informieren, es ihm aber – unabhängig von faktischen Hindernissen – arbeits- und gesellschaftsrechtlich untersagt ist, eigenmächtig weitere Maßnahmen zu ergreifen (begrenzte Reichweite der „Garantenberechtigung").[1221] Es könne jedoch nicht sein, dass jemand die strafrechtliche Pflicht hat, den Eintritt eines tatbestandsmäßigen Erfolges zu verhindern, dessen eigenhändige Abwendung ihm aus rechtlichen Gründen untersagt ist; das Strafrecht muss sich – wie auch sonst – akzessorisch zum Zivilrecht verhalten und darf nicht darüber hinausgehende Anforderungen stellen.[1222] Man verlange beispielsweise auch nicht von einer Mutter, dass sie ihr vom Hungertod bedrohtes Kind nicht sterben lassen dürfe, verbiete ihr aber gleichzeitig die eigenhändig durchgeführte Ernährung des hungernden Kindes.[1223] Es erscheine „durchaus zweifelhaft", ob eine derartig beschränkte Handlungspflicht eine strafrechtliche Garantenpflicht begründen könne, da es gerade das Wesen der Garantenpflicht ausmache, dass sie keine bloße Handlungspflicht normiert, sondern vom Garanten die Abwendung des tatbestandlichen Erfolges verlangt.[1224] Diese Argumentation erscheint auf den ersten Blick plausibel, kann aber bei genauerer Betrachtung nicht überzeugen, wobei die Einschränkungen hinsichtlich der Fähigkeit der Geschäftsleitung, Pflichten zu delegieren und die Frage, ob § 13 tatsächlich die Abwendung eines Erfolgs im engeren Sinne verlangt[1225], sogar dahinstehen können. Denn aus der engen Auslegung des § 13 StGB folgt

1221 A/R/*Rotsch* (3. Auflage) Teil 1 Kap. 4 Rn. 39.

1222 A/R/*Rotsch* (3. Auflage) Teil 1 Kap. 4 Rn. 39; siehe auch *Schneider/Gottschaldt* ZIS 2011, 573 (576 f.) m.w.N.

1223 A/R/*Rotsch* (3. Auflage) Teil 1 Kap. 4 Rn. 39.

1224 A/R/*Rotsch* (3. Auflage) Teil 1 Kap. 4 Rn. 39; *Rotsch*, FS I. Roxin, 485 (495).

1225 So jedenfalls A/R/*Rotsch* (3. Auflage) Teil 1 Kap. 4 Rn. 39.

noch nicht zwingend, dass die erforderliche Erfolgsabwendung auch *eigenhändig* erfolgen muss, nur weil dies typischerweise der Fall sein wird.[1226] Eine Erfolgsabwendung kann genauso durch Überreden eines anderen zu der erforderlichen Handlung bewirkt werden wie durch eigenhändige Vornahme derselben. Dass eine unmittelbare Täterschaft – der Prämisse folgend – von vornherein ausgeschlossen ist, spricht nicht zwingend dagegen, andere Formen der Täterschaft sowie eine Teilnahme für möglich zu halten: Denn die Beschränkung auf eine oder mehrere Formen der Beteiligung für einen bestimmten Personenkreis ist in anderen Konstellationen selbstverständlich, man denke nur an die Gruppe der Extranei bei den echten Sonderdelikten. Letztlich kann auch das gewählte Mutter-Kind-Beispiel nicht restlos überzeugen, was sich an folgender Mutter-Kind-Konstellation zeigen lässt: Nehmen wir an, ein Minderjähriger im jugendlichen Alter wird versehentlich angeschossen und verliert das Bewusstsein. Die Mutter, die vor Jahren zwei Semester Medizin studiert hat, meint, sie könne die erforderliche medizinische Versorgung der Schusswunde selbst vornehmen und ruft daher nicht – was ohne Weiteres möglich wäre – einen Arzt herbei. In diesem Fall nimmt die Mutter offenkundig nicht die von der Rechtsordnung verlangte und somit erforderliche Handlung vor (Einlieferung in ein Krankenhaus, damit dort ein Arzt das Kind behandeln kann), sondern ist bemüht, die Verletzungen des Kindes eigenhändig zu behandeln. Auch in diesem Beispiel sind Handlungen, die – ohne erkennbare Not – darauf gerichtet sind, die Verletzungen eigenhändig zu heilen, tatbestandlich als eigene Körperverletzung zu bewerten, da sie regelmäßig mit erheblichen Schmerzen etc. einhergehen und (zumindest in dem skizzierten Beispiel) kein Rechtfertigungsgrund ersichtlich ist. Nimmt die Mutter die vermeintlich rettende Handlung hingegen nicht selbst vor, sondern informiert über die Notrufnummer einen Krankenwagen, so kommt sie ihrer Pflicht aus § 13 StGB vollständig nach. Es kommt also auch hier allein auf die Weiterleitung der notwendigen Informationen an Personen an, die von der Rechtsordnung dafür vorgesehen sind, die erforderlichen Handlungen zur unmittelbaren Abwendung des Erfolges vorzunehmen! Die Parallele zur Situation des Compliance-Beauftragten ist evident: Auch er hat lediglich eine *Information* weiterzugeben, darf die notwendige Handlung aber nicht *eigenhändig* vornehmen.

b) Der Einwand eines fehlenden rechtlichen Könnens

Sehr viel häufiger als die Frage nach dem rechtlichen Dürfen wird das soeben aufgeworfene Problem – wie schon beim gesetzlich vorgesehenen

---

1226 S. auch *Rotsch*, FS I. Roxin, 485 (496) und *ders.*, in: Criminal Compliance Hdb., 159.

Betriebsbeauftragten – unter dem Gesichtspunkt des rechtlichen Könnens diskutiert. Unbestritten ist, dass das Strafrecht nicht mehr verlangen darf, als der Einzelne zu leisten isStande ist, es darf also mit anderen Worten nichts Unmögliches verlangt werden. Dem Compliance-Beauftragten fehlt aber typischerweise das für die Herrschaft des Geschäftsherrn zentrale Element, nämlich die Herrschaft über die Gefahrenquelle Betrieb, sowie das diesem innewohnende Direktionsrecht. Insofern fehlt dem Compliance-Beauftragten auch unter dem Gesichtspunkt des faktischen Könnens eine Abwendungsmöglichkeit, sodass er folglich auch keine Garantenstellung habe,[1227] so die These. Man kann ihr jedoch nur dahin gehend zustimmen, dass natürlich Unmögliches nicht verlangt werden kann und dass die Konstituierung einer Pflicht, deren Nichterfüllbarkeit von vornherein für alle Fälle und für alle Zeit ausgeschlossen ist, unsinnig wäre. Allein aus dem Umstand, dass die Handlungspflichten des Compliance-Beauftragten beschränkt sind, lässt sich aber nicht ableiten, dass sie nicht genügen, um eine strafrechtliche Garantenpflicht zu begründen.[1228] Wenn man den Blickwinkel hier allein auf die Handlungspflichten richtet, übersieht man, dass die Pflichten des Compliance-Beauftragten bereits einen Schritt vor der Erfüllung etwaiger Informationspflichten mit der Überwachung und Kontrolle des Unternehmens bzw. bestimmter Unternehmensbereiche eine breitere Basis hat als nur eine beschränkte Handlungspflicht.

Ferner erscheint auch die Behauptung, der Compliance-Beauftragte hätte kein Weisungsrecht und er könne schon aus diesem Grunde keine Straftaten im Betrieb unterbinden, in dieser Pauschalität zumindest fragwürdig.[1229] Denn, dass die „nicht delegationsfähige Letztverantwortung“ der Geschäftsleitung dazu führt, dass die Geschäftsleitung über Konsequenzen bei „Compliance-relevanten Sachverhalten“ zu entscheiden hat,[1230] ist in dieser Allgemeinheit nicht richtig. Die Grenzen der Auslagerung von originär der Geschäftsleitung zugewiesenen Kompetenzen[1231] werden erst bei Entscheidungen von erheblicher Bedeutung überschritten.[1232] Dass dies aber für jeden Compliance-relevanten Zwischenfall gelten soll, geht wohl an der betrieblichen Wirklichkeit vorbei.

1227 *Warneke* NStZ 2010, 312 (316); *Schwarz* wistra 2012, 13 (17); *Berndt* StV 2009, 689 (690 f.); *Geiger* CCZ 2011, 170 (172).

1228 So aber A/R/*Rotsch* (3. Auflage) Teil 1 Kap. 4 Rn. 39.

1229 Zur geringen Aussagekraft der formalhierarchischen Verhältnisse – wenn auch in einem anderen Kontext – s.a. überzeugend *Schrott*, Unterlassungszurechnung, 312 ff.

1230 *Krieger/Günther* NZA 2010, 367 (371).

1231 Siehe dazu für die Aktiengesellschaft MüKo-AktG/*Spindler* § 76 Rn. 18 ff.

1232 Siehe auch *Rodewald/Unger* BB 2007, 1629 (1632), insbes. auch Fn. 28.

Dies gilt zumindest für minder schwere Verstöße und die Frage des internen Umgangs mit ihnen, sodass diese durchaus durch den Compliance-Beauftragten allein beurteilt und entschieden werden könnten.[1233] In der Praxis wird hier zumindest in größeren Unternehmen zumeist die Personalabteilung zuständig sein, was wiederum ein Beleg für die grundsätzliche Delegationsfähigkeit der Aufgabe ist. Richtig ist ferner natürlich auch, dass bei Fällen größeren Ausmaßes und insbesondere bei der Frage, ob Strafverfolgungsbehörden oder die Presse zu unterrichten sind, also bei Fragen, die regelmäßig mit einer erheblichen Bedeutung für das Unternehmen einhergehen, die Letztentscheidung stets bei der Unternehmensleitung verbleiben muss.[1234] Dass bedeutet aber eben nicht, dass es zwingend so sein muss, dass der Compliance-Beauftragte nicht über das notwendige Instrumentarium verfügen kann, um Rechtsverstöße und insbesondere Straftaten *unternehmensintern* zu unterbinden und zu sanktionieren.

Im Regelfall wird freilich eine so weitreichende Delegation nicht erfolgen, sodass sich die Frage stellt, ob diesbezüglich die scheinbar fehlende Erfolgsabwendungsmöglichkeit eine fehlende strafrechtliche Verantwortlichkeit nach sich ziehen muss. Die Herrschaft des Compliance-Beauftragten über die Situation damit zu begründen, dass der Compliance-Beauftragte es *faktisch* in der Hand hält, eine rechtspflichtbegründende Lage für die Unternehmensleitung herbeizuführen, indem er diese über Missstände im Unternehmen informiert, greift jedoch zu kurz. Es ist *Schwarz*[1235] insoweit zuzustimmen, als dass der Compliance-Beauftragte hier nicht die Macht hat, eine Garantenpflicht zu begründen, sondern diese schon vorher abstrakt besteht und sich im Anschluss an die Informationsweitergabe als bloßer „Reflex" derselben konkretisiert.

Jedoch kann auf andere Art und Weise veranschaulicht werden, warum das starre Festhalten an einer „Erfolgsabwendungsmöglichkeit" im oben verstandenen, engen Sinne ein Irrtum ist.[1236] Auch hier hilft wiederum der bereits oben angestellte Blick auf die Mutter-Kind-Konstellation, wenn man ihn ins passende Licht rückt: Denn genauso wie die Mutter die vermeintlich rettenden Handlungen nicht vornehmen *darf*, *kann* sie die unmittelbar rettende Handlung unter normalen Umständen auch nicht *eigenhändig* vornehmen. Das heißt, sie bedarf der Hilfe einer weiteren Person, im konkreten Fall der eines Arztes. Derartige

1233 Anders aber *Krieger/Günther* NZA 2010, 367 (371); hinsichtlich der Aussprache von Sanktionen wohl auch *Rodewald/Unger* BB 2007, 1629 (1632).

1234 *Rodewald/Unger* BB 2007, 1629 (1632) Fn. 28.

1235 *Schwarz* wistra 2012, 13 (16).

1236 S. auch *Konu*, Garantenstellung des Compliance-Officers 194 ff.; *Dannecker/Dannecker* JZ 2010, 981 (989 f.); implizit auch BGH NJW 2009, 3173 (3175).

Konstellationen, in denen der Garant die rettende Handlung nicht eigenhändig vornehmen kann, aber dennoch verpflichtet ist, rettende Hilfe von außen zu holen, sind sowohl bei Beschützer- als auch bei Überwachergaranten auf mannigfaltige Art und Weise vorstellbar und werden sogar als Abgrenzungsformel für die Frage, ob Täterschaft oder Teilnahme des Unterlassenden vorliegt, herangezogen.[1237] Die von der Rechtsordnung geforderte Handlung zur Erfolgsabwendung kann also auch darin liegen, dass die Erfolgsabwendung nur mittelbar verursacht wird, indem die notwendige Hilfe einer dritten Person in Anspruch genommen wird.[1238] Das Erfordernis, eine dritte Person einzuschalten, ist folglich kein ausschlaggebendes Argument gegen die Annahme einer Garantenstellung. Ebenso wenig überzeugt es, die althergebrachte Formulierung, nach der der Sicherungsgarant von der Rechtsordnung „auf Posten gestellt" wird, um eine in seinem Verantwortungsbereich liegende Gefahrenquelle zu kontrollieren,[1239] so zu verstehen, dass der Garantenpflichtige die notwendigen Handlungen zwingend selbst vornehmen muss.[1240] Insgesamt erweist sich die – im Grunde aus der Debatte über die strafrechtliche Garantenstellung des Betriebsbeauftragten entlehnte – These, dass die fehlenden Anordnungsbefugnisse eine Garantenstellung ausschließen würden, als ein Missverständnis, welches wohl in erster Linie durch die Ausgestaltung der Regelung des § 14 StGB und ihre Übertragung in die Debatte[1241] um die Garantenstellung von Betriebsangehörigen entstanden ist.[1242] *Arndt* hat bereits vor einiger Zeit überzeugend dargelegt, dass diese (möglicherweise unbewusste) Übertragung der Parameter des § 14 StGB in die Unterlassungsdogmatik ein Trugschluss ist, geht es doch bei § 14 StGB um die Ausdehnung der Anwendung von Sonderdelikten auf bestimmte Personen, während § 13 StGB für jedes Delikt gilt und somit zunächst einmal jedes Delikt durch eine Person auch durch Unterlassen verwirklicht werden kann.[1243] Die Übertragung dieses fehlerhaften Verständnisses in die Debatte um den Compliance-Beauftragten ist unübersehbar, macht die Ausgangsthese aber nicht „richtiger".

1237 Siehe MüKo/*Joecks* § 25 Rn. 281.

1238 S. auch *Rotsch*, FS I. Roxin, 485 (496), wenn auch mit anderen Schlussfolgerungen.

1239 *Armin Kaufmann*, Unterlassungsdelikte, 283.

1240 So bspw. *Schwarz* wistra 2012, 13 (17); anders u.a. *Ransiek* AG 2010, 147 (152).

1241 Siehe beispielhaft *Schwarz* wistra 2012, 13 (17).

1242 *Arndt*, Der Betriebsbeauftragte, 75 ff.

1243 *Arndt*, Der Betriebsbeauftragte, 75 ff.

c) Der Einwand eines fehlenden rechtlichen Könnens unter dem spezifischen Blickwinkel der Möglichkeit einer ursächlichen Erfolgsabwendung

Ein Unterschied zu der bisher schon mehrfach angesprochenen Mutter-Kind-Konstellation ist aber nicht zu übersehen und ist vermutlich der wahre Grund dafür, dass der Compliance-Beauftragte häufig als „machtlos“ angesehen wird. Während die Mutter, die mit ihrem verletzten Kind einen Arzt aufsucht, mit einiger Gewissheit davon ausgehen darf, dass der Arzt ihrem Kind tatsächlich helfen wird, kann der Compliance-Beauftragte, der seinen Chef über einen strafrechtlich relevanten Missstand im Unternehmen informiert, wohl zumindest nicht mit der gleichen Gewissheit davon ausgehen, dass der Missstand behoben wird. Dies muss noch nicht einmal darin begründet liegen, dass – wie nicht selten – die Geschäftsführung selber in die gesetzeswidrigen Aktivitäten verstrickt ist oder sie diese zumindest bereits vor der Aufdeckung durch den Compliance-Beauftragten kannte bzw. ahnte und geduldet hat, sondern kann auch aus Gründen der Opportunität, eigenem Ergebnisdruck, Angst vor negativer Presseberichterstattung etc. erfolgen. Die Frage, ob die Geschäftsleitung Abhilfe schafft und die notwendigen Maßnahmen trifft, stellt sich gleichermaßen auch auf der Ebene der Kausalität bzw. ihres Äquivalents bei den Unterlassungsdelikten, der sogenannten Quasi-Kausalität. Auf den ersten Blick würde der Zweifelssatz es für den Strafprozess gebieten, in solchen Fällen davon auszugehen, dass die Geschäftsleitung im Zweifel nicht gehandelt hätte, also den Compliance-Beauftragten zumindest mangels Ursächlichkeit für das strafbare Verhalten freizusprechen.[1244] Im Prozess wäre man wohl häufig mit der Konstellation konfrontiert, dass der Compliance-Beauftragte sich darum bemühen würde, die Geschäftsleitung als besonders unredlich und pflichtvergessen darzustellen, während diese natürlich bemüht wäre, sich als möglichst redlich und gutgläubig zu präsentieren. In den meisten Fällen wird sich die *tatsächliche* Redlichkeit der Geschäftsleitung ex post nicht mehr mit hinreichender Sicherheit feststellen lassen.[1245]

Auch in diesem Zusammenhang ist das schon angesprochene Urteil des 1. Strafsenats des Bundesgerichtshofs zu dem – durch die mediale Berichterstattung einem breiteren Publikum bekannt gewordenen – Eishallen-Unglück in

1244 So auch *Kraft/Winkler*, CCZ 2009, 29 (33).

1245 Anders aber die Befürchtung von *Dann/Mengel* NJW 2010, 3265 (3268), die vermuten, dass „die Ermittlungsbehörden im Regelfall unterstellen werden, dass ein pflichtgemäß informierter Vorgesetzter“ sich rechtmäßig verhalten hätte.

Bad Reichenhall von Interesse.[1246] In dem Fall ging es um die Strafbarkeit eines mit einem „Gesamtgutachten“ zum Zustand der Eishalle beauftragten Sachverständigen wegen jeweils in Tateinheit begangener fahrlässiger Tötung in fünfzehn Fällen und wegen fahrlässiger Körperverletzung in sechs Fällen aufgrund des späteren Einsturzes der Halle und der daraus resultierenden Opfer. Infrage stand eine Verurteilung des Sachverständigen wegen Unterlassens, da der Sachverständige die „handnahe“ Untersuchung der Dachkonstruktion nicht vorgenommen hatte, sodass die zuständige städtische Behörde von deren konkreten Mängeln keine Kenntnis erlangen konnte. Der BGH hielt den Freispruch des Landgerichts Traunstein aufgrund der getroffenen Feststellungen für bedenklich und verwies die Sache zurück, da nach seiner Auffassung nicht hinreichende Ermittlungen dahin gehend angestellt wurden, ob „das Aufdecken konkreter auf eine mögliche Gefahrenlage hindeutender Schäden an der Tragkonstruktion bei den Verantwortlichen der Stadt“ nicht doch eine Abhilfe durch diese zur Folge gehabt hätte.[1247] Dies hatte das Landgericht ausgeschlossen, unter anderem da die Stadt schon auf (allerdings Jahre zurückliegende) Anregungen zweier Sachverständiger, den Sanierungsaufwand der Halle durch eine vertiefte Untersuchung zu ermitteln, nicht reagiert habe.[1248] Der BGH rekurriert in seinem – insoweit die rechtlichen Ausgangsüberlegungen des Landgerichts bestätigenden – Ausführungen überwiegend auf seine bisherige Rechtsprechung, nach der ein Unterlassen dann für einen Erfolg ursächlich im Sinne der Conditio-sine-qua-non-Formel ist, wenn die gebotene Handlung nicht hinzugedacht werden kann, ohne dass der Erfolg entfiele, „wenn also die gebotene Handlung den Erfolg verhindert hätte“.[1249] Der BGH bekräftigt ferner erneut die Ablehnung der auch im Zusammenhang mit den Begehungsdelikten – dort freilich innerhalb der Lehre der objektiven Zurechnung – diskutierten Risikoerhöhungslehre[1250] und verlangt vielmehr in altbekannter Manier, dass sich das Ausbleiben des Erfolges bei Vornahme der gebotenen Handlung „auf Grund bestimmter Tatsachen so verdichten“ müsse, „dass die Überzeugung vom Gegenteil mit an Sicherheit grenzender Wahrscheinlichkeit vernünftigerweise ausgeschlossen ist“,[1251] wobei diese

1246 BGH NJW 2010, 1087 ff.; daraus auch der im Folgenden kurz dargestellte Sachverhalt.
1247 BGH NJW 2010, 1087 (1091).
1248 Siehe BGH NJW 2010, 1087 (1091).
1249 BGH NJW 2010, 1087 (1090); st. Rspr. s. nur BGHSt 6, 1(2); 37, 106 (126) (Lederspray-Entscheidung); 48, 77 (93) (Politbürofall); *Fischer* Vor § 13 Rn. 39 jeweils mit weiteren Nachweisen.
1250 Siehe dazu nur *Roxin*, AT II § 31 Rn. 46 ff.
1251 BGH NJW 2010, 1087 (1091); s. auch schon BGHSt 11, 1 (Radfahrerfall).

Formulierung keine überzogenen Anforderungen an die Ursächlichkeit stellen soll, sondern es sich lediglich um die „überkommene Beschreibung des für die richterliche Überzeugung notwendigen Beweismaßes“ handelt.[1252] Ausdrücklich wendet sich der 1. Strafsenat ferner gegen eine Übernahme der für Entscheidungen von Kollektivorganen aufgestellten Grundsätze,[1253] nach der sich kein Mitglied eines Gremiums wegen seiner Haltung im Sinne einer fehlenden Kausalität darauf berufen könne, er wäre im Falle seines Widerspruchs ohnehin überstimmt worden.[1254]

Die Debatte um die Kausalität einer unterlassenen Handlung für den später eingetretenen Erfolg ist nicht neu und verlief im Wesentlichen in drei aufeinanderfolgenden und aufeinander aufbauenden Abschnitten.[1255] Zunächst ging es primär um die Frage, inwieweit ein pflichtgemäßes Verhalten einen bestimmten Erfolg hätte verhindern können bzw. wie mit der Unsicherheit umzugehen ist, ob ein pflichtgemäßes Verhalten den Erfolg verhindert hätte. In diesem Zusammenhang erging als wegweisendes Urteil die – auch in der Entscheidung zu Bad Reichenhall in Bezug genommene – BGH-Entscheidung zum „Radfahrerfall“.[1256] Eine Debatte rund um das spezifische Problem eines mehrköpfigen Entscheidungsgremiums wurde insbesondere infolge der berühmten Lederspray-Entscheidung[1257] geführt, nach der sich kein Mitglied darauf berufen kann, es wäre, hätte es auch seine konkrete Handlungspflicht erfüllt, nämlich „unter vollem Einsatz seiner Mitwirkungsrechte das ihm Mögliche und Zumutbare zu tun, um einen Beschluss der Gesamtgeschäftsführung über Anordnung und Vollzug des gebotenen Rückrufs zustande zu bringen“[1258], mit Sicherheit von den anderen Mitgliedern des Gremiums überstimmt worden. Später verweigerte der BGH jedoch – und damit sind wir beim dritten Abschnitt der Debatte angekommen, der sich vor allem in jüngerer Zeit abspielt – die Übertragung dieser Grundsätze auf solche Fälle, in denen die verschiedenen Handlungspflichtigen nicht gleichzeitig, sondern nacheinander handeln müssen.[1259] Wir wollen uns im Folgenden mit dieser letzten Gruppe beschäftigen und die Debatte um die anderen beiden

1252 BGH NJW 2010, 1087 (1091) unter Bezugnahme auf BGHSt 37, 106 (127).

1253 BGHSt 37, 106 ff.; BGHSt 48, 77 ff.; OLG Braunschweig NJW 2012, 3798 ff.

1254 BGH NJW 2010, 1087 (1091); so auch schon BGH NJW 2000, 2754 (2757); s.a. BGH NStZ 1986, 217 (218); NJW 2008, 1897 (1899).

1255 So zutreffend *Greco* ZIS 2011, 674.

1256 BGHSt 11, 1 ff.

1257 BGHSt 37, 106 ff.

1258 BGHSt 37, 106 (126).

1259 So ausdrücklich BGH NJW 2010, 1087 (1091); BGH NJW 2000, 2754 (2757).

Problemkreise nur insofern zurate ziehen und fruchtbar machen, als dies für das uns eigentlich interessierende Problem sinnvoll erscheint.

Von Anfang an stand der von der Rechtsprechung favorisierten Formel aus der Literatur die sog. Risikoerhöhungstheorie oder -lehre (bei Unterlassungsdelikten auch Risikoverminderungstheorie genannt) gegenüber, die die Kausalität bei den Unterlassungsdelikten mit der aus dem Bereich der objektiven Zurechnung bei den Begehungsdelikten bekannten Theorie ersetzen will und nach der man einen Erfolg dem Unterlassenden bereits zurechnen können soll, wenn die Vornahme der gebotenen Handlung den Eintritt des Erfolges zumindest unwahrscheinlicher gemacht hätte.[1260] Zutreffend ist, dass sich die Abwandlung der Conditio-sine-qua-non-Formel auf die Unterlassungsdelikte nie an einer Kausalität im naturwissenschaftlichen Sinne orientieren konnte, da eine *nicht* vorgenommene Handlung keinen Erfolg verursachen kann.[1261] Gegen die Risikoerhöhungstheorie wurde jedoch seit jeher zu Recht eingewandt, dass sie Verletzungsdelikte zu Gefährdungsdelikten macht und zudem einen Verstoß gegen den In-dubio-pro-reo-Grundsatz beinhaltet, indem die Erbringung eines vollen prozessualen Beweises durch eine Wahrscheinlichkeitsaussage ersetzt wird.[1262]

Fraglich erscheint jedoch, ob damit bereits auch das letzte Wort zur Frage des hypothetischen Verhaltens eines Dritten im Sinne der Rechtsprechung gesprochen worden ist. Die Rechtsprechung selbst wendet, wie erwähnt, bei Kollegialentscheidungen seit der Lederspray-Entscheidung den Grundsatz an, dass sich ein Mitglied der Geschäftsleitung nicht in dem Sinne auf das pflichtwidrige Verhalten anderer Mitglieder des Gremiums berufen kann, als dass sein eigener Verstoß nicht mit Sicherheit kausal für den späteren Erfolg geworden ist.[1263] Dies lehnt sie jedoch ohne Begründung für den Fall ab, in dem ein zeitlich nachgelagertes Unterlassen vorliegt.[1264] Diese Haltung ist aber nicht konsequent und hätte daher zumindest einer näheren Erörterung bedurft. Auch in seinem

1260 *Greco* ZIS 2011, 674 ff. (681); *Roxin*, AT II § 31 Rn. 54 ff., der darauf abstellen will, ob eine Risikominderung nicht nur ex ante möglich erschien, sondern auch ex post tatsächlich eingetreten ist.

1261 So schon der von Melissos entwickelte und der seit Sokrates allgemein gebräuchliche, später latinisierte, philosophische Grundsatz „Ex nihilo nihil fit", siehe auch der Überblick bei *Roxin*, AT II § 31 Rn. 37 ff.

1262 Siehe nur *Ransiek* JuS 2010, 490 (496); *Wessels/Beulke/Satzger*, Strafrecht AT, Rn. 1002, 297 jeweils m.w.N.

1263 Siehe zuletzt auch LG München I NZWiSt 2014, 183 (190).

1264 BGH NJW 2010, 1087 (1091); BGH NJW 2000, 2754 (2757); ebenso ohne Begründung *Barton* RDV 2010, 247 (254).

Obiter dictum zur Strafbarkeit des Compliance-Beauftragten verzichtet der entscheidende Senat auf nähere Ausführungen zur Problematik der Kausalität, welche natürlich wegen der fehlenden Entscheidungserheblichkeit nicht zwingend notwendig waren, aber die Ausführungen des Senats angesichts der vorherigen Rechtsprechung des Bundesgerichtshofs zur Frage der hypothetischen Verhaltensweise eines Dritten wenig durchdacht erscheinen lassen. Bezüglich des Compliance-Beauftragten zeigt schon ein Blick in die unternehmerische Praxis, dass die tatsächliche Realität in einem Betrieb, in dem der Compliance-Beauftragte seine Aufgabe nicht nur als Nebentätigkeit wahrnimmt bzw. in dem er nicht nur von vornherein als „Feigenblatt“ für die Öffentlichkeit dient, so aussieht, dass der Compliance-Beauftragte zumeist direkt unterhalb der Geschäftsleitung angesiedelt ist und sein Wort bei Compliance-relevanten Sachverhalten erhebliches Gewicht hat. Daher ist sein Einfluss auf die Geschäftsleitung in seinem Fachgebiet zumeist wohl ebenso groß wie der Einfluss eines Mitgliedes der Geschäftsleitung auf ein anderes Mitglied der Geschäftsleitung, zumal wenn dieses möglicherweise mit dem Bereich Compliance nur am Rande etwas zu tun hat. Dann ist es aber unklar, warum der Compliance-Beauftragte sich weniger um Abhilfe im Zusammenhang mit Compliance-Verstößen bemühen müssen soll als ein „fachfremdes“ Mitglied der Geschäftsleitung. Es handelt sich in diesen und vergleichbaren Fällen zwar nicht um eine „identische“ Pflichtenstellung, doch steht dies nicht der Möglichkeit entgegen, auch hier auf den „Gesamterfolg des kumulativen Unterlassens“ abzustellen.[1265] Ferner kann man die einseitige Unterstellung des rechtmäßigen Verhaltens Dritter nicht darauf stützen, dass der Compliance-Beauftragte zunächst seinen Vorgesetzten über die Compliance-Mängel zu informieren hat, um Abhilfe zu schaffen, da dies in einem Gremium nicht anders ist: Auch dort kann jedes Mitglied nur dann den Erfolg abwenden, wenn die anderen zustimmen.[1266] Entscheidender Gedanke der maßgeblichen Lederspray- und Politbüro-Entscheidungen ist daher auch nicht, die Beteiligten als Mittäter bzw. „Zwangskollektiv“ zu behandeln, um so die Kausalität zu begründen, sondern „auszuschließen, dass sich jeder von mehreren Pflichtvergessenen mit der Pflichtverletzung eines anderen (…) entlasten kann“.[1267] Richtigerweise wäre daher bei wertender Betrachtung – und nur diese wendet der BGH im Zusammenhang mit seiner Rechtsprechung zu Gremienentscheidungen an – auch vom Compliance-Beauftragten zu verlangen „unter vollem

1265 *Bosch*, FS Puppe, 373 (379).
1266 *Bosch*, FS Puppe, 373 (379).
1267 *Puppe* JR 2010, 355 (357).

Einsatz seiner Mitwirkungsrechte das ihm Mögliche und Zumutbare zu tun, um einen Beschluss der Gesamtgeschäftsführung“[1268] hinsichtlich der Abhilfe herbeizuführen.[1269]

Diese Lösung wird in der Literatur insbesondere von *Puppe* vertreten, die als Ausgangspunkt wählt, dass die menschliche Entscheidungsfreiheit und die daraus folgende „Indeterminiertheit“ menschlicher Handlungen Grundlagen unseres Strafrechtssystems sind und daher das Verhalten eines Dritten ohnehin nicht präzise vorhergesagt werden kann.[1270] Ein zentrales Argument ist dabei, dass derjenige, der einen möglicherweise den Erfolg abwendenden Dritten nicht informiert und sich anschließend auf die fehlende Sicherheit der Erfolgsabwendung beruft, hätte er den Dritten informiert, nicht nur eine fremde, sondern darüber hinaus auch noch eine fiktive Pflichtverletzung zu seiner Entlastung geltend macht.[1271] Da dies generell nicht zulässig sei, müssten bei der Ermittlung einer Kausalität im Rechtssinne in Fällen wie diesen juristische Gesetze an die Stelle einer natürlichen empirischen Feststellung treten.[1272] Diese Lösung mag zunächst an die – unter anderem auch von *Puppe* selbst sonst vertretene[1273] – Risikoerhöhungslehre erinnern. Die Schwächen der Risikoerhöhungslehre und ihre Nichtbeachtung in der Rechtsprechung wurden bereits angesprochen. Jedoch macht es einen Unterschied, ob die Frage darin besteht, ob im Allgemeinen rein tatsächlich eine Möglichkeit gegeben war, einen Erfolgseintritt zu verhindern und man sich über Nachweisschwierigkeiten mithilfe von Wahrscheinlichkeitsurteilen hinweghilft, oder ob ohnehin nur das freie Handeln eines Dritten den Erfolg abwenden kann.[1274] Denn ein solches hypothetisches Geschehen, welches sich nicht nach Naturgesetzen vollzieht, entzieht sich von vornherein einem sicheren Urteil.[1275] Wenn es infolgedessen aber in dem Bereich der gebotenen Einschaltung eines Dritten keine Gewissheit über den hypothetischen weiteren Geschehensablauf geben kann, so spricht viel dafür, den Kausalverlauf normativ zu bestimmen.[1276] Insoweit man diesbezüglich allerdings auf

---

1268 BGHSt 37, 106 (126).

1269 S.a. *Puppe* JR 2010, 355 (357); *Bosch*, FS Puppe, 373 (378).

1270 *Puppe* JR 2010, 355 ff.; *dies.*, Strafrecht AT, § 30 Rn. 15 ff.; § 2 Rn. 38 ff.; NK-*Puppe* Vor § 13 Rn. 134.

1271 NK-*Puppe* Vor § 13 ff. Rn. 134; *Puppe* JR 2010, 355 (357); siehe zu den Einwänden aber auch sogleich.

1272 NK-*Puppe* Vor § 13 ff. Rn. 134 ff..

1273 NK-*Puppe* Vor § 13 ff. Rn. 135 ff.

1274 *Kahlo* GA 1987, 66 (77); *Puppe* JR 2010, 355 (357).

1275 *Roxin*, AT II, § 31 Rn. 64; *Kahlo* GA 1987, 66 (77); *Bosch*, FS Puppe, 373 (388 f.).

1276 *Bosch*, FS Puppe, 373 (388 f.); *Puppe* JR 2010, 355 ff.; *Kahrs* NStZ 2011, 14 (17 f.).

den Vergleich mit den Begehungsdelikten rekurriert und sagt, dass auch dort die Berufung auf hypothetische Kausalverläufe und Reserveursachen („hätte ich es nicht gemacht, hätte es ein anderer getan") unzulässig ist,[1277] wird verkannt, dass bei einem aktiven Tun die Kausalität regelmäßig außer Frage steht, sodass der Vergleich unzutreffend ist.[1278] Der Vergleich mit der Kausalität beim Begehungsdelikt kann nämlich schon denklogisch nicht aufgehen, wenn man sich in Erinnerung ruft, dass die Kausalität beim Unterlassungsdelikt und insbesondere das notwendige hypothetische Verhalten eines Dritten einem empirischen Beweis ja ohnehin von vornherein nicht zugänglich sind.

Im Ergebnis ist in den Fällen, in denen den einzuschaltenden Dritten eine Rechtspflicht zum Handeln trifft, die Pflichtgemäßheit seines Handelns zu unterstellen.[1279] Diese Auffassung wurde – wohl ohne einen Gedanken an die sich daraus an sich ergebenden Auswirkungen auf nachgelagerte Garantenpflichten zu verschwenden – im Politbüro-Urteil vom BGH selbst vertreten, wenn er ausführt, dass „das Recht [...] von der Befolgung seiner Normen auszugehen" habe.[1280] Dass diese Auffassung zutreffend ist, wird insbesondere anhand von Fällen deutlich, in denen die erfolgsabwendende Handlung von einem Staatsdiener vorzunehmen ist. Aufgrund seiner besonderen Verpflichtung und des Rechtsstaatsprinzips aus Art. 20 Abs. 3 GG ist es hier besonders naheliegend mit einer Fiktion dahin gehend zu arbeiten, dass der Staatsdiener im Falle einer Information die pflichtgemäße Handlung vorgenommen hätte.[1281] Eine andere Lösung, das heißt die Anwendung des In-dubio-pro-reo-Grundsatzes auch bei einem durch rechtliche Pflichten vorgegebenen Handeln eines Dritten würde bedeuten, dass der Rechtsstaat (in concreto durch die Gerichte) bis zu einem Beweis des Gegenteils grundsätzlich in den einschlägigen Strafverfahren von einer pflichtwidrigen Handlung seiner eigenen Staatsdiener auszugehen hätte. Richtigerweise kann der Zweifelssatz daher in einer derartigen Konstellation keine Geltung beanspruchen, da in diesen Fällen einer Fiktion gar nicht auf eine offene prozessuale Frage mit einer Vermutung reagiert wird, sondern es von vornherein nur um den materiell-rechtlichen Umgang

1277 S. nur *Bosch*, FS Puppe, 373 (388 f.).

1278 *Greco* ZIS 2011, 674 (690).

1279 Kritisch und daher allenfalls im Ergebnis ähnlich in jüngerer Zeit aber *Schrott*, Unterlassungszurechnung, 189 ff., 259 ff.; 289, 296.

1280 BGHSt 48, 77 (95).

1281 Siehe auch *Kahrs* NStZ 2011, 14 (18); *Puppe* JR 2010, 355 (356 f.); NK-*Puppe* Vor § 13 Rn. 134; *Bosch*, FS Puppe, 373 (388 f.); anders aber ausdrücklich für diese Konstellation OLG Stuttgart NJW 1998, 3131 (3133).

mit einem hypothetischen Geschehensablauf geht.[1282] Dasselbe gilt dann aber auch in einem hierarchischen System wie einem Unternehmen. Dort wird ein Unternehmensangehöriger mit dem Verweis auf die mögliche Pflichtverletzung der Geschäftsleitung richtigerweise nicht zu hören sein: Genauso wie die Sorgfaltspflichten des Compliance-Beauftragten eingeschränkt sind und er sich auf das sorgfaltsgemäße Verhalten der Geschäftsleitung verlassen darf, kann er sich nicht von seiner eigenen Pflichtverletzung mit dem Argument exkulpieren, dass es nicht auszuschließen sei, dass auch die Geschäftsleitung die ihr obliegende Pflicht nicht erfüllt hätte.[1283] Das hieße nämlich, dass der Compliance-Beauftragte sich sowohl auf ein pflichtwidriges als auch auf ein pflichtgemäßes Verhalten der Geschäftsleitung berufen könnte.

Zu Recht wird daher gefordert, auf alle Fälle „gestaffelt arbeitsteiliger Pflichten zur Vermeidung eines schädlichen Erfolges" die Grundsätze der Entscheidungen zur Gremienkausalität anzuwenden, da es keinen Unterschied macht, ob es sich um gleichgeordnete oder nacheinander geschaltete Verantwortungsketten handelt.[1284] *Kahrs* hat eine zwar auf dem Schutzzweckgedanken basierende und im Ergebnis der Risikoerhöhungslehre weitgehend gleichende, im Grundsatz jedoch zutreffende Abwandlung der Conditio-sine-qua-non-Formel formuliert, nach der dem Unterlassenden der spätere Erfolg bereits dann zuzurechnen ist, „wenn sein pflichtwidriges Verhalten nicht hinweggedacht und sein pflichtgemäßes Verhalten *sowie das dem Schutze Dritter dienende nachfolgend pflichtgemäße Verhalten aller dem Opfer verpflichteten Personen rechtlich zwingend* nicht hinzugedacht werden kann, ohne dass der schädliche Erfolg vermieden worden wäre."[1285] Für unsere Konstellation bedeutet dies, dass es darauf ankommt, ob den Geschäftsherrn eine rechtliche Pflicht zur Erfolgsabwendung getroffen hätte, wenn ihn der Compliance-Beauftragte ordnungsgemäß informiert hätte. Diese Frage ist aufgrund der eigenen Garantenstellung des Geschäftsherrn zu bejahen.

1282 Vgl. auch den Gedanken bei *Kahlo* GA 1987, 66 (76), wenn auch dort zur Verteidigung der Risikoerhöhungslehre im Allgemeinen vorgetragen; siehe aber ferner auch noch *ders.* GA 1987, 66 (77).

1283 Vgl. *Altenhain* NStZ 2001, 189 (191).

1284 S. nur *Puppe* JR 2010, 355 (356 f.); *Kahrs* NStZ 2011, 14 (18).

1285 Mit im Text wiedergegebener Hervorhebung im Original *Kahrs* NStZ 2011, 14 (17); so auch *Puppe* JR 2010, 355 (356 f.); *dies.*, Strafrecht AT, § 30 Rn. 15 ff.; § 2 Rn. 38 ff.; NK-*Puppe* Vor § 13 Rn. 134; *Jakobs*, AT, 29/23; *Altenhain* NStZ 2001, 189 (191); *Lindemann* ZJS 2008, 404 (408); *Bosch*, Organisationsverschulden, 106 f.; Sch/Sch/*Stree/Bosch* § 13 Rn. 62; im Ergebnis auch *Roxin*, AT II, § 31 Rn. 64; siehe ferner noch die Nachweise bei *Schrott*, Unterlassungszurechnung (passim).

Daher ist von seinem rechtmäßigen Verhalten im Falle seiner korrekten Information auszugehen, denn es genügt hierfür eben jene Pflicht, den Erfolg abzuwenden. Zu klären ist freilich noch die Frage, wie weit diese Fiktion gehen soll, ob sie also auch dann gilt, wenn nachgewiesen werden kann, dass die Geschäftsleitung selbst in rechtswidrige Praktiken verstrickt gewesen ist und daher auch keine Abhilfe geschaffen hätte. *Kahrs* ist der Meinung, dass sich aus dem „Schutzzweck der gestaffelten Vermeidepflicht" entnehmen lassen soll, dass stets vom pflichtgemäßen Verhalten nachfolgender Akteure auszugehen ist, selbst wenn diese nachweislich pflichtwidrig gehandelt hätten.[1286] In diesem Punkt geht die Meinung von *Kahrs* also sogar explizit weiter als die Risikoerhöhungslehre, die ja grundsätzlich ein gegenteiliges Wahrscheinlichkeitsurteil zulässt.[1287] Dies ist aber auch konsequent, da es sich bei der Annahme des rechtmäßigen Verhaltens um eine Fiktion handelt und daher ihre Widerlegung ausgeschlossen ist.[1288] Eine solche unwiderlegliche Fiktion ist im Strafrecht zwar eher selten zu finden, sie ist zumindest dem deutschen Strafrecht aber auch sonst nicht völlig fremd, zum Beispiel bei der „unwiderleglichen Vermutung" der absoluten Fahruntüchtigkeit eines Kraftfahrers ab 1,1 Promille Alkohol im Blut.[1289] Jede andere Annahme würde zudem tatsächlich auf einen Verstoß gegen den Zweifelssatz hinauslaufen, da sie bedeutete, den Prozess mit einer gegen den Angeklagten gerichteten Vermutung zu beginnen und ihm insofern die Beweislast für das Gegenteil auferlegt würde.[1290] Die Fiktion verliert daher allenfalls dort ihre Geltung, wo die Geltung von Gesetzen generell für unerheblich gehalten wird, also im Bereich subkultureller Milieus wie dem der organisierten Kriminalität, denn dort wo die Rechtsordnung ohnehin keine Geltung mehr hat, kann man schwerlich ein hypothetisches Verhalten als rechtmäßig unterstellen. Freilich ist hier die Installierung eines Compliance-Beauftragten, der nicht bloß der Aufrechterhaltung einer Fassade gilt, a priori ausgeschlossen. Die Ausnahmeregel dürfte jedoch schon in einem Unrechtsstaat, der ja regelmäßig immer noch über Gesetze verfügt, nicht gelten. Jedenfalls aber in einem an sich rechtstreuen Unternehmen gilt die Fiktion uneingeschränkt, woran auch die totale oder partielle Verstrickung des Unternehmens und/oder seiner Führung in rechtswidrige Praktiken nichts ändert, da die generelle Akzeptanz der geltenden Rechtsnormen und der

1286 So *Kahrs* NStZ 2011, 14 (18).
1287 So *Kahrs* NStZ 2011, 14 (18) selbst; s.a. NK-*Puppe* Vor § 13 Rn. 134.
1288 Dagegen ausdrücklich NK-*Ransiek* § 324 Rn. 66.
1289 Siehe *Fischer* § 316 Rn. 13.
1290 So aber z.B. *Greco* ZIS 2011, 674 (691).

grundsätzliche Wille hierzu eines im Lichte der Öffentlichkeit agierenden Unternehmens schon in seinem eigenen Interesse hierdurch nicht in Zweifel gezogen werden.

Nur am Rande sei an dieser Stelle darauf hingewiesen, dass eine Strafbarkeit in den beschriebenen Konstellationen regelmäßig auch nicht am (bedingten) Vorsatz bezüglich einer möglichen rechtmäßigen Folgeentscheidung der Geschäftsleitung scheitern wird. Diesen wird man in Fällen des überlegenen Erkenntnisvorsprungs wohl nur dann verneinen können, wenn der Compliance-Beauftragte bereits mehrfach versucht hat, bei der Geschäftsleitung zu intervenieren, seine Versuche der Einflussnahme aber jedes Mal fruchtlos blieben, im fraglichen Fall eine vergleichbare Konstellation gegeben ist und dem Compliance-Beauftragten keine Anhaltspunkte dafür vorliegen, die dafür sprechen, dass die Geschäftsleitung diesmal anders entscheiden wird. An der grundsätzlich bestehenden Pflicht, die Geschäftsleitung zu einer Änderung ihrer Firmenpolitik zu bewegen, ändert die beschriebene Problematik somit nichts. Man mag zwar etwas grundsätzlicher einwenden, dass der Compliance-Beauftragte sich durch das wiederholte „Lamentieren" nur unbeliebt mache und möglicherweise noch mehr an Einfluss im Unternehmen verlieren würde, sodass er letztlich überflüssig werden würde. Dabei wird jedoch übersehen, dass selbst im Fall der unterstellten Untätigkeit der Geschäftsleitung weiterhin ein Strafbarkeitsrisiko für den Compliance-Beauftragten besteht, wenn er bei einer objektiv renitenten Geschäftsleitung es subjektiv für möglich hält, dass die Geschäftsleitung sehr wohl auf seine Hinweise reagieren könnte („untauglicher Versuch"). Ferner macht sich ein Compliance-Beauftragter erst recht und gerade dann überflüssig, wenn er sich nicht mehr in die in seinen Aufgabenbereich fallenden Probleme „einmischt". Spätestens wenn der erste strafrechtlich relevante Fall (möglicherweise gar medienwirksam) öffentlich bekannt wird, hat ein beharrlicher Compliance-Beauftragter im Unternehmen „plötzlich" eine weniger durch seine formale Stellung als durch seine persönliche Autorität begründete deutlich verbesserte Position, sodass auch deshalb eine strikte Handhabung der Rechtspflicht des Compliance-Beauftragten nicht nur rechtlich geboten ist, sondern sich auch in die (erwünschte) Unternehmenskultur der betroffenen Firmen sehr gut einfügen lässt.

Die bisher gemachten Ausführungen, also die Frage danach, wie der Geschäftsherr gehandelt hätte, hätte der Compliance-Beauftragte ihn über einen gewissen Umstand in Kenntnis gesetzt, waren stets solche, in denen (stillschweigend) vorausgesetzt worden ist, dass der Geschäftsherr tatsächlich einen geringeren Kenntnisstand als der Compliance-Beauftragte hatte, also zumindest über den konkreten rechtswidrigen Vorgang noch nicht in Kenntnis war. Denkbar ist natürlich auch die Konstellation, dass der Compliance-Beauftragte überhaupt keinen überlegenen Kenntnisstand hat, also der Geschäftsherr über den konkreten rechtswidrigen Vorgang im Bilde ist, und der Compliance-Beauftragte es dennoch unterlässt, den Geschäftsherrn hierauf anzusprechen. Teilweise wird, mit dem Ausgangspunkt von Überlegungen zur Lehre vom Regressverbot, die Auffassung vertreten, dass es gerade der Erkenntnisvorsprung sei, der den entscheidenden Unterschied (die durch eine Information ausgelöste „Differenz") zwischen normativ begründbarer Kausalität und Nicht-Kausalität ausmache.[1291] Auf den ersten Blick erscheint dies einleuchtend, wenn man bedenkt, dass die Fiktion über die Rechtmäßigkeit des hypothetischen Handelns eines Dritten nicht so weit reicht, dass sie auch Zweifelsfragen *tatsächlicher* Art erfasst. Mit anderen Worten ist die Frage, ob der Compliance-Beauftragte tatsächlich einen Informationsvorsprung vor dem Geschäftsherrn hatte, eine Frage, die voll und ganz der freien richterlichen Beweiswürdigung unterliegt und, da der Compliance-Beauftragte einen Wissensvorsprung regelmäßig leugnen wird, im Zweifels- und Regelfall zu Gunsten des Compliance-Beauftragten zu entscheiden ist. Nach dieser Auffassung würde also nur in wenigen Fällen eine (mögliche) Strafbarkeit des Compliance-Beauftragten in Betracht kommen, da ohne Informationsvorsprung auch keine weiteren möglichen strafrechtlichen Pflichten bestehen würden. Die Strafbarkeit wäre jedenfalls auf solche Fälle beschränkt, in denen der Compliance-Beauftragte in einer Position wäre, die ihn gleich einem mittelbaren Täter und ähnlich dessen Tatherrschaft kraft überlegenen Wissens zu einer das Geschehen bestimmenden Person machen würde. Diese Auffassung müsste jedoch, wenn sie richtig wäre, die Pflichten des Compliance-Beauftragten zutreffend widerspiegeln. Es wurde jedoch bereits gezeigt, dass sich die Pflichten des Compliance-Beauftragten nicht in der bloßen Informationsweitergabe erschöpfen. Darüber hinaus trifft ihn nämlich eine umfassende Beratungsaufgabe („advisory function").[1292] Diese Beratungsaufgabe verdichtet sich gerade in Krisenzeiten zu einer besonderen Beratungspflicht. Der Compliance-Beauftragte ist also nicht von seinen Pflichten befreit, wenn er einen ungefähr gleichen Kenntnisstand hinsichtlich der Tatsachen wie die Geschäftsleitung hat, sondern dann beginnt erst seine eigentliche Aufgabe, nämlich der Geschäftsleitung ein umfassendes und detailliertes Bild über die tatsächliche Lage, ihre rechtlichen

1291 *Stübinger* ZIS 2011, 602 (615); so im Ergebnis auch diejenigen, die die „Information" zum allein entscheidenden Faktor einer Garantenstellung im Unternehmen erklären, so z.B. *Rönnau/Schneider* ZIP 2010, 53 (58) m.w.N.

1292 *Schulz/Renz* BB 2012, 2511 (2514).

Implikationen, mögliche Lösungswege oder das weitere Vorgehen bezüglich einer etwaigen Informierung externer Stellen zu machen. Ferner wurde an anderer Stelle in diesem Abschnitt bereits verdeutlicht, dass der Einfluss des Compliance-Beauftragten auf die Geschäftsleitung in seinem Fachgebiet im Durchschnitt wohl ebenso groß sein dürfte wie der Einfluss eines Mitgliedes der Geschäftsleitung. Erst wenn der Compliance-Beauftragte daher eine umfassende und korrekte Beratung zum konkreten Geschehen im Unternehmen geleistet hat (oder – im Falle völliger Ignoranz durch die Geschäftsleitung – sich zumindest redlich um eine solche bemüht hat) ist er seinen Pflichten nachgekommen und gibt die an ihn delegierte Teilverantwortlichkeit wieder an die Geschäftsleitung zurück.[1293] Ist er dieser Pflicht aber nicht nachgekommen, und dies wird nicht selten anhand schriftlicher Unterlagen und Protokollen entsprechender Treffen, die die Problematik behandelten, nachzuvollziehen sein, greift wiederum die Fiktion eines pflichtgemäßen Verhaltens der Geschäftsleitung bei korrekter Beratung.

Es wurde folglich aufgezeigt, dass über Kausalitätsprobleme hinsichtlich eines tatsächlichen, hypothetischen Verhaltens vollverantwortlicher dritter Personen mittels einer notwendigen und angemessenen Fiktion jedenfalls insoweit hinwegzukommen ist, als sie die Frage betreffen, ob der Compliance-Beauftragte eine „Erfolgsabwendungsmöglichkeit“ besitzt. Folgt man dieser Fiktion, ist der wesentliche Einwand der Gegner einer Garantenstellung des Compliance-Beauftragten, dieser habe keine Möglichkeit, den tatbestandsmäßigen Erfolg abzuwenden, in seiner Bedeutung erheblich geschmälert. Die fehlende Erfolgsabwendungsmöglichkeit ist ohnehin nur ein schwaches Argument gegen eine Garantenstellung des Compliance-Beauftragten: Jedenfalls im Rahmen einer Beteiligung durch Beihilfe ist diese bzw. eine Kausalität des Unterlassens nämlich nach der herrschenden Auffassung wie schon gezeigt sowieso nicht zwingend erforderlich und kann daher auch nur schwerlich grundsätzlich gegen eine Garantenstellung angeführt werden.

d) Weitere Einwände gegen eine Garantenstellung

Sofern gegen eine „vertragliche“ Übernahme von Garantenpflichten eingewandt wird, es fehle dem Compliance-Beauftragten regelmäßig die notwendige „rechtlich fundierte faktische Nähe zum bedrohten Rechtsgut“[1294], so erscheinen diese

---

1293 Bei „Kenntnis“ des zuständigen Entscheidungsträgers für Straflosigkeit hingegen NK-*Ransiek* § 324 Rn. 66.

1294 *Rotsch*, FS I. Roxin, 485 (497).

Bedenken nicht durchgreifend. Vertraglich übernommen wird letztlich auch die Garantenstellung des Vorstandsvorsitzenden einer AG, denn selbst wenn man es hier formal auf die tatsächliche Übernahme ankommen lässt, ist faktisch doch die vertragliche Bindung die normative Kraft hinter der Garantenstellung. Insofern ist auch die vertragliche Übernahme durch den Compliance-Beauftragten (trotz fehlender gesetzlicher Anknüpfungspunkte) per se kein Sonderfall. Letztlich hat aber der Geschäftsherr – vor der Rechtsgutsverletzung – genauso wenig ein Näheverhältnis zu der geschädigten Person wie der Compliance-Beauftragte. Erst durch den Erfolg und die misslungene vorherige Überwachung entsteht hier ex post die Perspektive, dass der Geschäftsherr durch seine Handlung den Erfolg hätte verhindern können. Genauso möglich ist es aber, dass man ihm – aus welchen Gründen auch immer – im konkreten Fall keinen Vorwurf machen kann. Genau das beschreibt aber treffend auch die Situation des Compliance-Beauftragten: Auch dieser kann durch seine Überwachungspflichten und den damit verbundenen Einfluss eine Rechtsgutsverletzung verhindern, es ist aber genauso möglich, dass man ihm im konkreten Fall keinen Vorwurf machen kann bzw. sein Handeln möglicherweise ohne Einfluss auf den Erfolg geblieben wäre.

Zum Teil wird im Hinblick auf das Obiter dictum des Bundesgerichtshofs zur Strafbarkeit des Compliance-Beauftragten entgegnet, dass es zu dem vom BGH sicher nicht beabsichtigten kriminalpolitischen Nebeneffekt führen könnte, dass der Aufbau von Compliance-Strukturen durch die vermeintlich damit einhergehenden strafrechtlichen Risiken und das Schüren von Ängsten eher verhindert wird.[1295] Entstehen könnte ferner eine „Kultur des Wegsehens“ und eine Reduzierung der Compliance auf eine „Feigenblattfunktion“.[1296] Droht also tatsächlich eine „Schlechterstellung des sorgfältigen Unternehmers“, wie *Ransiek* fragt?[1297] Die aufgeworfene Frage ist entschieden zu verneinen.[1298] Es wird nämlich kein neues strafrechtliches Risiko geschaffen, sondern ein bei einer Person (Geschäftsherr) bereits vorhandenes wird lediglich teilweise auf eine andere Person (Compliance-Beauftragter) „verlagert“.[1299] Bei unzureichender Ausübung durch den Compliance-Beauftragten fällt diese Überwachungspflicht auch wieder auf den Geschäftsherrn zurück; dieser bleibt durch Überwachungs- und Kontrollpflichten ohnehin Teil des Kreises der Überwachungspflichtigen.[1300]

1295 *Berndt* StV 2009, 689 (691); *Campos Nave/Vogel* BB 2009, 2546 (2549).
1296 *Berndt* StV 2009, 689 (691).
1297 Siehe *Ransiek* AG 2010, 147 (148).
1298 So auch *Ransiek* selbst AG 2010, 147 (148).
1299 *Ransiek* AG 2010, 147 (148).
1300 *Ransiek* AG 2010, 147 (148); *Rotsch*, FS I. Roxin, 485 (493).

Eine solche Verlagerung durch Delegation ist auch sonst weitgehend üblich; so wird auch nicht von den Mitgliedern des Vorstandes einer Aktiengesellschaft verlangt, die Verkehrssicherheit der Fahrzeuge im Fuhrpark der AG durch höchstpersönliche Kontrollen der Kfz zu gewährleisten.[1301] Schließlich ist zu bedenken, dass eine Entziehung vor staatlichen Sanktionen schon deshalb nicht möglich ist, weil auch ohne die Installierung eines Compliance-Beauftragten neben der schon ausführlich dargestellten strafrechtlichen Geschäftsherrenhaftung jedenfalls die Verantwortlichkeit nach § 130 OWiG sowie die daran anknüpfende Verantwortlichkeit des Unternehmens nach § 30 OWiG bestehen bliebe.[1302] Ferner wird von der pessimistischen Auffassung völlig verkannt, dass eine „Kultur des Wegsehens" unter derselben Prämisse auch ohne strafrechtliche Verantwortung des Compliance-Beauftragten drohen müsste, nur eben durch den Geschäftsherrn selbst. Darüber hinaus kommt man durch die drohende Bestrafung des Compliance-Beauftragten im Gegenteil dem kriminalpolitisch gewünschten Ergebnis näher, nämlich zu verhindern, dass Compliance nur zum Zwecke des sog. „window-dressing" eingesetzt wird oder durch die Verschleierung von Zuständigkeiten und Kompetenzen einer „organisierten Unverantwortlichkeit" Vorschub geleistet wird.[1303] Nur am Rande sei erwähnt, dass die bloße Verlagerung eines Teils einer *bereits vorhandenen* strafrechtlichen Verantwortlichkeit ein weiterer Grund dafür ist, dass der Begründung strafrechtlicher Verantwortung durch Compliance-Maßnahmen – zu denen auch die Etablierung eines Compliance-Beauftragten gehört – hier erst recht kein Hinderungsgrund entgegensteht. Zu Recht bezeichnet *Rotsch*[1304] es als „absurd und unter ökonomischen wie Compliance-Gesichtspunkten kontraproduktiv" (man könnte ergänzen: auch unter kriminalpolitischen Gesichtspunkten) eine Garantenstellung des Geschäftsherrn anzunehmen, dann aber die Delegation daraus resultierender Pflichten in Gänze abzulehnen. Genauso abwegig erscheint es ferner, dem Unternehmen selbst zu überlassen, ob es den Compliance-Beauftragten trotz umfassender Überwachungs- und Ermittlungsaufgaben durch die Übertragung von Weisungsbefugnissen zum strafrechtlichen Verantwortungsträger macht oder nicht[1305], obwohl in der Unternehmenspraxis ohnehin klar

1301 Beispiel von *Ransiek* AG 2010, 147 (149).

1302 *Ransiek* AG 2010, 147 (148 f.).

1303 S. auch *Thiel von Herff* BB 2009, 1985; negative Auswirkungen auf die Compliance-Kultur in Unternehmen befürchten aber z.B. *Michalke* AbfallR 2010, 285 (289 f.); *Campos Nave/Vogel* BB 2009, 2546 (2549).

1304 *Rotsch*, FS I. Roxin, 485 (493).

1305 So zu Recht *Dannecker/Dannecker* JZ 2010, 981 (991).

ist, dass eine Entscheidung des Compliance-Beauftragten durch die Geschäftsleitung jederzeit rückgängig gemacht werden kann und sich (auch) deshalb an dem eigentlichen und gewichtigen Verantwortungsbereich des Compliance-Beauftragen nichts ändert. Ferner entspricht eine solche Aufteilung auch nicht den über lange Zeit gewachsenen organisatorischen Abläufen in Unternehmen, nach denen Personalentscheidungen vom Vorstand oder der Personalabteilung zu treffen sind. Teilweise wird darauf hingewiesen, dass wenn die Geschäftsleitung beim Compliance-Beauftragten „als Delegationsempfänger (Delegatar) keine eigene, rechtlich ausreichende Verantwortung begründet, [...] dies [schon] ein Organisationsfehler und Complianceverstoß [ist] – für den der Delegierende (Delegant), also die Unternehmensleitung zumindest über § 130 OWiG und mit zivilrechtlicher Haftung einstehen muss."[1306] Dies mag zwar insofern übertrieben sein, als dass der Compliance-Beauftragte nicht zwingend mit Entscheidungskompetenzen auszustatten ist. Richtig ist jedoch, dass mittels einer unwirksamen Delegation der Verantwortung, bspw. auch durch mangelnde Kompetenzen im Überwachungsbereich, die Geschäftsleitung nicht aus ihrer eigenen Verantwortung „entfliehen" kann.[1307] Wenn die Geschäftsleitung aber eine Möglichkeit hat, ihrer eigenen Verantwortung durch geeignete Compliance-Maßnahmen und Delegation gerecht zu werden, so ist die Übernahme bestimmter Verantwortungsbereiche bei den Delegationsempfängern nur logische Konsequenz der Entlastung der höheren Hierarchieebene.

Fraglich könnte jedoch noch sein, ob diese „Verantwortungsverlagerung" im Einklang mit einem – wie auch immer zu definierendem – „allgemeinen Gerechtigkeitsempfinden" steht und daher eventuell noch einmal zu überdenken wäre, wenn mit dem Geschäftsherrn eine Person entlastet wird, die diese Entlastung möglicherweise aus kriminalpolitischer Sicht gar nicht verdient. Diese Frage hängt insbesondere mit der Zielrichtung von Compliance zusammen.[1308] Es lohnt sich daher, sich noch einmal Sinn und Zweck von Compliance vor Augen zu führen. Wie schon festgestellt, findet Compliance im Unternehmensinteresse statt. Der Compliance-Beauftragte erhält seinen „Auftrag" dementsprechend vom Unternehmen und geht mit diesem ein Anstellungsverhältnis ein. Als natürliche Person profitiert von der Einstellung des Compliance-Beauftragten aber – wie schon erwähnt – die Geschäftsleitung, da der Compliance-Beauftragte zumindest zum Teil Pflichten wahrnimmt, die ansonsten von der

---

1306 *Rieble* CCZ 2010, 1.
1307 *Rieble* CCZ 2010, 1.
1308 Vgl. auch BGH NJW 2009, 3173 (3175).

Geschäftsleitung persönlich wahrgenommen werden müssten. Diese Pflichten der Geschäftsleitung dienen wiederum den Interessen von außenstehenden Dritten, soweit es gilt, Gefahren aus dem Unternehmen einzudämmen. Diese von außen bestehende Erwartungshaltung an das Unternehmen bzw. seine Geschäftsleitung bildet auch das für die Entstehung einer strafrechtlichen Garantenstellung des Compliance-Beauftragten notwendige Vertrauenselement, während die notwendige Form der Beherrschung dem Compliance-Beauftragten durch seine Stellung im Unternehmen zukommt. Auch soweit keine öffentlich-rechtliche Compliance-Pflicht existiert, gibt es also verschiedene „Schutzrichtungen“, Interessen und Pflichten, denen ein Compliance-Beauftragter kraft seiner Stellung im Unternehmen ausgesetzt ist. Diese widersprechen sich aber nicht oder schließen sich gar gegenseitig aus, sondern ergeben sich schlicht aus der Position des Compliance-Beauftragten. Sie sind jedoch noch nicht einmal ein Spezifikum des Compliance-Beauftragten, denn auch andere Akteure eines Unternehmens sind derartigen verschiedenen Interessen ausgesetzt: So soll die Geschäftsleitung zum Beispiel, wenn sie Gefahren, die aus dem Unternehmen heraus entstehen können, eindämmt, im Interesse des Unternehmens handeln. Sie handelt aber gleichzeitig auch zum Nutzen Dritter, dabei aber freilich immer im Auftrag des Unternehmens selbst und um dessen (zivil- oder öffentlich-rechtliche) sowie die eigene Haftung bzw. Verantwortung zu vermeiden. Die eingangs angeführten Bedenken sind also nicht durchschlagend. Dasselbe gilt auch für den Einwand, es gebe nur ein sehr „diffuses und wenig handfestes Vertrauen“ der Allgemeinheit in die Arbeit des Compliance-Beauftragten, von deren Existenz „die Allgemeinheit“ zumeist ja auch tatsächlich keine Kenntnis nimmt.[1309] Hierbei wird jedoch ein wesentlicher Aspekt des Vertrauensprinzips übersehen: Zentraler Grund für die Annahme einer Garantenstellung ist nämlich ein objektiviertes Vertrauen, welches bei den betroffenen Personen also gar nicht tatsächlich vorhanden sein muss.[1310] Entscheidend ist vielmehr, dass das Opfer auf die Vornahme einer rechtsgutsschützenden Handlung vertrauen *durfte*.[1311] Daher ist es nicht entscheidend, ob ein außenstehender Dritter die Abläufe innerhalb des Unternehmens kannte oder ihm der Compliance-Beauftragte gar persönlich bekannt war. Vielmehr folgt schon aus der Begründung der Geschäftsherrenhaftung über die Gefahrenquelle Betrieb, dass die Überwachergarantenstellung des Geschäftsherrn ja gerade deshalb entsteht, weil er

1309 *Geiger* CCZ 2011, 170 (172).
1310 *Maiwald* JuS 1981, 473 (481 f.).
1311 *Blei*, FS H. Mayer, 119 (140 f.); *Maiwald* JuS 1981, 473 (481 f.).

außenstehende Dritte grundsätzlich nicht in seinen Herrschaftsbereich „hineinschauen- und -regieren" lassen muss, diese dafür aber darauf vertrauen *dürfen*, dass ihnen keine Gefahren drohen. Ob der Geschäftsherr dieser Pflicht durch Installierung eines Compliance-Beauftragten nachkommt oder auf andere Art und Weise, wird der Allgemeinheit regelmäßig gleichgültig sein. Daher kann sich aber weder der Geschäftsherr noch ein von ihm beauftragter Dritter auf die tatsächliche Unkenntnis eines Geschädigten berufen, denn diese Unkenntnis ist gerade Folge der die Pflicht auslösenden Freiheit, ein Unternehmen zu gründen und zu „beherrschen" oder ggf. auch andere mit wesentlichen Aufgaben in bestimmten Bereichen zu beauftragen.[1312]

Mit demselben Argument muss auch der Einwand zurückgewiesen werden, den Compliance-Beauftragten treffe die Pflicht zur Unternehmensüberwachung nur gegenüber der Betriebsleitung und daher könne keine Garantenstellung der Allgemeinheit gegenüber entstehen.[1313] Hier wird ein extrem komplexes Interessengeflecht, das soeben skizziert wurde, bis zur Unkenntlichkeit vereinfacht: Denn mit demselben Argument könnte man dann auch eine Garantenstellung des Geschäftsherrn selbst ablehnen, da dieser zivilrechtlich zunächst auch nur dem Unternehmensinteresse, und nicht primär den Interessen außenstehender Dritter verpflichtet ist (bzw. sein kann). Ebenso ist deshalb auch der (im Zusammenhang mit der Diskussion über eine Beschützergarantenstellung vorgetragene) Einwand, ein außenstehender Dritter werde kaum eigene Sicherungsmaßnahmen unterlassen, nur weil ein Unternehmen einen Compliance-Beauftragten eingestellt hat, irreführend.[1314] Es kommt nämlich gar nicht darauf an, ob tatsächlich ein außenstehender Dritter auf ein bestimmtes Verhalten der Unternehmensleitung oder des Compliance-Beauftragten vertraut hat; entscheidend ist vielmehr, dass das Opfer auf die Vornahme einer rechtsgutsschützenden Handlung – in Form der Überwachung – vertrauen *durfte*. Dieses Vertrauendürfen wiederum kann sich im Regelfall – mangels (auch nur der Möglichkeit einer) Kenntnisnahme der unternehmensinternen Verantwortlichkeiten bei externen Dritten – nicht auf eine bestimmte Person oder Personengruppe hin ausrichten, sondern kann sich immer nur auf das Unternehmen als Ganzes beziehen. Dies freilich nur in dem Sinne, als dass alle damit beauftragten Personen ihren nach außen gerichteten Sicherungspflichten nachkommen, ganz gleich ob es sich

---

1312 Anders aber *Geiger* CCZ 2011, 170 (172).

1313 *Schwarz* wistra 2012, 13 (17); *Warneke* NStZ 2010, 312 (314).

1314 So aber *Schwarz* wistra 2012, 13 (17).

hierbei um Personen aus der höchsten oder eben einer darunter angesiedelten Ebene in der Unternehmenshierarchie handelt.

Auch der Einwand, dass die arbeitsvertragliche Pflicht keine strafrechtliche Pflicht nach sich ziehen muss, und dass insbesondere hinsichtlich einer Strafbarkeit des Compliance-Beauftragten zu bedenken ist, dass dieser durch ihm drohende zivil- und arbeitsrechtliche Schritte hinreichend abgeschreckt ist und daher ein darüber hinausgehender strafrechtlicher Schutz der Rechtsgüter Dritter nicht angezeigt ist („subsidiärer Rechtsgüterschutz"),[1315] greift nicht durch. Es wird vollkommen verkannt, dass die strafrechtliche Verantwortung bereits originär bei der Geschäftsleitung besteht und dass die Begründung hierfür nicht entfällt, nur weil die Geschäftsleitung den Compliance-Beauftragten – soweit möglich – mit der Erfüllung ihrer Pflichten betraut. Insofern ändert sich an der Schutzwürdigkeit und -bedürftigkeit der Rechtsgüter außenstehender Dritter nichts.

Sofern in der Praxis in die Arbeitsverträge und Stellenbeschreibungen Formulierungen wie „Ziel des Compliance-Systems ist [...] lediglich die Erhöhung der Wahrscheinlichkeit, dass Verstöße aufgedeckt werden"[1316] verwendet werden und nicht die Verhinderung von Straftaten insgesamt Leistungspflicht des Compliance-Beauftragten ist, so ist dies ebenfalls kein Grund eine strafrechtliche Garantenstellung auszuschließen.[1317] Denn natürlich kann kein Compliance-Beauftragter der Welt die Rechtskonformität aller Unternehmensangehöriger garantieren; darum geht es aber bei der strafrechtlichen Bewertung seines Verhaltens auch gar nicht, was sich schon aus den Grundprinzipien eines jeden rechtsstaatlichen Strafrechts ergibt.

Sofern gegen eine Garantenstellung des Compliance-Beauftragten vorgebracht wird, dass die Existenz des § 138 StGB zeige, dass das Wissen um eine Straftat grundsätzlich gerade keine Garantenstellung begründe,[1318] ist dem zu widersprechen: Die Auffassung verkennt, dass § 138 StGB eine gesetzliche Pflicht gegenüber der Allgemeinheit begründet, während eine Garantenstellung wie des Compliance-Beauftragten vertraglich und durch Übernahme von einem Dritten begründet wird und daher zivilrechtlich eine Verpflichtung auch erst einmal diesem Dritten gegenüber besteht. Ferner ist gerade der Vertragsschluss, wie oben aufgezeigt, ein entscheidendes Kernelement der Begründung einer

1315 So *Campos Nave/Vogel* BB 2009, 2546 (2547).
1316 *Hastenrath* CCZ 2011, 32 (34).
1317 So aber wohl *Hastenrath* CCZ 2011, 32 (34).
1318 So *Warneke* NStZ 2010, 312 (316); *Schwarz* wistra 2012, 13 (16 f.).

Garantenstellung und somit nicht das bloße, möglicherweise zufällig erlangte Wissen wie in § 138 StGB.

Des Weiteren kann auch nicht die – im Vergleich zu den Betriebsbeauftragten – fehlende gesetzliche Fixierung als durchschlagendes Argument gegen die Annahme einer Garantenstellung des Compliance-Beauftragten gewertet werden.[1319] Die Bestimmung einer Garantenstellung hat nämlich anhand materieller Kriterien zu erfolgen, nicht aber anhand des Umstandes, ob Aufgaben und Stellung in einem anderen Rechtsgebiet formalisiert worden sind. Daher lässt sich aus dem Umstand, dass die Aufgaben der Betriebsbeauftragten gesetzlich niedergeschrieben sind, weder herleiten, dass diese eine Garantenstellung innehaben, noch lässt sich aus dem Fehlen einer gesetzlichen Regelung beim (Nicht-Wertpapier-)Compliance-Beauftragten darauf schließen, dass keine Garantenstellung vorliegt. Der gesetzlichen Regelung kommt lediglich eine Indizfunktion für das Gewicht der übernommenen Aufgabe zu, welche jedoch kein Präjudiz für oder wider eine Garantenstellung darstellt. Es kommt in diesem Zusammenhang vielmehr nur auf das Gewicht der materiell delegierten und tatsächlich übernommenen Aufgaben und Kompetenzen an.

Gegen eine strafrechtliche Verantwortungsverlagerung lässt sich ferner gewiss nicht anführen, dass der Compliance-Beauftragte im Vergleich zum Geschäftsherrn nur eine geringe Vergütung erhält.[1320] Die Behauptung ist so allgemein ohnehin zurückzuweisen, sind in Großunternehmen sechsstellige Gehälter für Chief Compliance Officer doch heutzutage Usus. Eine generelle Aussage dergestalt, dass eine geringe Vergütung zu einem Haftungsausschluss führen muss, lässt sich – wie das OLG Brandenburg zutreffend ausgeführt hat[1321] – ferner auch nicht im Zivilrecht begründen. Jedenfalls im Strafrecht entfaltet sie keine Aussagekraft.[1322] Dies zeigt schon ein Vergleich mit der allgemein anerkannten strafrechtlichen Garantenstellung von Babysittern oder Bademeistern, die eine erheblich geringere Vergütung als jeder Compliance-Beauftragte erhalten.

1319 So ausdrücklich *Geiger* CCZ 2011, 170 (173); in diese Richtung aber *Rolshoven/Hense* BKR 2009, 425 (426).

1320 Vgl. aber *Mosbacher/Dierlamm* NStZ 2010, 268 (269): „… dieses Risiko [muss] auch zusätzlich angemessen vergütet werden."

1321 S. OLG Brandenburg 6 U 102/07 v. 17.02.2009, Rn. 86 zur Frage der zivilrechtlichen Haftung des fakultativen und aus Gemeindevertretern bestehenden Aufsichtsrats einer Stadtwerke GmbH.

1322 So auch *Rönnau/Schneider* ZIP 2010, 53 (58) Fn. 57.

XI. Die Reichweite der strafrechtlichen Garantenpflicht des Compliance-Beauftragten

1. Tatsächliche Grenzen der hypothetischen Kausalität

In dem Abschnitt, der der Problematik der Garantenstellung gewidmet war, ging es u.a. um die Frage, ob man ein rechtmäßiges Verhalten Dritter zum Nachteil des Compliance-Beauftragten unterstellen kann. Diese Frage wurde bejaht. Eine Strafbarkeit kann jedoch im Hinblick auf die Kausalität an einer anderen Stelle scheitern, nämlich hinsichtlich der Frage, ob ein (mittels einer rechtlichen Fiktion hypothetisch unterstelltes) Eingreifen der Geschäftsleitung tatsächlich eine Straftat hätte verhindern können. Dies wird man hier in erster Linie dann verneinen müssen, wenn der Compliance-Beauftragte es lediglich versäumt hat, die Geschäftsleitung auf abstrakte Maßnahmen hinzuweisen, die mittelfristig Erfolge bringen sollen, wie eine bessere Schulung und Sensibilisierung der Angestellten für rechtliche Grauzonen. Man wird den beschriebenen Kausalzusammenhang zwischen unterlassenen Compliance-Maßnahmen und individueller Straftat in der Regel nicht erbringen können, auch wenn dies für besondere Einzelfälle nicht vollends ausgeschlossen werden kann. Dies wirkt sich zunächst auf eine Strafbarkeit aus Fahrlässigkeitsdelikten aus, wobei jedoch die vom Gesetzgeber abgeschwächten Anforderungen an die Kausalität im Auffangtatbestand des § 130 OWiG zu beachten sind. Da jedoch die herrschende Meinung bekanntlich für den bloßen Gehilfenbeitrag keine Kausalität verlangt, sondern die Erleichterung oder Förderung der Haupttat ausreichen lässt,[1323] führt die Unmöglichkeit der Erbringung dieses tatsächlichen Kausalitätsnachweises nicht unbedingt zu einer Straflosigkeit des Compliance-Beauftragten. Der herrschenden Auffassung ist hier auch beizupflichten, da nach § 27 schon das bloße „Hilfeleisten" unter Strafe gestellt wird und der Gehilfe die Tat nicht „als eigene will" bzw. bloße Randfigur ist, und daher für seinen Tatbeitrag keine Kausalität erforderlich ist.[1324]

Bei Fahrlässigkeitsdelikten gibt es – neben der regelmäßig fehlenden Kausalität – zudem eine weitere kaum je zu überwindende Hürde. So stellt sich die Frage, ob infolge der unterlassenen Compliance-Maßnahmen tatsächlich eine

---

1323 S. statt aller BGH NJW 2007, 384 (388); NStZ 2008, 284; NStZ 2010, 171 (172); *Wessels/Beulke/Satzger*, Strafrecht AT, Rn. 818 m.w.N.; anders *Fischer* § 27 Rn. 14 ff. m.w.N. zu beiden Ansichten.

1324 Dass der Streit häufig ein Phantomstreit ist, weil zumeist der tatfördernde Beitrag für die *konkrete* Tat sehr wohl ursächlich geworden ist, ist ein zutreffender Gedanke (s. *Wessels/Beulke/Satzger*, Strafrecht AT, Rn. 818), hilft jedoch gerade im Bereich der Unterlassungsdelikte regelmäßig nicht weiter.

Straftat durch einen Dritten begangen worden ist, die den für das ineffektive Compliance-System verantwortlichen Personen auch zurechenbar ist. Im Rahmen der Lehre der objektiven Zurechenbarkeit wird nämlich bei Erfolgsdelikten gerade danach gefragt, ob sich eine vom Täter geschaffene rechtlich relevante Gefahr in dem *konkreten* tatbestandsmäßigen Taterfolg realisiert hat[1325] – und genau hier beginnen auch die Probleme. Zwar wird man regelmäßig unproblematisch annehmen können, dass die Geschäftsleitung bzw. der Compliance-Beauftragte das Risiko der Begehung von Straftaten im Unternehmen erhöhen, wenn sie die Angestellten des Unternehmens nicht hinreichend schulen oder ihr Compliance-System nur inkonsequent und nachlässig vorantreiben.[1326] Jedoch wird der Beleg, dass sich dieses Risiko in einer *konkreten* Straftat einer dritten Person, also eines Angestellten, niederschlägt, deutlich seltener gelingen können.[1327] Vielmehr kommt hier eine Vielzahl weiterer Umstände in Betracht, die für die Begehung der Tat bestimmend waren und nur selten wird sich daher der beschriebene Zurechnungszusammenhang mit Sicherheit feststellen lassen. Nur am Rande sei darauf hingewiesen, dass diese Probleme im Rahmen der Zurechnung mit ein Grund dafür gewesen sind, dass im Rahmen des – freilich indes regelmäßig nur die Leitungsebene betreffenden – § 130 Abs. 1 S. 1 OWiG die dort genannte „Zuwiderhandlung“ als objektive Bedingung der Ahndung ausgestaltet worden ist und der Kausalitätsnachweis durch die gesetzliche Regelung abgeschwächt worden ist („durch gehörige Aufsicht verhindert oder wesentlich erschwert worden wäre“).[1328]

Bei Vorsatzdelikten – wie einer möglichen Strafbarkeit im engeren Sinne wegen Beihilfe durch Unterlassen – wird eine Strafbarkeit in Bezug auf unterlassene Compliance-Management-Maßnahmen hingegen häufig am fehlenden Vorsatz scheitern, da es der Compliance-Beauftragte im Falle einer bewussten Pflichtverletzung zwar regelmäßig billigend in Kauf nehmen wird, dass sich sein Vorgesetzter bei korrekter Information/Beratung rechtmäßig verhalten hätte, aber man wohl nur selten Vorsatz hinsichtlich der Haupttat des Betriebsangehörigen wird annehmen können.[1329] So wird man auch unter Verweis auf die herrschende Ansicht[1330], nach der bei der Beihilfe der Gehilfe von den Einzelheiten

1325 S. nur *Wessels/Beulke/Satzger*, Strafrecht AT, Rn. 246 ff. (251) m.w.N.

1326 *Adán Nieto Martín*, in: Compliance und Strafrecht, 27 (42 f.).

1327 *Adán Nieto Martín*, in: Compliance und Strafrecht, 27 (43).

1328 S.a. KK-OWiG/*Rogall* § 130 Rn. 76 ff.

1329 S. auch *Raum* CCZ 2012, 197; *Grützner/Behr* DB 2013, 561 (562).

1330 Siehe nur BGH NStZ 1995, 27 (28); NStZ 2002, 145 (146); *Fischer* § 27 Rn. 21 ff. jeweils m.w.N.

der Haupttat keine bestimmte Vorstellung zu haben braucht, er weder den konkret Handelnden noch Tatort oder Tatzeit kennen muss oder die Tat sogar innerlich missbilligen kann, nicht annehmen können, dass ein Strafgericht dem seine Pflichten verletzenden Compliance-Beauftragten einen Gehilfenvorsatz unterstellt respektive nachweisen kann.[1331] Denn der Gehilfe muss zumindest wissen, welche Tat er denn da gerade durch sein Unterlassen fördert bzw. er muss die „wesentlichen Merkmale“ der Haupttat, also die „Unrechts- und Angriffsrichtung“ kennen.[1332] Daran dürfte es aber bei einem schlicht pflichtvergessenen Compliance-Beauftragten zumeist fehlen. Zu Recht weist ferner *Geiger* darauf hin, dass eine Annahme, nach der ein pflichtvergessener Compliance-Beauftragter die Begehung (vorhersehbarer) Wirtschaftsdelikte „ganz allgemein“ billigend in Kauf nehme, vom Ausgangspunkt einer Geschäftsherrenhaftung und einem am Schuldprinzip orientierten Strafrecht zu einer „Schirmherrenhaftung“ im Sinne einer strafrechtlichen Gefährdungshaftung führen würde.[1333] Zumeist wird ein Vorsatz des Compliance-Beauftragten zumindest nicht gerichtsfest festgestellt werden können. Dies mag zum einen daran liegen, dass ein solcher Vorsatz regelmäßig tatsächlich fehlt, zum anderen aber auch mit Nachweisproblemen in der Praxis zusammenhängen. Gerade hinsichtlich der Haupttat des Betriebsangehörigen ist aber ein Vorsatz(nachweis) erforderlich, denn Beihilfe zur Beihilfe ist stets Beihilfe zur Haupttat und nicht bloß Beihilfe zur Beihilfe eines anderen Gehilfen der Haupttat. Nur in den Fällen, in denen der Geschäftsherr selbst als Haupttäter in Erscheinung tritt, wird demnach regelmäßig eine vorsätzliche Beihilfehandlung des Compliance-Beauftragten infrage kommen.

2. Betriebsbezogenheit

Die äußerste Grenze der strafrechtlichen Garantenpflicht des Compliance-Beauftragten ist jedenfalls diejenige, die auch für die strafrechtliche Garantenpflicht des Geschäftsherrn gezogen worden ist. Da die Garantenstellung des Compliance-Beauftragten vom Geschäftsherrn abgeleitet ist, kann seine Garantenstellung logischerweise nicht weiter reichen. Dieser Satz mag „pauschalisierend“ sein, ist aber rechtsdogmatisch zwingend;[1334] rein faktisch mag das Risiko einer strafrechtlichen Verantwortung durch die möglicherweise größere Nähe des

---

1331 Dies befürchtet aber *Wybitul* BB 2009, 2590 (2591); s. auch *Dann/Mengel* NJW 2010, 3265 (3268).

1332 Siehe nur BGH StraFo 2012, 239; *Fischer* § 27 Rn. 22 m.w.N.

1333 *Geiger* CCZ 2011, 170 (174).

1334 *Blassl*, Garantenpflicht des Compliance-Beauftragten, 383 ff.

Compliance-Beauftragten zur potentiellen Gefahrenquelle im Einzelfall anders aussehen als das der Geschäftsleitung.[1335] Im Übrigen gelten aber auch hier die für den Geschäftsherrn herausgearbeiteten Kriterien entsprechend, das heißt, es muss eine betriebsbezogene Straftat vorliegen, während sog. Exzesstaten nicht erfasst werden.

3. Bagatellgrenze

Jedoch ergeben sich aus dem Sinn und Zweck von Compliance und der unternehmensinternen Position des Compliance-Beauftragten weitere Einschränkungen gegenüber der Garantenstellung des Geschäftsherrn, die im Folgenden behandelt werden sollen. Die erste mögliche Einschränkung wurde bereits im Obiter dictum des Bundesgerichtshofs angedeutet, wenn der BGH unter Verweis auf *Bürkle*[1336] die Pflichten des Compliance-Beauftragten auf „die Verhinderung von Rechtsverstößen, insbesondere auch von Straftaten, die aus dem Unternehmen heraus begangen werden und diesem erhebliche Nachteile durch Haftungsrisiken oder Ansehensverlust bringen können“[1337], beschränken will.[1338] In der Tat geschieht Compliance im Interesse des Unternehmens selbst, sodass zu berücksichtigen ist, dass auch der Umfang der durch Compliance zu verhindernden Straftaten sich nach dem entsprechenden Unternehmensinteresse richten wird. Dieses Unternehmensinteresse wird im Einzelfall durch die konkrete vertragliche Übereinkunft zwischen dem Unternehmen und den bei ihm angestellten Compliance-Beauftragten zum Ausdruck gebracht werden. Hier steht es der Unternehmensleitung aber natürlich frei, welchen Rahmen sie dem Verantwortungsbereich des Compliance-Beauftragten zuordnet. Daher ist es auch denkbar, dass in bestimmten Fällen überhaupt keine Bagatellgrenze existiert. In der Praxis wird der Compliance-Beauftragte regelmäßig tatsächlich nur mit größeren, potentiell reputationsgefährdenden Straftaten befasst sein, während kleinere Delikte, die weder ein Haftungsrisiko beinhalten noch bei ihrer Entdeckung mit einer negativen Außenwirkung für das Unternehmen verbunden sein können, nicht in seinen Aufgabenbereich fallen, sondern von anderen Unternehmensabteilungen wie z.B. der Innenrevision geprüft werden. Hieraus wird

1335 Insbesondere auf diesen zutreffenden Gedanken scheint es *Blassl*, Garantenpflicht des Compliance-Beauftragten, 385, im Ergebnis auch anzukommen.

1336 Hauschka/*Bürkle*, Corporate Compliance, § 8 Rn. 30 (1. Auflage).

1337 BGH NJW 2009, 3173 (3175).

1338 Insoweit zustimmend *Rübenstahl* NZG 2009, 1341 (1342); *Kretschmer* JR 2009, 474 (476 f.).

man regelmäßig eine Begrenzung der Verantwortung des Compliance-Beauftragten auf über dieser „Bagatellgrenze“ liegende Fälle ableiten können. Ab wann ein Delikt eine Relevanz erreicht, dass es für das Unternehmen zu „erheblichen Nachteilen“ führt, lässt der BGH in seinem Urteil zu Recht offen. Die Frage lässt sich nämlich nicht anhand starrer Kriterien beantworten, sondern hängt maßgeblich von der Größe des Unternehmens, der Branche in der es tätig ist, ob Kunden, Zulieferer oder sonstige wichtige Geschäftspartner geschädigt werden, aber natürlich auch dem Wert der durch das deliktische Handeln ggf. betroffenen Vermögenspositionen und möglicher anderer Faktoren ab. Auch die Bedeutung von Ethik in der jeweiligen Branche dürfte eine Rolle spielen, so dürfte sich das Bekanntwerden kleinerer Delikte mit Vermögensbezug auf das Geschäftsmodell einer privatrechtlich organisierten Organisation, die Spenden für humanitäre Hilfsprojekte sammelt, anders darstellen als für ein Unternehmen aus dem Bereich der Erdölwirtschaft. Offensichtlich für das Unternehmen in seiner Außenwirkung irrelevante Straftaten (wie die Entwendung von geringwertigem Büromaterial) oder solche, bei denen ein Bezug zum Betrieb fehlt (z.B. bei persönlichen Beleidigungen der Mitarbeiter untereinander[1339]), fallen im Zweifel hingegen nicht in den Aufgabenbereich des Compliance-Beauftragten. Für die Unternehmenspraxis empfiehlt sich die Einführung möglichst klarer Richtlinien, und soweit sinnvoll, von Wertgrenzen, um eine möglichst klare Abgrenzung zu den Kompetenzen anderer Unternehmensbereiche zu ermöglichen. Aber auch ohne solche Richtlinien ist ein Verstoß gegen das Bestimmtheitsgebot im Hinblick auf die strafrechtlichen Risiken bei Zugrundelegung der oben genannten Kriterien nicht zu erkennen.[1340] Im Zweifel wird man natürlich stets zu Gunsten des Compliance-Beauftragten davon ausgehen müssen, dass die fragliche Tat unterhalb der Bagatellgrenze gelegen hat. Ferner dringt auch der Hinweis, dass die „Schutzbedürftigkeit von Rechtsgütern Dritter“ nicht davon abhängt, in welchem Maße dem Unternehmen Nachteile durch die Tat drohen,[1341] an dieser Stelle nicht durch: Es geht nicht darum, ob Dritte vor Gefahren aus dem Unternehmen geschützt werden müssen, sondern darum, ob dafür gerade der Compliance-Beauftragte die (strafrechtliche) Verantwortung zu tragen hat.

1339 Siehe auch BGH BB 2012, 150 f.

1340 So aber *Campos Nave/Vogel* BB 2009, 2546 (2549).

1341 So *Campos Nave/Vogel* BB 2009, 2546 (2549).

4. Die konkreten Garantenpflichten des Compliance-Beauftragten

a) *Rechtliche Grenzen der Garantenpflicht*

Natürliche Grenzen der Reichweite der Garantenpflicht ergeben sich aus dem rechtlichen Rahmen, in dem sich der Compliance-Beauftragte bewegt. So kann der Compliance-Beauftragte bei einem nur geringen Verdacht einer Straftat – mag der Compliance-Beauftragte auch subjektiv von einem strafbaren Handeln überzeugt sein – selbstverständlich keine Maßnahmen ergreifen, die selbst gegen rechtliche Bestimmungen verstoßen. Ein solches rechtswidriges Verhalten kann die Rechtsordnung vom Compliance-Beauftragten nicht nur nicht verlangen, es ist ihm sogar explizit verboten. Dementsprechend enden seine Garantenpflichten dort, wo er die erforderliche Handlung zwar möglicherweise tatsächlich vornehmen kann, aber hierzu rechtlich aufgrund eines Verbotsgesetzes nicht in der Lage ist.

b) *Allgemeine Handlungspflichten*

Der Unterschied zwischen Garantenstellung und daraus abgeleiteter Garantenpflicht sei an dieser Stelle noch einmal anhand des Mutter-Kind-Beispiels verdeutlicht:[1342] Die tatsächliche Stellung als Mutter begründet eine Garantenstellung gegenüber dem eigenen Kind; daraus resultieren entsprechende Garantenpflichten, z.B. das eigene Kind vor dem Ertrinken zu retten. Die Unterscheidung zwischen Garantenstellung und -pflichten wird vor allem im Bereich des Irrtums relevant: Weiß die Mutter nicht, dass es sich um ihr Kind handelt, dass zu ertrinken droht, liegt ein vorsatzausschließender Tatsachenirrtum hinsichtlich der Garantenstellung vor; glaubt sie hingegen lediglich, sie müsste ihr ertrinkendes Kind von Rechts wegen nicht retten, liegt ein Verbotsirrtum nach § 17 StGB hinsichtlich der aus der Garantenstellung resultierenden Garantenpflicht vor, der nur bei Unvermeidbarkeit zur Straflosigkeit führt.[1343] Während man beim Geschäftsherrn relativ einfach feststellen kann, dass seine Garantenpflichten diejenigen Handlungen umfassen, die notwendig sind, um „Recht und Gesetz" in seinem Betrieb durchzusetzen, er also ggf. auch Angestellte zu entlassen hat, ergibt sich bereits aus den Aufgaben und Befugnissen des Compliance-Beauftragten, dass dessen Pflichten anderer Natur sein müssen. Die Handlungspflichten des Compliance-Beauftragten lassen sich generell mit der

1342 Beispiel nach *Rotsch* ZJS 2009, 712 (715).
1343 *Rotsch* ZJS 2009, 712 (715).

Trias aus „Kontroll-, Informations- und Initiativpflichten"[1344] wie beim Gewässerschutzbeauftragten zusammenfassen. Was die erforderlichen Handlungen zur Erfüllung dieser Pflichten sind, ist freilich stets eine Frage des Einzelfalls und entzieht sich einer abstrakten Beantwortung. Entscheidende Bedeutung kommt auch hier wieder der vertraglichen Ausgestaltung sowie der tatsächlichen Wahrnehmung einer Aufgabe im Unternehmen zu. Sofern der Compliance-Beauftragte nicht „nur" Schulungen vornehmen soll, sondern auch durch darüber hinausgehende Maßnahmen wie Kontrollen o.ä. dauerhaft auf die Einhaltung des Rechts im Unternehmen einwirken soll, hat er innerhalb des ihm gesteckten rechtlichen Rahmens seinen Beitrag zur Verhinderung der Begehung weiterer Straftaten zu erbringen. So hat er zum Beispiel, neben routinemäßigen Kontrollen, wenn er durch eigene Kontrollmaßnahmen oder durch Dritte (Innenrevision, Whistleblower) auf Unregelmäßigkeiten aufmerksam wird, den dargelegten Verdachtsmomenten auch nachzugehen bzw. ggf. die unternehmensintern dafür vorgesehene Stelle zu informieren. Im ersten (Regel-)Fall handelt es sich insofern um eine Verdichtung der Kontrollpflicht im Hinblick auf den konkreten Sachverhalt. Eine – bei Vorliegen aller weiteren tatbestandlichen Voraussetzungen (insbesondere Kausalität und Vorsatz) strafbare – Pflichtverletzung liegt vor, wenn der Compliance-Beauftragte bewusst wegschaut, sei es aus „Bequemlichkeit" oder um eine bestimmte Person zu decken. Keine Bedeutung hat ferner die Frage, ob der Compliance-Beauftragte pflichtwidrig falsche Mitteilungen an die Geschäftsleitung macht oder ihr bestimmte Umstände vollständig verschweigt, zumindest solange nicht die Grenze zur mittelbaren Täterschaft überschritten wird.[1345] In beiden Fällen liegt schwerpunktmäßig ein Unterlassen vor.

Wie weit die Pflicht des Compliance-Beauftragten geht, hängt natürlich ganz entscheidend von den Kompetenzen ab, die der Compliance-Beauftragte übertragen bekommen hat. Diese muss er selbstverständlich vollumfänglich ausschöpfen. Ein nur mit unzureichenden Kompetenzen ausgestatteter Compliance-Beauftragter fällt insoweit auf das Unternehmen (§ 30 OWiG) und seine Geschäftsleitung (§ 130 OWiG) zurück, als dass er möglicherweise nicht geeignet ist, sie in dem gewünschten und erforderlichen Umfang rechtlich zu entlasten. Wann die Kompetenzen des Compliance-Beauftragten „zureichend" oder „unzureichend" sind, ist grundsätzlich wiederum eine Frage des Einzelfalls. Ein Weisungsrecht des Compliance-Beauftragten bzw. eine Pflicht ein solches

---

1344 *Dahs* NStZ 1986, 97 (100); OLG Frankfurt NJW 1987, 2753 (2756) unter Verweis auf § 21b WHG a.F. (seit 01.03.2010 § 65 WHG).

1345 NK-*Ransiek* § 324 Rn. 66.

diesem zu übertragen, besteht jedenfalls nicht, kann jedoch im Einzelfall durchaus empfehlenswert sein.[1346] Auch „Zutritts-, Auskunfts- und Einsichtsrechte" zu Gunsten des Compliance-Beauftragten bestehen grundsätzlich nicht a priori.[1347] Die Erfüllung von Aufsichtspflichten durch die Geschäftsleitung ist zumindest in der Theorie ebenso gut denkbar, wenn die Geschäftsleitung die notwendigen investigativen Maßnahmen nach Darlegung des Sacherhalts durch den Compliance-Beauftragten jeweils im Einzelfall genehmigt bzw. anordnet. Praxistauglich ist es freilich eher, dem Compliance-Beauftragten so weitgehende „Untersuchungsrechte" (und als „Annex" auch die insoweit erforderlichen Weisungsrechte) einzuräumen wie nötig[1348] und nur bei ungewöhnlich umfangreichen oder aus unternehmensspezifischen Gründen „brisanten" Ermittlungsmaßnahmen die Einholung einer Sondergenehmigung bei der Geschäftsleitung zu verlangen.

Grundsätzlich gilt, dass wenn die Geschäftsleitung Vorschläge des Compliance-Beauftragten zur Verbesserung des Compliance-Systems nicht umsetzt, dass etwaige daraus resultierende systematische Defizite selbstverständlich nicht zu Lasten des Compliance-Beauftragten gehen, sondern dieser insoweit seinen Pflichten genüge getan hat.[1349] Ferner kann der Compliance-Beauftragte, entdeckt er ein konkretes rechtlich fehlerhaftes Verhalten im Unternehmen, nicht selbst die auffällig gewordenen Mitarbeiter abmahnen oder kündigen und daher kann diese ihm unmögliche Handlung auch nicht von ihm verlangt werden.[1350] Ist der Compliance-Beauftragte – wie hier vorausgesetzt – auch mit der Verfolgung von Regelverstößen im Unternehmen befasst, wird jedoch neben einer Kontroll- und Initiativpflicht auch die Pflicht zur Informierung (zumindest) der Geschäftsleitung über Unregelmäßigkeiten bestehen, denn ohne die wesentlichen Informationen ist die Geschäftsleitung bzw. die zuständige Stelle im Unternehmen nicht in der Lage, weitergehende erforderliche Maßnahmen (wie z.B. Abmahnungen oder Kündigungen) auszusprechen. Die Frage der Unterrichtung der zuständigen unternehmensinternen und externen Stellen ist ein so wichtiger Problemkreis, dass er im Folgenden einer gesonderten Betrachtung unterzogen wird.

1346 Siehe nur *Klopp*, Der Compliance-Beauftragte, 217 ff. m.w.N.

1347 *Klopp*, Der Compliance-Beauftragte, 223 f. m.w.N.

1348 *Klopp*, Der Compliance-Beauftragte, 223 f.

1349 S. auch *Bürkle* CCZ 2010, 4 (6).

1350 So zutreffend *Rübenstahl* NZG 2009, 1341 (1342 f.); *Knauer*, FS I. Roxin, 465 (480 f.).

c) *Pflichten bei Untätigkeit der vorgesetzten Ebene*

aa) *Unterrichtung der Geschäftsleitung*

Untersucht man die konkreten Handlungspflichten des Compliance-Beauftragten, stellt sich zunächst die Frage, was der Compliance-Beauftragte unternehmen muss, wenn auf konkrete Hinweise des Compliance-Beauftragten auf rechtswidriges Verhalten in einem bestimmten Unternehmensbereich keine Abhilfe erfolgt. In diesen Fällen ist zu verlangen, dass der Compliance-Beauftragte die Geschäftsleitung informiert, sofern dies nicht ohnehin schon geschehen ist.[1351] Zum Teil wird ein gewiss wünschenswerter arbeitsrechtlicher Schutz des Compliance-Beauftragten[1352] als Kompensation für eine Eskalationspflicht verlangt.[1353] Da sich die Pflichten des Compliance-Beauftragten jedoch von der Geschäftsleitung ableiten, ist es auch richtig zu verlangen, dass diese durch den Compliance-Beauftragten informiert wird. Arbeitsrechtliche Konsequenzen können ferner nicht gegen den Willen der Geschäftsleitung verhängt werden und zudem ist stets die Grenze des § 612a BGB zu beachten. Eine Einschränkung der Garantenpflichten des Compliance-Beauftragten unter dem Gesichtspunkt der Zumutbarkeit scheidet daher in derartigen Fällen eindeutig aus.[1354] In der Praxis wird der Compliance-Beauftragte ohnehin häufig direkt unterhalb der Geschäftsleitungsebene angesiedelt sein, sodass sein unmittelbarer Vorgesetzter das jeweilige Mitglied der Geschäftsleitung ist.

Ein weiteres Problem ergibt sich dann, wenn das für ihn zuständige Vorstandsmitglied nach Unterrichtung durch den Compliance-Beauftragten keine Maßnahmen ergreift, um die rechtswidrigen Zustände im Unternehmen abzustellen. Konkret stellt sich insbesondere die Frage, ob die Pflichten des Compliance-Beauftragten mit der Unterrichtung des zuständigen Mitgliedes der Geschäftsleitung[1355] enden, oder ob noch weitere Handlungen von ihm verlangt werden können. Dem BGH ist in seinen Ausführungen in der BSR-Entscheidung insoweit zuzustimmen, als dass er die Unterrichtung des Vorstandsvorsitzenden

---

1351 S. neben der schon erwähnten Entscheidung BGH NJW 2009, 3173 (3175) nur *Bürkle* CCZ 2010, 4 (9); *Rönnau/Schneider* ZIP 2010, 53 (59); *Favoccia/Richter* AG 2010, 137 (139).

1352 Analog zu § 4f Abs. 3 BDSG a.F. (seit der Reform des Datenschutzes im Jahr 2018: § 38 Abs. 2 BDSG i.V.m. § 6 Abs. 4 BDSG).

1353 So *Grützner/Behr* DB 2013, 561 (562 f.).

1354 Dies gilt daher auch im Folgenden für die Ausführungen über die Benachrichtigung des Vorstandsvorsitzenden.

1355 Siehe dazu nur *Bürkle* CCZ 2010, 4 (9).

im Falle einer Verstrickung eines Vorstandes in das Unrechtsgeschehen für geboten hält.[1356] Es handelt sich insoweit letztlich nur um eine folgerichtige Weiterentwicklung der Grundsätze aus der sog. Lederspray-Entscheidung.[1357] Die Leitung der AG obliegt dem Vorstand als Ganzem.[1358] Dies bedeutet, dass ihn auch die Pflicht trifft, Maßnahmen zu ergreifen, um Schaden von der AG abzuwenden, welcher nicht zuletzt durch eine Entdeckung durch Medien oder Ermittlungsbehörden droht, wenn Straftaten im Unternehmen begangen werden. An diesen Grundsätzen der „Generalverantwortung und Allzuständigkeit", die insbesondere in „Krisen- und Ausnahmesituationen" eingreifen, ändert die Aufteilung der Geschäftsbereiche unter den Mitgliedern der Geschäftsleitung nichts.[1359] Eine solche Krisen- und Ausnahmesituation dürfte im Fall der Verstrickung eines Mitgliedes der Geschäftsleitung in über der Bagatellgrenze liegende rechtswidrige Praktiken stets gegeben sein. An der Pflicht, den Vorsitzenden der Geschäftsleitung zu informieren ändert auch der Umstand nichts, dass dieser lediglich „Primus inter Pares" ist und nicht in die Ressorts seiner Vorstandskollegen direkt eingreifen darf und ihm daher auch Weisungen gegenüber seinen Vorstandskollegen nicht erlaubt sind (Kollegialprinzip, § 77 Abs. 1 AktG).[1360] Der Vorstandsvorsitzende hat nämlich – sofern er nicht schon kraft seiner Autorität etwaige anhaltende Rechtsverstöße rein tatsächlich beenden kann – die Pflicht eine Vorstandssitzung einzuberufen (§§ 76, 93 AktG), in welcher der Gesamtvorstand sodann mit seiner Mehrheit (§ 77 Abs. 1 S. 2 Hs. 2 AktG) einen verbindlichen Beschluss herbeiführen kann. In Bezug auf diesen Beschluss kann das in die rechtswidrigen Praktiken verstrickte – und zur Befolgung des Beschlusses verpflichtete – Vorstandsmitglied überstimmt werden.[1361]

Daher besteht insoweit auch eine Überwachungspflicht des Vorstandes insgesamt, und es ist eine Unterrichtung der kollektiven Geschäftsleitung bzw. des Vorsitzenden der Geschäftsleitung geboten, wenn der Compliance-Beauftragte feststellt, dass sein Vorgesetzter bzw. das ihm vorgesetzte Mitglied der Geschäftsleitung untätig bleibt und diese Untätigkeit auf sachfremden Erwägungen

1356 BGH NJW 2009, 3173 (3175); zustimmend auch *Raus/Lützeler* CCZ 2012, 96 (98); *Poguntke*, Risiken für Compliance-Beauftragte, 291 ff.

1357 BGH NStZ 1990, 588 (591).

1358 Siehe nur § 76 Abs. 1, 2 S. 1 AktG; BGH NStZ 1990, 588 (591).

1359 BGH NStZ 1990, 588 (591).

1360 *Favoccia/Richter* AG 2010, 137 (140).

1361 *Favoccia/Richter* AG 2010, 137 (140).

beruht.[1362] Sachfremde Erwägungen sind in diesem Zusammenhang solche, die nicht zumindest mittelbar auf eine Beendigung des rechtswidrigen Zustandes abzielen; es ist also selbstverständlich zulässig, nicht sogleich in „Aktionismus" zu verfallen, um dem Delinquenten und seinen Helfern nicht dadurch womöglich (ungewollt) eine frühzeitige Warnung zukommen zu lassen, sondern eine „Ermittlungstaktik" zu entwickeln, die dann ggf. auch erst geraume Zeit später sichtbare Erfolge zeigt. Der Compliance-Beauftragte hat in diesem Zusammenhang den Ermessensspielraum seiner Vorgesetzten zu respektieren;[1363] etwaige weitere Handlungspflichten ergeben sich für ihn daher allenfalls erst dann, wenn für ihn aus den objektiven Umständen subjektiv mit an Sicherheit grenzender Wahrscheinlichkeit offenkundig ist, dass die Untätigkeit der Geschäftsleitung auf sachfremden Erwägungen basiert. Wenn in diesem Zusammenhang angeführt wird, dass dies regelmäßig nur bei der Beteiligung der Geschäftsleitung an den in infrage kommenden Straftaten in Betracht kommt,[1364] ist dem nur insoweit zuzustimmen, als dass es nicht auf eine *aktive* Beteiligung ankommt, sondern bereits eine Beteiligung durch Unterlassen ausreichend ist.

bb) Unterrichtung des Aufsichtsrates

Häufig diskutiert wird die Frage, ob der Compliance-Beauftragte, wenn die Geschäftsleitung auf seine Initiative hin keine Abhilfe schafft, verpflichtet ist, darüber hinausgehend den Aufsichtsrat (oder gar eine zuständige Behörde) einzuschalten. Dies könnte schon deshalb fraglich sein, weil die Überwachung der Geschäftsleitung durch den Compliance-Beauftragten in der Praxis teilweise bereits durch Tätigkeitsbeschreibungen bzw. Arbeitsverträge ausdrücklich ausgeschlossen wird.[1365] Der Umstand einer konkreten Regelung dieser Frage ist deshalb so wichtig, weil die fehlerhafte oder mangelnde Reaktion der Geschäftsleitung auf Hinweise des Compliance-Beauftragten in erster Linie ein Fehlverhalten des Vorstandes selbst darstellt, dessen Bezugspunkt lediglich das Fehlverhalten eines ggf. vom Compliance-Beauftragten zu überwachenden Arbeitnehmers ist. Daher geht es bei der Mitteilung des Compliance-Beauftragten an den Aufsichtsrat im Falle der Untätigkeit der Geschäftsleitung bei Lichte

---

1362 So zutreffend *Rönnau/Schneider* ZIP 2010, 53 (59); Hauschka/Moosmayer/Lösler/*Bürkle*, Corporate Compliance, § 36 Rn. 43; *Lackhoff/Schulz* CCZ 2010, 81(87); *Rübenstahl* NZG 2009, 1341 (1343).

1363 *Rübenstahl* NZG 2009, 1341 (1343).

1364 *Rübenstahl* NZG 2009, 1341 (1343).

1365 So jedenfalls *Schneider/Gottschaldt* ZIS 2011, 573 (575) unter Verweis auf eigens durchgeführte „qualitative Interviews".

betrachtet auch gar nicht mehr so sehr um den Verstoß des Arbeitnehmers selbst, sondern primär um die sich anschließende Untätigkeit der Geschäftsleitung (im Falle ihres Eingreifens ist eine unmittelbare Unterrichtung des Aufsichtsrats schließlich unnötig). Aufgrund dieser „Schwerpunktverlagerung" ist es daher abzulehnen, einem Compliance-Beauftragten, dessen Aufgabenbereich ausdrücklich gerade nicht die Überwachung der Geschäftsleitung mitumfasst, über den Umweg einer etwaigen Untätigkeit der Geschäftsleitung doch wieder eine Überwachungspflicht bzgl. derselben aufzuerlegen. Des Weiteren sind ganz allgemein vorgeschriebene Berichtswege innerhalb einer implementierten Compliance-Organisation selbstverständlich primär zu beachten und gehen allgemeinen Annahmen vor.[1366] Daher ist zu konstatieren, dass eine Überwachungs- und Meldepflicht in Fällen einer anderweitigen vertraglichen oder organisatorischen Regelung von vornherein ausscheidet.[1367] Die Überwachung des Vorstandes bleibt in solchen Fällen alleinige Aufgabe des Aufsichtsrates (§ 111 AktG). Es erscheint daher mehr als bedenklich, wenn der BGH in seiner BSR-Entscheidung davon ausgeht, dass den Leiter der Innenrevision einer Anstalt des öffentlichen Rechts die Pflicht trifft, den Aufsichtsratsvorsitzenden über ein etwaiges Fehlverhalten eines Vorstandes zu unterrichten, ohne dass die Frage einer vertraglichen Regelung der Überwachungspflicht des Vorstandes auch nur thematisiert wird.[1368]

In Bezug auf den Aufsichtsrat ist daher die Frage, wie weit die Handlungspflichten des Compliance-Beauftragten gehen, nur dann von Interesse, wenn der Vorstand nicht schon vertraglich von der Überwachung durch den Compliance-Beauftragten ausgenommen ist. In dieser Konstellation könnte sich tatsächlich die Frage stellen, ob der Compliance-Beauftragte nicht verpflichtet ist, ein (strafbares) Nichteinschreiten der Geschäftsleitung oder gar eine aktive Verstrickung derselben dem Aufsichtsrat oder ggf. dem Prüfungsausschuss/Audit Committee zu melden. Man könnte eine solche Berichtspflicht ablehnen, da der Aufsichtsrat sich ansonsten in den Kompetenzbereich des Vorstandes einmischen müsste, was gesellschaftsrechtlich nicht vorgesehen ist.[1369] Man übersähe damit jedoch den wichtigen Aspekt, dass nämlich die fehlerhafte oder mangelnde Reaktion

---

1366 S. auch *Favoccia/Richter* AG 2010, 137 (139).

1367 So auch *Schneider/Gottschaldt* ZIS 2011, 573 (577); *Deutscher* WM 2010, 1387 (1392); *Rübenstahl* NZG 2009, 1341 (1342).

1368 BGH NJW 2009, 3173 (3175); kritisch auch *Schneider/Gottschaldt* ZIS 2011, 573 Fn. 5.

1369 Vgl. *Spindler* WM 2008, 905 (914) für den Wertpapierhandels-Compliance-Beauftragten; s. aber auch bzgl. eines Eskalationsrechts S. 913.

des Vorstandes auf Hinweise des Compliance-Beauftragten letztlich ein Fehlverhalten des Vorstandes selbst darstellt und dem Aufsichtsrat die Überwachung des Vorstandes obliegt. Ferner lässt sich auch Ziffer 5.3.2 des DCGK hierfür anführen, da zu den Aufgaben des vom Aufsichtsrat einzurichtenden Prüfungsausschusses (Audit Committee) auch die Befassung mit der Compliance gehört.[1370] Es ist daher richtigerweise davon auszugehen, dass der (vertraglich nicht begrenzte) Compliance-Beauftragte in bestimmten (Ausnahme-)Situationen gleichzeitig das Recht und die Pflicht hat, den Aufsichtsrat über ein sachwidriges und fehlerhaftes Compliance-Management zu informieren.[1371] Dieser Fall tritt ein, wenn es die Geschäftsleitung nach vorheriger Berichterstattung durch den Compliance-Beauftragten aus sachfremden Erwägungen unterlässt, die notwendigen Maßnahmen zu ergreifen, um ein rechtskonformes Verhalten im Unternehmen zu gewährleisten. Dies ist der Fall, wenn deutlich wird, dass die Geschäftsleitung durch aktives Tun oder wohlwollendes Dulden selbst in die Straftaten verstrickt ist und aus diesem Grunde untätig bleibt. Hierfür spricht schon der Umstand, dass Compliance eine gewisse Effektivität und Glaubwürdigkeit ausstrahlen muss, soll sie einen positiven Effekt haben.[1372] Interessant ist, dass auch schon im Zusammenhang mit den Pflichten eines Gewässerschutzbeauftragten die Auffassung vertreten wird, dass der Beauftragte den Aufsichtsrat über gesetzeswidrige Aktivitäten des Vorstandes nicht informieren muss, da sich seine Pflichten von denen des Vorstandes ableiten und sie somit nicht weitergehen könnten als die des Vorstandes.[1373] Ferner wird direkte Kommunikation zwischen Aufsichtsrat und Angestellten des Unternehmens – also auch des Compliance-Beauftragten – jedenfalls in normalen Zeiten weithin für

---

1370 Dazu ausführlich *Bürkle* BB 2007, 1797 (1799 f.).

1371 Neben der schon genannten Entscheidung BGH NJW 2009, 3173 (3175); *Klopp*, Der Compliance-Beauftragte, 215 ff.; *Bürkle* CCZ 2010, 4 (9 f.); *Illing/Umnuß* CCZ 2009, 1 (5); *Rönnau/Schneider* ZIP 2010, 53 (60); *Casper*, FS K. Schmidt, 199 (207); Hauschka/Moosmayer/Lösler/*Bürkle*, Corporate Compliance, § 36 Rn. 43; *Rodewald/Unger* BB 2007, 1629 (1632); *Schulz/Renz* BB 2012, 2511 (2515); *Raus/Lützeler* CCZ 2012, 96 (98 f.); *Lackhoff/Schulz* CCZ 2010, 81(87); *Krieger/Günther* NZA 2010, 367 (372); *Fecker/Kinzl* CCZ 2010, 13 (17); *Dann/Mengel* NJW 2010, 3265 (3267); *Thomas* CCZ 2009, 39 (40); *Spindler* WM 2008, 905 (913); *Mosbacher/Dierlamm* NStZ 2010, 268 (270); *Knauer*, FS I. Roxin, 465 (480); *Poguntke*, Risiken für Compliance-Beauftragte, 296 ff.

1372 *Illing/Umnuß* CCZ 2009, 1 (5); *Rodewald/Unger* BB 2007, 1629 (1632).

1373 So bspw. *Rübenstahl* NZG 2009, 1341 (1343 f.); für den Betriebsbeauftragten *Böse* NStZ 2003, 636 (639).

unzulässig gehalten.[1374] Des Weiteren wird angeführt, dass eine strafrechtliche Verantwortlichkeit nur im Überordnungsverhältnis, nicht aber im Unterordnungsverhältnis ausgemacht werden kann, sodass der Compliance-Beauftragte nicht den Geschäftsleiter überwachen kann bzw. jedenfalls dessen Taten nicht verhindern kann.[1375] Diese Argumente haben einiges für sich, greifen aber dennoch zu kurz: Zwar ist richtig, dass auch der Compliance-Beauftragte in die Garantenstellung des Geschäftsherrn einrückt, dies führt jedoch nicht dazu, dass auch seine Pflichten dieselben sind wie die seiner Vorgesetzten. So sind die Pflichten des Compliance-Beauftragten unstreitig einzugrenzen, sofern er die erforderliche Maßnahme nicht treffen kann, weil er nicht die Kompetenz zu ihrer Anordnung innehat (z.B. Kündigung eines Mitarbeiters). Jedoch sind die Pflichten des Compliance-Beauftragten nicht einfach nur ein Minus zu denen der Geschäftsleitung, sondern ein Aliud. Dies wird deutlich, wenn man sich eine der Hauptpflichten des Compliance-Beauftragten vor Augen führt, nämlich diejenige, die Geschäftsleitung über Verstöße zu informieren. Auch diese Pflicht trifft die kollektive Geschäftsleitung logischerweise nicht selbst. Kann eine Verletzung dieser Pflicht daher für den Compliance-Beauftragten mit dem Argument strafrechtlich unbeachtlich bleiben, dass die Geschäftsleitung selbst ja auch nicht eine andere Stelle hätte informieren müssen? Die Antwort auf diese rhetorische Frage hilft auch bei der Frage weiter, ob eine Informationspflicht des Compliance-Beauftragten gegenüber dem Aufsichtsrat aufgrund der Andersartigkeit zu den Pflichten der Geschäftsleitung abgelehnt werden kann, denn wie gezeigt liegt eine solche Andersartigkeit in der Natur der Sache und ist kein Argument für die Beschränkung der Pflichten des Compliance-Beauftragten. Entscheidend ist vielmehr, dass sowohl Geschäftsleitung als auch Compliance-Beauftragter beide arbeitsvertraglich zur Loyalität gegenüber dem Unternehmen verpflichtet sind und ihre Handlungspflichten sich daher zuvörderst am Unternehmensinteresse zu orientieren haben. Ferner gehen die Pflichten des Compliance-Beauftragten auch nicht über die der Geschäftsleitung hinaus, da auch ein einzelnes Mitglied der Geschäftsleitung im Falle rechtswidriger Beschlüsse des restlichen Gremiums, die es allein nicht verhindern kann, die Pflicht trifft, den Aufsichtsrat über die Vorkommnisse zu informieren. Auch diejenigen, von denen der Compliance-Beauftragte seine Pflichten ableitet, trifft also die Pflicht, ihre Vorstandskollegen zu überwachen und ggf. eine andere Stelle über ihr

---

1374 Statt aller für die h.M. *Casper*, FS K. Schmidt, 199 (207, 209) m.w.N.

1375 So *Schneider*, in: Rom, Recht, Religion, 349 (356) unter Berufung auf den „Befehlsansatz" von *Schünemann*; *Schneider* selbst aber im Ergebnis anders, s. dort S. 358.

Verhalten zu informieren. Die Überwachungsrechte- und pflichten des Compliance-Beauftragten begründen ein ausreichendes Maß an Herrschaft über die Gefahrenquelle Betrieb, sodass auch der Umstand, dass nur die Geschäftsleitung über ein Direktions- und Weisungsrecht verfügt, an der bestehenden Überwachergarantenstellung nichts zu ändern vermag. Freilich steht dieser Ansatz eng im Zusammenhang mit der Begründung der Garantenstellung der Geschäftsleitung durch die Herrschaft über die Gefahrenquelle Betrieb; stellt man hingegen auf die Befehlsgewalt über Personen als Grund für eine Überwachergarantenstellung im Unternehmenskontext ab, ist eine Überwachergarantenstellung des Compliance-Beauftragten insbesondere, aber nicht nur hinsichtlich seiner Vorgesetzten unmöglich.[1376]

Wie schon für den allgemeinen „Überwachungsradius" im Unternehmen gilt jedoch selbstverständlich auch für die Eskalationspflicht des Compliance-Beauftragten gegenüber dem Aufsichtsrat, dass nur eine Verstrickung des Vorstandes in solche Straftaten gemeldet werden muss, die für das Unternehmen von einer gewissen Erheblichkeit sind.[1377]

Für eine Eskalationspflicht lässt sich des Weiteren anführen, dass es unlogisch ist, dass zwar einerseits eine Pflicht des Vorstandes gegenüber dem Aufsichtsrat zu offener und ehrlicher Berichterstattung besteht, andererseits diese Pflicht aber verletzt werden dürfte, ohne dass dem Compliance-Beauftragten das Recht gegeben bzw. die Pflicht auferlegt wird, gegen diese Berichtspflichtverletzung der Geschäftsleitung, die vermutlich auch die Compliance-Berichte eines redlichen Compliance-Beauftragten betreffen (müssen), einzuschreiten.[1378] Dass sich eine in Straftaten verstrickte Geschäftsleitung zudem nicht auf einen wie auch immer gearteten „Vertrauensschutz" bzw. die ansonsten bestehende „Vertrauensbeziehung" zum Compliance-Beauftragten verlassen kann, versteht sich von selbst.[1379]

Auch unter dem Gesichtspunkt der Unzumutbarkeit ergibt sich kein anderes Ergebnis.[1380] Stellt sich der Aufsichtsrat auf die Seite des Compliance-Beauftragten, kann er diesen durch entsprechende Einflussnahme wirksam schützen, versuchen Vorstand und Aufsichtsrat hingegen gemeinsam, den Vorwurf des

---

1376 So auch zutreffend *Schneider*, in: Rom, Recht, Religion, 349 (358 f.).

1377 Anders aber unter Berufung auf den „spezifischen Aufgabenbereich" des CCO *Illing/Umnuß* CCZ 2009, 1 (5).

1378 Vgl. *Raus/Lützeler*, CCZ 2012, 96 (98).

1379 *Bürkle* CCZ 2010, 4 (10).

1380 So zutreffend *Deutscher* WM 2010, 1387 (1392 f.); anders (wenn auch insgesamt ein wenig unklar) wohl auch für den Fall einer fehlenden klaren Beschreibung der Aufgaben *Rübenstahl* NZG 2009, 1341 (1343).

Compliance-Beauftragten zu „vertuschen", werden sich Konsequenzen wohl erst dann anbahnen, wenn der Compliance-Beauftragte mit diesem Vorgehen nicht einverstanden ist und dies offen kommuniziert. Jedenfalls die bloße Meldung an den Aufsichtsrat wird daher regelmäßig keine so erheblichen Konsequenzen nach sich ziehen,[1381] eine Eskalationspflicht für den Compliance-Beauftragten als „unzumutbar" bezeichnen zu können. Bei arbeitsrechtlichen Konsequenzen wäre zudem stets § 612a BGB zu beachten.

Das somit gefundene Ergebnis wird auch in der Unternehmenspraxis zunehmend verfolgt: So haben namhafte deutsche Großunternehmen einen direkten Kontakt zwischen Compliance-Abteilung und Aufsichtsrat unternehmensintern fest etabliert.[1382]

Hinsichtlich der in der Praxis weniger bedeutsamen Frage[1383], inwieweit auch andere Unternehmensorgane über Compliance-Verstöße der Geschäftsleitung zu informieren sind, ist folgendermaßen zu differenzieren: Bezüglich einer GmbH wird man bei einer Verstrickung der Geschäftsleitung in die Rechtsverstöße in der Gesellschaft es dem Compliance-Beauftragten analog zur Konstellation hinsichtlich des Aufsichtsrats nicht verwehren dürfen (und ihm gleichzeitig die Pflicht auferlegen müssen), die Gesellschafterversammlung zu informieren, sofern Geschäftsleitung und ggf. Aufsichtsrat sich selbst durch Tun oder Unterlassen strafbar machen.[1384] Hinsichtlich der Situation in einer Aktiengesellschaft wird man hingegen andere Maßstäbe anlegen müssen. Hier kommt die Unterrichtung der Hauptversammlung regelmäßig einer Veröffentlichung der (für das Unternehmen zumeist brisanten) Informationen gleich.[1385] Daher sind hier auch die gleichen Maßstäbe anzulegen[1386] wie beim sog. externen Reporting.[1387]

1381 Anders aber *Wybitul* BB 2009, 2590 (2593), der „ohne eine solche Regelung" das Ende der Karriere des Compliance-Beauftragten nahen sieht. Dies ist jedoch allenfalls bei einem Handeln *gegen* eine solche existierende und ausdrückliche Regelung im Ansatz begründet, beim Fehlen einer Regelung oder anderer besonderer Umstände hingegen nicht ohne Weiteres nachvollziehbar.

1382 S. *Raus/Lützeler*, CCZ 2012, 96 (99) insbes. Fn. 48 unter Verweis auf die Daimler AG, die Bayer AG sowie die E.ON AG.

1383 Siehe auch *Bürkle* CCZ 2010, 4 (11).

1384 *Raus/Lützeler*, CCZ 2012, 96 (99).

1385 Aufgrund der unternehmensschädigenden Publizität ablehnend *Rönnau/Schneider* ZIP 2010, 53 (60); zumindest für ein Anzeigerecht aber *Casper*, FS K. Schmidt, 199 (207 f.).

1386 Vgl. *Bürkle* CCZ 2010, 4 (11).

1387 Dazu sogleich.

cc) Externe Berichtspflichten

Von der Konstellation einer internen Berichterstattungspflicht an den Aufsichtsrat zu unterscheiden sind die Fälle, in denen die Geschäftsleitung (und ggf. der Aufsichtsrat) untätig bleibt und der Compliance-Beauftragte deshalb als letzte Möglichkeit die Option hat, die Öffentlichkeit oder eine zuständige Stelle über die strafrechtlich relevanten Vorgänge im Unternehmen zu unterrichten. Die Frage, die in unserem Zusammenhang von Interesse ist, lautet also, ob es eine nach außen gerichtete Eskalationspflicht des Compliance-Beauftragten gibt.

Für das geltende Recht ist festzustellen, dass es grundsätzlich nur die in § 138 StGB statuierten und für jedermann geltenden Anzeigepflichten gibt. Dies und der Umstand, dass auch die gesetzlich vorgesehenen Betriebsbeauftragten grundsätzlich keine Anzeigepflichten treffen, spricht dafür, dem Compliance-Beauftragten keine Anzeigepflicht nach außen aufzuerlegen.[1388] Man könnte gegen diese ganz überwiegende Auffassung einwenden, dass durchaus auch Konstellationen vorstellbar sind, in denen die Erstattung einer Anzeige zur Erfüllung einer Garantenpflicht notwendig sein kann. So wurde bereits eine Mutter durch den BGH wegen Beihilfe durch Unterlassen verurteilt, weil sie den sexuellen Missbrauch von Schutzbefohlenen (ihrer Kinder aus erster Ehe) durch ihren zweiten Ehemann nicht durch eine Anzeige beim Jugendamt verhindert hatte.[1389] Jedoch ist dem BGH nicht bedingungslos zuzustimmen, wenn er eine Pflicht zur Anzeige beim Jugendamt konstruiert, schließlich hätte die Mutter möglicherweise auch durch eine Flucht mit ihren Töchtern aus der gemeinsamen Wohnung weitere Taten verhindern können, wodurch sie ihre Garantenpflicht ebenso wenig verletzt hätte wie durch eine Anzeige; diese Möglichkeit wird vom Senat aber nicht erörtert. Denkbar ist eine Anzeigepflicht in solchen Konstellationen aber jedenfalls dann, wenn zum Beispiel ein Kind als Zeuge gegen einen ihm persönlich bekannten Straftäter aussagen soll und dieser in Anwesenheit der Mutter daher ankündigt, das Kind in Bälde schwer zu misshandeln (ohne es zu töten, dann wäre schon § 138 StGB einschlägig) und außerdem aufgrund der Macht und des Einflusses des Drohenden und sonstiger

---

1388 So auch *Bürkle* CCZ 2010, 4 (10 ff.); *Klopp*, Der Compliance-Beauftragte, 236; *Fecker/Kinzl* CCZ 2010, 13(18); *Illing/Unmuß* CCZ 2009, 1 (5); *Mosbacher/Dierlamm* NStZ 2010, 268 (270); *Favoccia/Richter* AG 2010, 137 (141); *Krieger/Günther* NZA 2010, 367 (372); *Casper*, FS K. Schmidt, 199 (211 f.); *Lackhoff/Schulz* CCZ 2010, 81(87); *Raus/Lützeler*, CCZ 2012, 96 (100); *Knauer*, FS I. Roxin, 465 (481); *Dann/Mengel* NJW 2010, 3265 (3267); s.a. BGH NStZ 2008, 391 f.

1389 BGH NStZ 1984, 164.

unglücklicher Umstände keine andere Fluchtmöglichkeit für das Opfer besteht, der Mutter also keine andere Möglichkeit bleibt, als ihre Garantenpflicht durch die Anzeige des Täters bei der Polizei zu erfüllen. Es ist jedoch sogleich einzuräumen, dass diese Konstellationen regelmäßig wohl einen erheblichen Konstruktionsaufwand verlangen. Wichtig ist es ferner zu betonen, dass für die Mutter in dem oben genannten Beispiel die Anzeigepflicht nur ganz ausnahmsweise zur Erfüllung der Garantenpflicht in Betracht kommt; regelmäßig wird sie ihrer Garantenpflicht auf mannigfaltige andere Art und Weise nachkommen können; für den Compliance-Beauftragten ist hingegen die Anzeigetätigkeit im (nicht besonders unwahrscheinlichen) Fall der Untätigkeit der Unternehmensführung regelmäßig die letzte und einzige Möglichkeit der Erfolgsabwendung.

Im Gegensatz zur oben zitierten herrschenden Meinung hält *Barton*[1390] die infrage stehende Art einer „Whistleblowing"-Pflicht für durchaus möglich. Als „Faustformel" möchte er dabei die allgemeinen – und auch sonst weitgehend anerkannten[1391] – Regeln über die Zumutbarkeit normgemäßen Verhaltens bei den Unterlassungsdelikten anwenden, nach der „die Pflichterfüllung nur dann unzumutbar ist, wenn durch sie billigenswerte Interessen des Garanten in einem gegenüber der drohenden Gefahr nicht angemessenen Umfang gefährdet würden."[1392] Je schwerer die drohende Rechtsbeeinträchtigung und je höher die Aussichten einer Erfolgsverhinderung seien, desto eher sei dem Garanten die Abwendung auch zuzumuten.[1393] Diese externe Meldung wird zwar als „Ausnahmefall" und „Ultima Ratio" bezeichnet, es wird aber zugleich darauf hingewiesen, dass die Pflicht „auch auf die Gefahr hin, dass mit einem solchen Schritt durchaus erhebliche persönliche Nachteile verbunden sein können, die von der Isolierung im Unternehmen bis hin zum Arbeitsplatzwechsel reichen", erfüllt werden müsse.[1394] Jedoch bleiben diese und ähnliche formelhafte Ausführungen eher allgemein, was auch der BGH hinsichtlich dieser Problematik und seiner eigenen Rechtsprechung diesbezüglich bereits vor Jahrzehnten eingeräumt hat.[1395] Sollen die persönlichen Nachteile bereits dann zurückstehen müssen, wenn es um Straftaten (wie z.B. Korruptionsdelikte) geht, würden damit wohl

---

1390 *Barton* RDV 2010, 19 (25 f.).

1391 Siehe nur BGHSt 4, 20 ff.; BGH NJW 1964, 731 f.; BGH NStZ 1984, 164 m.w.N.

1392 Siehe *Barton* RDV 2010, 19 (25).

1393 Siehe *Barton* RDV 2010, 19 (25) unter Verweis auf BGH NStZ 1984, 164 und BGHSt 4, 20 (23).

1394 *Barton* RDV 2010, 19 (25 f.); *ders.* jurisPR-StrafR 23/2009 Anm. 1.

1395 Siehe BGH NStZ 1984, 164: „... im Übrigen aber handelt es sich um eine vornehmlich dem Tatrichter vorbehaltene Wertung des Einzelfalles".

die persönlichen Konsequenzen unterschätzt, die der Compliance-Beauftragte zu tragen hätte und es erscheint zumindest fraglich, ob man sich dann noch auf der Linie der herangezogenen höchstrichterlichen Rechtsprechung befinden würde. Dass *Barton* die Schwere der drohenden Rechtsbeeinträchtigung heranziehen will, lässt aber auch den Schluss zu, dass er nur schwerwiegende Delikte in Betracht zieht, also zum Beispiel solche, die erhebliche Gefahren für die körperliche Unversehrtheit anderer Menschen mit sich bringen.

Unabhängig von dieser Frage ist die Ansicht jedoch jedenfalls deshalb abzulehnen, weil sie das gesetzlich vorgesehene Machtgefüge innerhalb der Aktiengesellschaft durcheinanderbringen würde. Es gibt nämlich keine „gemeinsame und gleichstufige Verantwortung" von Geschäftsleitung und Compliance-Beauftragtem,[1396] sondern es ist vielmehr so, dass der Compliance-Beauftragte durch die Unterrichtung der internen Organe im Unternehmen seine abgeleitete Verantwortung wieder an diese (mit entsprechenden gesetzlichen Befugnissen) ausgestatteten Organe zurückgibt.[1397] Auch zivilrechtlich ist durch die konkrete Meldung seine Leistungspflicht gemäß § 362 BGB erloschen.[1398] Nach dieser „Rückgabe" der Verantwortung steht der Compliance-Beauftragte aber zu den Strafbarkeitsrisiken wie jeder andere, nicht mit Compliance-Fragen befasste Arbeitnehmer im Unternehmen auch; daher trifft ihn auch keine weitergehende Meldepflicht als einen normalen Arbeitnehmer. Es ist hier nicht die Frage der (Un-)Zumutbarkeit die entscheidende,[1399] sondern es ist (wie bei der Frage der Betriebsbezogenheit) bereits eine Stufe davor, nämlich bei der Bestimmung der Reichweite der Garantenpflicht anzusetzen. Für die Bestimmung dieses Pflichtenkorridors ist aber nicht die Frage der Zumutbarkeit entscheidend, sondern es ist der tatsächliche und vor allen Dingen der rechtliche Rahmen zu betrachten, in dem der Garantenpflichtige agiert. Hierbei ist zu bedenken, dass die arbeitsvertragliche Verschwiegenheits- und Loyalitätspflicht es dem Compliance-Beauftragten grundsätzlich untersagt, Unternehmensinterna nach außen zu tragen.[1400] Ferner setzt sich die Gesellschaft auch zivilrechtlich dem Vorwurf widersprüchlichen Verhaltens (venire contra factum proprium) aus, wenn sie vom Compliance-Beauftragten einerseits eine Anzeige gegenüber externen Stellen fordert, andererseits aber selbst (durch ihre Organe)

1396 So *Bürkle* CCZ 2010, 4 (10) in Anlehnung an eine Formulierung im berühmten Lederspray-Urteil des BGHSt 37, 106 ff.

1397 *Bürkle* CCZ 2010, 4 (10); *Raus/Lützeler* CCZ 2012, 96 (100).

1398 *Favoccia/Richter* AG 2010, 137 (141).

1399 So aber neben dem oben wiedergegebenen *Barton* auch *Bürkle* CCZ 2010, 4 (10 f.).

1400 Siehe nur *Klopp*, Der Compliance-Beauftragte, 238 ff.

den konkreten Rechtsverstoß hätte verhindern können.[1401] Es ist hier ferner nicht ersichtlich, warum der strafrechtliche Schutz weiter gehen sollte als der zivilrechtliche. Anders ist die Situation aber dann zu bewerten, wenn arbeitsvertraglich tatsächlich einmal eine Pflicht zur externen Anzeige vorliegt, was in der Praxis allerdings nur sehr schwer vorstellbar ist. In solchen Fällen geht der Compliance-Beauftragte die entsprechende Pflicht im Interesse der Gesellschaft bewusst ein und sich daraus ergebende Unannehmlichkeiten sind entsprechend hinzunehmen. Selbst eine für den Fall einer externen Anzeige – ohne Änderung des Arbeitsvertrages – angedrohte oder ausgesprochene Kündigung wäre hier (insbesondere bei Delikten mit schwerwiegenden Folgen) kein Grund eine Unzumutbarkeit anzunehmen, zumal eine derartige Kündigung ohnehin selbstverständlich vor einem Arbeitsgericht anfechtbar wäre.

Ferner fällt auf, dass der Compliance-Beauftragte sich im Fall einer Anzeige selbst einem – je nach Fall unterschiedlichen – Strafbarkeitsrisiko aussetzt. Auch dieser Umstand zeigt freilich nur auf, dass die Rechte und Pflichten des Compliance-Beauftragten natürlich nicht die Grenze zur Strafbarkeit übertreten dürfen. Aus dem Kernstrafrecht fällt insbesondere der § 186 StGB, also die üble Nachrede, ins Auge, aber auch ein Ermittlungsverfahren wegen falscher Verdächtigung oder Verleumdung erscheint nicht ausgeschlossen. Da davon auszugehen ist, dass die Veröffentlichung der Information dem Arbeitgeber zumindest kurzfristig Schaden zufügt, kann auch eine Verfolgung wegen Untreue nicht ausgeschlossen werden, sofern den Compliance-Beauftragten eine Vermögensbetreuungspflicht trifft. Schließlich droht auch noch möglicherweise ein Ermittlungsverfahren wegen des Verrats von Betriebs- und Geschäftsgeheimnissen nach § 17 UWG, wobei nach noch überwiegender Auffassung zumindest der objektive Tatbestand regelmäßig erfüllt sein dürfte, da es an dem berechtigten wirtschaftlichen Interesse des Arbeitgebers an der Geheimhaltung nicht nur aufgrund des rechtswidrigen Inhalts des Geheimnisses fehlen soll.[1402] Jedoch dürfte es regelmäßig zumindest subjektiv an der erforderlichen Schädigungsabsicht fehlen.[1403]

Natürlich kann man hiergegen einwenden, dass letztlich jeder „Anzeigepflichtige“ Gefahr läuft, z.B. wegen fehlender Beweise, selbst einer strafrechtlichen

---

1401 So zutreffend *Favoccia/Richter* AG 2010, 137 (141).

1402 Siehe nur *Buchert* CCZ 2013, 144 (148); Harte/Henning/*Harte-Bavendamm* § 17 UWG Rn. 6 m.w.N.

1403 So wohl zumindest nach der Definition von *Ohly*/Sosnitza § 17 UWG Rn. 25; s. aber auch Harte/Henning/*Harte-Bavendamm* § 17 UWG Rn. 17.

Verfolgung ausgesetzt zu werden. Doch zum einen ist das Risiko im Falle eines Arbeitnehmers aufgrund der genannten speziellen wirtschaftsstrafrechtlichen Tatbestände noch einmal größer und zum anderen ist davon auszugehen, dass nicht wenige Unternehmen auch alle Hebel in Bewegung setzen werden, um einen etwaigen Whistleblower entsprechend rechtlich zu verfolgen. Es gibt ferner noch darüber hinausgehende gute Gründe von einer Whistleblowing-Pflicht des Compliance-Beauftragten abzusehen. Denn auch der Gesetzgeber möchte die bereits angesprochene Ordnung innerhalb des Unternehmens nicht durcheinanderbringen und hat aus diesem Grund nur in bestimmten, aus seiner Sicht besonders sensiblen Bereichen, Regelungen über Anzeigepflichten gegenüber externen Stellen getroffen. Diese Spezialregelungen zeigen, dass auch der Gesetzgeber gerade nicht von einer generellen Anzeigepflicht eines Unternehmensbeauftragten ausgeht, was dafür spricht, auch den Compliance-Beauftragten von einer solchen Verpflichtung freizuhalten.[1404] So trifft ein Unternehmen, das unter das GWG fällt nach § 43 GWG die Pflicht, im Hinblick auf § 261 StGB oder die Terrorismusfinanzierung verdächtige Vermögenstransaktionen beim Bundeskriminalamt zu melden. Auch das Wertpapierhandelsrecht regelt Fälle (Insidergeschäfte, Marktmanipulation), in denen das Wertpapierdienstleistungsunternehmen zur Anzeige verpflichtet ist. Man mag hiergegen einwenden können, dass sich das GWG und das Wertpapierhandelsrecht nicht an natürliche Personen richten, sodass der jeweilige Beauftragte für Geldwäsche bzw. Wertpapier-Compliance durch die Normen schon gar nicht gebunden wird.[1405] Dieser Gedanke ist jedoch nur bei sehr formalistischer Betrachtung haltbar, denn dort, wo ein entsprechender Beauftragter vorhanden ist, wird er regelmäßig unternehmensintern auch die Erfüllung der genannten Pflichten zu verantworten haben.[1406] Nach anderer Auffassung[1407] soll durch die Normen hingegen direkt der jeweilige Beauftragte verpflichtet werden, was jedoch zumindest für das Strafrecht aufgrund der Wortlautgrenze nicht akzeptabel erscheint. Letztlich gehen aber auch die Vertreter dieser Auffassung davon aus, dass die Anzeigepflichten abschließenden Charakter haben, das heißt es keine darüber hinausgehenden Anzeigepflichten gibt.[1408] Ein weiteres Beispiel für eine spezielle Anzeigepflicht findet sich im Recht der Krankenkassen in den §§ 81a Abs. 4 und

---

1404 So auch *Rönnau/Schneider* ZIP 2010, 53 (60).

1405 *Klopp*, Der Compliance-Beauftragte, 237.

1406 Dies räumt auch *Klopp*, Der Compliance-Beauftragte, 237 ein.

1407 *Veil* WM 2008, 1093 (1098).

1408 *Casper*, FS K. Schmidt, 199 (211 f.).

197a Abs. 4 SGB V. Gerichte und Behörden sind nach § 6 SubvG dazu verpflichtet, Verdachtsfälle von Subventionsbetrug an die Strafverfolgungsbehörden zu melden. *Persönlich* verantwortlich ist hingegen der Aktuar, welcher als versierter Versicherungsmathematiker gemäß § 11a Abs. 3 Nr. 3 VAG die Aufsichtsbehörde zu informieren hat, wenn der Vorstand keine Abhilfe schafft, obwohl der Aktuar zuvor beanstandet hat, dass die Berechnung der Deckungsrückstellung in der Bilanz durch ihn nicht als gesetzeskonform ermittelt bestätigt werden könne oder er Tatsachen feststellt, die den Bestand des Unternehmens gefährden oder seine Entwicklung wesentlich beeinträchtigen können.[1409] Diese ausdrücklich gesetzlich geregelte Anzeigepflicht spricht gegen eine generelle Anzeigepflicht eines Compliance-Beauftragten. Insbesondere ein Vergleich des Compliance-Beauftragten mit den Umweltbeauftragten zeigt ferner, dass selbst für diese gesetzlich vorgesehenen Beauftragten grundsätzlich keine Anzeigepflichten bestehen, was massiv dagegen spricht, dem gesetzlich nicht bestimmten Compliance-Beauftragten eine solche Anzeigepflicht aufzuerlegen.[1410] Eine gesetzlich vorgesehene persönliche Anzeigepflicht besteht im Umweltrecht wie gezeigt nur für den Strahlenschutzverantwortlichen (§ 32 Abs. 2 S. 2 StrahlenschutzVO). Insbesondere ist zu bedenken, dass auch die Mitglieder der Geschäftsleitung grundsätzlich nicht die Pflicht haben, außenstehende Stellen oder die Öffentlichkeit zu informieren, um die Abwendung eines tatbestandlichen Erfolges herbeizuführen, wenn sie sich unternehmensintern mit ihrer Auffassung gegen die anderen Mitglieder der Geschäftsleitung nicht durchsetzen können. Auch insoweit wäre es abwegig, dem regelmäßig eine Ebene unter der Geschäftsleitung angesiedelten Compliance-Beauftragten eine weitergehende Pflicht aufzuerlegen als der Geschäftsleitung, von der er ja seine Garantenstellung ableitet. Eine Anzeigepflicht des Compliance-Beauftragten besteht mithin nicht. Auch die alternativ diskutierte Möglichkeit,[1411] bei Untätigkeit der Unternehmensleitung sein Amt niederzulegen, trifft den Compliance-Beauftragten aus strafrechtlicher Sicht somit ebenfalls nicht.[1412]

Ferner besteht auch de lege ferenda kein Handlungsbedarf: Würde man eine Anzeigepflicht für den Compliance-Beauftragten persönlich konstruieren, so

---

1409 S. auch *Bürkle* CCZ 2010, 4 (11).

1410 So auch *Casper*, FS K. Schmidt, 199 (212); *Fecker/Kinzl* CCZ 2010, 13 (18); *Bürkle* CCZ 2010, 4 (11).

1411 S. nur Hauschka/Moosmayer/Lösler/*Bürkle*, Corporate Compliance, § 36 Rn. 44.

1412 So zutreffend *Rönnau/Schneider* ZIP 2010, 53 (60); für das Recht, die Tätigkeit für den Fall der Nichtbefolgung eines Entscheidungsvorschlages sofort niederlegen zu können *Campos Nave/Vogel* BB 2009, 2546 (2550).

wie beim Strahlenschutzverantwortlichen, hätte dies nämlich wohl nur scheinbar den positiven (und insgesamt mit Compliance verbundenen und gewünschten) Effekt einer Eindämmung rechtswidriger Umtriebe in Unternehmen. Denn in der Praxis würde vermutlich vor allem der Effekt eintreten, dass die Geschäftsleitung schon aufgrund ihrer Betreuungspflicht im Hinblick auf das Unternehmensvermögen, aber auch aus banalem Eigennutz, versuchen könnte, den Compliance-Beauftragten bei bestimmten, für das Unternehmen gefährlichen Untersuchungen außen vor zu lassen.[1413] Letztlich würde der Compliance-Beauftragte damit zum „Hilfssheriff" der Staatsanwaltschaft im Unternehmen,[1414] was er nach gegenwärtigem Verständnis gerade nicht ist und daher würde seine Whistleblowing-Pflicht dem gegenwärtigen Verständnis von Compliance im Unternehmensinteresse nicht entsprechen. Daher spricht viel dafür, den gegenwärtigen Zustand unverändert zu lassen. Sollte der Gesetzgeber das Problem der Korruption effektiver angehen wollen, wäre wohl eine Aufnahme der Korruptionsstraftaten in den Katalog der allgemeinen Anzeigepflicht nach § 138 StGB effektiver und mit weniger negativen Nebenfolgen für eine neue Compliance-Kultur verbunden, als eine gezielte Inanspruchnahme des Compliance-Beauftragten.

Unterschieden werden muss stets zwischen der (strafrechtlichen) Pflicht zur externen Anzeige und dem Recht des Compliance-Beauftragten, auf gravierende Missstände im Unternehmen durch eine öffentliche Anzeige zu reagieren.[1415] Der Compliance-Beauftragte mag in diesem Zusammenhang – aber wohl nur im konkret zu ermittelnden Einzelfall und nicht generell[1416] – höhere rechtliche Hürden zu überwinden haben als ein normaler Arbeitnehmer, da er durch seine herausgehobene Position bessere Möglichkeiten hat, eine interne Lösung des Problems herbeizuführen. Eine aus Gründen der Rechtssicherheit wünschenswerte gesetzliche Regelung dieses Problems[1417] wird zwar seit Jahren immer

---

1413 *Klopp*, Der Compliance-Beauftragte, 237.

1414 *Casper*, FS K. Schmidt, 199 (207, 211).

1415 Siehe dazu ausführlich *Momsen/Grützner/Oonk* ZIS 2011, 754 ff.; *Favoccia/Richter* AG 2010, 137 (141 ff.); zu den infrage kommenden strafrechtlichen Delikten bei einem rechtswidrig ausgeübten Whistleblowing siehe bereits oben (in diesem Abschnitt).

1416 So aber wohl *Illing/Umnuß* CCZ 2009, 1 (5).

1417 Siehe auch die gesetzliche „Whistleblowing-Regelung" im Beamtenrecht in § 37 Abs. 2 Nr. 3 BeamtStG und § 67 Abs. 2 Nr. 3 BBG. Nach diesen Regelungen dürfen Beamte (neben den Katalogstraftaten des § 138 StGB) auch Korruptionsstraftaten nach den §§ 331 ff. StGB unmittelbar bei der Staatsanwaltschaft anzeigen.

wieder gefordert und von verschiedenen Personen und Fraktionen im Parlament angestrebt,[1418] ist aber bislang nicht umgesetzt worden. Dennoch ist auch de lege lata unter bestimmten Umständen, insbesondere bei drohenden schweren Schäden für die Allgemeinheit und ggf. einem vorherigen internen Abhilfeversuch, von einem Anzeigerecht auszugehen.[1419]

Auch die Frage, welche weiteren Mitwirkungs- bzw. Kooperationspflichten den Compliance-Beauftragten nach Einleitung eines Ermittlungsverfahrens durch die Behörden treffen, gehört zumindest in einem weiteren Sinn zu den „Berichtspflichten" des Compliance-Beauftragten nach außen. In diesem Zusammenhang ist bereits die Frage aufgeworfen worden, ob der Compliance Officer als „Partner oder Gegenspieler" der Ermittlungsbehörden im Strafverfahren anzusehen sei.[1420] Richtig ist, dass der Compliance-Beauftragte heute ein immer wichtiger werdender Ansprechpartner innerhalb des Unternehmens für die Ermittlungsbehörden und eine Art Schnittstelle zwischen diesen und der Unternehmensleitung wird.[1421] Ferner werden Selbstanzeigen von Unternehmen zumeist von Compliance-Beauftragten gestellt,[1422] was vermutlich vor allen Dingen mit deren Expertise und dem Wunsch nach dem Aufbau eines Vertrauensverhältnisses

---

1418 Siehe der Gesetzesentwurf von drei Bundesministerien für eine Neufassung des § 612a BGB vom 30.04.2008, in Deutscher Bundestag – Ausschuss für Ernährung, Landwirtschaft und Verbraucherschutz, Ausschuss-Drs. 16(10)849 (zu finden unter: http://webarchiv.bundestag.de/archive/2010/0304/bundestag/ausschuesse/a10/anhoerungen/a10_81/16_10_849.pdf zuletzt aufgerufen am 09.07.2013); der Gesetzesentwurf der SPD-Fraktion, BT-Drs. 17/8567 vom 07.02.2012 und der Gesetzesentwurf der Fraktion von Bündnis 90/Die Grünen 17/9782 vom 23.05.2012; die beiden letzten Entwürfe wurden vom Deutschen Bundestag im Juni 2013 kurz vor Ende der Legislaturperiode mit den Stimmen der die Regierung tragenden Fraktionen und ohne Aussprache abgelehnt (siehe http://www.whistleblower-net.de/was-wir-wollen/gesetzliche-regelungen/chronologische-ubersicht-uber-offizielle-gesetzgebungsinitiativen-und-vorschlage-zu-whistleblowing-in-deutschland/ zuletzt aufgerufen am 09.07.2013); s. ferner noch der Gesetzentwurf für ein „Whistleblower-Schutzgesetz" der Fraktion Bündnis 90/Die Grünen, BT-Drs. 18/3039 vom 04.11.2014.

1419 BAG NZA 2004, 427 ff.; BAG NZA 2007, 502 ff.; EGMR NZA 2011, 1269 ff.; BVerfG NZA 2001, 888 ff.; *Momsen/Grützner/Oonk* ZIS 2011, 754 (760); *Klopp*, Der Compliance-Beauftragte, 238 ff.; für den Aufsichtsrat gegenüber der Geschäftsleitung auch *Kordt*, Untersuchung von Compliance, 212 ff.

1420 Siehe der Aufsatz mit dem entsprechenden Titel von *Schmidt* Kriminalistik 2013, 134.

1421 *Schmidt* Kriminalistik 2013, 134 (138).

1422 Laut *Schmidt* Kriminalistik 2013, 134 (140) werden über 80 % der von Unternehmen gestellten Selbstanzeigen durch den Compliance-Beauftragten vorgenommen.

zusammenhängt. Eine Pflicht des Compliance-Beauftragten, die Ermittlungsbehörden in ihrer Tätigkeit – z.B. bei der Durchführung von Durchsuchungen oder anderen Ermittlungsmaßnahmen – zu unterstützen, existiert jedoch nicht. Dies ergibt sich aus denselben Gedanken, aus denen sich auch die Ablehnung einer externen Berichtspflicht ergibt. Ein besonderes Augenmerk darf dabei auf die Strafbarkeitsrisiken für den Compliance-Beauftragten gelegt werden, insbesondere im Hinblick auf § 266 StGB und § 17 UWG. Somit ist der Compliance-Beauftragte weder von der Staatsanwaltschaft zwingend einzubinden,[1423] noch ist es seine Pflicht die Staatsanwaltschaft in ihrer Tätigkeit zu unterstützen. Der Compliance-Beauftragte ist gerade kein „Hilfspolizist“ im Unternehmen, sondern wird im Gegenteil primär in dessen Interesse tätig. Die Frage, ob der Compliance-Beauftragte Partner oder Gegenspieler der Ermittlungsbehörden ist, ist rechtlich gesehen dahin gehend zu beantworten, dass der Compliance-Beauftragte aufgrund seiner zu den staatlichen Verfolgungsorganen konträren Interessenbindung zunächst einmal als Gegenspieler der Ermittlungsbehörden zu bezeichnen ist. Ob er in der Ermittlungs- und Unternehmenswirklichkeit dann aber nicht doch als Partner der Strafverfolgungsbehörden auftritt, hängt von der jeweiligen konkreten Situation ab (Unternehmensstrategie, „Marschrichtung“ der Leitungsebene, konkrete Fallgestaltung, Persönlichkeit des Compliance-Beauftragten) und entzieht sich daher einer generellen Beantwortung.[1424] Strafbarkeitsrisiken bestehen für den Compliance-Beauftragten – wie für andere Arbeitnehmer auch – immer dann, wenn er sich um eine „Vertuschung“ der Straftaten zum vermeintlichen Wohl des Unternehmens bemüht, insbesondere im Hinblick auf § 258 Abs. 1 (Strafvereitelung). Hier ist auch das bewusst irreführende Einreichen von Akten bei den Ermittlungsbehörden zu nennen, die falsche Spuren legen oder die (wiederum bewusst) keinerlei brisante Informationen enthalten, aber so umfangreich sind, dass sie die Ermittlungsbehörden in ihrer Tätigkeit wochenlang beschäftigen und somit im Extremfall „lahmlegen“.[1425] Jedenfalls eine Strafvereitelung durch Unterlassen bei einem rein passiven Verhalten des Compliance-Beauftragten, der sich entscheidet nicht mit den Behörden zu kooperieren, scheidet jedoch mangels Garantenstellung hinsichtlich der staatlichen Rechtspflege aus.

1423 *Schmidt* Kriminalistik 2013, 134 (139).

1424 S.a. *Schmidt* Kriminalistik 2013, 134 (143).

1425 Auf diese „Verteidigungsstrategie“ weist *Schmidt* Kriminalistik 2013, 134 (141) hin.

XII. Täterschaft und Teilnahme

Abschließend bleibt noch die Frage zu klären, wann sich der Compliance-Beauftragte als Täter und wann als Teilnehmer strafbar macht. Die Frage wird im Zusammenhang mit der Debatte um den Compliance-Beauftragten zumeist nur am Rande behandelt.[1426] Im Zusammenhang mit dem Betriebsbeauftragten wird vertreten, dass sich dieser durch einen Wissensvorsprung als mittelbarer Täter strafbar machen kann, da er hierdurch Tatherrschaft innehätte.[1427] Übertragen auf den Compliance-Beauftragten würde dies bedeuten, dass immer dann, wenn die Pflichtverletzung des Compliance-Beauftragten nicht nur in einer unterlassenen oder fehlerhaften Beratung, sondern in der Unterdrückung einer Information besteht, er als mittelbarer Täter zu verurteilen wäre. Diese Form der Täterschaft kann, wie bereits gezeigt, auch durch bloßes Unterlassen verwirklicht werden. Auch die Frage der Kausalität steht der Annahme einer mittelbaren Täterschaft nicht grundsätzlich entgegen. Dieses Ergebnis liegt zudem auf der Linie der Rechtsprechung, die dazu neigt, den Geschäftsherrn als (mittelbaren) Täter zu klassifizieren. In diesem Fall ist es naheliegend auch denjenigen, der die zentrale Gestalt des Geschehens durch sein Verhalten manipulativ beeinflusst als mittelbaren Täter zu verurteilen. Wer – wie hier vertreten – jedoch regelmäßig eine bloße Teilnahme des Geschäftsherrn an der Handlung seines Angestellten annimmt, kann den noch weiter vom Taterfolg und der unmittelbaren Tathandlung entfernten Compliance-Beauftragten schwerlich zum Täter machen, wenn sich sein Einfluss ausschließlich auf den bloßen Gehilfenbeitrag des Geschäftsherrn bezieht. Folglich leistet der Teilnehmer nach diesem Modell lediglich Beihilfe zur Beihilfe zur Haupttat und ist folglich selbst Gehilfe. Es gelten für den Compliance-Beauftragten im Übrigen die obigen Ausführungen zum Geschäftsherrn entsprechend.[1428] Anders ist die Konstellation freilich dann zu beurteilen, wenn nicht nur der Geschäftsherr, sondern zusätzlich auch noch der unmittelbar Handelnde bzgl. seiner Tat einen Defekt aufweist. Dies ist im Umweltstrafrecht,

---

1426 Für Beihilfe beispielsweise *Ransiek* AG 2010, 147 (152); *Dannecker/Dannecker* JZ 2010, 981 (987); *Knauer*, FS I. Roxin, 465 (481); *Barton* RDV 2010, 19 (23); *Campos Nave/Vogel* BB 2009, 2546 (2550); *Kamp/Körffer* RDV 2010, 72 (74); ausführlicher hingegen *Krüger* ZIS 2011, 1 ff., der für Überwachergaranten grundsätzlich Täterschaft annehmen will; Täterschaft für möglich halten auch *Bermejo/Palermo*, in: Compliance und Strafrecht, 137 (163 ff.).

1427 NK-*Ransiek* § 324 Rn. 66; LK[11]-*Steindorf* § 324 Rn. 49; Sch/Sch/*Heine/Hecker* § 324 Rn. 17; SSW-*Saliger* Vor §§ 324 Rn. 50; *Schall*, FS Amelung, 287 (298 f.); anders aber das OLG Frankfurt NJW 1987, 2753 (2756).

1428 Siehe oben 2. Kapitel: II.4.c).

wo sich dieselbe Frage im Rahmen der Strafbarkeit des Betriebsbeauftragten stellt, bzgl. der exakten zulässigen Immissionswerte und ihrer Überschreitung bei Fabriken durch einfache Angestellte gewiss nicht selten der Fall, weshalb man hier auch häufig zu einer mittelbaren Täterschaft des Betriebsbeauftragten kommen wird. Wenn allerdings Ingenieure vorsätzlich Manipulationen vornehmen, um bestimmte Ergebnisse zu erzielen, ist für eine Täterschaft kein Raum. Der Compliance-Beauftragte, der möglicherweise Straftaten wie Bestechungsdelikte der Geschäftsleitung melden soll, hat es insgesamt wohl nur in einer geringen Anzahl von Fällen mit einem Haupttäter zu tun, der einen Defekt aufweist, da wohl nur in seltenen Ausnahmefällen bspw. bzgl. eines Bestechungsdelikts ein relevanter Irrtum eines Betriebsangehörigen in Betracht kommen wird. Daher hat der BGH in der BSR-Entscheidung auch nach der hier vertretenen Auffassung hinsichtlich der Beteiligungsform im Ergebnis richtig entschieden, als er den Leiter der Innenrevision nur wegen Beihilfe verurteilte,[1429] da dieser sich einem anderen voll verantwortlichen Haupttäter unterordnete und daher die Geschäftsleitung selbst auch nur, wäre sie vorsätzlich nicht eingeschritten, eine Beihilfe hätte begehen können. Eine andere Konstellation, bei der eine täterschaftliche Beteiligung des Compliance-Beauftragten zumindest denkbar ist, ist die, in der der Compliance-Beauftragte so weitreichende Kompetenzen innehat, dass er die Voraussetzungen des § 14 StGB erfüllt. In diesen Fällen ist – parallel zu der vergleichbaren Konstellation beim Geschäftsherrn – eine Strafbarkeit als Täter – sofern die weiteren Voraussetzungen gegeben sind – zumindest möglich.

Sofern es um die Problematik der unterlassenen Kontrolle oder einer unterlassenen korrekten Beratung geht, wird man jedoch auch auf der Basis einer täterschaftlichen Begehung durch den Geschäftsherrn richtigerweise allenfalls zu einer bloßen Beihilfe des Compliance-Beauftragten kommen können.[1430] Hier liegt nämlich keine irgendwie vermittelte Tatherrschaft vor. Eine Beihilfe ergibt sich ferner daraus, dass für eine Beteiligung in Form der Beihilfe nach Auffassung der Rechtsprechung bekanntlich keine Kausalität erforderlich ist, sondern schon

1429 BGH NJW 2009, 3173 (3175); kritisch aber *Krüger* ZIS 2011, 1 (3).

1430 Siehe BGH NJW 2009, 3173 (3175); *Schneider/Gottschaldt* ZIS 2011, 573 (576); *Dannecker/Dannecker* JZ 2010, 981 (987); im Ergebnis auch *Ransiek* AG 2010, 147 (152); siehe für die vergleichbare Konstellation beim Betriebsbeauftragten nur OLG Frankfurt NJW 1987, 2753 (2756); Sch/Sch/*Heine/Hecker* § 324 Rn. 17; *Fischer* § 324 Rn. 9; LK[11]-*Heine* § 324 Rn. 49; NK-*Ransiek* § 324 Rn. 66; *ders.*, Unternehmensstrafrecht, 16 ff.; *Böse* NStZ 2003, 636 (641); anders aber anscheinend (Täterschaft) SSW-*Saliger* Vor §§ 324 Rn. 50 .

ein Beitrag ausreichend ist, der die Haupttat in irgendeiner Form erleichtert.[1431] Übertragen auf das Unterlassungsdelikt bedeutet das, dass durch das Unterlassen die Haupttat hätte erschwert werden müssen.[1432] Es ist daher ausreichend, dass der Compliance-Beauftragte durch seine Handlung die Vollendung oder Fortsetzung der strafbaren Handlung erschwert hätte. Darüber hinausgehende Forderungen einer „hohen Wahrscheinlichkeit“[1433] der Tatverhinderung werten den Gehilfenbeitrag beim Unterlassen anders als beim Begehungsdelikt, bei dem eine derartige Wahrscheinlichkeit ebenfalls nicht verlangt wird, und sind daher abzulehnen. Wenig überzeugend ist es auch in diesem Zusammenhang[1434] einerseits nur ein Erschweren der Tat zu verlangen, dann aber wiederum für eine Strafbarkeit wegen Beihilfe vorauszusetzen, dass eine Initiative des Beauftragten „gegenüber der Leitung aller Voraussicht nach Erfolg gehabt hätte“, hierfür als Nachweis aber die entsprechende Einlassung des „zeugenschaftlich vernommenen Organs“ genügen lassen will. Wenn man hinsichtlich der Taterschwerung durch den Gehilfenbeitrag beim Unterlassen tatsächlich verlangte, dass die Initiative des Gehilfen die Haupttat aller Voraussicht nach verhindert hätte, würde dies voraussetzen, dass der Geschäftsherr gegen die Tat im Fall einer Mahnung durch den Beauftragten höchstwahrscheinlich eingeschritten wäre. Die Beantwortung der Frage, ob der Vorgesetzte eingeschritten wäre, hängt faktisch wohl fast immer maßgeblich – wenn nicht gar allein – von dessen eigener Aussage ab. Da der Vorgesetzte in der Regel selbst von Strafverfolgung bzw. einer Verfolgung nach § 130 OWiG bedroht sein wird, ist sein Aussageverhalten regelmäßig vorhersehbar. Ein solcher Beweisansatz erscheint daher mehr als fragwürdig, sodass letztlich eine Aufklärung der strafrechtlichen Verantwortlichkeit des Compliance-Beauftragten regelmäßig nicht möglich wäre. Diese Überlegungen, die weiter oben unter dem Gesichtspunkt des „Einwand(es) der fehlenden Erfolgsabwendungsmöglichkeit“ und der (hypothetischen) Kausalität behandelt wurden, lassen sich (unabhängig von dem dort gefundenen Ergebnis) auch hier als Argument gegen erhöhte Anforderungen an die Kausalität bei der Beihilfe anführen. Sofern zuweilen eine „reelle Chance, das Risiko des Gelingens der Haupttat zu

1431 Siehe nur BGH NStZ 2007, 230 (233); NStZ 2008, 284 m.w.N.; SSW/*Murmann* § 27 Rn. 3; einen Überblick über den Meinungsstand findet sich bei Sch/Sch/*Heine/Weißer* § 27 Rn. 3 ff.; dass die divergierenden Auffassungen jedoch in aller Regel zum selben Ergebnis führen, wurde in BGH NStZ 2007, 230 (232) überzeugend dargelegt.

1432 RGSt 71, 176 (178); 73, 52 (54); BGH NJW 1953, 1838; OLG Frankfurt NJW 1987, 2753 (2756); umfassend *Ranft* ZStW 97 (1985), 268 ff. (insbes. 281 ff.).

1433 So das OLG Frankfurt NJW 1987, 2753 (2756).

1434 *Barton* RDV 2010, 247 (254 f.).

verringern"[1435] verlangt wird, kann damit nichts anderes gemeint sein, als dass – wie stets – überhaupt eine Abwendungsmöglichkeit besteht.

Für die hier vertretene Auffassung, nach der auch der Geschäftsherr nur Teilnehmer ist, kann der Compliance-Beauftragte sich auch hinsichtlich des Problemkreises fehlender Kontrollen/fehlender Beratung allenfalls wegen Beihilfe strafbar machen. Insbesondere bei unterlassenen Kontrollen wird eine Strafbarkeit aber, selbst wenn ihre Vornahme die Tat i.S.d. § 27 StGB erschwert hätte, zumeist am fehlenden Vorsatz des Compliance-Beauftragten scheitern. Zwar muss sich der Gehilfenvorsatz nicht in derselben Form konkretisieren wie der Vorsatz eines Anstifters,[1436] der Gehilfe muss jedoch die wesentlichen Merkmale der Haupttat, also die „Unrechts- und Angriffsrichtung" kennen, von deren Einzelheiten jedoch keine genaue Kenntnis erforderlich ist.[1437] Eine „konkrete Unrechtsdimension" muss nach gegenwärtiger Rechtsprechung nicht mehr in den Vorsatz des Gehilfen aufgenommen werden.[1438] Gehilfe kann daher auch sein, wer kein Wissen über „den genauen Hergang, Ort, Zeit und Opfer der Tat" hat.[1439] Schon diese geringeren Anforderungen dürften jedoch im Falle unterlassener Kontrollen von Mitarbeitern regelmäßig nicht gegeben sein.

Dasselbe gilt im Übrigen für eine strafrechtliche Verantwortlichkeit des Compliance-Beauftragten in Verbindung mit § 14 Abs. 2 S. 1 Nr. 2 StGB, also wenn eine sich aus einem Sonderdelikt ergebende straf- oder bußgeldbewehrte Pflichtverletzung in Zusammenhang mit der (mangelhaften) inhaltlichen Ausgestaltung oder dem Unterlassen von präventiven Compliance-Maßnahmen, deren Bestimmung in der Verantwortung des Compliance-Beauftragten liegt, oder der (Nicht-)Einwirkung auf eine dem Compliance-Beauftragten unterstellten Compliance-Abteilung durch den Compliance-Beauftragten selbst steht. Auch hier wird sich ein Vorsatz in aller Regel nicht bejahen oder jedenfalls nicht beweisen lassen.

Hinsichtlich der zeitlichen Möglichkeit der Tatbeteiligung werden in der Regel keine besonderen Probleme auftreten. Sofern es um Erfolgsdelikte geht, fallen Vollendung und Beendigung der Tat regelmäßig zusammen, sodass keine Garantenpflicht eingreift, wenn erst nach Vollendung eines Betrugs zu Lasten Dritter die Tat entdeckt wird.[1440] Hier kommen ggf. nur Anschlussdelikte

---

1435 OLG Frankfurt NJW 1987, 2753 (2756) unter Verweise auf *Ranft* ZStW 97 (1985), 268 (270).

1436 MüKo/*Joecks* § 27 Rn. 96; *Fischer* § 27 Rn. 21.

1437 *Fischer* § 27 Rn. 22 m.w.N.

1438 BGH NStZ 2007, 230 (233) – „Fall Motassadeq".

1439 MüKo/*Joecks* § 27 Rn. 96 mit zahlreichen weiteren Nachweisen.

1440 S. auch *Schneider/Gottschaldt* ZIS 2011, 573 (577).

in Betracht. Sofern – wie bei den praxisrelevanten Korruptionsdelikten – ein mehraktiges Geschehen vorstellbar ist, ist eine Beteiligung regelmäßig bis zum Zufluss des letzten Tatvorteils möglich, auch wenn die Tat bereits zuvor – durch erstmalige Verwirklichung der Tathandlung[1441] – vollendet worden ist.[1442] Dies hängt damit zusammen, dass jedenfalls die Rechtsprechung die sukzessive Beihilfe anerkennt[1443] und die Korruptionsdelikte erst mit Abschluss des letzten Teilaktes des jeweiligen Delikts oder ihrem Fehlschlagen beendet[1444] sind.[1445] Die letzte Eingriffsmöglichkeit für den Compliance-Beauftragten besteht somit vor der letzten Ausführung einer der Tathandlungen (Anbieten, Versprechen oder Gewähren) im Rahmen der Unrechtsvereinbarung. Für die Abwendung einer eventuell erst später erfolgenden (pflichtwidrigen) Diensthandlung ist er nicht mehr zuständig. Nach Beendigung der Tat ist eine Beteiligung nicht mehr möglich.

XIII. Ergebnis – zugleich eine Bewertung des BGH-Urteils vom 17.07.2009

Sofern der Leitentscheidung des BGH eine Beweislastumkehr zulasten des Compliance-Beauftragten im Strafverfahren[1446] oder das Risiko permanenter Ermittlungsverfahren[1447] entnommen werden will, ist dem zu widersprechen. Eine Beweislastumkehr ist im deutschen Strafprozess bekanntlich ausgeschlossen, sodass auch der 5. Strafsenat eine solche weder begründen wollte noch dies tun könnte. Ferner kann nach bisherigen Erfahrungen auch nicht von einer Flut an Verfahren gegen Compliance-Beauftragte gesprochen werden, sondern – im Gegenteil – hat sich gezeigt, dass sich derartige Befürchtungen in der Praxis nicht einmal im Ansatz realisiert haben. Richtig ist aber natürlich, dass den Compliance-Beauftragten, wenn er eine entsprechende Verantwortung übernommen hat, potentielle strafrechtliche Risiken treffen. Dies gilt freilich für jeden anderen

---

1441 S. dazu *Fischer* § 299 Rn. 37 f.; § 331 Rn. 30 ff. m.w.N.

1442 *Schneider/Gottschaldt* ZIS 2011, 573 (577).

1443 BGH NJW 1990, 654 (655); NStZ-RR 1999, 208; NStZ 2007, 35 (36); s. auch *Fischer* § 27 Rn. 6; vgl. auch Sch/Sch/*Heine/Weißer* § 27 Rn. 20 jeweils m.w.N. auch zur Gegenansicht.

1444 S. zur Beendigung bei Korruptionsdelikten BGH NJW 1998, 2373; NJW 2003, 2996 (2997); NJW 2006, 925 (927); NJW 2008, 3076 (3077).

1445 Zutreffend *Schneider/Gottschaldt* ZIS 2011, 573 (577).

1446 So wohl *Barton* RDV 2010, 19 (20).

1447 *Barton* RDV 2010, 19 (21).

Garanten – und zum Beispiel seine(n) eigenen Vorgesetzten oder „ältere“ gesetzlich verankerte Betriebsbeauftragte – ebenso.

Der BGH hat mit der „regelmäßig“ vorliegenden Garantenstellung nur bedingt recht, nämlich nur insoweit er den von ihm beschriebenen Compliance-Beauftragten vor Augen hat (mit Pflicht zum Einschreiten bei Rechtsverstößen). Einen „allgemeinen“ Compliance-Beauftragten gibt es aber nicht, daher haben andere Compliance-Beauftragte ohne entsprechenden Verantwortungsbereich auch keine Garantenstellung.

So kann man formulieren, dass eine strafrechtliche Garantenstellung des Compliance-Beauftragten grundsätzlich nur dann in Betracht kommt, wenn er nicht bloß präventive Compliance-Aufgaben wahrzunehmen hat, sondern (darüber hinaus) repressiv tätig wird, das heißt seine unternehmensinterne Aufgabe gerade die Aufdeckung von (straf-)rechtlichen Verstößen anderer Angestellter des Unternehmens ist.

Die Ausführungen haben gezeigt, dass die fehlende gesetzliche Fixierung des Compliance-Beauftragten die Annahme einer strafrechtlichen Garantenstellung des Compliance-Beauftragten nicht ausschließt. Zwar kann eine solche gesetzliche Fixierung, wie bei den umweltrechtlichen Betriebsbeauftragten ein erhebliches Indiz für die Wichtigkeit der übernommenen Aufgabe sein und somit auch Grund und Grenzen einer strafrechtlichen Garantenpflicht beeinflussen. Aus der gesetzlichen Fixierung folgt aber weder, dass eine strafrechtliche Garantenstellung vorliegen muss, noch lässt sich umgekehrt aus ihrem Fehlen der Schluss ziehen, dass eine strafrechtliche Garantenstellung nicht vorliegt.

4. Kapitel: Überblick über die Auswirkungen und Voraussetzungen von wirksamen Compliance-Maßnahmen bezüglich rechtlicher Risiken des Unternehmens und seiner Leitungsebene

I. Überblick über die Auswirkungen von Compliance-Maßnahmen

Wie schon oben[1448] angesprochen, gibt es in den USA eine umfassende Regelung der Anforderungen an ein Compliance-System, welches über den Weg eines Punktesystems bei der Frage der Strafzumessung von großer Bedeutung und auch für die Unternehmen selbst nachvollziehbar ist.[1449] Diese Vorgehensweise der „automatisierten" Berücksichtigung von Compliance-Maßnahmen hängt aber wohl nicht zuletzt damit zusammen, dass es in den USA eine – auf Tatbestandsebene von einer Pflichtverletzung der Unternehmensleitung unabhängige – Unternehmensstrafe gibt,[1450] sodass auch ein wirksames und allen Anforderungen gerecht werdendes Compliance-System grundsätzlich nicht zu einer vollständigen strafrechtlichen Entlastung des Unternehmens führen kann, sofern doch eine deliktische Handlung begangen wird. In Deutschland hingegen, wo es eine solchermaßen ausgestaltete Unternehmensstrafe nicht gibt, lässt ein implementiertes und wirksames Compliance-System bereits auf Tatbestandsebene zumindest auf der subjektiven Ebene die für die Annahme eines bedingten Vorsatzes erforderliche billigende Inkaufnahme des tatbestandlichen Erfolges,[1451] ebenso wie die für das Fahrlässigkeitsdelikt erforderliche Außerachtlassung der im Verkehr erforderlichen Sorgfalt, möglicherweise entfallen.[1452]

1448 Siehe Einleitung.

1449 Zu einem Fall völlig ausgebliebener Sanktionen wegen eines effektiven Compliance-Programmes nach US-Recht, siehe aber *Grützner/Behr*, CCZ 2013, 71 ff.

1450 Siehe dazu zuletzt *Perschke*, FS Achenbach, 317 ff.

1451 Zum Vorsatzausschluss und zum umgekehrten Fall (Vorsatz wird durch Missachtung von Compliance-Regeln indiziert) *Mosbacher*, in: Wissenschaftliche und praktische Aspekte der Compliance-Diskussion, 129 (133).

1452 Siehe auch *Petermann*, Vertragskonzern, 217.

Nach der hier vertretenen Ansicht scheitert zudem eine Zurechnung zur Geschäftsleitung bereits auf objektiver Ebene, wenn die Geschäftsleitung wirksam und konsequent eine Compliance-Strategie verfolgt, aus der deutlich wird, dass eine konkrete Straftat nicht im Interesse des Unternehmens ist. Gleichermaßen scheidet in der Regel eine Verletzung der Vermögensbetreuungspflicht i.R.d. § 266 StGB aus. Die Kenntnis über die Existenz einer zuvor geführten *konkreten* schwarzen Kasse lässt allerdings auch die nachträgliche Implementierung eines *allgemeinen* Compliance-Systems nicht entfallen, sodass eine Vermögensbetreuungspflichtverletzung hier anhand des konkreten Falls zu beurteilen ist.[1453] Ferner liegt keine Aufsichtspflichtverletzung i.S.d. § 130 OWiG vor, da somit bereits der Tatbestand der Bezugstat ausgeschlossen ist.[1454] Werden die Anforderungen an das Compliance-System branchenspezifisch kodifiziert, hat dies für das Unternehmen und seine Akteure den Vorteil, sich durch Erfüllung der gesetzlichen Vorgaben regelmäßig ohne Sanktionen aus der (etwaigen Affäre) ziehen zu können.[1455] Gleichzeitig wird es aus Sicht der Strafverfolger leichter möglich, ein tatbestandliches Verhalten zu identifizieren, da eine Aufsichtspflichtverletzung naheliegt, wenn den gesetzlich kodifizierten Pflichten nicht nachgekommen wird.[1456] Die Erlangung von Zertifizierungen (z.B. nach der ISO-Norm 19600 oder dem IDS PS 980) kann ein Indiz für ausreichende Compliance-Maßnahmen sein; auch Maßnahmen ohne Zertifizierung können aber genügen, wenn eine solche nach Lage der Dinge (ex ante) als nicht erforderlich anzusehen war. Maßgeblich sind ohnehin stets die von der Rechtsprechung entwickelten Maßstäbe, wobei freilich immer der Einzelfall zu prüfen bleibt.[1457] Die fünf bekannten Kriterien der Rechtsprechung[1458] lauten dabei: 1. Ordnungsgemäße Auswahl von Mitarbeitern und Aufsichtspersonen,[1459] 2. Sachgerechte Organisation und

---

1453 BGH wistra 2017, 193 (195).

1454 *Grützner/Behr*, CCZ 2013, 71 (73 f.); *Mosbacher*, in: Wissenschaftliche und praktische Aspekte der Compliance-Diskussion, 129 (131); *Petermann*, Vertragskonzern, 214 f.

1455 *Mosbacher*, in: Wissenschaftliche und praktische Aspekte der Compliance-Diskussion, 129 (131).

1456 *Mosbacher*, in: Wissenschaftliche und praktische Aspekte der Compliance-Diskussion, 129 (131); zur Forderung nach gesetzlicher Kodifizierung auch *Momsen*, FS Puppe, 751 (766).

1457 Zutreffend *Petermann*, Vertragskonzern, 215.

1458 Zur neueren Rechtsprechung s. LG München I NZWiSt 2014, 183 ff.

1459 Zur Berücksichtigung von Tätertypologien als Baustein von Compliance-Maßnahmen bei der Personalauswahl s. *Hugendubel*, Tätertypologien, 111 ff.

Aufgabenverteilung, 3. Instruktion und Aufklärung der Mitarbeiter über deren Aufgaben, 4. Überwachung und Kontrolle der Mitarbeiter, 5. Einschreiten gegen Verstöße, einschließlich der Androhung und Verhängung von Sanktionen.[1460]

Auch das Haftungsrisiko des Unternehmens selbst dürfte sich zumindest erheblich verringern, sofern es über hinreichende Compliance-Maßnahmen verfügt: Es werden nur äußerst selten Straf- oder Ordnungswidrigkeiten der in § 30 Abs. 1 Nr. 1 bis 5 OWiG genannten Personen vorliegen, durch welche Pflichten, die die juristische Person oder Personenvereinigung treffen, verletzt werden, sodass eine Haftung des Unternehmens nach § 30 OWiG regelmäßig ausscheidet. Insbesondere die praxisrelevante Verknüpfung des § 130 OWiG mit § 30 OWiG wird bei einem wirksamen Compliance-System dann hinfällig. Ferner können sich Compliance-Maßnahmen aber auch bei einer Ermessensausübung der Behörde auswirken.[1461] Freilich ist einzuräumen, dass, ist erst einmal eine Straftat oder Ordnungswidrigkeit durch den in § 30 OWiG genannten Personenkreis begangen worden, für das Unternehmen die ggf. durchgeführten Compliance-Maßnahmen meist wohl nur noch auf der Ebene der Sanktionszumessung berücksichtigt werden können.[1462] Hier ist eine Berücksichtigung zudem nur hinsichtlich des ahndenden Teils möglich, aber nicht bzgl. des abschöpfenden Teils.[1463] Zur Berücksichtigung von Compliance-Maßnahmen hat hierzu jüngst auch der Bundesgerichtshof ausgeführt, dass für die Bemessung einer Geldbuße nach § 30 OWiG von Bedeutung sei, inwieweit das Unternehmen seiner Pflicht, Rechtsverletzungen aus der Sphäre des Unternehmens zu unterbinden, genügt und ein effizientes Compliance-Management installiert hat, das auf die Vermeidung von Rechtsverstößen ausgelegt sein muss; dabei könne auch eine Rolle spielen, ob das Unternehmen in der Folge des Verfahrens entsprechende Regelungen optimiert hat und seine betriebsinternen Abläufe so gestaltet hat, dass vergleichbare Normverletzungen zukünftig jedenfalls deutlich erschwert werden.[1464] Die Große Koalition von 2018 legte in diesem Geiste in

---

1460 Zitiert nach *Petermann*, Vertragskonzern, 215; zum Aspekt einer angemessenen Sanktionierung siehe auch jüngst *Miege* CCZ 2017, 283 f.

1461 Dazu ausführlich *Petermann*, Vertragskonzern, 219 ff.

1462 *Rau*, Compliance, 231; *Wegner* wistra 2000, 361 (367); für eine sehr weitgehende Berücksichtigung *Grützner/Behr*, CCZ 2013, 71 (73).

1463 *Rau*, Compliance, 231 f.

1464 BGH – 1 StR 265/16 – v. 09.05.2017, juris Rn. 118 = wistra 2017, 390 ff.; mit zust. Anm. *Jenne/Martens*, CCZ 2017, 285 ff.; *Behr* BB 2017, 1931 f.; *Bürkle* BB 2018, 525 ff.; *Wehnert* StV 2018, 38 f.; ebenso, aber wegen möglicher Fehlanreize bzgl. der Einbeziehung erst nachträglich ergriffener Maßnahmen skeptisch *Kubiciel/Mennemann* jurisPR-StrafR 22/2017 Anm. 1; siehe auch *Frisch*, EWiR 2017, 683 f.; *Wilsing/*

ihrem Koalitionsvertrag fest, das Recht der Unternehmenssanktionierung neu aufstellen zu wollen.[1465] Das Opportunitätsprinzip soll demnach in seiner derzeitigen Form nicht mehr gelten, sondern Unternehmen grundsätzlich verfolgt werden, wenn kein Einstellungsgrund vorliegt.[1466] Darüber hinaus soll das Recht der Sanktionszumessung klarer geregelt werden. Ferner sollen auch gesetzliche Anreize für die „Aufklärungshilfe" und anschließende Offenlegung von Verstößen gegenüber den zuständigen Behörden geschaffen werden.

Für die Einziehung des Wertes von Taterträgen gilt, dass durch Compliance die Wahrscheinlichkeit einer rechtswidrigen Tat als Anknüpfungspunkt für die Anordnung gegen ein Unternehmen nach den §§ 73 StGB Abs. 1, 73c i.V.m. 73b Abs. 1 S. 1 Nr. 1 StGB sinkt; zudem kam bei Unternehmen, bei denen ein wirksames Compliance-System implementiert wurde, nach der bis zum 30.06.2017 geltenden Rechtslage auch eine Anwendung der Härtevorschrift des § 73c StGB a. F. in Betracht.[1467] Nach der Reform der Vorschriften zum Verfall[1468] zum 01.07.2017 verbleibt nur noch die (wohl eher theoretische) Möglichkeit, Compliance-Maßnahmen im Rahmen des § 459g Abs. 4 S. 1 Alt. 2 StPO zu berücksichtigen. Danach hat die Vollstreckung auf gerichtliche Anordnung hin zu unterbleiben, wenn die Vollstreckung unverhältnismäßig wäre. Ein Anreiz-System für Compliance-Maßnahmen wird damit jedenfalls nicht aufgebaut, sondern im Gegenteil sogar eher geschwächt, was sicherlich ein kritischer Aspekt dieser Reform ist.

Ferner können Compliance-Maßnahmen bei der ordnungswidrigkeitenrechtlichen Einziehung des Wertes von Taterträgen nach § 29a OWiG als mildernder Umstand berücksichtigt werden, und aufgrund des anzuwendenden Opportunitätsprinzips kann eine Sanktionierung des Unternehmens auch völlig ausbleiben.[1469] Dies ist bei der strafrechtlichen Einziehung des Wertes von

---

Goslar GmbHR 2017, 1202 ff.; *Moritz* jurisPR-Compl 5/2017 Anm. 1; zu kartell- und gesellschaftsrechtlichen Aspekten der Entscheidung *Baur/Holle* NZG 2018, 14 ff.; zu Ansätzen einer Berücksichtigung von Compliance-Maßnahmen in der Praxis zuvor s. der Überblick bei *Kämpfer*, FS Wessing, 55 (60 ff.).

1465 Dies war allerdings auch schon im Koalitionsvertrag von 2013 vorgesehen; die konkrete Umsetzung bleibt also abzuwarten.

1466 Siehe dazu und im Folgenden Koalitionsvertrag (2018), S. 126 und *Hugger/Pasewaldt* BB 2018, Heft 10, I.

1467 *Bock*, Criminal Compliance, 360 f. m.w.N.; zurückhaltend aber *Rau*, Compliance, 227 ff.

1468 Gesetz zur Reform der strafrechtlichen Vermögensabschöpfung vom 13.04.2017, BGBl. I, 872.

1469 *Rau*, Compliance, 229.

Taterträgen, bei der dem entscheidenden Gericht bezüglich der Frage, ob und in welcher Höhe eine Einziehung des Wertes von Taterträgen anzuordnen ist, kein Ermessen eingeräumt ist, wie soeben gezeigt anders. Es ergeben sich also auch für das Unternehmen selbst durch die Implementierung eines Compliance-Systems zahlreiche zumindest mittelbare Rückwirkungen hinsichtlich einer drohenden Sanktionierung.[1470] Und selbst bei nicht evident unzureichenden Compliance-Maßnahmen verbleibt die Möglichkeit einer Berücksichtigung zumindest auf der Strafzumessungsebene. Dass hierfür allerdings genauere gesetzliche Vorgaben bspw. nach dem Vorbild des amerikanischen Punktesystems erforderlich sind, ist eher zweifelhaft.[1471] Die Notwendigkeit eines solchen Systems in den Vereinigten Staaten dürfte – neben den grundsätzlichen Unterschieden zum europäischen Straf- und Sanktionenrecht – darin begründet liegen, dass – wie schon erwähnt – in den USA Unternehmen grundsätzlich für jedes strafbare Verhalten ihrer Mitarbeiter haften müssen,[1472] was eine vorab gesetzlich fixierte Berücksichtigung von Compliance-Maßnahmen auf der Ebene der Strafzumessung naheliegend erscheinen lässt. Freilich können und sollten sich selbst unzureichende Compliance-Maßnahmen, solange ernsthafte Bemühungen um die Etablierung eines Compliance-Systems im Unternehmen erkennbar sind und es sich nicht bloß um Scheinaktionen für die Außenwelt handelt (sog. „Window Dressing"), auch in der deutschen Sanktionenrechtsprechung im Rahmen der richterlichen Strafzumessung (freilich abgestuft je nach Grad des Mangels bzw. Grad der Effektivität der Maßnahmen) strafmildernd auswirken, allein schon um ein hinreichendes Anreiz-System zu schaffen, sodass die Etablierung eines effektiven Compliance-Systems durch die Unternehmen zumindest versucht wird. Andernfalls könnten zahlreiche Unternehmen angesichts des mit der Schaffung eines Compliance-Systems verbundenen Aufwandes von vornherein Kosten und Nutzen als in einem unangemessenen Verhältnis stehend ansehen und daher gänzlich auf die grundsätzlich wünschenswerte Implementierung verzichten.[1473] Gleichzeitig dürfen die unzureichenden Compliance-Systeme bei der Suche nach dem richtigen Strafmaß aber auch nicht zu sehr mildernd berücksichtigt werden, da ansonsten bei den Unternehmen möglicherweise der

---

1470 *Rau*, Compliance, 221.

1471 Anders aber *Bock*, Criminal Compliance, 354 ff.

1472 Siehe *Engelhart*, Sanktionierung und Compliance, 87; die Unternehmensstrafe amerikanischer Bauart erfordert lediglich, dass ein Mitarbeiter des Unternehmens im Rahmen seines Beschäftigungsverhältnisses eine Straftat begeht, durch die dem Unternehmen ein Vorteil verschafft werden soll.

1473 Insoweit zutreffend *Bock*, Criminal Compliance, 354.

Eindruck entstehen könnte, es reiche schon der Anschein aus, sich ernsthaft um ein Compliance-System bemüht zu haben, um „das Schlimmste" für das Unternehmen und dessen Leitung abzuwenden, sodass sich bezüglich der Implementierung *wirksamer* Compliance-Systeme durch Anreize von außen auch negative Effekte ergeben könnten. Aus demselben Grund sollte die Berücksichtigung von unzureichenden Compliance-Maßnahmen auch nur ausnahmsweise zu einer Einstellung des Verfahrens schon vor oder auch erst nach Anklageerhebung gemäß den § 153 ff. StPO führen.

In der gerichtlichen Praxis ist – wie Berichten zu entnehmen ist[1474] – für die Zukunft eine Zunahme der Bedeutung von Compliance-Maßnahmen hinsichtlich Beweisfragen sowie solchen der Strafzumessung, und damit eine „Amerikanisierung" des deutschen auf Unternehmen bezogenen Strafzumessungsrechts zu erwarten.

II. Überblick über die Voraussetzungen eines wirksamen Compliance-Systems

Sind die Auswirkungen eines zureichenden/unzureichenden Compliance-Systems somit umrissen, ist bislang die Frage noch ungeklärt, welche Anforderungen an ein wirksames, d.h. zu einer Enthaftung führendes Compliance-System zu stellen sind. Aus den vielfältigen tatsächlichen Umständen ergibt sich, dass es *die* Compliance-Maßnahmen, die für jedes Unternehmen gleichermaßen verbindlich sind, nicht geben kann; dies liegt nicht zuletzt an technischen Neuerungen und ganz allgemein den ständig neuen Herausforderungen, denen Akteure in einer marktwirtschaftlichen Ordnung ausgesetzt sind. Daraus erklärt sich auch die Zurückhaltung des Gesetzgebers bezüglich einer klaren Umschreibung von allgemein verbindlichen Compliance-Anforderungen.[1475] Diese insbesondere für die unternehmerische Praxis nicht immer unproblematische Situation zu kritisieren ist einfach, kann aber schwerlich darüber hinwegtäuschen, dass gesetzliche Regeln häufig allenfalls so abstrakt formuliert werden könnten, dass sie im Einzelfall doch wieder einer konkretisierenden Auslegung durch die Gerichte bedürften; ein spürbarer Gewinn an Rechtssicherheit wäre damit also kaum verbunden. Zudem wäre dann der Vorwurf einer überbordenden Bürokratisierung mit Sicherheit und nicht zu Unrecht ebenfalls schnell erhoben.

1474 *Mosbacher*, in: Wissenschaftliche und praktische Aspekte der Compliance-Diskussion, 129 ff.

1475 Kritisch hierzu *Bock*, Criminal Compliance, 441 ff. (583 f.) m.w.N.

Der beschriebene Eindruck wird dadurch bestätigt, dass auch in den USA, wo innerhalb der USSG Anforderungen an ein effektives Compliance- und Ethik-Programm („effective compliance and ethics program") gestellt worden sind, überwiegend vage Begriffe verwendet worden sind, die einer weiteren richterlichen Konkretisierung durch Auslegung bedürfen.[1476] Dies schließt jedoch nicht aus, dass in bestimmten Branchen, wie in dem mit Wertpapierdienstleistungen handelnden Bankenbereich, konkrete gesetzliche Ausgestaltungen beispielsweise zum Schutz von Verbrauchern sinnvoll sein können; verallgemeinern lassen sich diese aber nicht.[1477] Wie schwierig eine positive Formulierung von Rechtsgrundsätzen bezüglich der erforderlichen Aufsichtsmaßnahmen ist, zeigt auch die Herangehensweise der Rechtsprechung, die regelmäßig im Wege einer Art Negativauslese – nachträglich und (was freilich nicht unbedenklich ist) wohl nicht zuletzt auch unter dem Eindruck eines eingetretenen tatbestandlichen Erfolges – etwaige Mängel bei der Aufsicht feststellt und sich daher mit grundsätzlichen Ausführungen lieber bedeckt hält.[1478]

Die Frage, wann ein Compliance-System wirksam ist, um eine Vermeidung der Verhängung von Sanktionen bewirken zu können, lässt sich also kaum generalisierend beantworten, sondern ist vom Einzelfall abhängig. In den letzten Jahren haben sich erfreulicherweise dennoch einige Grundprinzipien herauskristallisiert, die unbedingt zu beachten sind. In der Praxis maßgeblich ist das Urteil des Landgerichts München I vom 10.12.2013[1479] („Neubürger-Urteil").[1480] Zwar handelt es sich dabei um eine zivilrichterliche Entscheidung, dies schmälert aber ihre Bedeutung für das Wirtschaftsstrafrecht nicht, da die Pflichten zu im Rahmen von Criminal Compliance notwendigen Organisations- und Aufsichtsmaßnahmen selbst nicht strafbewehrt sein müssen.[1481]

1476 Dies räumt selbst *Bock*, Criminal Compliance, 580 ein.

1477 Anders *Bock*, Criminal Compliance, 441 ff. (583 f.) m.w.N.

1478 Siehe beispielhaft BGH NStZ 1986, 34; NStZ 2002, 547 (548 f.); NStZ 2006, 34; OLG Köln wistra 1994, 315; OLG Jena NStZ 2006, 533 (534); jüngst aber anders LG München I NZWiSt 2014, 183 ff. (dazu sogleich).

1479 Siehe LG München I NZWiSt 2014, 183 ff. mit kritischen Anmerkungen *Rathgeber* NZWiSt 2014, 192 ff.; im Grundsatz zustimmend aber *Grützner* BB 2014, 850 ff.; siehe ferner *Bürkle* CCZ 2015, 52 ff.; *Wegner* wistra 2014, 367 f.; *Fleischer* NZG 2014, 321 ff.; kritisch auch insbesondere *Paefgen* WM 2016, 433 ff.

1480 Hauschka/Moosmayer/Lösler/*Hauschka/Moosmayer/Lösler*, Corporate Compliance, § 1 Rn. 38.

1481 *Rathgeber* NZWiSt 2014, 192.

Nach der im folgenden Absatz in wesentlichen Punkten wiedergegebenen Entscheidung hat ein Vorstandsmitglied einer Aktiengesellschaft zunächst dafür Sorge zu tragen, dass das Unternehmen so organisiert und beaufsichtigt wird, dass keine Gesetzesverletzungen wie bspw. Bestechungshandlungen im Ausland (im konkreten Sachverhalt in Nigeria) stattfinden.[1482] Es hat daher nach Auffassung der Kammer bei „entsprechender Gefährdungslage (…) eine auf Schadensprävention und Risikokontrolle angelegte Compliance-Organisation" einzurichten, um seiner Organisationspflicht zu genügen.[1483] Entscheidend für den Umfang im Einzelnen seien dabei „Art, Größe und Organisation des Unternehmens, die zu beachtenden Vorschriften, die geografische Präsenz wie auch Verdachtsfälle aus der Vergangenheit."[1484] Die Einrichtung eines Systems, das dazu dient, Korruptionszahlungen zu vermeiden, muss dabei nach Auffassung der Kammer „strengen Sorgfaltsmaßstäben" genügen.[1485] Im Vorstand selbst muss nach Ansicht des Landgerichts geklärt sein, welches Vorstandsmitglied „auf der Ebene des Gesamtvorstandes die Hauptverantwortung" trägt.[1486] Die Verpflichtung zur Schaffung eines wirksamen Compliance-Systems wie auch zur Überwachung seiner Effektivität treffe ebenfalls den Vorstand, der sich fortlaufend und umfassend über bekannt gewordene Vorfälle zu informieren habe.[1487] Darüber hinaus treffe ihn die Pflicht, sich in regelmäßigen Abständen darüber zu informieren, welche Ergebnisse interne Ermittlungen hervorgebracht haben, ob personelle Konsequenzen gezogen worden sind und ob und wie ein dahinter stehendes System bekämpft werde.[1488] Der Einwand eines Vorstandsmitgliedes, es habe gegenüber einem kaufmännischen Leiter eines Bereichs kein Weisungsrechts besessen, zeigt nach dem Urteil gerade das Fehlen eines funktionierenden Compliance-Systems.[1489] Die mit der Überwachung der Compliance-Vorgaben beauftragte Person muss der Kammer zufolge hinreichende Befugnisse besitzen, um Konsequenzen aus etwaigen Verstößen zu ziehen.[1490]

Das Urteil ist teilweise auf berechtigte Kritik gestoßen, da seine Vorgaben zu weitgehend sind und über die Aufgaben der Rechtsprechung hinausgehen; ferner

1482 LG München I NZWiSt 2014, 183 (187).
1483 LG München I NZWiSt 2014, 183 (187).
1484 LG München I NZWiSt 2014, 183 (187).
1485 LG München I NZWiSt 2014, 183 (188).
1486 LG München I NZWiSt 2014, 183 (188).
1487 LG München I NZWiSt 2014, 183 (189).
1488 LG München I NZWiSt 2014, 183 (189).
1489 LG München I NZWiSt 2014, 183 (189).
1490 LG München I NZWiSt 2014, 183 (189).

waren die detaillierten Ausführungen für die konkrete Entscheidung auch nicht erforderlich.[1491] Gleichzeitig entspricht sie aber in etwa dem, was schon zuvor „tagtäglich" in der Compliance-Praxis beachtet und gelebt wurde und brachte dementsprechend diesbezüglich wenig Neues.[1492] Unklar bleibt aber, warum die mit der Überwachung von Compliance-Vorgaben beauftragten Personen hinreichende Befugnisse haben müssen, Konsequenzen aus Verstößen ziehen zu können. Es ist nicht ersichtlich, warum es nicht genauso wirksam sein kann, die Letztentscheidung über bspw. arbeitsrechtliche Konsequenzen den allgemein zuständigen Vorgesetzten zu überlassen. Wichtig ist primär, dass überhaupt gehandelt wird. Der Compliance Officer muss – wie schon gezeigt – Kompetenzen besitzen, die es ihm ermöglichen, seiner Aufgabe nachzukommen, wie z.B. Kontroll- oder Durchsuchungsmöglichkeiten. Er muss jedoch nicht selbst oder allein über die Konsequenzen entscheiden können, die aus einem aufgedeckten Fehlverhalten zu ziehen sind. Nachdem die Parteien des Zivilrechtsstreites sich in der zweiten Instanz auf einen Vergleich geeinigt haben, wird es weitere obergerichtliche oder höchstrichterliche Entscheidungen in der Causa aber nicht mehr geben.[1493]

Generell lässt sich sagen, dass ein wirksames Compliance-Programm aus vier wesentlichen Bausteinen besteht:[1494] Prävention, Überwachung, Aufklärung und Sanktionierung (oder auf Englisch bzw. in einem deutschen Konzern, der auf diesem Gebiet nach schlechten eigenen Erfahrungen in der Vergangenheit eine absolute Führungsrolle innehat: „Prevent", „Detect", „Respond").[1495]

Das Element der „Prävention" ist, wie es der Name schon sagt, darauf ausgerichtet, präventiv Straftaten und Regelverstöße zu vermeiden. Man kann dieses Element daher auch als „Compliance" im engeren Sinne bezeichnen. Um eine strafrechtliche Haftung zu vermeiden, muss das Unternehmen zunächst die relevanten Informationen analysieren und in angemessener Form an seine Mitarbeiter kommunizieren.[1496] Hier wird dem Compliance Officer naturgemäß eine besondere Rolle zufallen. Sieht die Geschäftsleitung nach der Auswertung der Risikoanalyse einen hinreichenden Anlass (oder müsste sie diesen zumindest

1491 Siehe nur Hauschka/Moosmayer/Lösler/*Hauschka/Moosmayer/Lösler*, Corporate Compliance, § 1 Rn. 38; *Rathgeber* NZWiSt 2014, 192 (194).

1492 *Grützner* BB 2014, 850.

1493 Hauschka/Moosmayer/Lösler/*Hauschka/Moosmayer/Lösler*, Corporate Compliance, § 1 Rn. 38.

1494 Siehe zum Beispiel *Wittig*, Wirtschaftsstrafrecht, § 6 Rn. 180.

1495 *Moosmayer*, in: Wirtschaftskriminalität, 83 (84 ff.).

1496 Dazu *Bock*, Criminal Compliance, 636 ff.

erkennen), ein wirksames Compliance-System zu errichten, so ist dieses zunächst einmal durch ein sog. Commitment einzuleiten. Dieser aus dem angelsächsischen Sprachgebrauch stammende Begriff beinhaltet ein klares, unmissverständliches und vor allen Dingen glaubwürdiges Bekenntnis der Unternehmensleitung zur Einhaltung des geltenden Rechts durch das Unternehmen. Als ein Sonderfall der Instruktionspflicht ist es unter Umständen Bestandteil der nach § 130 OWiG erforderlichen Aufsichtsmaßnahmen.[1497] Das Commitment kann bei kleineren Unternehmen mündlich erfolgen, schon bei einer Größe von etwa 100 Mitarbeitern ist aber zu einer schriftlichen Veröffentlichung durch Rundschreiben anzuraten, damit möglichst alle Mitarbeiter erreicht werden.[1498] Das Commitment ist nicht als allgemein gefasstes Gelöbnis zur Rechtstreue zu verstehen, sondern es ist auch auf spezifische Probleme und Herausforderungen für das konkrete Unternehmen im Bereich Compliance einzugehen.[1499] In jedem Fall muss sein Inhalt aber von der Unternehmensleitung glaubwürdig angemahnt und selbst vorgelebt werden; weiß die Belegschaft, dass die Chefetage selbst sich nicht an ihre eigenen Vorgaben hält, werden die Mitarbeiter dem Commitment ebenfalls keine Folge leisten und es wird unweigerlich zu einer Erhöhung des Risikos der Begehung von Rechtsverstößen innerhalb des Unternehmens kommen. Unerheblich ist, wie eine schriftlich zu verfassende Richtlinie für das Verhalten der Mitarbeiter heißt („code of conduct", „code of ethics", Compliance-Richtlinie etc.). Sie soll jedoch insbesondere möglichst detaillierte Vorgaben dazu machen, wie man sich in bestimmten, kritischen oder typischen Situationen als Angestellter des Unternehmens zu verhalten hat.[1500] Ferner kann die Veranstaltung von Seminaren sinnvoll sein, in denen die Mitarbeiter zu einem entsprechenden rechtstreuen oder ethischen Verhalten angeleitet bzw. dafür geschult werden.[1501]

Die Prävention beginnt ferner bereits bei der Einstellung des Personals. Bei der Neueinstellung von Personal bzw. der Versetzung von Altpersonal hat die Geschäftsleitung auf die Kongruenz von Kompetenz und Aufgabe zu achten.[1502] § 130 Abs. 1 S. 2 OWiG verlangt vom Arbeitgeber sogar explizit die sachgerechte Auswahl von Aufsichtspersonen. Die Anforderungen an eine sachgerechte Auswahl der Mitarbeiter werden umso strenger sein, je größere Gefahren der vom

1497 *Bock* ZIS 2009, 68 (77).

1498 *Hauschka* BB 2007, 165 (168) setzt die Grenze innerhalb seines Stufenmodells bei etwa 250 Mitarbeitern an.

1499 *Hauschka* BB 2007, 165 (170).

1500 *Bock*, Criminal Compliance, 636 ff.

1501 *Moosmayer*, in: Wirtschaftskriminalität, 83 (89).

1502 *Bock* ZIS 2009, 68 (77).

Arbeitnehmer zu betreuende Bereich aufweist.[1503] Dabei ist es grundsätzlich ausreichend, wenn die Geschäftsleitung bzw. der für das Personalwesen zuständige Teil derselben sich bei der Bewertung auf die eigene Lebens- und Berufserfahrung verlässt; nur ausnahmsweise wird man bei besonderen Befugnissen des später Einzustellenden oder bei zwangsläufigen Gefahren für Dritte durch die auszuübende Tätigkeit verlangen müssen, dass darüber hinausgehende Auskünfte über den oder die Bewerber eingeholt werden,[1504] wie beispielsweise durch die persönliche Kontaktaufnahme mit früheren Arbeitgebern bei Zweifeln am Arbeitszeugnis oder durch die Einholung eines polizeilichen Führungszeugnisses. Die Durchführung eines sog. Strafbarkeitsanfälligkeitstests (integrity test) findet in Deutschland – anders als in den Vereinigten Staaten – bislang wenig Beachtung; nicht zuletzt aufgrund der Zweifelhaftigkeit seines Aussagewertes wird man ihn nicht als für eine sorgfältige Personalauswahl erforderlich erachten können.[1505]

Sind die relevanten Informationen im Unternehmen kommuniziert und gibt es eine Compliance-Richtlinie, ist es wichtig, dass so vorgegebene Verhalten auf Verstöße hin zu überwachen.[1506] Selbstverständlich kann hiermit nicht eine Totalüberwachung Orwell'schen Ausmaßes gemeint sein, die schon jede freie und schöpferische wirtschaftliche Betätigung im Ansatz verhindern würde. Es wird vielmehr in der Regel zu Stichproben und (unangemeldeten) Einzelkontrollen kommen, um insbesondere in Großunternehmen sicherzustellen, dass die Vorschriften eingehalten werden.[1507] In sehr kleinen Einheiten gelten entsprechende Überlegungen natürlich nicht, da die Kontrolle dort über den täglichen Kontakt der Geschäftsleitung bzw. der zuständigen Mitarbeiter mit den Angestellten stattfinden wird. Die Überwachung der Verhaltensregeln in Großunternehmen wird durch eine „Compliance-Abteilung" vorgenommen werden, mit dem „Chief Compliance Officer" an der Spitze.[1508]

Als besondere Maßnahme zur Aufdeckung von Verstößen gilt im Allgemeinen ein Hinweisgebersystem, auch als Whistleblowing-System oder

---

1503 *Bock* ZIS 2009, 68 (77) m.w.N.

1504 *Bock* ZIS 2009, 68 (78).

1505 Anders aber wohl *Bock* ZIS 2009, 68 (78).

1506 *Wittig*, Wirtschaftsstrafrecht, § 6 Rn. 182.

1507 *Moosmayer*, in: Wirtschaftskriminalität, 83 (92 f.).

1508 *Inderst/Steiner* in: Inderst/Bannenberg/Poppe, Compliance, 102 ff., 104 ff.

Whistleblowing-Hotline bekannt.[1509] Der Begriff und die Institution kommen ursprünglich aus dem angelsächsischen Rechtskreis.[1510] Allgemein kann man „Whistleblowing" als das Verhalten eines Insiders beschreiben, der ggf. anonym[1511] auf Missstände in seiner Organisation intern oder extern hinweist.[1512] Internes „Whistleblowing" ist dabei ein solches, das beschriebene Missstände innerhalb der Organisation meldet.[1513] Dafür ist freilich Voraussetzung, dass es hierfür einen gangbaren, möglicherweise institutionalisierten Weg in Form eines (anonymen) Hinweisgebersystems oder eines Ombudsmanns gibt und einem berechtigten Hinweis auch tatsächlich nachgegangen wird. Insbesondere, wenn dies nicht der Fall ist, werden Mitarbeiter eher bereit sein, auch den Weg eines externen „Whistleblowing" zu gehen, dass heißt sich bspw. an Strafverfolgungsbehörden oder Medien wenden.[1514] Ein solches Vorgehen kann aber den Straftatbestand des Verrates von Geschäfts- und Betriebsgeheimnissen nach § 17 UWG erfüllen und ist daher wohl nur als letztes Mittel zulässig; auch disziplinar- und arbeitsrechtliche Schritte können dem sich nach außen wendenden Mitarbeiter drohen.[1515] Ein gesetzlich geregeltes, allgemeines Whistleblowing-Recht bzw. eine entsprechend ausgestaltete Rechtsposition für den „Whistleblower" gibt es in Deutschland (noch) nicht.[1516] Im Jahr 2017 wurde aber in Ziffer 4.1.3 des DCGK u.a. eine Empfehlung für ein Whistleblowing-System eingefügt. Deren Satz 3 lautet seitdem: „Beschäftigten soll auf geeignete Weise die Möglichkeit eingeräumt werden, geschützt Hinweise auf Rechtsverstöße im Unternehmen zu geben; auch Dritten sollte diese Möglichkeit eingeräumt werden."

Sofern durch Hinweisgebersysteme oder auf anderem Wege der Verdacht von Straftaten oder Rechtsverstößen entsteht, sind Maßnahmen einzuleiten, um den aufgekommenen Verdacht aufzuklären. Diese Maßnahmen werden als interne Ermittlungen oder „Internal Investigations" bezeichnet.[1517] Sie werden

---

1509 Dazu ausführlicher *Hülsberg/Fischer* in: Inderst/Bannenberg/Poppe, Compliance, 631 ff. und *Schulz*, Ethikrichtlinien und Whistleblowing – Arbeitsrechtliche Aspekte der Einführung eines Compliance Systems, Frankfurt/M., 2010.

1510 Vielleicht deshalb kommt aus den USA auch der bislang wohl berühmteste Whistleblower des 21. Jahrhunderts, der frühere NSA-Mitarbeiter Edward Snowden.

1511 Zur Vertraulichkeit eines Hinweisgebersystems siehe *Egger* CCZ 2018, 126 ff.

1512 *Wittig*, Wirtschaftsstrafrecht, § 6 Rn. 183.

1513 *Wittig*, Wirtschaftsstrafrecht, § 6 Rn. 183.

1514 *Wittig*, Wirtschaftsstrafrecht, § 6 Rn. 183.

1515 Siehe *Momsen/Grützner/Oonk* ZIS 2011, 754 ff.

1516 Ein Überblick über spezialgesetzliche Regelungen findet sich bei *Wittig*, Wirtschaftsstrafrecht, § 6 Rn. 183.

1517 Dazu umfassend *Grützner*, in: Momsen/Grützner, Kap. 4.

insbesondere im Anfangsstadium von unternehmensintern dafür vorgesehenen Stellen durchgeführt, zum Beispiel der Compliance-Abteilung oder der Innenrevision.[1518] Insbesondere in großen Konzernen können ferner bei besonders aufwendigen Untersuchungen (unter Umständen extrem kostenintensive) externe Prüfer bzw. Prüfungsgesellschaften hinzugezogen werden. Bei der Durchführung interner Ermittlungen müssen zahlreiche Probleme aus verschiedenen Rechtsgebieten, nämlich neben den wirtschaftsstrafrechtlichen insbesondere auch datenschutzrechtliche[1519] (erst recht nach Inkrafttreten der DSGVO) und arbeitsrechtliche Fragen berücksichtigt werden;[1520] es handelt sich daher um eine „Schnittstellenmaterie", die die Berücksichtigung (und Einbeziehung von Spezialisten) verschiedener Rechtsgebiete erfordert. Aus den aus unternehmensinternen Ermittlungen resultierenden strafrechtlichen Risiken durch zu viel Compliance wurde bereits an anderer Stelle kurz eingegangen: Dass bei der Aufklärung mutmaßlicher Rechtsverstöße im Unternehmen die Gefahr neuer Rechtsverstöße durch die zur Aufklärung entschlossenen Akteure selbst droht, haben die einer breiten Öffentlichkeit als „Datenschutz-Affären" bekannt gewordenen Fälle bei Lidl, der Deutschen Bahn oder der Deutschen Telekom gezeigt.[1521] Der Untersuchungsprozess hat daher insgesamt der Unschuldsvermutung, den Mitbestimmungsrechten des Betriebsrates sowie dem Datenschutz Rechnung zu tragen.[1522] Generell stellt sich aber die Frage, inwieweit strafprozessuale Garantien in derartigen Verfahren gelten bzw. wie man eine rechtswidrige Umgehung derselben verhindern kann.[1523] Dies gilt insbesondere für die Befragung von

1518 *Moosmayer*, in: Wirtschaftskriminalität, 83 (92).

1519 Dazu umfassend bspw. *Kreß*, Criminal Compliance und Datenschutz im Konzern (passim).

1520 *Wittig*, Wirtschaftsstrafrecht, § 6 Rn. 184.

1521 So kam es z.B. bei der Telekom zu Überwachungsmaßnahmen und dem Abgleich von Telekommunikationsdaten; s. dazu Der Spiegel Nr. 23/2008, S. 20 ff. und das Urteil des Landgerichts Bonn gegen einen Mitarbeiter des Telekomkonzerns, der (unter anderem) wegen Verstoßes gegen § 206 Abs. 1 StGB zu einer Freiheitsstrafe von dreieinhalb Jahren verurteilt worden ist, siehe dazu BGH NJW 2013, 401 ff.; die Verfahren gegen Konzernchef Kai-Uwe Ricke und den Aufsichtsratsvorsitzenden Klaus Zumwinkel wurden bereits zuvor eingestellt, s. http://www.spiegel.de/wirtschaft/unternehmen/0,1518,731993,00.html (zuletzt aufgerufen am 06.06.2018); dass es aber auch hohe datenschutzstrafrechtliche Risiken ganz ohne „zu viel" Compliance durch Outsourcing bestimmter Dienstleistungen gibt zeigen *Grosskopf/Momsen* CCZ 2018, 98 ff. auf.

1522 Siehe *Moosmayer*, in: Wirtschaftskriminalität, 83 (92).

1523 So auch *Wittig*, Wirtschaftsstrafrecht, § 6 Rn. 184.

Mitarbeitern in sog. Interviews.[1524] Derartige Interviews wurden insbesondere auch bei der unternehmensinternen Aufarbeitung der Siemens-Korruptionsaffäre in großer Zahl vorgenommen und waren für die Siemens AG mit empfindlichen Anwaltskosten verbunden.[1525] So beliefen sich die Siemens entstandenen Kosten für die mit den internen Ermittlungen betraute Kanzlei Debevoise & Plimpton LLP sowie die Wirtschaftsprüfungsgesellschaft Deloitte nach Konzernangaben für alle Maßnahmen allein bis Oktober 2008 zusammen auf 553 Millionen Euro,[1526] insgesamt sollen sie sich auf ca. 1 Milliarde Euro belaufen.[1527] Die Ermittlungen von Debevoise & Plimpton im Auftrag des Essener Industriedienstleisters Ferrostaal führten gar zu dem Ergebnis, dass einem Honorar i.H.v. 77 Millionen Euro eine aufgedeckte Summe an eindeutig strafrechtlich bedeutsamen Bestechungsgeldern von lediglich 8,82 Millionen Euro gegenüberstand.[1528] Die Inkaufnahme dieser hohen Kosten erklärt sich zumindest bei Siemens auch dadurch, dass eine unternehmensinterne Aufklärung von der US-Börsenaufsicht SEC bei der späteren Strafzumessung in erheblichem Maße berücksichtigt wird.[1529] Der Druck der SEC und insbesondere die in der „Bewährungszeit" durchgeführte Überwachung durch den ehemaligen FBI-Direktor Louis Freeh führte bei der Daimler AG sogar dazu, dass die ehemalige Verfassungsrichterin Christine Hohmann-Dennhardt im Februar 2011 als (in der Geschichte von Daimler erster weiblicher) Vorstand für das neu geschaffene Ressort Integrität und Recht installiert wurde.[1530] Jedoch ist das Phänomen der unternehmensinternen Aufarbeitung und der Durchführung sog. Interviews mit dem Ziel, dass im staatlichen straf- bzw. ordnungswidrigkeitenrechtlichen Verfahren eine

---

1524 Dazu jüngst umfassend *Buchert*, Die unternehmensinterne Befragung von Mitarbeitern im Zuge repressiver Compliance-Untersuchungen aus strafrechtlicher Sicht (passim).

1525 S. *Jahn* StV 2009, 41 f.; *Wastl/Litzka/Pusch* NStZ 2009, 68 f.

1526 Siemens Presseerklärung vom 15.12.2008, S. 9.

1527 Siehe *Taschke* NZWiSt 2012, 9 (Fn. 2) unter Verweis auf die Siemens Geschäftsberichte von 2008–2010.

1528 Wirtschaftswoche Nr. 33/2011, 107; darüber hinaus soll es aber noch zahlreiche von internen Ermittlern in ihrem Abschlussbericht als zumindest „dubios" und zweifelhaft" deklarierte Zahlungen gegeben haben, siehe http://www.sueddeutsche.de/wirtschaft/korruptionsaffaere-ferrostaal-schmiergeld-fuer-gaddafis-regime-1.1119949 (zuletzt aufgerufen am 04.06.2018).

1529 *Jahn* StV 2009, 41.

1530 http://www.manager-magazin.de/magazin/artikel/0,2828,757197,00.html (zuletzt aufgerufen am 07.03.2012); sie wechselte dann im Jahr 2015 zu Volkswagen, als dort der sog. „Abgas-Skandal" öffentlich bekannt wurde.

mildere Strafe bzw. Geldbuße verhängt wird, nicht nur auf US-gelistete Konzerne wie Siemens und (vormals gelistete wie) Daimler beschränkt, sondern auch in (anderen) Unternehmen in Deutschland zunehmend anzutreffen.[1531]

Die rechtliche Problematik sog. Interviews knüpft an die auch zivilrechtliche Vorfrage an, wie weit sich der Arbeitnehmer gegen einen möglichen zivilrechtlichen Auskunftsanspruch des Arbeitgebers durch Berufung auf den Grundsatz „nemo-tenetur-se-ipsum-accusare" erwehren kann. Neben dem Problem, wieweit der Nemo-tenetur-Grundsatz die (arbeitsrechtlichen) Rechtsverhältnisse zwischen Privaten tangiert, ist dabei auch von Relevanz, ob der Arbeitnehmer (auch) gegenüber vom Unternehmen beauftragten Dritten, also in der Regel Rechtsanwälten wie den von Siemens beauftragten Debevoise-Anwälten, Aussagen tätigen muss, die ihn möglicherweise selbst belasten könnten, oder ob eine derartige Abtretung des Auskunftsanspruchs nicht möglich ist.[1532] Diese Frage wird umso brisanter, wenn man – wie beispielsweise das Landgericht Hamburg[1533] – zu dem Ergebnis gelangt, dass die vom Arbeitgeber beauftragten Anwälte sich in Bezug auf ihre Aufzeichnungen (z.B. zu Befragungen von Arbeitnehmern) gegenüber den Strafverfolgungsbehörden nicht auf ein Beschlagnahmeverbot berufen können. Bei dem Themenkomplex „Interviews" ist zudem zu beachten, dass es einen Unterschied machen kann, ob der Arbeitnehmer als „Beschuldigter" oder als „Zeuge" vernommen wird. Ferner spielt auch eine wichtige Rolle, inwieweit der Arbeitgeber berechtigt und verpflichtet ist, die von ihm durch „Internal Investigations" erlangten Informationen an die staatlichen Strafverfolgungsbehörden weiterzugeben. Neben den genannten „Interviews" kann der Arbeitgeber aber selbstverständlich auch noch auf zahlreiche andere interne Ermittlungsmaßnahmen zurückgreifen: Nur exemplarisch sei hier die Überwachung des E-Mail-Verkehrs, sei es im Rahmen der Sichtung bzw. des Lesens einzelner E-Mails oder auch im Rahmen einer stichwortgebundenen „Rasterfahndung", genannt.[1534] Ferner ist auch die Überwachung

1531 Siehe bereits *Knauer/Buhlmann* AnwBl. 2010, 387 (388 f.).

1532 In diese Richtung *Jahn* StV 2009, 41 (44 f.).

1533 LG Hamburg NJW 2011, 942 ff.; s. ferner auch AG Bonn NJW 2010, 1390 und LG Mannheim Beschl. v. 03.07.2012, 24 Qs 1/12, 24 Qs 2/12; s. zuletzt auch zur Durchsuchung bei der Rechtsanwaltskanzlei Jones Day im Zusammenhang mit dem Dieselskandal bei Volkswagen BVerfG, Beschlüsse der 3. Kammer des Zweiten Senats vom 27. Juni 2018 - 2 BvR 1405/17; 2 BvR 1562/17 und 2 BvR 1287/17.

1534 Zu dieser und weiteren Maßnahmen siehe *Poppe* in: Inderst/Bannenberg/Poppe, Compliance, 685 ff.

Einzelner durch den Einsatz von Privatermittlern oder durch technische Geräte (Videoüberwachung) möglich.

Von besonderem Interesse für die Strafverfolgungsbehörden ist auch, inwieweit Informationen, die durch unternehmensinterne Ermittlungen erlangt werden, in einem späteren Strafverfahren verwertet werden können. Ob ein im Rahmen unternehmensinterner Ermittlungen erlangtes Beweismittel verwertbar ist oder nicht, hängt auch davon ab, ob die jeweilige Beweiserhebung rechtmäßig erfolgt ist oder nicht. Allerdings ist zu beachten, dass nicht allein die Frage der Rechtmäßigkeit der Beweiserhebung für die Verwertbarkeit derartiger Beweise entscheidend ist. Denn einerseits kann, wenn schon nicht jede rechtswidrige Beweiserhebung durch staatliche Strafverfolgungsorgane automatisch ein Beweisverwertungsverbot zur Folge hat,[1535] erst recht nicht jede rechtswidrige Beweiserhebung durch Private zu einem Beweisverwertungsverbot im staatlichen Strafverfahren führen. Und andererseits muss der Umstand, dass die Beweiserlangung durch einen privaten Unternehmer zunächst rechtmäßig erfolgt ist, nicht zwingend dazu führen, dass auch eine spätere Verwertung derartig erlangter Erkenntnisse im Strafverfahren zulässig ist. Eine Verwertbarkeit kann beispielsweise dann ausgeschlossen sein, wenn die Beweiserhebung zwar rechtmäßig erfolgt, aber von starkem Druck oder gar einem möglicherweise bestehenden rechtlichen Anspruch (z.B. des Arbeitgebers gegen den Arbeitnehmer auf Auskunft) begleitet wird. Hierbei kann sich ein Verwertungsverbot vor allem aus dem Nemo-tenetur-Grundsatz ergeben, welcher einfachgesetzlich in den §§ 243 Abs. 4 S. 1, 136 Abs. 1 S. 2, 136a und 55 StPO strafprozessual und in 384 Nr. 2 ZPO i.V.m. § 46 Abs. 2 S. 1 ArbGG für arbeitsgerichtliche Verfahren abgesichert ist.[1536] Bejaht man folglich zunächst einen zivilrechtlichen Auskunftsanspruch, entsteht ein „Spannungsfeld" zwischen der arbeitsrechtlichen Aussagepflicht auf der einen und dem prozessualen Schweigerecht auf der anderen Seite, welches aufzulösen ist.[1537] Die Spannung erhöht sich noch zusätzlich dadurch, dass den staatlichen Strafverfolgungsorganen in der Regel – wie schon erwähnt – im Vergleich zu den Unternehmen erheblich geringere Kapazitäten zur Aufklärung mutmaßlicher Delikte zur Verfügung stehen und die staatlichen Akteure daher nicht nur ausnahmsweise glücklich darüber sein dürften, dass ihnen die Unternehmen quasi ihre Arbeit „abnehmen". Ob der Arbeitgeber möglicherweise durch eine umfassende – mit der in einem Strafverfahren nach

1535 S. dazu nur BVerfG NStZ 2006, 46 f.; BGHSt 19, 325 (331); 38, 372 (373).
1536 *Bittmann/Molkenbur* wistra 2009, 373 (374).
1537 Vgl. *Bittmann/Molkenbur* wistra 2009, 373 (374).

§ 136 StPO vorgeschriebenen vergleichbaren – Belehrung des Arbeitnehmers über dessen [ggf. bestehenden (Schweige-)]Rechte rechtliche Nachteile für sich selbst oder ein Beweisverwertungsverbot in einem späteren Strafverfahren abwenden kann, erscheint zwar im Grundsatz denkbar. In diesem Zusammenhang sind aber auch bestehende gesetzliche Regelungen vergleichbarer Sachverhalte zu beachten, wie z.B. der § 97 Abs. 1 InsO, der die Auskunfts- und Mitwirkungspflichten des Schuldners nach Eröffnung des Insolvenzverfahrens regelt. Bereits aus dem Gemeinschuldnerbeschluss des Bundesverfassungsgerichts,[1538] das sich in diesem Zusammenhang in der Vergangenheit mit vergleichbaren Problemen auseinanderzusetzen hatte, ergibt sich letztlich, dass richtigerweise die oben angesprochenen strafprozessualen Garantien in privaten Ermittlungsverfahren grundsätzlich keine Geltung beanspruchen können; ihre Missachtung bzw. insbesondere ein arbeitsrechtlicher Aussagezwang führt aber zu einer Unverwertbarkeit in einem späteren Strafverfahren. Ein zusätzliches ungutes Gefühl ergibt sich, wenn ausländische staatliche Behörden (wie zum Beispiel die US-amerikanische Börsenaufsichtsbehörde SEC im Fall Siemens) die Untersuchungen maßgeblich vorgeben. So soll die von Siemens beauftragte Anwaltskanzlei Debevoise nach Worten des Vorsitzenden des Siemens-Aufsichtsrats Gerhard Cromme das Vertrauen der SEC genossen haben und darüber hinaus u.a. von früheren US-Staatsanwälten geleitet worden sein,[1539] was zu rechtsstaatlichen Bedenken bzgl. einer späteren Verwertung in Deutschland führt.

Werden durch die unternehmensinternen Ermittlungen Straftaten aufgedeckt, kann die Erstattung einer Strafanzeige geboten sein.[1540] Jedenfalls sind auch unternehmensintern in geeigneten und notwendigen Fällen Konsequenzen zu ziehen, wie bspw. die Verhängung von arbeitsrechtlichen Maßnahmen.[1541] In schwerwiegenden Fällen ist dem oder den Mitarbeiter(n) zu kündigen, denn ein inkonsequentes Compliance-System wird nicht die gewünschten Ergebnisse produzieren und birgt zudem erhebliche Haftungsrisiken für das Unternehmen und die Aufsichtspflichtigen. Normverstöße weisen zudem auf mögliche Mängel im bestehenden Compliance-System hin und sollten immer ein Anreiz zur Überarbeitung und Verbesserung des Systems sein.[1542] Compliance-Programme sind insgesamt dynamische Prozesse, die fortlaufend angepasst und verbessert

1538 BVerfGE 56, 37 ff.
1539 Nach *Jahn* StV 2009, 41
1540 *Reichert* ZIS 2011, 113 (120).
1541 *Wittig*, Wirtschaftsstrafrecht, § 6 Rn. 185.
1542 LG München I NZWiSt 2014, 183 (189 f.); *Wittig*, Wirtschaftsstrafrecht, § 6 Rn. 185.

werden müssen, da immer neue Erkenntnisse aus den Compliance-Prozessen selbst, dem wirtschaftlichen Geschäft und Umfeld des Unternehmens und auch aus rechtlichen Veränderungen in das Compliance-System mit einfließen müssen.[1543]

1543 *Moosmayer*, in: Wirtschaftskriminalität, 83 (95); siehe auch *Makowicz* BB 2018, 556 ff.

Zusammenfassung

1. Keine der Ansichten zur generellen Begründung einer Garantenstellung scheint isoliert betrachtet bedingungslos zu überzeugen. Es ist daher – sofern nicht schon der Gedanke der Gefahrschaffung eingreift – am sinnvollsten, eine Kombination aus dem auf *Schünemann* zurückgehenden Herrschaftsgedanken sowie des Vertrauensprinzips zur Begründung einer Garantenposition heranzuziehen. In der Regel werden sich beide Aspekte dabei ergänzen, aber einer gleichwohl im Vordergrund stehen (1. Kapitel II.).
2. Die Figur der mittelbaren Täterschaft (durch Unterlassen) eignet sich nicht zur Erfassung strafrechtlicher Verantwortlichkeit der Unternehmensleitung. Die „Rechtsgelöstheit" eines wirtschaftlichen Unternehmens wird sich – zumindest in einem Rechtsstaat – aufgrund der zweifellos mit einer Offenbarung eines unrechtmäßigen Verhaltens einhergehenden negativen Folgeerscheinungen (wie z.B. staatlicher Verfolgung) nicht offiziell manifestieren. Im Gegensatz zur Situation in Unrechtsstaaten oder in kriminellen Organisationen bestehen zudem Rechtsschutzmöglichkeiten betroffener Arbeitnehmer. Somit kann man die Drucksituationen, in der sich die unmittelbar handelnden Personen wiederfinden, nicht miteinander vergleichen (2. Kapitel I. 2. a)).
3. Es gibt eine Garantenstellung des Geschäftsherrn wegen dessen Herrschaft über die Gefahrenquelle Betrieb. Daraus ergibt sich faktisch auch eine Pflicht zur Verhinderung von Straftaten Betriebsangehöriger; dies aber nicht schon aus sich heraus, sondern nur im Zusammenhang mit der Herrschaft über den Betrieb als Gefahrenquelle (2. Kapitel II. 1. g)).
4. Steht nicht die aus der Gefährlichkeit eines bestimmten Gegenstandes resultierende sächliche Gefahr, sondern die durch die Gefahrenquelle Betrieb begünstigte menschliche Verhaltensweise im Vordergrund, so ist nicht bereits ein Ausnutzen der Wirkungsmöglichkeiten des Betriebes durch den Mitarbeiter als hinreichend für die Annahme einer Garantenpflicht des Geschäftsherrn anzusehen. Eine solche Auslegung führte nämlich auch in Fällen zu einer Haftung, in denen sich eine bedenkliche Nähe zu einer „allgemeinen" und abzulehnenden Straftatverhinderungspflicht ergibt. Eine betriebstypische Gefahr realisiert sich daher immer erst dann, wenn der Mitarbeiter zusätzlich im Interesse des Betriebes handelt. Andernfalls steht seine eigene kriminelle Energie so stark im Vordergrund, dass man seine Handlung

dem Betrieb bzw. dem Geschäftsherrn nicht mehr zurechnen kann (2. Kapitel II. 2. h)).

5. Man wird für die Annahme eines Handelns im Interesse des Betriebs zunächst dieses Interesse feststellen müssen. Dabei ist im Rahmen der Privatautonomie maßgeblich, was der Betrieb oder das Unternehmen durch seine Leitungspersonen für Festlegungen trifft. In diesem Zusammenhang spielt ein klares „Commitment“ und eine konsequente Befolgung dessen durch die Geschäftsleitung eine wesentliche Rolle. Liegt dieses nicht vor, ist eine wirtschaftliche Gesamtbetrachtung vorzunehmen. Dabei sind dann aber keine überzogenen Anforderungen zu stellen, sondern es sind die unmittelbaren Folgen in den Blick zu nehmen. So kann zwar im Falle aufgedeckter Bestechungszahlungen dem Unternehmen am Ende erheblich mehr Schaden als Nutzen entstehen; doch ändert dies nichts an der Einordnung der Handlung als subjektiv auf eine Betriebsnützlichkeit ausgerichtete Handlung, die geeignet war, dem Betrieb auch objektiv wirtschaftlich nützlich zu sein. (2. Kapitel II. 2. h)).
6. Bei einem vollverantwortlich handelnden unmittelbaren Täter liegt eine bloße Teilnahme des Geschäftsherrn vor. Denn auch beim Unterlassen ist – wie beim Begehungsdelikt – bei einem vollverantwortlichen Vordermann grundsätzlich nur eine akzessorische Beteiligung am Rechtsgutsangriff möglich. Zur sozialen Wirklichkeit gehört es nämlich, dass eine vollverantwortlich handelnde Person die deliktische Handlung ausführt und die Geschäftsleitung an diesem konkreten Geschehen nicht teilnimmt bzw. häufig sogar von den konkreten Umständen unwissend weit entfernt vom eigentlichen Tatort sein wird, mithin das konkrete Tatgeschehen nicht „beherrschen“ kann (2. Kapitel II. 4. c)).
7. Ein Nachteil i.S.d. § 266 StGB kann nicht nur bei einer Entziehung der Gelder „auf Dauer“ angenommen werden, sondern liegt grundsätzlich nach dem Abfluss der Gelder aus dem Unternehmen vor. Es bedarf für die Kompensation des Nachteils keiner im zivilrechtlichen Sinne synallagmatischen Gegenleistung. Eine Gesamtsaldierung kann daher dann zu Grunde gelegt werden, wenn die Abbuchung im Zusammenhang mit einem konkreten Bestechungsgeschäft erfolgt, d.h. die Abbuchung auf ein anderes Konto lediglich einen formalen Zwischenschritt darstellt, aber im Sinne eines einheitlichen, *objektiv* feststellbaren Geschäftsvorgangs stattfindet, für den Zeitablauf und Willensrichtung des pflichtwidrig Handelnden lediglich Indizien sind. Die Voraussetzung liegt anders formuliert folglich vor, wenn die den kompensierenden Vorteil auslösende vermögensentziehende Pflichtwidrigkeit mit der kompensierenden Handlung auf diese Weise unmittelbar verknüpft ist (2. Kapitel III. 1.).

8. Es ist bei der Untreue nicht hinreichend, dass irgendein Pflichtenverstoß durch den treupflichtigen Vorstand oder Geschäftsführer vorliegt, sondern die verletzte Pflicht muss gerade dem Schutz des Vermögens des Treugebers dienen, d.h. mit anderen Worten es muss ein hinreichender Schutzzweckzusammenhang bestehen. Einen bloßen Legalitätsverstoß ausreichen zu lassen, kann vor dem Hintergrund des durch § 266 StGB zu schützenden Rechtsguts nicht überzeugen. Die Voraussetzungen eines „mittelbaren" Vermögensbezugs sind zu unklar, sodass sie schon im Hinblick auf Art. 103 Abs. 2 GG nicht überzeugen können. Es ist daher ein unmittelbarer vermögensschützender Bezug der jeweiligen Regelung zu fordern. Dies ist jedoch eine Frage des Schutzzwecks der einzelnen Regelung, die Beantwortung der allgemeinen Frage, was Compliance bezweckt, hilft hierbei nicht weiter (2. Kapitel III. 2.a)).
9. Eine aus dem DCGK oder einer anderen Norm abgeleitete allgemeine Compliance-Pflicht besteht nicht. Im Rahmen von aus § 266 StGB abgeleiteten mittelbaren Überwachungspflichten ergibt sich die weitgehend fehlende Möglichkeit einer „Brauchbarmachung" des DCGK nicht schon aus einer fehlenden Rechtsnormqualität des Kodexes, da dieser hinreichend demokratisch legitimiert ist. In der Regel sind einzelne Vorschriften des Kodexes aber nicht vermögensschützend und taugen daher nicht als Anknüpfungspunkt für eine Untreue (2. Kapitel III. 2. b) und c)).
10. Aus Compliance-Richtlinien können sich vermögensbetreuungsrelevanten Pflichten ergeben. Aufgrund ihrer mangelhaften demokratischen Legitimation dürfen sie jedoch nicht ungeprüft in das Strafrecht übernommen werden. Diese Prüfung obliegt den zuständigen Gerichten (2. Kapitel III. 2.d)).
11. Ein Unmittelbarkeitszusammenhang zwischen Pflichtverletzung und Vermögensnachteil ist auch bei der Untreue zu verlangen. Für die Ermittlung eines relevanten Vermögensnachteils ist einzig entscheidend, wie hoch eine Entdeckungs- und Sanktionierungswahrscheinlichkeit zum Zeitpunkt der Tathandlung ist. Immer dann, wenn schon eine rein wirtschaftliche Betrachtung ergibt, dass das Entdeckungsrisiko zu hoch ist, um sich auf das Risiko eines „Schmiergeldgeschäfts" einzulassen, wird ein rational handelnder Akteur von einem solchen Geschäft Abstand nehmen. Auch wenn sich eine genaue Bezifferung im Einzelfall als sehr schwierig erweisen dürfte, ist es daher regelmäßig ausgeschlossen, dass das Risiko der Aufdeckung so hoch ist, dass der zu erwartende Gewinn nicht (mehr) die Summe des eingesetzten Bestechungsgeldes übersteigt. Ein Nachteil wird in der Regel bereits auf objektiver Tatbestandsebene ausscheiden, weil ein rational handelnder Akteur auch deshalb das Risiko einer Aufdeckung regelmäßig für

verschwindend gering halten muss, weil ihm selbst im Falle einer Aufdeckung eine Strafverfolgung wegen Untreue und Bestechungsdelikten droht (2. Kapitel III. 3.).

12. Die Leitungsebene einer Muttergesellschaft haftet für das Verhalten von Mitarbeitern einer Tochtergesellschaft in jedem Fall bei 100%-Beteiligungen der Konzernobergesellschaft. Darüber hinaus kann aber auch eine strafrechtliche Verantwortung entstehen, wenn der Geschäftsherr die Herrschaft über die Tochtergesellschaft wie über den eigenen Betrieb als Gefahrenquelle wahrnimmt. Dies ist in der Regel beim sog. qualifizierten faktischen Konzern der Fall. Auch bei Zuliefererbetrieben kann eine solche Situation eintreten, wenn der Auftraggeber faktisch die Kontrolle übernommen hat, was insbesondere dann naheliegt, wenn der Zulieferer ausschließlich den Auftraggeber beliefert und dieser die strafrechtlich relevanten Bedingungen daher diktieren kann (2. Kapitel V. 2. und 3.).
13. Umweltbeauftragte sind nicht zum Schutz eines bestimmten Umweltmediums bzw. Rechtsguts gegen sämtliche Gefahren auf Posten gestellt, sondern sollen die aus dem eigenen Betrieb stammenden umweltspezifischen Gefahren eindämmen. Es ist trotz der nach dem gesetzlichen Leitbild fehlenden Anordnungs- und Weisungsbefugnisse des Gewässerschutzbeauftragten eine Garantenstellung für diesen zu bejahen, insbesondere da ohne eine solche Garantenstellung eine Aufteilung im Betrieb nach Befugnissen, die bei der Geschäftsleitung verblieben, und Erkenntnismöglichkeiten, die an besondere Betriebsbeauftragte „ausgelagert“ werden, vorgenommen werden könnte, was letztlich zur Folge hätte, dass – mangels Erkenntnissen – die Geschäftsleitung und – mangels Garantenstellung – der Betriebsbeauftragte gleichermaßen straflos blieben (3. Kapitel III. 3.b)).
14. Für eine Vergleichbarkeit von Compliance-Beauftragten mit den Betriebsbeauftragten spricht der Umstand, dass sowohl der Betriebsbeauftragte als auch der Compliance-Beauftragte keine Kompetenzen hinsichtlich der Anweisung oder gar der Kündigung von Personal haben, sondern sich ihre jeweilige Rolle in Bezug auf die Geschäftsleitung als die eines unmittelbar nachgeordneten Beraters und Kontrolleurs im Unternehmen beschränkt. Aus dieser Ähnlichkeit von Compliance- und Betriebsbeauftragtem kann man aber nicht zwingend schlussfolgern, dass auch den Compliance-Beauftragten eine Garantenstellung trifft. Denn zum einen ist die Garantenstellung der Betriebsbeauftragten selbst hochumstritten und zum anderen lässt eine solche Betrachtung die Unterschiede zwischen Betriebsbeauftragtem und Compliance-Beauftragtem vollkommen außer Acht. Der Gesetzgeber hat den Betriebsbeauftragten „erschaffen“, um sachlich beschränkte

Gefahrenquellen, die er für besonders gefährlich hält, einer spezifischen, unternehmensinternen Kontrolle zu unterziehen. Die Position des Nicht-Wertpapier-Compliance-Beauftragten ist hingegen nicht (bzw. nicht ausdrücklich) gesetzlich vorgesehen. Es besteht auch keine allgemeine gesetzliche Pflicht, ein Compliance-System zu installieren, sodass auch keine Pflicht zur Installierung eines Compliance-Beauftragten bestehen kann (3. Kapitel III. 5.).

15. Die gesetzliche Normierung allein macht den Wertpapier-Compliance-Beauftragten nicht zu einem strafrechtlichen Garanten. Auch eine Fruchtbarmachung des rechtlich nicht eindeutig definierten Begriffs des „Unternehmensbeauftragten“ erscheint für das Strafrecht wenig gewinnbringend. Vielmehr kommt es auf den rechtlichen und tatsächlichen Kontext an, in dem sich die möglicherweise garantenpflichtige Person bewegt, auf ihre Rolle innerhalb dieses Kontextes und die Einordnung dieser Rolle in die bestehende strafrechtliche Dogmatik zum Unterlassungsdelikt (3. Kapitel IV.).
16. Den Compliance-Beauftragten trifft keine Beschützergarantenstellung. Dem steht schon entgegen, dass Compliance in erster Linie im Unternehmensinteresse erfolgt. Dies wird auch dadurch deutlich, dass ein Compliance-Beauftragter nicht nur für die Einhaltung der externen, also staatlich gesetzten Normen zuständig ist, sondern in aller Regel auch die Durchsetzung interner Verhaltenskodizes oder sonstiger unternehmensinterner Verhaltensanordnungen überwachen und sicherstellen soll. Der Schutz von Rechtsgütern Dritter oder der Allgemeinheit ist zwar häufig die Folge der im Unternehmensinteresse vorgenommenen Installierung des Compliance-Beauftragten, jedoch stellt diese Folge lediglich einen Reflex auf die am Unternehmensinteresse orientierte innerbetriebliche Ausrichtung dar (3. Kapitel VI.).
17. Je mehr sich der Compliance-Beauftragte einem „Ideal-Compliance-Beauftragten“ annähert oder ihm gar gleicht, desto eher ist anzunehmen, dass seine Tätigkeit eine strafrechtliche Garantenstellung begründet. Hierbei spielen insbesondere über die bloße Durchführung von Schulungen etc. hinaus übertragene „Sonderkompetenzen“ wie die Überwachung bestimmter Unternehmensbereiche, die Durchführung (auch unangemeldeter) Kontrollen, im Verdachtsfall das Durchsuchen von Büros und die Einsichtnahme in dienstliche Unterlagen, die Durchführung von Mitarbeiterbefragungen etc. eine entscheidende Rolle, wobei nicht immer eine maximale Übertragung von Kompetenzen vorliegen muss, sondern die Gesamtsituation den Ausschlag geben wird. So kommt eine strafrechtliche Garantenstellung des Compliance-Beauftragten grundsätzlich nur dann in Betracht, wenn er nicht bloß präventive Compliance-Aufgaben wie die Optimierung des

Compliance-Managementsystems wahrzunehmen hat, sondern (darüber hinaus) repressiv tätig wird, das heißt seine unternehmensinterne Aufgabe gerade die Aufdeckung von (straf-)rechtlichen Verstößen anderer Angestellter des Unternehmens ist (3. Kapitel X. 1. b)).

18. Der Einwand einer fehlenden rechtlichen Befugnis des Compliance-Beauftragten überzeugt nicht. Es kommt – wie auch sonst nicht unüblich – allein auf die zulässige Weiterleitung der notwendigen Informationen an Personen an, die von der Rechtsordnung dafür vorgesehen sind, die erforderlichen Handlungen zur unmittelbaren Abwendung des Erfolges vorzunehmen. Der Compliance-Beauftragte hat lediglich eine Information weiterzugeben, darf die notwendige Handlung aber nicht eigenhändig vornehmen (3. Kapitel X. 2. a)).
19. Der Einwand eines fehlenden rechtlichen Könnens des Compliance-Beauftragten überzeugt ebenso wenig. Eine für ihr Kind garantenpflichtige Mutter kann die unmittelbar rettende Handlung auch nicht immer eigenhändig vornehmen. Das heißt, sie bedarf möglicherweise der Hilfe einer weiteren Person, z.B. der eines Arztes. Derartige Konstellationen, in denen der Garant die rettende Handlung nicht eigenhändig vornehmen kann, aber dennoch verpflichtet ist, rettende Hilfe von außen zu holen, sind sowohl bei Beschützer- als auch bei Überwachergaranten auf mannigfaltige Art und Weise vorstellbar. Die von der Rechtsordnung geforderte Handlung zur Erfolgsabwendung kann also auch darin liegen, dass die Erfolgsabwendung nur mittelbar verursacht wird, indem die notwendige Hilfe einer dritten Person in Anspruch genommen wird. Das Erfordernis, eine dritte Person einzuschalten, ist folglich kein ausschlaggebendes Argument gegen die Annahme einer Garantenstellung. (3. Kapitel X. 2. b)).
20. Der Compliance-Beauftragte ist zumeist direkt unterhalb der Geschäftsleitung angesiedelt und sein Wort hat bei Compliance-relevanten Sachverhalten erhebliches Gewicht. Daher ist sein Einfluss auf die Geschäftsleitung in seinem Fachgebiet zumeist ebenso groß wie der Einfluss eines Mitgliedes der Geschäftsleitung auf ein anderes Mitglied der Geschäftsleitung. Dann ist es aber unklar, warum der Compliance-Beauftragte sich weniger um Abhilfe im Zusammenhang mit Compliance-Verstößen bemühen müssen soll als ein anderes, grundsätzlich unzuständiges Mitglied der Geschäftsleitung. Es handelt sich in diesen Fällen zwar nicht um dieselbe Pflichtenstellung, doch ist auch hier im Ergebnis auf den Gesamterfolg eines kumulativen Unterlassens abzustellen. Richtigerweise kann der Zweifelssatz in einer derartigen Konstellation keine Anwendung finden. Sonst könnte sich der Compliance-Beauftragte sowohl auf ein pflichtwidriges als auch auf ein pflichtgemäßes Verhalten der Geschäftsleitung berufen. Richtigerweise ist daher vom

pflichtgemäßen Verhalten nachfolgender Akteure auszugehen, selbst wenn diese nachweislich pflichtwidrig gehandelt hätten. Dies ist möglich, da es sich bei der Annahme des rechtmäßigen Verhaltens um eine Fiktion handelt und daher ihre Widerlegung ausgeschlossen ist (3. Kapitel X. 2. c)).

21. Regelmäßig wird die Geschäftsleitung bzw. der Compliance-Beauftragte das Risiko der Begehung von Straftaten im Unternehmen erhöhen, wenn sie/er die Angestellten des Unternehmens nicht hinreichend schult oder das Compliance-System nur inkonsequent und nachlässig vorantreibt. Jedoch wird der Nachweis, dass sich dieses Risiko in einer *konkreten* Straftat einer dritten Person, also eines Angestellten, niedergeschlagen hat, deutlich seltener gelingen. Vielmehr kommt hier eine Vielzahl weiterer Umstände in Betracht, die für die Begehung der Tat bestimmend waren und nur selten wird sich daher der beschriebene Zurechnungszusammenhang mit Sicherheit feststellen lassen (3. Kapitel XI. 1.)).
22. Aufgrund der Überwachungspflicht des Gesamtvorstandes ist eine Unterrichtung der kollektiven Geschäftsleitung bzw. des Vorsitzenden der Geschäftsleitung geboten, wenn der Compliance-Beauftragte feststellt, dass sein Vorgesetzter bzw. das ihm vorgesetzte Mitglied der Geschäftsleitung trotz eines Hinweises auf rechtswidrige Handlungen untätig bleibt und diese Untätigkeit auf sachfremden Erwägungen beruht. Sachfremde Erwägungen sind in diesem Zusammenhang solche, die nicht zumindest mittelbar auf eine Beendigung des rechtswidrigen Zustandes abzielen (3. Kapitel XI. 4. c) aa)).
23. Der Compliance-Beauftragte hat den Aufsichtsrat bei einer Untätigkeit der Geschäftsleitung über die Rechtsverstöße im Unternehmen zu unterrichten, es sei denn, der Compliance-Beauftragte ist vertraglich nicht zur Überwachung der Geschäftsleitung verpflichtet (3. Kapitel XI. 4. c) bb)).
24. Der Compliance-Beauftragte hat grundsätzlich das Recht, aber nicht die Pflicht, die Öffentlichkeit oder amtliche Stellen in Kenntnis zu setzen, wenn im Unternehmen gravierende Rechtsverstöße mit drohenden erheblichen Schäden für die Allgemeinheit stattfinden und ein interner Abhilfeversuch keinen Erfolg hat (3. Kapitel XI. 4. c) cc)).
25. Der Compliance-Beauftragte macht sich regelmäßig nur als Teilnehmer bzw. Gehilfe strafbar (3. Kapitel XII.).
26. Wirksame Compliance-Programme führen grundsätzlich zu einer Enthaftung des Unternehmens und der für sie handelnden Personen. Ein wirksames Compliance-System besteht in der Regel aus den vier Grundbausteinen Prävention, Überwachung, Aufklärung und Sanktionierung (4. Kapitel I. und II.).

Literaturverzeichnis

Achenbach, Hans: Gedanken zur Aufsichtspflichtverletzung (§ 130 OWiG), in: Grundlagen des Straf- und Strafverfahrensrechts – Festschrift für Knut Amelung; Böse, Martin; Sternberg-Lieben, Detlev (Hrsg.); Stuttgart 2009, 367 (zit.: *Achenbach*, FS Amelung)

Achenbach, Hans: Die Einführung einer „unternehmensgerichteten Sanktion" und einer Ausfallhaftung im Kartellordnungswidrigkeitenrecht durch die 9. GWB-Novelle, wistra 2018, 185

Achenbach, Hans; Ransiek, Andreas (Hrsg.): Handbuch Wirtschaftsstrafrecht, 3. Auflage Heidelberg 2012 (zit.: A/R/*Bearbeiter* (3. Auflage) Teil Kap. Rn.)

Achenbach, Hans; Ransiek, Andreas; Rönnau, Thomas (Hrsg.): Handbuch Wirtschaftsstrafrecht, 4. Auflage Heidelberg 2015 (zit.: A/R/R/*Bearbeiter* Teil Kap. Rn.)

Adán Nieto Martín: Grundlegende Probleme von Compliance und Strafrecht, in: Compliance und Strafrecht; Kuhlen, Lothar; Kudlich, Hans; Ortiz de Urbina, Inigo (Hrsg.); Heidelberg u.a. 2013, 27 (zit.: *Adán Nieto Martin*, in: Compliance und Strafrecht)

Alexander, Thorsten: Die strafrechtliche Verantwortlichkeit für die Wahrung der Verkehrssicherungspflichten in Unternehmen, Herbolzheim 2005 (zit.: *Alexander*, Verkehrssicherungspflichten)

Altenhain, Karsten: Anmerkung zu BGH, Urt. v. 19.04.2000 – 3 StR 442/99 (LG Düsseldorf), NStZ 2001, 189

Ambos, Kai: Tatherrschaft durch Willensherrschaft kraft organisatorischer Machtapparate, GA 1998, 226

Arndt, Volker: Der Betriebsbeauftragte im Umweltrecht – Garant im Umweltstrafrecht?, Kiel 1986 (zit.: *Arndt*, Der Betriebsbeauftragte)

Arzt, Gunther: Zur Garantenstellung beim unechten Unterlassungsdelikt, JA 1980, 553, 647, 712

Auernhammer: DSGVO – BDSG – Datenschutzgrundverordnung, Bundesdatenschutzgesetz und Nebengesetze – Kommentar; Eßer, Martin; Kramer, Philipp; von Lewinski, Kai (Hrsg.); 5. Auflage, Köln 2017 (zit.: Auernhammer/*Bearbeiter*)

Barton, Dirk-M.: Die strafrechtliche Verantwortlichkeit des Compliance-Officers – Teil 2, jurisPR-StrafR 23/2009 Anm. 1

Barton, Dirk-M.: Der Compliance-Officer im Minenfeld des Strafrechts – Folgewirkungen des Urteils des BGH vom 17.07.2009 – 5 StR 394/08 – auch für den Datenschutzbeauftragten?, RDV 2010, 19

Barton, Dirk-M.: „Beihilfe durch Unterlassen"? – Zur strafrechtlichen Verantwortung des betrieblichen Datenschutzbeauftragten i.S.d. §§ 13, 27 StGB bei Nichterfüllung seiner gesetzlichen Pflichten, RDV 2010, 247

Bauer, Hans-Lucas; Wißmann, Anke C.: Strafrechtliche Geschäftsherrenhaftung im Unternehmen, in: Festschrift für Wolf Schiller; Lüderssen, Klaus; Volk, Klaus; Wahle, Eberhard (Hrsg.); Baden-Baden 2014, 15 (zit.: *Bauer/Wißmann*, FS Schiller)

Baumann, Jürgen; Weber, Ulrich; Mitsch, Wolfgang: Strafrecht – Allgemeiner Teil, 11. Auflage, Bielefeld 2003 (zit.: *Baumann/Weber/Mitsch*, AT)

Baur, Alexander; Holle, Philipp Maximilian: Compliance-Defense bei der Bußgeldbemessung und ihre Einpassung in das gesellschaftsrechtliche Pflichtenprogramm, NZG 2018, 14

Behr, Nicolai: BGH: Compliance-Management-System kann Geldbuße mindern - Anmerkung zu BGH, Urteil vom 09.05.2017 – 1 StR 265/16, BB 2017, 1931

Beisheim, Carsten; Jung, Laura: Unternehmensstrafrecht: Der neue Kölner Entwurf eines Verbandessanktionengesetzes (VerbSG-E), CCZ 2018, 63

Benz, Jochen; Klindt, Thomas: Compliance 2020 – ein Blick in die Zukunft, BB 2010, 2977

Bergmann, Marcus: Strafbarkeit vertragswidrigen Unterlassens – Zur Rechtspflicht nach § 13 Abs. 1 StGB unter besonderer Berücksichtigung des Vertrages mit Schutzwirkung für Dritte, Baden-Baden, 2012 (zit.: *Bergmann*, Strafbarkeit vertragswidrigen Unterlassens)

Bermejo, Mateo G.; Palermo, Omar: Die strafrechtliche Verantwortung des Compliance-Officers wegen Beteiligung an einer Straftat, in: Compliance und Strafrecht; Kuhlen, Lothar; Kudlich, Hans; Ortiz de Urbina, Inigo (Hrsg.); Heidelberg u.a. 2013, 137 (zit.: *Bermejo/Palermo,* in: Compliance und Strafrecht)

Berndt, Markus: Anmerkung zu BGH, Urt. v. 17.07.2009 – 5 StR 394/08 (LG Berlin), StV 2009, 689

Bernsmann, Klaus: Alles Untreue? Skizzen zu Problemen der Untreue nach § 266 StGB, GA 2007, 219

Beulke, Werner: Wirtschaftslenkung im Zeichen des Untreuetatbestandes, in: Festschrift für Ulrich Eisenberg; Müller, Hennig Ernst; Sander, Günther M.; Valkova, Helena (Hrsg.), München 2009, 245 (zit.: *Beulke*, FS Eisenberg)

Beulke, Werner: Der „Compliance Officer" als Aufsichtsgarant? Überlegungen zu einer neuen Erscheinungsform der Geschäftsherrenhaftung, in: Festschrift für

Klaus Geppert; Geisler, Claudius; Kraatz, Erik; Kretschmer, Joachim; Schneider, Hartmut; Sowada, Christoph (Hrsg.); Berlin u.a. 2011, 23 (zit.: *Beulke*, FS Geppert)

Beulke, Werner; Bachmann, Gregor: Die „Lederspray-Entscheidung" – BGHSt 37, 106, JuS 1992, 737

Bittmann, Folker: Untreue: Erkennbarkeit und Praktikabilität = mehr Rechtssicherheit, wistra 2017, 121

Bittmann, Folker; Molkenbur, Josef: Private Ermittlungen, arbeitsrechtliche Aussagepflicht und strafprozessuales Schweigerecht, wistra 2009, 373

Blassl, Johannes Sebastian: Zur Garantenpflicht des Compliance-Beauftragten – Zugleich ein systematisierender Beitrag zu rechtssichernden Organisationspflichten und zur Dogmatik der unechten Unterlassungsdelikte, Frankfurt/M. 2017 (zit.: *Blassl*, Garantenpflicht des Compliance-Beauftragten)

Blei, Hermann: Garantenpflichtbegründung beim unechten Unterlassen, in: Festschrift für Hellmuth Mayer; Geerds, Friedrich; Naucke, Wolfgang (Hrsg.); Berlin 1966, 119 (zit.: *Blei*, FS H. Mayer)

Bloy, René: Die Beteiligungsform als Zurechnungstypus im Strafrecht, Berlin 1985 (zit.: *Bloy*, Beteiligungsform als Zurechnungstypus)

Bloy, René: Anstiftung durch Unterlassen?, JA 1987, 490

Bock, Dennis: Strafrechtliche Aspekte der Compliance-Diskussion – § 130 OWiG als zentrale Norm der Criminal Compliance, ZIS 2009, 68

Bock, Dennis: Criminal Compliance, Baden-Baden 2011 (zit.: *Bock*, Criminal Compliance)

Boos, Karl-Heinz; Fischer, Reinfrid; Schulter-Mattler, Hermann: Kommentar zu Kreditwesengesetz, VO (EU) Nr. 575/2013 (CRR) und Ausführungsvorschriften – Band 1; 5. Auflage, München 2016 (zit.: BFS-KWG/*Bearbeiter*)

Bosch, Nikolaus: Organisationsverschulden in Unternehmen, Baden-Baden 2002 (zit.: *Bosch*, Organisationsverschulden)

Bosch, Nikolaus: Die Hypothese rechtmäßigen Verhaltens bei psychisch vermittelter Kausalität, in: Strafrechtswissenschaft als Analyse und Konstruktion – Festschrift für Ingeborg Puppe; Paeffgen, Hans-Ullrich; Böse, Martin; Kindhäuser, Urs u.a. (Hrsg.); Berlin 2011, 373 (zit.: *Bosch*, FS Puppe)

Böhm, Wolf-Tassilo: Non-Compliance und Arbeitsrecht – Interne Ermittlungen, Sanktionen und Regressansprüche nach Rechts- und Regelverstößen von Arbeitnehmern, Baden-Baden 2011 (zit.: *Böhm*, Non-Compliance)

Böse, Martin: Die Garantenstellung des Betriebsbeauftragten, NStZ 2003, 636

Bottke, Wilfried: Haftung aus Nichtverhütung von Straftaten Untergebener in Wirtschaftsunternehmen de lege lata, Berlin 1994 (zit.: *Bottke*, Haftung aus Nichtverhütung von Straftaten)

Brammsen, Joerg: Die Entstehungsvoraussetzungen der Garantenpflicht, Berlin 1986 (zit.: *Brammsen*, Entstehungsvoraussetzungen)

Brammsen, Joerg: Bemerkungen zur mittelbaren Unterlassungstäterschaft, NStZ 2000, 337

Brammsen, Joerg: Unterlassungshaftung in formalen Organisationen, in: Individuelle Verantwortung und Beteiligungsverhältnisse bei Straftaten in bürokratischen Organisationen des Staates, der Wirtschaft und der Gesellschaft; Amelung, Knut (Hrsg.); Sinzheim 2000, 105 (zit.: *Brammsen*, in: Individuelle Verantwortung und Beteiligungsverhältnisse)

Brand, Christian: Anmerkung zu BGH, Beschluss vom 13.04.2011 – 1 StR 94/10 (LG Köln), NJW 2011, 1751

Brand, Christian; Sperling, Christian: Legalitätsverstöße in der Aktiengesellschaft als untreuerelevante Pflichtverletzung, AG 2011?, 233

Bruns, Hans-Jürgen: Grundprobleme der strafrechtlichen Organ- und Vertreterhaftung (§ 14 StGB, § 9 OWiG) – Zum gegenwärtigen Stand von Lehre und Rechtsprechung, GA 1982, 1

Buchert, Christoph: Der Irrweg der EU-Kommission – Zu den Überlegungen über die Einführung einer staatlichen Whistleblower-Prämie, CCZ 2013, 144

Buchert, Christoph: Die unternehmensinterne Befragung von Mitarbeitern im Zuge repressiver Compliance-Untersuchungen aus strafrechtlicher Sicht, Berlin 2017 (zit.: *Buchert*, Die unternehmensinterne Befragung von Mitarbeitern im Zuge repressiver Compliance-Untersuchungen aus strafrechtlicher Sicht)

Bülte, Jens: Die Beschränkung der strafrechtlichen Geschäftsherrenhaftung auf die Verhinderung betriebsbezogener Straftaten – Zugleich eine Besprechung von BGH, Urt. v. 20.10.2011 – 4 StR 71/11, NZWiSt 2012, 176

Bülte, Jens: Vorgesetztenverantwortlichkeit im Strafrecht, Baden-Baden 2015 (zit.: *Bülte*, Vorgesetztenverantwortlichkeit)

Burger, Stefan: Untreue (§ 266 StGB) durch das Auslösen von Sanktionen zu Lasten von Unternehmen, Herbolzheim 2007 (zit.: *Burger*, Untreue durch Sanktionen)

Bürkle, Jürgen: Corporate Compliance als Standard guter Unternehmensführung des Deutschen Corporate Governance Kodex, BB 2007, 1797

Bürkle, Jürgen: Grenzen der strafrechtlichen Garantenstellung des Compliance-Officers, CCZ 2010, 4

Bürkle, Jürgen: Compliance als Aufgabe des Vorstands der AG – Die Sicht des LG München I, CCZ 2015, 52

Bürkle, Jürgen: Die Bußgeldrelevanz des Compliance-Managements, BB 2018, 525

Campos Nave, José A: Strafbarkeit des Compliance Officer aufgrund einer aus dem Aufgabenbereich abgeleiteten Garantenstellung, BB 2009, 2059

Campos Nave, José A; Vogel, Henrik: Die erforderliche Veränderung von Corporate Compliance-Organisationen im Hinblick auf gestiegene Verantwortlichkeiten des Compliance Officers, BB 2009, 2546

Campos Nave, José A; Zeller, Jan: Corporate Compliance in mittelständischen Unternehmen, BB 2012, 131

Casper, Matthias: Der Compliancebeauftragte – unternehmensinternes Aktienamt, Unternehmensbeauftragter oder einfacher Angestellter?, in: Festschrift für Karsten Schmidt; Bitter, Georg; Lutter, Marcus; Priester, Hans-Joachim; Schön, Wolfgang; Ulmer, Peter (Hrsg.); Köln 2009, 199 (zit.: *Casper*, FS K. Schmidt)

Christmann, Jörg: Zur Strafbarkeit sogenannter Tatsachenarrangements wegen Anstiftung – ein Beitrag der Lehre von der objektiven Zurechnung zum Strafgrund der Anstiftung, Frankfurt/M., 1997 (zit.: *Christmann*, Anstiftung)

Cichy, Patrick; Cziupka, Johannes; Wiersch, Rachid René: Voraussetzungen der Strafbarkeit der Geschäftsleiter von Kreditinstituten nach § 54 a KWG n.F., NZG 2013, 846

Coelln, Sibylle von: Das „rechtliche Einstehenmüssen" beim unechten Unterlassungsdelikt – Die Emanzipation der Garantenstellung von einzelnen Fallgruppen, Berlin 2008 (zit.: *v. Coelln*, Einstehenmüssen)

Dahrendorf, Ralf: Sozialstruktur des Betriebes – Betriebssoziologie, Wiesbaden 1959 (zit.: *Dahrendorf*, Sozialstruktur)

Dahs, Hans: Zur strafrechtlichen Haftung des Gewässerschutzbeauftragten nach § 324 StGB, NStZ 1986, 97

Dann, Matthias; Mengel, Anja: Tanz auf dem Pulverfass – oder: Wie gefährlich leben Compliance-Beauftragte?, NJW 2010, 3265

Dannecker, Christoph: Die Folgen der strafrechtlichen Geschäftsherrenhaftung der Unternehmensleitung für die Haftungsverfassung juristischer Personen – Zugleich: Besprechung von BGH, Urt. v. 10.07.2012 – VI ZR 341/10, NZWiSt 2012, 441

Dannecker, Gerhard; Dannecker, Christoph: Die „Verteilung" der strafrechtlichen Geschäftsherrenhaftung im Unternehmen – Zur strafrechtlichen Verantwortung des Compliance Officers und (leitender) Angestellter bei der

Übernahme unternehmensbezogener Aufgaben – zugleich Besprechung von BGH, Urteil v. 17.07.2009 – 5 StR 394/09, JZ 2010, 981

Deutscher, Jörg: Zur Strafbarkeit des Compliance Officer – Erhöhte Berufsrisiken nach dem Urteil des BGH vom 17.07.2009 = WM 2009, 1882, WM 2010, 1387

Dombois, Rainer: Von organisierter Korruption zu individuellem Korruptionsdruck? Soziologische Einblicke in die Siemens-Korruptionsaffäre, in: Der Korruptionsfall Siemens – Analysen und praxisnahe Folgerungen des wissenschaftlichen Arbeitskreises von Transparency International Deutschland; Graeff, Peter; Schröder, Karenina; Wolf, Sebastian (Hrsg.); Baden-Baden 2009, 131 (zit.: *Dombois*, in: Der Korruptionsfall Siemens)

Dörner, Hans-Jürgen: Neues aus dem Befristungsrecht, NZA 2007, 57

Dous, John Christian: Strafrechtliche Verantwortlichkeit in Unternehmen – Zur Verantwortungsverteilung zwischen Ausführungs- und Führungsebene nach dem Prinzip der Dialektik der Herrschaft in Unternehmen, Frankfurt (Main) 2009 (zitiert: *Dous*, Strafrechtliche Verantwortlichkeit)

Egger, Matthes: Hinweisgebersysteme und Informantenschutz, CCZ 2018, 126

Ehmann, Eugen; Selmayr, Martin (Hrsg.): DS-GVO – Datenschutz-Grundverordnung; München 2017 (zit.: Ehmann/Selmayr/*Bearbeiter*)

Eidam, Gerd: Unternehmen und Strafe – Vorsorge- und Krisenmanagement, 3. Auflage, Köln 2008 (zit.: *Eidam*, Unternehmen und Strafe)

Emmerich, Volker; Habersack, Mathias: Konzernrecht – Ein Studienbuch, 10. Auflage, München 2013 (zit.: Emmerich/Habersack)

Emmerich, Volker; Habersack, Mathias; Schürnbrand, Jan (Bearbeiter): Aktien- und GmbH-Konzernrecht – Kommentar;); 8. Auflage, München 2016 (zit.: E/H/*Bearbeiter*)

Engelhart, Marc: Sanktionierung von Unternehmen und Compliance – Eine rechtsvergleichende Analyse des Straf- und Ordnungswidrigkeitenrechts in Deutschland und den USA, Berlin, 2010 (zit.: *Engelhart*, Sanktionierung und Compliance)

Ensenbach, Kai: Der Prognoseschaden bei der Untreue, Tübingen 2016 (zit.: *Ensenbach*, Prognoseschaden)

Esser, Robert; Rübenstahl, Markus; Saliger, Frank; Tsambikakis, Michael: Wirtschaftsstrafrecht – mit Steuerstrafrecht und Verfahrensrecht; Köln 2017 (zit.: *Bearbeiter*, in Esser/Rübenstahl/Saliger/Tsambikakis, Wirtschaftsstrafrecht)

Favoccia, Daniela; Richter, Thomas: Rechte, Pflichten und Haftung des Compliance Officers aus zivilrechtlicher Sicht, AG 2010, 137

Fecker, Jörg; Kinzl, Ulrich-Peter: Ausgestaltung der arbeitsrechtlichen Stellung des Compliance-Officers – Schlussfolgerungen aus der BSR-Entscheidung des BGH, CCZ 2010, 13

Fehn, Karsten; Brokmann, Jörg; Benz, Korbinian; Jackowski, Jochen: Überlegungen zur strafrechtlichen Compliance in der (oral-)chirurgischen Praxis, ZMGR 2017, 308

Feuerbach, Paul Johann Anselm von: Lehrbuch des gemeinen in Deutschland gültigen peinlichen Rechts, 14. Auflage, Gießen 1847

Fischer, Eva Susanne: Die Strafbarkeit von Mitarbeitern der Kreditinstitute wegen Geldwäsche, Frankfurt/M. 2011 (zit.: *E.S. Fischer*, Strafbarkeit wegen Geldwäsche)

Fischer, Thomas: Strafgesetzbuch und Nebengesetze, 65. Auflage, München 2018 (zit.: *Fischer*)

Fleischer, Holger: Vorstandsverantwortlichkeit und Fehlverhalten von Unternehmensangehörigen – Von der Einzelüberwachung zur Errichtung einer Compliance-Organisation, AG 2003, 291 ff.

Fleischer, Holger: Aktienrechtliche Compliance-Pflichten im Praxistest: Das Siemens/Neubürger-Urteil des LG München I, NZG 2014, 321

Francuski, Ramona: Prozeduralisierung im Wirtschaftsstrafrecht, Baden-Baden 2014 (zit.: *Francuski*, Prozeduralisierung)

Frisch, Stefan: Kurzkommentar [zu BGH, Urt. v. 17.07.2009 – 5 StR 394/08 (LG Berlin)], EWiR 2010, 95

Frisch, Stefan: Anmerkung zum Urteil des BGH vom 09.05.2017, Az. 1 StR 265/16 – Zur Berücksichtigung eines Compliance-Systems bei der Bemessung der Geldbuße, EWiR 2017, 683

Frisch, Wolfgang: Tatbestandsmäßiges Verhalten und Zurechnung des Erfolges, Heidelberg 1988 (zit.: *Frisch*, Tatbestandsmäßiges Verhalten)

Fuchs, Andreas (Hrsg.): Wertpapierhandelsgesetz (WpHG) – Kommentar, München 2009 (zitiert: Fuchs/*Bearbeiter*)

Gähler, Sven Gerry: Der Gefährdungsschaden im Untreuetatbestand – Eine Untersuchung vor dem Hintergrund der neueren Entwicklung der Rechtsprechung, Baden-Baden 2016 (zit.: *Gähler*, Gefährdungsschaden)

Gallas, Wilhelm: Anmerkung zum Urteil des BGH vom 12.02.1952 – 1 StR 59/50 (SchwG München II), JZ 1952, 371 ff.

Geiger, Daniel: Nemo ultra posse obligatur – Zur strafrechtlichen Haftung von Compliance-Beauftragten ohne Disziplinargewalt, CCZ 2011, 170

Geneuss, Julia: Unternehmensbezogene Vorgesetztenverantwortlichkeit, betriebsbezogene Straftaten und „Firmenpolitik" – Überblick über die deutsche wirtschaftsstrafrechtliche Diskussion zur individuellen Unterlassensverantwortlichkeit von Mitgliedern der Unternehmensleitung, ZIS 2016, 259

Gerhäusser, Tim: Der Vermögensnachteil des § 266 StGB bei Bildung einer „schwarzen Kasse", Freiburg 2015 (zit.: *Gerhäusser*, Vermögensnachteil)

Gerst, Hans-Joachim: Unternehmensinteresse und Beschuldigtenrechte bei Internal Investigations – Problemskizze und praktische Lösungswege-, CCZ 2012, 1

Gimbernat Ordeig, Enrique: Das unechte Unterlassungsdelikte, ZStW 111 (1999), 307

Göhler, Erich: Anmerkung zu BGH, Urteil vom 10.12.1985 – KRB 3/85 (OLG Stuttgart), wistra 1986, 113

Göhler, Erich; Gürtler, Franz; Seitz, Helmut; Bauer, Martin: Gesetz über Ordnungswidrigkeiten, 17. Auflage, München 2017 (zit.: Göhler/*Bearbeiter*)

Gottschalk, Eckart; Lubner, Saskia Marieke: Die Einführung des bundesweiten Wettbewerbsregisters – ein komplizierter rechtlicher Dreiklang, NZWiSt 2018, 96

Graf, Jügen Peter; Jäger, Markus; Wittig, Petra (Hrsg.): Wirtschafts- und Steuerstrafrecht; 2. Auflage, München 2017 (zit.: *Bearbeiter*, in: Graf/Jäger/Wittig § Rn.)

Grau, Carsten; Blechschmidt, Vanessa: Anmerkung zu BGH, Urt. v. 17.07.2009 – 5 StR 394/08 (LG Berlin), DB 2009, 2145

Greco, Luís: Organisationsherrschaft und Selbstverantwortungsprinzip, ZIS 2011, 9

Greco, Luís: Kausalitäts- und Zurechnungsfragen bei unechten Unterlassungsdelikten, ZIS 2011, 674

Grosskopf, Lambert; Momsen, Carsten: Outsourcing bei Berufsgeheimnisträgern – strafrechtliche Verpflichtung zur Compliance?, CCZ 2018, 98

Grünewald, Anette: Zivilrechtlich begründete Garantenpflichten im Strafrecht?, Berlin 2001 (zit.: *Grünewald*, Zivilrechtlich begründete Garantenpflichten)

Grützner, Thomas: Compliance erreicht den BGH, NJW 2009, Heft 43 (Editorial)

Grützner, Thomas: „BGH konkretisiert ‚Geschäftsherrenhaftung'", BB 2012, 151

Grützner, Thomas: „Compliance 2.0 – LG München I verpflichtet Vorstände zu „Compliance" (BB-Kommentar), Betriebsberater 2014, 850

Grützner, Thomas; Behr, Nicolai: Die Haftung von Compliance Officer, Vorstand und Aufsichtsrat bei Rechtsverstößen von Mitarbeitern – Zugleich Anmerkung zu BGH-Urteil vom 10.07.2012 – VI ZR 341/10, DB 2012 S. 1799, DB 2013, 561

Grützner, Thomas; Boerger, Björn; Momsen, Carsten: Die „Dieselaffäre“ und ihre Folgen für Compliance-Management-Systeme – Evolution durch Einbeziehung des Bereichs Produkt-Compliance in ein CMS (z.B. zum Zweck der Prävention produktbezogener Täuschungen), CCZ 2018, 50

Grützner, Thomas; Jakob, Alexander: Compliance von A-Z, 2. Auflage, München 2015 (zit.: *Grützner/Jakob*, Compliance)

Güntge, Georg-Friedrich: Untreueverhalten durch Unterlassen, wistra 1994, 84

Haas, Volker: Die Beteiligung durch Unterlassen, ZIS 2011, 392

Hamm, Rainer (Berichterstatter) u.a.: Stellungnahme des Deutschen Anwaltvereins durch den Ausschuss Strafrecht zum strafrechtlichen Teil des „Entwurfs eines Gesetzes zur Abschirmung von Risiken und zur Planung der Sanierung und Abwicklung von Kreditinstituten und Finanzgruppen“ (BT-Drs. 17/12601), NZG 2013, 577 (zit.: DAV-Stellungnahme, NZG 2013, 577)

Hamm, Rainer; Richter, Thomas: Symbolisches und hypertrophes Strafrecht im Entwurf eines „Trennbankengesetzes“, WM 2013, 865

Harte-Bavendamm, Henning; Henning-Bodewig, Frauke (Hrsg.): Gesetz gegen den unlauteren Wettbewerb (UWG) – Kommentar, 4. Auflage, München 2016 (zit.: Harte/Henning/*Bearbeiter*)

Hastenrath, Katharina: Auswirkungen des BGH-Urteils zur Garantenstellung des Compliance Officers aus Sicht der Unternehmenspraxis, CCZ 2011, 32

Hauschka, Christoph E.: Compliance, Compliance-Manager, Compliance-Programme: Eine geeignete Reaktion auf gestiegene Haftungsrisiken für Unternehmen und Management?, NJW 2004, 257

Hauschka, Christoph E.: Compliance am Beispiel der Korruptionsbekämpfung, ZIP 2004, 877

Hauschka, Christoph E.: Compliance in der Korruptionsprävention – was müssen, was sollen, was können die Unternehmen tun?, Betriebsberater 2007, 165

Hauschka, Christoph E. (Hrsg.): Corporate Compliance – Handbuch der Haftungsvermeidung im Unternehmen, 1. Auflage, München 2007 (zit.: Hauschka/*Bearbeiter*, Corporate Compliance (1. Auflage))

Hauschka, Christoph E. (Hrsg.): Corporate Compliance – Handbuch der Haftungsvermeidung im Unternehmen, 2. Auflage, München 2010 (zit.: Hauschka/*Bearbeiter*, Corporate Compliance)

Hauschka, Christoph E.: Vereinbarkeit der Compliance-Funktion mit anderen Aufgaben im Unternehmen sowie Auslagerung auf Dritte, in: Unternehmensstrafrecht – Festschrift für Jürgen Wessing; Ahlbrecht, Heiko; Dann, Matthias; Wessing, Helga u.a. (Hrsg.); München/Bad Langensalza 215, 481 (zit.: *Hauschka*, FS Wessing)

Hauschka, Christoph E.; Moosmayer, Klaus; Lösler, Thomas (Hrsg.): Corporate Compliance – Handbuch der Haftungsvermeidung im Unternehmen, 3. Auflage, München 2016 (zit.: Hauschka/Moosmayer/Lösler/*Bearbeiter*, Corporate Compliance)

Hehn, Paul A. von; Hartung, Wilhelm: Unabhängige interne Untersuchungen in Unternehmen als Instrument guter Corporate Governance – auch in Europa?, DB 2006, 1909

Heine, Günter: Das strafrechtliche Verantwortlichkeit von Unternehmen – Von individuellem Fehlverhalten zu kollektiven Fehlentwicklungen, insbesondere bei Großrisiken, Baden-Baden 1995 (zit.: *Heine*, Strafrechtliche Verantwortlichkeit)

Heintschel-Heinegg, Bernd von: Strafgesetzbuch – Kommentar, München 2010 (zitiert: Heintschel-Heinegg/*Bearbeiter*)

Heintschel-Heinegg, Bernd von (Hrsg.): Strafgesetzbuch – Kommentar; 2. Auflage, München 2015

Hellmann, Uwe; Beckemper, Katharina: Wirtschaftsstrafrecht, 4. Auflage, Stuttgart 2013 (zit.: Hellmann/Beckemper)

Hennecke, Richard: Der Compliance-Beauftragte als Straftatenverhinderer – Baustein der Unternehmenshaftung?, in: Unternehmensstrafrecht – Festschrift für Jürgen Wessing; Ahlbrecht, Heiko; Dann, Matthias; Wessing, Helga u.a. (Hrsg.); München/Bad Langensalza 215, 557 (zit.: *Hennecke*, FS Wessing)

Henssler, Martin; Hoven, Elisa; Kubiciel, Michael; Weigend, Thomas: Kölner Entwurf eines Verbandssanktionengesetzes, NZWiSt 2018, 1

Hermanns, Ferdinand; Kleier, Ulrich F.: Grenzen der Aufsichtspflicht in Betrieben und Unternehmen – Zur Bedeutung des § 130 OWiG in der Praxis, Köln u.a. 1987 (zit.: *Hermanns/Kleier*, Grenzen der Aufsichtspflicht)

Hernández Basualto, Héctor: Die Betriebsbezogenheit der Garantenstellung von Leitungspersonen im Unternehmen, in: Grundlagen und Dogmatik des gesamten Strafrechtssystems - Festschrift für Wolfgang Frisch; Freund, Georg; Murmann, Uwe; Bloy, René; Perron, Walter (Hrsg.); Berlin 2013, 333 (zit.: *Hernández Basualto*, FS Frisch)

Herzberg, Rolf Dietrich: Die Unterlassung im Strafrecht und das Garantenprinzip, Berlin u.a. 1972 (zit.: *Herzberg*, Unterlassung und Garantenprinzip)

Herzberg, Rolf Dietrich: Grundfälle zur Lehre von Täterschaft und Teilnahme, JuS 1974, 574

Herzberg, Rolf Dietrich: Die Verantwortung für Arbeitsschutz und Unfallverhütung im Betrieb, Köln u.a. 1984 (zit.: *Herzberg*, Verantwortung für Arbeitsschutz)

Herzberg, Rolf Dietrich: Mittelbare Täterschaft und Anstiftung in formalen Organisationen, in: Individuelle Verantwortung und Beteiligungsverhältnisse bei Straftaten in bürokratischen Organisationen des Staates, der Wirtschaft und der Gesellschaft; Amelung, Knut (Hrsg.); Sinzheim 2000, 33 (zit.: *Herzberg*, in: Individuelle Verantwortung und Beteiligungsverhältnisse)

Herzog, Felix: Geldwäschegesetz (GwG) – Kommentar, München 2010 (zit.: Herzog/*Bearbeiter*)

Hillenkamp, Thomas: Risikogeschäft und Untreue, NStZ 1981, 161

Hoffmann, Maike: Untreue und Unternehmensinteresse – Erläutert am Beispiel des Schutzes der Interessen von Gläubigern und Arbeitnehmern, Baden-Baden 2010 (zit.: *Hoffmann*, Untreue und Unternehmensinteresse)

Hoffmann-Holland, Klaus: Die Beteiligung des Garanten am Rechtsgutsangriff – Zur Abgrenzung von Täterschaft und Beihilfe durch Unterlassen, ZStW 118 (2006), 620

Hsü, Yü-Hsiu: Garantenstellung des Betriebsinhaber zur Verhinderung strafbarer Handlungen seiner Angestellten?, Pfaffenweiler 1986 (zit.: *Hsü*, Garantenstellung)

Hugendubel, Julia: Tätertypologien in der Wirtschaftskriminologie – Instrument sozialer Kontrolle, Frankfurt/M. 2016 (zit.: *Hugendubel*, Tätertypologien)

Hugger, Heiner; Pasewaldt, David: Koalitionsvertrag: schärfere Sanktionen und Compliance-Anreize für Unternehmen, BB 2018, Heft 10, I

Hüffer, Jens; Schneider, Uwe H.: Juristen an die Compliance-Front!, ZIP 2010, 55

Hüffer, Uwe; Koch, Jens: Aktiengesetz – Kommentar, 12. Auflage, München 2016 (zit.: *Hüffer/Koch*)

Illing, Diana; Umnuß, Karsten: Die arbeitsrechtliche Stellung des Compliance Managers – insbesondere Weisungsunterworfenheit und Reportingpflichten, CCZ 2009, 1

Inderst, Cornelia; Bannenberg, Britta; Poppe, Sina (Hrsg.): Compliance – Aufbau – Management – Risikobereiche, 3. Auflage, Heidelberg 2017 (zit.: *Bearbeiter* in: Inderst/Bannenberg/Poppe, Compliance)

Jäger, Christian: Untreue durch Auslösung von Schadensersatzpflichten und Sanktionen – zugleich ein Beitrag zu den strafrechtlichen Folgerungen aus dem Urteil des 11. Zivilsenats des BGH vom 24.01.2006 im Fall Leo Kirch gegen Deutsche Bank/Breuer, in: Festschrift für Harro Otto; Dannecker, Gerhard; Langer, Winrich; Ranft, Otfried; Schmitz, Roland; Brammsen, Joerg. (Hrsg.); Köln u.a. 2007, 593 (zit.: *Jäger*, FS Otto)

Jäger, Christian: Von mobbenden Kollegen und betriebsblinden Vorgesetzten, JA 2012, 392

Jahn, Matthias: Ermittlungen in Sachen Siemens/SEC, StV 2009, 41

Jahn, Matthias: Garantenstellung auf Grund dienstlicher Stellung, JuS 2009, 1142

Jahn, Matthias: Rechtsprechungsübersicht Strafrecht BT – OLG Celle, Beschl. v. 23.08.2012 – 1 Ws 248/12, JuS 2013, 179

Jahn, Matthias; Schmitt-Leonardy, Charlotte; Schoop, Christian: Unternehmensverantwortung für Unternehmenskriminalität – „Frankfurter Thesen", wistra 2018, 27

Jakobs, Günther: Strafrecht Allgemeiner Teil – Die Grundlagen und die Zurechnungslehre, 2. Auflage, Berlin u.a. 1991 (zitiert: *Jakobs*, AT)

Jakobs, Günther: Anmerkung zu BGH, Urteil v. 26.07.1994 – 5 StR 98/94, NStZ 1995, 26

Jaschinski, Joachim: Die Entwicklung des Begriffs „Erfolg" in § 13 Abs. 1 StGB, Frankfurt/Main 1995 (zit.: *Jaschinski*, „Erfolg" in § 13 Abs. 1)

Jenne, Moritz; Martens, Jan Henning: Compliance-Management-Systeme sind bei der Bußgeldbemessung nach § 30 OWiG zu berücksichtigen – Anmerkung zu BGH, Urteil vom 09.05.2017 – 1 StR 265/16, CCZ 2017, 285

Jescheck, Hans-Heinrich; Weigend, Thomas: Lehrbuch des Strafrechts – Allgemeiner Teil, 5. Auflage, Berlin 1996 (zitiert: *Jescheck/Weigend*, AT)

Joecks, Wolfgang; Jäger, Christian: Strafgesetzbuch – Studienkommentar, 12. Auflage, München 2018 (zit.: *Joecks/Jäger*)

Kahlo, Michael: Das Bewirken durch Unterlassen bei drittvermitteltem Rettungsgeschehen, GA 1987, 66

Kahrs, Hans Jürgen: Nach unrichtigem Gutachten über die Standsicherheit bricht das Dach der städtischen Eissporthalle Bad Reichenhall unter hoher Schneelast zusammen – Vermeidbarkeit und condicio sine qua non – gestaffelte Vermeidepflicht – rechtliche Vermutung – Zugleich eine Besprechung des Urt. des BGH vom 12.01.2010 – 1 StR 272/09 (LG Traunstein), NStZ 2011, 14

Kamp, Meike; Körffer, Barbara: Auswirkungen des § 32 BSDG auf die Aufgabenerfüllung und die strafrechtliche Verantwortung des Compliance Officers, RDV 2010, 72

Kämpfer, Simone: Sanktionsausschließende und –mildernde Wirkung von Compliance-Programmen *de lege lata*, in: Unternehmensstrafrecht – Festschrift für Jürgen Wessing; Ahlbrecht, Heiko; Dann, Matthias; Wessing, Helga u.a. (Hrsg.); München/Bad Langensalza 215, 55 (zit.: *Kämpfer*, FS Wessing)

Kang, Jihyun: Die Geschäftsherrenhaftung im Strafrecht, Hamburg 2015 (zit.: *Kang*, Geschäftsherrenhaftung)

Karlsruher Kommentar: Zum Gesetz über Ordnungswidrigkeiten; Senge, Lothar (Hrsg.), 3. Auflage, München 2006 (zitiert: KK-OWiG/*Bearbeiter*)

Karlsruher Kommentar: Zum Gesetz über Ordnungswidrigkeiten; Mitsch, Wolfgang (Hrsg.), 5. Auflage, München 2018 (zitiert: KK-OWiG/*Bearbeiter*)

Kaufmann, Armin: Die Dogmatik der Unterlassungsdelikte, 2. unveränd. Auflage, Göttingen 1988 (zit.: *Armin Kaufmann*, Unterlassungsdelikte)

Keßler, Hans-Christian: Strafrechtliche Aspekte von Corporate Governance – Eine Untersuchung der Strafbarkeit im Zusammenhang mit der gesetzlichen Corporate Governance Publizität nach § 161 AktG und § 289a HGB sowie dem Deutschen Corporate Governance Kodex, Berlin 2012 (zit.: *Keßler*, Coporate Governance)

Kindhäuser, Urs: Strafgesetzbuch: Lehr- und Praxiskommentar, 7. Auflage, München 2017 (zit.: *Kindhäuser*)

Kindler, Peter: Corporate Compliance – Grundpflichten und Haftungsgefahren für Unternehmensleiter nach Aktienrecht, in: Wissenschaftliche und praktische Aspekte der nationalen und internationalen Compliance-Diskussion; Rotsch, Thomas (Hrsg.); Baden-Baden 2012, 1 (zit.: *Kindler*, in: Aspekte der Compliance-Diskussion)

Kleindiek, Detlef: Deliktshaftung und juristische Person – Zugleich zur Eigenhaftung von Unternehmensleitern, Tübingen 1997 (zit.: *Kleindiek*, Deliktshaftung und juristische Person)

Kling, Michael: Die Haftung der Konzernmutter für Kartellverstöße ihrer Tochterunternehmen, WRP 2010, 506

Kloepfer, Michael; Vierhaus, Hans-Peter: Umweltstrafrecht, 2. Auflage, München 2002

Klopp, Thorben: Der Compliance-Beauftragte – Arbeitsrechtliche Stellung und Funktion in der Compliance, Berlin 2012 (zit.: *Klopp*, Der Compliance-Beauftragte)

Klose, Bernhard: Aktuelle Entwicklungen des Wirtschaftsstrafrechts für die gerichtliche und die staatsanwaltschaftliche Praxis, NZWiSt 2018, 11

Klümper, Mathias; Diener, Holger: Der Compliance Officer in der pharmazeutischen Industrie – Zwischen Dienstpflicht und Strafrecht – ein unlösbares Dilemma?, A&R 2010, 147

Knauer, Christoph: Die strafrechtliche Haftung von Justiziaren, Innen-Revisoren und Compliance-Officers („Berliner Straßenreinigung – 5 StR 394/08"), in: Festschrift für Imme Roxin; Schulz, Lorenz; Reinhart, Michael; Sahan, Oliver (Hrsg.); Heidelberg u.a. 2012, 465 (zit.: *Knauer*, FS I. Roxin)

Knauer, Christoph; Buhlmann, Erik: Unternehmensinterne (Vor-)Ermittlungen – was bleibt von nemo-tenetur und fair-trial? – Grenzen der strafprozessualen Verwertbarkeit unternehmensinterner Ermittlungen, Anwaltsblatt 2010, 387

Knierim, Thomas C.: Anmerkung zu LG Darmstadt, Urteil vom 14.05.2007 – 712 Js 5213/04 – 9 KLs, CCZ 2008, 37

Koch, Jens: Der kartellrechtliche Sanktionsdurchgriff im Unternehmensverbund, ZHR 171 (2007), 554

Koch, Jens: Die Konzernobergesellschaft als Unternehmensinhaber i.S.d.§ 130 OWiG?, AG 2009, 564

Köhler, Michael: Strafrecht – Allgemeiner Teil, Berlin u.a. 1997 (zit.: *Köhler*, AT)

Kölbel, Ralf: Criminal Compliance – ein Missverständnis des Strafrechts?, ZStW 125 (2013), 499

Kölbel, Ralf: Wirksamkeit und Funktionsbedingungen von Compliance aus wirtschaftskriminologischer Sicht, in: Criminal Compliance – Handbuch; Rotsch, Thomas (Hrsg.); Baden-Baden, 2015 (zit.: *Kölbel*, in: Hdb. CC § 37)

Kölner Kommentar: zum Aktiengesetz; Zöllner, Wolfgang; Noack, Ulrich (Hrsg.); 3. Auflage, Köln u.a. 2004 ff. (zit.: KK-AktG/*Bearbeiter*)

Konu, Metin: Die Garantenstellung des Compliance-Officers – Zugleich ein Beitrag zu den Rahmenbedingungen einer Compliance-Organisation, Berlin 2014 (zit.: *Konu*, Garantenstellung des Compliance-Officers)

Kordt, Philipp: Die Untersuchung von Compliance-Verstößen – Zusammenwirken und Wahrnehmung eigenständiger Verantwortung von Vorstand und Aufsichtsrat, Baden-Baden 2016 (zit.: *Kordt*, Untersuchung von Compliance)

Kort, Michael: Verhaltensstandardisierung durch Corporate Compliance, NZG 2008, 81

Kort, Michael: Gemeinwohlbelange beim Vorstandshandeln, NZG 2012, 926

KPMG – Compliance – Modeerscheinung oder Chefsache?: Wie sich deutsche Großkonzerne der Herausforderung stellen; Engels, Oliver; 2011 (http://kpmg.de/docs/2011_Compliance_Benchmark_Studie.pdf zuletzt aufgerufen am 12.03.2012) (zit.: KPMG – Compliance)

KPMG – Wirtschaftskriminalität in Deutschland 2010 – Fokus Mittelstand: Weiss, Stefan; Lichtenau, Petra; Klapproth, Uwe; Lucke, Eva Maria (Autorenteam) (http://www.kpmg.de/docs/20091220_Wirtschaftskriminalitaet.pdf zuletzt aufgerufen am 12.03.2012) (zit.: KPMG – Wirtschaftskriminalität 2010)

Kraft, Oliver: Die Garantenpflicht des Leiters der Innenrevision und des Compliance Officers zur Abwendung von unternehmensbezogenen Straftaten – zugleich Anmerkung zu BGH wistra 2009, 433, wistra 2010, 81

Kraft, Oliver; Winkler, Klaus: Zur Garantenstellung des Compliance-Officers – Unterlassungsstrafbarkeit durch Organisationsmangel?, CCZ 2009, 29

Kremer, Thomas; Bachmann, Gregor; Lutter, Marcus; Werder, Axel von: Kommentar zum Deutschen Corporate Governance Kodex, 7. Auflage, München 2018 (zit.: Kremer/Bachmann/Lutter/v. Werder)

Kreß, Sonja: Criminal Compliance und Datenschutz im Konzern, Baden-Baden 2018 (zit.: *Kreß*, Criminal Compliance und Datenschutz im Konzern)

Kretschmer, Joachim: Anmerkung zu BGH, Urt. v. 17.07.2009 – 5 StR 394/08 (LG Berlin), JR 2009, 474

Kretschmer, Joachim: Die Bekämpfung von Korruption mit dem OWiG, in: Festschrift für Klaus Geppert; Geisler, Claudius; Kraatz, Erik; Kretschmer, Joachim; Schneider, Hartmut; Sowada, Christoph (Hrsg.); Berlin u.a. 2011, 287 (zit.: *Kretschmer*, FS Geppert)

Krey, Volker; Nuys, Marcel: Der Täter hinter dem Täter – oder die Liebe der Strafrechtler zum Glasperlenspiel, in: Grundlagen des Straf- und Strafverfahrensrechts – Festschrift für Knut Amelung; Böse, Martin; Sternberg-Lieben, Detlev (Hrsg.); Stuttgart 2009, 203 (zit.: *Krey/Nuys*, FS Amelung)

Krieger, Steffen; Günther, Jens: Die arbeitsrechtliche Stellung des Compliance Officers – Gestaltung einer Compliance-Organisation unter Berücksichtigung der Vorgaben im BGH-Urteil vom 17.07.2009, NZA 2010, 367

Kröger, Jens: Korruptionsschäden, Unternehmensgeldbußen und Imageschäden – Haftungs- und schadensrechtliche Fragen der Organmitgliederhaftung, Baden-Baden 2013 (zit.: *Kröger*, Korruptionsschäden)

Krüger, Matthias: Zum Risikogeschäft im Untreuestrafrecht und seinen Risiken – Überlegungen zur Untreue durch Belastung mit dem Risiko zukünftiger Sanktionen am Beispiel verdeckter Parteienfinanzierung, NJW 2002, 1178

Krüger, Matthias: Beteiligung durch Unterlassen an fremden Straftaten – Überlegungen aus Anlass des Urteils zum Compliance Officer, ZIS 2011, 1

Kubiciel, Michael: Die Finanzmarktkrise zwischen Wirtschaftsstrafrecht und politischem Strafrecht, ZIS 2013, 53

Kubiciel, Michael; Mennemann, Malte: Auswirkungen von Compliance-Management-Systemen auf die Bußgeldbemessung in OWi-Verfahren, jurisPR-StrafR 22/2017 Anm. 1

Kudlich, Hans: Mobbing als Betriebsaufgabe? – Zur Geschäftsherrenhaftung eines „Vorarbeiters“ bei innerbetrieblichen Körperverletzungen – Anmerkung zur Entscheidung des BGH 4 StR 71/11 = HRRS 2012 Nr. 74, HRRS 2012, 177

Kudlich, Hans; Oglakcioglu, Mustafa Temmuz: Wirtschaftsstrafrecht, 2. Auflage, 2014 (zit.: *Kudlich/Oglakcioglu*, Wirtschaftsstrafrecht)

Kühl, Kristian: Die Übernahme von Beschützer- und Überwachungsgarantenstellungen – Zugleich Anmerkung zu BGH HRRS 2008 Nr. 123 und BGH HRRS 2008 Nr. 429, HRRS 2008, 359

Kühl, Kristian: Anmerkung zu BGH, Urteil vom 12.01.2010 – 1 StR 272/09 (LG Traunstein), NJW 2010, 1092

Kühl, Kristian: Strafrecht – Allgemeiner Teil, 8. Auflage, München 2017 (zitiert: Kühl, AT)

Kuhlen, Lothar: Die Abgrenzung von Täterschaft und Teilnahme, insbesondere bei den sogenannten Betriebsbeauftragten, in: Individuelle Verantwortung und Beteiligungsverhältnisse bei Straftaten in bürokratischen Organisationen des Staates, der Wirtschaft und der Gesellschaft; Amelung, Knut (Hrsg.); Sinzheim 2000, 71 (zit.: *Kuhlen*, in: Individelle Verantwortung und Beteiligungsverhältnisse)

Kuhlen, Lothar: Strafrechtliche Haftung von Führungskräften, in: Corporate Compliance und Arbeitsrecht, Maschmann, Frank (Hrsg.), Baden-Baden 2009, 11 (zit.: *Kuhlen*, in: Maschmann, Corporate Compliance und Arbeitsrecht)

Kuhlen, Lothar: Zum Verhältnis von strafrechtlicher und zivilrechtlicher Haftung für Compliance-Mängel, Teil 1 und 2, NZWiSt 2015, 121 und 161

Kuhn, Bernd: Die Garantenstellung des Vorgesetzten – Zugleich eine Besprechung von BGH wistra 2012, 64 -, wistra 2012, 297

Kühne, Hans Heiner: Geschäftstüchtigkeit oder Betrug? Wettbewerbspraktiken im Lichte des § 263 StGB – Zugleich ein Beitrag zur Problematik der unechten Unterlassungsdelikte, Kehl am Rhein, 1978 (zit.: *Kühne*, Geschäftstüchtigkeit oder Betrug)

Lackhoff, Klaus; Schulz, Martin: Das Unternehmen als Gefahrenquelle? Compliance-Risiken für Unternehmensleiter und Mitarbeiter, CCZ 2010, 81

Lackner, Karl; Kühl, Kristian; Heger, Martin: Strafgesetzbuch – Kommentar;(Bearbeiter); 28. Auflage, München 2014 (zit.: *Lackner/Kühl*)

Langkeit, Jochen: Garantenpflicht der Mitglieder des Holding-Vorstandes auf Unterbindung von Straftaten der Geschäftsführer von Tochtergesellschaften?, in: Festschrift für Harro Otto; Dannecker, Gerhard; Langer, Winrich; Ranft, Otfried; Schmitz, Roland; Brammsen, Joerg. (Hrsg.); Köln u.a. 2007, 649 (zit.: *Langkeit*, FS Otto)

Lassmann, Tom: Untreue zu Lasten gemeinnütziger Stiftungen – Strafbarkeitsrisiken im Non-Profit-Bereich, NStZ 2009, 473

Lehmann, Erik E.: Unternehmensorganisation und Criminal Compliance, in: Criminal Compliance – Handbuch; Rotsch, Thomas (Hrsg.); Baden-Baden, 2015 (zit.: *Lehmann*, in: Hdb. CC § 3)

Leipziger Kommentar: zum Strafgesetzbuch; Jähnke, Burkhard; Laufhütte, Heinrich Wilhelm; Odersky, Walter (Hrsg.); 11. Auflage, Berlin 1992 ff. (zitiert: LK[11]- *Bearbeiter*)

Leipziger Kommentar: zum Strafgesetzbuch; Laufhütte, Heinrich Wilhelm; Rissing-van Saan, Ruth; Tiedemann, Klaus (Hrsg.); 12. Auflage, Berlin 2006 ff. (zitiert: LK-*Bearbeiter*)

Lindemann, Michael: Entscheidungsbesprechung – BGH, Beschl. v. 06.03.2008 – 4 StR 669/07 (LG Detmold), ZJS 2008, 404

Lindemann, Michael; Sommer, Janita: Die strafrechtliche Geschäftsherrenhaftung und ihre Bedeutung für den Bereich der Criminal Compliance, JuS 2015, 1057

Lohner, Andreas: Standpunkt – Krisenzeiten sind die falschen Zeiten, an Compliance zu sparen, BB 2009, 2545

Lösler, Thomas: Compliance im Wertpapierdienstleistungskonzern, Berlin 2003

Lösler, Thomas: Zu Rolle und Stellung des Compliance-Beauftragten, WM 2008, 1098

Luhmann, Niklas: Rechtssoziologie, 3. Auflage, Opladen 1987

Maiwald, Manfred: Grundlagenprobleme der Unterlassungsdelikte, JuS 1981, 473

Makowicz, Bartosz: Integration neuer normativer, judikativer und administrativer Anforderungen in ein Compliance-Management-System, BB 2018, 556

Mansdörfer, Marco: Zur Theorie des Wirtschaftsstrafrechts, Heidelberg u.a. 2011 (zit.: *Mansdörfer*, Theorie)

Mansdörfer, Marco; Timmerbeil, Sven: Zurechnung und Haftungsdurchgriff im Konzern – Eine rechtsgebietsübergreifende Betrachtung, WM 2004, 362

Mansdörfer, Marco; Trüg, Gerson: Umfang und Grenzen der strafrechtlichen Geschäftsherrenhaftung – zugleich eine Besprechung von BGH, Urt. v. 20.10.2011 - 4 StR 71/11, StV 2012, 432

Maurach, Reinhart; Gössel, Karl-Heinz; Zipf, Heinz: Strafrecht Allgemeiner Teil – Teilband 2 – Erscheinungsformen des Verbrechens und Rechtsfolgen der Tat, 7. Auflage, Heidelberg u.a. 1989 (zit.: Maurach/Gössel/Zipf)

Maurach, Reinhart; Gössel, Karl-Heinz; Zipf, Heinz u.a.: Strafrecht Allgemeiner Teil – Teilband 2 – Erscheinungsformen des Verbrechens und Rechtsfolgen der Tat, 8. Auflage, Heidelberg u.a. 2014 (zit.: Maurach/Gössel/Zipf/*Bearbeiter*)

Meier, Bernd-Dieter: Verbraucherschutz durch Strafrecht? Überlegungen zur strafrechtlichen Produkthaftung nach der „Lederspray"-Entscheidung des BGH, NJW 1992, 3193

Meier, Hans-Georg: Der Arbeitsvertrag des Compliance-Beauftragten – Rechtliche Notwendigkeiten und Möglichkeiten, NZA 2011, 779

Michalke, Regina: Umweltstrafsachen, 2. Auflage, Heidelberg 2000

Michalke, Regina: Neue Garantenpflichten? – Oder: Haftung des Compliance-Officers – Das obiter dictum des BGH und seine Folgen, Abfallrecht 2010, 285

Michalke, Regina: Untreue – neue Vermögensbetreuungspflichten durch Compliance-Regeln, StV 2011, 245

Miege, Christian: Sanktionierung von Mitarbeitern, CCZ 2017, 283

Minkoff, Andreas: Sanktionsbewehrte Aufsichtspflichten im internationalen Konzern – Der Normadressat des § 130 OWiG im Unternehmensverbund unter Berücksichtigung grenzüberschreitender Sachverhalte, Heidelberg 2016 (zit.: *Minkoff*, Aufsichtspflichten, Rn.)

Mittelsdorf, Kathleen: Zur Reichweite individueller strafrechtlicher Verantwortung im Unternehmen für Fehlverhalten von unterstellten Mitarbeitern, ZIS 2011, 123

Momsen, Carsten: Der „Compliance-Officer" als Unterlassungsgarant – Ein neues Zurechnungsmodell oder ein weiterer Schritt auf dem Weg der Evaporation von Zurechnungsparametern?, in: Strafrechtswissenschaft als Analyse und Konstruktion – Festschrift für Ingeborg Puppe; Paeffgen, Hans-Ullrich; Böse, Martin; Kindhäuser, Urs u.a. (Hrsg.); Berlin 2011, 751 (zit.: *Momsen*, FS Puppe)

Momsen, Carsten: Internal Investigations zwischen arbeitsrechtlicher Mitwirkungspflicht und strafprozessualer Selbstbelastungsfreiheit, ZIS 2011, 508

Momsen, Carsten: Criminal Compliance und Internal Investigations – Haftungsrisiken aus materieller und prozessualer Sicht, in: Criminal Compliance vor den Aufgaben der Zukunft, Rotsch, Thomas (Hrsg.), Baden-Baden 2013, 47 (zit.: Momsen, in: Criminal Compliance vor den Aufgaben der Zukunft)

Momsen, Carsten (Hrsg.): Wirtschaftsstrafrecht – Handbuch für die Unternehmens- und Anwaltspraxis; München 2013 (Zit.: *Bearbeiter*, in: Momsen/Grützner)

Momsen, Carsten: Verlagerung der Strafverfolgung auf Private im Wirtschaftsstrafrecht – Chance oder Irrweg?, in: Über allem: Menschlichkeit, Festschrift für Dieter Rössner; Bannenberg, Britta; Brettel, Hauke; Freund, Georg; Meier, Bernd-Dieter u.a. (Hrsg.); Baden-Baden 2015, 871 ff. (zit.: *Momsen*, FS Rössner)

Momsen, Carsten: Gesetzliche Regelung unternehmensinterner Untersuchungen – Gewinn an Rechtsstaatlichkeit oder unnötige Komplikation? –, CCZ 2017, 242

Momsen, Carsten; Grützner, Thomas: Verfahrensregeln für interne Ermittlungen – Kritische Würdigung der Thesen der BRAK zum Unternehmensanwalt im Strafrecht, DB 2011, 1792

Momsen, Carsten; Grützner, Thomas. Gesetzliche Regelung unternehmensinterner Untersuchungen – Gewinn an Rechtsstaatlichkeit oder unnötige Komplikation? –, CCZ 2017, 242

Momsen, Carsten; Oonk, Andreas: Whistleblowing als außerordentlicher Kündigungsgrund? – Zugleich Anmerkung zu EGMR, Urt. v. 21.07.2011 – 28274/08 (Heinisch v. BRD), ZIS 2011, 754

Momsen, Carsten; Tween, Douglas M.: Criminal Compliance in den USA, in: Criminal Compliance – Handbuch; Rotsch, Thomas (Hrsg.); Baden-Baden, 2015 (zit.: *Momsen/Tween*, in: Hdb. CC § 30)

Moosmayer, Klaus: Das Compliance Programm von Siemens: Vorbeugen (Prevent) – Aufdecken (Detect) – Reagieren (Respond) und fortlaufende Verbesserung (Continuous Improvement), in: Wirtschaftskriminalität; Bannenberg, Britta; Jehle, Jörg-Martin (Hrsg.); Mönchengladbach 2010, 83 (zit.: *Moosmayer*, in: Wirtschaftskriminalität)

Moosmayer, Klaus: Modethema oder Pflichtprogramm guter Unternehmensführung? – Zehn Thesen zu Compliance, NJW 2012, 3013

Moosmayer, Klaus: Anforderungen an den Compliance-Beauftragten – Aus unternehmenspraktischer Sicht, in: Criminal Compliance – Handbuch; Rotsch, Thomas (Hrsg.); Baden-Baden, 2015 (zit.: *Moosmayer*, in: Hdb. CC § 6)

Moritz, Michael: Positive Berücksichtigung der Implementierung und Anpassung eines Compliance-Mangement-Systems bei der Bußgeldbemessung nach § 30 OWiG, jurisPR-Compl 5/2017 Anm. 1

Mosbacher, Andreas: Compliance aus Sicht des Gerichts – Chancen und Risiken, in: Wissenschaftliche und praktische Aspekte der nationalen und internationalen Compliance-Diskussion; Kindler, Peter; Rotsch, Thomas (Hrsg.); Baden-Baden 2012, 129 (zit.: *Mosbacher*, in: Wissenschaftliche und praktische Aspekte der Compliance-Diskussion)

Mosbacher, Andreas; Dierlamm, Alfred: Anmerkung zu BGH, Urteil vom 17.07.2009 – 5 StR 394/08 (LG Berlin), NStZ 2010, 268

Mosenheuer, Andreas: Unterlassen und Beteiligung – Zur Abgrenzung von Täterschaft und Teilnahme bei Unterlassungsdelikten, Berlin 2009 (zit.: *Mosenheuer*, Unterlassen und Beteiligung)

Mosiek, Marcus: Risikosteuerung im Unternehmen und Untreue – zur Untreuestrafbarkeit Unternehmensverantwortlicher in Aktiengesellschaft und GmbH bei Verstößen gegen gesetzliche Risikosteuerungspflichten, wistra 2003, 370

Mosiek, Marcus: Neues zur Unmittelbarkeit des Untreueschadens – Zugleich Anmerkungen zu BGH, Beschluss vom 17. Juli 2009 – 5 StR 394/08 = HRRS 2009 Nr. 718, HRRS 2009, 565

Müller-Gugenberger, Christian: Wirtschaftsstrafrecht – Handbuch des Wirtschaftsstraf- und - ordnungswidrigkeitenrechts, 6. Auflage, Köln 2015 (zit.: M-G/*Bearbeiter*)

Münchener Kommentar: zum Aktiengesetz; Goette, Wulf; Habersack, Matthias; Kalss, Susanne (Hrsg.); 4. Auflage, München 2014 ff. (zit.: MüKo-AktG/*Bearbeiter*)

Münchener Kommentar: zum Strafgesetzbuch; Joecks, Wolfgang; Miebach, Klaus (Hrsg.); 1. Auflage, München 2003 ff. (zit.: MüKo[1]/*Bearbeiter*)

Münchener Kommentar: zum Strafgesetzbuch; Joecks, Wolfgang; Miebach, Klaus (Hrsg.); 2. Auflage, München 2011 ff. (zit.: MüKo[2]/*Bearbeiter*)

Münchener Kommentar: zum Strafgesetzbuch; Joecks, Wolfgang; Miebach, Klaus (Hrsg.); 3. Auflage, München 2016 ff. (zit.: MüKo/*Bearbeiter*)

Nack, Armin: Mittelbare Täterschaft durch Ausnutzung regelhafter Abläufe, GA 2006, 342

Nestler, Cornelius: Die strafrechtliche Verantwortlichkeit eines Bürgermeisters für Gewässerverunreinigungen der Bürger, GA 1994, 514

Nomos Kommentar: Europäische Datenschutzgrundverordnung – Handkommentar; Sydow, Gernot (Hrsg.); Baden-Baden 2017 (zit.: NK-DSGVO/*Bearbeiter*)

Nomos Kommentar: Strafgesetzbuch; Kindhäuser, Urs; Neuman, Ulfrid; Paeffgen, Hans-Ullrich (Hrsg.); 5. Auflage, Baden-Baden 2017 (zitiert: NK-*Bearbeiter*)

Nomos Kommentar: Wirtschafts- und Steuerstrafrecht; Leitner, Werner; Rosenau, Henning (Hrsg.); Baden-Baden 2017 (zit.: NK-WSS/*Bearbeiter*)

Ohly, Ansgar; Sosnitza, Olaf (Hrsg.): Gesetz gegen den unlauteren Wettbewerb – Kommentar; 6. Auflage, München 2014 (zit.: Ohly/Sosnitza)

Otto, Harro: Anstiftung und Beihilfe, JuS 1982, 557

Otto, Harro: Die strafrechtliche Verantwortung für die Verletzung von Sicherungspflichten in Unternehmen, in: Festschrift für Friedrich-Christian Schroeder; Hoyer, Andreas; Müller, Henning Ernst; Pawlik, Michael; Wolter, Jürgen (Hrsg.); Heidelberg 2006, 339 (zit.: *Otto*, FS Schroeder)

Otto, Harro; Brammsen, Jörg: Die Grundlagen der strafrechtlichen Haftung des Garanten wegen Unterlassens (I), Jura 1985, 530

Paefgen, Walter G.: „Compliance“ als gesellschaftsrechtliche Organisationspflicht?, WM 2016, 433

Park, Tido: Kapitalmarktstrafrecht, 4. Aufl., Baden-Baden 2017 (zit.: Park/*Bearbeiter* Kap. Rn.)

Passarge, Malte: Risiken und Chancen mangelhafter Compliance in der Unternehmensinsolvenz, NZI 2009, 86

Perschke, Stefan: Strafrechtliche Sanktionen gegen Unternehmen im US-amerikanischen Recht, in: Festschrift für Hans Achenbach; Hellmann, Uwe; Schröder, Christian (Hrsg.); Heidelberg u.a. 2011, 317 (zit.: *Perschke*, FS Achenbach)

Petermann, Stefan: Die Bedeutung von Compliance-Maßnahmen für die Sanktionsbegründung und -bemessung im Vertragskonzern, Baden-Baden 2013 (zit.: *Petermann*, Vertragskonzern)

Petermann, Stefan: Betriebliche Gefahren als Grundlage einer Überwachungsgarantenstellung des Betriebsinhabers – Einige Überlegungen aus Anlaß des „Geschäftsherrenhaftung"-Urteils (BGHSt 57, 42), in: Festschrift für Wolfgang Schiller; Lüderssen, Klaus; Volk, Klaus; Wahle, Eberhard (Hrsg.); Baden-Baden 2014, 538 (zit.: *Petermann*, FS Schiller)

Pietrek, Anna Carolin: Die strafrechtliche Verantwortlichkeit des Betriebsinhabers aus Compliance-Pflichten, Hamburg 2012 (zit.: *Pietrek*, Strafrechliche Verantwortlichkeit)

Poguntke, David: Anmerkung zum Urteil des BGH vom 20.10.2011 (4 StR 71/11; CCZ 2012, 157) – Zur Garantenstellung des Geschäftsherrn bei betriebsbezogenen Straftaten, CCZ 2012, 158

Poguntke, David: Straf- und ordnungswidrigkeitenrechtliche Risiken für Compliance-Beauftragte – Zugleich ein Beitrag zur Dogmatik der Garantenpflichten und zur Straf- und Ahndbarkeit trotz eigenverantwortlichen Handelns Dritter sowie zur Abhängigkeit des Wirtschaftsstrafrechts von gesellschafts- und arbeitsrechtlichen Vorfragen, Hamburg 2013 (zit.: *Poguntke*, Risiken für Compliance-Beauftragte)

Prittwitz, Cornelius: Die Rechtsstellung – insbesondere Garantenstellung – von Compliance-Beauftragten, in: Compliance und Strafrecht; Kuhlen, Lothar; Kudlich, Hans; Ortiz de Urbina, Inigo (Hrsg.); Heidelberg u.a. 2013, 125 (zit.: *Prittwitz*, in: Compliance und Strafrecht)

Puppe, Ingeborg: Anmerkung zu BGH JR 2010, 353 ff., JR 2010, 355

Puppe, Ingeborg: Strafrecht - Allgemeiner Teil im Spiegel der Rechtsprechung, 2. Auflage, Baden-Baden 2011 (zit.: *Puppe*, Strafrecht AT)

Radtke, Henning: Organ- und Vertreterhaftung aus strafrechtlicher Sicht, ZIP 2016, 1993

Radtke, Henning; Hoffmann, Maike: Gesellschaftsrechtsakzessorietät bei der strafrechtlichen Untreue zu Lasten von Kapitalgesellschaften? – oder: „Trihotel" und die Folgen, GA 2008, 535

Ranft, Otfried: Garantiepflichtwidriges Unterlassen der Deliktshinderung – Ein Beitrag zur Abgrenzung von Täterschaft und Teilnahme, ZStW 94 (1982), 815

Ranft, Otfried: Bemerkungen zu Täterschaft und Teilnahme durch garantiepflichtwidriges Unterlassen, in: Festschrift für Harro Otto; Dannecker, Gerhard; Langer, Winrich; Ranft, Otfried; Schmitz, Roland; Brammsen, Joerg. (Hrsg.); Köln u.a. 2007, 403 (zit.: *Ranft*, FS Otto)

Ransiek, Andreas: Unternehmensstrafrecht – Strafrecht, Verfassungsrecht, Regelungsalternativen, Heidelberg 1996 (zit.: *Ransiek*, Unternehmensstrafrecht)

Ransiek, Andreas: Strafrecht im Unternehmen und Konzern, ZGR 1999, 613

Ransiek, Andreas: Risiko, Pflichtwidrigkeit und Vermögensnachteil bei der Untreue, ZStW 116 (2004), 634

Ransiek, Andreas: Untreue zum Nachteil einer abhängigen GmbH – „Bremer Vulkan", wistra 2005, 121

Ransiek, Andreas: Anmerkung zu BGH, Urteil vom 29.08.2008 – 2 StR 587/07 (LG Darmstadt), NJW 2009, 95

Ransiek, Andreas: Untreue durch Vermögenseinsatz zu Bestechungszwecken, StV 2009, 321

Ransiek, Andreas: Zur strafrechtlichen Verantwortung des Compliance Officers, AG 2010, 147

Ransiek, Andreas: Das unechte Unterlassungsdelikt, JuS 2010, 490, 585, 678

Ransiek, Andreas; Hüls, Silke: Strafrecht zur Regulierung der Wirtschaft, ZGR 2009, 157

Rathgeber, Christian: Kommentar zu LG München I NZWiSt 2014, 183, NZWiSt 2014, 192

Rau, Charlotte: Compliance und Unternehmensverantwortlichkeit, Frankfurt/M. 2010 (zit.: *Rau*, Compliance)

Raum, Rolf: Strafrechtliche Pflichten von Compliance-Beauftragten – Zum Urteil des Bundesgerichtshofs vom 17.07.2009 (5 StR 394/08) -, CCZ 2012, 97

Raus, Nadja; Lützeler, Martin: Berichtspflicht des Compliance Officers – zwischen interner Eskalation und externer Anzeige, CCZ 2012, 96

Rebmann, Kurt; Roth, Werner; Herrmann, Siegfried: Gesetz über Ordnungswidrigkeiten – Kommentar; Loseblattsammlung; 3. Auflage, Stuttgart 1998 ff. [zitiert: Rebmann/Roth/Herrmann (Stand)]

Reichert, Jochem: Reaktionspflichten und Reaktionsmöglichkeiten der Organe auf (möglicherweise) strafrechtsrelevantes Verhalten innerhalb des Unternehmens, ZIS 2011, 113

Rengier, Rudolf: Täterschaft und Teilnahme – Unverändert aktuelle Streitpunkte, JuS 2010, 281

Renz, Hartmut; Sartowski, Rafael: Anlageberater, Vertriebsbeauftragte und Compliance-Beauftragte – Neue Regelungen des WpHG und der WpHGMaAnzVO sowie deren praktische Umsetzung, CCZ 2012, 67

Renzikowski, Joachim: Restriktiver Täterbegriff und fahrlässige Beteiligung, Tübingen 1997 (zit.: *Renzikowski*, Restriktiver Täterbegriff)

Rieble, Volker: Zivilrechtliche Haftung der Compliance-Agenten, CCZ 2010, 1

Ringleb, Henrik-Michael; Kremer, Thomas; Lutter, Marcus; Werder, Axel von: Kommentar zum Deutschen Corporate Governance Kodex, 5. Auflage, München 2014 (zit.: Ringleb/Kremer/Lutter/v. Werder, [5. Auflage])

Rodewald, Jörg; Unger, Ulrike: Kommunikation und Krisenmanagement im Gefüge der Corporate Compliance-Organisation, BB 2007, 1629

Rogall, Klaus: Dogmatische und kriminalpolitische Probleme der Aufsichtspflichtverletzung in Betrieben und Unternehmen (§ 130 OWiG), ZStW 98 (1986), 573

Rolshoven, Max Philipp; Hense, Dirk: Obiter Dictum zur Garantenpflicht von Compliance-Officern – Anmerkung zu BGH, Urt. v. 17.07.2009 – 5 StR 394/08, BKR 2009, 425

Rönnau, Thomas: Anmerkung zu BGH, Urt. v. 29.08.2008 – 2 StR 587/07 (LG Darmstadt), StV 2009, 246

Rönnau, Thomas: Untreue zu Lasten juristischer Personen und Einwilligungskompetenz der Gesellschafter, in: Grundlagen des Straf- und Strafverfahrensrechts – Festschrift für Knut Amelung; Böse, Martin; Sternberg-Lieben, Detlev (Hrsg.); Stuttgart 2009, 247 (zit.: *Rönnau*, FS Amelung)

Rönnau, Thomas; Schneider, Frédéric: Der Compliance-Beauftragte als strafrechtlicher Garant, ZIP 2010, 53

Rönnau, Thomas; Becker, Christian: Vorsatzvermeidung durch Unternehmensleiter bei betriebsbezogenen Straftaten, NStZ 2016, 569

Rosinus, Christian: Haftungsvermeidung und -minimierung bei Aufsichtspflichtverletzung und Verbandsgeldbuße durch Compliance in der Praxis – Eine Studie, Halle (Saale) 2015 (zit.: *Rosinus*, Compliance in der Praxis)

Rößler, Gernot J.: Ausdehnung von Garantenpflichten durch den BGH?, WM 2011, 918

Rotsch, Thomas: Die Rechtsfigur des Täters hinter dem Täter bei der Begehung von Straftaten im Rahmen organisatorischer Machtapparate und ihre Übertragbarkeit auf wirtschaftliche Organisationsstrukturen, NStZ 1998, 491

Rotsch, Thomas: Individuelle Haftung in Großunternehmen, Baden-Baden 1998 (zit.: *Rotsch*, Individuelle Haftung)

Rotsch, Thomas: Tatherrschaft kraft Organisationsherrschaft?, ZStW 112 (2000), 518

Rotsch, Thomas: Entscheidungsbesprechung BGH, Urt. v. 17.07.2009 – 5 StR 394/08, ZJS 2009, 712

Rotsch, Thomas: „Einheitstäterschaft" statt Tatherrschaft – Zur Abkehr von einem differenzierenden Beteiligungsformensystem in einer normativ-funktionalen Straftatlehre, Tübingen 2009 (zit.: *Rotsch*, Einheitstäterschaft)

Rotsch, Thomas: Wider die Garantenpflicht des Compliance-Beauftragten, in: Festschrift für Imme Roxin; Schulz, Lorenz; Reinhart, Michael; Sahan, Oliver (Hrsg.); Heidelberg u.a. 2012, 485 (zit.: *Rotsch*, FS I. Roxin)

Rotsch, Thomas: Compliance und Strafrecht – Fragen, Bedeutung, Perspektiven – Vorbemerkungen zu einer Theorie der sog. „Criminal Compliance", ZStW 125 (2013), 481

Rotsch, Thomas: Criminal Compliance – Begriff, Entwicklung und theoretische Grundlagen, in: Criminal Compliance – Handbuch; Rotsch, Thomas (Hrsg.); Baden-Baden, 2015 (zit.: *Rotsch*, in: Hdb. CC § 1)

Rotsch, Thomas: Originäre strafrechtliche Verantwortlichkeit, in: Criminal Compliance – Handbuch; Rotsch, Thomas (Hrsg.); Baden-Baden, 2015 (zit.: *Rotsch*, in: Hdb. CC § 4)

Roxin, Claus: Straftaten im Rahmen organisatorischer Machtapparate, GA 1963, 193

Roxin, Claus: Anmerkungen zum Vortrag von Prof. Dr. Herzberg, in: Individuelle Verantwortung und Beteiligungsverhältnisse bei Straftaten in bürokratischen Organisationen des Staates, der Wirtschaft und der Gesellschaft; Amelung, Knut (Hrsg.); Sinzheim 2000, 55 (zit.: *Roxin*, in: Individelle Verantwortung und Beteiligungsverhältnisse)

Roxin, Claus: Strafrecht – Allgemeiner Teil – Band II – Besondere Erscheinungsformen der Straftat, München 2003 (zitiert: *Roxin*, Strafrecht AT II)

Roxin, Claus: Organisationsherrschaft und Tatentschlossenheit, ZIS 2006, 293

Roxin, Claus: Kausalität und Garantenstellung bei den unechten Unterlassungsdelikten, GA 2009, 73

Roxin, Claus: Organisationssteuerung als Erscheinungsform mittelbarer Täterschaft, in: Festschrift für Volker Krey; Amelung, Knut; Günther, Hans-Ludwig; Kühne, Hans-Heiner (Hrsg.); Stuttgart 2010, 449 (zit.: *Roxin*, FS Krey)

Roxin, Claus: Anmerkung zu BGH, Urteil vom 20.10.2011 – 4 StR 71/11, JR 2012, 305

Roxin, Claus: Täterschaft und Tatherrschaft, 9. Auflage, Berlin 2015 (zitiert: *Roxin*, TuT)

Roxin, Claus: Geschäftsherrenhaftung für Personalgefahren, in: Ein menschengerechtes Strafrecht als Lebensaufgabe – Festschrift für Werner Beulke zum 70. Geburtstag; Fahl, Christian; Müller, Eckhart; Satzger, Helmut; Swoboda, Sabine (Hrsg.); Heidelberg 2015 (zit.: *Roxin*, FS Beulke)

Rübenstahl, Markus: Zur „regelmäßigen" Garantenstellung des Compliance Officers, NZG 2009, 1341

Rudolphi, Hans-Joachim: Häusliche Gemeinschaften als Entstehungsgrund für Garantenstellungen?, NStZ 1984, 149

Rudolphi, Hans-Joachim: Strafrechtliche Verantwortlichkeit der Bediensteten von Betrieben für Gewässerverunreinigungen und ihre Begrenzung durch den Einleitungsbescheid, in: Festschrift für Karl Lackner; Küper, Wilfried; Puppe, Ingeborg; Tenckhoff, Jörg (Hrsg.); Berlin 1987, 863 (zit.: *Rudolphi*, FS Lackner)

Rütsch, Claus-Jörg: Strafrechtlicher Durchgriff bei verbundenen Unternehmen?, Köln 1987 (zit.: *Rütsch*, Durchgriff)

Saliger, Frank: Parteiengesetz und Strafrecht – Zur Strafbarkeit von Verstößen gegen das Parteiengesetz, insbesondere wegen Untreue gemäß § 266 StGB, Tübingen 2005 (zit.: *Saliger*, Parteiengesetz und Strafrecht)

Saliger, Frank: Umweltstrafrecht, München 2012

Saliger, Frank: Grundfragen von Criminal Compliance, RW 2013, 263

Saliger, Frank; Gaede, Karsten: Rückwirkende Ächtung der Auslandskorruption und Untreue als Korruptionsdelikt – Der Fall Siemens als Startschuss in ein entgrenztes internationalisiertes Wirtschaftsstrafrecht? – Zugleich Besprechung zu LG Darmstadt, Az. 712 Js 5213/04 – KLs, Urteil vom 14. Mai 2007, HRRS 2008, 57

Salje, Peter: Zivilrechtliche und strafrechtliche Verantwortung des Betriebsbeauftragten für Umweltschutz, BB 1993, 2297

Sangenstedt, Christof: Garantenstellung und Garantenpflicht von Amtsträgern – Zugleich eine Untersuchung zu den Grundlagen der strafrechtlichen Garantenhaftung, Frankfurt/M. u.a. 1989 (zit.: *Sangenstedt*, Garantenstellung)

Satzger, Helmut;Schluckebier, Wilhelm; Widmaier, Gunter (†) (Hrsg.);: Strafgesetzbuch – Kommentar,; 2. Auflage, Köln 2014 (zit.: SSW/*Bearbeiter*)

Schaefer, Hans/Baumann, Diethelm: Compliance-Organisation und Sanktionen bei Verstößen, NJW 2011, 3601

Schall, Hero: Probleme der Zurechnung von Umweltdelikten in Betrieben, in: Deutsche Wiedervereinigung, Band III – Unternehmenskriminalität; Schünemann, Bernd (Hrsg.); Köln u.a. 1996, 99 (zit.: *Schall*, in: Dt. Wiedervereinigung, Bd. III)

Schall, Hero: Grund und Grenzen der strafrechtlichen Geschäftsherrenhaftung, in: Festschrift für Hans-Joachim Rudolphi; Rogall, Klaus; Puppe, Ingeborg; Stein, Ulrich; Wolter, Jürgen (Hrsg.); Neuwied 2004, 267 (zit.: *Schall*, FS Rudolphi)

Schall, Hero: Der Umweltschutzbeauftragte: Ein Mann ohne Eigenschaften?, in: Grundlagen des Straf- und Strafverfahrensrechts – Festschrift für Knut Amelung; Böse, Martin; Sternberg-Lieben, Detlev (Hrsg.); Stuttgart 2009, 287 (zit.: *Schall*, FS Amelung)

Schall, Hero: Geschäftsherrenhaftung und Mobbing, in: Festschrift für Kristian Kühl; Heger, Martin; Kelker, Brigitte; Schramm, Edward (Hrsg.); München 2014, 417 (zit.: *Schall*, FS Kühl)

Schemmel, Alexander; Kirch-Heim, Claudio: „Willful Blindness" im Wirtschaftsstrafrecht – Kann gewollte Unwissenheit vor Strafe schützen?, CCZ 2008, 96

Schilha, Ralph: Die Aufsichtsratstätigkeit in der Aktiengesellschaft im Spiegel strafrechtlicher Verantwortung, Berlin 2008 (zit.: *Schilha*, Aufsichtsratstätigkeit im Spiegel strafrechtlicher Verantwortung)

Schirmer, Jan-Erik: Abschied von der „Baustoff-Rechtsprechung" des VI. Zivilsenats?, NJW 2012, 3398

Schlitt, Christian: Die strafrechtliche Relevanz des Corporate Governance Kodexes, DB 2007, 326

Schlösser, Jan: Soziale Tatherrschaft – Ein Beitrag zur Frage der Täterschaft in organisatorischen Machtapparaten, Berlin 2004 (zit.: *Schlösser*, Soziale Tatherrschaft)

Schlösser, Jan: Organisationsherrschaft durch Tun und Unterlassen, GA 2007, 161

Schlösser, Jan: Die Anerkennung der Geschäftsherrenhaftung durch den BGH, NZWiSt 2012, 281

Schlösser, Jan; Dörfler, Roman: Strafrechtliche Folgen eines Verstoßes gegen den Deutschen Corporate Governance Kodex, wistra 2007, 326

Schlüchter, Ellen: Der Kaufmann als Garant im Rahmen der unerlaubten Gewässerverunreinigung, in: Festschrift für Hannskarl Salger; Eser, Albin; Kullmann, Hans Josef; Meyer-Goßner, Lutz; Odersky, Walter; Voss, Rainer (Hrsg.); Köln u.a. 1995, 139 (zit.: *Schlüchter*, FS Salger)

Schmidt, Holger: Der Compliance-Officer – Partner oder Gegenspieler der Ermittlungsbehörden bei der Bekämpfung von Korruption in Deutschland?, Kriminalistik 2013, 134

Schmidt-Salzer, Joachim: Strafrechtliche Produktverantwortung, NJW 1988, 1937

Schmidt-Salzer, Joachim: Massenproduktion, lean production und Arbeitsteilung – organisationssoziologisch und – rechtlich betrachtet, BB 1992, 1866

Schmidt-Salzer, Joachim: Verbraucherschutz, Produkthaftung, Umwelthaftung, Unternehmensverantwortung, NJW 1994, 1305

Schmucker, Timo: Strafrechtliche Verantwortlichkeit der Unternehmensleitung durch innerbetriebliche Anweisungen, StraFo 2010, 235

Schneider, Hendrik: Überwachergaranten in Unternehmen – Neue Probleme der Geschäftsherrenhaftung am Beispiel der Entscheidung des Bundesgerichtshofs vom 17. Juli 2009 – 5 StR 394/08, in: Rom, Recht, Religion – Symposium für Udo Ebert zum siebzigsten Geburtstag; Kühl, Kristian; Seher, Gerhard (Hrsg.); Tübingen 2011, 349 (zit.: *Schneider*, in: Rom, Recht, Religion)

Schneider, Hendrik; Gottschaldt, Peter: Offene Grundsatzfragen der strafrechtlichen Verantwortlichkeit von Compliance-Beauftragten in Unternehmen, ZIS 2011, 573

Schneider, Thomas: Die Machtfrage der Compliance, CCZ 2017, 206

Schneider, Uwe H.: Compliance als Aufgabe der Unternehmensleitung, ZIP 2003, 645

Schockenhoff, Martin: Haftung und Enthaftung von Geschäftsleitern bei Compliance-Verstößen in Konzernen mit Matrix-Strukturen, ZHR 180 (2016), 197

Schönke/Schröder: Strafgesetzbuch – Kommentar; Eser, Albin; Heine, Günter; Perron, Walter; Sternberg-Lieben, Detlev u.a. (Hrsg.); 28. Auflage, München 2010 (zit.: Sch/Sch/*Bearbeiter* [28.Auflage])

Schönke/Schröder: Strafgesetzbuch – Kommentar; Eser, Albin; Perron, Walter; Sternberg-Lieben, Detlev u.a. (Hrsg.); 29. Auflage, München 2014 (zit.: Sch/Sch/*Bearbeiter*)

Schork, Alexander; Reichling, Tilman: Der strafrechtliche Schutz des Risikomanagements durch das sog. Trennbankengesetz, CCZ 2013, 269

Schramm, Edward: Anmerkung zu BGH, Urteil v. 20.10.2011 – 4 StR 71/11 (LG Siegen), JZ 2012, 969

Schroeder, Friedrich-Christian: Der Täter hinter dem Täter – Ein Beitrag zur Lehre von der mittelbaren Täterschaft, Berlin 1965 (zit.: *Schroeder*, Der Täter hinter dem Täter)

Schrott, Timo: Unterlassungszurechnung bei drittvermittelnden Rettungsgeschehen – Unter besonderer Berücksichtigung von Compliance-Systemen, Berlin 2014 (zit.: *Schrott*, Unterlassungszurechnung)

Schulz, Mike: Ethikrichtlinien und Whistleblowing – Arbeitsrechtliche Aspekte der Einführung eines Compliance-Systems, Frankfurt/M., 2010

Schulz, Martin; Renz, Hartmut: Der erfolgreiche Compliance-Beauftragte – Leitlinien eines branchenübergreifenden Berufsbildes, BB 2012, 2511

Schumann, Kay H.: Das 41. StrÄndG zur Bekämpfung der Computerkriminalität, NStZ 2007, 675

Schünemann, Bernd: Grund und Grenzen der unechten Unterlassungsdelikte – Zugleich ein Beitrag zur strafrechtlichen Methodenlehre, Göttingen 1971 (zit.: *Schünemann*, Grund und Grenzen)

Schünemann, Bernd: Unternehmenskriminalität und Strafrecht – eine Untersuchung der Verantwortlichkeit der Unternehmen und ihrer Führungskräfte nach geltendem und geplantem Straf- und Ordnungswidrigkeitenrecht, Köln u.a. 1979 (zit.: *Schünemann*, Unternehmenskriminalität)

Schünemann, Bernd: Strafrechtsdogmatische und kriminalpolitische Grundfragen der Unternehmenskriminalität, wistra 1982, 41

Schünemann, Bernd: Die Unterlassungsdelikte und die strafrechtliche Verantwortlichkeit für Unterlassungen, ZStW 96 (1984), 287

Schünemann, Bernd: Alternative Kontrolle der Wirtschaftskriminalität, in: Gedächtnisschrift für Armin Kaufmann; Dornseifer, Gerhard; Horn, Eckhard u.a. (Hrsg.); Köln u.a. 1989, 629 (zit.: *Schünemann*, GS Kaufmann)

Schünemann, Bernd: Unternehmenskriminalität, in: 50 Jahre Bundesgerichtshof – Festgabe aus der Wissenschaft – Band IV. Strafrecht, Strafprozessrecht; Roxin, Claus; Widmaier, Gunter (Hrsg.), München 2000, 621 (zit.: *Schünemann*, in: Festgabe BGH Bd. IV)

Schünemann, Bernd: Die „gravierende Pflichtverletzung" bei der Untreue: dogmatischer Zauberhut oder taube Nuss?, NStZ 2005, 473

Schünemann, Bernd: Die Rechtsfigur des „Täters hinter dem Täter" und das Prinzip der Tatherrschaftsstufen, in: Festschrift für Friedrich-Christian Schroeder; Hoyer, Andreas; Müller, Henning Ernst; Pawlik, Michael; Wolter, Jürgen (Hrsg.); Heidelberg 2006, 401 (zit.: *Schünemann*, FS Schroeder)

Schünemann, Bernd: Zur Quadratur des Kreises in der Dogmatik des Gefährdungsschadens, NStZ 2008, 430

Schünemann, Bernd: Wider verbreitete Irrlehren zum Untreuetatbestand, ZIS 2012, 183

Schwab, Hans-Jörg: Täterschaft und Teilnahme bei Unterlassungen, Frankfurt/M. u.a. 1996 (zit.: *Schwab*, Täterschaft und Teilnahme bei Unterlassungen)

Schwarz, Alexandra: Die strafrechtliche Haftung des Compliance- Beauftragten, wistra 2012, 13

Seebode, Manfred: Zur gesetzlichen Bestimmtheit des unechten Unterlassungsdelikts, in: Festschrift für Günter Spendel; Seebode, Manfred (Hrsg.); Berlin 1992, 317 (zit.: *Seebode*, FS Spendel)

Simitis, Spiros: Bundesdatenschutzgesetz – Nomos Kommentar, 8. Auflage, Baden-Baden 2014 (zit.: Simitis/*Bearbeiter*)

Spindler, Gerald: Unternehmensorganisationspflichten - zivilrechtliche und öffentlich-rechtliche Regelungskonzepte, Köln u.a. 2001 (zit.: *Spindler*, Unternehmensorganisationspflichten)

Spindler, Gerald: Compliance in der multinationalen Bankengruppe, WM 2008, 905

Spring, Patrick: Die strafrechtliche Geschäftsherrenhaftung – Unterlassungshaftung betrieblich Vorgesetzter für Straftaten Untergebener, Hamburg 2009 (zit.: *Spring*, Geschäftsherrenhaftung)

Spring, Patrick: Die Garantenstellung des Compliance Officers oder: Neues zur Geschäftsherrenhaftung – Zugleich Besprechung von BGH, Urteil vom 17.07.2009, GA 2010, 222

Stein, Ulrich: Die strafrechtliche Beteiligungsformenlehre, Berlin 1988 (zit.: *Stein*, Beteiligungsformenlehre)

Stoffers, Kristian F.: Anmerkung zu BGH, Urt. v. 17.07.2009 – 5 StR 394/08 (LG Berlin), NJW 2009, 3176

Stratenwerth, Günter; Kuhlen, Lothar: Die Straftat, 6. Auflage, München 2011 (zit.: *Stratenwerth/Kuhlen*)

Ströbel, Lukas; Böhm, Wolf-Tassilo; Breunig, Christina; Wybitul, Tim: Beschäftigtendatenschutz und Compliance: Compliance-Kontrollen und interne Ermittlungen nach der EU-Datenschutz-Grundverordnung und dem neuen Bundesdatenschutzgesetz, CCZ 2018, 14

Stübinger, Stephan: Zurechnungsprobleme beim Zusammenwirken mehrerer fahrlässiger Taten – Am Beispiel der Entscheidung des BGH zum Einsturz der Eisporthalle Bad Reichenhall, ZIS 2011, 602

Sünner, Eckart: Das Berufsbild des Compliance Officers, CCZ 2014, 91

Systematischer Kommentar: zum Strafgesetzbuch; Wolter, Jürgen (Hrsg.); 9. Auflage, München 2017 (zit.: SK-*Bearbeiter*)

Taschke, Jürgen: Zur Entwicklung der Verfolgung von Wirtschaftsstrafsachen in der Bundesrepublik Deutschland – Bemerkungen aus der Praxis, NZWiSt 2012, 9

Taschke, Jürgen: „Neue Entwicklungen im Wirtschaftsstrafrecht", NZWiSt 2017, 274

Theile, Hans: Strafbarkeitsrisiken der Unternehmensführung aufgrund rechtswidriger Mitarbeiterpraktiken – Kann die Nichteinrichtung einer Compliance-Organisation eine strafbare Untreue nach § 266 StGB begründen?, wistra 2010, 457

Theile, Hans: Die verfahrensrechtliche Relevanz der Einrichtung einzelner Compliance-Maßnahmen – Unternehmensrichtlinien (Unternehmensrichtlinien aus strafrechtswissenschaftlicher Sicht), in: Criminal Compliance – Handbuch; Rotsch, Thomas (Hrsg.); Baden-Baden, 2015 (zit.: *Theile*, in: Hdb. CC § 34)

Thiel von Herff, Carsten: Strafrechtsrisiko des Compliance-Officer stärkt seine Position, BB 2009, 1985

Thiemann, Werner: Aufsichtspflichtverletzung in Betrieben und Unternehmen, Bochum 1976 (zitiert: *Thiemann*, Aufsichtspflichtverletzung)

Thomas, Sven: Anmerkung zu BGH, Urteil vom 17. 7. 2009 – 5 StR 394/08, CCZ 2009, 239

Tiedemann, Klaus: Strafrechtliche Grundprobleme im Kartellrecht, NJW 1979, 1849

Tiedemann, Klaus: Europäisches Gemeinschaftsrecht und Strafrecht, NJW 1993, 23

Tiedemann, Klaus: Wirtschaftsstrafrecht, 5. Auflage, München 2017 (zit.: *Tiedemann*, Rn.)

Timmerbeil, Sven; Blome, Max-Niklas: Steter Tropfen höhlt den Stein – Die „wirtschaftliche Einheit" im deutschen Kartellrecht nach der 9. GWB-Novelle, BB 2017, 1544

Többens, Hans W.: Die Bekämpfung der Wirtschaftskriminalität durch die Troika der §§ 9, 130 und 30 des Gesetzes über Ordnungswidrigkeiten, NStZ 1999, 1

Traudes, Philipp: Zertifizierung als Maßnahme der (Criminal) Compliance, Baden-Baden 2017 (zit.: *Traudes*, Zertifizierung)

Utz, Maximilian: Die personale Reichweite der strafrechtlichen Geschäftsherrenhaftung, Berlin 2016 (zit.: *Utz*, Geschäftsherrenhaftung)

Veil, Rüdiger: Compliance-Organisationen in Wertpapierdienstleistungsunternehmen im Zeitalter der MiFiD – Regelungskonzepte und Rechtsprobleme, WM 2008, 1093

Velten, Petra: Untreue durch Belastung mit dem Risiko zukünftiger Sanktionen am Beispiel verdeckter Parteienfinanzierung, NJW 2000, 2852

Vierhaus, Hans-Peter: Die neue Gefahrgutbeauftragtenverordnung aus der Sicht des Straf-, und Ordnungswidrigkeiten-und Umweltverwaltungsrechts, NStZ 1991, 466

Vogler, Theo: Zur Bedeutung des § 28 StGB für die Teilnahme am unechten Unterlassungsdelikt, in: Festschrift für Lange, Richard; Warda, Günter;

Waider, Heribert; Hippel, Reinhard von; Meurer, Dieter (Hrsg.); Berlin 1976, 265 (zit.: *Vogler*, FS R. Lange)

Vogt, Bianca: Die Verbandsgeldbuße gegen eine herrschende Konzerngesellschaft – Begehungs- und Unterlassungsbeteiligung an Ordnungswidrigkeiten im Unternehmensverbund, Baden-Baden 2009 (zit.: *Vogt*, Verbandsgeldbuße)

Wagner, Markus: Zur strafrechtlichen Vorgesetztenverantwortlich-keit für innerbetriebliche Straftaten zwischen Mitarbeitern, ZJS 2012, 704

Wagner, Markus: Die Akzessorietät des Wirtschaftsstrafrechts – Zugleich ein Beitrag zu Begriff und Wesen des Wirtschaftsstrafrechts, Heidelberg 2016 (zit.: *Wagner*, Akzessorietät)

Waltenberg, Kerstin: Unter Beobachtung – Der amerikanische Monitor im deutschen Unternehmen, CCZ 2017, 146

Warneke, Nikolai: Die Garantenstellung von Compliance-Beauftragten, NStZ 2010, 312

Wastl, Ulrich; Litzka, Philippe; Pusch, Martin: SEC-Ermittlungen in Deutschland – eine Umgehung rechtsstaatlicher Mindeststandards!, NStZ 2009, 68

Weber, Ulrich: Untreue durch Verursachung straf- und bußgeldrechtlicher Sanktionen gegen den Vermögensinhaber?, in: Festschrift für Manfred Seebode; Schneider, Hendrik; Kahlo, Michael; Klesczewski, Diethelm; Schumann, Heribert (Hrsg.); Berlin 2008, 437 (zit.: *Weber*, FS Seebode)

Wegner, Carsten: Die Auswirkungen fehlerhafter Organisationsstrukturen auf die Zumessung der Unternehmensgeldbuße, wistra 2000, 361

Wegner, Carsten: Anmerkung zu LG München I, Urt. vom 10. Dezember 2013 – 5 HKO 1387/10, wistra 2014, 367

Wehnert, Anne: Anmerkung zu BGH, Urt. vom 09.05.2017 – 1 StR 265/16 (LG München I), StV 2018, 38

Welzel, Hans: Das deutsche Strafrecht – eine systematische Darstellung, 11. Auflage, Berlin 1969 (zit.: *Welzel*, Strafrecht)

Wendler, Annett: Die Haftung der Betriebsbeauftragten im Strafrecht – Insbesondere des Gewässerschutz-, des Gefahrgut- und des Strahlenschutzbeauftragten, Baden-Baden 2010 (zit.: *Wendler*, Haftung der Betriebsbeauftragten)

Wernicke, Konrad: Anmerkung zu AG Frankfurt, Urt. v. 26.08.1985, NStZ 1986, 223

Wessels, Johannes; Beulke, Werner; Satzger, Helmut: Strafrecht – Allgemeiner Teil – Die Straftat und ihr Aufbau, 47. Auflage, Heidelberg 2017 (zit.: *Wessels/Beulke/Satzger*, Strafrecht AT, Rn.)

Wessing, Jürgen: Compliance – oder wie sich der Staat aus der Kriminalprävention stiehlt, in: In dubio pro libertate – Festschrift für Klaus Volk; Hassemer,

Winfried; Kempf, Eberhard; Moccia, Sergio (Hrsg.); München 2009, 867 (zit.: *Wessing*, FS Volk)

Wilsing, Hans-Ulrich; Goslar, Sebastian: Die Berücksichtigung von Compliance-Management-Systemen bei der Bußgeldbemessung nach § 30 OWiG – Zugleich eine Anmerkung zum Urteil des BGH vom 09.05.2017 – 1 StR 265/16, GmbHR 2017, 1202

Windolph, Jürgen: Risikomanagement und Riskcontrol durch das Unternehmensmanagement nach dem Gesetz zur Kontrolle und Transparenz im Unternehmensbereich (KonTraG); ius cogens für die treuhänderische Sorge i.S. von § 266 StGB – Untreue?, NStZ 2000, 522

Winkelbauer, Wolfgang: Umweltstrafrecht und Unternehmen, in: Festschrift für Theodor Lenckner; Eser, Albin; Schittenhelm, Ulrike; Schumann, Heribert (Hrsg.); München 1998, 645 (zit.: *Winkelbauer*, FS Lenckner)

Wirtschaftskriminalität 2007 – Sicherheitslage der deutschen Wirtschaft: Nestler, Claudia; Salvenmoser, Steffen; Bussmann, Kai-D. (Autorenteam), Hechingen 2007 [zitiert: Wirtschaftskriminalität (2007)]

Wirtschaftskriminalität 2009 – Sicherheitslage in deutschen Großunternehmen: Nestler, Claudia; Salvenmoser, Steffen; Bussmann, Kai-D. (Autorenteam), Hechingen 2009 [zitiert: Wirtschaftskriminalität (2009)]

Wirtschaftskriminalität 2011: Nestler, Claudia; Salvenmoser, Steffen; Bussmann, Kai-D. (Autorenteam), Frankfurt/Main, Halle/Saale 2011 [zitiert: Wirtschaftskriminalität (2011)]

Wirtschaftskriminalität 2016: Nestler, Claudia; Salvenmoser, Steffen; Bussmann, Kai-D. (Autorenteam), Frankfurt/Main, Halle/Saale 2016 [zitiert: Wirtschaftskriminalität (2016)]

Wittig, Petra: Wirtschaftsstrafrecht, 4. Auflage, München 2017 (zit.: *Wittig*, Wirtschaftsstrafrecht)

Wittig, Petra: Die Strafbarkeit des Geschäftsherrn nach deutschem Strafrecht für transnationale Menschenrechtsverletzungen, in: Zivil- und strafrechtliche Unternehmensverantwortung für Menschenrechtsverletzungen; Krajewski, Markus; Oehm, Franziska; Saage-Maaß, Miriam (Hrsg.); Heidelberg 2018 (zit.: *Wittig*, in: Unternehmensverantwortung für Menschenrechtsverletzungen)

Wolf, Gerhard: Gestufte Täterschaft – Zur Lehre vom „Täter hinter dem Täter", in: Festschrift für Friedrich-Christian Schroeder; Hoyer, Andreas; Müller, Henning Ernst; Pawlik, Michael; Wolter, Jürgen (Hrsg.); Heidelberg 2006, 415 (zit.: *Wolf*, FS Schroeder)

Wolf, Martin: Der Compliance-Officer – Garant, hoheitlich Beauftragter oder Berater im Unternehmensinteresse zwischen Zivil-, Straf- und Aufsichtsrecht?, BB 2011, 1353

Wuttke, Inken: Straftäter im Betrieb, München 2010 (zit.: *Wuttke*, Straftäter im Betrieb)

Wybitul, Tim: „Strafrechtliche Verpflichtung von Compliance-Beauftragten", BB 2009, 2363

Wybitul, Tim: Strafbarkeitsrisiken für Compliance-Verantwortliche, BB 2009, 2590

Wybitul, Tim/Koyuncu, Adem: Zur Garantenstellung, Haftung und Strafbarkeit des Compliance Officer – unter besonderer Berücksichtigung der aktuellen BGH-Rechtsprechung, PHi 2009, 202

Zimmermann, Susanne Annette: Strafbarkeitsrisiken durch Compliance – Auswirkungen von Compliance-Regelungen auf das Wirtschaftsstrafrecht, Berlin 2014 (zit.: *Zimmermann*, Strafbarkeitsrisiken durch Compliance)

Abstract

Die vorliegende Arbeit mit dem Haupttitel „Strafrechtliche Verantwortlichkeit im Unternehmen im Zeitalter der Compliance" befasst sich von der klassischen strafrechtswissenschaftlichen Dogmatik ausgehend mit der strafrechtlichen Unterlassensverantwortung von Geschäftsleitung und Compliance-Beauftragtem im heutigen Unternehmen. Dabei wird ein besonderer Fokus auf die in den letzten Jahren und Jahrzehnten aufgekommene Thematik der Compliance gelegt und ihre zahlreichen Auswirkungen in Gesetzgebung, Rechtsprechung und Literatur aufgezeigt. Es wird eine differenzierte Lösung zu Begründung und Umfang der strafrechtlichen Verantwortung der oben genannten Akteure im Unternehmen herausgearbeitet, sich mit den existierenden Ansichten auseinandergesetzt und immer wieder der Bogen zur aktuellen Compliance-Debatte geschlagen.

Schlagwörter: Unterlassen * Wirtschaftsstrafrecht * Compliance-Beauftragter

Abstract English

The present work with the main title "Criminal accountability in companies in the age of compliance" concerns – starting from the classic criminal law dogmatics – the responsibility of company management and compliance officer under criminal law in today's business. In doing so, a particular focus is laid on the topic of compliance – which occurred during the last years and decades – demonstrating its numerous implications on legislation, jurisdiction and legal literature. A differentiated solution for the justification and extent of the criminal responsibility of the above-mentioned protagonists of a company is elaborated, dealt with the existing views and consecutively referred to the current compliance debate.

Keywords: Omission * Economic criminal law * Compliance Officer